引领教学　改革创新

2019年河南省高等教育教学成果获奖项目汇编(上)

河南省教育厅　编

河南大学出版社
HENAN UNIVERSITY PRESS

·郑州·

图书在版编目(CIP)数据

引领教学 改革创新:2019年河南省高等教育教学成果获奖项目汇编/河南省教育厅编.--郑州:河南大学出版社,2021.7

ISBN 978-7-5649-4795-8

Ⅰ.①引… Ⅱ.①河… Ⅲ.①高等学校-教学工作-成果-汇编-河南-2019 Ⅳ.①G642

中国版本图书馆CIP数据核字(2021)第139787号

责任编辑	孙增科
责任校对	陈 巧
封面设计	郭 灿

出版发行	河南大学出版社
	地址:郑州市郑东新区商务外环中华大厦2401号 邮编:450046
	电话:0371—86059712(高等教育与职业教育出版分社)
	0371—86059713
	网址:hupress.henu.edu.cn
排 版	河南大学出版社设计排版部
印 刷	郑州宁昌印务有限公司
版 次	2021年11月第1版
印 次	2021年11月第1次印刷
开 本	710 mm×1010 mm 1/16
印 张	36
字 数	666千字
定 价	106.00元

(本书如有印装质量问题,请与河南大学出版社联系调换)

前　言

河南省本科高等教育优秀教学成果即将结集出版,该书出版必将为进一步深化河南高校教育教学改革提供示范和引领,对于提高河南高等教育人才培养质量,构建具有中原风格的河南高等教育教学改革的经验体系,具有重大意义。

百年大计,教育为本

教育兴则国家兴,教育强则国家强。教育是民族振兴、社会进步的重要基石,对提高人民综合素质、促进人的全面发展、增强中华民族创新创造活力、实现中华民族伟大复兴具有决定性意义。党的十八大以来,以习近平同志为核心的党中央高度重视教育问题,突出强调了"教育是党之大计、国之大计",为推动教育发展、建设教育强国指明了方向。今年是建党100周年。我们党致力于中华民族千秋伟业,必须培养出一代又一代拥护中国共产党领导和我国社会主义制度、立志为中国特色社会主义事业奋斗终身的有用之才。这是社会主义高校最根本的任务,也是我们深化教育教学改革最重要的动力。教育教学改革是为了更好地培养人、塑造人、发展人,是为了更好地培养社会主义建设者和接班人。因此,作为教育工作者,我们要从为党育人、为国育才的初心和使命出发看待对待教育教学改革工作,并围绕培养什么人、怎样培养人、为谁培养人这一根本问题,不断深化教育改革创新,不断推进教学质量提升,着重培养创新型、复合型、应用型人才,为培养担当民族复兴大任的时代新人而努力奋斗。

高等教育,本科为本

教育部原部长陈宝生在新时代全国高等学校本科教育工作会议上提出"高教大计、本科为本,本科不牢、地动山摇"。这殷切话语,我们在本科教育教学一线的工作者都有切身体会。大学的本质职能是人才培养,人才培养的关键就是本科教育,本科教育的创新又以教育教学改革为先锋。长期以来,国家高度重视重视本科教育教学改革,并通过教学成果奖评选活动加快推动改革。早在1994年3月,国务院第151号令颁布了《教学成果奖励条例》,奖励在教育教学改革中有突出贡献的集体和个人;1989年,国家教委决定在全国普通高等学校开展优秀教学成果奖评选活动,每四年一次。优秀教学成果奖的评选,是全国高等教育教学改革成就的集中展示,也是引领全国高等学校教学改革的路标和灯塔。在国家的大力支持下,河南站在从教育大省向教育强省迈进的历史起点上,聚焦深化教学改革、提高教育质量主题,探索形式多样、行之有效的教育教学方式方法,在全国高等教育教学改革中,也取得了很好的成绩,为河南高等教育教学改革树立了典范,为建设河南高等教育高质量发展做出了贡献。

教学改革,任重道远

河南高等教育聚焦深化教学改革、提高教育质量主题,探索形式多样、行之有效的教育教学方式方法,不断推进教学改革走向深入,取得了很好的成效。2019年河南省开展高等教学成果评奖活动,对河南高校人才培养工作和高等教育教学改革进行全面检阅,对确立教学工作在高校的中心地位,促进提高教学水平和教育质量,具有积极的引领和激励作用。

本次教学成果奖经过网络评审、会议评审、会议答辩等环节,从全省高校申报的367项成果中共评选出263项奖项,其中18个特等奖,107个一等奖,138个二等奖。这些成果突出地反映了近年来河南在人才培养模式改革、专业建设、实践教学改革、教育教学管理、课程与教材改革、教学手段与教学方法改革、"双一流"建设、综合研究等方面取得的重大进展,是河南省教育界广大教育工作者在教学工作岗位上不忘初心、牢记使命,经过多年艰苦努力所取得的创造性成果。

为了认真做好河南省教学成果奖获奖成果的宣传、推广工作,扩大教学成果的辐射作用,进一步深化教育体制改革,不断健全立德树人的落实机制,推进课程建设和课堂教学创新,持续提升等教育办学水平,河南省教育厅编辑整理了本书。本书详细地介绍了获得本次教学成果奖的263项成果内容及经验。这是河南高等教育教学改革的理论成果汇编,也是指导河南高等教育教学改革的工具书,对于从事高等教育教学管理和一线教师、教改研究专家学者,都将是一本不可多得的案边资料。

希望河南高等教育领域的教学管理者、专家学者和一线教师,能够认真阅读学习各项优秀教学成果奖的方法和思路,不断探索提升教学改革的新路子、新方法、新举措,提高人才培养质量,推动河南省教学改革再上新台阶,从而为加快河南高等教育现代化,办好人民满意的高等教育,建设高教强省,为实现中华民族伟大复兴的中国梦做出新的更大贡献!

最后衷心祝愿河南高等教育教学改革不断取得新的成绩,走出一条高等教育教学改革的"河南模式",为建设河南高等教育高质量发展做出贡献。

目 录

"基于科教协作'菁英计划'的地方高校拔尖创新人才培养模式研究与实践"教学成果报告 ··· 1

地方本科院校新工科教育协同育人模式研究与实践 ························ 5

地方工科院校创新创业人才培养体系的构建与探索 ························ 10

应用型高校创新创业教育全链条"培养—孵化"体系研究与实践 ············ 14

"双一流"建设背景下国际化人才培养模式与实践创新研究 ················ 19

大学与中小学合作研究实践机制探索
——基于"课堂教学切片诊断"的推广实践 ·························· 23

河南省"双一流"建设绩效评价体系与资源优化配置 ···················· 27

地方高校卓越法治人才培养模式和课程体系改革的理论与实践 ············ 31

地方普通本科高校专业结构优化调整的多元耦合机制及实践研究 ·········· 35

地方高校创新创业教育综合改革与实践 ································ 40

三元协同育人模式下本科生过程培养"433"教学方案改革与实践 ········· 44

双一流背景下地方行业特色高校发展模式研究与实践 ···················· 48

基于学生成长、内部控制和产出导向三维度的地方普通高校综合改革研究与实践 ··· 52

借鉴德国职教经验,深入推进地方高校转型发展的研究与实践 ············ 62

高等学校旅游管理学科建设推进专业综合改革的研究与实践 ·············· 66

转型发展视阈中的地方高校应用型专业集群建设实践与研究
——以商丘师院为例 ·· 70

新形势下地方高校产教融合的深化拓展与理论研究
——以商丘师范学院为例 ·············· 75
地方应用型本科高校"高起点、深层次、全方位"转型发展模式构建与实践 ······ 79
新建地方本科院校产教融合人才培养系统构建研究与实践 ·············· 83
新建本科院校新工科教育人才培养模式创新研究与实践 ··············· 87
应用型本科高校学生综合能力测试探索 ······················· 92
新形势下民办文科高校转型发展研究与实践
——以郑州升达经贸管理学院为例 ·············· 96
基于"专创融合"的地方高校创新创业教育生态体系构建与实践教学成果案例
·············· 101
"双一流"背景下多途径强化化学拔尖人才创新能力培养的研究与实践 ······ 110
基于专业认证的水利水电工程专业创新型人才培养模式改革研究与实践 ····· 114
"新工科"建设背景下地方院校机械类专业人才培养模式的改革与实践 ······ 119
地方本科院校理工科学生创新能力培养的"OPCE"体系构建与实践 ········ 123
综合性大学创新创业教育人才培养体系研究与实践教学成果案例 ········· 128
基于目标导向的材料类专业人才培养体系的构建与实践 ·············· 136
世界史新专业建设与人才培养模式的探索与实践 ·················· 142
美国哥伦比亚大学通识核心课程体系建设与本科教育国际竞争力提升策略研究
·············· 146
基于协同创新的土木工程人才培养模式研究与实践 ················· 150
"生态+"背景下农林院校旅游专业人才培养改革与实践 ·············· 154
基于产学合作协同育人的计算机专业人才培养模式研究与实践 ··········· 159
"互联网+"背景下农科院校创新型人才培养模式研究 ··············· 163
注重创新能力的物理实用型人才培养模式的研究与实践 ·············· 167
面向新工科与工程教育认证的计算机类人才培养模式探索与实践 ·········· 171
基于OBE理念的测绘类专业创新应用型人才培养模式研究及实践 ········· 175

基于中外合作办学的国际化创新型人才培养研究与实践 …………… 179

设计学类专业导师工作室教学模式改革研究与实践 ………………… 183

大数据视域下高等学校专业动态调整机制构建与实践
　　——以工科专业为例 …………………………………………… 188

财经政法类高校素质教育育人体系的研究与实践
　　——以大学美育课程建设为视角 ……………………………… 192

以 OBE 理念为导向的水利人才培养体系改革研究与实践 ………… 196

基于需求导向的经贸类学生创新创业教育模式研究 ………………… 201

中医类学生专业学习关键环节的研究及评价 ………………………… 205

学科融合背景下设计学类专业基础课的课程再造与体系重构 ……… 209

基于 OBE 导向的食品类专业核心课程群的建设与实践 …………… 218

基于轻工行业转型背景下的机械设计专业方向建设 ………………… 223

基于学生"双创"能力培养的探究式教学考核体系的研究与实践 …… 227

根亲文化与两岸交流特色学科群服务国家特殊需求人才培养模式研究 …… 231

地方高校经济学专业综合改革及评价体系研究
　　——以信阳师范学院为例 ……………………………………… 235

卓越医生人才培养模式改革的研究与实践 …………………………… 239

基于数学建模能力的高校应用型人才培养模式的研究与实践 ……… 244

"新工科"背景下电子信息工程专业创新人才培养模式研究与实践 …… 248

工业设计专业双创型人才培养的生态化教学模式研究与实践 ……… 252

"四位一体、大类融合"卓越农林职教师资培养模式改革的研究与实践 …… 256

地方本科院校"IESSO"创新创业教育模式探索与实践 …………… 261

转型期地方高校师生"双向三体五段"培养模式研究与实践 ……… 265

"基于科教协作'菁英计划'的地方高校拔尖创新人才培养模式研究与实践"教学成果报告

主要完成单位:河南大学

主要完成人:宋纯鹏、苗雨晨、王刚、安国勇、李捷、赵翔、朱显峰、郝兆杰、王佳伟、王淼、李秋萍

《国家中长期教育改革和发展规划纲要(2010—2020)》指出:"目前,我国创新型、实用型、复合型人才紧缺,要进行拔尖创新人才培养改革试点,探索贯穿各级各类教育的创新人才培养途径。"党的十八大也提出创新驱动发展的战略思想,培养适应经济社会发展需求的创新型人才是中国高等教育面临的重大任务。2012年,教育部出台了《教育部关于全面提高高等教育质量的若干意见》,启动实施高等学校创新能力提升计划,推进高等学校与科研院所、企业协同创新。

据2018年数据统计,我国95%以上的普通高等学校是地方高校,地方高校的本科生和研究生分别占高等学校的94%和51%,而2019年杰青基金项目获得者92%以上来自中央高校。地方高校肩负着培养适应经济社会发展需求的创新人才的重要任务,然而普遍存在教育资源不足,呈现地方高校创新性人才培养的困惑。……如何利用国内外优秀科研资源和高水平教师队伍,创新人才培养模式,推动科教协同育人,实现资源创新、文化和氛围移植,是地方高校亟待探索的课题。

河南大学生物学科坚持以立德树人为根本,积极推动并实践联合培养协同育人新模式,2012年与中国科学院联合设立"中国科学院——河南大学菁英班"(简称"菁英班"),进行生物学科拔尖创新人才培养模式的探索与实践。经过8年的探索与实践,构建了地方高校科教协同育人模式,实现了资源创新、文化和氛围移植,培养了一批优秀的学生,并在不同高校得到很好的推广。

一、主要解决的问题

面临地方高校因教育资源不足,出现了地方高校在教师、教材、环境和实践等方面与创新人才培养要求不匹配的困惑,如何利用国内外优秀科研资源和高水平教师队伍,创新人才培养模式,推动科教协同育人,实现师资力量的加强,课程、教材、教学技术、育人方式与科研素养的提升,打造专业育人环境,是地方高校在创新人才培养中期待解决的问题。

二、问题解决方案

建立科教协作"菁英计划"的地方高校创新人才培养模式,实现协同育人;创新资源、文化和氛围移植:

(1)引进优质课程、教材和先进教学技术,提升课程质量。依托"菁英计划",本着"科教协同"理念组建"生物学核心课程"教学团队,在河南大学为本科生开展学术前沿讲座。

(2)依托优秀科研平台,改进育人方式、兴趣驱动创新。依托中科院和国家重点实验室的科研平台、人才和成果优势,开设生物学综合实验,将科研资源直接转化为人才培养资源,实现科研反哺教学的良性发展局面。

(3)在本科生中推广"课题式、导师制"实践教学模式。将"菁英班"学生在中国科学院分子植物科学卓越创新中心推行的"课题式、导师制"实践教学模式在普通本科生培养中进行人才培养工程和体系创新。推出《教授讲坛》《专业科学进展》和《科研训练课程》课程,建立起一个递进式的实践教学体系。

(4)实践探索完善可行的联合培养(合作)模式。"菁英计划"聚焦在"菁英班"学生的培养,实践探索出优质科研院所与高校联合培养拔尖创新人才的新模式,即"菁英培养"。"菁英班"培养到"菁英培养",盘活高校-研究所合作的模式。

(5)以"菁英计划"为试点,探索拔尖创新人才培养模式。依据"菁英计划"本硕连读联合培养模式,创办生命科学拔尖创新人才培养"明德计划",加强与国外高校——美国亚利桑那大学、澳大利亚麦考瑞大学等合作,推行"3+1+3"适合生物学拔尖人才国际化联合培养新模式。

三、成果的创新点

(1)建立了科教协同、相互促进、可复制可借鉴的人才培养模式。注重发挥科研育人、学科育人、实践育人作用,探索建立政治过硬、能力突出的复合型人才培养新机制。完善了"菁英计划"培养模式,创建并实施了"生命科学拔尖创新人才培养明德计划"。

(2)实施名师培育计划,培育了一支的特色教师团队。将师资队伍建设、科研平台建设与拔尖人才培养相融合,培养学生良好的科研素质,为学生将来的职业生涯奠定基础。

(3)推进现代化教学技术,打造金课,全面提升了课程质量。将高质量课程建设与本科生创新、拔尖人才培育有机结合。制定"在线开放课程和虚拟仿真实验教学项目建设的实施办法",加强慕课、虚拟仿真实验课建设,建设核心专业课线上线下混合式金课。

(4)营造了多元、开放、融合的学术氛围,实施了国际化培养计划。借鉴"菁英计划"实施经验,将学科前沿与国际化人才培养引入本科生培养阶段相结合,培养具有国际竞争力卓越生物学拔尖人才,建立了创新性国际化人才培养路径。

四、实践推广应用效果

(1)引入中科院优质课程和优秀师资,推进现代化教学技术,全面提升了课程质量。先后引进上海植物生理生态研究所100多位专家(包括院士8人)到河南大学为本科生开展学术前沿讲座。引进《植物生理学》翻译教材和《植物生理与分子生物学》,《植物生理学》和《细胞生物学》2019年入选省级精品在线课程,《动物细胞培养》2019年入选国家级虚拟仿真实验教学项目,实现了"金课"建设的突破。

(2)创新人才培养方式推动了兴趣驱动创新人才培养机制。依托中科院科研平台、人才和成果优势,开设生物学综合实验,将科研资源直接转化为人才培养资源,实现科研创新教学的良性发展局面。

(3)实施名师引进与培育计划,打造优秀教师团队,形成了专业育人环境。目前,形成了一支优秀教师团队,包括国家杰出青年基金获得者4人、长江学者特聘教授2人、"973"首席科学家3人、"百千万人才工程"6人、国家"万人计划"人才1人、国家"青年千人计划"2人、中原学者3人,95%的团队成员具有博士学位。

(4)构建特色创新人才培养模式,提高了学生综合创新能力。在"菁英计划"基础上,推行创新人才培养模式"明德计划"。

推行"3+1+3"适合生物学拔尖人才国际化联合培养模式。人才培养成绩显著:毕业生邓娟于2017年以共同第一作者在《Science》发表论文。

(5)推动了科研合作、学术交流和科研平台建设。基于双方在抗旱、抗盐碱等农业基础领域的合作,联合建立了农业基础研究科技创新体系。联合推动并获批"省部共建作物逆境适应与改良国家重点实验室""作物逆境生物学高校创新引智基地"(简称"111计划")。

(6)推动了河南大学生物学科的建设和发展。河南大学生物学长期围绕区域特色开展教学、科研工作,2015年河南大学生物学科入选河南省优势学科A类建设工程,2017年生物学科入选世界"双一流"建设学科。

(7)得到国家级新闻媒体的广泛关注。协同育人"菁英计划"探索与实践,2012年至今已在国家级新闻媒体《中国科学报》《科学网》和《大公网》,以及省级媒体《河南日报》《大河报》等媒体上报道,受到了社会各界广泛关注。

(8)人才培养模式得到推广应用。依照河南大学"菁英计划"科教协同培养模式,中国科学院上海生命科学研究院先后与华东师范大学、南京农业大学、上海科技大学等高校开展合作。2019年,河南大学教育学、中国语言文学、地理学、历史学、物理学、化学、应用经济学等7个学科推广实施"菁英计划"协同育人培养模式。

2019年11月,《河南日报》以题为"选好苗子,培好土壤,河南大学生命科学学院——让更多拔尖创新人才冒出来"进行了专版报道。

结束语

经过生物学"菁英计划"科教协同人才培养模式的探索,构建教师、教材、学科、平台和教学方法五位一体地方大学创新型人才培养模式,加强核心课程建设,注重学生创新型思维基础培养,培育最好的育人环境。

我们将继续完善科教协同育人培养模式创新,坚持立德树人的根本任务,强化本科教育基础地位,推进一流本科教育,提升拔尖创新人才培养的质量。

地方本科院校新工科教育协同育人模式研究与实践

主要完成单位：河南理工大学、河南中轴集团有限公司、河南能源化工集团研究院

主要完成人：杨小林、张新民、沈记全、武学超、赵观石、邓广涛、荆双喜、范云场、徐学锋、杨晓斐、欧阳琰、朱天合、马耕、孙建华

本项目研究紧紧围绕如何培养"德学兼修、德才兼备的高素质工程人才"为目标，以新工科"五新"为指导，以新工科"六问"为改革路径，结合地方本科院校新工科人才培养实际，探索构建了"五位一体"的新工科教育协同育人模式，拓展创新了新工科人才培养体系，开展了新工科建设系列探索与实践，为推进地方本科院校新工科教育提供了借鉴、参考。

一、主要解决的问题

为做好本项目研究工作，项目负责人杨小林教授与其立项主持的教育部首批新工科建设与实践项目——"基于'中国制造2025'行业高校新工科工程实践教育创新体系与平台构建"项目（已通过教育部结题验收）的其他研究人员，统筹考虑，协同研究，联合攻关，项目研究主要解决以下5个方面的问题：一是地方本科院校在新工科专业建设过程中，未完全将"问产业需求建专业"渗透到新工科专业布局与传统工科专业改造各领域问题。二是地方本科院校在新工科课程体系建设中，未完全将"问学校主体推改革"和"问技术发展改内容"贯穿新工科人才培养全过程问题。三是地方本科院校在新工科人才培养过程中，未完全将"问学生志趣变方法"融入新工科教学方式手段改革各环节问题。四是地方本科院校在新工科育人模式建设中，未完全将"问内外资源创条件"融入新工科产教融合育人模式改革问题。五是地方本科院新工科教学质量监控与保障体系不完善

问题。

二、问题解决的方案

根据项目研究要解决的主要问题,项目组在深入调研、分析和研究基础上,提出以下6个方面解决方案:

(1)优化调整学科专业布局,精准对接产业发展需求。围绕行业、产业发展重大战略需求及转型升级需要,注重专业建设精准对接产业发展需求,强化工科专业建设与发展,加大传统学科专业的改造升级力度,如河南理工大学构建了煤炭绿色安全生产及清洁高效利用等九大专业集群,布局了机器人等17个新工科专业;对传统的采矿工程等10余个专业进行升级改造;调整撤销了信息管理与信息系统等7个本科专业,初步构建起了与行业及区域产业需求、结构更加合理、特色更加鲜明的学科专业体系,提高了专业与产业发展契合度。

(2)构建工程教育课程体系,有效对接学生能力培养。紧密结合经济社会发展现实需求,按照"目标驱动、对接标准、系统优化、分类培养、鼓励创新"的原则,根据新工科人才培养目标定位和新工科人才培养特点,构建了通识教育与专业教育相融合、创新创业教育与专业教育相融合、实践教育与行业协同相融合、素质教育与核心价值观相融合、个性化培养与质量标准相融合的原则构建了"两平台、四模块、五融合"工程教育课程体系。为培养学生创新精神和科学素养,提高学生实践创新和跨界整合能力,增设了一些课程模块。例如:在通识课程平台中增设了素质拓展模块,通过开设人文社科类、科学技术类、公共艺术类、创新创业、大学生心理健康教育等素质拓展理论模块,不断提高学生的综合素养;又如:在专业课程平台拓展了专业实践课程模块,包括专业创新(含专题实验、课程设计、基础实习等)、集中(分散)实践环节、独立设置的实验课程等实践课程类别。

(3)深化教学方式手段改革,持续提升学生学习成效。以提升学生学习成效为导向,大力推动现代信息技术与教育教学深度融合,创新新工科教学方式手段,探索构建了"理论——实践一体化"新工科教学方式,创建了"一平台、五层次、六模块"多维实验教学法,通过案例教学、课堂讨论、翻转课堂等教学形式,采用问题导向式、互动研讨式、启发探究式等教学方法,推广蓝墨云班课、中国大学MOOC等网络教学平台,强化过程与终结性考核相结合的考试考核方式,构建了线上网络与线下课堂、课内讲授与课外实习、虚拟仿真与实践平台等为载体途径的混合式教学模式,实现了教学从"以教为主"向"以学为主"的转变,学生学习成效明显提高。

(4)创新产教融合育人模式,不断提高学生综合素养。按照"内外统筹、多元协同,汇聚资源、优化配置"建设思路,学校整合校内外实践教学资源,理顺实践平台运行机制,向内挖潜,打破学院、专业、课程之间界限,构建多学科交叉、功能集约、开放共享的公共实践教学平台;向外拓展,与政府、企业共同构建多主体产教融合协同育人平台,培养具有较强行业背景知识、具有较高的创新创业能力、工程实践能力和跨界整合能力,能够胜任行业发展需求的新型工程人才。例如,整合工程训练中心、电工电子实验中心 2 个国家级实验教学示范中心资源,构建集机械、电气、计算机、信息及控制工程等学科专业交叉的智能制造实验实训平台;依托煤矿开采国家级虚拟仿真实验教学中心、智能开采研究院、郑州煤机集团智能制造新技术研发中心、河南能化集团工程实践教育中心等,搭建智能采掘与装备实验实习平台;依托煤炭安全生产与清洁高效利用省部共建协同创新中心、现代制造业经营管理虚拟仿真实验教学平台、创新创业中心、大学科技园等校内外实践育人基地构建校企协作育人平台。

(5)打造高水平的教师队伍,全面保障教育教学质量。从新工科人才培养现实需求出发,统筹做好新工科人才队伍顶层设计,提出领军人才、青年英才、博士优化、名师培育、团队聚力和管理提升等六大工程,通过实施教学质量评价、教学竞赛、示范教学、学生最喜爱教师和太行名师评选等系列活动与奖励制度,引导和鼓励教师潜心从教;加大教师教学能力培训,构建"动力塔"式教师激励机制,健全教师教学荣誉体系,打造一支高素质教师队伍;探索构建教师工程综合能力强化与提升体系,切实提升教师培养新型工程人才所需的创新创业能力、信息化应用能力和工程实践能力。

(6)加强教学过程监督管理,健全完善质量保障体系。按照新型工程技术人才培养课程体系要求,结合地方行业院校办学定位与目标,强化教学过程监督管理,探索建立了理论教学、实践教学和质量监控"三维立体"本科教学工作新体系,构建了教学组织决策子系统、监控实施子系统、信息收集反馈子系统、质量持续改进子系统的"四维联动"教学质量监控系统,形成了目标保障系统、资源保障系统、制度保障系统、组织保障系统、过程保障系统、监控保障系统的"六位一体"教学质量保障体系,完善了新型工程技术人才培养质量监控与保障体系。

三、研究取得的成果

(1)探索构建了新工科协同育人体系。项目组在前期研究基础上,根据地方本科院校办学定位和人才培养目标,结合新工科人才培养特点,探索构建了专业与课程体系建设、教育方法与手段改革、产教融合模式改革、师资队伍建设和质量评价与保障的"五位一体"新工科教育协同育人模式。构建了"两平台、四模块、五融合"工程人才培养课程体系,理论教学、实践教学和质量监控"三维立体"本科教学工作新体系,教学指挥决策、信息收集反馈、检查评估评价和质量支持保障的"四维联动"教学质量保障体系,领军人才、青年英才、博士优化、名师培育、团队聚力和管理提升的六大人才队伍建设工程。在新模式指导下,学校近两年获批6个国家级、10个省级一流专业;2个国家级、6个省级虚拟仿真实验教学项目;1门国家级、21门省级精品在线开放课程;5个专业通过全国工程教育专业认证;3名教师获评河南省教学名师;1个项目获批教育部首新工科建设与实践项目(已结项),教育部产学合作协同育人项目近200项;学生获"互联网+"创新创业大赛等国家级奖励200余项。学校在2015—2019年全国普通高校教师教学竞赛分析报告中名列第22位,在学生学科竞赛排行榜(本科)中名列第108位,其中2019年学生学科竞赛排行榜(本科)中名列第84位。

(2)拓展创新了新工科人才培养的新理念。以大工程观、知识三角和三重螺旋理论为指导,深入分析了新工科人才培养的模式、特征和规律,对新工科人才培养的内生动力、外在逻辑和内容体系等进行了学理探究,提出了教育、研发、创新"知识三角"三维协同育人模式,大学——产业——政府"三重螺旋"新工科人才培养理念等新工科教育人才培养新理念、新思路、新模式,拓展了新工科教育人才培养理论视野,为地方本科院校开展新工科教育提供了学理依据。先后在《中国教育报》发表理论文章2篇,在《比较教育研究》《高教探索》等期刊发表论文12篇,其中CSSCI论文9篇、全国中文核心期刊论文1篇。

(3)制定并实施了系列的新工科建设制度。近两年制(修)定并实施了《关于加快建设高水平本科教育全面提高人才培养能力的实施办法》《办学定位与人才培养目标释义》《关于加强本科专业结构优化调整工作的意见》《关于深化创新创业教育改革的实施意见》等10余项新工科建设管理制度,进一步规范了学校一流本科教育,加快了学校新工科建设步伐,提升了学校人才培养质量。

四、成果推广的效果

在项目研究过程中,项目组成员多次在国内和国际学术会议上交流相关成果,受到与会专家好评。省内外20余所兄弟院校200余人次到校考察学习和参观交流,借鉴学校新工科建设经验。项目研究成果在学校"机器人"等42个工科专业应用推广,推广应用专业占全校专业数的60%,受益学生近2万余人。项目研究成果——"23456"地方本科院校新工科教育协同育人新体系,被西安科技大学、安徽理工大学、河南农业大学和河南师范大学等多所省内外高校借鉴参考,为推进区域高校新工科建设起到了较大的促进作用。

地方工科院校创新创业人才培养体系的构建与探索

主要完成单位：郑州轻工业大学

主要完成人：赵卫东、王新杰、钱慎一、岳永胜、王红利、张省、王中魁、吴伟

地方工科院校在培养具有创新创业能力的应用型人才、促进区域经济发展和产业转型升级等方面发挥着重要支撑作用,但近年来,出现了"综合化""去行业化"等倾向,制约了高校人才培养质量,特别是学生"双创"能力的进一步提升。成果以郑州轻工业大学为个案,构建了创新创业人才培养体系,显著地促进了学生创新创业能力的不断提升。

一、成果主要解决的教学问题

1. 双创人才培养与行业企业需求有所脱节

创新人才培养对新兴产业的人才需求反应滞后,缺乏企业深度参与,课程体系、教材内容不能随产业需求和技术进步及时更新;人才培养和行业需求存在信息不对称,毕业生知识技能与岗位要求匹配度低。

2. 双创教育与专业教育难以融合

对双创教育的认识不到位,存在片面性与局限性;教学过程中双创教育与专业教育各自为政,双创知识脱离经济社会发展的实际需求;双创教育实践过程中没有发挥出专业优势,抓手不够、路径不清等。

3. 双创平台建设与双创实践要求不相匹配

创新平台等资源呈碎片化分布,创新主体之间缺乏有机联系,创新生态模式模糊不清;双创师资力量欠缺,任课教师大多缺少创业实践经验,难以胜任全过程的指导等。

二、成果解决教学问题的途径与方法

1.明确责任、完善制度、优化体系

(1)教学引领,双创教育融入培养方案。明确创新创业教育由教务处牵头,在2017版培养方案中,设置了创新创业自主发展学分8个,并设计了"兴趣引导、专长学习、个性培养"逐步递进的创新创业课程体系。

(2)多措并举,完善双创教育制度措施。围绕双创教育出台创新学分制度、自主创业政策、创新实验班试点等多项措施,重点强调教师在素质教育、专业教育等环节中必须贯穿创新创业的教育理念和内容,有效保障了创新创业教育的实施。

(3)持续改进,优化双创教育保障体系。强化OBE理念,构建目标实现矩阵;搭建了"一个核心、二元架构、三个层次、四个模块"的多层次立体化实践教学体系;构建了循环闭合质量保障体系,持续改进双创教育教学质量。

(4)优化结构,办学特色更加彰显。主动适应"中国制造2025"行动计划对人才标准和需求的变化,深化教育教学改革,优化办学层次,调整专业结构,拉大工科框架,工科特色进一步彰显。

(5)立足行业,探索服务有效途径。先后与省内郑州、许昌、漯河、濮阳、济源和省外顺德、佛山等地市,以及许继、双汇、宇通等知名企业建立广泛的产学研合作关系,积极探索服务地方经济社会发展的新途径。

2.搭建平台、创新模式、强化实践

(1)构筑平台,开放共享优势资源。建设省级众创空间"星空众创空间",开放"食品科学与工程实验教学示范中心"等11个省级实验教学示范中心和虚拟仿真实验教学中心,充分满足学生开放性实验和创新创业实践活动的需要。

(2)重组机构,强化创新实践组织。重组并升格学校工程训练中心,统筹规划管理全校创新平台建设。先后开办了创新人才实验班,设立了Maker工作室等10多个创新创业实践平台。每年投入500万元双创专项资金。

(3)拓展基地,提升实践创新能力。在禹州市建设了占地900余亩的集中独立的实习实训基地,搭建了机械制造类、陶瓷艺术类、计算机类等多专业共享的综合实践平台,先后受到更名大学和审核评估专家组的高度赞誉,称其为"开创了行业地方工科高校实习实训的新范式"。

(4)创新模式,激发主体内生动力。提出了面向技术、市场、制度等不同导向的多种创新生态新模式,强化创新主体之间的有机联系,通过任务驱动激发学生创新创业的内生动力,指导学生在"教学线""学工线""社团线"三条线上开展全方位、多角度、跨学科的创新创业实践。

(5)教研相长,科研助力双创教育。要求教师把高水平科研成果和工程实践经验融入教学,助力学生创新能力培养;建设双创导师库,校内外导师强强联合;将企业真实课题引入毕业设计和实践环节等。

3.校企合作、产教融合、协同育人

(1)内引外联,企业参与人才培养。长期聘请大批企业技术和管理骨干担任学校兼职教师,参与人才培养方案修订、专业课程建设、专业课程讲授、实践环节指导等,不断提高人才培养与服务面向的契合度。

(2)产教互动,发挥企业育人作用。先后与中软国际等企业联合申请教育部产学合作协同育人项目80余项,与许继集团、格力电器、河南中烟等共建校外实习基地270余个,覆盖全部专业。部分专业学生的毕业设计在企业完成。

(3)入企锻炼,强化教师工程实践能力。学校鼓励专业教师深入行业企业锻炼,近三年,已有百余位教师到郑州宇通等企业锻炼,带回了大量的一线知识和企业的技术需求,并将真实案例应用于双创教学实践,强化了教师的工程实践能力。

三、成果的创新点

1.构建了"多主体参与、多维度支撑、多要素集成"的创新创业人才培养新体系

激发学生、教师、企业、政府和校友多主体参与的活力,形成课程、平台、资金、技术和政策等多维度支撑的合力,达到教育理念、培养目标、创新模式、运行机制等多要素集成的目的,构建了地方工科院校创新创业人才培养新体系。

2.探索出"多平台、全开放、不断线"的创新创业人才培养新路径

建设了禹州实习实训基地和星空众创空间等多个创新创业实践平台,实现了创新课程、平台资源和实践项目的全开放,通过双创学分设置、创新创业训练、创新实验班试点、毕业设计(论文)真题真做等多措并举,确保创新创业教育四年不断线。

3.打造了"开放式跨界整合型"等多种创新生态新模式

从创新生态系统理论的边界、动力、要素三个维度出发,面向不同的创新导向,提出开放式跨界整合型、技术共享网络平台型等多种创新生态模式,指导学生开展全方位、多角度、跨学科的创新创业人才培养实践。

四、成果实施的效果

1. 学生学科竞赛屡获佳绩

我校学生在国际国内各类学科竞赛中屡获大奖,近3年累计获得国家级奖励300余项、省部级奖励1200余项。在中国高等教育学会发布的2019年全国普通高校学科竞赛排行榜上,我校在全国1172所上榜本科院校中,2015－2019年综合排名第137位,其中2019年排名第62位。

2. 创新创业典型层出不穷

学校近3年资助创新创业项目500多个,鼓励学生积极开展创新创业项目实践,优秀典型层出不穷,取得了巨大的社会影响,如:"追风赤子"团队设计的机器人进入了中国首档机器人格斗决赛,与哈工大战队精彩对决;"郑州市悦德麟电子科技商行"获首届中国"互联网＋"大学生创新创业大赛全国总决赛铜奖,已经为郑州曼哈顿等多个小区提供服务。

3. 学生就业质量日益提高

学校入选"全国毕业生就业典型经验高校50强",就业率长期保持在95%以上。毕业生广泛服务于家电、日化、工业设计和轻工机械等行业,深受社会及用人单位好评。全国烟草企业三分之一的厂级领导和技术骨干来自我校,被业界称为"企业家摇篮"。

五、成果推广应用和社会影响

成果先后在武汉轻工大学、河北科技大学、中原工学院、信阳师范学院等省内外多所高校得到推广应用,受到广泛好评。

中央电视台、光明网、《中国教育报》《河南日报》《大河报》等主流媒体针对我校创新创业教育改革、专业建设、工程认证、学科竞赛、创业典型等进行了广泛宣传报道。

学校先后被评为河南省大学生创新创业实践示范基地、河南省大中专毕业生就业创业工作先进单位。

应用型高校创新创业教育全链条"培养—孵化"体系研究与实践

主要完成单位：黄河科技学院、郑州宇通重工有限公司
主要完成人：杨雪梅、赵予新、李高申、蒋华勤、路素青、
王军胜、李海霞、赵效锋、桑亚辉、李储学、
李勇

一、成果简介

该成果针对深化创新创业教育改革的重大问题，以培养"高素质应用型人才"培养目标为统领，构建了"一条主线深化、两大模块实施、三个平台支撑、四项措施保障"的创新创业教育全链条培养孵化体系，探索和实践了"课堂＋园区＋企业"的"三元合力"人才培养模式，建立了"理念培育—项目模拟—实践训练—孵化助推—市场实战"层层递进的链式"双创"平台，形成了"创客工厂—众创空间—孵化器—加速器—产业园"创新创业孵化全链条教育教学生态，建立了"政产学研创"一体的应用型高校创新创业教育资源保障体系。（见图1）

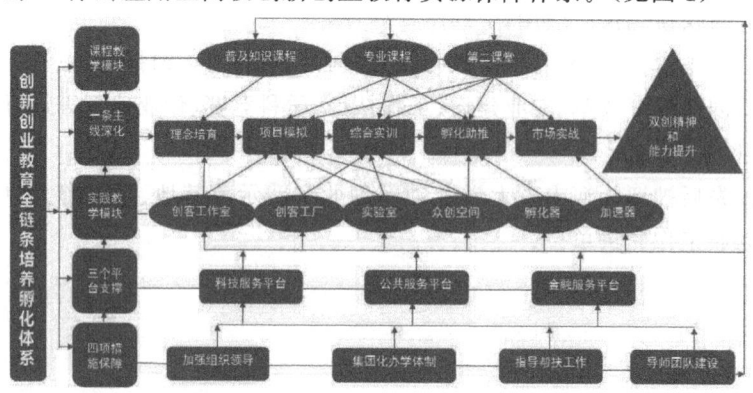

图1 黄河科技学院创新创业教育全链条培养孵化体系

二、解决的主要问题

(1)解决"双创"教育与专业教育"两张皮"、产教融合"一头热"问题。

(2)打通教育、科技、金融、孵化等"四链"融通育人的路径;三是构建应用型高校"双创"教育的生态体系。

三、解决问题的方法

1.以调查研究为前提,加强创新创业教育顶层设计

广泛征求意见和建议,通过大量的文献研究和对国内外10多所高校、80家企业调研,厘清创新创业各要素之间的关系,针对应用型高校创新创业教育现状、成效和问题,按照"本科学历教育—职业能力培养—创新创业教育"三位一体、"双创"教育四年不断线的思路进行顶层设计,设计符合教育规律的目标和总体实施方案。

2.以"专创融合"为主线,构建创新创业教育课程体系(见图2)

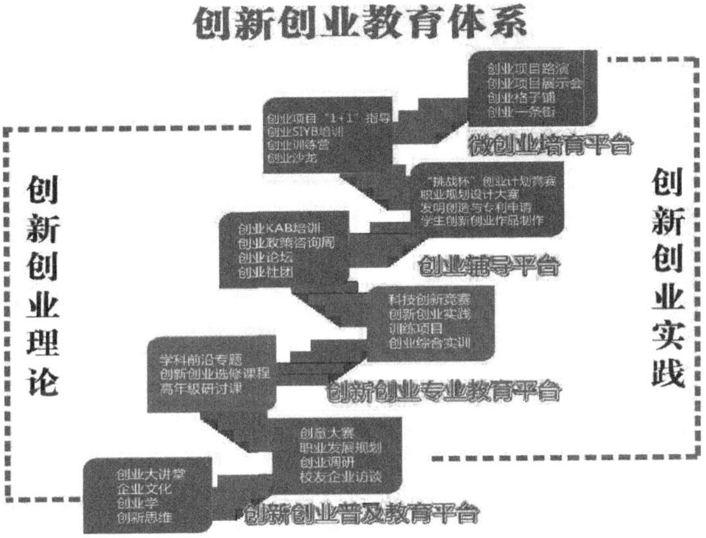

图2 "专创融合"的创新创业教育课程体系

(1)广泛调研行业企业,遵循"因材施教"原则全面优化人才培养方案,对学生实施就业、创业、升学分类培养。

(2)重构和优化课程体系,将课堂教学模块分三个部分,即"双创"知识普及

课程模块、融入"双创"的专业教育模块、第二课堂模块,推动创新创业教育和专业教育深度融合。

(3)通过开设新生研讨课和高年级研讨课,建设创新创业教育示范课,加强创新创业教材建设,建设网络优质资源课程等,丰富创新创业教育课程资源。

3.以强化能力培养为导向,构建创新创业教育实践教学体系

(1)以强化能力培养为导向,打造全链条实践教学模块,建设创客工作室、创客工厂、实验室三位一体的实验平台,助力学生创意落地,黄河众创空间、孵化器、加速器三位一体创业园区,满足不同创业阶段学生需求;探索"项目+竞赛"模式培养学生实践创新能力,抓好大学生创新创业训练项目,鼓励学生参加科技创新竞赛活动。(见图3)

(2)以提升服务能力为导向搭建"双创"支撑平台,整合政府、科研院所、行业企业的各类资源,不断加大资金投入,建立科学研究、公共服务、金融服务等支撑平台,形成了功能要素齐全、服务体系完备、运作实施高效的双创支撑体系。

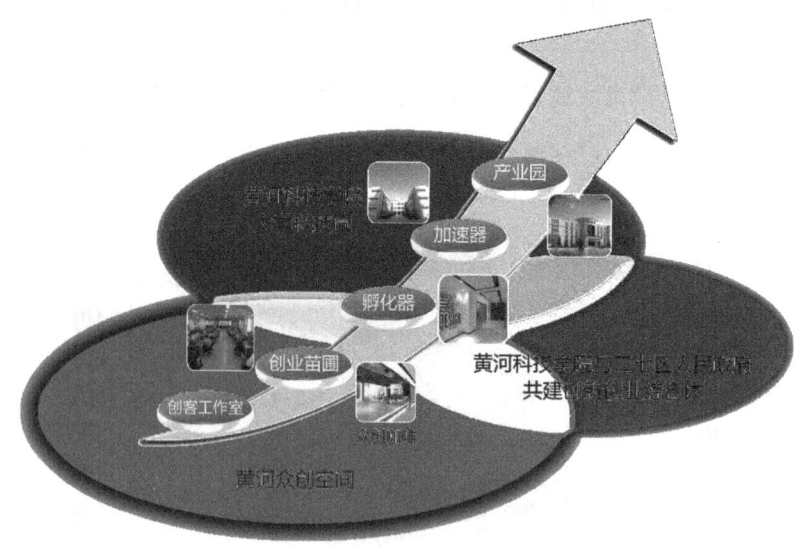

图3 全链条创新创业载体

4.以现代信息技术为手段,构建创新创业教育考核评价体系

重构教学空间,为师生拓展智能化学习环境;创新"双创"教学模式,广泛开展线上线下混合式教学;优化管理服务,构建基于信息技术的教学质量保障体系;完善质量标准,全面开展课程评估工作;注重过程评价,推进课程考试改革。

5. 以产教深度融合为动力,构建创新创业教育资源保障体系

建立健全集团化办学体制,加快推进政校企行协同、产学研创一体,搭建育人平台、共建教学资源。通过"内培外引",建立一支"校内+校外+校友"的高水平的创新创业导师队伍。通过建立创新创业学分积累与转换制度等,完善"双创"激励机制。通过创客训练营、创业沙龙、GYB培训等,切实加强对学生的指导和帮扶工作。

四、主要创新点

1. 建立了特色鲜明的"双创"全链条"培养—孵化"体系

在"培养"环节,面向全体学生开展"双创"精神和知识的普及教育。在"孵化"环节,依托"全链条"推进"三个孵化":一是孵化成果,近五年学校获授权专利3588项,连续四年在河南省高校专利授权量中排名第二;学生以第一作者发表论文152篇,其中SCI3篇。127人次的学生参与教师科研项目。二是孵化成长性企业,建成面积57560平方米的全链条载体,近五年在校生创办企业197家。引进企业200余家,获政府奖补资金2250万元,协助企业和大学生团队融资1.56亿元。三是孵化人才,培养了"河南省创新创业十大标兵""福布斯中国30岁以下精英榜"入选者、"全国大学生创业英雄百强"等一批先进典型。

2. 以"一个融合"为主线,按照就业、创业、升学三条路径分类培养

从大三开始,学生可从三个方向中自主选择:就业方向注重培养学生的职业发展能力;升学方向注重公共基础和学科基础课程;创业方向注重创业项目和创业实践,培养学生的"双创"实操能力。

分类学习模块约30学分,占总学分160学分的18%。

3. 搭建开放式平台,构建"三元合力"的"双创"育人模式

提出"课堂教学+园区实践+校企合作"的"三元合力"育人模式。课堂教学加强对学生创新创业理念和理论知识的培养;园区实践让学生进入"全链条"亲历实践训练;校企合作通过引企入园、共建实体、联合研发等方式,企业深度参与人才培养。课堂、园区、企业三方各司其职、互为补充、相辅相成,形成了开放性的链式联动体系。

五、实践推广应用价值

(1)产出了一批高层次理论成果。出版著作10部,高校"双创"教材2部,发表论文10篇,其中CSSCI 3篇,获省级以上奖4项。获省级以上质量工程项目38项。

(2)培养了一大批高素质应用型创新创业人才。近四年,参与创业实践学生达4837人。近三届毕业生参与创业实践的比例分别为10.46%、9.67%、10.62%。3000余名学生到宇通等大型企业参与实践。孵化出一批创新创业型人才。近五年,平均每年参加科技竞赛的学生达8500余人次。获国家级竞赛奖励1852项,获全国"互联网+"大学生创新创业大赛2银6铜。学校荣登"全国普通高校竞赛评估结果TOP300"榜单,位居武书连2019学生竞赛得分全国民办高校前列。

(3)建成了一批国家和省级高层次教育教学及创新创业平台。建成首批全国众创空间、国家级科技企业孵化器,全国首批大学生创业示范园,河南省高校中唯一的全国创业孵化示范基地等。与哈工大等单位共建研究中心6个;与中关村软件园共同注册成立公司;与河南省委网信办、360合作建成全省唯一的网络安全素养教育基地,得到河南省委王国生书记表扬。学校获批全国创新创业典型经验高校、全国深化创新创业教育改革示范学校、省示范性应用技术类型本科院校、省双创示范基地等。2016年,在全国高校创新创业典型经验座谈会上,学校作为全国4所高校之一,做了典型发言。2018、2019年两年荣膺武书连中国民办大学综合实力排行榜第一名。2017、2018、2019年蝉联全国应用型大学排行榜民办高校第一名。

(4)项目成果形成的相关议案建议被政府采纳。项目主持人围绕创新创业教育改革等提交议案建议35项,均被采纳,其中有的建议被中宣部、中央办公厅采用。学校中国(河南)创新发展研究院获批国家发改委委托项目2项(全国共66项);入选"中国智库索引(CTTI)来源智库",也是2018年增补的河南省唯一智库。推动成立河南省教育厅高校智库联盟。研究成果在《河南日报》发表,得到河南省副省长武国定的专门批示。两项成果分别入选2019年CTTI来源智库年度精品研究成果(全国20项)、CTTI智库最佳实践案例(2019)(全国52项)。

(5)改革成果的社会效益显著。学校发起成立河南省高校创新创业协会,近百所高校参加;举办中原创新发展论坛、全省高校创新创业教育改革座谈会等。做法在14所高校推广,140多家高校以及政府、企业、科研院所20000多人次来校考察学习。央视"新闻联播"《人民日报》《光明日报》《中国教育报》等多次报道。国务院"双创"专题督查调研组等3次到校调研,均给予了高度肯定,新华社的通稿报道发布在国务院政府网上。

"双一流"建设背景下国际化人才培养模式与实践创新研究

主要完成单位：郑州大学

主要完成人：杨明星、刘建华、钱建成、索成秀、李文竞、时晓、靳丽芳、赵丹

一、成果简介

国际化人才培养是世界一流大学排名和"双一流"建设评价体系中的核心要素和重要指标，是推进高等教育改革开放和国际化发展的主要途径，也是提升我国高等学校国际声誉和影响力的必由之路。在"构建人类命运共同体""一带一路"建设和全球治理体系，全面深化改革、扩大对外开放的关键时期，我国中西部高校的内涵式发展也进入了攻坚期和深水区，开放办学水平以及国际化教育资源分配不均衡现象日益突出。

(1)本项目以国家社科基金重大项目首席专家杨明星所主持的国家社科基金重大项目《中国特色大国外交的话语构建、翻译与传播研究》为依托，对标世界一流、立足"双一流"建设国际化人才培养工作实际，在系统研究哈佛大学、牛津大学、剑桥大学等九所世界一流国际大学国际化人才培养模式的基础上，探索出"双一流"建设框架下国际化人才培养的中国特色和郑大模式。

(2)成功构建了中西部高校开放办学的创新模式、前沿理念和战略举措以及以国际化高校治理体系、国际化科学研究、国际化平台建设、国际化学科建设、国际化师资队伍，以及"专业素养＋外语交流能力＋国际视野"高层次人才培养模式为主要内容的国际化人才培养体系。郑州大学注重拓宽教师与学生的国际化视野，通过实施"请进来"和"送出去"双轨制战略，鼓励跨学科、跨国籍开展学术交流。外交部"外事外交知识进高校"活动在郑州大学的成功举办进一步拓宽了师生的国际化视野和素养。2018年郑州大学对外联合办学在全国名列第二，对

外产生了重要学术影响力。

(3)在全国率先成功创建了对接国家战略的一流前沿交叉学科"外交话语学",构建了服务讲好中国故事的本硕博博士后人才培养体系和课程体系,推动了外国语言文学和国际关系学两大学科的交叉融合发展。先后成功申报外国语言文学一级学科博士点和外国语言文学博士后流动站,"外交话语与外事外交翻译"被列为博士(后)教育重要的特色学科发展方向和培养方向。"讲好中国故事"高层次特色人才培养模式日益凸显,已将外交话语纳入学院本硕博一体化课程体系并列入研究生和博士后特色招生方向。国际化人才培养就是要重点培养具有国际视野和跨语言跨文化交际能力、谙熟外事外交知识和国际惯例、精于国际问题和区域国别研究的高层次专门人才,培养能够将个人素养与国家前途和人类命运紧密联系起来的人才。

(4)推动了国际化学科平台创建。在此教改项目的推动下,作为国际化科学研究的重要学术平台,郑州大学中国外交话语研究院制定并实施了一系列创新性教学改革方案。目前该机构已成功获批河南省高校人文社科重点研究基地,同时与河南省委外事办达成合作共建协议,正式纳入省校共建省级科研机构序列。该基地主持的"中国特色大国外交话语体系建设"入选河南省创新团队。该院采用国际关系学、语言学、翻译学和传播学等跨学科的视角,系统研究中国外交核心话语的构建、翻译与传播规律,积极构建和大胆探索外交话语学特色学科方向。

(5)海外高端人才的引智工作取得突破性成效,为一流大学建设提供了强有力的人才支撑。提出要加强"人才特区"建设、推进国际科研合作以及"111引智基地"的申建工作。郑州大学引进了大批海外高层次人才或外籍专家、国际雇员,精心打造面向世界一流学科的国际化科研合作平台,如海外虚拟研究院、国际化示范学院。大大地推动了一流大学和一流学科建设,英语等21个专业入选国家一流本科专业。邀请海外学者来校工作200人,来访1250人次。校长刘炯天院士应邀在全国科技创新工作会上做海外引智典型发言。

(6)在教学改革和教学方法上均有重大突破和创新,形成了以国家社科基金重大项目、国家精品在线课程、国家级一流专业、河南省人文社科重点研究基地、省级创新团队为主的系列教改成果,具有重要的借鉴意义和推广价值。此外,项目组已在《中国翻译》《外语教学》《中国外语》《比较教育研究》等权威核心期刊上发表教改和科研论文10篇;出版专著2部;编制郑州大学国际化办学工作制度汇编1本;省级、国家级质量工程8项;在上海外国语大学、华北电力大学、同济大学、中国政法大学以及中国海洋大学等6所国内知名院校进行推广应用。

二、已解决的主要问题

该成果主要分析并总结出了美、英、德、日、澳5个国家9所世界一流大学国际化人才培养模式,构建了以国际化办学方向、国际化科研项目、国际化科研平台、国际化学科建设、国际化师资队伍、国际化课程等国际化人才培养体系;制定了本科生学位教育联合培养、研究生培养国际拓展计划、研究生教育国际化能力提升计划和目标。规划了鼓励"双一流"高校及其学生与世界知名大学进行全面交流以及深度合作的方案;提供了国际化科研平台建设、优势特色学科平台提升计划,增强学校以及学科的国际影响力、竞争力。

在本项目的推动下,郑州大学相继出台了一系列国际化办学相关政策和制度,如《郑州大学"十三五"发展规划》《郑州大学"十三五"规划国际化战略专项规划》《郑州大学关于推进国际化办学的实施意见》《郑州大学国际学生管理办法》《郑州大学博士研究生国(境)外访学项目实施办法》等。

三、解决方案

(1)找准政治方向,形成具有中国特色的国际化人才培养模式。

(2)加强国际化办学的顶层设计与总体规划,引导"双一流"教育教改工作有序开展。

(3)聚焦世界理论前沿,开启国际化的科学研究。

(4)瞄准学术高峰,推动国际化的学科建设。发挥重点学科的示范引领作用、推动学科交叉融合发展、深化部省合建对口合作。如外交话语学科的成功创建和国际化人才培养体系的构建。

(5)打造质量一流的国际化师资队伍。

(6)构建以"专业素养+外语交流能力+国际视野"为核心的国际化人才培养模式。

(7)建立"国际化示范学院",最终形成由点到线,由线到面的国际化网络布局。

(8)创建中外联合办学新模式,提高学校国际化声誉与影响力。如郑大设立"海外虚拟研究院",与46所大学联合培养博士,实施强力推进师生国际学术交流项目的"双千计划"等,仅2019年达到1900人次;

(9)依托全球校友资源优势,构建开放办学的全球网络。

四、推广效果

2017年以来,课题组提炼的国际化人才培养模式已在我校本硕博及博士后人才培养中得以实施,涉及参与学生人数达数千人。国际化办学被列为郑州大学2019年十大新闻和十大标志性成果。

2019年在校留学生达到2566人,招收博士留学生267人,较2018年提高了132%。其次,生源更加全球化和国别多样化,由2016年30多个国家扩展到2019年的60多个国家。根据2018年大学国际化评价研究中心发布的文件显示,郑州大学中外合作办学位列全国第二,大学国际化水平以及学生国际化排名位列全国高校第37名。

新华社、中央电视台、《人民日报》《光明日报》《中国教育报》《中国社会科学报》、《河南日报》、河南广播电视台等媒体对郑大国际化办学和人才培养进行了深度报道。2019年7月《人民日报》以"讲述亲历故事,见证辉煌历程(国际人士谈新中国70年发展成就)"为题报道郑大医学科学院外籍院长莱蒙院士。中国社会科学报多次头版头条对郑大外交话语研究成果进行报道,已引起中宣部、中联部、外交部、中央编译局、中国外文局、国家社科规划办、教育部等国家有关部门的充分肯定。2019年12月,河南广播电视台国际频道以题为《心怀人类命运谋划大国外交》专题报道中国外交话语研究院和外国语与国际关系学院外交话语人才培养模式和体系。

大学与中小学合作研究实践机制探索
——基于"课堂教学切片诊断"的推广实践

主要完成单位：河南大学

主要完成人：魏宏聚、张建东、付佳、刘清华、段晓明

大学与中小学合作开展教育研究（也称 U−S 结合）在国内外都经历了一个漫长的发展过程。早在 19 世纪末，杜威创办"芝加哥实验学校"，就代表了大学与中小学合作的最初萌芽。20 世纪 90 年代中期，受国外"教育行动理论"的影响，我国大学与中小学开展的合作研究开始在全国各地生根发芽。国内比较有影响力的大学与中小学合作研究模式的主要有：2001 年首都师大与丰台区教委联合成立的教师发展学校、华东师大叶澜教授主持的"新基础教育"研究等、山东省政府统筹主导的"U−G−S"的教师教育模式。

但在实践过程中，不乏失败的案例，这些合作研究出现了诸多合作困境，导致合作效果不理想，最后合作不了了之。本研究所述的大学与中小学的合作研究，指的是大学教育学者与中小学教师为提升中小学教师教育教学的有效性、促进教师专业成长及促进大学教育学者理论成长的双向建构机制。

一、问题的提出

课堂诊断（也称课堂研究、课堂观察或听评课等，本研究统称为课堂诊断）是教学研究最主要的形式。课堂教学切片诊断为河南大学魏宏聚教授探索近十年的研究成果，是大学研究者深入中小学校，以大学与中小学校合作研究的方式，经过近十年实践探索的研究成果。该成果于 2018 年获得国家教学成果奖（基础教育类）二等奖。本研究正是在课堂教学切片诊断推广实施的实践基础上，对大学与中小学合作研究实践机制的探索。

纵观国内诸多合作不成功的案例，结合多年的合作实践，大学与中小学合作研究的困境如下。

1.大学与中小学在合作中的角色定位

大学与中小学合作过程中,大学研究者究竟以何角色介入实践,而中小学教师又应以何角度接受合作呢?这牵涉双方的角色定位与价值追求。最常见的角色定位合作是单向的知识输出,以理论工作者、专家的角色介入实践。大学研究者以理论者或"专家"的身份介入研究,以"高高在上"的角色指点研究,指点实践的发生;而中小学教师往往对大学研究者"心存敬畏",被动接受,双方难以实现合作文化的融合,便谈不上合作成效。

2.合作主题的选择与理论的提供方式

合作主题,也即大学与中小学教师合作对象的确定。大学与中小学合作,以什么主题为研究对象呢,单纯以大学研究者的优势研究方向为合作研究对象,有可能不是中小学校所需要的;单纯以中小学的实践问题为研究对象,有可能脱离了大学研究者的研究优势,超越了大学研究的能力范围。忽视了任何一个方面,就可能导致研究无法有效进行。

在确定了研究对象后,就是理论的提供。大学研究者以何种方式,提供何种性质的理论,同样是制约合作成效的关键问题。

3.合作动力

大学与中小学合作,遇到的最大瓶颈是合作动力问题,这里的合作动力指的是中小学教师参与合作的动力,也指大学教育学者参与合作的动力。如果仅从服务于实践的角度参与合作,那么教育学者在遇到困难或障碍时,很容易失去合作的热情;中小学教师忙于实践工作、忙于教学,没有时间参与合作,如果没有恰当的动力驱动,要使中小学教师主动参与合作研究,几乎是不可能的。

4.合作方式

大学与中小学研究的合作方式主要有"务实"与"务虚"两种。所谓的"务虚",是指大学研究者采取间隔一个月或更长时间到合作的中小学做一次理论引领(报告或讲座),对于中小学实践采取不介入或不干预的方式,理论的应用全凭中小学教师的自发、自觉的应用。所谓的"务实",指研究者采取"浸入式"的深度介入实践,长期跟踪或蹲点于实践之中。两种方式各有优缺点与不足,务虚的方式,更多的是利用大学研究者的名,为中小学的实践赢得光环,但实效不理想;务实可以有效地介入中小学实践,改变中小学实践,取得不错的实效,但大学教育者的时间是有限的,实践起来有困难,另外也会导致理论覆盖的面受到影响,无法开展更大规模的合作研究。

5.合作成果的评价标准

大学与中小学的合作研究,其成果虽属于教育研究成果,但其评价标准需要重要的界定。众所周知,大学研究者的成果评价标准是学术标准,以发表文章、出版著作的量与质来衡量。但大学与中小学的合作研究,其成果的形式是多种多样的,比如给中小学教师做一场学术报告,这是不是合作成果呢?为中小学教师的课堂进行分析,这是不是合作成果呢?就中小学教师而言,他们参与合作研究,其目的是对教育教学实践的改进,其成果更多的是校本研究成果,以学术标准衡量,显然缺乏学术性;但若从实践标准出发,则这些校本研究成果具有较高的实践价值。因此,大学与中小学的合作研究成果,需要采用何标准进行评价,这牵涉合作双方的研究积极性问题。

二、研究成果,大学与中小学合作"双向成长"实践机制构建

经过多年的合作研究实践,研究团队在以下五方面达成了共识,形成了大学与中小学合作取得成效的基本机制。

1.大学与中小学合作"双向成长"机制中的角色定位

大学与中小学教师应建立平等的伙伴关系,大学研究者褪去"专家的外衣",应意识到合作不是单向的施舍、服务,在合作中也实现自身对"理论"认识的超越,对"理论价值"的超越,是大学研究者自身成长、"蝶变"的需要。中小学教师应树立牢固的职业信念,立志成为一名优秀的研究型教师,是自身"由卵到蝶"的成长需要,而不仅仅是"配合",这样才能有内驱力参与研究,与大学研究者结为真正的合作伙伴。

2.合作主题选择的"自下而上"程序

合作主题的确定,采用"自上而下"的程序,由大学研究者根据自身感兴趣的问题确定时,往往无法引起中小学教师的关注与兴趣,无法激发中小学教师参与合作的真正动力。采用"自下而上"的程序,由实践者提出,以学校的发展规划为切入口,特别是以"课堂变革"为切入口。课堂是学校发展的主阵地,它的变革牵涉教师专业发展、教学有效性与校本研究的变革,而这三个方面是任何中小学校发展必须关注的三个核心命题。当合作主题采用"自下而上"的程序时,才能真正引起中小学的关注与关心,才能真正调动合作的积极性。

3.合作动力:采取行政、经济与学术相结合的三重动力

合作动力,是确保合作持续进行的力量,应采用三重动力推进,一是行政动力,中小学校的行政推动是促进合作的首要动力,也是最直接、有效的动力;经济动力是指经济驱动,给予参与合作者一定的经济利益,这是最为有效的推动力;学术推动力是最为根本的动力,让参与合作的一线中小学教师体会到理论的价

值,理论对实践者成长的意义,这是最为持久的推动力。

行政推动、经济利益驱动与学术推动,三重动力,才能有效、有力地推动合作持续进行。

4.合作方式:务虚与务实相结合的"深度"介入

理想的合作方式是务虚与务实相结合,务虚是指学术引领,大范围的理论普及,这是营造合作氛围的必要路径;务实的合作方式,是合作取得成效的关键,所谓务实是指对中小学校的跟踪指导。时间间隔不能太长,比如跟踪指导最长间隔不能超过一月,也可以两周跟踪一次,否则合作研究在合作学校就没有存在感,当然,时间过于短的跟踪,对于大学与中小学都不现实。

5.合作成果的评价标准。

大学教师与中小学教师合作成果的评价,能否与晋级及其他学术荣誉直接联系,严重制约着大学教师深入实践的积极性;同样,中小学校、中小学教师也面临着教育行政部门、学校评价带来的压力。合作成果的评价标准目前已逐渐得到认可并实施:

大学教师社会服务次数、社会服务的规模与横向合作资金的量,都纳入晋级、学术荣誉的量化考评指标。

中小学的校本研究成果,其评价标准要坚持学术与实践双重标准来衡量,其中实践标准是首要标准。

课堂教学切片诊断相关成果已被河南省教育厅采纳并在全省推广应用,以切片诊断为载体的"大学与中小学合作双向成长实践机制"成果,将会得到进一步的验证与拓展。河南省的信阳师范学院、周口师范学院及浙江省的温州大学教育学院借鉴了该成果并在当地开展大学与中小学的合作机制研究。

河南省"双一流"建设绩效评价体系与资源优化配置

主要完成单位：河南师范大学
主要完成人：罗红艳、薛万新、史璞、万运京、王世威、
祁晓、魏曙光

本研究以国家"双一流"战略与河南省优势特色学科建设工程为背景，以河南师范大学为典型个案，以学科建设为聚焦，从学科—学院（部）—学校三个层面较为系统地探索了特色骨干大学通过有效构建绩效评价体系，优化资源配置，以增进学科建设成效，彰显学科建设优势。本研究改革成果为河南省乃至全国特色骨干大学"双一流"建设提供了借鉴与启示。

一、本研究解决的主要改革问题

本项目主要解决的问题如下：

（1）紧扣大学属性，解决了"双一流"建设目标不明、定位不准的问题。本研究在《中国高教研究》等权威期刊撰文认为，特色骨干大学要充分研判形势，既不能妄自菲薄，丧失内生动力；又要避免盲目攀比，缺乏合理定位。要在"国家—省—校"三个层次格局中明确学科发展目标；要结合"高质量""特色化""地方性"等特质属性科学合理地进行大学发展定位。

（2）坚持系统思维，解决了"双一流"建设中谋划不足、缺乏联动的问题。从现实看，我省特色骨干大学"双一流"建设大多缺乏系统、科学的谋划，要么关注上层治理，要么偏倚基层发力，上下有效联动不足。本项目在前期理论研究、政策文本分析的基础上，坚持以问题为导向，通过河南师范大学的个案实践，探索形成特色骨干大学系统推进一流学科建设的发展模型。

（3）着眼绩效评价，解决了"双一流"建设中标准缺失、效益不高的问题。无论是国家，还是河南省在实施方案中强调的绩效评价大多由外部的第三方实施，

而且基本都是事后评价。特色骨干大学内部构建的、旨在强化过程管理的绩效评价体系较少,这使标准缺失、效益不高成为较为普遍的问题。本研究着力通过绩效评价增进底层、基层活力,提高学科建设的效益。

二、具体方法

本研究围绕上述三大问题,进行了从理论到实践、从目标到路径,从问题到策略,从微观、中观到宏观的系统性探究与实践。具体方法如下:

(1)以理论研究为手段。为了给项目改革做好学术铺垫,主要做了以下理论研究:首先,基于组织理论的高校"双一流"建设绩效管理系统构建研究,探索了高校"双一流"建设绩效管理系统构建的可行性模型,并将研究结论运用到优势特色学科和二级学院(部)绩效管理及评价系统的设计、完善和优化中,增强了其学理性。其次,基于"骨干""特色"关键词,探讨了一流师范大学的建设问题。两年来,河南师范大学在《光明日报》《中国教育报》《中国科学报》和教育部官网等国家级媒体上发表了系列文章或报道。为打造一流师范大学、创办一流师范专业、培养一流师范生与教师提供了理论支撑。

(2)以整体谋划为理念。河南师范大学经过广泛讨论,充分研判,最终确立了"走选择性卓越的道路,聚焦一流学科建设,实现局部高端突破"的奋斗目标。在学科建设定位上,紧扣特色骨干大学属性,建设具有"高水平、特色化、区域示范性"特质的一流学科。如何创建一流学科或学科群?河南师范大学在前期研究基础上探索形成了以学科建设为聚焦、以绩效评价为杠杆、以优化资源为支撑的学科—学院—学校三学联动、协同推进一流学科建设的发展模型。

(3)以绩效评价为杠杆。学校制定了《河南师范大学优势特色学科考核评估办法(修订)》和《优势特色学科创新贡献绩效考核指标体系》等考核评价办法与标准。学校依据评价标准对优势特色学科进行年度检查、量化赋分,以此确定各学科年度建设绩效费的分配。还建立健全了中期考核与期满验收结果的运用机制。通过绩效杠杆、奖惩机制有效地加强了过程监控,达到了以评促建的效果。

(4)以提高效益为追求。首先,坚持目标导向,从人才培养、高层次人才引进与培养、教学工作、科学研究、重点学科及科研平台等5个重要方面对二级学院(部)进行产出贡献评价。其次,关注资源配置,对二级学院(部)进行效益评价。主要通过资源配置与绩效产出之间的关系观测各学院(部)的效益状况。再次,强化结果运用,建立基于绩效评价的财务预算与项目库运行机制。

三、成果的创新点

本项目改革的创新点包括以下几点：

(1)探索构建了以学科建设为聚焦，学科—学院—学校三学联动、协同推进一流学科建设的发展模型。"双一流"建设归根结底会落脚到一流学科建设之上，一流学科如何建出成效，本研究探索了从微观的具体学科、中观的二级学院（部）以及宏观的学校三个层面建立起三学联动、协同推进的发展模型。在具体运行中，微观、中观层面，在建立健全绩效评价指标体系的基础上，强化过程管理与考核评价，并以此为依据优化资源配置，提高学科建设效益与二级学院（部）管理效益。宏观层面，在加强理论研究的基础上，解决整体谋划与战略管理的问题，从而实现一流学科建设的终极目标。

(2)构建了一流学科建设绩效评价指标体系，以评促建，强化过程管理。为了加强优势特色学科建设，学校坚持贡献导向，出台了《河南师范大学优势特色学科考核评估办法》，分类制定了《河南师范大学优势特色学科创新贡献绩效考核指标体系》，印发了《河南师范大学工程学和材料科学 ESI 学科贡献奖励办法》，坚持年度检查、中期评估、期满验收相结合，以绩效评价为杠杆，加强过程管理。为了提升二级学院（部）学科管理效益，学校研制了《河南师范大学二级学院（部）资源配置与绩效量化评价指标体系》，发布年度评估报告，从投入（资源配置）与产出（绩效）之间的关系观测各学院（部）的学科管理效益，为学校决策、学院管理提供依据。

(3)探索形成了基于绩效评价的资源优化配置、财务预算和项目库运行机制。学校优势特色学科设立专项经费，每年进行年度检查、量化赋分，以此确定各学科年度建设绩效费的分配。2018 年进行了中期评估，根据中期考核和绩效核算结果，环境科学与工程等 3 个建设成效突出的学科，获得了超出其立项建设身份的学科建设绩效经费。项目组与财务处协同推进基于绩效评价的财务预算与项目库运行机制研究与改革。尝试着在年度财务预算以及中央或河南省专项资金申报与审批中进行项目化管理与运行改革。《河南师范大学二级学院（部）资源配置与绩效量化评价报告》被作为项目能否入库以及项目排序关键依据之一。

四、实践推广应用效果

近年来,这些改革措施取得了非常明显的效果:①2020年河南师范大学不仅进入河南省特色骨干大学建设高校前列,更有化学、前沿物理与清洁能源材料、生物学、教师教育等四个学科(群)同时获得A类特色骨干学科建设支持,A类特色学科数量并列河南省特色骨干大学建设高校第一。获得8个一级学科博士点和一个专业学位类别。②将立德树人贯穿学科建设全过程,强化了学科育人功能。获批"全国高校思想政治理论课教师研修基地"等国家级平台2个。2018年获得国家级教学成果奖3项。2019年获批国家级一流本科专业建设点13个。③高层次队伍建设成效显著。先后有3人获得国家杰青、优青,2人入选国家"百千万人才工程"。

近年来,本项目研究成果产生了很好的社会影响,推广应用前景广阔:改革成果《论师范大学再师范化转型及价值重塑》一文在一级顶尖期刊《教育研究》发表,受到了教育部领导高度肯定,并以内参形式报送中央领导和中宣部等相关部门;《光明日报》《中国教育报》等权威报刊发表或报道了系列关于河南师范大学"双一流"建设、打造标杆师范院校、培养高素质教师的论文、报道,产生了很好的社会反响。本项目改革成果还受到了中国劳动关系学院、湘潭大学、杭州师范大学、云南师范大学、郑州大学、河南工学院、新乡医学院、河南科技学院等高校的高度认可,并予以采纳,进入省内外推广应用环节。

地方高校卓越法治人才培养模式和课程体系改革的理论与实践

主要完成单位：河南师范大学、新乡市中级人民法院
主要完成人：王鹏祥、袁荷刚、王晓慧、陶旭蕾、韦留柱、黄娟

该成果为2017年获批的河南省高等教育教学改革研究与实践重点项目的研究成果，前后经历两个学年度。在此期间，项目组成员分工合作、深入调研，在理论和实践上进行了一系列探索，取得了丰硕的教学成果。

一、本项目主要解决的问题

1.新时期地方高校卓越法治人才培养目标的定位

针对我国法学教育存在的教育同质化，法律职业道德教育薄弱，学生实践能力培养不足，课程体系设置不合理，法律人才市场供给与需求错位等问题，我国在2011年启动"卓越法律人才教育培养计划"基础上，2018年又对这一计划加以完善，将"卓越法律人才"改称"卓越法治人才"，对卓越法治人才的培养思路、培养目标、培养任务与举措、培养过程的组织实施等做了进一步的要求。河南师范大学法学院作为河南省首批卓越法律人才培养基地，在卓越法治人才的培养目标定位上，该如何适应这些新的要求将是我们面临的首要课题。

2.不同资源禀赋下卓越法治人才培养模式的创新

在卓越法治人才的培养上，各个高校的资源禀赋并不相同，基于对"卓越法治人才"的不同定位，多数高校会结合自身优势进行各自不同的人才培养模式探索，且表现出较大的差异性和独特性，这不仅有利于解决法治教育的同质化问题，也有利于市场的卓越法治人才多元供给。河南师范大学法学院作为一个地方高校法学院，如何结合自身的各种资源优势，根据卓越法治人才培养目标要求，创新卓越法治人才培养模式，是我们一直思索的问题。

3.新形势下相关卓越法治人才培养的课程体系建设

我国经济社会发展较快,对卓越法治人才的需求也不断变化,高校卓越法治人才的培养应当适应社会发展的新形势,不断更新卓越法治人才的知识结构,经常调整和充实卓越法治人才培养的课程体系。课程体系建设既要考虑人才培养的科学性,还要考虑师资配备的现实性,对此,地方高校该做出什么样科学而务实的选择也是一个需要思考的问题。

二、本项目主要改革成果

该项目自获批以来,紧紧围绕项目确定的问题,课题组成员分工合作、深入调研,不仅完成了相关的理论研究工作,并在实践中进行了一系列的改革探索,取得了一些改革成果。

1.确立应用型、复合型卓越法治人才培养目标

理论上我们认为地方高校的卓越法治人才培养应紧紧围绕国家卓越法治人才培养要求,立足地方高校发展实际,坚持卓越法治人才专业培养之本,根据地方和基层卓越法治人才需求,确立卓越法治人才培养目标。河南师范大学是地方性综合院校,文理发展均衡,与地方法治建设联系密切,河南师范大学法学院长期直接参与各种法治活动,经过多年发展,在师资建设上有很大进步,在人才培养上形成了自己的特色,学风浓厚,实践教学突出,在此基础上,根据河南省的法治人才发展需求,我们将"厚基础、宽口径、强实践、专能力"的应用型、复合型卓越法律人才作为法学本科人才培养的目标,并对其标准和要求加以具体化,使培养目标更加清晰。

2.形成"1+2+1"的人才培养模式

坚定的法治理想信念、良好的职业伦理道德、扎实的专业理论功底、强大的法律实践能力是新时期我国对卓越法治人才培养的新要求,河南师范大学法学院是河南省法学一级重点学科,具有法学硕士和法律硕士学位授予权,是河南省公认的规模较大、学科体系齐全、教学科研力量较为雄厚的高级法律人才培养基地。在此基础上,结合我院实际,我们采取了"1+2+1"的人才培养模式,第1年强化"德法兼修"的德,增设大量的德育、美育课程,注重学生的马克思主义法治理想信念教育和思想品德教育;第2、第3年强化专业基础教育,及时更新反映社会发展需求的法治课程,筑牢法学教育之本;最后1年强化法律实践能力培养,创新实习实训模式。

3.制定科学合理的人才培养方案

为制定科学合理的人才培养方案,我院几易其稿,多方论证,最终形成了适合我院特点的人才培养方案。致力于提升学生的法治理想信念、职业伦理道德和职业实践能力,我们设置了不同的课程模块,在德育、美育方面,设置《思想道德修养》《音乐、美术鉴赏》《中国优秀传统文化》《大学生心理健康教育》等课程;在职业伦理道德教育方面,增设《法律职业伦理》课程;为强化学生实践能力培养,开设《诊所式法律课程》《模拟审判实验》《模拟法庭》《物证技术》等课程;在专业课程方面,分模块分方向开设课程,如民商法模块、经济法模块、刑法模块等;同时积极回应社会发展变化,增加新的选修课程,如《电子商务法》《证券法学》《财税法学》等。

4.加强实践教学改革,创新协同培养模式

在实践教学方面,河南师范大学法学院加强与地方法院、检察院、律师事务所等法律实务部门建立广泛联系,经常聘请法律实务部门的法官、检察官或律师到学校给学生开设实务讲座,或组织学生到法院旁听,或通过巡回审判庭方式到学院模拟法庭开庭审理案件。为形成制度化的实践教学培养机制,回应国家关于创新高校与法律实务部门协同培养卓越法治人才的号召,我院与新乡市中级人民法院建立了卓越法治人才合作培养机制,在法院内设置"实习法官助理课程",由一线法官参与卓越法律人才的培养,学生直接参与一线司法实务,增强了学生的职业认同感和实践工作能力,取得了良好的协同培养效果。

5.培养了一批优秀的"双师型"教师队伍

为加强我院的"双师型"教师队伍建设,我院积极参加中央政法委、教育部"双千计划",鼓励具有博士学位的教师到相关实务部门挂职锻炼,鼓励青年教师兼职服务,先后选派多名教师赴省司法厅、省公安厅、省教育厅高校纪工委挂职,另有多名省公安厅干警、中级人民法院法官、市人民检察院检察官到我校挂职。这些"双师型"教师依赖自身丰厚的法学知识和丰富的实践经验,在实际工作中为法学院赢得了诸多声望,先后有三名教授获得"河南省优秀中青年法学家"称号、六名教授被聘为河南省委法律专家库专家,河南省法治智库专家,两名教授被聘为河南省法学会学术委员会委员,刑法教研室被评选为2018年度省级优秀基层教学组织。

三、本项目的推广应用效果

1.形成了一批教育教学研究成果

项目组成员在不断探索的基础上,在《中州学刊》《河南师范大学学报》《河北法学》《华北水利水电大学学报》等期刊发表有关教育教学改革论文 7 篇,包括《论污染环境犯罪的刑法治理》《黑社会性质组织的阶层认定》《VR 式模拟法庭:对模拟法庭的一种社会学改良》《应用型卓越法治人才的培养路径》等,对相关的教育教学改革成果加以推广。项目主持人作为副主编组织参与编写卓越法律人才教育培养教材 2 部,在教材建设方面为地方高校卓越法律人才的培养提供支持。

2.学生的专业能力、职业素养、实践能力等有了明显提升

自 2017 年本项目成果应用于我院法学专业本科生培养实践以来,法学院学生在各种法律辩论赛中取得了一系列优异成绩,例如,在 2018 年获得河南省第五届"卓越杯"大学生法治辩论赛冠军、河南省第一届"中原崛起杯"大学生知识产权辩论赛冠军、河南省第二届"京师杯"高校法治辩论赛亚军,2019 年获得河南省第六届"卓越杯"大学生法治辩论赛冠军、河南省第二届"中原崛起杯"大学生知识产权辩论赛亚军、河南省第三届"京师杯"高校辩论赛亚军,先后有多名辩手获得"优秀辩手""最佳辩手""最具博学奖"等称号。此外,我院学生的考研率、司法考试通过率、就业率逐年上升,已就业学生得到了用人单位的一致好评。这些成果曾被《河南法制报》、中新闻等省级以上新闻媒体广为报道。

3.项目成果被其他高校院系借鉴推广

该项目成果反映了我国当前最新的法治教育改革要求,符合地方高校的办学实际,具有很强的操作性和实践性,先后被推广借鉴到了河南大学、河南科技大学、河南财经政法大学、河南城建学院、许昌学院等多所高校的法学院系,并得到了一致好评。

地方普通本科高校专业结构优化调整的多元耦合机制及实践研究

主要完成单位：河南科技大学、河南省老教授协会
主要完成人：宋书中、田虎伟、徐红玉、王雪燕、王艳丽、徐会杰、孙安、杜学宾

一、主要解决的问题

高校专业结构优化调整是宏观与微观的相互渗透，横向与纵向的立体交织，并随着政府、市场、院校、知识、受教育者等的需要而不断地进行调整优化的多元耦合过程。高校专业结构调整优化必须以改革为动力，以提高人才培养质量为核心，以提高学校核心竞争力为目标，稳步推进专业结构调整优化工作。

自2014年课题获批省级立项以来，立足于地方普通本科院校专业建设的实际和可能，采用行动研究的理念和方法，通过研究者、管理者以及实践者结成研究共同体，进行研究、决策、实践、改进、再研究等循环，建立了加强专业内涵建设、强化专业结构调整、推进专业结构优化等多元耦合机制。该成果以教育部卓越工程师教育培养计划专业建设、专业认证、专业评估等为依托，增强了专业的发展活力；积极推进新增专业、招生计划调整、暂停招生和撤销专业等改革，增强了专业建设对经济社会发展的适应性。

本成果主要解决的问题有：

1.专业发展活力不足的问题

通过推进专业认证、专业评估，建立专业预警机制和退出机制，增强专业发展活力。

2.专业建设对经济社会发展适应性不足的问题

通过开展卓越人才培养专业创优工程，开设新工科实验班，大力开展创新创业教育改革，校企校地协同育人等方式，增强专业建设对经济社会发展的适

应性。

3.学生对专业爱好与职业兴趣的认知度偏低问题

通过开展学生职业倾向性测试,建立本科生校内转专业管理、按类招生专业分流制度,满足学生的专业兴趣和职业志趣。

二、成果解决教学问题的方法

1.目标导向法

(1)持续推进专业结构优化调整改革。通过调查研究,对标先进,发现问题,开展改革实践和效果评估。依据评估结果,持续改进,不断推进专业结构优化改革。在科学制订专业建设规划的基础上,积极推进人才培养模式、卓越人才培养、专业建设内生活力等三项改革,建立了学生转专业、按"三率"调整专业招生计划、招生培养就业联动、老专业优化升级、实验班改革、专业预警与退出等六个新机制,初步形成了专业结构调整优化多元耦合机制。

(2)深化产教融合育人机制建设。通过持续加强校企、校地、校校及行业组织等战略合作,签订战略合作协议,明确各方权利与义务,建立专门协调机构和法人年度定期会晤制度,理顺各方协同育人机制。

(3)开展电气工程创新实验班实践。自2013年以来,项目研究人员作为电气工程创新实验班项目负责人,以提高学生能力为导向,贯彻OBE教育理念,持续开展了以强化实践教育为特色的工科人才培养模式改革与实践。2018年又设立面向电气工程领域高水平拔尖人才培养的"电气工程创新实验班",编制特制培养方案,单独编班,设立专门的全开放实验室,为每位学生配备了计算机、示波器、万用表、电源、焊台等全套仪器设备和电工工具,建设了常用电子元器件库供学生随时选用,为学生提供了上不封顶的创新实践学习平台等,已初步形成了具有地方工科院校创新实践教育新模式。

2.实证分析法

项目研究人员研制开发了《学生职业倾向性与专业选择测试量表》(光盘版,网络版),组织学校10个专业588名学生的团体测试,并对学生职业人格类型与所学专业的吻合度进行了实证分析。同时,项目研究人员基于中国大学排名对学校声誉和生源的影响,开展了四个中国大学综合实力排行榜的实证研究,从高等教育机构排名柏林原则的视角,提出了相关改进建议。

3.实体识别任务法

为加快临床医学专业建设,深化临床教学改革,项目研究人员开展了以临床病历命名实体识别任务为例的序列标注模型中的字粒度特征提取方案研究，以及序列标注模型中不同输入特征组合的集成学习与直推学习方法研究，为构建临床医学模拟仿真实验室提供方法支撑，为临床医学顺利通过教育部组织的专业认证打下良好基础。

三、成果的创新点

1. 管理创新

(1)构建了多元耦合的地方普通本科院校专业结构调整优化"1333"运行新模式。即以一个专业建设规划为基础，积极推进人才培养模式、卓越人才培养、专业建设活力等三项专业内涵建设改革，建立了学生转专业、按"三率"调整专业招生计划、招生培养就业联动等三项专业结构调整新机制，建立了老专业优化升级、实验班改革、专业预警与退出等三项专业结构优化新机制。

(2)构建了"3435"的河科大创新创业人才培养模式。即构建了包括"三阶段"人才培养过程、"四位一体"课程体系、"三个一"学生创新创业实践能力培养途径、"五融合"人才培养机制等相互衔接融通高效的创新创业教育人才培养模式。

2. 理论创新

(1)总结提炼了地方本科院校专业结构优化调整的三种模式：基于地方本科院校专业结构优化调整是市场力量、行政力量和学术力量等共同作用的产物的基本假设，分析了不同性质、不同发展阶段的本科院校内部学术力量的基础不同，其在与行政力量和市场力量博弈的过程中，呈现出不同的力量对比结构，得出了在地方本科院校专业结构优化调整过程中，出现的地方新建本科院校转型发展"大刀阔斧式"、老牌本科院校"和风细雨式"和"借助外力式"等三种不同的专业结构优化调整模式。

(2)提出了高考生志愿填报应树立"专业优先于大学"的学术观点及其志愿填报的决策程序：开展职业兴趣与职业人格测试→确定职业目标→选择拟报考的专业类别→根据高考分数所能达到的录取批次选择大学等。

(3)开展了序列标注模型中的字粒度特征提取方法在临床病历命名实体识别任务的方案研究，提出了在电子病历命名实体识别任务中使用序列标注模型的集成学习与直推学习新方法。

3. 服务与产品创新

依据人格特性—职业因素匹配理论，对源于美国的《霍兰德职业性向测试量表》,结合《中华人民共和国职业分类大典》和教育部《普通高等学校本科专业目录(2012年)》,探索了我国职业分类与高等学校专业设置的对应关系;改造开发研制了适合中国学生的职业人格与专业选择测试量表:《学生职业倾向性与专业选择测试量表》(光盘版,网络版),组织完成了对学生的团体测试和网上集中测试,显著提高了学生对个人职业倾向性和专业关系的认知度;开发了"挑大学选专业——职业倾向性测评系统充值卡"。

四、成果的推广应用效果

1.专业内涵建设得到加强

目前,学校食品科学与工程、机械设计制造及其自动化、计算机科学与技术、车辆工程、临床医学等11个专业通过了专业认证。69个专业分先后三批参加了河南省教育厅组织的专业评估;在前两批51个专业评估结果中,有20个专业处于省内前3位,其余有25个专业处于前10位,整体情况优良。2019年度学校获批国家级和省级一流本科专业建设点分别为9个和13个。

2.专业布局逐步优化

2015年以来,学校新增了响应国家发展战略的新能源材料与器件、机器人工程专业,发掘弘扬洛阳传统历史文化的考古学专业,依托行业优势贴近社会需求的医学影像技术专业等7个专业。实施招生专业动态调整机制,逐步淘汰"三率"低的专业或减少其招生计划,已停招信息工程、电子信息科学与技术、水产养殖学、网络工程等4个专业。目前学校普通本科招生专业93个,涵盖理、工、农、医、经、管、文、法、史、教和艺术学等11大学科门类。

3.学生专业兴趣与职业志趣得到满足

建立了本科生校内转专业管理、按类招生专业分流制度,研制开发了《学生职业倾向性与专业选择测试量表》,对校内近万名学生开展了团体测试和集中测试,作为学校审批学生转专业和专业分流的依据,使2000余名学生成功实现转专业的梦想,3万余名按类招生专业学生成功实现专业分流等,在一定程度上满足了学生的专业兴趣和职业志趣,促进了学生的职业发展。

4.专业办学资源得以拓展

学校与中信重机集团等16家大中型企业和三门峡市人民政府签订战略合作框架协议,与10家高水平医院签订非直属附属医院协议等,校企校地合作机制更加顺畅,提高了社会对学校专业办学资源的支撑度。

5. 系列研究成果得以发表

课题研究发表了《学生职业人格与专业选择测试量表的研制》《供给侧改革背景下的地方本科院校专业结构优化调整——以河南科技大学为例》《行政推动市场引领学术内生三者协同——河南科技大学专业结构优化调整的实践探索》等系列学术论文10篇,其中,CSSCI收录期刊3篇,CSSCI收录期刊扩展版1篇;出版了《高校学情调查、创业能力培育与学院发展战略》学术专著1部。

6. 研究成果得到推广应用

成果引起了国内实践界同行的关注,已在沈阳工业大学、兰州理工大学、太原科技大学等多所省外院校和近10所省内院校得到推广应用。

7. 成果赢得媒体广泛报道

《中国教育报》以"奋力谱写高水平大学建设的绚丽华章——河南科技大学'双一流'建设掠影"(2017年05月23日),"河南科技大学通过培训教师、政策支持、搭建平台促'双创'教育——下活创新创业人才培养'一盘棋'"(2017年11月20日第3版),"校企合作促双赢,协同育人结硕果——记河科大轴承专业(方向)与德国舍弗勒公司深度融合培养卓越人才"(2018年7月23日第6版)等对学校"一流学科专业"建设、创新创业人才培养、产学研协同育人成效给予报道,赢得了社会的广泛赞誉。

地方高校创新创业教育综合改革与实践

主要完成单位：河南科技大学

主要完成人：孔留安、宋书中、颉潭成、杨国欣、宋玉平、易军鹏、田朝阳、李杰、李文涛

一、主要解决的问题

2015年国务院发布《关于深化高等学校创新创业教育改革的实施意见》明确提出加快推进创新创业教育改革。国务院"十三五"期间把创新创业教育改革提升为国家战略。一方面是国家实施创新驱动发展战略、促进经济提质增效升级的迫切需要，另一方面是推进高等教育综合改革、促进高校毕业生更高质量创业就业的重要举措。

近年来高校创新创业教育不断加强，取得了积极进展，但也存在一些突出问题：一是一些地方和高校重视不够，创新创业教育理念滞后；二是与专业教育结合不紧，与实践脱节；三是教师开展创新创业教育的意识和能力欠缺，教学方式方法单一；四是实践平台短缺，指导帮扶不到位，创新创业教育体系亟待健全。

创新创业教育改革是推进高等教育综合改革的突破口，是落实"为谁培养人？""培养什么样的人？""怎样培养人？"的重要抓手，是以提高人才培养质量为核心，以创新人才培养机制为重点，以完善条件和保障政策为支撑的综合性工程。高校必须树立以创新精神为价值取向的新型教育思想，通过实施创新创业教育探寻出一条适合自身特点的人才培养模式，培养满足社会需要的高素质创新创业人才。

二、解决教学问题的方法

(一)"多轮"驱动,确保创新创业教育工作合力到位

1.加强组织领导　做好顶层设计

2015年"深化创新创业教育改革"写入《河南科技大学综合改革方案》。学校"十三五"事业发展规划提出:"深入推进创新创业教育改革,全面实施毕业生就业创业促进计划,建立健全毕业生就业创业工作的长效机制。"2016年颁布"深化创新创业教育改革实施方案",强调"全面深化创新创业教育改革,建立面向全体、分类施教、结合专业、强化实践为一体的创新创业教育体系,促进学生全面发展"。

2.健全管理机制　优化工作格局

成立深化创新创业教育改革工作领导小组由校长任组长,主管副校长为副组长,教务处、学生处、团委、招生就业处等相关职能部门参与,积极发挥学院和职能部门在创新创业工作中的主体作用,充分整合校内外资源,通力配合,齐抓共管,建立了创新创业教育改革的联动协调机制。

(二)全过程培养,构建创新创业人才培养新模式

1.深化教育改革　修订培养方案

结合办学定位和服务面向,坚持育人为本,不断完善人才培养体系,将创新创业教育融入专业教育,融入人才培养全过程。科学修订人才培养方案,在全体学生中开展普惠式的创新创业教育,积极构建融理论实践、课内课外、校内校外为一体的创新创业人才培养体系。

2.加强课程建设　构建特色体系

加强创新创业课程体系建设,设置创新创业课程必修模块,纳入学分管理,明确要求学生至少选取二门课程并修满4学分。组织编写《创业基础》《大学生职业发展与就业创业指导》等教材。组织专家建立适合本校学生层次特点和学科专业特色的创新创业案例库。

3.加强教学管理　推进教法改革

设置创新创业学分,制定创新创业学分积累与转换制度。设立大学生创新创业奖学金,在评先评优、免试保研方面重点支持。探索多样化教学方式,引入翻转课堂与混合式学习教学,开展启发式、讨论式、参与式教学,专业教师把前沿研究成果和实践经验融入课堂教学。

4.加强教师发展　提升教学能力

搭建"课堂创新工作坊""名师讲堂""精彩课堂""互动课堂",举办创新创业教育改革动员会、创新创业人才培养方案研讨会、创新创业教育改革教师教学能力提升培训班等一系列专题活动。承办创新创业教育改革高峰论坛,围绕高校创新创业教育改革的途径与模式、创新创业教育生态体系的构建与完善等问题进行研讨。

(三)全覆盖实践,构建创新创业能力培养新机制

1.强化实践能力培养,建立创新创业实践新平台

建成"创新平台＋众创空间＋大学科技园"递进式的创新创业实践平台,为全覆盖提供条件。以大学生科技训练计划为抓手,实现"一院一平台"建设,为学生科技创新项目培育提供试验田。以学科竞赛为抓手,实现"一院一竞赛"格局,提高学生的科技竞赛训练体验和科研成果转化能力。以"互联网＋""挑战杯""创青春"三大赛事为抓手,充分发挥社团作用,实现"一院一基地"的科技创新项目初期育种功能。

2.强化政产学研合作,扩展协同育人新领域

充分发挥在机械装备制造、金属材料、轴承等方面的特色优势,构建校部、校地、校校、校企合作协同育人新机制。面向国防科技工业对基础和应用技术研究的重大需求,与国防科研单位协同打造培养国防科技工业高水平创新人才基地;结合三门峡市产业需求,在特色农业和医疗卫生等领域全方位合作,成立应用工程学院培养适应地方经济社会发展需要的应用型高级专门人才;与美国加州大学等30多所大学进行深入合作,共建国际联合实验室,联合本科教育项目培养具有国际视野的复合型高级技术人才。

3.强化课内课外融合,构建课内课外培养新体系

学校整体设计,统一规划按课程管理,系统构建了课外培养的理论架构和实践路径。以"互联网＋""挑战杯""创青春"等竞赛为抓手,以科技文化艺术节、创新创业社团活动为依托,面向全校学生实施开展创新创业实践活动,学生创新创业实践活动实现全覆盖。

(四)全方位服务,构建创新创业指导服务新体系

创新创业学院每年举办两期创业培训班,提供创业理论学习、创业技能培训、创业实训模拟、创业实践演练四大模块的教育培训。大学生就业创业指导中心为学生进行创业个性化指导与咨询。众创空间和大学科技园为创业项目提供链条式、流程化、全方位、系统性的创业服务和指导。开设就业创业信息网,建立"至美琴湖·长镜头"品牌,设立"百名校友创新创业谈",传播创新理念,启迪创

业思考。

三、成果创新点

(一)强化创新创业教育,构建人才培养新模式

按照"厚基础、宽口径、重实践、求创新、强素质"的人才培养思路,构建基于创新创业教育的"3435"人才培养新模式,突出"四个注重":一是注重创新创业教育,二是注重学生工程(应用)能力培养,三是注重学生自主学习能力培养,四是注重学生个性化培养。

(二)强化课内外培养深度融合,构建课外培养新体系

将课外培养作为人才培养方案的重要组成部分,设计了课外培养"六大"模块和"十二条"路径,提出了"四种"素质和"十种"能力培养目标,构建了课内外融合培养新体系,实现"四个加强"、一是加强理论创新,二是加强品牌建设,三是加强课外实践能力培养,四是加强学科竞赛活动。

(三)强化产学研合作,构建协同育人新机制

学校坚持长期产学研合作办学实践,促进产学研教育理论和教育实践的发展,形成了人才培养、科学研究、社会服务的良性循环,构建了产学研协同育人新机制,增强"四个密切":一是密切校部合作,二是密切校地合作,三是密切校校合作,四是密切校企合作。

四、实践推广应用效果

经过多年创新创业教育改革与实践,建立了"多轮"驱动工作机制,构建创新创业人才培养新模式,实现全过程培养;构建创新创业能力培养新机制,强化全覆盖实践;构建创新创业指导服务新体系,完善全方位服务。培育研究团队,创新创业理论研究成果丰硕。毕业生就业率连续位居河南省高校前列,学生在省级以上学科竞赛中获奖数量及质量持续提升,创业人数逐步增加,涌现出一批创新创业典型。深化创新创业教育改革的理念、举措和成效被《中国教育报》等多家主流媒体报道,反响良好。以上研究成果在我校应用实践,部分研究成果也已在省内外兄弟院校推广应用,表明本项目研究有力地促进高校全面深化创新创业教育综合改革,对全面提高人才培养质量具有较大的推动作用。

三元协同育人模式下本科生过程培养"433"教学方案改革与实践

主要完成单位：郑州航空工业管理学院、郑州大学

主要完成人：张锐、范冰冰、谢金静、李鹏、赵彪、田秋丽、关莉、刘战合、陈雷明、郝爱民、万举

一、成果简介

强化本科生过程培养，深化产教融合，构建协同育人体系，是提升高等教育质量，落实立德树人根本任务，培养复合型应用人才的重要保障。

(1)本成果培育历史时间长，是长期教学改革与教育研究的创新实践积累；是前期国家、省部级教改项目和国家教学成果奖的延续、拓展与深化。

(2)本成果时代理念强，更新融入政策及时。贯彻党的十九大精神和国家教育改革要求，把思政教育贯穿人才培养全过程。

(3)本成果应用理论模式新，实践改革特色鲜明。提出三元协同育人新机制；注重学生学习过程管理，提出"433"教学方案改革；探索人才分类培养质量评价标准。

二、主要解决的教学问题及解决的方法

(一)主要解决的教学问题

1.三元育人主体资源统筹与深度协同问题

深化三元协同育人模式，是成果需要解决的首要教学问题。

根据学生学习过程需求，构筑产教融合育人体系，联合打造教学科研平台和实践实习基地，联合进行科学研究和技术攻关，国际国内教学资源共享，培养具有创新意识的复合型应用人才。

2.学生学习过程教学环节组织问题

对学生学习结果进行阶段性评价等,是成果需要解决的关键教学问题。

结合学生成长规律及不同学生职业生涯规划差异,因材施教,将社会主义核心价值观教育、专业教育、素质教育等渗透每个教学环节,将最新科研成果适时融入教学内容,将理论教学与应用实践逻辑衔接。

3.人才培养质量科学评价问题

评价学生过程管理教学方案改革与实践育人模式的可行性,是成果需要解决的根本教学问题。

评价特色学科对接产业、优势专业对接行业的教学体系、教学环节和教学组织的系统性,评价学生服务学科前沿科学发展、服务行业技术进步、服务区域经济社会转型升级。

(二)解决教学问题的方法

1.协同育人突出"三元模式"

(1)优势特色学科牵头高校"校内单元教育":承担学生的基础理论、关键领域重大攻关技术、人文精神培养;

(2)协同创新合作单位"协同单元教育":承担学生实践技能、应用能力、管理能力提升方面的培养;

(3)国际合作单位"国际单元教育":承担协作精神、团队意识、前沿创新理念、国际化视野等方面的培养。

"三元"深度协同,联合共建实验室,联合共建学科,联合制定培养方案,师资队伍共享,联合培养学生,构建学科对接产业,专业服务行业的特色学科,提升人才培养质量。

2.教学环节突出"四制"

(1)导师制:从大一第二学期双向选择确立四年的学业导师,直接参与学业导师团队的科研课题和教学环节。导师制重点针对"卓越人才"的培养,兼顾学生的个性化培养,培养学生复合创新能力。

(2)课题制:学生独立承担各类创新课题,在老师指导下,将课堂知识应用于第二课堂实践,自己独立设计研究方案,组建创新团队,分工协作,协同攻关。课题制重点针对"专业人才"和"应用人才"目标培养,提升综合应用能力。

(3)滚动制:实行学生动态调整机制,重点对"卓越人才"培养,通过学生分类培养质量每学期进行综合评价,根据综合评定结果,实行末位分流,同时吸收普通培养计划优秀学生进入卓越班。

(4)答辩制:所有实践教学环节都采用答辩验收评价;以课程实验、课程设计、综合设计和毕业设计等实践教学内容为主线组织学生对实践教学课程结果进行答辩,提高学生分析问题和解决问题的能力。

3.教学组织突出"三改"

(1)课程体系改革:卓越人才培养注重学术创新成果课程和实践,专业人才培养注重前沿领域技术课程与实践,应用人才注重实用管理技术课程与实践。

(2)教学方法改革:在传统教学方法基础上,增加以学生和导师最新科研成果探究分析、课题数据分析自主研讨和企业一线实用技能解读教学方法等。

(3)课程评价标准改革:以课程资源建设情况、科技成果融入程度、社会主义核心价值观渗透状况、教学队伍科研教学水平、学生创新创业质量、学生学习能力和学习成果等作为课程评价标准。

4.教学实践突出"三级平台建设"

(1)基础实践平台:校内虚拟仿真实验中心、大学生创新实习实训中心与校院两级实验教学中心等,完成实践实训,培养学生专业基础能力。

(2)应用实践平台:产学教研联合体和校外优秀实习基地等,提高学生工程应用、管理服务等综合应用能力。

(3)创新实践平台:国家和省各类协同创新中心、航空产业大数据等双创基地、工程技术研究中心等,培养学生创新创业能力。

三、成果的创新点

(一)理念创新:人才培养的"三元协同育人模式"

"校内教育单元"优势特色学科服务学生专业基础教育,注重基础性、综合性、系统性;"协同教育单元"产学研合作联盟培养学生实践应用能力,注重应用性、适应性、可行性;"国际教育单元"国际合作交流拓展学生国际化视野,注重前沿性、先进性、科学性;"三元"主体协同办学,协同创新,协同育人。

(二)机制创新:毕业论文四年一贯制

改革毕业设计(论文)评价办法,学生各类学科竞赛获奖、发表学术论文、获得授权专利等都可以作为毕业设计(论文)学分认定成果。大一新生入学开始就接触教师科研团队,了解基本科研方法,启蒙科技创新意识;二年级以后全面进入实验室,参与教师团队具体课题,将科技创新活动贯穿四年教育教学全过程。

(三)模式创新:人才培养"433"方案

"4"指"四制":导师制、课题制、分类制、评价制;

第一个"3"指"三改":课程体系改革、教学方法改革、质量评价改革。

第二个"3"指"三层级平台"：基础实践平台、产教合作平台、开放创新平台。科教融合、因材施教，培养高素质复合型应用人才。

四、成果的推广应用效果

(一)成果基础期——郑州大学材料类人才培养成效显著

毕业论文(设计)四年一贯制的前期基础起源于成果负责人在郑州大学材料学院于1998年开始试点，吸收低年级学生提前进入实验室参与教学科研实践的探索，培养出3位中国青少年科技创新奖，5项获全国大学生课外科技作品创业大赛银奖、挑战杯三等奖。培育出2009年国家教学成果二等奖，《陶瓷工艺原理》《材料科学基础》2门国家精品课程及后续的国家精品资源共享课和视频公开课，材料科学与工程国家实验教学示范中心、国家级教学团队等。

(二)成果发展期——郑州航院教学资源建设取得显著进步

所依托的学科建设取得突破性进展，材料学、应用经济学分别获得省级重点学科，所支撑的航空技术与经济学科群入选河南省优势特色学科一期工程并顺利通过验收。材料工程专业硕士学位点、材料科学与工程、应用经济学硕士授权点先后获批；航空材料与应用技术河南省重点实验室等一批省级科研平台获批建设；航空经济发展河南省协同创新中心分别与政府、企业、研究单位组成产学研协同创新联盟，实现了校外教育单元的协同建设。分别与国外多所知名大学建立了国际合作关系，联合共建实验室，联合举办国际学术会议，联合指导学生。

(三)成果深化期——学生过程培养"433"教学方案成效推广

"433"教学方案改革，在人才培养方案取得的成绩得到了社会的广泛认可。《中国科学报》、河南省教育厅等多家媒体和单位对毕业论文四年一贯制进行了重点报道，10篇相关的教研论文在不同刊物上进行发表，以成果教学改革为主线，完成教学质量工程项目11项，学生10多项作品分别获得全国互联网＋创新创业大赛、大学生挑战杯银奖、铜奖，参与学科竞赛的学生人数超过1万人次，在各级各类学科竞赛中取得优异成绩，其中2015届毕业生中航飞机汉中航空零组件制造公司彭晨晞校友在国际制造大赛中获得冠军。

此外，湖南商学院等省内外高校均参与了人才过程培养"433"教学方案改革，成果普适性强。

双一流背景下地方行业特色高校发展模式研究与实践

主要完成单位：郑州航空工业管理学院
主要完成人：李勇、刘元朋、赵嵩、刘晗、申晓晶、武利红、张文强、赵辉

国家双一流建设已成为双一流高校实现内涵式发展的抓手、动力和标志，也是其他高校内涵式发展的风向标、推动器。郑州航空工业管理学院以双一流建设为指引，以转型发展为基础，以深化开放协同、人事制度改革、教育教学改革和体制机制改革为保障，破解了发展中的深层次问题，探索出了具有郑航特色的地方行业特色高校双一流建设路径。

一、主要解决的教学问题

（1）行业特色高校在行业建设和经济社会发展过程中发挥了重要作用，满足了社会对多样化人才的需求。然而，由于受观念偏差，体制转型和高校扩招等因素影响，行业特色高校存在特色淡化、优势丧失的问题。

（2）行业特色高校存在对高层次人才的吸引力不足，青年教师的成长空间不够大，人才引进评聘和学术评价机制不够完善，教师对教书育人工作投入不够等问题。

（3）行业特色高校存在人才培养与社会需求脱节、培养模式较为单一、教学管理体制较为僵化等问题。

（4）行业特色高校二级学院设置存在学科跨度过窄与数量过多等问题，不利于整合办学资源、促进学科交叉、实现协同育人。

二、具体方法

1.实施开放协同战略,巩固行业特色优势

学校提出了"固行业根、走协同路、打特色牌、铸一流魂"的发展理念,树立了"再定位、谋协同、聚资源、塑特色、创一流"的发展思路,通过十三五规划和综合改革明确了"航空为本、管工结合"的办学特色,构建了"融入区域、融入行业,协同办学、协同育人、协同创新"体制机制,推动学科专业围绕航空产业开展建设。成立了军工项目管理办公室、郑州航院科技产业有限公司、航空经济发展协同创新中心等机构,与中国民用航空局、中国航空工业集团有限公司、郑州航空港经济综合实验区、北京航空航天大学、上海理工大学等企事业单位建立政产学研合作关系。通过开放协同整合行业资源,使办学特色得以加强和巩固,形成与行业发展良性互动的发展模式。

2.实施人事制度改革,提升教师队伍水平

学校提出了"一框架(高层次人才层级框架)为基础,两机制(外部引进和内部培育机制)相结合,三平台(蓝天人才及高峰高原学科建设工程、创新团队工程、青年英才工程建设平台)为支撑,四保障(组织保障、制度保障、经费保障和服务保障)为统筹"的高层次人才队伍"一二三四"建设模型。坚持引智工程和引育工程并重,打造了高层次的人才梯队。推出了《蓝天人才工程支持计划》《青年英才工程支持计划》《创新团队建设实施办法》《教师岗位设置与聘用实施办法》等一系列重要改革举措:以学科建设目标为标准选聘蓝天人才,建立带头人+团队+平台+项目的学科运行机制,为高层次人才营造良好的工作环境;深入实施"科研团队"和"教学团队"计划,通过"传、帮、带"引领青年教师专业发展,提高教师协同攻关能力;突出岗位职责导向,设置教学型、教学科研型、科研型三种岗位系列,构建科学合理的考核评价体系和薪酬分配制度,做到能上能下、能进能出;强化育人导向,明确所有系列教师年度教学工作量、课堂教学改革任务和教研科研工作量要求;改革职称评价标准,注重教师科研教研综合业绩评价应用。

3.深化教育教学改革,提升人才培养质量

学校坚持以培养方案领质量、以认证标准定质量、以课程改革提质量、以教学团队保质量、以科学评价促质量,依据专业发展质量和课程建设质量配置教学资源。推出了《教学团队负责人管理办法》《专业发展质量评价办法》《课程发展质量评价办法》等一系列重要改革举措。按照专业认证标准,规范专业培养方案、课程体系、课程内容和评价标准。建立大类培养、专业培养和个性化培养三段式人才培养模式,满足学生自由选择专业及多元化发展需求。学分制通过建立学生自主转专业、自主选课、免修免听、学分互认、课程准入和退出、教考分离等制度,激发学生的学习积极性、主动性和独立性,激励教师提高教学效果。构建"书院＋学院"双院协同育人体系,推动书院与学院"课程协同、导学协同、实践协同、信息协同、思政协同",实现了学生从"要我学"向"我要学"转变、学生"宿舍空间"向"育人空间"转变、教师由"等待学生走近"向"主动走近学生"转变。建立"专业负责人、课程组负责人、实践教学负责人"制度,强化专业规划与管理、课程模块化建设与管理,实践教学模块化建设与管理,提供经费和人员保障,夯实了一流专业、一流课程建设主体责任。

4.实施体制机制改革,提升学科建设质量

学校坚持"以院部建设为基础,以学科平台为重点,以体制机制改革为动力",将原有23个院(部)调整为18个院(部),设置航空工程学院、民航学院、智能工程学院等一批特色鲜明的二级学院,引导二级院部明确自身定位及目标、明晰学科和专业发展方向,形成能凸显学校办学特色的学科专业体系。成立大数据科学研究院、无人机研究院等跨学科科研平台,推进科研成果培育转化,成功研发具有自主知识产权的"郑航一号"工业级无人机,发布"中国航空经济发展指数报告(2018)",被政府采纳的决策建议53项,航空经济发展河南省协同创新中心被省委省政府命名为"航空经济高端智库"。

三、创新点和实践推广应用效果

本成果是系统性、综合性改革,在双一流理念指导下,其内容涵盖人才培养、师资队伍等多个方面,改革覆盖全体教师和本科生,实现了受益面最大化的目标。

1.成果创新点

(1)基层教学组织模式创新。通过建立"专业负责人、课程组负责人、实践教学负责人"专业建设协作团队,激发了基层教学组织活力,更加有效地提高了专业对不同类型行业人才需求的响应程度。

(2)成果评价方式创新。改革科研教研和职称成果评价标准,注重教师科研教研综合业绩评价应用;改变职称评审原有单一对论文进行外审评价的做法,施行代表性成果外审评价,代表性成果形式涵盖论文、专著、项目、奖励、专利、成果转化、决策咨询报告等支撑材料,内容需为同一课题或与该课题紧密相关的研究内容。

（3）教学管理模式创新。学分制通过创建"学习时间通、学分绩点通、培养机制通、课程内外通、实践成效通、学习成绩通"打"通"培养环节，确保学生个性发展质量；通过创建"课程管理严、教学效果严、学习管理严"从"严"教学管理，确保学生卓越发展质量；通过创建"管理方法手段新、管理技术手段新、资源配置方式新"创"新"管理理念，提高教学运行管理质量；通过"六通、三严、三新"建立与学分制相适应的教学管理和运行机制，把"以学生为中心"的教学理念和人才培养质量要求落到了实处。通过创建"1 个核心（学生成长与成才）、3 个融合（通与专融合、师与生融合、教与学与融合）、2 个协同（社区协同育人、院院协同育人）"书院管理新模式，把"三全育人"理念落到了实处。

2.实践推广应用效果

本成果在珠海航展、郑州航展等会议上先后做了典型发言，接待了内蒙古自治区教育厅、南昌航空大学、西安航空学院等 20 余个单位来访与交流，省教育厅高教处专程到我校调研学分制和书院制改革。成果共发表教研论文 9 篇（CSSCI 收录 2 篇），《中国教育报》、《河南日报》、《中国航空报》、河南卫视"对话中原"、"河南新闻联播"、河南广播电视台大型调研纪录片《豫见新世界》等主流媒体先后对成果进行了报道，其中国家级媒体报道 2 篇，省级媒体报道 19 篇。

基于学生成长、内部控制和产出导向三维度的地方普通高校综合改革研究与实践

主要完成单位：郑州航空工业管理学院
主要完成人：李成伟、郭运瑞、陈红卫、何二毛、
宋亚辉、宋飞琼、赵浩宇、马新岭

一、成果简介及主要解决的问题

1.成果简介

本成果以学生成长为主线,以内部控制为抓手,以产出导向为牵引,从学生成长、内部控制和产出导向三维度对地方普通高校综合改革进行了研究与实践,以河南科技学院为例,构建了"学生成长、内部控制和产出导向"三维立体综合改革模型(见下图),探索出了全面、系统、协调的地方普通高校综合改革之路,制定或修订了河南科技学院《加强学生成长服务实施办法》《学生成长评价实施办法》《机关干部联系学生班级管理规定》《校内绩效工资分配办法》《二级学院绩效评估方案》等60余项改革方案、实施办法和管理制度,形成多策并举、协同联动、互构互撑、有机融合的工作运行机制,使各项改革以"立德树人"为根本指南,以"学生成长成才"为目标指向,实现综合改革整体效能的最大化。对加快推进我国地方普通高校综合改革具有重要的指导作用和参考价值。

2.成果主要解决的问题

(1)"学生成长、产出导向"的改革理念在全校共识不足的问题。坚持把提高人才培养质量作为改革的出发点和落脚点的原则不能始终遵循,多种办学资源和优势得不到汇聚和有效调动,综合改革不能聚焦"学生成长成才"轴心线,出台政策不能充分体现"以学生为中心、以产出为导向"的改革理念。

(2)行政与学术权力体系架构不清,校院两级管理体制不完善的问题。以学校章程为基础,以权衡行政与学术的关系为中心,对学术委员会在各层面学术事

务中的职能界定不清;校院两级管理体制不完善,二级学院落实"立德树人"根本任务,培养学生成长成才的积极性得不到充分释放。

(3)对学生多样化和个性化培养问题。对学生因材施教,有针对性地分类培养,为学生成长成才提供多样化和个性化的选择路径和发展空间不足。

(4)以调动人的积极性为目标的人事与分配制度的合理构建问题。高校各管理主体的职责的"增量"和"存量"不明晰,对部门动态调整优化和合并重组的步伐较慢,造成体制内部的权力"空转";缺乏以"产出导向"科学核定绩效的人事分配制度,突出以素质和能力为核心的选人用人导向,充分调动各级各岗人员的教书育人积极性。

(5)提高科研与社会服务能力的问题。对外部资源引入不足,不能有效解决地方普通本科院校的资源相对缺乏,学校整体竞争力不足问题;引进高层次人才、团队以及平台培育的举措力度不大;科技激励政策导向不足以鼓励教师把科研成果迅速转化为教学内容,融入课堂教学,为创新人才培养提供支撑,解决科研反哺教学能力不足的问题。

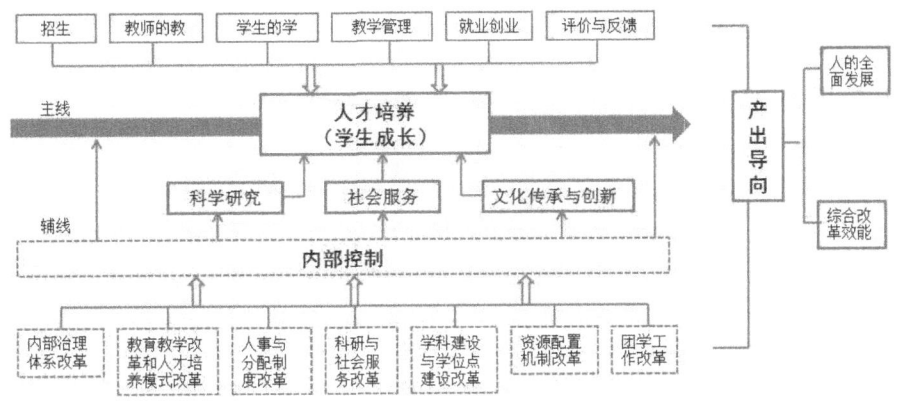

二、成果解决教学问题的方法

1.奠定综合改革的认知和理念基础
(1)以"学生成长"作为高校综合改革的根本价值取向和内在逻辑主线。
(2)以"内部控制"实现、保障和维护高校整个系统的有效运行。
(3)以"产出导向"对高校办学质量、效率、效益进行评价、衡量和制约。
2.统筹规划,系统设计综合改革体系
(1)加强现代大学制度建设,明确不同行为主体的权力边界。构建科学合理的校内外关系,保障各项改革能聚焦人才培养,落实到学生成长全过程。

(2)深化人事与分配制度改革,下移管理重心,逐步推进分类管聘和绩效考核,完善以绩效为基础的薪酬分配方式和激励机制。调动教职员工的积极性,让教师安心岗位,倾情育人,醉心研究,成就自我。

(3)遵循"学生成长"主线,深化教育教学与人才培养改革,提高对外开放办学水平,提升人才培养质量。让学生学会学习,学会思考,发现自我,自觉成才。

(4)完善学科科研管理机制改革,有效推进协同创新,提升学校的社会影响力和美誉度,提高科研反哺教学的能力。

(5)深化资源配置和管理方式改革,提供持续、有力、高效的后勤服务与保障。

3.制定改革方案和实施细则,强化落实各项措施

(1)制定现代大学制度。从内部治理角度以权衡行政与学术的关系为中心,完善各类规章制度。

(2)进行教育教学改革和人才培养模式改革。制定《教育教学与人才培养改革实施方案》,具体措施如下图。

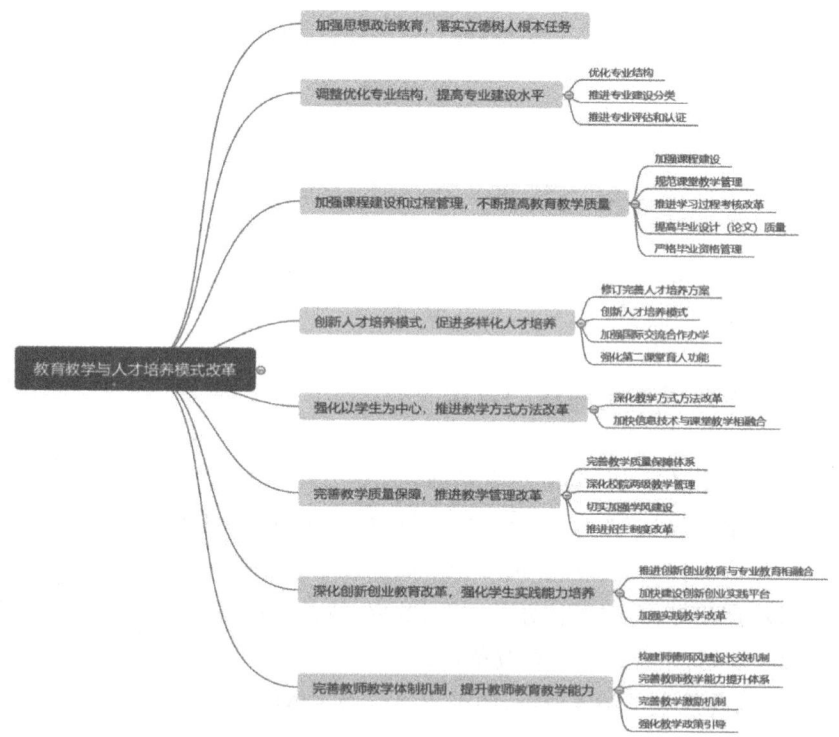

(3)进行学科建设与学位点建设改革。制定《深化学科与学位点建设改革实施方案》,具体的改革措施见下图。

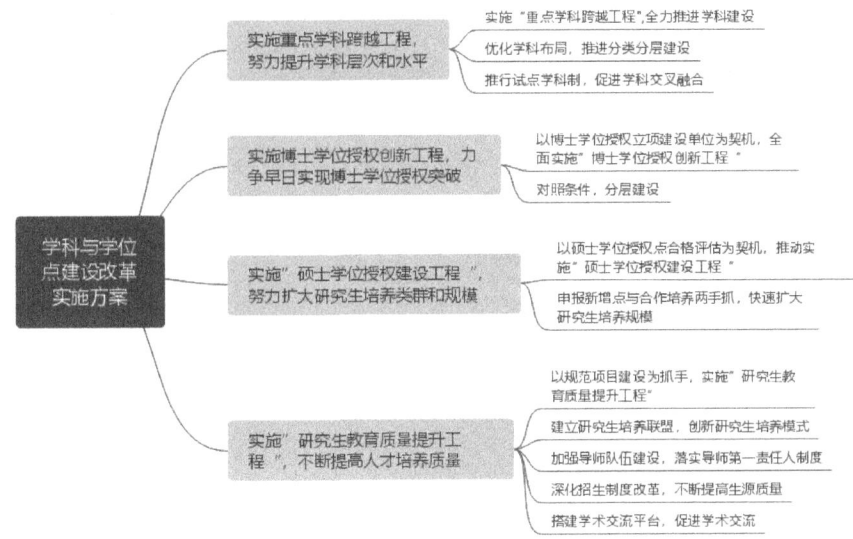

(4)进行科研与社会服务改革。制定《科研与社会服务改革方案》,具体改革措施见下图。

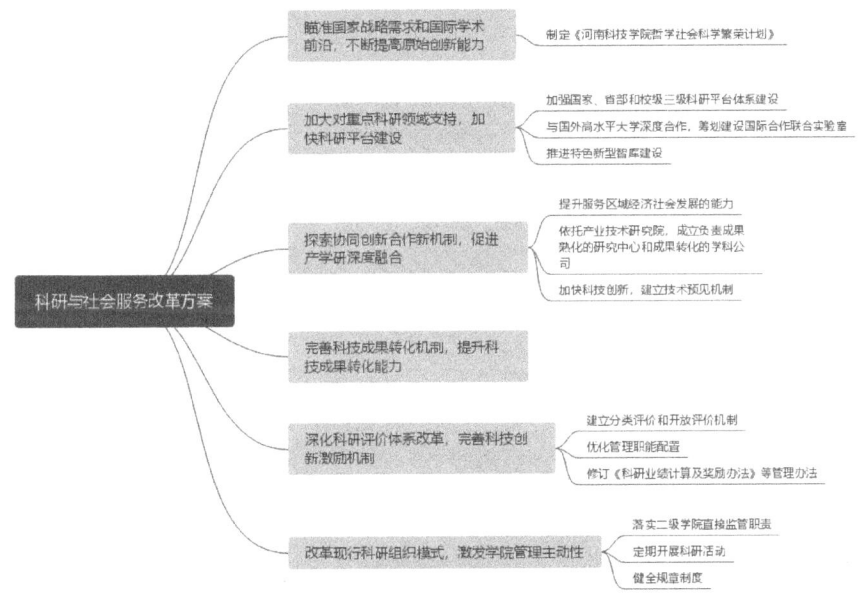

(5)加强学生成长服务。制定《加强学生成长服务实施办法》,构建四年不断线的学生成长服务体系,有效推进"三全"育人。具体措施见下图。

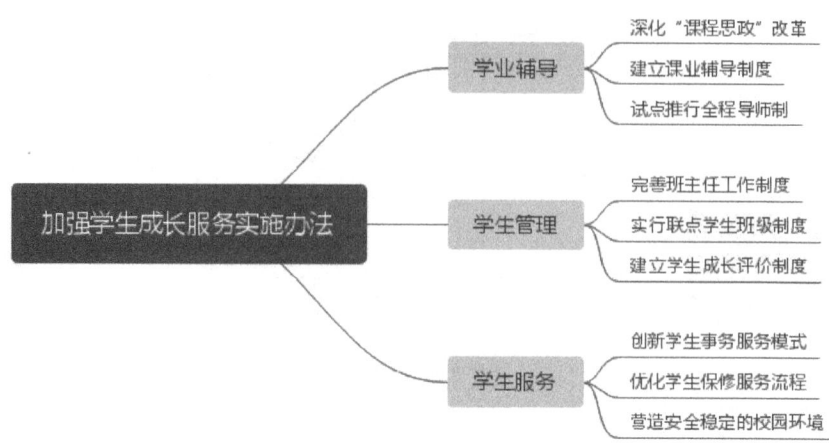

(6)进行人事与分配制度改革。通过《校内绩效工资分配办法》《河南科技学院二级学院绩效评估方案》,逐步推进分类管聘和绩效考核,完善以绩效为基础的薪酬分配方式和激励机制,构建岗位绩效工资为主体,年薪制、协议工资制、项目工资制并存的多元收入分配体系。

(7)进行后勤保障与服务改革。制定《后勤保障与服务改革方案》,具体改革措施见下图。

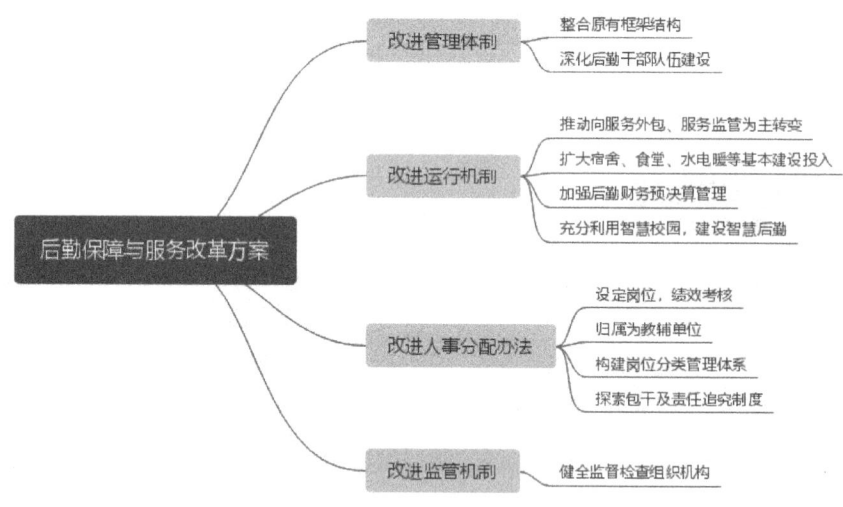

(8)进行内部治理体系改革。通过扎实有效内部治理体系改革措施,逐步优化完善"党委领导、校长负责、教授治学、民主管理"的内部治理结构和管理机制,进一步增强党委的领导核心作用,保证校长依法行使职权,进一步健全教授治学的制度体系,进一步激发师生的民主参与热情。内部治理体系改革具体的改革措施见下图。

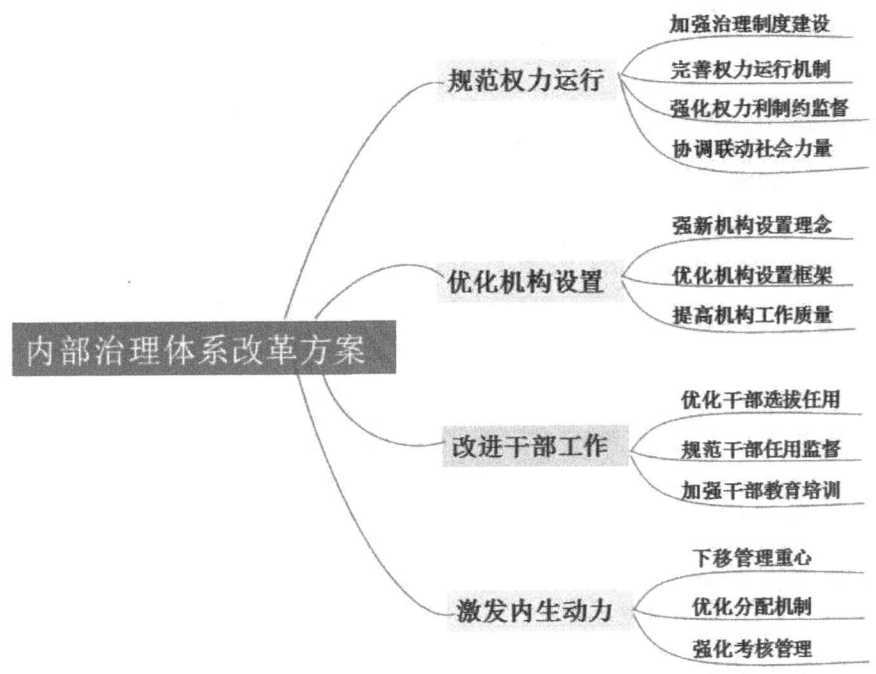

三、成果的创新点

1.视角创新

本成果从"学生成长、内部控制和产出导向"不同视角和维度,为高校综合改革奠定了认知和理念基础。经查阅文献和调研,国内高校多是从单一角度研究和实施综合改革,极少有将"学生成长""内部控制""产出导向"三者统一研究和实施改革的高校。学生成长强调高校教育是对"人"的教育,包括人文、人格、人生三个方面,它对应的是高校人才培养方案、教学设计、学科建设、校园氛围营造等方面。内部控制维护高校的正常运行,对应的是高校的领导制度、人事分配制度、学生管理制度、科学研究管理体制、后勤保障制度等基本管理要素。产出导向是评价高校人才培养质量的标准,也是促进高校人才培养进行改革的推动力。

本成果从"学生成长、内部控制和产出导向"三个维度,聚焦综合改革"学生成长成才"轴心线,重塑了以学生成长为中心的校内运转体系,构建了以产出导向为指引、以绩效考核为重点、以突出二级学院办学主体地位为目标的校院两级管理模式。从这三个维度来开展高校综合改革,是相对全面和具有指导意义的。

2.模型创新

注重整体设计和全面实施,构建的"学生成长、内部控制和产出导向"三维度的综合改革框架模型,探索了全面、系统、深入的改革路径,完善和创新了大学制度。

3.评价创新

本成果不仅立足于学生成长、内部控制和产出导向三个维度展开对地方高校综合改革的实践探索,而且更加注重基于产出导向的6个度的效能评价与反馈。提出的"适应度、保障度、达成度、有效度、满意度、自由度",是对教育部本科教学审核评估"5个度"的深入理解和进一步拓展。出台《内部控制建设工作方案》《本科教学质量保障体系与实施办法》《教师教学质量评价办法》《教师"课程思政"和课业辅导的评价考核办法》《河南科技学院机关干部联点学生班级规定》《河南科技学院学生成长评价制度》等,保障评价顺利进行。

四、成果的推广应用效果

1.学生培养质量显著提升

2019届本科生当年毕业率达98.10%,学位授予率达98.06%,年终一次性就业率90.98%,省教育厅抽检本科毕业生论文优良率100%。2016年项目实施以来,在全国大学生数学建模竞赛、创新创业大赛、电子设计竞赛、软件和信息技术大赛、"挑战杯"大学生创业计划大赛等学科竞赛中,获国家级一等奖51人次,二等奖93人次,三等奖79人次,省级三等以上奖励964人次。

2.教师教学技能显著提升

项目实施以来有12人被评为"河南省教学标兵"。在2019年河南省青年教师课堂教学创新大赛中获特等奖、一等奖各1项;2019年16所高校参加的全国职业技术师范院校教学技能比赛中,我校荣获团体第一名,并获个人特等奖和一等奖各1项。

3.麦可思第三方评价

2018年麦可思为我校做的学生成长评价报告显示:学生德育、能力和素养整体提升明显,我校对学生综合素质的培养成效较好。2017-2018学年大一至大四学生德育提升明显的比例分别为90%、92%、90%、93%,基本能力提升明显的比例分别为81%、87%、87%、91%,各年级均高于同类院校(73%、79%、79%、79%)。职业素养提升明显的比例分别为91%、93%、92%、95%,各年级均高于同类院校(86%、88%、89%、89%)。大四学生认为大学期间的职业发展能力提升明显的比例为93%,同类院校为87%(见下组图)。

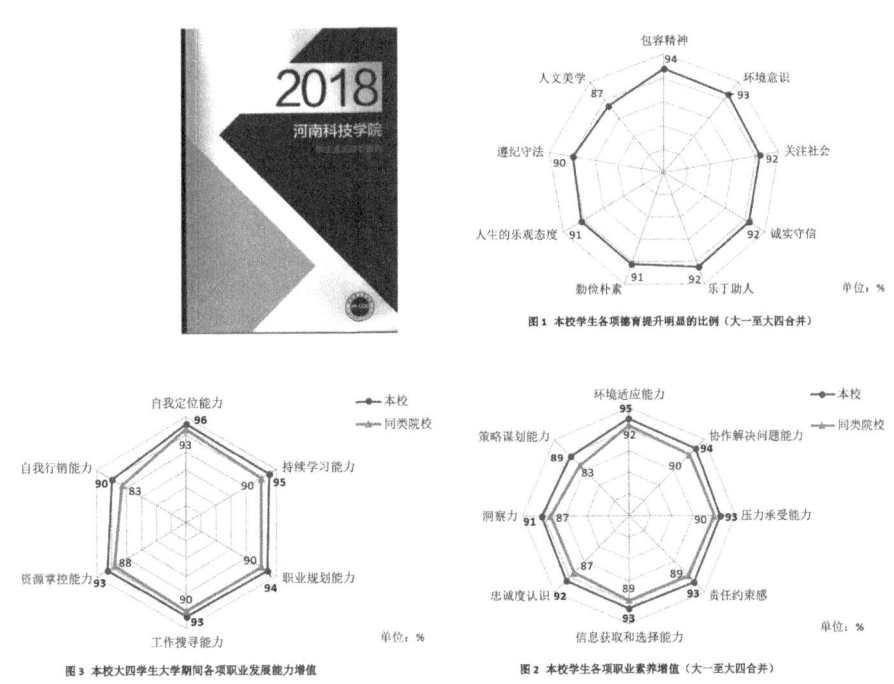

图1 本校学生各项德育提升明显的比例(大一至大四合并)

图3 本校大四学生大学期间各项职业发展能力增值

图2 本校学生各项职业素养增值(大一至大四合并)

4.本科教学质量工程建设成绩

项目实施以来,学校获批省级本科教学工程建设项目40项、省专业综合改革试点专业2个、省一流专业6个。29个本科专业通过省专业评估,7个专业相对位次进入前30%。建设国家级精品资源共享课程1门,省级精品在线开放课程11门。获批国家级虚拟仿真实验项目1个、省实验教学示范中心、虚拟仿真实验教学中心及省虚拟仿真实验建设项目6个。

5.项目组成员取得的标志性成果

参与制定综合改革方案和专项改革方案及配套制度性文件60多项;修订2017版人才培养方案;发表相关教改论文15篇,其中CSSCI期刊3篇,核心期刊3篇;主编出版教材著作4部;主持省级教学工程项目2项。

6.成果得到省内外认可

《中国教育报》、中国法制网首页对本成果进行了宣传报道。安徽科技学院、陇东学院、商丘师范学院、河南工学院等省内外高校借鉴应用本成果。北京联合大学、武汉理工大学、南昌大学、周口师范学院等省内外10多所高校前来学习考察。（见下图）

基于学生成长、内部控制和产出导向三维度的地方普通高校综合改革研究与实践

| 要闻 | 平安中国 | 评论 | 立法 | 政法 | 政府 | 案件 | 法学 | 文化 | 教育 | 律师 | 舆情 | 视频 | 专题 | 雄安 |
| 图片 | 法律问答 | 司法鉴定 | 法律援助 | 仲裁 | 食品 | 调解 | 公证 | 经济与法 | 环保 | 军事 | 环球 | 互联网法治 |

法学教育　　首页 | 教育要闻 | 地方资讯 | 校长风采 | 政法院校 | 招生资讯 | 就业指南 | 中小学普法 | 安全教育

法制网首页 >> 教育频道 >> 地方资讯 >>

基于"学生成长、内部控制、产出导向"三维度

河南科技学院全面深化综合改革

发布时间：2020-01-08 10:28 星期三　　来源：中国教育报

视频推荐　　>>更多

打击食品药品等领... 网络暴力最可怕的...

八项规定出台7... 《中国法院的互联...

今日关注　　>>更多

- 拥抱2020 拼搏收获更多精彩
- 相信每一个热点司法案件的力量
- 续写"一国两制"成功实践新篇章
- 司法机关为维护澳门繁荣稳定做出重要贡献
- 公共场所发生意外谁来担责
- 真相大白正义昭彰 "打伞破网"黑恶必除
- 不要让"被现象"成为无解之题
- 保障生命通道畅通刑法应有所作为
- 法纪结合推进师德师风建设
- 诠释更加生动的法治中国

焦点图片　　>>更多

习近平强调 以... 习近平同基里巴斯...

作为一所省属普通高校，怎样才能不断推动综合改革持续深化，怎样才能不断提升育人质量，曾是摆在河南科技学院面前的一道难题。

随着全国高等教育领域综合改革的不断推进，从2016年开始，河南科技学院先后对全国26所高校实地考察调研，对50余所高校综合改革方案进行学习和研究，发现不同程度存在着单项改革之间缺乏相互支撑、不能有机关联、无法有效协同等问题，局部存在为改革而改革的现象，不能很好地实现并保证教学的中心地位，影响了综合改革的效能。河南科技学院决定根据国家、省关于教育综合改革的基本要求，从办学实际出发，结合区域经济社会发展需要，积极探索全面、系统、协调的高等学校综合改革之路。

学校确定综合改革基于"学生成长、内部控制和产出导向"三个维度开展研究与实践，构建了以学生成长成才为主线、以内部控制为抓手、以产出导向为牵引的三维立体地方普通高校综合改革模型框架。学生成长是高校的根本价值取向和内在逻辑主线；内部控制是高校运行的基础，体现着内部不同权力实体的责任划分，以及运行过程中相互协作的制度设计和安排，是实现、保障和维护高校整个系统有效运行的重要途径和手段；产出导向是高校对办

安阳工学院

北京联合大学

借鉴德国职教经验,深入推进地方高校转型发展的研究与实践

主要完成单位:安阳师范学院

主要完成人:纪多辙、张建雷、屈凌波、贾修国、刘晓玲

一、成果简介

近年来,政府持续推动地方普通本科高校转型发展,2019年国务院《国家职业教育改革实施方案》对应用型本科高校借鉴"双元制"模式,促进产教融合校企"双元"育人做了明确要求。在此政策背景下,项目以地方本科高校转型发展问题为关切,对德国职业教育经验进行观念借鉴,根植安阳师范学院教育教学实际进行研究与实践。先后获批国家级、省级本科教学工程项目20余项,对学校深化人才培养模式改革,提高应用型人才培养质量产生了积极的推动作用,取得了显著成效。项目与省内外多家高校展开交流合作,部分成果在洛阳理工学院等高校得到检验与应用,出版专著1部,发表论文10余篇,《中国教育报》等多家媒体对项目实践进行了宣传报道,产生了较大影响和良好的社会效益。

二、成果主要解决的问题

(1)针对地方普通本科高校在转型发展上存在的模糊认识,借鉴德国职业教育经验,进行观念澄清。

(2)针对地方普通本科高校人才培养过程中存在的理论与实践脱节问题,优化学生实践能力培养。

(3)针对地方普通本科高校人才培养与行业企业需求结合不紧密问题,提升校企校地协同育人水平。

(4)针对地方普通本科高校对创新创业教育重视不够,理念滞后问题,构建

创业教育与专业教育相互融合的教育教学新体系。

三、成果解决问题的方案及成效

(1)赴德国系统考察职业教育。德国职业教育应用型技术技能人才培养在世界范围内有着广泛的影响。成果主要完成人纪多辙、贾修国、屈凌波随省委组织部专题研究班赴德国开展专题学习培训,取得了系统翔实的德国职业教育第一手资料。编著的《职教之道:德国职业教育考察与借鉴》由高等教育出版社出版,系统呈现了德国双元制教育模式、学习领域课程方案等职业教育先进经验及应用技术类型大学的特征。

(2)深入开展理论研究。对地方普通本科高校转型发展存在的模糊认识进行澄清。研究认为,应用型人才不是人才层次纵向划分的结果,培养应用型人才不是大学研究层次的权变因素;地方普通本科建设应用型本科高校不意味着降低学科建设水平和科研能力;地方本科高校可以选择办应用型技术类型专业或课程的方式,以普通高校的身份,通过应用型研究和人才培养,积极参与现代职业教育体系建设。

(3)深化人才培养模式改革。加强专业建设,获批省级一流本科专业建设点7个。着力多样化、复合式、应用型高级专门人才,定期修订人才培养方案。不断优化课程体系,开展基于 CDIO 的项目课程、在线开放课程、翻转课堂等系列课程改革,2015 版人才培养方案设置了 134 门项目课程,学校建有国家级、省级精品在线开放课程等 39 门。建立"一中心、大平台、多环节、共融通"实践教学体系,全面推进教育实习与毕业论文一体化改革,有效解决了本科生毕业实习"假"、毕业论文"虚"的问题,提高了实践教学质量,为实习单位带来实实在在的变化,产生了良好的经济效益和社会效益。鼓励引导学生参加学科专业竞赛、创新创业训练计划项目等,近五年,学生获各类学科专业竞赛国家级奖励 453 项、省级奖励 853 项,2019 年获大学生创新创业训练计划国家级立项 22 项,省级立项 18 项,国家级立项位列全省第 4 名,是省内唯一国家级立项多于省级立项的高校。

(4)深化校企、校地、校校合作。对接区域经济发展需要,不断调整优化专业结构,打造"四大面向"专业集群。与北京中清研信息技术有限公司合作创办互联网+应用技术学院,建设"跨境电商先进技术示范中心";与新道科技股份有限公司共建创业学院,创办大学生创新创业生态园,获批省级众创空间、省级大学生创新创业实践示范基地。与中国文字博物馆、安阳钢铁集团有限责任公司等几十家企事业单位签订产学研合作基地建设协议。学校深化人才培养供给侧改革,成立青年马克思主义者培养学院、国际教师教育学院、班主任培养学院,探索能力本位的应用型人才分类培养模式改革,着力提高人才培养与经济社会发展需求的适应度。作为豫北片区"三市四校"教师教育联动发展共同体牵头高校,与地方政府、高校协同构建"三位一体"教师教育体制机制,培养了一大批"下得去、用得上、留得住、干得好"的教学骨干。获批教育部产学合作协同育人项目30余项,以产业和技术发展最新需求推动人才培养机制创新。

(5)深化创新创业教育改革。立项建设6个创业教育二级学院,引领学校创新创业教育改革。成果主持人作为学校党委书记,推动创业教育二级学院顶层设计。《河南日报》刊发《安阳师范学院用"特区"思想探索转型发展之路》,对学校创新创业教育实践进行了专题报道。2019年,6个创业教育二级学院共有专兼职创新创业导师155人,与行业企业、科研院所共建校外创新创业实践平台28个。学校创新创业教育改革起步稳、发展快,2019年1月,在国内首家综合性创业评级机构创业时代网发布的"中国公办大学创业竞争力排行榜"中,列全国高校293位,省内高校第12位。

四、成果的创新点

(1)发展观念创新。结合赴德国系统考察职业教育,进行国际比较研究和系统理论研究,提出地方普通本科高校转型发展的核心是人才培养类型、方式的转变,培养应用型人才不是大学研究层次的权变因素,与学校着力提高学科建设与科研水平,甚至适度开展研究生教育之间并不矛盾,以普通高校的身份,通过"办应用型技术类型专业或课程"的方式,积极参与现代职业教育体系建设是学校可以采取的发展战略。这些观念澄清有助于地方普通本科高校转变观念,深化对转型的全面认识。

(2)改革举措创新。为增强培养应用型人才能力和服务地方经济社会发展能力,开展基于CDIO的项目课程、在线开放课程、翻转课堂等课程改革,建立了"一中心、大平台、共融通"的实践教学体系,强化校企校地校校合作协同育人,推行"实习与毕业论文一体化",深化创新创业教育改革,探索出了地方高校转型发展的改革新路。

(3)体制机制创新。学校以"特区"思想,创新性地立项建设创业教育二级学院,示范引领创业创业教育融入人才培养全过程,学校每年为创业教育二级学院投入专项建设经费,定期开展评估考核,是学校深化转型发展的重要途径,也是进行体制机制创新,构建学校分类发展格局的重要举措。建设国际教师教育学院、班主任培养学院既是校地协同育人的重要举措,也是人才分类培养机制创新的重要体现。

五、成果的推广应用效果

成果根植并应用于安阳师范学院高水平人才培养体系构建,取得明显成效。2019年11月6日,《中国教育报》以《发挥教师教育优势　走新时代培养之路》为题对学校深化教育教学改革,提高应用型人才培养质量进行了专题报道。

作为成果依托的2017年度河南省高等教育教学改革研究与实践项目,由安阳师范学院等三家省内地方高校联合完成,研究与实践过程中进行了多种形式的交流与合作。部分举措被安阳工学院、洛阳理工学院、河南广播电视大学等地方高校采纳和检验,发挥了积极的应用推广价值。

成果主持人纪多辙在《中国教育报》发表论文《"五个维度"开创地方高校新局面》(2017－10－9),在《河南日报》发表论文《安阳师范学院"五育并举"打通"三全育人"最后一公里》(2019－6－5),在《安阳日报》发表论文《建设地域特色鲜明的社会主义现代化大学》(2017－8－11);成果主要完成人纪多辙、贾修国、屈凌波编著《职教之道:德国职业教育考察与借鉴》一书,由高等教育出版社出版,对项目取得的改革经验进行了有效提升。《中国教育报》《河南日报》等媒体对项目有关改革工作进行了报道,产生了良好的社会效益和较大反响。

高等学校旅游管理学科建设推进专业综合改革的研究与实践

主要完成单位：洛阳师范学院

主要完成人：梁留科、程金龙、毛峰、郭又荣、殷华华、陈艳艳、秦艳培、周震

一、成果主要解决的教学问题及方法

1. 旅游管理学科建设和专业建设协同发展

通过强化顶层设计，汇聚重要资源，搭建高级别学科平台。利用学科平台设立人才引进特区，引进高层次优秀人才，优化师资队伍结构，建设高层次创新团队和高水平教学团队。依托高层次创新团队，提升学科建设水平，依靠高水平教学团队，推动专业综合改革。不断创新体制机制，统筹制定学科建设和专业建设发展规划，统一调配学校的科研与教学资源，实现学科建设与专业建设的深度融合、良性互动、相互支撑、协同发展。获批教育部国别与区域研究中心——意大利中心、中原经济区智慧旅游协同创新中心、河南省旅游公共服务大数据研究院等省部级平台10个。承担国家级项目17项，省部级项目30余项，在SSCI、SCI、EI、CSSCI期刊发表论文200余篇。打造了智慧旅游的河南典范，塑造了遗产保护与旅游开发的中国样板。旅游管理学科入选河南省特色骨干学科，旅游管理专业入选"双万计划"国家一流本科专业建设点。

2. 旅游管理专业内涵发展与特色发展

依托学科方向，发挥学科优势，强化专业建设，彰显专业特色，明确培养目标，优化课程体系，深化教学改革，推进"产教融合、协同创新、应用发展"，创新"产学研用多方联动、校政行企协同育人"的人才培养模式，构建"理论教学＋实践教育＋素质拓展＋创新创业"卓越人才培养体系，实现教育链、人才链、产业链、创新链有机衔接，提高人才培养供给侧与产业需求侧在结构、质量、水平上的

适应性,为区域经济发展提供人才支撑。拥有国家文化和旅游部青年专家1人、旅游规划英才2人、双师型教师2人、"万名旅游英才计划"团队2个,学生获省部级竞赛奖项60余项。与中国旅游研究院、南开大学等研究机构和知名高校,河南省文化旅游厅、洛阳市文化广电和旅游局等行业部门,龙门石窟、清明上河园等企业,在教学、科研、社会服务等方面开展合作,成果丰硕。

3.旅游管理学科交叉融合与专业集群发展

聚焦旅游管理学科建设与专业发展,突破原有学科界限,推进学科交叉与融合,推动旅游管理、计算机、艺术学、美术学、音乐学、体育学和历史学等多个学科协同共建和相关专业协同建设,形成大旅游管理学科专业集群。优化调整专业结构,推进相关专业协同建设,打造智慧旅游、旅游文创、旅游电子商务三大专业集群,提高服务产业行业和区域经济发展的能力。承担旅游规划与决策咨询项目50余项,提交政协提案20余项,《关于发展全域旅游》的提案被表彰为第十二届全国政协优秀提案。承办国家人社部、省人社厅《大数据时代与智慧旅游》《中原经济区智慧旅游》等高级研修班,培养行业人才3000余人。

二、成果的创新点

1.师资建设"1234"战略

突破传统师资建设模式,创新实施"1234"战略,即"一系统、双结合、三高化、四新型"。"一系统":以制度改革、管理创新为突破口,改革分配制度和人事管理,建立一套科学规范的高效用人制度和人才评价体系,调动人才的积极性、创造性。"双结合":采用引进和培养高层次特色人才相结合,国内精英人才与国外特色人才相结合。"三高化":推进师资队伍向高学历、高职称和高声望发展;"四新型":以学科建设为引领,着重围绕四个专业方向推进高层次团队建设。"1234"战略实施以来,协作型、研究型和创新型教学团队与科研团队的融合发展,成效显著,先后获批2个河南省科技创新团队,1个省级黄大年式教学团队,1个省级优秀基层教学组织。

2.人才培养"四化"模式

创立人才培养"应用化、多元化、社会化、特色化"的"四化"模式。一是培养方向应用化,以旅游行业发展和人才需求为导向培养高素质复合型人才;二是培养途径多元化,通过设立人才培养特区、卓越人才实验班、志趣班等方式,构建多样化人才培养路径;三是培养机制社会化,加强与行业协会、旅游企业、研究机构合作,推进产业融合、协同育人;四是培养模式特色化,创新"互联网+"背景下的人才培养模式,培养"厚基础、重实践、高素养、显个性"的特色旅游人才。形成了涵盖专业人才培养、行业人员培训、高级人才研修相结合的全链条人才培养体系。

  3.实践教学"四七"工程

  优化实践教学课程体系,创新实践教学内容设计,加强实践教学过程考核,全过程融入职业能力和综合素质培养,构建适应行业需求的实践教学新体系,通过专业实习、校内实训、课程实验、社会实践四大环节,提升职业形象、职业口才、职业英语、职业写作、职业技能、综合素养、特色才艺七大技能,有效地提升了学生的实践能力和综合素质。高标准建成河南省智慧旅游大数据中心、GIS与环境遥感实验室、虚拟旅游实验室、旅游文创综合实验室、旅游电子商务实验室等专业实验室,成功获批河南省虚拟仿真实践教学项目。

三、实践推广应用效果

  1.会议交流推广,发挥典型示范作用

  在中国旅游高等教育发展论坛、第20届全国高校旅游学院院长、系主任及学科带头人联席会,2019年中国旅游科学年会,2020年中国旅游科学年会上进行学科建设和专业综合改革的交流研讨,获得参会单位和教育部高校旅游管理类专业教学指导委员会专家的高度认可,一致认为洛阳师范学院在汇聚资源搭建平台、立足平台组建团队、依靠团队建设学科、围绕学科凝练方向、聚焦方向产教融合等方面的改革创新对全国旅游高等院校学科建设和专业改革具有示范意义和推广价值。

  2.考察学习推广,产生强大带动效应

  先后有重庆师范大学、广东惠州学院、安徽黄山学院、苏州经贸职业技术学院、河南工程技术学院等八所高等学校到我校进行参观、考察和学习交流。2020年河南农业大学、河南师范大学、河南科技大学、河南理工大学等17所特色骨干高校书记、校长及41个特色骨干学科带头人到我校调研观摩旅游管理特色骨干学科建设,来访院校对我校旅游管理专业学科建设和专业综合改革成效高度赞扬,纷纷表示要学习借鉴我校旅游管理学科建设推进专业综合改革的整合资源组建团队、依靠团队建设学科、聚焦方向打造专业集群的成功经验和政产学研用协同育人的创新举措。

  3.实际应用推广,取得显著改革成效

  南开大学、安徽师范大学、青岛大学等国内知名旅游高等院校对项目成果给予高度评价,建议在全国旅游高等院校推广应用。南阳师范学院、许昌学院、韶关学院认为我校旅游管理学科建设和专业综合改革打破了传统以教学院系为主的纵向组织,形成了以平台为依托、人员交叉流动的横向组织,实现了全方位的校企合作机制,多元化的人才培养模式,立体式的合作育人体系。各个高校通过学习借鉴和实践应用,有力地促进了旅游管理学科建设和专业发展,对旅游管理专业内涵建设和人才培养产生了重大、积极的影响。

4.合作交流推广,获得良好社会形象

与联合国教科文组织合作制定《善行旅游框架总则》,通过联合国教科文组织、世界旅游组织等平台向世界推广,彰显学科实力;与意大利政府在智慧城市建设、公民权利与环境友好标准、区域建筑信息的实时数据共享等方面展开的联合研究,深化学科国际化合作交流;与白俄罗斯、英国、马来西亚联合培养拔尖人才,形成深度互动的国际人才培养合作网络;获批国家旅游局中部旅游基地文化旅游培训单位、河南省新型农民职业培训基地。国家级领导人孟建柱、卢展工、张怀西、马彪、厉无畏等,省级领导人王国生、陈润儿等来校参观旅游学科建设,给予充分肯定和赞扬,被新华网、科学网等国家级媒体报道,引起国内外媒体广泛传播。

转型发展视阈中的地方高校应用型专业集群建设实践与研究
——以商丘师院为例

主要完成单位:商丘师范学院

主要完成人:司林胜、孙旭、赵龙飞、徐华伟、崔伟峰、周鹍鹏、李淑萍、李毅然

近年来,商丘师院按照"国家'十三五'应用型本科产教融合工程建设规划单位"和"河南省示范性应用技术类型本科院校"建设要求,通过优化专业结构,推进集群发展,改革培养方式,强化内涵建设,服务地方发展。

一、基于服务面向,构建专业集群

专业集群是对应产业集群上同一产业链、创新链岗位要求,按照群落建设原则,以与主干学科关联度高的核心专业为引领,将若干学科基础、工程对象与技术领域相同或相近的、具有内在关联的专业有机结合体。学校在对商丘市产业集聚区全面调研的基础上,立足经济社会发展、产业结构布局和技术进步要求,积极推进专业集群建设。

(1)围绕"突出应用,强化对接;集群发展,共建共享;深化改革,提升质量;打造特色,适应竞争"的建设原则,确定专业设置和调整机制,形成社会需求、教学资源和行业指导意见相结合的专业设置、调整和集群构建原则。

(2)面向现代服务业和商丘市主导产业构建专业集群。基于社会服务面向,统筹校内外教学资源,通过"关、停、并、转、建",构建了"商务服务、信息技术服务、城乡建设与人居环境服务、先进制造配套服务、文化创意、教师教育"6大专业集群,对接地方经济社会和产业发展需求。

二、加强内涵建设,发挥集群效应

1.深化产教融合校企合作

(1)充分发挥合作发展联盟作用。通过商丘师范学院合作发展联盟,引入更多企业参与专业集群建设,强化校企校地合作。发挥豫东片区教师教育联动发展共同体的带动作用,加强师范专业职前培养和职后培训的合理衔接。

(2)建立专业集群建设指导委员会。吸收行业、企业专家参加专业集群建设指导委员会,听取他们在专业设置与调整、人才培养方案和课程教学大纲制定等方面的建设性意见,发挥其智库作用。

(3)深化"引企入教"改革。加强行业学院和企业工作室建设,引导行业、企业专家参与人才培养,发挥企业在人才培养方面的积极作用。

(4)推动协同创新和成果转化。优化整合校内科研平台,通过引进来、走出去等方式,建立若干面向专业集群的综合研究平台。依托商丘科学院等,形成面向行业产业的协同创新中心,围绕产业关键技术、核心工艺和共性问题开展协同创新。加快应用基础研究成果向产业技术转化,推进应用型科研转型。

(5)推进创新创业融入产业发展。建设文创园等创新创业平台,对接商丘市各产业集聚区创新创业园区,将学校创新创业教育融入产业集聚区产业发展。

2.推进人才培养模式改革

(1)探索按专业群招生与培养模式。开设专业群大类课程,学生经过1－2年集中学习后,根据个人兴趣、学业成绩和专业发展,选择具体专业,增加学生专业选择自主权。探索主辅修互换,培养面向行业产业的复合型人才。

(2)基于模块化教学改革理念,重构基于工作过程系统化的课程体系和运行模式。统筹通识课程与专业课程,理论教学与实践教学,第一课堂与第二课堂,专业技术教育和创新创业教育,双主体校内培养与校外培养,构建"产学研创相结合,教学做练一体化"的应用型人才培养模式。

(3)优化专业集群课程体系设置。通过毕业要求与课程及教学活动挂链矩阵,优化课程设置,丰富课程资源;通过培养方案调整和教务系统功能开发,在专业集群内开设集群通识课程、专业群必修课程和跨专业选修课程,鼓励学生从专业集群内非本专业的专业课程中选修课程,作为本专业的任选课程,建立群内课程资源共享机制。

3.实施课程教学范式综合改革

(1)以提升学生应用能力为导向,通过更新教育观念,优化教学设施,扩展课程边界,改革教学内容,创新教学方法,强化课程实践,变革考核方式,发挥教师主导作用和学生主体作用,提高人才培养质量。

(2)实施应用型课程建设工程。鼓励开设面向专业群的行业或企业课程,吸引行业专家和企业技术、管理人员深度参与课程建设。按照企业岗位技能需求整合专业课程。鼓励按照"实地、实景、实岗、实效"原则,加强课程教学改革。深化考核方式改革,重在考核学生的知识应用能力。

(3)推广项目化教学等教学模式。支持专业课教学采用项目化教学方法,鼓励老师引进教学项目,在专业群内开设跨专业课程设计等项目化集中实践环节,提高学生分析、解决行业企业实际问题的能力。

(4)鼓励跨专业合作式学习。完善选课机制,鼓励专业群内学生共同选修专业群必修课和跨专业选修课,或共同完成跨专业集中实践,促进群内学生交流互动。

(5)建设校本应用型特色教材和教学资源。在课程教学范式综合改革成果的基础上,鼓励教师编写校本应用型特色教材,建设课程教学资源,扩大课程和专业建设影响力。

4.加强实践教学平台建设和实践教学

(1)建设产学研训一体化综合实践平台。加快实施实验实训实习平台建设的"463"工程(4个大型产学研训一体化平台、60个左右专业实验室、300个左右校外实习实训基地),重点建设好大型产学研训综合实践平台,整合专业实验室功能,加大综合性实验项目开发。

(2)建立行业企业工作室。鼓励专业集群引进企业资源,吸收行业企业专家,与高校教师一起,围绕人才培养目标,共同制定人才培养方案,共同构建人才培养模式,共同开展项目研发,共同开发课程资源,共同编写特色教材,共同培养双师双能型教师,共同建设实验实训实习平台,共同实施教学过程,共同进行社会服务,创新"校企合作、产教融合、协同育人"的应用型人才培养模式和机制。

(3)加大实验室开放共享力度。改革实验室建设和管理办法,加大实验实训平台开放使用和共享力度,鼓励非本专业学生利用实验实训平台进行实践学习。

(4)开展跨专业综合实践教学。通过体制机制创新,鼓励各专业集群对接企业生产经营过程,开设跨专业综合实践项目,吸收跨专业学生合作完成。

(5)组建跨专业创新创业团队。鼓励专业集群内各专业学生组建跨专业创新创业团队和指导教师团队,顺应行业发展趋势,开展面向行业的创新创业训练和项目实践,推动创新创业教育、学生实践活动与产业发展需求有机融合。

5.加强"双师双能型"教师队伍建设

(1)设立产业教师(导师)岗位。根据集群建设需要,鼓励各专业行业专家来校讲学,聘请企业技术、管理骨干作为兼职教师,承担应用型课程教学和实践教学任务。

(2)鼓励教师深入行业企业实践。出台《教师赴企事业单位实践锻炼管理办法》,支持、鼓励教师进入行业企业挂职锻炼或开展应用技术研发。

(3)建立专业教师交流共享机制。鼓励、引导专业群内教师定期开展学术、教学交流,鼓励跨专业教师共同承担跨专业综合实践教学指导。

三、完善保障机制,推动集群发展

1.成立组织机构

建立行业企业和用人单位专家参与的专业建设指导委员会,探索根据社会需求、学校基础条件和行业指导意见进行专业调整的动态机制和专业集群建立与产业集群发展互动关系,确保集群规划科学合理。

2.明确责任主体

根据集群运行实际,成立集群建设与管理委员会,由校领导担任负责人。制定实施细则,赋予相应责任、权利与义务。定期召开集群会议,研究集群发展问题,加强集群内部沟通,统筹协调资源调配,推动专业融合与教师交流。

3.建立运行机制

专业群负责人实行轮值制,由相关学院院长轮流担任,定期召开专业群会议,研究群内发展问题,加强集群内部交流与沟通,推动专业融合和教师交流,协调资源共享,组织好相关活动。

4.加强经费投入

在应用型示范专业遴选、课程教学范式综合改革项目资助、教育教学改革研究项目申报、应用型教材建设、应用型教学科研平台建设等方面,加大对集群建设的经费投入和支持力度,并对优秀集群进行经费支持和资金奖励。

5.引进市场评价机制

引进第三方评价机构,完善专业集群运行保障体系和人才培养质量监控评价体系。

近年来,学校新增投资学、数据科学与大数据技术等新专业17个,服务集群发展,助力地方经济社会发展。停招行政管理等20个与专业集群建设关联性不强的专业,正式撤销了公共事业管理等5个专业;拟撤销表演等15个在专业集群中关联性不强的专业。通过完善集群共联共通、共建共享机制,发挥集群聚集效应,增强集群凝聚力量,激发规模效应和集约效益,增强集群发展竞争能力,提高教育教学和人才培养质量。

新形势下地方高校产教融合的深化拓展与理论研究
——以商丘师范学院为例

主要完成单位：商丘师范学院

主要完成人：陈向炜、孙旭、郭文佳、孟现志、牛森、
张中强、任鸿敏、李海涛

《国家产教融合建设试点实施方案》提出："深化产教融合,促进教育链、人才链与产业链、创新链有机衔接,是推动教育优先发展、人才引领发展、产业创新发展、经济高质量发展相互贯通、相互协同、相互促进的战略性举措。"近年来,商丘师院认真贯彻落实党的十九大提出的"深化产教融合、校企合作",根据国务院办公厅《关于深化产教融合的若干意见》规定,围绕立德树人根本任务,按照"国家'十三五'应用型本科产教融合工程建设规划单位"和"河南省示范性应用技术类型本科院校"建设要求,通过构建校地融合发展机制,搭建产教融合发展平台,完善校企协同育人模式,持续加强内涵建设,不断提高复合型应用技术人才培养质量。

一、确立产教融合发展路径,构建校地合作发展平台

1.确立产教融合发展路径

顺应经济社会发展新形势和高等教育发展新要求,积极向应用技术类型本科院校转型发展。召开第三次党代会,明确了建设高水平应用型大学的发展目标,确定了全面推进"产教融合、校企合作、工学结合、知行合一"的协同育人模式,下大力气解决高等教育供给侧的结构与质量问题,持续推进产教融合的深化与拓展。

2.构建校地合作发展平台

(1)建立校市战略合作框架,构建校地融合发展机制。与商丘市人民政府签订全面战略合作协议,聚集地方经济、文化优势,结合学校资源,精准实施校市合

作,构建"1+N"战略合作框架。商丘市委、市政府出台《关于进一步加强市校合作工作的意见》,下发《关于深化产教融合实施意见任务分解的通知》,把推动学校转型发展列入商丘市重点工作。共建商丘科学院,对接商丘优势产业和未来产业发展,促进经济转型,增强发展动力,校地合作发展的有效机制日益完善。

(2)成立校地合作发展联盟,完善协同育人治理体系。与神火集团、商丘市工商联等100余家政府部门、行业企业、科研院所、兄弟院校共同成立"商丘师范学院合作发展联盟",搭建产教融合、产学互动、集成创新、共谋发展、合作共赢发展平台,构建政府、行业、企业互利共赢,共同发展机制,推动了地方人才、技术需求与高校教育、科研及社会服务的无缝对接。出台《专业建设指导委员会章程》,构建组织有力、功能完善、协调有道的组织化平台,完善协同育人内部治理体制。

(3)打造教师教育联动发展共同体,服务师范生培养。建立工作协同机制,整合区域内教师教育政策、智力、制度等资源优势,推动教师教育创新发展。组建教师教育智库,围绕顶层设计、体制机制创新、师范生培养、在职教师培训等进行系统研究。与商丘市教体局深度合作,依托名师工作坊,调动商丘市一线名师参与师范生培养,创建"用一线名师培养未来教师"的教师教育新模式。与商丘市中小学深度合作,建立了一批针对性强、特色突出的师范生教育实习实践基地,承接了一批地方教师培训项目,校地合作不断深入,地域性教师教育联合联动发展机制已经形成。

二、深化产教融合实施方案,推动人才培养内涵提升

结合经济社会发展形势和高等教育发展规律,充分考虑行业产业和企业生产经营规律,根据教育教学规律和人才成长的具体要求,努力培养"就业能称职、创业有能力、深造有基础、发展有后劲"的高素质复合型应用技术人才。

1.加快推进产教融合,深化培养模式改革

(1)深化产教融合、校企合作,推进应用型专业集群建设。基于社会服务面向,打造6大应用型专业集群,建立沟通协调和资源共享机制,发挥集群效应和规模效益。建立行业企业专家广泛参与的专业建设指导委员会,完善专业设置和动态调整机制,提高专业建设对经济社会发展的契合度、依存度和贡献度。基于模块化教学改革理念,完善人才培养课程体系,加大实践教学比重,吸收行业企业专家和全体教师参与人才培养方案和课程教学大纲制定,编写应用类校本教材。

(2)加快大型实验实训实习平台建设,强化实践教学环节。按照"需求导向、

项目驱动、工学结合、知行合一"要求,设计实践教学环节,建立校内与校外、课内与课外、集中与分散、教学实习与社会实践、课程实习与专业实习有机结合的实践教学体系。加快实施实验实训实习平台建设的"463"工程,加强行业学院和校外实习基地建设,制定激励政策,吸引高水平教师和行业企业专家从事实验实训实习教学。加大实验平台开放力度,加强实践教学效果评价,确保实践教学目标达成。

(3)建设创新创业综合体,打造创新创业教育品牌。成立创新创业学院,整合校内创新创业教育平台和校外创新创业实践资源,优化创新创业课程体系和实践体系,将创新创业教育融入人才培养全过程、融入专业教育、融入城市和产业发展,形成良好双创氛围。以创新创业综合体建设为抓手,优化创新创业教育与实践的软硬件条件,探索创新创业教育与城市和产业发展的融合模式。制定《创新创业实践学分认定与积累转换办法》,提高学生参与创新创业的积极性。

(4)倡导"产学研相结合、教学做一体化",鼓励院系结合专业特点探索多元化育人模式。如艺术设计学院的"两业三品、实题实做",通过课堂实践、项目实践、课程实践、社会实践、创作实践的"五位一体",实现"作业向作品、作品向产品、产品向商品"的转化。传媒学院的实践工作室(1+1)N模式,通过一个专业建设一个工作室,结合专业实践教学,与一家企事业单位合作,运作一项有影响力的项目;"1+1"领跑,新的合作项目接踵而至,N的倍数效应不断放大,破解转型发展过程中实践教学失真、专业特色不明、技能培养欠缺、服务社会不强"四大难题"。

2.优化课程教学内容,促进教师教研相长

(1)优化教学内容。结合培养目标,建立毕业要求与课程及教学活动挂链矩阵,按照模块化教学改革理念,对原有课程体系全面整合,反向设计教学内容,提高课程效能。

(2)科研服务教学。注重应用科技研发,推动科研工作转型,着力把科研资源转化为教学资源,服务应用型人才培养。横向项目通过专业工作室独立运行,注重引导学生参与,将服务社会与实习实训有机结合,注重培养学生的动手能力、生产经验、综合素质和就业竞争力。教师在教学过程中将自己的科研成果和国内外研究动态引进课堂,不断充实教学资源,引导学生进行研究性学习。

(3)打造"双师双能型"教师队伍,引进行业企业导师进校园。2017年以来,教师外出实践锻炼179人,单科进修79人,认定"双师双能型"教师308人。

(4)校地合作共建共享,努力改善办学条件。与企业共建实验实训室,建立校企协同育人平台;共建专业,共同开发课程与教材;共同进行师资培训,等等。

三、推动产教融合持续深入,服务地方经济文化发展

1.依托学校优势,助力地方建设,推动实战育人

充分利用专业和人才优势,讲述商丘、传播商丘、设计商丘、美化商丘、歌唱商丘,服务城市品牌打造和文化建设。开办应天书院讲坛,出版《商丘古国志》等著作,发表系列论文,诠释传播"殷商之源,通达商丘"城市品牌。在"游商丘古都城,读华夏文明史"活动中,负责商丘历史文化专题片的拍摄与制作。围绕姓氏文化、木兰文化、归德古城等区域文化和民族特色产品创作品牌形象设计、包装设计,承接商丘市志愿服务主题公园、智慧商丘公众平台等系列设计。成立小画笔青年志愿者服务团队,先后为商丘市辖区近百个基层社区、村庄、学校和企业,义务绘制墙体绘画3万余幅,11万多平方米。创作大型原创歌舞剧《应天书院》、舞剧《桃花扇》等,颇受好评。

2.开展应用研发,服务地方经济,推进科研育人

注重应用型科研导向,面向经济社会建设一线组建科研团队,搭建科研平台,学生参与其中,推进协同育人。与商丘市共建商丘科学院,与柘城县共建河南省干制辣椒产业技术院士工作站。2017年以来立项横向科研项目近300项,已成为协同育人和服务地方经济社会发展的有效载体。

3.整理商丘文化,展示地方特色,推进以文化人

致力于商丘文化抢救、收集、整理、研究和推介服务,已成为研究、整理、保存商丘文化的资源库,宣传商丘文化的智囊团,展示商丘文化的桥头堡,传播地方文化、服务校本教学的主阵地。收藏商丘区域古碑墓志拓片660余种、汉画像石拓片450余种、家谱650余种、方志1800余种、专题史料2000余种,再现了商丘历史记忆,传承了商丘文化精神。拥有省市两级非物质文化遗产研究基地、汉梁文化研究中心、"多层剪纸"中华优秀传统文化传承基地、庄子与道家文化研究中心等地域文化机构,凝练了汉梁文化、商文化、火文化、庄子与道家文化等独具商丘特色的研究方向,社会效益和影响力逐日增强。

地方应用型本科高校"高起点、深层次、全方位"转型发展模式构建与实践

主要完成单位：周口师范学院、商丘师范学院、齐鲁师范学院

主要完成人：李义凡、牛明功、刘晓青、顾拓宇、梁承锋、宋慧敏、刘福林、常云霞

一、成果主要解决的教学问题及具体方法

1.解决地方高校应用型人才培养目标不明晰的问题

本课题以高起点引领作为方向和统领，设定目标层次的转型，以"应用型"为根本目标，构建以立德树人为根本、以区域经济社会需要为导向、以实践应用能力培养为主线，以劳动和实践教育课为要件的新型人才培养体系。面向地方的产业和行业发展，培养高素质应用型人才，研发高水平应用技术成果。具体做法如下：

课题组围绕学校"建设特色鲜明、优势突出的高水平应用型大学"的长远发展目标，在 2015 年制定《周口师范学院转型发展实施方案》、2016 年制定《周口师范学院进一步深化改革加快推进转型发展的意见》的基础上，不断深化转型发展的顶层设计，高水平推进转型发展。

2017 年，学校制定《关于深入学习贯彻党的十九大精神开启新时代全面建设高水平应用型大学新征程的意见》，将示范校建设近期发展目标与实现"百年学府"战略目标相衔接，明确了示范校建设"转型发展取得重大突破，综合实力迈上新台阶，人才培养质量持续提升，内部治理体系更加完善，和谐校园建设稳步推进"等 5 项战略任务，为加快转型发展发挥了重要指导作用。

2019 年，学校主动适应高等教育新时代的新形势新要求，主动研判我省教育现代化 2035 的新趋势对应用型本科院校建设带来的新变化新特点，在我校第

三次党代会报告中,将"建设高水平应用型本科高校"作为今后5年的五大任务之一,研究制定进一步推进高水平应用技术本科高校建设的9大实施工程,形成领跑示范效应,2022年前,创建河南省"高水平应用技术本科高校",与时俱进深化转型发展。

2.解决地方高校应用型人才培养与社会需求相匹配不高、动力不足的问题

本课题以深层次改革为关键和着力点,设定路径层次的转型,转变教职工的思想观念,深化内部管理、人才培养模式、社会力量参与办学的体制机制改革,营造良好的校园文化氛围。具体做法如下:

创新管理机制。以完善应用型管理机制为导向,学校成立了资产经营管理有限责任公司和大学科技园有限责任公司,通过市场化机制、专业化服务,构建了全方位、低成本、全要素、开放式的服务和孵化平台;制定了《周口师范学院科研经费奖励、配套及管理办法》《周口师范学院专业职务评审实施方案》《周口师范学院教学实验室及大型仪器设备资源共享考核办法》等一系列制度,充分调动了广大教职工参与产学研合作的积极性,促进了实验室与大型仪器设备的开放共享,解决了教师成果转化、学生创新创业和产教融合等"最后一公里"的问题。

建立政产学研合作新模式。学校探索建立了"1+1+N"政产学研合作模式,即在学校分管领导带领下,由"1个职能部门"+"1个二级教学院"+"N个相关企业行业"的合作育人模式,初步形成了学校、政府、企业行业、科研院所和社会组织多方联动,校企共同创新、专业共建、人才共育、师资共培、资源共享的运行机制。

深化人才培养模式多样化改革。持续探索和实施"产学一体""工学交替""项目化教学""订单式培养""产学研合作育人"等多种形式的人才培养模式综合改革。特别是在"产学研合作育人"方面,按照专业对接企业行业、实训扎根基地的工作思路,与河南科信电缆有限公司联办了"科信电缆班""科信海外班",与中达电子科技有限公司联办了"应用技术人才专项班",与浙江溢彩化妆品有限公司合办了"精细化工班",开辟了校企合作办学的新领域。

3.解决地方高校如何达到一个新的发展状态、更好发挥示范引领作用的问题

本课题以全方位转型为核心,设定战略层次的转型(包含路径层面转型),全方位优化学科专业结构,全方位推进产教融合、政产学研合作,全方位、系统性综合改革,将产教融合作为地方高校转型发展的根本路径,努力解决地方高校如何达到一个新的发展状态、更好发挥示范引领作用的问题。具体做法如下:

聚焦双师双能型教师队伍建设、专业结构优化、服务社会发展能力提升等重

点工作,以重点突破带动整体推进,用整体提升促进拔尖冲高,着力提高广大教师培养应用型人才的能力、提升科学研究和社会服务能力,全方位推动转型发展。

二、成果的创新点

(1)项目基于周口师范学院近几年实践探索,概括形成了地方应用型本科高校"高起点、深层次、全方位"转型发展的模式。高起点设定方向目标,实现高水平转型发展;深化体制机制改革创新,实现深层次转型发展;重点突破带动整体推进,实现全方位转型发展。该模式关注地方高校教育生态的整体性、开放性,将产教融合作为地方高校转型发展的根本路径,模式涵盖目标、战略和路径三个转型发展要素,互相依托,互相促进,形成了一个联动开放体系。

(2)项目在具体实践中,注重全方位、系统性综合改革,持续探索和实施"产学一体""工学交替""项目化教学""订单式培养""产学研合作育人"等多种形式的人才培养模式综合改革,实现人才培养模式实现多样化。特别是在"产学研合作育人"方面,根据不同专业特点,按照专业对接企业行业、实训扎根基地的工作思路,开办专业、建立二级学院,开辟了校企合作办学的新领域。

(3)项目在具体实践中形成了创新创业教育典型经验。构建了"全覆盖、深融入"的课程体系、"开放式、多元化"的实践体系、"专业化、精准化"的指导服务体系、"全方位、立体化"的保障体系,形成了"四位一体"的创新创业教育体系。着力培养具有创新精神、创新意识和创新创业能力的高素质应用型人才,积累了典型经验。学校被授予"全省就业创业工作先进单位"荣誉称号,获批"全国创新创业典型经验50强高校"。

三、成果实践推广应用效果

课题组聚焦地方高校转型发展的6个重点任务,自项目实施以来,在内部治理体系和教育教学改革、具体实施等方面均取得明显成效。以周口师范学院为例,具体表现在:高密度出台系列规章制度,深化体制机制改革,如探索建立了"1+1+N"政产学研合作新模式,内部治理结构进一步完善;探索和实施"产学一体""工学交替""项目化教学""订单式培养""产学研合作育人"等多种形式的人才培养模式综合改革,人才培养模式实现多样化;新增5个本科专业,停招4个本科专业,构建了以"工学、经济学、管理学"为主的应用型专业格局,重点建设了七大专业集群,学科专业结构进一步优化;引进培养博士54人,获得高级专业技术职务任职资格80人,215名教师通过"双师双能型"教师资格认定工作,"双高双能型"教师队伍建设持续加强;现有校外实习实训基地320个,校内实训实验基地116个,新增6个省厅级科研平台,育人平台建设快速推进;承担国家基金项目30余项,横向课题项目资金成倍增长,服务地方经济社会发展能力持续提高。

本课题研究为地方高校实现"创新性、特色化、高质量"的转型发展奠定了一定的理论基础,积累了较好的实践经验,周口师范学院、商丘师范学院的实践经验均在2018、2019年举办的全省应用技术类型本科院校建设工作现场推进会上做典型发言。重点任务的改革其针对性、可操作性均较强,能够为同类院校提供参考,具有一定的推广价值,在本省周口师范学院、商丘师范学院和省外的齐鲁师范学院进行了推广应用,效果良好。近几年,省内外30多所高校派考察团来我校交流学习转型发展经验。

新建地方本科院校产教融合人才培养系统构建研究与实践

主要完成单位：平顶山学院

主要完成人：王文鹏、史永昌、高向丽、史玉珍、赵倩、李波、李庆富

一、项目背景及意义

新建本科院校数量占国内本科高校总数的50％以上，已成为吸纳高等教育大众化需求的主要力量。推进地方本科高校转型发展是高等教育分类发展、特色发展的重要战略部署，产教融合是地方本科高校转型发展的主要路径。国务院办公厅《关于深化产教融合的若干意见》将产教融合上升为国家教育改革和人才开发的整体制度安排。新建地方本科院校由于发展历程短，办学积淀不够深厚，其产教融合人才培养面临严峻挑战。产教融合的关键在调整专业结构和专业设置，核心是人才培养。新建地方本科院校有效破解内涵发展、特色发展难题，必须坚定应用型、地方性办学定位，把地方经济社会发展对人才的创新性、实践性需求渗透、融入人才培养的各个环节。构建产教融合人才培养系统，打造产教融合人才培养特色模式，提升人才培养质量，是新建地方本科院校亟待破解的重点难点问题。

二、主要解决的教学问题

1.解决专业（群）建设紧密对接社会需求的问题

专业（群）建设有效对接社会需求是产教融合人才培养的基础。新建地方本科院校普遍存在专业结构、人才培养目标及规格等与企业对人才的需求对接度不高的问题。

2.解决人才培养中产教深度融合问题

新建本科院校产教融合总体处于探索阶段,普遍存在融合不深不实的问题。如何将产教融合落实在人才培养全过程？以什么为载体推进产教深度融合培养人才？

3.解决产教融合人才培养特色模式建设问题

产教融合人才培养特色模式能够有力支撑新建本科院校在转型发展中实现特色发展。如何体系化设计新建本科院校产教融合人才培养特色模式？模式的特色从哪里来？

三、解决教学问题的方法

1.模块化专业设置对接模块化企业需求

产教融合人才培养体系建设首先要基于产业发展需要调整优化专业结构。依据某一产业企业所处产业链环节、业务领域、企业规模、品牌影响力、产品组合、技术标准等将某一产业企业划分为不同的企业群组,同一群组内的企业具有生产经营及人才需求的相似性,以此来模块化企业对人才培养的需求。对接不同产业链上的不同企业群组人才需求进行模块化专业设置,构建不同的专业集群。从而使专业(群)建设紧密对接产业发展需要。

2.产教融合模块化专业人才培养

(1)构建模块化课程体系。明确各专业面向的企业及岗位群对人才培养的需求,参照 OBE 教育模式,按照学生中心、产出导向,以岗位群需要的能力为主线构建课程模块。

(2)推进产教融合模块化课程建设。在教学目标、能力培养要求、教学内容、教学团队、教学方法、教学条件、考核办法及要求等方面落实校企协同育人,使产教融合落实在每一个模块课程和相应的课程模块建设中。

(3)实施流程化产教融合人才培养。将各模块内容予以程序化安排,构建"课内外、校内外一体化"产教融合全程实践教学体系。从而提升专业结构、人才培养与行业企业对人才需求的对接度。

3.搭建政产学研协同育人、协同创新平台

以平台为载体深化产教融合、校企合作,引入企业真实项目、真实场景、真实流程,整合校企办学资源,推进学科专业一体化建设,为人才培养提供有力支撑。

4.打造产教融合人才培养特色模式

(1)深化"六个对接",全方位推进校企双主体协同育人。人才培养方案修订与合作单位对接、课程教学团队与合作单位对接、课程建设与合作单位对接、实践教学平台建设与合作单位对接、教学过程与合作单位对接、教学质量评价与合作单位对接。

（2）推进教学做创融通，一体化校企协同培养创新型应用人才。依托校企共建平台，打造"特色工作室""开放实验室"，建立校企双导师团队，带领学生团队在"真实环境"中，以"真实项目"开展"真实流程"的全程实战。通过双师共教、师生共学、师生共做、师生共创，实现教学做创一体化，推进创新创业教育与专业教育深度融合，培养创新型应用人才。

5.改革管理机制，为产教融合人才培养提供制度保障

成立产教融合专门管理机构，完善产教融合顶层设计，制定关于深化产教融合校企合作的管理办法，专业设置及动态调整管理办法，以及深化产教融合教育教学改革、教师实践能力提升、行业教师管理等制度措施，建立产教融合人才培养长效机制。

四、成果的创新点

1.理论层面

构建了新建地方本科院校模块化产教融合人才培养系统模型；提出模块化专业设置对接模块化行业企业需求；从专业建设层面提出人才培养的产教融合模块化，具体包括模块化课程体系、模块化课程建设和流程化产教融合人才培养过程；提出了由组织协同与平稳运行、质量保障机制、阶段性模式选择等构成的运行机制策略，及由培育办学特色和核心竞争力、创新创业教育融入专业教育、模块化动态创新等机制构成的系统创新发展策略。

2.实践层面

通过成果应用，平顶山学院构建了由完善顶层设计，建立对接地方产业链、创新链的学科专业群，搭建政产学研协同育人、协同创新平台，构建模块化产教融合创新型应用人才培养课程体系，推进以学生为中心、以能力培养为核心的教学模式改革，全方位推进校企"双主体"协同育人，推进"教学做创融通"一体化校企协同创新型应用人才培养，改革管理体制机制等构成的模块化产教融合创新型应用人才培养系统，为新建地方本科院校产教融合人才培养提供了一种通用、可推广的模式。

五、成果的推广应用效果

1.成果应用于项目承担单位

成果应用于项目承担单位——平顶山学院,立项建设2个省级专业综合改革试点、7门省级精品在线开放课程;《光明日报》《河南日报》等省级以上新闻媒体报道10余次,举办2次大规模全省高校现场推广会;发表7篇教研论文,其中3篇发表在CSSCI目录期刊。出台了系列产教融合人才培养制度措施,完成了新版人才培养方案的修订工作,构建了模块化产教融合创新型应用人才培养体系,形成了"政产学研协同 教学做创融通"的创新型应用人才培养特色模式,以提升人才培养质量为核心,省示范校建设取得显著成效,在省教育厅组织的连续三个年度的示范校建设工作考核中均位居前列。

2.成果在省内推广应用

(1)项目研究成果内容在河南城建学院、南阳师范学院推广应用。

(2)以现场会的形式在全省范围推广。2019年6月,在学校举办河南省应用技术类型本科院校建设工作现场推进会,来自全省37所高校的138位领导、专家实地考察了学校"政产学研协同,教学做创融通"这一模式的建设成效和各特色学科团队的建设成果,学校还通过会议交流、举办实践教学成果展演等形式宣传推介示范校建设的主要做法。2019年8月,学校参与承办了全省高校"不忘初心,牢记使命"主题教育主要领导干部研讨班活动,来自全省60多所高校的主要负责人120余人来校观摩了学校的示范校建设情况,得到了全省高等教育界的高度认可。

3.成果在全国宣传推广

成果在《光明日报》、《河南日报》、《河南教育》(高教版)、河南省教育厅网站等省级以上媒体进行了10余次宣传报道。2019年12月,在全国新建本科院校联席会议暨第19次高层峰会"新建本科院校转型发展路径、城校共生模式"分论坛上进行了题为"平顶山学院在融入与服务中打造办学特色"的经验交流。德州学院、信阳农林学院先后到平顶山学院考察交流成果应用情况。

新建本科院校新工科教育人才培养模式创新研究与实践

主要完成单位：河南工学院

主要完成人：刘莉莉、郭志立、孙文琦、杨捷、任经辉、刘丹、朱命冬、郭岩

一、完成项目情况

本课题结合新建本科院校的特点，积极探索新建本科院校新工科建设。学校立足"地方性、应用型"的办学定位，在校党委的领导下，抢抓新一轮科技和产业变革的历史机遇，加大学科专业结构优化调整力度，主动布局新工科专业，改造升级传统工科专业，举全校之力，集全校之智，完成了本项目的教学改革工作。

二、改革创新点

本课题以新工科"五新""六问"为指引，以工程教育认证理念为导向，学习借鉴德国工程教育模式，突出理论和实践创新相统一，经过三年的探索和实践，逐步形成了"双元协同、三方保障、四维融合、五轮驱动"新工科建设河工方案（见图1），这是本课题取得的主要创新点。

1.双元协同

进一步完善产学协同育人机制，将校企双主体协同育人贯穿新工科专业建设和人才培养全过程，人才培养与产业发展的契合度进一步增强。

2.三方保障

(1)建好"校企联合办学董事会"。学校董事单位涵盖了宇通、卫华、许继等225家装备制造业和电子信息业的知名企业，董事单位企业在新工科人才培养方案改革、课程体系建设、实习基地、双创基地和社会跟踪调查等方面发挥了积

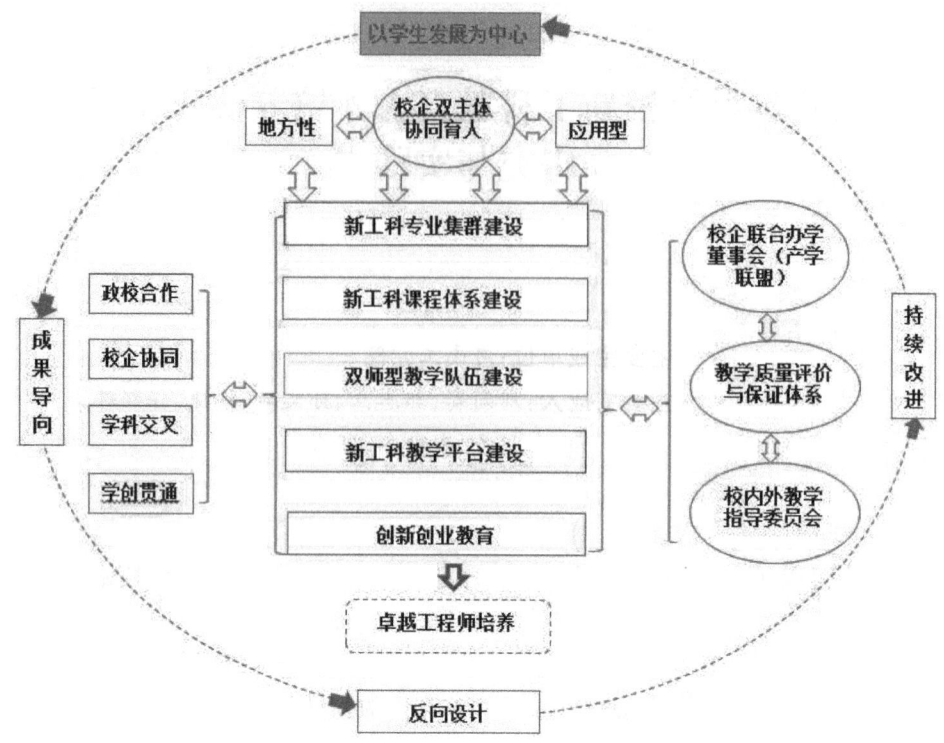

图 1 "双元协同、三方保障、四维融合、五轮驱动"新工科建设河工方案

极作用,形成了"专业共建、人才共育、过程共管、成果共享、责任共担"的校企合作新路径。

(2)建强"校内外教学指导委员会"。成立了由高教界、产业界等知名专家组成的校外教学专家指导委员会,定期召开学科专业规划与人才培养模式论证会,进一步明晰了新工科发展方向。

(3)健全"教学质量评价与保证体系"。创新教学评价方式,实施"3+1"质量评价标准,将教师教学创新评价和社会评价作为教学质量评价中的一项重要内容,教师投入新工科教学改革的积极性不断增强。

3.四维融合

统筹推进"政校合作、校企协同、学科交叉、学创贯通"四维融合发展,以"政产学研用"协同合力推进新工科建设。

(1)政校合作。探索校地深度融合发展,学校深度融入郑洛新国家自主创新示范区建设,发挥学科专业结构与新乡经济发展契合度高的优势,与新乡市人民政府签署校地战略合作协议,共建了"新乡市机电装备科技协同创新创业中心"

和20家市级重点实验室（工程中心），助力区域产业结构优化升级。2017年，省四大班子主要领导莅临学校检查指导工作，对学校人才培养、政校合作等给予高度评价。

(2)校企协同。以220多家校企联合办学董事单位、20家入驻企业和2个校内实习工厂为依托，三年来校企共建了8个省级工程（技术）中心、25个校内实验室和230多家校外实习基地，校企共同组织实施教学，构建了"以能力培养为主线，全过程、多平台和多形式"的一体化实践教学体系，协同育人的效果进一步增强。

(3)学科交叉：推动学科之间交叉融合，打造跨学科交叉课题体系。

(4)学创贯通：高度重视双创教育，推动双创教育融入人才培养全过程。学科交叉、学创贯通将在后面课程体系部分阐述。

4.五轮驱动：此部分是本方案的主体和重点

(1)注重以新产业发展为引领，打造新工科专业特色集群。遵循"产业引领、需求导向、重点突破、集成集群"的建设思路，积极开展新工科建设，初步打造了智能装备制造、电子信息、新材料、新型工程服务等专业集群，学科专业设置与我省产业发展的契合度进一步增强。

(2)注重以新产业需求为导向，开展新工科课程体系建设。一是体现学科交叉，在2018版人才培养方案中，要求跨学科交叉课程选修学分不少于18分。二是体现学创贯通，在2018版人才培养方案中，设置了创新理论教育、学科创新基础、专业创新教育、综合创新教育等新工科教育模块，构建了新工科教育双创课程体系，要求双创教育课程选修学分不少于12分，全方位推动双创教育融入人才培养全过程，着力提升学生的创新创业能力。

(3)注重政产学协同引才育才，建设高水平双师型师资队伍。根据新工科教育需要，重点打造高素质双师型教师队伍，目前双师型教师占比达48.8%，初步建成了一支与新工科教育相适应的规模适度、结构合理、师德高尚、富有创新精神、教育教学水平高的师资队伍。

(4)注重新工科教学条件建设，打造高水平教学平台。三年来，学校投入4300多万元建成了"汽车智能制造虚拟仿真实验室"等56个新工科教学平台，成立工程技术教育中心，整合校内优质资源，构建了现代机械工程中心、现代电气工程中心、云计算中心、虚拟仿真教学中心、智慧教学中心等五个教学平台，实施工业系统认知教学、传统制造技术训练、智能制造技术训练、工业系统控制、现代制造技术综合训练等五个智慧教学模块，形成"五平台＋五模块"的智慧教学体系，学生的工程实践能力不断提升。

(5)注重树立学创融合理念,改革创新创业教育。以"创业课程、创业竞赛、众创空间和创业学院"为载体,打通第一、第二课堂,提升创新创业教育实效性。

三、取得的实质性教学成果

1.构建了"双元协同、三方保障、四维融合、五轮驱动"新工科建设方案

创新政产学协同育人机制,提高了新工科人才培养与新产业需求的匹配度,为同类院校开展新工科教育提供可复制、可推广、可借鉴的方案。

2.专业建设成果突出

学科专业结构进一步优化,新工科专业数量占比达到56%,形成了主干的工科、工程管理类(工业工程、汽车服务工程、物流管理等)和艺术设计(环境设计、产品艺术设计等)等多学科交叉融合、协调发展的新工科学科专业体系,一流本科专业建设成效初显,新工科特色进一步彰显。2017年以来,学校与新乡市共建了"新乡市机电装备科技协同创新创业中心",建有10个省级、校级一流本科专业、8个省级工程(技术)中心、16门省级以上精品在线开放课程、7个省级优秀基层教学组织、3项省级示范性虚拟仿真实验教学项目,获批51项教育部产学合作协同育人建设项目、1项全国教育科学"十三五"规划课题、1项教育部科技发展中心产学研创新基金课题,获批11项河南省高等教育教学改革研究与实践项目、2项河南省新工科研究与实践项目、1项河南省教育综合改革项目、1项河南省教育科学"十三五"规划重点课题和50项校级新工科教改项目,荣获河南省高等教育教学成果一、二等奖各1项,荣获省教育厅教育信息化理论研究和创新应用项目一等奖1项。

3.师资队伍结构优化、特色突显

针对新建本科院校新工科建设,学校特别注重双师型师资队伍建设,双师型教师占比达48.8%。近三年,学校教师荣获省政府特殊津贴专家、省优秀专家、省级教学名师、厅级以上学术技术带头人、省高校青年骨干教师等78人次,在省级教学技能竞赛和青年教师教学技能竞赛中荣获各种奖励85人次,学生对教师课堂授课的满意度提升至97.6%,教师队伍的结构和素质进一步提升。

4.人才培养质量进一步提升

近三年,学校毕业生就业率保持在98%以上,位居全省高校前列。第三方评价机构调查显示,学校毕业生专业对口率达91.38%,企业对学生的满意度达到93.6%。全校工科专业在校生和毕业生中拥有授权专利850多项。学生在各类竞赛中荣获省级以上奖项1186人次,在2019年美国(国际)数学建模竞赛中,

学校学生同国内外万余支队伍同台竞技,荣获国际一等奖;在全国大学生电子设计竞赛、中国机器人大赛、数学建模、金相技能大赛,均多次荣获全国一等奖;在河南省第十一届"高教杯"大学生先进成图技术与产品信息建模创新大赛中,总分位列机械类第一名,连续两届荣获团体特等奖。学校荣获"全国高校实践育人创新创业基地""中华人民共和国成立70周年河南省最具国内就业竞争力高校"等荣誉称号。

四、推广应用价值

研究成果在学校广泛实践并取得积极成效的同时,还在河北水利电力学院、沧州师范学院、黄淮学院、新乡学院等高校推广应用,受益学生3万余人,取得了良好的社会效果,被人民网、光明网、《中国教育报》、《河南日报》等权威媒体报道35篇。

五、努力方向

学校将以新工科建设为契机,进一步完善"双元协同、三方保障、四维融合、五轮驱动"新工科建设方案,着力探索特色鲜明的新建本科院校新工科人才培养体系,为全省经济社会发展和产业结构优化升级贡献河南工学院力量。

应用型本科高校学生综合能力测试探索

主要完成单位：郑州工程技术学院

主要完成人：周春辉、李欣、周晓莉、李银凤、刘璐、孔颖、黄继海

一、成果简介及主要解决的问题

本成果是主动适应高等教育新形势,围绕培养什么人、怎样培养人、为谁培养人这一根本问题,落实立德树人根本任务,培养德智体美劳全面发展的社会主义建设者和接班人;落实习近平总书记2018年9月在全国教育大会上提出的要在增强综合素质上下功夫,教育引导学生培养综合能力;针对学生综合能力评价存在的问题,在充分调研的基础上,提出解决方案,通过实践形成的教学成果。

（一）成果主要包括

(1)确定了用人单位对学生综合能力的需求。调查了用人单位对学生综合能力的需求及学生综合能力培养所存在的问题。结果表明,认为需要提高的素养前六项分别是：独立工作、承受压力、逻辑分析、人际交往、创新思维和适应变化。毕业生认为重要性排名前十位的能力依次为：口头表达、团队协作、信息搜集与获取、倾听理解、发现和解决复杂问题、逻辑推理、情绪感知、服务他人、阅读理解和选择教学、学习方法。

(2)制订了学生综合能力测试考核要素。在调研的基础上提出学生综合评价的标准,构建测试系统,探索综合能力测试方法。通过本项目的研究,形成客观、有效的学生综合能力测试方法,把测试结果用于教学改革、学生管理的各个方面,形成有效提升学生综合能力的培养体系。本测试方法的本质是从用人单位的角度和评价办法来考查学生能力的培养效果。这种评测是考察一个人在多年生活、学习和实践中通过积累而形成的能力,其性质是一种基本潜在能力的

测试。

（3）完成了 2017、2018、2019 三届一万两千多名毕业生的测试,完成了 2016 级、2017 级食品科学与工程本科专业在校生测试。发表教改论文 2 篇,其中一篇为 CSSCI 来源期刊,形成校级教改成果 1 项、市级教改成果 1 项,获软件著作权 1 项。

（二）主要解决的问题

（1）分析了学生综合能力测试结果、学生综合素质测评结果、学业考试成绩等之间的相关性。

（2）构建了"通专结合"的应用型本科综合能力培养的人才培养体系,制订了第二课堂成绩单制度,第一课堂与第二课堂紧密相连、相辅相成,真正落实全员全过程全方位育人的"三全育人"目标,为塑造学生的个性和促进学生的全面发展提供了更为广阔的空间,使学生综合能力不断提升。

第三方机构麦克思评测了我校学生成长情况,结果显示本校德育、基本能力与职业素养整体培养效果较好。本校 2017－2018 学年大一、大二学生德育、基本能力、职业素养提升明显（"提升较多"或"有所提升"）的比例（分别为 93％、88％、93％）均高于同类院校（分别为 88％、83％、90％）。

二、成果解决教学问题的方法

（一）教学问题

本项目要解决的问题是学生综合能力培养的效果如何。通过分析测试结果,指导德智体美劳全面发展、具备较强的综合能力的人才培养体系的建立。

我校始终重视学生综合能力的培养,对培养效果的评价以及评价结果对人才培养的指导,是我们一直关注的问题。2002 年起,我校开始用评选"十佳大学生"的方法对学生的综合素质进行评价,经过十多年的优化调整,形成了综合素质定性评价的指标体系,在一段时期内,对学生综合素质提升起到了一定的促进作用。但是,这套指标体系的指标基本都是从学生参加各种课外活动、担任班干部等角度去评价学生的综合素质,并不能完全反映学生的综合能力,也无法针对性地对完善综合能力培养的人才培养体系进行指导。

（二）解决方法

1. 成立工作机构

专升本后,学校以"一二三四"工程为抓手,围绕"建设对地方经济社会发展有一定支撑作用、在省内外有一定影响力的应用型本科院校"这一战略目标,促进学校由"专科学校向本科院校、综合型院校向应用型院校"两个转型;实现"教学质量、管理水平、创新创业"三个跃升,确保"师资队伍素质、教学科研水平、学生综合能力、学校发展活力"四个"显著增强"。为切实推进"一二三四"工程,学校建立了"3+7"工作机制,即3个领导小组和7个委员会,专项推进各项工作。其中,学生工作领导小组由党委书记为组长,全体党委成员为副组长,学生相关工作部门的负责人为成员,促进部门间协同,专项推进使学生综合能力显著增强的工作。

2.改革教学管理方式

(1)推行学分制教学管理。2017级开始,推行学分制教学管理,强调"以学生为中心"的理念,逐年增加选修课的学分,引导学生根据个人成长需要自主选课,倡导"个性化"学习。

(2)构建"通专结合"的综合能力培养的人才培养体系,提高通识课学分、增加实践学分比例、增加创新创业必修和选修学分。

3.建立"第二课堂成绩单"制度

针对学生综合能力培养过程中第一课堂无法涵盖的内容,利用第二课堂进行培养。2019年,出台了《郑州工程技术学院"第二课堂成绩单"制度实施办法(试行)》,分为思想成长与道德素养,社会实践与志愿服务,科技学术与创新创业,文体艺术与身心发展,社团工作与任职履历,技能特长与培训认证六个模块。记载学生在上述六个方面的参与及成长情况。第一课堂与第二课堂紧密相连、相辅相成,真正落实全员全过程全方位育人的"三全育人"目标,为塑造学生的个性和促进学生的全面发展提供了更为广阔的空间,使学生综合能力不断提升。

三、成果的创新点

阐释了应用型本科人才综合能力培养的内涵,确定了综合能力测试的要素;探索建立了应用型本科高校学生综合能力测试方法;对学生综合能力进行多元评价;分析了测试结果与学生学业成绩、十佳大学生的关联性;通过结果分析,发现人才培养过程中的问题,调整应用型本科学生综合能力培养的方案。以期对应用型本科高校学生德智体美劳全面发展的人才培养体系构建及培养结果评价起到一定的借鉴意义。

四、成果的推广应用效果

本成果阐释了应用型本科人才培养的内涵,以郑州工程技术学院等应用型本科高校学生综合能力测试为切入点,结合应用型人才培养的特点,探索建立应用型本科高校学生综合能力培养及测试方法,测试了三届 1.2 万名毕业生和 2 届本科在校生,并对测试结果进行分析,及时发现人才培养过程中的问题,指导应用型本科学生综合能力的培养,有两届 3 万余名学生直接受益。本成果对应用型本科高校学生德智体美劳全面发展的人才培养体系构建及培养结果评价起到一定的借鉴意义。

成果具有先进性、可操作性,并取得了一定的实践效果,对应用型本科高校学生综合能力测试及综合能力的培养具有借鉴意义。

新形势下民办文科高校转型发展研究与实践
——以郑州升达经贸管理学院为例

主要完成单位：郑州升达经贸管理学院
主要完成人：郭爱先、沈定军、张蕾、郝艳海、赵悦然、
周少卿、赵晶、傅兰英

民办文科高校转型发展是进一步提升学校竞争力，培养高素质应用型人才的必然要求。项目组根据 2015 年 10 月国家教育部、发改委、财政部等部门联合印发的《关于引导部分地方普通本科高校向应用型转变的指导意见》，结合学校发展实际，对民办文科高校转型发展的现状及存在的问题、重点和难点等进行了研究，提出解决民办文科高校转型发展困境的对策。

一、解决的主要问题及方法

1. 聚焦思想引领，形成转型发展的共识

通过转型发展大讨论，转变观念，统一思想，形成共识，即转型发展要坚持一个方向：应用型，即应用型办学定位和应用型人才培养的目标；瞄准一个目标：提升质量；做好两个服务：服务地方发展，服务学生发展；实现五大转变：学校为本转向学生为本，规模扩张转向质量提升，知识灌输转向能力培养，封闭办学转向开放办学，理论学习转向理实结合、产教融合。

2. 聚焦转型发展，谋划了创新发展的顶层设计

制定了《郑州升达经贸管理学院"十三五"教育事业发展规划》，坚定了建设特色鲜明、高水平应用型民办大学的办学目标和高素质应用型本科人才的培养目标，明确了坚持"一个根本"（立德树人），突出"两个服务"（区域经济社会发展，学生和教师发展），着力"三个提升"（应用型人才培养质量，基于地方的应用科研水平，管理服务能力），落实"四个促进"（教学条件建设，教学经费投入，教学管理规范，教学质量提升），实施"五大工程"（文化育人，教师素质提升，教学保障建

设,教学质量提升,校地合作发展)的发展思路。

3.聚焦立德树人,确立以学生发展为中心的理念

学校始终坚持以学生发展为中心的指导思想,坚持服务学生发展的办学宗旨,坚持落实立德树人的根本任务,坚持以每天升国旗为主载体的爱国教育、每天一小时的劳动教育、潜移默化的品行教育"三大教育",不断强化课程、服务、环境"三方育人"和全员全过程全方位"三全育人",通过文化景观、学术报告、社会实践、双创教育、社团活动等,为学生提供品德养成、心理健康、困难资助、学业指导、就业创业等全方位服务,促进学生德智体美劳全面发展。

4.聚焦服务社会,优化学科专业布局

学校围绕河南"三区一群"国家战略和郑州国家中心城市建设,结合自身实际,紧盯地方经济社会发展需求,停招社会需求不旺专业,增设社会急需专业,改造长线专业,逐步完善跟着市场走、围着行业转、随着形势变的专业动态调整机制,不断优化学科专业布局,构建与区域经济社会发展对接的应用型专业体系,提出了与现代金融、现代服务业紧密对接的金融服务类、国际商务类、文化旅游类、智能技术类、土木工程类五个专业集群的建设思路。

5.聚焦分类发展,构建应用型人才培养体系的框架

学校坚持学历教育与职业教育相结合,学校教育与行业教育相结合,专业教育与双创教育相结合的应用型人才培养。以高素质应用型人才为培养目标,按照"德育为先、能力为重""毕业即就业,上班即上手"的培养要求,制定基于学生分类发展的应用型人才培养方案和课程体系;开展核心课程和混合式课程建设,促进信息技术与教育教学深度融合;坚持学校"两证多照"特色,加强实践教学体系建设与管理,促进学生应用能力的提升;坚持以学生为中心,以学习成果为导向,适应不同学生的个性发展和终身发展需求,形成以学生发展为中心的教学模式,构建了面向产业、行业和职业需求的"3.5+0.5"应用型人才培养模式。

6.聚焦质量提升,形成不断提高教学质量的长效机制

学校强化质量意识,实现从重规模发展到重质量提升、从重理论教学到重理实结合、从重知识灌输到重能力培养的三个转变。学校减少专科招生计划,控制专科规模,集中精力办好本科教育。实行"两级双线双责"工作模式,开展专项评估,实施多元评教,发挥教学状态数据库和评估结果的调控和督导作用;注重考核内容与方式改革,取消毕业清考制度,实施重修制度,考察其创新能力、专业能力、实践能力和综合素质;坚持"严管、严教、严考",规范课堂教学、毕业论文质量管理,把质量评价结果作为教师评聘与考核的重要依据,努力构建完善的教学质量保障体系,打造全校追求质量提升的质量文化。

7.聚焦产教融合,打造校地合作协同育人的平台

学校按照"筑巢引凤、共建平台、协同育人、合作发展"的建设思路,引入20余家企业进驻学校,开展校企合作、协同育人,利用业界资源,搭建优势互补的实践平台,联合开设企业课程、指导学生实训,为学生提供真操实做、理实结合、产教融合的条件,解决学生实习、实训、实践难题,让学生在体验中实践,在实践中学习,在学习中成长。成立圆通科学工作院,共同建成教育部"科学工作能力实训示范基地",获批为教育部学校规划建设发展中心"科学工作能力提升计划(百千万工程)"全国首批24所试点院校之一。

8.聚焦应用科研,明确科研工作的原则与方向

学校主动适应经济发展新常态,紧紧围绕经济社会发展需求和应用型人才培养需求,围绕学校办学思路和发展目标,加强基于应用型人才培养的科学研究、基于服务地方发展的应用研究、基于民办高校办学特色的科学研究,推动科研向质量提升转变、向特色科研转变,努力形成一批质量高、应用性强的科研成果,反哺学校人才培养,提升服务社会的能力。

9.聚焦教师转型,打造一流师资队伍

学校坚持人才强校战略,聚焦教师转型发展,制定师资队伍建设规划,优化教师队伍结构,提升教师"一德三能"(师风师德、教学能力、育人能力、科研能力)水平,打造一流师资队伍。健全师德师风建设长效机制,将师德纳入绩效考核、职称评聘标准,设立"淑芳师德奖"(师德先进奖励1万元);坚持引培并重,多措并举,加强高职称、高学历、高水平教师的引进与培养,重视专业带头人、双师型教师和青年教师的成长;加强教学基层组织建设,打造优秀教学团队;成立教师发展中心,开展校内外培训,办好教师沙龙,服务教师成长和转型发展。

二、成果的创新点

本研究认为民办文科高校的学校发展与学生发展同等重要,提出了转型发展不仅要服务地方经济社会发展,更要服务学生发展的理念,明确指出:地方性、应用型是民办文科高校转型发展的类型和方向,服务社会和学生发展是民办文科高校转型发展的目的,应用型人才培养是民办文科高校转型发展的目标,引企入校、产教融合是民办文科高校转型发展的路径,提高教育教学质量是民办文科高校转型发展的落脚点,产出导向、能力导向、学习导向是民办文科高校应用型人才培养转型的三部曲。

1.明确了民办文科高校转型发展的方向

本成果提出民办文科高校转型发展要把办学方向、办学定位、办学思路、办学方式等转到服务地方经济社会发展上来,转到服务学生成长成才上来,转到增强学生就业创业能力上来;要把办学目标转到培养应用型人才上来,转到提升教育教学质量上来;要把办学道路转到产教融合、校企合作上来。提出了从外延式发展到内涵式发展、从以校为本到以生为本、从传统教学到理实结合教学、从封闭办学到开放办学、从规模扩张到质量提升、从重理论到重实践、从重知识到重能力的转变,为民办文科高校转型发展提供了明确的方向和清晰的路径。

2.提出了以学生发展为中心的应用型人才培养理念

本成果从学科专业建设、人才培养方案制定、课程设置、课堂教学改革、双创及就业教育实施、教学质量监控、教学条件改善、考试考核等方面进行转型发展研究,坚持"以本为本",推进"四个回归",提升学生学习获得感,全面确立以学生发展为中心的应用型人才培养观念。

3.构建了民办文科高校应用型人才培养体系

本成果确立了民办文科高校应用型人才的培养目标,制定了应用型人才培养方案,形成了基于学生分类发展的课程体系,注重了学生实践能力的培养,形成了较为完善的教学质量保障体系,科学构建了民办文科高校应用型人才培养体系。

4.探索了引企入校、校地合作、产教融合的路径

本成果基于民办文科高校学生实习实训困难的现实和转型发展的需要,提出筑巢引凤,引企入校是民办文科高校实现校企合作、产教融合的有效途径;积极融入区域经济社会发展,加大开放办学力度,加强与地方、行业、企业的互动与合作,引入20余家企业进驻学校,搭建合作育人平台,构建校地协同育人机制,实现政校企合作育人。

三、成果的应用与推广效果

1.成果主要成效

(1)研究成果。主持人论文被《管理学刊》(CSSCI)发表;另有中文核心论文2篇,CN论文4篇;研究报告、结项报告各1篇;相关校级教改项目9项。荣获学校教学成果特等奖。

(2)应用成效。推进了学校转型发展的组织保障与制度建设。设置了教师发展中心、校地合作发展处、创新创业教育学院、质量监控办公室、学生发展中心

等机构,制定并实施了相关文件和规章制度。

推进了学校的应用型办学与应用型人才培养。建成省重点学科5个、品牌专业11个、特色专业3个、专业综合改革试点项目5个;省在线开放课程、精品课程6门;成立圆通科学工作院,建成教育部科学工作能力实训示范基地1个、省实验教学示范中心2个;获批国家社科基金项目2项、教育部人文社科项目2项、教育部产学研合作协同育人项目18项,承担横向课题44项;仅2019年,学生获得国家级奖励116项,省级奖励299项。成为荣获"全国全民阅读示范基地"的唯一民办高校。学校顺利通过教育部本科教学工作合格评估,被教育部考察专家称为"一所有文化、有灵魂、有特色、令人尊敬,并且不可复制的民办高校……"。

2.成果推广应用

(1)2017－2019主持人在教育部召开的全国大会上交流5次,与全国90多所高校分享,并被中国教育智库联盟聘为民办本科转型发展研究中心专家。

(2)2019.11.26教育部官微——教育之弦以《推荐!应用型文科高校如何转型发展?这所院校进行了有益尝试》为题,向全国推送升达学院的转型发展实践。

(3)2019.5.17中国教育报专版刊发"内涵建设提质量　不忘初心育新人——郑州升达经贸管理学院硕果满枝头"进行专题报道。

(4)2019.12.25河南省教育工作领导小组向全省高校发文介绍"坚持一个中心、突出两个重点　打造三个品牌　郑州升达经贸管理学院新的社会阶层人士统战工作新模式"。

(5)研究成果已在升达学院、广西外国语学院和武汉东湖学院推广应用。

基于"专创融合"的地方高校创新创业教育生态体系构建与实践教学成果案例

主要完成单位：郑州大学、黄河科技学院、河南工业大学、郑州宇通重工有限公司

主要完成人：张倩红、王忠勇、杨雪梅、魏明侠、张景华、赵予新、徐恒、王飞、李高申、雷兵、李海霞、钟镇、李退役勇

一、研究背景

在创新创业教育成为高等学校人才培养重要任务的背景下，郑州大学联合河南工业大学及黄河科技学院等单位于 2017 年申报河南省教学改革项目《基于"专创融合"的地方高校创新创业教育生态体系的构建与实践》，分别立足综合性、行业特色型、应用型大学开展改革与研究，初步形成了基于"专创融合"的地方大学创新创业教育人才培养改革成果，直接受益学生人数超过 10 万人。

二、概念引入

本成果将高校双创教育生态体系定义为：以教育为根本，以高校为核心，由学校、政府、产业和其他实体及社会环境（市场、文化和政策等）组成的相互依赖的动态平衡系统。该体系包含微观、中观和宏观三个维度，微观上围绕教学展开，有课程体系、实践体系等要素；中观上主要围绕学校内部治理展开，包含目标体系、管理体系、支撑体系和人才质量评价体系等；宏观上主要围绕高校与政府、企业等社会机构对接企业需求和社会需要的协同机制展开，包含孵化体系等要素。各主体与要素、要素与要素之间相互关联，不断保持动态平衡，推动创新创业教育发展。

三、解决的问题

地方高校承担着全国90％以上本科生的培养任务，在创新创业教育主要存在如下问题：(1)微观上，创新创业教育与现有人才培养体系的关系尚未理顺。(2)中观上，创新创业教育目标体系、支撑体系和评价体系尚未完善。(3)宏观上，学校与社会有效衔接的"培育—孵化"体系尚未成熟。

四、项目实施

立足地方高校特色和创新创业教育现状，围绕专业教育和创新创业教育融合（简称为"专创融合"）的改革思路，构建由目标体系、课程体系、实践体系、保障体系、"培养—孵化"体系和评价体系等6个平台17个子模块组成的创新创业教育生态体系（如图1所示）。

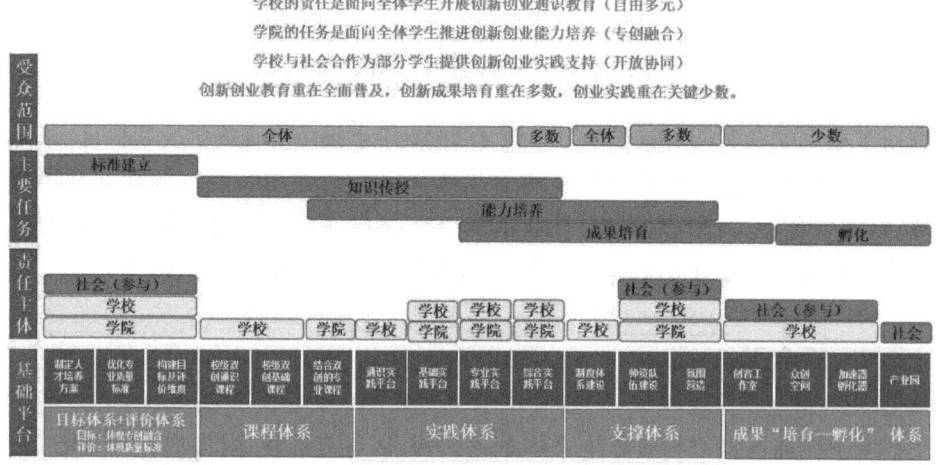

图1　高校创新创业教育生态体系示意

1.构建了地方高校创新创业教育目标体系

成果将双创教育有机融入专业人才培养目标，并按照创新与创业维度进行划分（见图2）。创新型人才要求具有较强的创新能力，创业型人才要求具有较高的创业能力，创新型与创业型人才培养目标具有相互映射和互补的关系。地方本科型高校大部分创新人才是高质量就业和继续深造，少部分具有创业意愿和能力的人才进行创业实践。

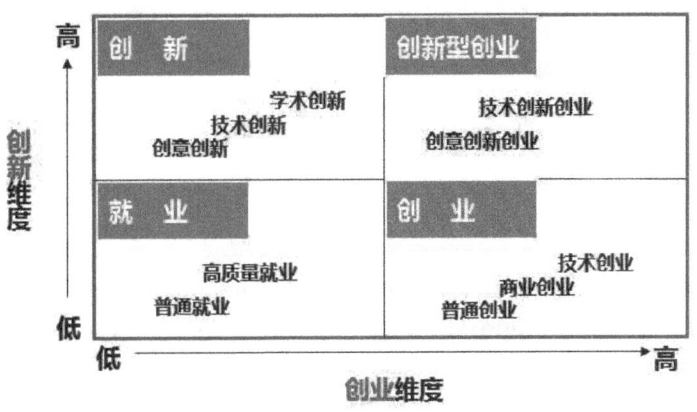

图2 创新创业人才培养目标矩阵分类

2.构建了以离散式融入、案例式聚合为特征的专创融合课程体系

本成果以学生为中心,将"创业胜任力"等20余门双创普及类课程纳入通识平台,构建了"通识+基础+专业"的课程体系。在专业课程建设方面,对专业教学内容进行重构和聚合,采用离散式融入和案例式聚合的方式,分别将离散的双创知识融入专业知识讲授,促进知识横向拓展和以创新创业案例为线索,实现不同课程间知识的纵向贯通(见图3)。

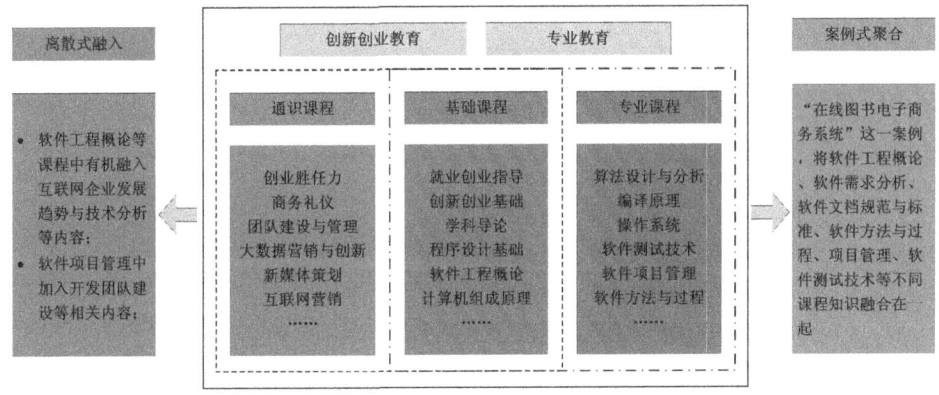

图3 软件工程专业"专创融合"的课程体系示意

3.构建了嵌入企业行为的专业教育牵引式实践体系

结合课程体系建设,构建了分段双创实践教育体系,由浅入深地引导学生开展双创实践,在实践能力培养上形成专业教育与双创教育有机融合(见图4)。

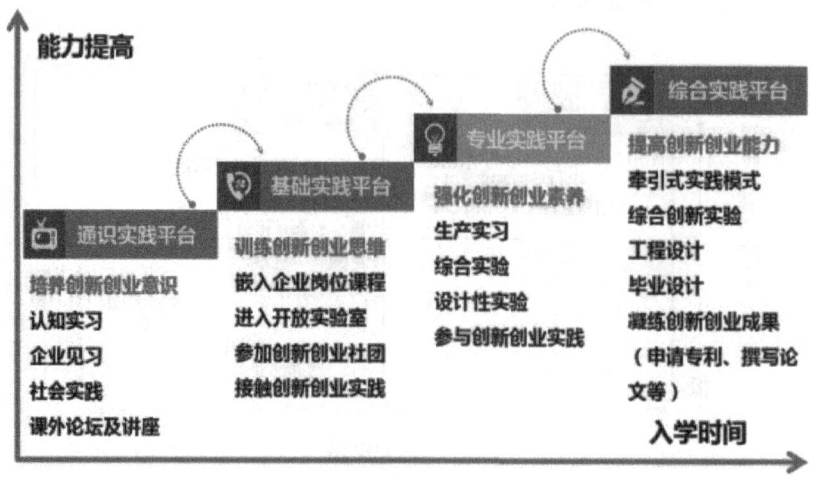

图4 实践体系分段示意

在此基础上还构建了以学生为主体、以团队全程考核为重点的牵引式实践机制。该机制以"创新创业教育与工程设计实践"课程为载体,组织学生自由结合组建模拟公司,根据个人兴趣和特长进行分工,共同完成需求分析、方案设计、技术实现、营销策划和知识产权保护等企业各环节工作,最终导师综合答辩、文案、产品演示、财务预结算等内容对团队打分,团队获得总分后,由团队成员根据各人对公司贡献给出个人成绩,促进多学科知识在学生主体的融合,解决了重知识传授轻创新创业实践的问题(见图5)。

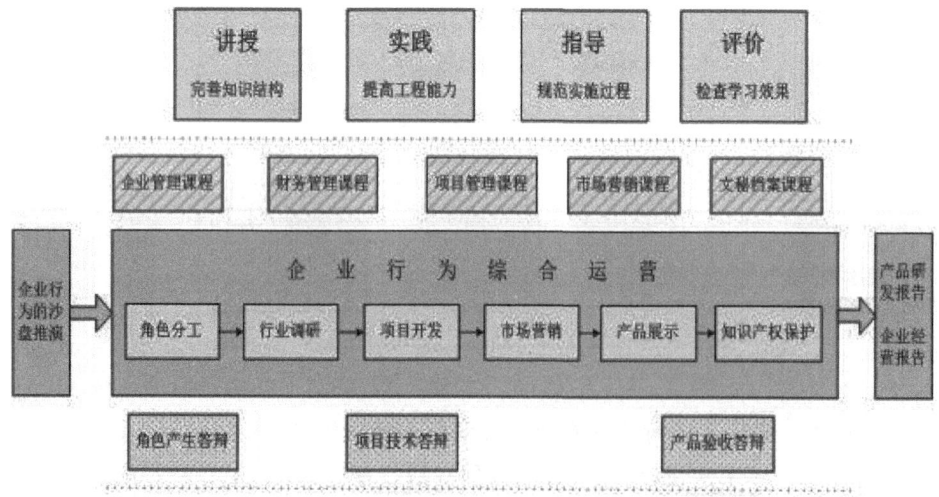

图5 "创新创业教育与工程设计实践"课程实施流程

4.构建了多方联动的创新创业教育保障体系

本成果统筹教务、学工、就业创业指导中心等校内部门,协调校企合作资源构建了多方联动创新创业教育保障体系(如图6所示)。其中建立了双创导师动态选聘和教学能力培训机制,选聘优秀校友、企业家、投资人等建立"双百导师库",以"校本培训—网络培训—校外专家进校培训—校外进修培训"四大平台进行常态化教学能力培训;围绕教学管理、师资建设、项目扶持和成果激励等建立了较为完善的制度体系;积极推进第二课堂,建立多部门统筹协调的双创活动组织机制,加强校外实践基地建设,推动学生创新创业实践有效落地。

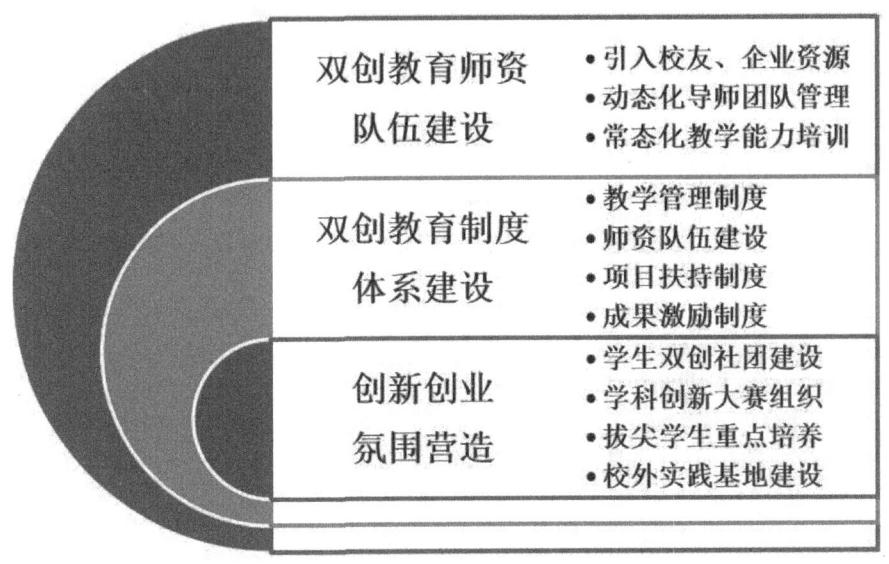

图6 多方联动的创新创业教育支撑体系

5.构建了三元合力的全链条创新创业"培养—孵化"体系

基于"课堂+园区+企业"的"三元合力"人才培养思路,建立"理念培育—项目模拟—创新训练—孵化助推—市场实战"层层递进的链式双创平台,构建"校内创新训练—创客空间—众创空间—孵化器—加速器—产业园"全链条创新创业"培养—孵化"体系(如图7所示)。建立了三大平台:公共服务平台为就业创业和科技成果转化提供集孵化、路演、展示、投资和政务等服务为一体的低成本、便利化、全要素、开放式的综合服务;科技服务平台以导师科研项目为抓手,学生自主参与创新创业实践。金融服务平台为学生创新创业提供资金,促进校外资金链、产业链与校内创新链的有效对接。

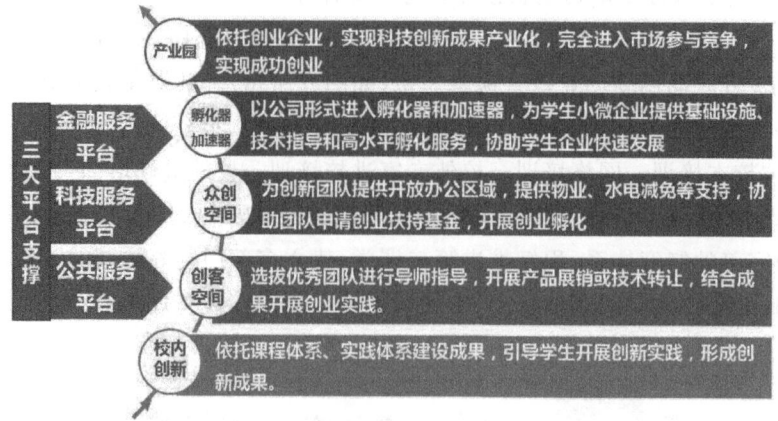

图7 全链条创新创业"培养－孵化"体系

6.构建了基于标准的创新创业教育评价体系

本成果将质量标准作为输入,将校内教学过程为对象,将知识、能力、素质为输出,构建了基于标准的创新创业教育评价体系。该体系以平台层、培育层和目标层进行评价(如图8所示)。

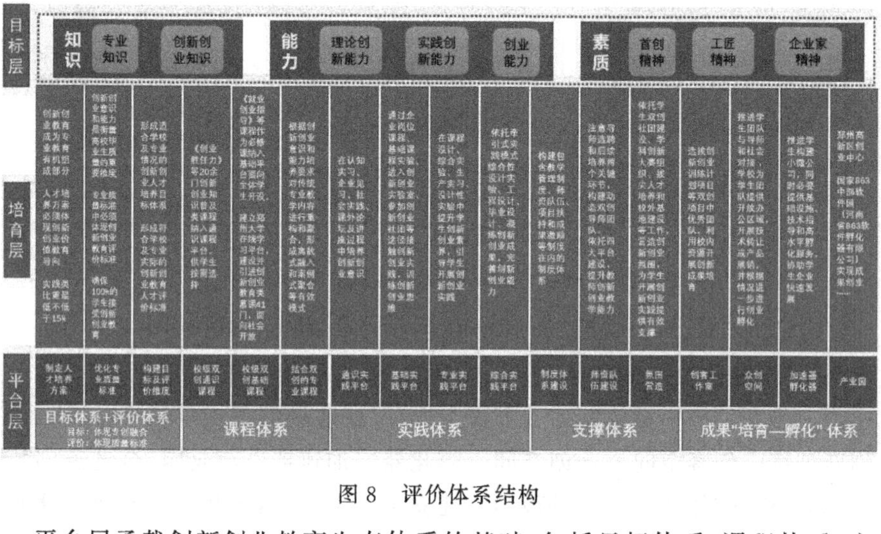

图8 评价体系结构

平台层承载创新创业教育生态体系的基础,包括目标体系、课程体系、实践体系等;培育层是在平台上开展的具体课程、项目、计划等,两者结合将生态评价体系划分为5个大类、17个子类。目标层是创新创业人才应具备的知识、能力和素质的划分。通过"三条主线",贯穿校内和校外对培养质量进行监控和评价(如图9所示)。

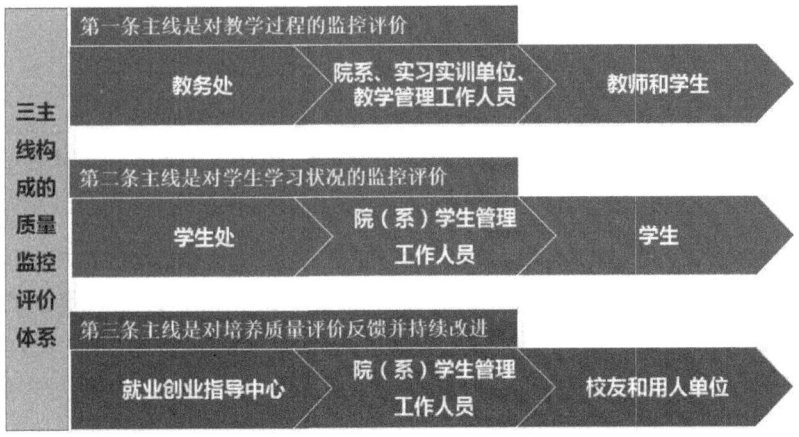

图 9 "三条主线"构成的教学质量监控评价体

由于高校之间的差异,不同学校可以根据自身定位合理制定不同的培育层和平台层评价标准。目标层的构建虽然具有普适性,但不同高校毕业生能力总体上表现出图 10 所示的差异性,因此需要设置符合人才培养目标的评价权重,实现用自己的尺子量自己,解决目前创新创业教育成果评价"千校一面"的问题。

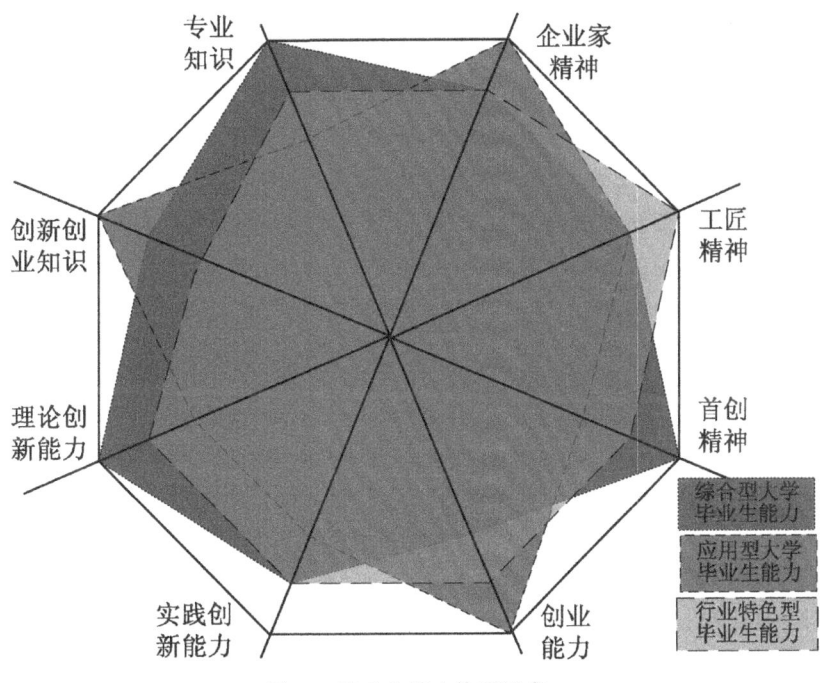

图 10 毕业生能力体系示意

五、成果应用成效

1.学生培养质量不断提高,改革成效显著

以郑州大学为例,开设双创课程76门,慕课41门。"创新创业教育与工程设计实践"慕课向全国高校开放,运行一学期就有6所高校6000余名学生选课学习,影响力初步显现。第二课堂聘请双创导师129名,成立双创社团10个,每年举办双创主题活动50余场,组织学生参加200余类创新创业大赛。2018年有3200余名本科生获得创新竞赛省级以上奖励,专利授权376项,发表论文494篇。郑州大学本科生连续七年荣获宝钢教育优秀学生特等奖,全国大学生年度人物王凯甬受到国家领导人孙春兰接见,武晓雪荣获"最强大脑"全国十强,倪新程等代表中国大学生参加柏林iCAN国际创新创业总决赛,郑州大学在第五届"互联网+"大赛中荣获金奖并入围全国30强,创河南最好成绩。

2.形成创新创业教育有效模式,得到各界高度认可

荣获"全国创新创业典型经验高校"、"全国深化创新创业教育改革示范高校"、"全国创业孵化示范基地"等荣誉,郑州大学大学科技园、黄河众创空间被认定为国家众创空间。《人民日报》《光明日报》《中国教育报》等媒体对三所高校创新创业人才教育做法进行了报道,迎接了教育部、科技部和河南省等十余位省部级及以上领导的视察。

3.形成了较为丰富的成果,为地方高校提供示范

出版著作3部,发表相关学术论文20余篇,其中5篇CSSCI论文;黄河科技学院中国(河南)创新发展研究院入选"中国智库索引(CTTI)来源智库";在各类教育研讨会做主题报告或典型发言30余次。项目组多名成员入选全国首批万名优秀创新创业导师。

六、主要创新点

1.重构了"专创融合"的创新创业教育生态体系

基于"专创融合"的理念重构了包含目标体系、课程体系、实践体系、支撑体系、"培养—孵化"体系和评价体系等在内的创新创业教育生态体系。

2.构建了矩阵式创新创业人才目标体系和基于"标准"的评价体系

提出了创新创业人才培养目标矩阵,明确了不同高校学生能力培养重点。构建了与人才培养目标体系匹配的、基于"标准"的评价体系,通过8个维度和3

个层次的评价,较好地解决了"千校一面"的问题。

3.构建了基于课程内容优化的嵌入企业行为的专业教育牵引式实践体系

基于"通识＋基础＋专业"课程体系改革,以离散式融入和案例式聚合两种方法,将创新创业知识与专业知识有机融合,给出了一个嵌入企业行为的专业教育牵引式实践体系人才培养范式。

4.构建了多方联动的支撑体系和全链条"培育—孵化"体系

建立了"理念培育—项目模拟—创新训练—孵化助推—市场实战"层层递进的链式创新创业平台,构建了"校内创新训练—创客空间—众创空间—孵化器—加速器—产业园"全链条创新创业"培养—孵化"体系。

"双一流"背景下多途径强化化学拔尖人才创新能力培养的研究与实践

主要完成单位：郑州大学

主要完成人：徐顺、王志武、郭丰启、朱艳艳、陈卫华、张文静、危求仁、牛俊龙

2015年10月，国务院下发《统筹推进世界一流大学和一流学科建设总体方案》〔(2015)64号〕，文件指出"坚持立德树人，突出人才培养的核心地位，着力培养具有历史使命感和社会责任心，富有创新精神和实践能力的各类创新型、应用型、复合型优秀人才"。2017年9月郑州大学进入首批一流大学建设高校，郑州大学化学学科进入首批一流建设学科。

建设世界一流大学和一流学科（以下简称"双一流"），其重要的标志和基本特征是本科生的教育质量以及达到的水平，其中对学生创新意识以及创新能力的培养又是本科生教育的核心，如何能够有效地将创新创业教育融入本科创新和应用型人才培养全过程，是新时代高等学校的历史使命和责任担当，积极寻求大学生拔尖人才创新能力培养的有效途径，具有十分重要的现实意义。

一、主要教学改革实践和成果

围绕"'双一流'背景下多途径强化化学拔尖人才创新能力培养的研究与实践"项目我们制定了如下措施和政策，并付诸实施，有效地促进了大学生双创素质的提升。

1.大力加强大学生创新价值观的教育，重视创新型人才健全人格的养成

在大学本科教育的全过程中将加强学生创新价值观的教育和创新型人才健全人格的培养放在首位，重视理想信念教育，重视学生世界观、人生观和价值观的正确引导，重视大学生创新精神、互助合作精神、对社会的责任感和家国情怀等方面的培养。

聘请两院院士、长江学者、杰青等知名专家学者举办学术报告和讲座,使学生有机会了解一些前沿性问题的研究和进展情况,充实、更新所学专业知识,促进学生创新型思维的培养和提高,两年期间举办学术报告76场。

2.建立健全拔尖人才创新能力培养政策和保障机制

大学生拔尖人才创新能力的培养是一项系统性综合性工程,需要制定较为完善的扶持和保障政策,创造有利条件来保障大学生创新创业活动的全面开展。我们制定了《郑州大学化学学院人才培养方案》《郑州大学化学学院本科生科研训练实施办法》《郑州大学化学学院励志导师实施方案》《郑州大学化学学院本科学生"滚动制"试行办法》《郑州大学大学生创新创业教育基地管理办法》和《郑州大学化学学院学生综合素质测评实施细则》等,从政策上保障化学拔尖人才创新能力培养的顺利实施。

3.创新创业理论和实践课程建设

将通识教育与专业教育进行深度融合,建立和完善理论与实践课程并重的创新创业教育体系,打造以思维、意识引导为目标的创新创业理论课程,邀请创新创业方面的知名专家、成功的企业家结合本院的教师组成讲师团,为学生开设创业实践课。

化学学院作为郑州大学创新创业课程试点院系之一,在2017年9月通过征集课题的方式,确定12项创新创业项目,每个项目参加学生10名,1名指导老师。课程最终答辩考核合格,参加学生将获得院选修课2个学分。

4.强化科研训练,提高学生的实际动手能力

我们将本科四年期间的科研训练导师制与大学生创新创业训练计划项目相结合,根据各个年级学生特点、素质和能力不同,分阶段、有目的执行专业导师制,引导学生进行研究性学习,锻炼自己的创新能力,有效地带动其综合素质的提升。

2017、2018和2019年化学学院本科生共获批大学生创新创业训练计划项目153项,其中国家级和省级项目29项,参加学生达到300余人。

5.组织和培训学生参加全国大学生学术科技竞赛是提升大学生创新能力培养的有效途径

我们十分注意发挥全国大学生系列学术科技竞赛和创业大赛平台在化学拔尖人才培养中的积极作用,广泛宣传动员和精心组织报名,安排专业教师指导,为参赛学生提供便利条件。郭丰启和徐顺教授指导杨承霖创业团队荣获2018年"创青春"全国大学生创业大赛铜奖;陈卫华教授指导杨菲菲同学荣获第十五届"挑战杯"中国银行全国大学生课外学术科技作品竞赛三等奖。徐顺教授等指

导姜山创业团队荣获2019年河南省"互联网＋"大学生创新创业大赛一等奖;徐顺教授指导王鹏程创新团队2019年荣获第十四届"挑战杯"河南省大学生课外学术科技作品竞赛二等奖;郭丰启教授指导安家玄创业团队荣获2019年河南省"互联网＋"大学生创新创业大赛二等奖。2017和2018年化学与分子工程学院本科生在全国大学生数学竞赛和数学建模竞赛中共获得省级以上奖59人次。

6.通过夏令营和国外访学活动开阔学生的视野

利用每年的暑假,选拔优秀学生参加中科院暑期夏令营、科学实践活动等,同学们在访学过程中聆听前沿学术报告,参观国家一流实验室,开阔了视野,实践活动收获颇丰。2017和2018年暑假学院组织了146名学生到中科院进行科创计划和访学活动,同学们分别参观了中科院上海有机化学研究所、北京化学研究所、大连化学物理研究所等国内顶尖技术研究所。2018年首次派14名本科生赴美国佛罗里达国际大学海外访学,对于培养具有扎实的理论基础、宽广的专业知识、出色实践能力的化学创新拔尖人才具有重要意义。

二、成果特色

1.拔尖人才创新能力培养形式新颖多样,贯穿本科生培养全过程,全方位全覆盖

将化学拔尖人才创新能力的培养贯穿大学四年培养的全过程,既有低年级的励志导师,又有高年级的专业科研导师制,及分布于不同阶段的创新创业理论和实践课程,夏令营和国外访学活动,将科研资源转化为优质教学资源,积极组织和培训学生参加全国大学生学术科技竞赛,以各类学术科技竞赛和创新创业大赛为抓手,以赛促教、以赛促学、专创融合、赛创共赢。

2.突出因材施教,个性化发展,有利于拔尖人才脱颖而出

通过拔尖创新人才的培养探索现代的教育观,践行"因材施教"的教育理念,研究学生的差异性,尊重学生的选择权,突破传统的"千校一面""万人一面"的培养模式的禁锢,构建师生学习共同体,鼓励学生研究性学习和合作学习,促进学生兴趣特长的发展,增强学生自身解决实际问题的本领,有利于创新人才的成长和脱颖而出。

3.建立了拔尖人才创新能力培养保障机制,体系完整,制度健全,可借鉴、可复制性强

有了创新拔尖人才培养的具体措施,还需要有执行的保障。大力加强大学生创新价值观的教育,重视创新型人才健全人格的培养,建立较为完善的拔尖人

才创新能力培养政策,强化创新创业师资队伍,其目的在于保障拔尖人才创新能力培养的顺利实行。构建"全员育人、全程育人、全方位育人"机制,形成一套完整的、行之有效的育人体系和育人模式,其实践的经验和做法适合于高等学校创新型拔尖人才的培养,具有一定的可借鉴和可复制性。

三、成果水平和实际推广应用价值

创新对一个国家的发展至关重要,采取何种形式开展大学生拔尖人才创新能力的培养,已经成为各高校急需解决的关键问题。我们从大学生创新素质教育、一年级新生的励志导师制度、四年本科期间的科研训练导师制等方面安排学生参加大学生创新创业训练计划项目,组织和培训学生参加全国大学生学术科技竞赛,探索多途径强化化学拔尖人才创新能力培养的模式,仅化学学院每年受益的学生数就超过600人。2018年10月郑州大学化学与分子工程学院被教育部批准为首批"三全育人"综合改革试点院(系),学生考研率连续3年在50%以上。其中2017届菁英班全班保研,获得"河南省优秀班集体"荣誉称号;2018届四个"学霸宿舍"全部保研成功,这些骄人的成绩分别被新华网、央视网、《河南日报》等媒体广泛报道,人才培养质量得到了国内外一流大学和科研机构的认可。该实践的经验和做法完全适合于理工科拔尖人才创新能力的培养,具有一定的借鉴意义和广泛推广的价值,已被国内多所高校借鉴采纳,受益学生面十分广泛。

基于专业认证的水利水电工程专业创新型人才培养模式改革研究与实践

主要完成单位：郑州大学
主要完成人：韩菊红、程红强、胡良明、卢娜、刘国龙、刘兰勤

一、研究背景

在经济全球化的宏观背景下,作为当今全球经济、文化、政治大交流趋势中的一个重要组成部分,高等教育国际化已成为世界高等教育发展的一种主要趋势。就我国而言,随着全球化进程不断推进,高等教育的国际化趋势对我国高等教育人才培养体系,特别是工程教育和人才培养提出了一系列新要求,我国的高等工程教育在教育战略、教育理念、教育内容以及教育方式的国际化等方面也面临着越来越多的新的挑战。

另一方面,高等院校是贯彻国家自主创新战略、建设创新型国家的重要力量,在建设创新型国家的过程中担负着培养人才的重大责任,加强创新教育研究,改革人才培养模式,积极探索培养创新型人才的有效途径,尽快建立起与其相适应的创新型人才培养体系,这既是建设创新型国家的客观要求,也是大学谋求自身发展的必然选择。

郑州大学水利水电工程专业创建于1959年,是郑州大学的传统专业和优势专业,2007年被教育部和财政部评为首批国家特色专业建设点,于2015年、2018年两次通过全国工程教育专业认证。

面对工程教育国际化发展方向,目前的水利水电工程专业人才培养体系不能完全满足要求。因此,结合水利水电工程专业认证工作及郑州大学办学定位和发展转型目标,探讨和解析工程教育专业认证标准,构建既满足专业认证标准要求体现国际实质等效又具有鲜明特色的创新型人才培养模式,建立工程教育

认证背景下的水利水电工程专业创新型人才培养质量保障体系及评价体系具有重要意义。

二、研究成果

（一）构建了"以学生培养质量为中心、以培养目标国际实质等效为指针、以教学质量保证体系为抓手、以师资队伍建设为基础、以课程体系建设为保障"的创新型人才培养模式

1.明确了"一卓越四符合"的专业人才培养定位

在研究、分析基础上，提出了符合国家发展、工程教育认证标准、学校定位、专业特色的"一卓越四符合"水利水电工程专业创新型卓越人才培养定位：围绕郑州大学一流大学建设目标，主动适应国家和中原经济发展的需要，借助地处黄河、淮河、海河和长江四大流域的区位优势，立足中原，服务全国，面向世界，培养水利及相关基础设施建设行业创新人才，并逐步达到培养卓越人才。

2.构建了"一中心四结合"的人才培养模式

通过研究，结合工程教育专业认证，构建了以学生为中心，课内与课外相结合、自然科学与人文科学相结合、教学与研究相结合、教学与工程实际相结合的"一个中心、四个结合"国际实质等效创新型人才培养模式。体现出以学生为中心，以人才培养为根本的办学理念，形成有利于学生的全面发展和个性发展的教学体系。

3.优化了"一导向三突出"的人才培养方案

在人才培养定位及"一个中心、四个结合"培养模式下，优化了以成果导向，突出国际视野、复杂工程、创新能力的"一导向三突出"人才培养方案。凝练出文化底蕴深厚、品格宽厚包容、专业基础扎实、国际视野远阔、卓越创新突出的人才培养特色。

4.重构了"通识＋基础＋专业＋拓展"的课程体系

构建了以"加强通识、夯实基础、强化实践、激励创新"为总体原则，思想政治教育、通识教育、专业教育、创新创业教育相融合的"通识＋基础＋专业＋拓展"本科人才培养课程体系。

（二）建立了基于OBE的质量保障体系

从师资队伍、教学方法、实践平台、校企联合等方面建立基于OBE的质量保障体系，保证创新型人才培养质量。

1. 构建了"一主两特"的创新型教学团队

围绕培养具有国际视野的创新型人才培养目标,依托水利工程一级学科博士点和河南省一级重点学科优势和特色,加大科研和教学的结合度,建立"以专业核心课程教学团队为主、交叉学科拓展教学团队和科研实践创新教学团队为特色"的创新型教学队伍,并做到"人人归队、课课归队",为人才培养提供了师资保障。

2. 建立了"教师主导、学生主体、项目引导"的创新人才培养教学方法

树立"教师主导、学生主体"的教学观念,强化"探究式、问题式"教学方法改革,探索"以科研项目为依托的本科导师制"教学方式。充分利用本专业的师资力量和教研资源,强调教学科研互动、课内课外结合,建立学生科技创新体系,突出以科研项目为依托的本科导师制和学生科技创新量化评价体系。

3. 建立了"科教融合"的开放性创新实践教学共享平台

根据培养创新型人才培养目标的要求,对水利水电工程专业学生实验和实习教学条件进行改善、改造,优化了实验室的队伍结构,提高实验室管理水平,提升实验设备的先进水平,完善实验管理规章制度,加强实验教学过程监控,加大实验室开放的范围,不断增加综合性、设计性实验,倡导自选性、协作性实验,加强工程实际试验项目的开设,建立面向所有学生的水利专业实践教学和自主创新实践平台,重点培养学生的动手能力和创新意识。

4. 建立了"产教研一体化"的校企联合育人机制

加强实践基地建设,着力推进校企联合育人机制,充分发挥行业企业在创新型人才培养中的作用,先后建立了河南省水利勘测设计有限公司等企业实践基地,每年选拔部分学生进入企业实践基地进行毕业设计。企业结合国家重大、重点工程,选取部分项目供学生进行毕业设计。学生在企业实践期间,直接接触工程前沿问题,进一步培养与激发了学生的创新思维与工程实践能力,取得了较好效果。

(三)建立了"三位一体"的人才培养质量提升体系

坚持以"学生中心、产出导向、持续改进"的基本理念,从内部、外部、效果等方面,包括校内教学过程质量监控、社会反馈评价、质量文化建设等的人才培养质量提升体系

建立了完善的教学过程质量监控体系,对各主要教学环节有明确的质量要求。在教学计划、教学运行、教学质量,以及学科、专业、课程、教材、实验室、实践教学基地等教学各方面建立一系列的规章制度,建立了由校领导、教务处、校教学督导组、学院院长、教学副院长、学院教学办公室、系(实验中心)主任等组成的

本科教学管理体系,除此之外,还有校院两级教学指导委员会对相应的本科教学质量提供支持。

建立了完善的教学质量评价和反馈机制。定期开展校内外评价,评价结果及时反馈,不断促进人才培养质量提升。

明确了教育质量文化建设体系。通过学生手册、宣传墙报、走廊文化、网站等一系列手段,宣传、培育以人才培养为中心的教育质量文化,将对人才培养质量的追求内化为师生的共同价值追求和行为自觉。

三、实践成效

课题研究采用边研究边实践的思路,自 2017 年开始,结合郑州大学水利水电工程专业的人才培养过程开始实践,在郑州大学水利科学与工程学院及相关学院其他 5 个本科专业进行了推广应用,并为国内相关高校专业人才培养方案修订过程提供了参考。结合研究成果的实施,在专业认证、质量标准建设、教学研究改革、师资队伍与课程建设、创新型人才培养等方面取得了显著的成绩,教育部网站、河南电视台新闻联播等相关媒体对相关成绩进行了报道。

(1)专业建设成果显著:郑州大学水利水电工程专业 2019 年入选国家一流本科专业建设点;2018 年第二次通过全国工程教育专业认证。

(2)师资水平提升明显:2017—2019 年间,专业获全国水利高等院校水利水电工程专业带头人称号 1 人、教育部高等学校水利类教学指导委员会委员 1 人、全国工程教育认证专家 1 人、中原教学名师 1 人、宝钢优秀教师 1 人、河南省教学标兵 1 人、河南省教育系统教学技能大赛奖 2 人、全国水利类专业青年教师讲课大赛奖 2 人;获河南省优秀基层教学组织 1 个、全国高校黄大年式教师团队 1 个。

(3)课程及教研成果突出:主编(参编)普通高等教育"十三五"规划教材 3 部;获批郑州大学课程建设 3 门;发表教研论文 17 篇。

(4)学生创新成绩斐然:专业学生科技竞赛获奖 140 项;发表科技论文 76 篇;获授权专利 53 项、软件著作登记 126 项;获国家级大学生创新实验项目立项 12 项。

(5)国际化人才培养实现突破:9 名外国留学生在本专业毕业,实现人才培养国际化。

(6)推广示范效应广泛:研究成果在天津大学、西安理工大学、太原理工大学、河北工程大学等国内高校推广应用。此外,利用全国水利类专业认证培训会报告交流、应邀到西北农林科技大学等高校做专题培训、受聘参加河海大学等学校相关专业工程教育认证进校考查工作等,对课题研究成果进行了宣传、示范。

(7)媒体报道宣传肯定:教育部网站 2018 年 1 月 24 日、河南电视台新闻联播 2019 年 4 月 7 日、郑报融媒 2018 年 7 月 11 日分别对相关成绩进行了报道。

"新工科"建设背景下地方院校机械类专业人才培养模式的改革与实践

主要完成单位:河南科技大学、中国中铁工程装备集团盾构制造公司

主要完成人:韩建海、仲志丹、库祥臣、王晓强、杨海生、王会良、张小花、贾要伟

一、成果主要解决的教学问题及具体方法

随着新工科教育教学改革的深入推进,新工科建设已经从理论探讨进入人才培养具体方案的实施阶段,不同层次的高校也在尝试着与自身相适应的改革措施。虽然教育部把新工科改革高校分为三个类型,但每所高校都有各自的办学历史与积累沉淀,不可能有统一的改革范式可以照抄照搬。所以,如何立足自身的优势与特色,融入新工科建设理念与内涵,继承与创新、卓有成效地推进人才培养模式改革,是值得深入探索与实践的。主要解决的问题:新工科建设人才培养模式单一、欠缺多样性和适应性;产教相融不到位,企业参与人才培养过程积极性不高;工程教育中解决复杂工程问题能力、创新创业能力、家国情怀等方面培养薄弱;课外培养体系不够完善,与课内培养融合不足;教师企业工程背景欠缺等。

(1)分析新经济发展的新常态、智能制造、创新驱动发展战略对制造业人才能力素质结构的新要求,充分考虑传统机械类专业涵盖工业生产领域宽广、办学历史悠久、基础扎实的优势,学科交叉、融合、跨界的新工科建设内涵,以继承与创新、交叉与融合为新工科建设着力点,确定了"立足行业办学背景与自身优势与特色走传统机械类专业改造升级新工科建设路经"的专业改革思路,以我校始办于1958年原洛阳工学院的机械类专业为改革试点,进行全面教育教学改革。

(2)树立产教深度融合、校企协同育人新理念,将大国重器和工匠精神融入

课堂教学,激发学生家国情怀,培育职业素养和卓越品质。用专业优势与特色吸引企业主动参与人才培养过程,并分享高素质人才培养的成果,构建"以专业优势与特色为吸引力,校企利益共享"的合作机制,制定了适宜地方院校机械类专业发展的"校企协同育人,创新创业教育相融"的人才培养新模式,强化学生创新创业能力的培养。

(3)针对新经济背景下制造业的新发展、新要求,基于 OBE 办学理念,邀请企业工程技术人员参与,构建了"通识教育、学科基础教育、专业工程教育、校内外工程实践、课外素质能力拓展"五模块人才培养新方案。形成"专业特色与行业需求相融合、双创教育与专业教育相融合、实践教育与企业资源相融合、课内培养与课外培养相融合、培养过程与企业协同相融合"五融合的人才培养特色。

(4)融入专业认证、CDIO 教学理念,全新优化设计课内实践教学内容,以"三级项目式实践教学"为核心,重构"专业课程实验、专业课程设计和毕业设计"课内实践教学体系。扎实推进"一系一赛"院级学科竞赛,为校级、省级、国家级竞赛打下扎实的群众基础,形成"以赛促学、能力递进"为主线的课外实践教学体系。实现课内、课外双轨并行、协调发展,全面提高学生的创新创业能力、综合素质和解决复杂工程问题的能力。

(5)派遣中青年教师到企业做博士后、科技特派员或实践进修,强化青年教师的工程背景。为企业举办各种层次的技术培训班,解决企业急需的技术难题,推动企业生产技术进步。聘请有丰富工程经历、扎实理论基础的高级技术人员为学校的兼职教授,来校授课、做技术讲座,担任企业学习阶段部分课程的教学工作、指导工程实践和毕业设计等。通过校企双方互动、相互渗透,构建一支了解社会需求、理论水平高、实践经验丰富、热爱教学工作的高水平专兼职结合的教师队伍,为高质量人才培养提供充足的师资保障。

二、成果的创新点

(1)构建"校企协同育人,创新创业教育相融"人才培养新模式。立足行业办学背景与自身优势和特色,走传统机械类专业升级改造新工科建设路径,在新工科建设中进一步打造专业的优势与特色。建立"以专业优势与特色为吸引力,校企利益共享"的校企深度合作长效机制。构建"校企协同育人,创新创业教育相融"人才培养新模式,强化专业教育中培养创新创业能力。

(2)制定"五融合、五模块"人才培养新方案。构建"通识教育、学科基础教育、专业工程教育、校内外工程实践、课外素质能力拓展"五模块人才培养新方案。形成"专业特色与行业需求相融合、双创教育与专业教育相融合、实践教育与企业资源相融合、课内培养与课外培养相融合、培养过程与企业协同相融合"的五融合人才培养特色。

(3)重构"课内项目式、课外学科竞赛、双轨并行"实践教学体系。全新优化设计课内实践教学内容,以"三级项目式实践教学"为核心,重构课内实践教学体系。扎实推进"一系一赛"院级学科竞赛,为校级、省级、国家级竞赛打下扎实的群众基础,形成"以赛促学、能力递进"为主线的课外实践教学体系。实现课内、课外双轨并行、协调发展,全面提高学生的创新创业能力、综合素质和解决复杂工程问题的能力。

三、成果的推广应用效果

新版培养方案从2017级机械类专业(含机械设计制造及其自动化和机械电子工程,每年招生约480名)开始实施,先后设置"机器人技术创新实验班"和"智能制造技术实验班"专业方向进行新工科改革与实践。新的培养方案取得了明显的人才培养效果:

(1)获得了一批教学研究成果。项目团队成员发表教改论文15篇;主编出版了2本教材;被评为河南省高等学校优秀基层教学组织1个;负责人获2018年中原教学名师称号并被评为新一届教育部机械基础课程教学指导委员会委员;试点专业通过国家工程教育专业认证,获首批国家一流本科专业;获批教育部"新工科"研究与实践项目。

(2)提高了大学生的创新创业能力。大学生创新创业能力的提高,提升了学科竞赛获奖的数量和层次。近三年,本专业学生在全国和河南省"互联网+"、"挑战杯"、机械创新设计、数学建模、英语演讲等大赛中获奖50多项。例如,在2019年第六届全国工程训练综合能力竞赛中荣获特等奖1项、二等奖1项,第十一届"高教杯"先进成图技术大赛连续十年获团体一等奖;在2018年全国"互联网+"大赛中获银奖1项、铜奖1项,第八届全国机械创新设计大赛获一等奖1项、二等奖2项。

(3)专业优势与特色和社会影响力更加突出。大学生创新创业精神、实践动手能力和综合素质的增强,进一步提升了专业优势与特色和社会影响力,企业分享了优秀人才带来的红利,参与人才培养过程的积极性更高。校企协同育人取得的实效被《中国教育报》《大河报》《洛阳日报》等多家媒体广泛报道。

在2019中国机械工业教育协会高等教育分会学术年会上,课题负责人做了

"立足自身优势与特色　推进机械类专业新工科改造"的大会主题报告,受到与会者一致好评。本项目研究成果推广应用到校内外机械类、近机类专业,受益学生达8500多人。项目实施过程中吸引了30多家全国高校前来参观学习,提出的办学理念、改革措施和具体做法被福州大学、浙江工业大学、兰州理工大学、西安工业大学、郑州大学、华北水利水电大学、安阳工学院等院校机械类专业所借鉴与应用。

中国机械工程学会理事长李培根院士多次在全国教学会议上称赞我校机械专业定位准确,是高校多层次办学成功的典型案例。中国轴承工业协会常务副理事长兼秘书长周宇对我校轴承专业人才为行业做出的突出贡献给予高度赞扬。国家教学名师傅水根、国家"万人计划"教学名师梁延德和孙康宁均对本项目的研究成果给予高度评价。

地方本科院校理工科学生创新能力培养的"OPCE"体系构建与实践

主要完成单位:许昌学院
主要完成人:郑直、贾晓红、张艳鸽、贾会敏、郭珊珊、何伟伟、高远浩、李慧娜

一、主要解决的问题

本成果研究是为响应国家人才培养战略要求,深化"产学研教创一体化"融合,以科研反哺教学,旨在解决地方本科院校在创新人才培养过程中普遍面临的四个主要矛盾,即学生的创新能力水平普遍不高的现状与建设创新型国家对创新人才的巨大需求之间的矛盾;教师科研与教学"两张皮"的现状与应用型创新人才培养"产、学、研、教、创一体化"要求之间的矛盾;教师科研创新需求与本科办学层次之间的矛盾;学生的创新追求与传统封闭的教学模式之间的矛盾。

二、解决问题的方法

(一)在理论上深入探讨应用型理工人才创新能力的内涵,提出"OPCE"理念

按照工程技术创新活动的基本过程,将应用型理工人才的创新能力概括为新技术元素的探知能力、知识与技术的集成能力、创新组织的宏思维能力和技术反思能力四个方面。其中,新技术元素的探知能力主要是指对工程技术有效前沿信息和技术革新突破点的敏锐感知和捕捉能力;知识与技术的集成能力是指组织学科专业知识或综合技术组件来分析解决具体问题的能力;创新组织的宏思维能力是指从整体中认识和把握事物,对重大问题和事物进行整体联系的观察、感觉和思辨能力;技术反思能力是指对技术和技术创新活动过程的一种反思和修正能力。

基于上述认识,进而提出"开放、实践、创新",即 OPCE(Open, Practical, and Creative Education)的教育理念。其中"Open"是指开放的思维和开放的模式;"Practical"是指导师引领、项目依托、校企协同、团队合作前提下的实践活动;"Creative"是指对学生创新思维、创新能力的培养和创新成果的培育(如下图)。

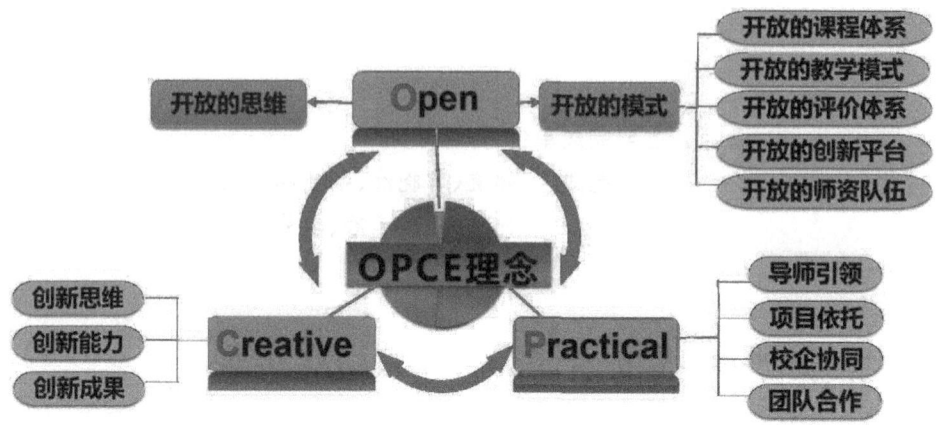

在操作层面上主要做到五个打破:一是课程设置上打破传统课程体系架构,大胆设置贯穿整个本科学程的创新训练课程;二是教学形式上打破封闭的课堂教学时空壁垒,将理论学习与创新实践融为一体;三是教学模式上打破教学活动与科研活动的隔离,将科研与学生创新实践指导融为一体,实现产学研教创一体化;四是教学评价上打破封闭的评价形式,将过程评价和结果评价相结合,知识水平评价和创新能力评价相统一,建立开放多元的评价体系;五是实践教学平台建设上打破校内外实践教学场所的隔离、教学实验室与科研创新平台的隔离,将校企共建科技创新平台作为创新实践教学的主阵地。

(二)在实践中全面构建并实施 OPCE 体系

1.构建 OPCE 理念下的课程体系

全面修订人才培养方案,设置开放平台实践课程,以开放的项目管理形式开展教学活动,引导学生全程参与教师的横向科研课题或校企合作产品研发工作。打破传统课程体系中先理论后实践的课程逻辑结构,作为一条主线把相关专业理论课程与专业基础实验、工业实习、毕业实习、毕业设计(论文)等实践课程贯穿在一起,融理论学习、技能训练、科学探索、技术革新以及行业实践为一体,从而构成完整的"开放、实践、创新"课程体系(如下图),使学生在研究实践中领悟并自主获取理论知识,掌握专业技能,得到科学研究、生产实践与发明创造的训练,最终达到能够独立思考、创新性地独立设计的目标。

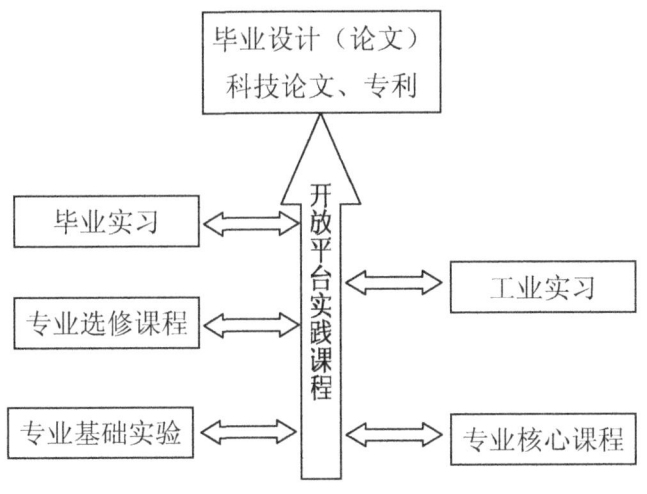

OPCE课程体系结构

2.开展以实践和创新为导向的教学模式改革

实行导师制,通过双向选择使每位导师都带有一个由不同年级学生组成的本科生团队,每一位学生都有导师指导创新活动。每一个团队不同年级的学生之间互帮互学,使学生在实践中习得知识与创新一体化的程序性知识和方法论思想,养成团队合作观念,并最终融合为学生的创新思维能力和综合实践素质。

为每一位学生创新能力的提升提供个性化发展空间,构建多元化教学评价体系(如下图)。注重过程性评价,将学生的学习态度、工作能力、研究成果等全部纳入评价内容中,对学生的全程参与度给予全方位的客观评价。将实验室管理人员、企业参与指导的人员、学生团队成员也作为评价主体。针对不同学习水平的学生,采用不同的评价标准,如一般学生只要按要求完成每一阶段的研究报告,即可获得课程学分;能够最终获得研究成果、发表科技论文或获得专利的学生,则可额外获得创新学分及资金奖励。

3.搭建校企协同创新人才培养平台

围绕许昌市主导产业、特色产业、战略新兴产业,建设各级各类协同创新平台,使每一个平台都能成为集校企横向合作研发、教学和学生创新实践活动为一体的综合性平台,为创新训练计划的实施提供充足的资源保障,为开放创新实践平台课程提供实施空间。

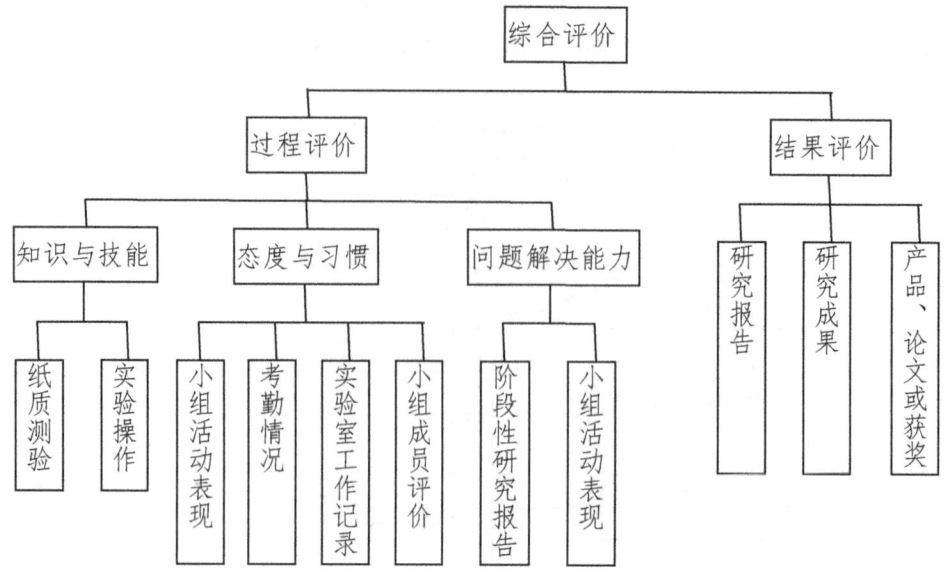

4.实施层层递进、四年贯通的"三层次金字塔式"创新训练计划

第一层次,基本技能和方法训练阶段。面向所有学生开展基本实验技能和科研方法培训,结合专业基础课程和工业见习,使学生从一开始就在专业学习中达到知行合一。

第二层次,科研方法强化训练阶段。学生进入教师拟定的项目研究,每学期完成一篇研究进展报告,最后形成科技论文、专业设计或者研究报告。同期安排专业核心课程及相关实验、专业模块选修课程及综合实验和工业实习,这些课程与学生的项目研究相互融合、相互支撑,使学生能够将理论、科研、工程实践有机结合,举一反三。

第三层次,创新能力提升阶段。优秀学生参与教师正式立项的科研课题和技术攻关项目,或组建各种学科竞赛小组开展学科竞赛训练,最终完成高质量的科技论文、毕业设计(论文)或发明专利方案。

5.建立校企人才交流长效机制,建设双师型教师队伍

定期派出教师到企业挂职锻炼,一方面使教师熟悉企业生产技术信息,并将之融入自己的教学中;另一方面,带领学生与企业联合开展技术革新、产品研发、技术攻关等,达到校、企、师、生多方共赢。聘请知名企业高级工程师、管理者担任学生创新活动的指导教师,将企业生产和管理的实践经验带进大学课堂,从本质上拉近了课堂到实际生产的距离。

三、成果主要创新特色

该课题在理论层面探讨了应用型理工人才创新能力的内涵,首次提出"OPCE"理念,在实践层面构建了系统完整的"OPCE"创新教育体系,课题所构建的课程体系架构、教学模式等深刻践行了国家创新人才培养战略要求,为地方本科院校理工科创新人才培养提供了可资借鉴的"科研反哺教学"新路径。

四、成果推广应用成效

该项教学改革自 2007 年开始在许昌学院两个二级学院试点实施,2014 年在全校理工科专业推广。自 2016 年以来全校理工科学生获得省级以上学科竞赛奖励 1112 项,国家级奖励 187 项,每百名学生获奖数年均增幅为 53%。

2016 年以来,OPCE 的理念和做法开始在洛阳师范学院、中原工学院、枣庄学院、上海应用技术大学、三峡大学等省内外本科院校部分专业推广,取得了显著的效果。本科生在学科竞赛获奖、发表学术论文数量、获得发明专利数量等方面都取得了很大的进步。同时,课题成果先后被《中国教育报》《河南日报》《中国科学报》、科学网等媒体大篇幅专题报道。

综合性大学创新创业教育人才培养体系研究与实践教学成果案例

主要完成单位：郑州大学

主要完成人：王忠勇、张倩红、王飞、刘一飞、张景华、路红显、李国栋、张红英

一、背景介绍及分析

创新创业工作已经成为实施创新驱动发展战略的重要抓手,这对于高校提高双创教育质量,开展人才培养改革提出了新的要求。虽然地方综合性高校在创新创业教育改革方面取得了一定成效,但仍然存在一些需要关注和解决问题,主要有:(1)综合性高校开展创新创业的意义和目标认识不清;(2)未能理顺创新创业教育与人才培养体系的关系;(3)缺乏成熟的学校与社会主体有效衔接的"培育—孵化"体系。本成果在前期研究基础上,经过4年培育构建了综合性大学创新创业教育人才培养体系,直接受益学生人数超过8万人。

二、成果具体实施

针对地方综合性高校在双创教育方面存在的共性问题,结合国家发展导向和实际需求,从目标体系、课程体系、实践体系、创新创业"培养—孵化"体系和闭环质量监控评价体系等方面进行展开,构建了综合性大学创新创业教育人才培养体系(见图1)。

1.构建了综合性高校创新创业教育目标体系

构建了如图2所示的双创人才类型矩阵,提出了"4个1"的人才培养目标:100%的学生接受双创教育,激发创新意识;100%的学生参与校内双创实践训练,培养创造能力;10%的学生进入校内培育平台,进行成果培育;1%的学生进

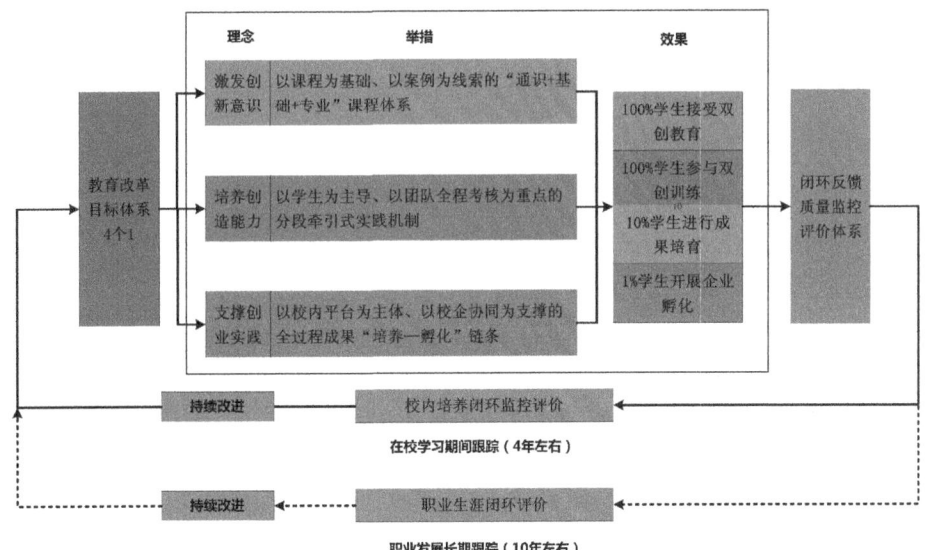

图1 创新创业教育人才培养体系示意

入创业园区创办企业,开展创业孵化,最终培养学生具有较强的学术和技术创新能力,实现高质量就业和研究生深造。

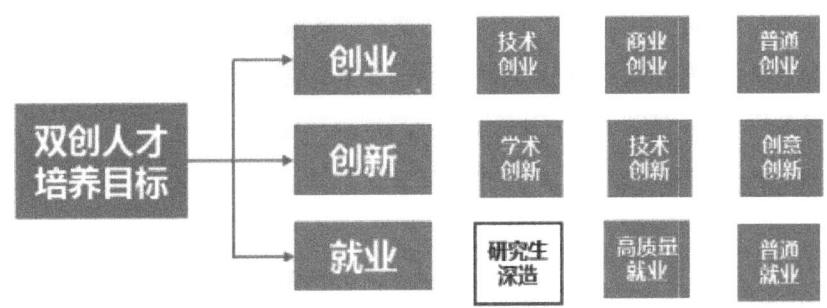

图2 高校创新创业人才类型矩阵

2.构建了以课程为基础、以案例为线索的"通识+基础+专业"专创融合的课程体系

立足社会需要和专业教学质量标准进行人才培养方案修订,构建了"通识+基础+专业"的课程体系(见图3)。提高创新创业类学分所占比重,将"创业胜任力"等20余门双创普及课程纳入通识课程平台,"就业创业指导"等课程作为必修课面向全体学生开设,建设并引进双创教育类慕课41门,确保100%的学生接受双创教育,激发学生创新意识。

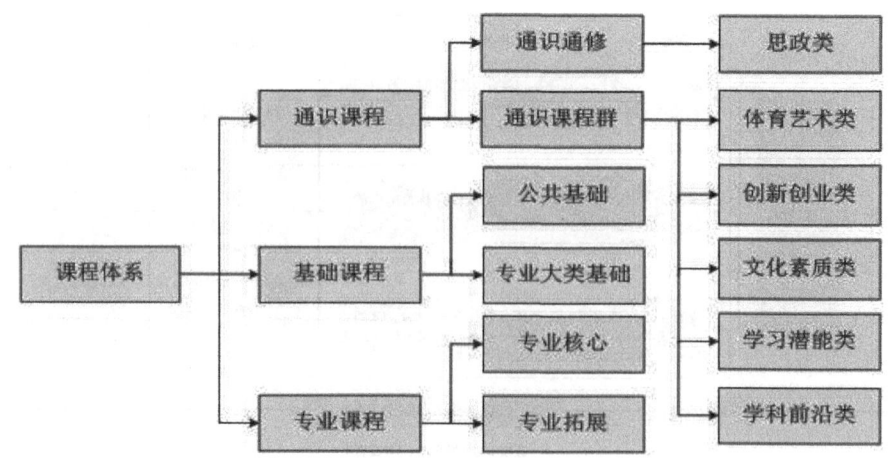

图3 "通识+基础+专业"课程体系示意

在专业课程建设方面,对专业教学内容进行重构和聚合,根据课程内容分为两种形式:一是离散式融入,主要是将离散的双创知识融入课程知识点讲授中,促进知识点覆盖面横向拓展;二是案例式聚合,即以现实案例为线索,引导专业不同课程知识点进行纵向贯通。

3.构建了以学生为主导、以团队全程考核为重点的分段牵引式实践机制

结合课程体系建设,构建了"通识实践平台→基础实践平台→专业实践平台→综合实践平台"的分段双创实践教育体系,在实践能力培养上形成专业教育与双创教育有机融合,确保100%的学生参与双创训练(见图4)。

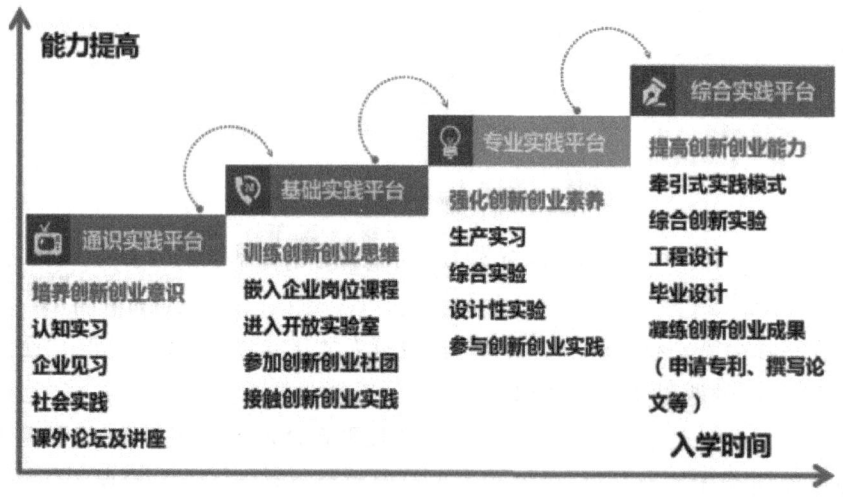

图4 实践体系分段示意

在此基础上还构建了以学生为主体、以团队全程考核为重点的牵引式实践机制。该机制以"创新创业教育与工程设计实践"课程为载体,组织学生自由结合组建模拟公司,根据个人兴趣和特长进行分工,共同完成需求分析、方案设计、技术实现、营销策划和知识产权保护等企业各环节工作,最终导师综合答辩、文案、产品演示、财务预结算等内容对团队打分,团队获得总分后,由团队成员根据各人对公司贡献给出个人成绩,促进多学科知识在学生主体的融合(见图5)。

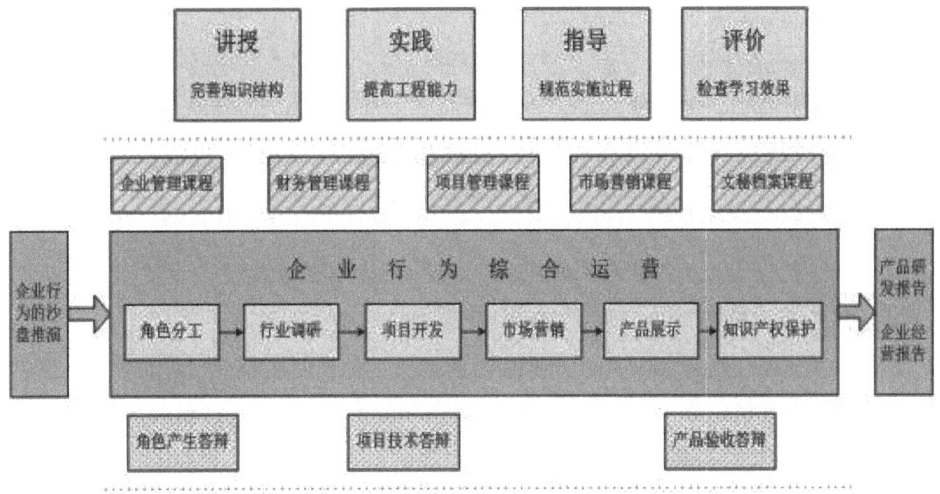

图5 "创新创业教育与工程设计实践"课程实施流程

4.构建了以校内平台为主体,以校企协同为支撑的"培养—孵化"链条

基于"激发意识—创新训练—项目模拟—孵化助推—市场实战"的工作思路,以校内平台为主体,以校企协同为支撑,构建了"知识学习—创新训练—创客工作室—众创空间—孵化器—加速器—产业园"的全链条创新创业"培养—孵化"体系,为学生开展成果培育和创业孵化奠定了有力基础,目前建设11个校内双创教育示范基地,依托大学科技园形成"一园多区"体系,年均孵化创业类项目40余项,基本实现10%学生参与成果培育,1%学生参与创业孵化的目标(见图6)。

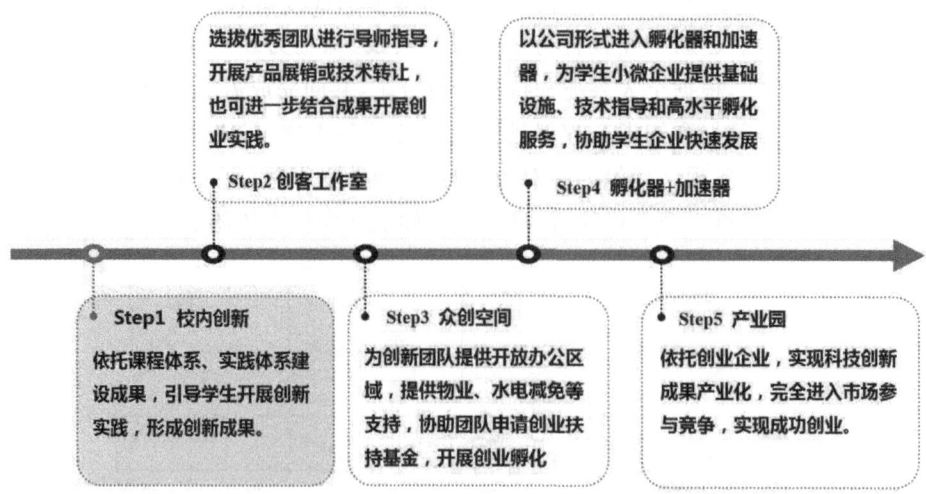

图 6 全链条创新创业"培养—孵化"体系示意

5.参考系统控制理论,构建了闭环反馈质量监控评价系统

从专业知识、创新创业知识、理论创新能力、实践创新能力、创业能力、首创精神、工匠精神和企业家精神等 8 个维度评价创新创业人才,实现人才培养目标与培养标准的有效对接(见图 7)。

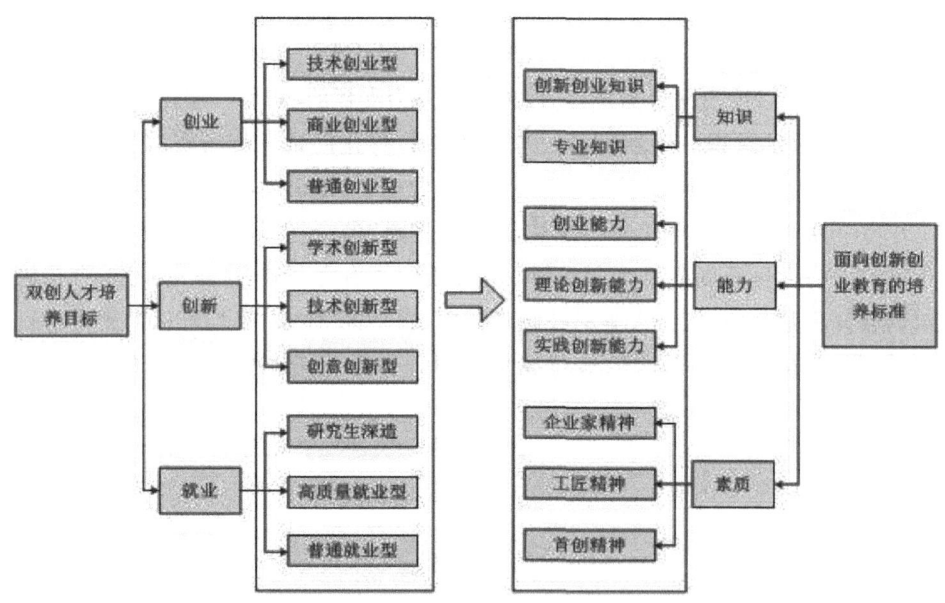

图 7 创新创业教育人才评价维度

同时参考系统控制理论,以质量标准为给定输入,以人才培养全过程为控制器,以学生为受控对象,以学生获得的知识能力素质为输出,以涵盖校内和校外的学生能力监督评价机制为反馈系统,以教学指导委员会、学位委员会和教学质量保障工作为干预措施,构建了闭环反馈质量监控评价系统(见图8)。

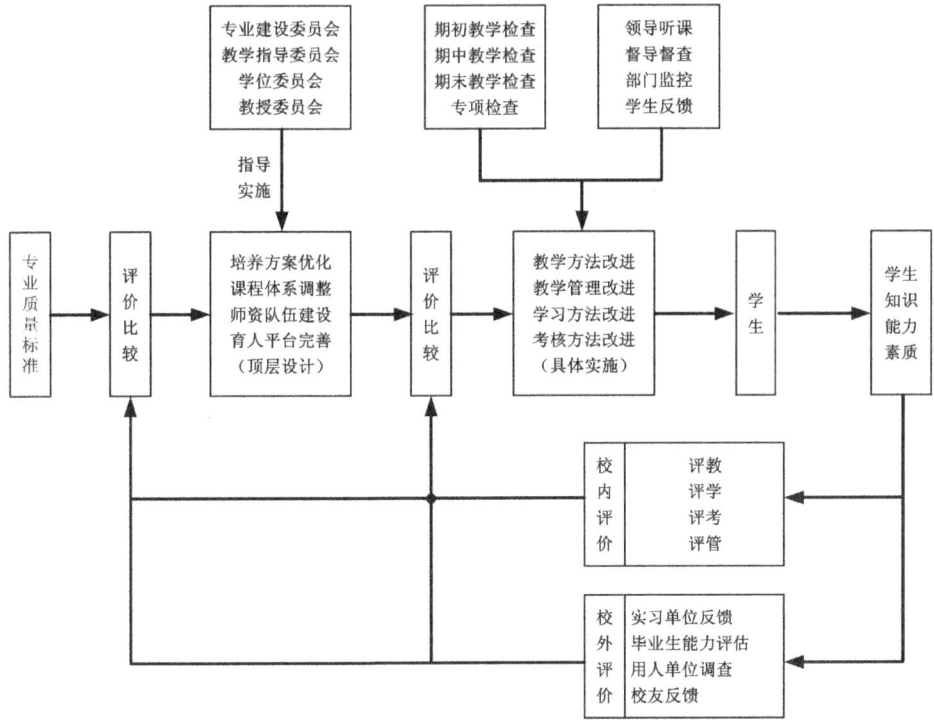

图8 闭环反馈质量监控评价体系示意

三、主要创新点

本成果主要创新点如下。

1.构建了适合综合性大学特点的创新创业人才培养体系,明确了培养目标

基于"专创融合"理念,将专业教育有机地纳入了双创维度,构建了包含课程体系、实践体系、"培养—孵化"体系和评价体系在内的人才培养体系。同时提出了"4个1"的双创人才培养目标,有效地落实了创新创业教育是专业教育的有机组成部分的教育理念。

2.构建了专创融合的"通识+基础+专业"课程体系和牵引式实践体系

基于"通识+基础+专业"课程体系改革,以离散式融入和案例式聚合两种方法将创新创业与专业知识有机融合,以实践课程"创新创业教育与工程设计实践"为载体,提出了嵌入企业行为的牵引式实践教育体系,推动多学科知识在学生主体的融合,促进学生创新创业和专业实践能力的同步提高,提供了"如何培养人"的实用范例。

3.构建了全链条"培育—孵化"体系和闭环监控评价体系

打破高校与社会的"一墙之隔",促进校内创新与校外创业的有机结合。构建了闭环监控评价体系,针对学生校内表现进行评价,通过用人单位、校友等渠道拓展到学生职业发展生涯表现进行评价,为后续人才培养改革提供依据,确保高校人才培养与国家需要和社会需求相适应。

四、成果应用成效

1.创新创业教育不断深化,学生培养质量不断提高,改革成效显著

依托本成果实践,开设双创选修课程76门,建设并引进41门双创慕课,选课超过15万人次。"创新创业教育与工程设计实践"的实践课程在面向全校推行的基础上,已上线慕课平台,有6所高校6000余名学生选课学习。聘请双创导师129名,成立双创社团近10个,每年开展举办双创主题活动50余场,组织学生参加200余类创新创业类大赛,学校2018年有3254名学生获得科技创新竞赛省级以上奖励,获得专利授权376项,公开发表论文494篇。学生连续七年荣获宝钢教育奖优秀学生特等奖,王凯甬作为"小平科技创新团队"代表在人民大会堂受到国务院副总理孙春兰接见。武晓雪荣获"最强大脑"全国十强,倪新程等人获得ICAN中国精英赛全国特等奖,并参加德国柏林举行的国际总决赛。学校参赛项目在第五届"互联网+"大赛中荣获金奖并入围全国30强,创河南在该项赛事最好成绩。

2.形成了创新创业教育有效模式,得到了各界高度肯定

学校被选为中国高校创新创业教育联盟副理事长单位及中国高校创新教育研究中心首届学术委员会会员单位,荣获深化创新创业教育改革示范高校、创新创业典型经验高校、国家级大学生创新创业训练计划最佳组织奖等国家级荣誉,郑州大学大学科技园认定为国家众创空间。郑州大学近年来迎接了教育部、科技部和河南省等十余位省部级及以上领导参观视察,《人民日报》《光明日报》等多家省级以上媒体对学校创新创业人才教育相关做法进行了报道。

3.形成了较为丰富的理论成果,为地方高校开展教育改革提供了借鉴

本成果在实践过程中,共发表相关论文十余篇,其中2篇论文发表在CSSCI

目录期刊,项目组成员王忠勇、路红显入选教育部首批全国万名优秀创新创业导师。王忠勇教授在 2019 年哈尔滨双创联盟年会等会议中做本成果的主旨发言,项目团队成员在各类教育研讨会做主题报告或典型发言 20 余次。

基于目标导向的材料类专业人才培养体系的构建与实践

主要完成单位：郑州大学

主要完成人：汤克勇、关绍康、周轶凡、陈静波、王瑞波、杨道媛、张正武、李华

郑州大学完成的教育教学成果"基于目标导向的材料类专业人才培养体系的构建与实践"获得2019年河南省高等教育教学成果一等奖。为推进新时代教育教学改革，切实提高人才培养质量，响应省教育厅关于"推广经验做法、发挥示范辐射作用"的要求，对本成果进行了系统总结，以加强成果的宣传、推广和应用，充分发挥引领与示范作用。

一、成果主要解决的问题

一流大学（郑州大学）和一流学科（材料科学与工程）建设对郑州大学材料类专业既是发展机遇，也是新的挑战，材料类专业对高素质一流人才培养的需求更为强烈。专业提出了"主动适应河南及中原经济区建设需要"的人才培养理念，根据学校定位、社会（中原经济区、国家中心城市等建设）对材料类人才的需求和专业的特色，确定了"高级研究与工程技术人才"的培养目标，构建了基于目标导向的材料类人才培养体系，强化了学生工程理念、工程思维和工程能力的培养，使专业教师认可并主动应用以学生学习结果为导向的教育理念，建立与实施了制度化约束下培养创新型、复合型、应用型人才的教育模式，保证了专业人才培养质量的持续提升。

专业依托国家级教学团队、国家级精品课程、国家级实验教学示范中心和学科强大的实力。通过程序化反向设计和正向实施，以"目标导向"构建了科学可行的毕业要求和课程体系；通过完善的质量监控体系与质量保障体系，定期进行课程目标达成评价、毕业要求达成评价，以及培养目标合理性与达成评价，实现

针对问题的持续改进;制订与完善了教学团队建设制度、教学资料收集与管理制度、学生学习结果评价制度、教学督导制度等并有效实施,保证了人才培养质量的持续提升;建立了教师资格认定制度、教师任课准入制度和教师工程能力提升规定,促进了教师教学水平的不断提升。主要解决的问题:

1.基于目标导向的本科人才培养体系的构建

"双一流"建设对材料类专业人才的培养提出了新要求,中原经济区、河南"新材料产业学科群"、国家级中心城市建设对材料类专业人才培养提出了新挑战。本成果根据社会对材料类人才的需求、学校的定位、学科的需求和专业特色,通过校外调研、校内研讨、专家论证,凝练了"高级研究与工程技术人才"的培养目标及专业人才培养方案修订流程(如图1所示),以此培养目标为导向,确定了能够支撑该培养目标的毕业要求,以及对应的科学可行的人才培养体系。

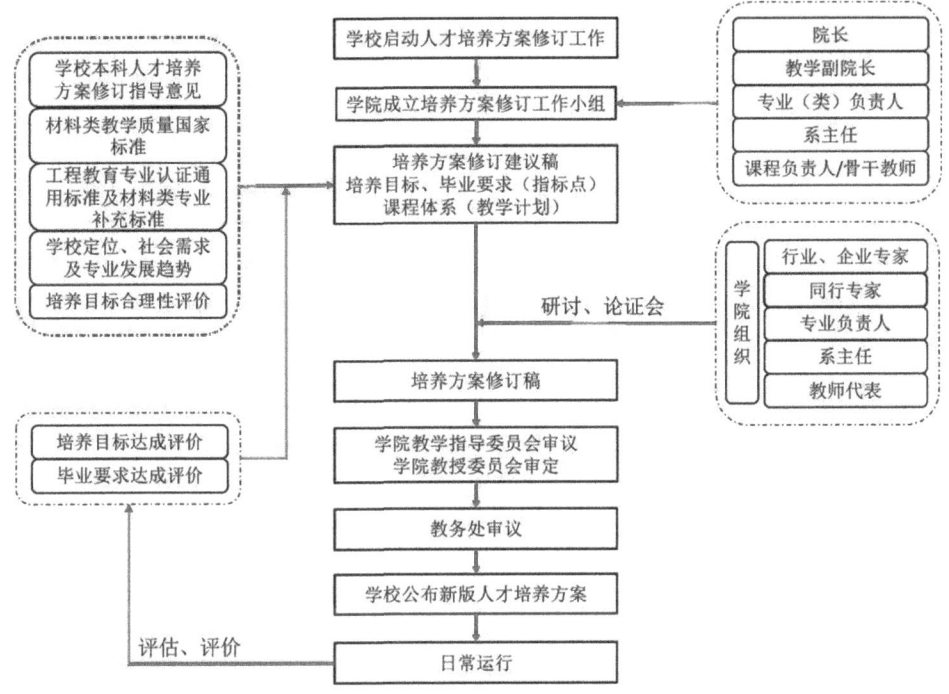

图1 专业人才培养方案修订流程

2.制度化质量监控与保障体系保证人才培养质量的持续改进

根据培养目标对人才的预期,根据毕业要求的需要,反向设计了科学可行的课程体系支撑毕业要求的各项能力(见图2 本专业课程体系的反向设计、正向实施与闭环改进示意)。完善了专业质量监控体系与质量保障体系,建立了教学团队建设制度、教学资料收集与管理制度、学生学习结果评价制度、教学督导制度、课程目标达成评价规定、毕业要求达成评价办法等,建立了毕业生跟踪反馈机制和高等教育系统外各方参与的社会评价机制。由这些制度与机制的保障,定期采集和评价分析各类数据,进行针对性持续改进,有力保证了人才培养质量的持续提升。

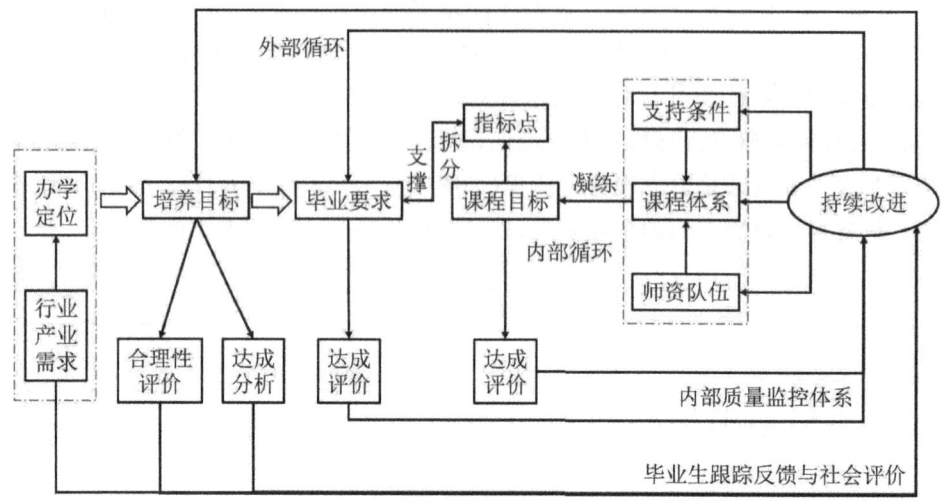

图2 本专业课程体系的反向设计、正向实施与闭环改进示意

3.评学型理念的宣传、贯彻和教师教学能力提升机制保证教师能力的持续提高

制订并切实实施了强制性教师资格认定制度(学校文件)、教师任课准入制度和教师工程能力提升规定,结合教师参加教学竞赛的奖励制度、指导学生参加竞赛的奖励制度(学院文件),以及网站和墙展宣传,树立以学生学习结果为导向的评学型理念,保证了教师教学水平和工程能力的提升。

二、成果的创新点

"双一流"建设、国家中心城市建设、中原经济区建设等新形势和国家工程教育专业认证,对专业人才培养的质量提出了更高的要求和挑战。面对这些要求与挑战,本成果构建并实践了"基于目标导向的材料类专业人才培养体系",以学生学习结果为导向,培养德智美劳全面发展的材料类高素质工程技术人才。主要创新点为:

(1)科学确立了专业的定位与人才培养目标:面对学校与学科定位的变化,

以及区域行业产业发展需求的变化,通过规范化流程,凝练了专业定位(根据学校、学科定位)、专业方向(根据社会需求、专业特色)与培养目标(高级研究与工程技术人才)。

(2)确定了可支撑培养目标的毕业要求及相应的课程体系:根据培养目标对人才的预期,课程目标达成评价、毕业要求达成评价、教师研讨、学生反馈、行业/企业专家调研和论证,通过制度化保障、程序化实施、反向设计,由培养目标→出口毕业能力要求→支撑毕业能力要求的教学内容,构建了科学、可行的课程体系;正向实施时,要求课程内容与教学活动能够支撑课程目标,课程目标能够支撑毕业要求,毕业要求能够支撑培养目标。由此,构建了能够支撑培养目标的毕业要求和科学、可行的课程体系。

(3)完善与实施了高效的专业质量监控体系与质量保障体系:制订和修订了教学团队建设、教学资料收集与管理制度、学生学习结果评价办法、本科教学督导制度、课程目标达成评价规定、毕业要求达成评价办法等多项制度,建立了毕业生跟踪反馈机制和高等教育系统外各方参与的社会评价机制。定期采集和评价分析各类数据,以此为依据实现持续改进,有力地保证了人才培养质量的持续提升。

(4)制度性要求与奖励机制的完善实现了教学理念的更新和教师能力的提升:制订与实施了教师资格认定制度、教师任课准入制度和教师工程能力提升规定,结合教师参加教学竞赛的奖励制度、教师指导学生参加各类竞赛的奖励制度,以及网站和墙展宣传、向广大教师灌输 OBE 理念和以学生学习结果为导向的评学理念,全面提升教师的教学水平与工程能力。

三、成果的意义价值

"双一流"建设和新工科建设背景下,学校和学科定位向研究型、创新型转变,对材料类高素质专业人才的培养提出了新需求,以及区域经济发展对材料类专业人才培养提出强大的工程技术需求,面对一流高素质工程技术人才的强大需求,本成果通过科学确立专业定位与人才培养目标、构建可支撑培养目标的毕业要求及相应的课程体系、完善与实施科学可行的专业质量监控体系与质量保障体系、制度性要求与奖励机制有效实现和教师理念的转变与能力的提升等措施,完成了"三个转变":

①由传统的评教型培养模式向"目标导向"的评学型培养模式转变;
②由传统的结果评估型教学模式向质量评价型教学模式转变;

③由传统的稳定型培养体系向持续改进型培养体系转变。

由此，构建并实践了“基于目标导向的材料类专业人才培养体系”，保证了“学生中心、目标导向、持续改进”理念的实现，有效地提升了专业的人才培养质量。

本教学成果相应人才培养体系的构建和实践，提升了专业所在学院的人才培养质量和教育教学水平。其中，材料科学与工程专业于2016年和2019年连续通过工程教育专业认证，并进入国家级一流本科专业建设点；包装工程专业和高分子材料与工程专业也分别进入和成功申报省级一流本科专业建设点。近三年，专业毕业生国内外读研率50%以上，在各类大学生学术和科技竞赛中获国家级奖130余项、省级奖80余项，在全国大学生金相技能大赛奖牌榜上位居第一(如图3所示)。同时，学院连续四年荣获郑州大学“本科教学管理先进单位”称号。

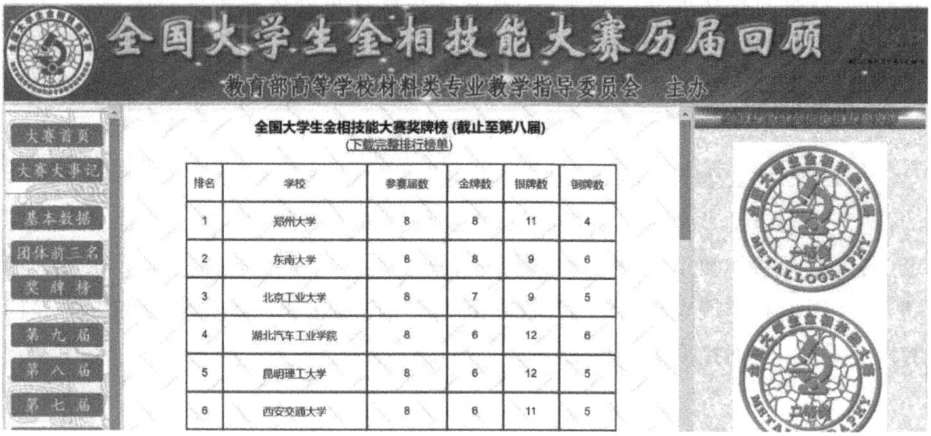

排名	学校	参赛届数	金牌数	银牌数	铜牌数
1	郑州大学	8	8	11	4
2	东南大学	8	8	9	6
3	北京工业大学	8	7	9	5
4	湖北汽车工业学院	8	6	12	6
5	昆明理工大学	8	6	12	5
6	西安交通大学	8	6	11	5

图3　全国金相大赛奖牌榜截图(截止至2019年第八届)

本成果相应人才培养体系的构建和实践，成为研究团队成员学习和理解“学生中心、目标导向、持续改进”理念的有效途径。研究团队负责人汤克勇教授作为教育部工程教育专业认证材料类专业认证委员会专家组组长或成员身份，先后参加浙江理工大学、中南大学、青岛科技大学、北京科技大学、同济大学、武汉理工大学、常州大学等相关专业的工程教育认证入校考查，并参加教育部高等学校材料类专业教学指导委员会主办的2019年度“新时代·新使命·新任务——面向新工科的材料类创新人才培养高端论坛”；团队成员周轶凡博士作为教育部工程教育专业认证专家组秘书多次赴南京邮电大学、江南大学、中国矿业大学、西安建筑科技大学等参与现场考查。

四、成果推广应用

本项目成果已得到国内多个高校(如西南科技大学、江苏科技大学、安徽大学、成都理工大学、陕西理工大学、山东科技大学、鲁东大学、湖北工业大学、河南理工大学等)的关注,这些学校先后到我校取经学习,应用于其工程教育专业认证和专业人才培养方案的修订,效果良好。西南科技大学材料科学与工程专业应用该项成果,于2018年顺利通过国家工程教育专业认证,随后在其相关专业人才培养方案的修订时应用该项目成果;江苏科技大学材料科学与工程学院采用该项目成果,其金属材料工程专业和高分子材料与工程专业申请国家工程教育专业认证,均获受理。

世界史新专业建设与人才培养模式的探索与实践

主要完成单位：郑州大学

主要完成人：陈天社、侯波、王毓敏、刘涛、孔妍、李书军、谢志恒、姜静

一、成果意义

随着全球化的加深和我国对外开放的深入，尤其是"一带一路"倡议的推行，更加迫切需要掌握外国历史与文化的世界史专业人才。2011年世界史获准成为独立的一级学科后，国内许多高校新增了世界史本科专业。作为新建专业，世界史专业建设与人才培养模式仍处于探索阶段，普遍面临着师资力量薄弱、专业建设思路滞后、基础设施差、教学质量不高等问题。因此，加强世界史专业建设、提高人才培养质量，实现弯道赶超，对世界史专业建设具有重要的意义。

二、主要解决的问题及具体方法

成果主要解决的问题有三：如何加强师资队伍建设、如何进行课程体系与教材建设、如何提高人才培养质量。为此，重点采取了以下举措。

1.师资团队建设

为改善师资力量薄弱的状况，我们的基本思路是引进与培养相结合，坚持建立以本学院为主的专业教学团队。结合学科实际建设学科优势特色方向，重点引进越南史、犹太—中东史方向的人才，优先引进第一外语为非英语的人才。2017年以来，我们相继引进优秀博士5人，另有师资博士后1名，其中第一外语为日语、越南语的有3人，4人有国外高校求学深造经历。在青年教师培养方面，一是实施新进教师导师制，为每一位新进老师安排一名教授为其导师，帮助

其迅速提高教学与科研能力。二是相互学习。本专业经常举行教学、科研交流与研讨,大家相互听课,相互取长补短,共同提高。此外,团队成员参加了大量国内外学术交流活动。

2.课程体系与教材建设

在专业建设思路上,强调小规模、精英化教育,坚持小班教学。

在完善课程体系方面,一是突出《世界通史》《中国通史》的专业基础地位,新增日本史、非洲史等课程。二是突出外语能力,开设了专业英语、双语、第二外语等课程。依托多位拥有海外留学或访学经历的专任教师,已开设了美国史、英国史、专业英语三门双语课程。根据新版培养方案,将再开设越南史、非洲史两门双语课程。第二外语对世界史专业尤为重要,根据学科优势特色方向,已开设了阿拉伯语课程,还将开设日语、越南语。在第二外语中,特别注重听、说、读、写、译五项基本技能的训练。三是重点建设世界史学名著导读、越南史、中东史、美国史、专业英语等新开课、特色课程。

在教材建设方面,重点编写特色课程建材。已编写、出版了《世界史学名著导读》教材(社会科学文献出版社,2019年)。该教材根据世界通史各段演变的不同主题选择要讲解的名著,涵盖从史前史到现代史不同历史阶段,也包括史学理论方面的成果;既包括国外学者成果,也包括国内知名学者的优秀成果;不仅包括解读欧美史的著作,也包括解读第三世界的著作。该教材高度重视唯物史观的教学与学习,坚持以马克思主义解读其基本观点与方法论,重视阐发名著在方法论方面的指导意义,把原著观点和方法论与世界通史的学习、研究相结合。接下来,将组织编写《越南史》等特色教材。

3.人才培养

在学生培养方面,基本思路是着力培养和提高科研能力,加强实践能力。

(1)推行导师制,每名老师每届指导两三名学生,为学生提供思想、学习、生活、人生规划等方面的指导,释疑解惑,帮助其顺利、高质量度过大学生涯。我们定期向全体导师发布通知,提醒或要求在关键节点向学生提供针对性的指导,还不定期征询学生对导师指导的意见。

(2)推行中期论文制,培养学生学术规范与基础的科研能力。具体做法是:把中期论文列入专业培养方案,5个学分,在第三学期到第五学期进行;每年12月初,举行中期论文动员会,启动大二的中期论文工作;第四学期初,确定中期论文选题与指导教师;次年11月底前后完成,并进行中期论文的评定工作;12月初举行总结、表彰会议。制定了《郑州大学世界史专业中期论文基本规范》与《郑州大学世界史专业中期论文评定办法》。中期论文总结与动员会一般合并进行。

在中期论文选题方面,以学生自主选题为主,鼓励学生根据专业兴趣探索,以导师确定为辅。在论文指导方面,实行学生与老师双向选择,以学生选择为主,每名老师指导1—2名学生;导师指导以基本学术规范、基础科研能力培养为主。在论文评定方面,由评议小组、学生代表共同评定。在总结与交流方面,对优秀论文予以表彰;导师代表全面总结本年度中期论文,优秀论文代表分享论文主要观点与写作体会;专业负责人讲话,针对专业学习、论文写作、科研等相关问题,结合个人学习与科研体会讲话,每年侧重点不同。优先选拔优秀论文参加校外本科生论坛。中期论文制度大大提高了学生的专业写作与科研能力,许多优秀学生就是以中期论文为自己的代表作参加外校的本科生暑期夏令营的。

(3)加强专业实践。为克服专业实践这一难题,我们不定期组织参观国内著名博物馆举办的外国文物展览,通过考察国内与外国历史相关的遗迹和文物来增强学生的专业认知。先后组织学生赴河南博物院参观"金字塔·不朽之宫"古埃及文物展,赴郑州市博物馆参观"阿富汗国家宝藏"特展,参观天津周恩来邓颖超纪念馆和五大道历史建筑群。还围绕世界史上重大事件或人物的纪念活动,开展历史情景再现、社会宣传等活动。

三、主要特色与创新之处

(1)具有开创性。除个别高校外,国内世界史专业建设与人才培养基本上都处于探索与试验阶段,本成果探索的意义不言而喻。我们提出并推行的本科生导师制、中期论文制,在国内与郑州大学的本科专业中实施的并不多,是国内本科人才培养模式的重要尝试。

(2)突出外语与科研能力的培养。我们确定的专业建设目标是培养高层次世界史专业人才,尤为注重英语、第二外语以及写作、科研能力的培养,为学生在专业方面继续深造打下良好基础。

(3)学生广泛参与。我们在培养方案设计与实践中特别强调发挥学生的主观能动性。在导师选择、中期论文选题、新生师生见面会、报考研究生咨询会、本科生学术论坛、专业实践等方面,都是以学生为主,我们也特别注意吸取学生意见和建议。

(4)《世界史学名著导读》教材富有特色。该教材以唯物史观为指导,以有利于把握世界通史各阶段基本特征与主题来选择名著,深入讲解并辩证分析所选著作的基本内容与主要观点,并挖掘其方法论意义,指导学生深刻领会和运用唯物史观,掌握世界史演变的基本特征。

四、成果实践与推广应用效果

本成果已在郑州大学世界史专业实践六年多,取得良好效果。青年教师的教学与科研水平显著提高。在 2019 年河南省教学技能大赛中,杨芳芳老师获得一等奖,侯波老师获得二等奖,多名青年教师获得国家社科基金项目、校级教学技能大赛奖励。本成果倡导并推行的本科生导师制、中期论文制等方案在多所高校得到应用。学生的科研素养与能力有了质的突破。在"首届全国世界史专业、外国语言与外国历史专业论坛"本科生论文评比中,2017 年世界史专业陈志臻同学获"首届海国图志奖"优秀论文三等奖;2014 级世界史专业温昕同学被评为校优秀本科毕业设计、省级优秀毕业生,2015 级常晓东同学被评为省级优秀毕业生。周密、高喆、朱婷婷三位同学被评为校级优秀毕业生。毕业生成功考研率在 50% 以上,大多到 985 高校深造。本成果在南开大学、首都师范大学、河南大学等高校举行的世界史专业建设论坛中进行了交流,得到关注与好评。

总之,经过这几年的探索,我们已经形成一套具有自己特色的世界史专业建设与人才培养模式。其基本特点是:注重专业基础,注重外语能力培养,注重科研能力培养,注重学生参与。这一模式具有可复制、可推广的价值。

美国哥伦比亚大学通识核心课程体系建设与本科教育国际竞争力提升策略研究

主要完成单位：河南大学、信阳学院

主要完成人：王振存、王北生、李文芳、张清宇、黄静、闫晓丽、张鹏君、郎永杰、姬甜甜、周岸

一、成果简介

当前高校通识教育存在开展不力、通识课程质量不高、对高层次创新人才培养支撑度不够等关键问题。为更好地推动我国通识教育发展，解决当下核心问题，本成果以世界一流大学也是世界通识教育的重镇哥伦比亚大学的通识核心课程为研究对象，通过考察和探究哥伦比亚大学通识核心课程实施的时代背景、课程理念、课程特点、课程内容、课程结构、课程管理及评价等，结合我国高校通识核心课程实施情况，总结其对中国高校通识课程建设的借鉴意义，提出优化我国通识课程体系建设、提升人才培养质量和本科教育国际竞争力的实践路径。

二、主要解决的问题

1.探究哥伦比亚大学通识核心课程建设思路

解决由于高校课程体系不完善、知识基础不扎实、科学精神人文素养不够导致我国高校高素质创新人才培养能力不足的难题，在一定程度上破解了钱老之问："中国的大学为什么培养不出创新型人才？"

2.剖析哥伦比亚大学通识核心课程建设理念

澄清了通识教育的认识误区，通识教育不是拿来主义、不是课程拼盘、不能可有可无，解决了通识核心课程研究不深入、重视程度不够、内容设计不科学等问题。

3.解读哥伦比亚大学通识核心课程保障举措

破解了由于投入不够、方法单一、协同缺失、管理不科学、评价不跟进等因素导致的我国高校通识核心课程实施效果不佳,对高素质创新型人才保障度、支撑度不够的问题。

4.总结哥伦比亚大学通识核心课程建设经验

建设了一批通识核心课程,锻造了一支高水平的通识核心课程教师队伍,培养了一批有宽口径、厚基础高素质创新型人才。切实提升了我国通识核心课程的认知度、科学性和实施效果,为高校通识核心课程实施、高素质创新型人才培养奠定了坚实基础。

三、主要解决的方法

1.通过创新通识教育观念提高对通识教育的认知

通过与哥伦比亚大学通识核心课程的比较研究,本成果提出了"立足中国、融通中外、挖掘历史、立足现实、关怀人类、面向未来"的中国大学特色通识课程理念,进一步拓展和提升了我国大学通识教育理念,为我国大学通识教育的开展奠定了理论和理念基础。

2.通过修订完善培养方案加强对通识教育的统筹

本科人才培养方案是本科人才培养的纲领性文件,本成果汲取哥伦比亚大学优秀经验,在最新修订的《河南大学本科生培养方案》中将成果充分体现。方案明确提出按照"大类招生、通识培养"的要求,面向全校本科生开设通识教育课程,涵盖文化传承与人文素养、人类文明与社会发展、科学精神与科技进步、生命教育与卫生健康、艺术情操与审美感悟等五大模块,要求每位本科生毕业前修读并完成不少于8学分的通识教育课程。

3.通过制定教学政策文件加强对通识教育的规范

通过分析哥伦比亚大学通识核心课程建设的保障举措,推动了《河南大学本科生通识课程建设管理办法》〔校发(2018)309号〕文件的制定,文件明确提出:学校设立本科生通识课程专家指导委员会,负责对全校通识课程建设计划、通识课程设置、课程教学大纲、核心通识课程遴选等事宜的审定和咨询。通识课程每两年审定一次,通过制定教学政策文件加强通识教育。

4.通过加快核心课程建设加强对通识教育的支撑

近年来,通过完善课程内容结构、加快通识核心课程建设加强通识教育。学校充分发挥综合性大学多学科交叉优势,建设了382门通识课程,形成了经典导读、小班讨论、多元考核、网络互动等富有特色的教学模式。

5.通过培训提升教师水平强化对通识教育的保障

研究团队作为主讲教师对学校的通识课教师进行了围绕通识课程开设应注意若干问题的专题培训,并将哥伦比亚大学通识核心课程建设等相关内容融入日常教师培训之中,并通过定期进行督导评估加强通识教育。

6.通过校际国际交流合作实现对通识教育的提升

加强与美国哥伦比亚大学的交流与合作,邀请哥伦比亚大学2017年诺奖获得者Frank教授,哥伦比亚大学可持续发展研究中心,医学研究中心知名专家、学者莅临学校为全校师生作通识教育专题学术报告。

四、成果创新点

1.研究视角创新

在进行系统研究的基础之上,以哥伦比亚大学本科学院通识核心课程建设为研究对象对其进行案例研究。

2.研究内容创新

在系统研究哥伦比亚大学通识核心课程概念、理念的基础上,对其核心课程的主要内容、结构、特色等进行深入系统的研究:(1)当代文明(Contemporary Civilization);(2)文学人文(Literature Humanities)或者叫作"西方文学哲学名著"(Masterpieces of Western Literature and Philosophy);(3)大学生写作(The Undergraduate Writing Program);(4)艺术人文(Art Humanities);(5)音乐人文(Music Humanities);(6)科学前沿(Frontiers of Science)。

3.研究观点创新

结合河南大学本科教育实际,从培养目标、课程理念、课程结构、课程内容、课程管理、课程教学科研改革、课程评价等方面提出一些建议和思考。研究成果认为,高水平大学建设必须有高水平、国际化的本科教育的支撑;本科教育改革创新必须推进课程体系的改革与创新;本科教育人才培养质量的提高必须重视本科生通识核心课程体系建设等。具体应做到以下几方面:牢固树立"立足中国、融通中外、挖掘历史、立足现实、关怀人类、面向未来"的具有中国大学特色的通识课程理念;构建有助于学生"德智体美劳全面发展+专业素质全面提升"的国际化通识教育课程内容体系;推行"利益相关者全程参与"的通识教育管理治理模式;实施"互联网+基于改变和价值增值+个性全面发展"的通识教育课程评价;完善通识核心课程实施机制;营造通识教育实施的良好氛围。

五、推广应用效果

1. 推动了河南大学通识课程建设和通识教育高水平开展

相关研究成果被《河南大学本科生培养方案》《河南大学本科教学工作审核评估自评报告》《河南大学一流学科建设方案》《河南大学本科生通识课程建设管理办法[校发(2018)309号]》采用。研究已经在河南大学实践应用，学校按照"大类招生、通识培养"的要求，面向全校本科生开设通识教育课程，涵盖文化传承与人文素养、人类文明与社会发展、科学精神与科技进步、生命教育与卫生健康、艺术情操与审美感悟等五大模块，要求每位本科生毕业前修读并完成不少于8学分的通识教育课程。学校建设了382门通识课程，形成了经典导读、小班讨论、多元考核、网络互动等富有特色的教学模式。

2. 对中原地区高校通识教育开展起到示范、引领、带动的作用

相关研究成果被省教育厅采用，相关政策建议被《河南教育现代化2035》采用，成果在省内一些高校开始推广。河北、湖北等省的兄弟高校经常到河南大学学习通识课程开设、通识教育开展的经验。

3. 学生的综合素质和创新创业能力明显提升

学校获批国家级大学生创新创业训练计划项目520项。参加项目培训的学生毕业后大部分进入高等院校继续深造，学校荣获"全国普通高校就业工作先进集体""全国创新创业教育改革示范高校"等荣誉称号。

4. 成果受到国外知名专家学者的认可和肯定

主要理论研究成果除了研究报告还在权威期刊上发表了6篇学术论文，其中CSSCI期刊2篇。研究成果受到了国际学者的关注和认可。2019年11月1日至4日，哥伦比亚大学2017年诺奖获得者Frank教授，哥伦比亚大学可持续发展研究中心，医学研究中心知名专家、学者莅临学校为全校师生做通识教育专题学术报告，对本研究成果和我校通识教育开展给予高度评价，他说："该研究有助于学生努力学习、快乐生活、创新发展。"该成果主持人王振存教授多次应邀到美国、芬兰、意大利、泰国、菲律宾等国家围绕该研究课题做学术报告、学术交流，受到了国际学者的高度认可和肯定。

基于协同创新的土木工程人才培养模式研究与实践

主要完成单位：河南大学

主要完成人：岳建伟、孔庆梅、王永锋、赵丽敏、原华、贺东青、董正方

一、项目建设简介及解决的主要问题

人才培养模式旨在解决培养什么样的人才以及如何培养人才，改革人才培养模式是提高教学质量、推进教学改革的基本途径。当前我国高校人才培养模式以传统的社会本位"专才型"为主，强调在专业领域里甚至小到专业方向的"专"；培养方式上，重视侧重于理论知识的教授，对学生创新能力以及实际操作能力的培育略有欠缺；高校之间由于人才培养目标定位模糊、人才培养模式趋同，缺乏自身特色。传统的高校人才培养模式难以促进学生知识、能力和素质结构的综合构建和全面发展，高校人才培养过程与社会行业对人才的需求脱节，已经成为影响人才培养质量，制约高等教育改革和发展的核心问题。

项目组成员从事教学以来，一直关注毕业生就业质量及在单位的工作表现，每年校友返校均做河南大学土木建筑学院毕业生培养质量评价反馈调查表调查，内容包括工作单位性质、从事的工作岗位、工作表现、工作态度、团队精神、适应能力、创新精神、专业技能、工作业绩、综合评价、毕业生知识或能力培养、毕业生综合素质培养、对本科教学的建议等。通过跟踪调查，近年来毕业的学生对课程设置、课堂内容、教学方法、技能培养、团队精神、创新意识培养、行业新技术等方面提出了越来越高的要求。因此，在深化高等教育改革发展的新形势下，针对土木工程专业，主要需解决人才培养中的相关环节协同不足的弊端，探索合理、有效、具有可操作性的土木类专业人才培养模式。

二、项目建设内容

针对培养现状存在的问题,项目组立足"双一流学科"建设,以打造一流学科、培养一流人才为目标,以建设土木工程专业高水平师资队伍为抓手,以课程体系建设、教学方法创新和教学质量管理为核心,以促进土木工程专业教学水平和人才培养质量的提高,项目建设内容重点做了以下几个方面的工作。

1.编制学院本科学习导引,帮助学生合理安排大学时间和任务

召开学生座谈会,结合培养方案和学生手册,编制《河南大学土木建筑学院本科学习导引》作为学院内部本科生使用的大学四年全程教学环节的实用指导书。

2.探索校企共赢机制,落地校企协同培养模式

根据教育部卓越工程师培养计划"面向工业界、面向未来、面向世界"的工程教育理念,以土木工程产业发展和工程人才需求为导向,针对就业为目标的学生群体,进一步优化土木工程卓越工程师培养方案,探索校企共同育人的机制和实践教学模式,真正实现达到卓越训练的目的。

3.强化动手环节,提升学生实践能力

通过学科竞赛、实验操作、工程设计等环节的协同配合,建立以学生社团为主导的管理机制,进而激发学生求知欲望和动手欲望,达到全面提高学生专业能力的目的。

4.强化科研训练,提升学生创新能力

针对考研学生群体,加强导师制管理机制,建立导师和学生互选的竞争机制,实现双向约束机制,真正达到本科生导师制的目的。通过科技创新项目训练、科研项目训练、科研思维训练的有机协同,使考研的学生都要有科研训练的过程,进而提升学生的科研创新能力,也有助于学生在考研面试中获得更高的分数。

5.构建"多元多层次"土木工程专业创新人才培养模式

对建筑学、城乡规划、土木工程三个专业课程进行梳理,建立协同机制,尤其是课程设计和毕业设计,探索一体化的设计教学模式。

三、项目创新点

1. 首次提出编制学院本科学习导引

以本科教学学习导引为载体,基于教研室、辅导员和学生之间相互协同,使大一学生有的放矢地安排四年大学时间,构建土木大工程观知识体系,编制适合土木建筑学院本科学习导引不仅是本课题的重点研究内容,也改变了学生盲目选课的现状,是实现创新型人才培养模式的关键所在。

2. 构建了"多元多层次"土木工程专业创新人才培养模式

基于学习产出的教育模式(OBE),服务考研和就业两大学生群体,通过编制本科学习导引、制定教学大纲编制指导思想、编制土木工程专业竞赛指导思想,实现学生、专业教师、辅导员、实验人员、企业等方面力量的协同,发挥现有各种教学资源的作用,切实提高学生的理论知识获取能力、基础动手能力、专项技术能力、工程应用能力、专业综合能力、创新科研能力,从理论课程授课、实习模式改变、竞赛思路改变等方面,实现土木工程创新人才的培养。

3. 构建了学生"力学思维"能力培养方法,编制了专业竞赛指导思想

通过教研室反复研讨和学生座谈,强化学生"力学思维"能力的培养,以"力学分析"为主线,编制课程教学大纲并确定课程各章节教案,把专业基础和专业核心课程前后建立真正联系,改变学生仅会考试,不会工程应用的教学现状,进而树立"工程观"的专业概念。根据学生特点、协同育人要求和竞赛经验总结,编制了土木工程专业竞赛指导思想读本,切实提高了学生的创新能力。

4. 实施了虚实结合的生产实习教学模式和线上线下结合的在线课程教学模式

结合企业在建设过程中的具体要求,开设综合性、实用性和探究性实验项目。利用省级虚拟仿真实验中心、蓝墨云等平台资源,形成"线上线下相结合"的协同育人的"T-WOD"生产实习模式,提高了实习效果,一定程度上破解了实习难的教学难题。加强网络教学平台建设,建立专业网络课程与教学资源库,实现优质教学资源网络共享,充分发挥网络课程的辐射、带动作用。已获批国家级在线课程"建筑结构抗震设计",省级在线课程"土木工程施工"和"混凝土结构原理"。形成"线上辅助线下"的理论教学模式,拓展了学习资源,改变了授课方法,提高了学生学习的效果。

四、成果的推广应用效果

1.协同育人在线开放课程建设应用情况

岳建伟课程团队的"建筑结构抗震设计"获河南省2016年度成人高等教育在线开放课程立项建设,并上线运行。2018年"建筑结构抗震设计"获国家精品在线开放课程。开放平台为优课联盟和智慧树,目前全国各地已有上万名学生选课并结课。

2."土木工程专业本科生学科导引"应用情况

"土木工程专业本科生学科导引"已编制完成,通过在2017级、2018级学生中试阅读,同学们普遍反映,该导引对他们了解所学专业的教学基本情况有极大的帮助,使他们明确了大学的学习目标,实实在在地解答了很多培养环节的疑难困惑。

3."力学思维"能力培养的应用情况

土木工程行业对学生的力学知识要求较高,而计算机软件的应用,使学生淡化了力学的重要性认识,为强化学生学习和应用力学知识的能力,项目组首次提出了"力学思维"的概念,以统一各课程的教学理念和学生认识工程问题的方法。基于"力学思维"在土木工程专业课程从2017年开始应用,取得了良好的效果。课程团队成员教育观念逐步改变和统一,保证了教学改革的逐步推进和教学质量的稳步提升,教师的教学水平。力学思维贯穿各门课程,培养了学生应用理论知识分析和解决实际工程问题的能力和工程意识。各类学科竞赛和课外科技活动异彩纷呈,培养了学生的创新意识和创新能力。2018年河南省周培源力学竞赛,获得一等奖3名,二等奖2名,2019年全国周培源大学生力学竞赛获得三等奖2名,2019年中南六省结构力学竞赛获得特等奖1名,一等奖4名,二等奖4名,2019年全国BIM竞赛获得团体一等奖。学生在比赛和研究生面试环节,能准确切中问题要点,回答问题深度明显提升。

4."多元多层次"土木工程专业创新人才培养模式应用情况

基于学习产出的教育模式(OBE)的培养方案(2019版)已修订完毕,该模式的部分课程在2016级、2017级进行了应用,将在河南大学土木工程专业2018级、2019级全面推广应用,同时也将在2019级开封大学土木工程专业、河南大学濮阳工学院土木工程专业中全面推广使用。

"生态+"背景下农林院校旅游专业人才培养改革与实践

主要完成单位：河南农业大学
主要完成人：杨喜田、李喜梅、何静、李若凝、孙刘伟、姜文倩、朱玉芳、程柯

一、旅游管理专业人才培养存在的主要问题

（一）人才培养同质化现象严重

我国从1981年开办旅游管理专业以来，经过了近40年的专业建设和旅游业的快速发展，开设旅游管理专业的高等院校比例近50%，但课程体系多数以工商管理的基础理论为主。

（二）培养目标与社会需求有差距

近年来，随着我国经济社会发展和人民生活水平的提高，森林公园、自然保护区及农林乡野等已成为旅游消费的热点，人们对生态体验、生态教育、生态认知等旅游功能需求不断增长，旅游管理急需培养兼备旅游学及生态学知识的复合型人才。

（三）培养方案不能满足新时代要求

生态文明思想要求以山水林田湖草等生命共同体和生态系统的完整性为出发点，对资源进行统筹开发和利用。如何处理好保护与发展的关系，促进旅游产业和环境保护的协调发展，践行将"绿水青山"转换为"金山银山"的理念，成为当前迫切需要解决的问题。

因此，旅游管理本科专业的发展方向也应向多元化发展，而高等农林院校拥有雄厚的生态类教学资源，林学、风景园林、城市规划等专业的师资和教学条件可以提供有力的保障。研究探索"生态+"背景下旅游管理专业人才培养模式改革具有重要意义。

二、研究目标与解决方案

(一)总体目标

利用农林院校学科资源优势,构建特色课程体系,提升农林院校旅游教育质量,培养能够满足"生态+"背景下旅游业发展需求、具有创新精神和实践能力的复合型人才。

(二)具体目标

1.发挥农林院校学科资源优势

基于旅游管理本科专业的多元化方向发展需要,综合工商管理基础理论和农林高校的学科优势,培养兼备旅游学及生态学知识的复合型人才。

2.凸显农林院校旅游专业特色

高等农林院校拥有雄厚的自然和生态类教学资源,融合林学、风景园林、城市规划等专业的师资和教学条件,为旅游管理专业学生生态类知识的构建提供有力的保障。

3.强化与林学、生态学相融合的特色课程体系建设

围绕生态旅游、森林康养等新业态,有效整合旅游生态文明教育资源,加强在林业与自然教育、环境解说、生态深度认知等专业课程的建设,并纳入核心课程支持和管理。

4.优化与课程体系相配套的师资队伍和实践基地建设

鼓励教师海外研修和攻读学位,多渠道引进专业人才;与生态学和林学专业共享实习资源,遴选自然保护区、森林公园等实习基地,丰富实习类型和内容。

(三)解决方案

本项目以河南农业大学旅游管理专业作为研究个案,在剖析农林院校旅游管理专业人才培养存在的问题及成因、新时代旅游业发展新要求的基础上,采取座谈、问卷调查、理论推演和实证分析等方法,围绕人才培养目标定位、人才培养模式、课程体系设置、教学方法、实训实习基地建设等关键环节,制定农林院校旅游管理专业人才培养改革的方案,进行应用推广并反馈完善。

三、取得的主要成果

(一)厘清了两个方面的问题

1.农林院校旅游专业的生源特征

农村生源占绝大部分,对自然的认知有偏见;专业思想不牢固,学习主动性不足;学生综合素质差异大,分层明显;就业定位和目标不明朗等。

2.农林院校旅游专业人才培养存在的问题

人才培养方案同质化问题突出,与新时代新要求不相适应;专业结构设置复杂,缺乏特色;理论与实践教学课时比例不合理;教学手段缺乏多样化等。

(二)完成了培养方案的改革

1.准确定位特色培养目标

融合生态学、林学、风景园林等学科优势,坚持学科交叉,以生态旅游为办学特色,培育具有从事旅游资源评级与开发,国家公园、自然保护区规划设计,旅游地生态环境保育与可持续发展等方面的科学研究与实际工作的专业能力,服务乡村振兴发展和生态文明建设的现代化旅游管理专业人才。

2.全面优化课程体系

依据生态旅游办学特色优化课程体系,必修课按照国家标准开设,专业核心课程围绕生态旅游遴选;专业选修课结合国家生态文明建设和乡村振兴战略的需要设置;专业特色课开设生态旅游学、树木学、景观生态学、森林游憩学等课程。

3.增加实践环节,建设稳定的实习基地

增加实践学分在总学分中所占的比例,由原来的不足25%提高到35%;加大实验室与实训基地投入,在原有实习基地的基础上,提升层次,增加数量,丰富类型,遴选自然保护区、森林公园等新型实习基地。

4.优化师资队伍结构,加强教师岗位训练

鼓励教师海外研修和攻读博士学位,选派专业教师到自然资源管理部门或企业挂职锻炼;鼓励教师取得导游证、森林康养师等执业资格。

5.提高参与式教学比例,调动学生学习的积极性

实施以学生为中心的课堂教学模式,加强启发式、讨论式、研讨式、合作式、案例教学等多种形式的互动式教学。

6.健全规章制度,提高教学质量

成立课程组,撰写课程教学大纲及教案,为青年教师配备指导教师;完善实

践、实训环节相关规章制度,推进特色化建设。

7.评估和改革人才培养方式

通过培养目标达成度评估、用人单位评价、学生意见反馈等多种途径完善教育教学体系。

四、取得的成效

(一)培养目标凸显了农林院校特色,学生和用人单位反映良好

本成果将生态文明的理念融入农林院校旅游专业人才培养模式中,明确了专业目标,强化了生态环境类知识和能力的培养,更加提高了农林院校对教育部规定培养目标的达成度,并突出了自身教育特色和优势。

(二)构建了与林学、生态学相融合的特色课程体系

课程设置在保障旅游类核心课程外,增加树木学、自然保护区与森林公园管理学、景观生态学、生态旅游学、森林游憩学、自然保护区规划设计等生态学、林学类核心课程,强化了课程体系与林学、生态学相互交融,增大了特色课程的比例。

(三)加强教师团队建设,实现科研与教学相互促进

以生态旅游教研团队为抓手,凝聚旅游管理、生态学和林学专业教师,联合开展教学和科研工作。参与省级精品在线开放课程1项,参与编写规划教材2部,参与完成省级、校级教学质量工程项目3项,公开发表代表性论文10篇。研究成果在新闻媒体上宣传报道2次。

(四)学生素质逐渐提高,就业率连年攀升

人才培养方案和特色课程体系已经在河南农业大学旅游专业2015级、2016级、2017级、2018级、2019级推广应用,取得了预期的良好效果。学生在全国学术科技作品竞赛和专业技能大赛中取得优异成绩,全国导游资格证通过率达70%,全国大学生英语六级通过率达60%,学生考研率连续三年持续增长,毕业生就业领域得到拓展,就业创业质量明显得到提升。有效地解决了旅游管理院校培养的专业人才在知识结构上缺失生态环境类知识,不能满足用人单位的需求,而学生又不愿意下到自然保护地体系工作的双重就业难题。

五、推广应用情况

成果在中南林业科技大学、山西农业大学、河北农业大学、河南牧业经济学

院、信阳农林学院等 6 所省内外农林院校旅游管理专业进行了推广应用。应用单位一致认为：本成果能够解决农林院校旅游专业特质性问题，提高农林院校旅游专业学生的培养质量和就业竞争力，具有重要的应用推广价值。

六、项目创新点

(1)以新时代生态思想为指导，以旅游市场人才需求变化为改革驱动力，科学制定课程体系，突出农林院校旅游管理专业特色。

(2)充分利用丰富的生态学和林学教学资源，加强其与旅游管理专业资源的配套，探索"生态＋"的融合式人才培养模式。

改革实践使我们认识到，旅游管理培养的专门人才既是生态文明的实践者，又是传播者的重要角色。在新时代生态文明思想背景下，我国生态旅游发展面临诸多挑战，也迎来了许多机遇，农林高校旅游管理专业建设只有顺应时代需求，突出问题导向，锐意改革创新，才能更好地为旅游业健康可持续发展和生态文明建设提供智力支撑。

基于产学合作协同育人的计算机专业人才培养模式研究与实践

主要完成单位：河南农业大学

主要完成人：席磊、刘合兵、马新明、尚俊平、张浩、乔红波、台海江、时雷

一、成果解决的主要教学问题

本成果以新工科发展为理念，以工程教育专业认证为途径，以产学合作协同育人为方法，构建培养复合型人才的计算机专业产学协同育人培养模式，以期缩小高校人才培养与社会人才需求的差距。从学校、学科定位出发，确立多方协同的"产"与"学"功能定位，对标"国标"，结合工程教育认证要求，设计"两段双需"人才培养多元知识架构，从"知识－能力－素质"三个维度，围绕学科专业综合能力训练、研究创新能力训练和工程能力强化训练，统筹"第一"与"第二"课堂，构建"柔性化"课程体系，建立"立体化"实践体系，并在此基础上从系统角度离散化课程体系与实践体系为若干教学环节，突出"互联网思维"，采用"长线""长尾"的视角，设计教学环节产学协同实施模型，从"动力""组织"和"运行"三方面建立"产学"合作机制与保障，以产出为导向，围绕课程体系与毕业目标支撑关系，构建专业教学评价方法，最终形成"多方协同、两段双需"的计算机专业人才培养模式，丰富人才培养模式内涵，为高校人才培养提供理论借鉴和参考。

成果主要解决了以下教学问题：

（1）构建"多方协同、两段双需"的计算机专业人才培养模式，解决地方高校计算机专业人才培养与地方经济发展需求协调与适应的问题。

（2）围绕"知识－能力－素质"三个维度，打造多元知识平台人才培养架构、构建"柔性化"课程体系与"立体化"实践体系，设计产学协同实施模型，开展计算机课程教学与信息素质教育融合的课程教学模式创新和实践教学体系与教学手

段创新,解决专业人才培养中知识学习与能力、素质培养相结合的问题,提高计算机专业学生解决复杂工程问题的能力。

(3)以学生为中心,突出"互联网思维",采用"长线""长尾"视角,统筹"第一"和"第二"课堂,构建优质教学资源,解决以学生为中心、学习条件制约的问题。

(4)以"产出导向"建立和完善专业教学评价机制,解决了专业教学中教学目标达成评价的问题。

二、成果解决教学问题的具体方法

(1)构建"多方协同、两段双需"的计算机专业人才培养模式。在"产"与"学"功能定位基础上设计"两段双需"多元知识平台人才培养架构,构建"柔性化"课程体系与"立体化"实践体系,通过产学合作实施人才培养。

(2)探索课程教学模式创新和实践教学体系创新。开展计算机课程教学与信息素质教育相融合的专业课程教学模式实践,把信息素质教育融入课程教学中,提高学生信息素质。递进开展学科专业综合能力训练、创新能力强化训练及工程能力强化训练,提高计算机专业学生解决复杂工程问题的能力。

(3)打造泛在学习优质教学资源。强化"互联网思维",建设"虚拟实验工场""核心课程智慧教育平台""河南农业大学在线评测系统"等新型实践教学平台,统筹"第一"和"第二"课堂,采取"长尾""长线"视角,完成了河南省在线开放课程、校在线开放课、线上线下混合课以及核心示范课的建设,开设"前沿技术讲习班",为学生个性化自主学习提供保障。

(4)建立全方位学生课外创新体系。通过实施导师制、校院两级实验室开放项目、大学生创新创业训练项目等形式,积极引导学生利用各种平台参与导师科研项目,开展常规化科技创新活动。坚持每年举办校IT文化节、每月举办大学生程序设计竞赛等形式,引导学生积极参与"校—省—国"三级衔接的创新训练项目和竞赛活动。

(5)以产出为导向建立专业教学评价机制。提出了能够支撑培养目标达成的毕业要求,明确了培养目标与就业能力的关系、课程体系对毕业目标的达成情况,建立了毕业要求与课程目标间的矩阵关系,初步建立了基于产出导向的教学质量保障和监控机制,为毕业目标达成提供了量化依据。

三、成果的创新点

(1)构建了"多方协同,两段双需"人才培养模式,为地方高校计算机类专业人才培养与地方经济发展需求协调与适应提供了可行的方案。提出多元知识平台人才培养架构,构建"柔性化"课程体系与"立体化"实践体系,从系统角度离散化两个"体系"为若干教学环节,明确各环节实施目标与主体,形成产学合作实施模型,为产学合作协同育人、深化创新创业教育改革提供了多方共赢的顶层设计与模式。

(2)围绕"知识-能力-素质",采取"长线"、"长尾"的视角,建立了课程教学与实践教学模式,破解传统专业人才培养中知识学习与能力、素质培养的"一头沉"现象。强化"互联网思维",建设了"虚拟实验工场""核心课程智慧教育平台"等新型实践教学平台,统筹"第一"和"第二"课堂,建设在线开放及核心示范课程,探索计算机课程教学与信息素质教育融合的课程教学模式创新,形成5种产学合作实践教学模式,递进开展学科专业综合能力训练、创新能力强化训练及工程能力强化训练,有效地促进学生的知识、能力和素质融合,为学生可持续发展奠定基础。

(3)以产出为导向建立和完善专业教学评价机制,为量化专业教学中教学目标达成提供了可借鉴的方法。突出产出导向,制定了符合学校定位、适应社会经济发展需求的培养目标,建立了培养目标的合理性评价机制,初步建立了基于产出导向的教学质量保障和监控机制,为可持续性开展专业建设与课程建设提供了量化评价方法。

四、成果的实践推广应用效果

(1)教学研究成果丰富。积极开展教学研究并总结实践成果,先后发表教学研究论文17篇,获河南省信息技术成果奖一等奖1项、二等奖三等奖3项,河南省教育科学研究优秀成果二等奖2项。承担教育部产学合作协同育人项目、河南省高等教育教学改革研究与实践项目、河南省教育科学"十三五"规划课题项目等教研项目以及校教学质量工程项目20余项。

(2)教学资源建设效果明显。建设了河南省在线开放课程"面向对象程序设计(C++)"、校精品资源共享课及核心示范课"数据结构"及校在线开放课程"程序设计基础",为网络教学提供了重要资源和手段。建设有河南省基层教学组织3个、校级教学团队3个。编写了全国高等农业院校规划教材3部。

(3)实践教学平台示范效应突出。"虚拟实验工场""核心课程智慧教育平台""河南农业大学在线评测系统"等实践教学平台已覆盖三校区,虚拟仿真实验平台"虚拟实验工场"接待了来自河南大学等兄弟院校的参观指导,在省内高校中具有一定的示范作用。面向郑州地区高校举办了"大学生程序设计竞赛暨省内高校邀请赛"。依托合作企业,形成了技术公开课、项目课程、校内实习实训基地、科技合作、教师学术访问等5种产学合作实践教学模式。

(4)学生综合素质和实践能力全面提高。近年来,在ICPC国际大学生程序设计竞赛、"挑战杯"竞赛、中国高校计算机大赛团体程序设计天梯赛、蓝桥杯全国软件和信息技术专业人才大赛等比赛中获国家级奖励20余项,省级以上获奖人次超过200人。在第44届ICPC国际大学生程序设计竞赛亚洲区域赛中获银奖2项、铜奖1项。申请并获批大学生创新创业训练计划(国家级、省级)项目5项。

(5)专业建设和教学改革成果受到省内及国内同行专家的好评。成果已在我校计算机科学与技术专业学生中开展多届,毕业生达800余名,人才培养成效良好。成果在省内两所高校的计算机专业进行了推广应用,部分成果内容得到了今日头条、新浪等新媒体的宣传报道,并在相关计算机类专业人才培养会议中进行了主题报告。

"互联网＋"背景下农科院校创新型人才培养模式研究

主要完成单位：河南农业大学

主要完成人：栗滢超、王宜伦、李强、李玲、陈伟强、文倩、冯新伟、蔚霖

农业发展正处于从传统农业向现代农业、智慧农业转型跨越的新阶段。在新的时代背景和教育形势下，如何运用开放、多元的"互联网＋"思维，探索新形势下创新型人才培养模式成为当下高等教育面临的一个重要课题。本成果立足于"互联网＋"对创新型人才培养的现实要求，构建了"学、教、用、创、评"五位一体的创新型人才培养模式，为"互联网＋"背景下创新型人才培养提供了本土实践范式。

一、成果主要内容

依托河南省高等教育教学改革重点教改项目（2017SJGLX035），首先运用文献分析法系统梳理国内外人才培养模式已有成果，总结当前传统教学模式存在的共性问题，找出当下创新型人才培养的瓶颈。然后，运用问卷调查与访谈调查相结合，采用随机抽样法，在对不同年级、不同专业在校本科生充分调研的基础上，从大学生学习渠道与学习方法、教学方法与手段、创新教育状况、实践教学模式、教育教学考核办法等五个维度实证剖析当下农科高等教育人才培养现状。接着，运用态势分析法从学生、教师不同视角解析目前创新型人才培养面临的优势、劣势、机遇与挑战。最后，以目标为牵引，构建以能力提升为导向的"学－教－用－创－评"五位一体人才培养模式并推广应用，以顺应新的时代背景及教育形势的需求。

二、主要解决的教学问题

(1)确立新形势下农科院校创新型人才培养模式,形成了以能力为导向的创新型人才培养框架。

(2)通过基础类、提升类、竞技类不同层次的创新教育实践,实验、实习、实践三者之间紧密衔接、无缝对接以及教学内容设计与政策、产业、科研的深度融合,使教学模式从传统的教师主导的课堂教学转向以学生为中心的主动学习为主。

(3)通过构建多维度的教育教学评价体系,促进由考试评价转向过程性评价及能力导向评价,为创新型人才培养模式的实施创造条件。

三、解决教学问题的方法

(1)以互联网为平台,打造线上线下多渠道学习,充分利用校际课程互选、学分互认制度,拓宽学生学习渠道。

具体通过三个途径:第一,线上学习。借助学堂在线、爱课程、超星尔雅等网络资源有效整合教学内容,学生也可根据兴趣爱好选择学习内容,实现以学生为中心的定制学习。第二,线下学习,即课堂学习。基于在线学习情况及大数据反馈,教师进行定制化教学及辅导。第三,利用校际课程互选、学分互认制度。充分利用河南农业大学、华北水利水电大学、河南理工大学、河南财经政法大学、郑州航空工业管理学院5所高校实行的校际课程互选、学分互认制度,拓宽学生学习渠道。

(2)传统教学方法与现代教学方法相结合,实施混合式教学,重构学生学习过程,激发学生自主学习的动力与积极性。

教师利用线上平台发布近期学习目标、具体要求、收集学生学习中遇到的问题,及时掌握学生学习动态;线下课堂教学时,教师集中反馈学生线上学习中的问题,探究式、启发式、情景教学、案例教学等多种措施综合运用。同时基于大数据及科学方法判断每个学生的学习特征,并根据学生之间的差异,对教学内容进行重新组合,针对不同学生采取不同的教学策略,进行分层教学,在降低"学困生"学习难度的同时满足"学优生"扩大知识面的需求。

(3)建立立体化实践教学模式,探索构建实验、实践和实习多层次全过程无缝对接的实践教学体系,教学内容设计与政策、产业、科研深度融合,实现政用产学研结合。

充分利用学校实验中心,挖掘校内外教学资源,依托各类赛事,创新教学平台建设,鼓励本科生开展自主设计、分析的探究式实验,深入实施大学生科研训练计划,多渠道培养学生的实践动手能力、创新意识和创新能力以及协作意识和团队精神。

(4)以创新课程建设、指导教师队伍建设、创新教育硬件建设、创新文化氛围营造等为抓手,通过基础类、提升类、竞技类不同层次的创新训练全方位提升学生的创新能力。

以专业创新课程、第二课堂为载体,组织学生参加各级各类大学生创新训练项目、专业技能比赛等,实现以赛促教、以赛促练、以赛促学、以赛促创。如:项目负责人指导的两件学生作品在第二届全国大学生土地利用规划技能大赛中双双荣获一等奖,且两件作品在两个组别一等奖评分中均排名第一。项目负责人指导学生参加的2019年村庄规划暑期社会实践国家专项,获得全国优秀实践成果一等奖。

四、成果的创新点

(1)顺应时代要求,耦合多渠道学习途径,结合学生个体差异,实行分层教学,确立以学生为主体的新型教学模式。建立线上线下、校内校外多渠道学习平台,充分利用校际课程互选、学分互认制度,整合教育资源,拓宽学生学习渠道。同时注重学生个体差异,实施分层教学,激发学生学习主动性,满足"学优生"扩大知识面的需求。

(2)以创新能力培养为导向,建立三大类(基础类、提升类、竞技类)、四层次(院－校－省－全国四级联动)的创新型人才培养体系。本着"人才培养与社会需求相契合,专业教学与实践能力相融合"的原则,构建实验、实践和实习多层次全过程无缝对接的立体化实践教学体系,以"三鹰计划""科研助手"为基础,以项目、竞赛为依托,强化学生创新实践能力,实现以赛促学、以赛促创。

(3)注重教育过程管理,实行多元化考评机制,改进学生成绩认定办法,实现由考试评价向过程性评价转变。"互联网+"背景下,大学课程逐渐趋向网络化,适时实行学分积累与转换制度,同时,对学习效果的考评不拘泥于传统的闭卷考试成绩,重视教学过程管理,加强学生学习过程考评,为创新型人才培养实施提供基本保障。

五、成果推广应用效果

（1）创新型人才培养成效显著。项目负责人所在学院已连续13年专门对学生进行创新教育，实施"三鹰计划"及科研助手计划。大一，实施院"雏鹰行动"；大二，设立院"飞鹰计划"创新项目；大三，开展"雄鹰计划"，参加校、省、全国科技作品竞赛及专业技能大赛；大四，开设创新课程，强化学生的综合知识运用能力。目前取得了显著效果，同学们的创新能力得到很大提升，考研率逐年攀升，学生在各级各类竞赛中屡获全国大奖，极大地提高了学生的创新能力。

本项目构建的创新型人才培养体系在服务社会方面也取得了显著成效。2019年暑期，项目负责人组建学生团队参加由中国土地学会、中国青年志愿者协会、中国国土勘测规划院联合主办的村庄规划编制志愿服务活动，被《人民日报》、新浪微博等多家媒体宣传报道。该团队编制的娄彩店村村庄规划被遴选为河南省优秀村庄规划案例之一。项目负责人栗滢超接受了《中国自然资源报》《河南日报》记者采访。

针对农科院校学生特点，项目负责人所在学院还与中国农业大学、河南心连心化学工业集团股份有限公司共同设立"科技小院"，为解决小农户增产增收，推广高产高效技术，满足农业供给侧结构性改革需求的创新型人才培养提供了一种可推广可复制的范式。一系列多渠道的实践训练，使同学们的创新能力得到很大提升，考研率也逐年攀升，取得了显著的教育成效。

（2）对全国部分农科院校及省内部分非农科院校均产生了良好示范和辐射作用。本项目提出的"学—教—用—创—评"五位一体的创新型人才培养模式产生了较好的社会影响，并得到国内高校的高度认可。项目成果目前已经在西北农林科技大学、山东农业大学、安徽农业大学、新疆农业大学、河南科技学院、河南牧业经济学院等农科院校推广应用，同时在河南理工大学、华北水利水电大学、河南工程学院、郑州轻工业大学等非农科院校也进行了推广应用，均取得了良好效果，该成果对"互联网＋"背景下创新型人才培养起到了积极的推动与示范作用。

注重创新能力的物理实用型人才培养模式的研究与实践

主要完成单位:河南科技大学

主要完成人:李立本、郝世明、巩晓阳、李新忠、陈庆东、杜凯、闫海涛

一、主要解决的问题

物理学作为基础学科,应用性较弱,尤其对我国的普通地方性高校,应用物理学专业面临的极大问题就是招生难,培养难,就业难,更是连续成为河南省(2012年)的黄牌和2014年国家和河南省的红牌专业。如何创新物理实用型人才培养模式,根据中原经济区的市场需求重新定位物理专业人才培养目标和研究方向、优化专业设置及发展方向?如何修订专业培养方案、解决教学内容和当前产业需要脱节的问题?如何通过建设优质课程、教学模式及方法创新、改善传统教学内容与形式与时俱进?如何通过大力扩展实践平台、创建注重创新能力培养的实践教学与评价体系、提高理科学生实践能力是本项目要着力解决的问题。

二、具体解决方法

1.把握"理工交融"内涵,优化适应地方新兴产业特色的专业设置

充分考虑了地方经济布局及行业需求,挖掘河南科技大学传统优势,以应用物理学专业为基础,逐渐孵化出光电信息科学与工程和新能源材料与器件两个专业,专业方向涉及传感器、光电技术、储能材料、锂电及光伏等方面。

2.深入开展调研论证,构建体现"理工交融"的专业培养方案及课程体系

先后对13级微调,14级较大幅度调整,16年确定了新能源材料与器件方向

课程修订。在2017版新版培养方案中明确了各专业方向,突出了"创新创业"能力的培养。实践环节比例达到近30%。

3.提出并建立了全程全链条式创新型人才培养模式

提出并建立了兴趣激发、实践创新和助研提升为一体的全程、全链条式创新人才培养模式。大一,兴趣激发、夯实基础:以"趣味物理"为切入点,引发兴趣,夯实基础;大二,扩充知识、增强技能:以实践创新、学科竞赛为依托;大三,灵活运用、开拓创新:以学生助研,师生合作为拓展,进入团队,参与科研;大四,考研就业,自由翱翔;最终实现深造提升和理想就业的自由翱翔。

4.双向驱动,推进理工交融理念下教师教育课程及创新教学方法

不断提高教学水平;形成教学名师"传、帮、带",骨干教师展风采,青年教师速成才的良好格局,省级以上教学竞赛获奖20余项;高度重视课程质量;积极更新教学内容,引进现代化教学手段,提高教学效率,改善教学效果,建设了一批优质课程;优化创新教学形式及方法,努力将物理学课程与身边的生活现象相联系,激发了学生的学习和实践兴趣。

5.积极开展教学研究,深化中落实和推进专业及课程改革

鼓励教师开展教育教学研究,研究内容涵盖了前景探索,人才培养模式、实践创新平台、专业建设、课程创新、毕业设计、虚拟仿真、基层教学组织等方面,保证和促进了整体教学改革的完成。

6.构建学生创新实践组织与平台和利于创新的实验教学体系

构建学生创新实践组织与平台,提升学生的创新水平。物理科学与创新协会每年积极开展科技创新活动60余次,鼓励学生积极参加各类赛事,较好地激发了青年大学生的创新精神和实践能力。依托河南省物理实验教学示范中心,构建素质教育实践、专业基础实践、专业综合实践三层次实践教学体系,采用网络化管理和100%开放。

7.推动互联网背景下教学方法的变革,积极创建并开展虚拟仿真教学

2016建设成为河南省物理虚拟仿真实验中心。2018建成省级虚拟仿真实验教学项目"塞曼效应虚拟仿真实验",2019年建成省级虚拟仿真实验教学项目"固液相变及硅单晶生长虚拟仿真实验",学生可自由、自主开展实践训练,极大地方便了学生实践能力的培养。

8.实施项目带动战略,建设科研实践平台,推进教师教育课程实施不断深入

结合专业应用,建成超级电容器河南省工程技术研究中心、河南省光电储能材料及应用重点实验室、光电功能材料河南省工程实验室、洛阳市光电功能材料重点实验室、洛阳市光电检测及光谱分析重点实验室等科研实践平台,向学生开

放,极大地拓宽了学生的视野。在教科研引领下进行教师教育课程改革,把创新思想与科技前沿知识带入课堂,并在不断深化中落实和推进课程改革的实施方案。

9.建立科学评价机制,构建教师教育课程及实践创新评价指标

营建教师教育课程及实践创新评价机制,使评估标准具有适切性、实用性,将职称评定、学生奖学金评定、年终分配与教学质量评价挂钩,引领实践创新导向。引入双创学分,推进课内外考核改革。

三、创新点

基于当前"两化"深度融合下的地方经济布局及行业需求,系统地对我校应用物理类专业发展方向和课程体系进行深入调研,提出"理工交融"背景下我校应用物理类专业的目标定位和人才培养的新模式。

1.发展观念新:实用与创新人才培养结合区域发展优势,注重实践能力培养

依托郑洛新国家自主创新示范区建设,结合洛阳市"军民融合"和"硅光伏产业基地"两大得天独厚的区域发展优势,应用物理学专业逐渐孵化出光电信息科学与工程和新能源材料与器件两个专业,专业方向涉及传感器、光电技术、储能材料、锂电及光伏等方面,服务地方经济及产业发展。进行科学合理的课程设置,确保实现培养目标。同时,注重实践性教学环节、学生科创活动等实践环节。在现有实践基地的基础上,积极拓展与专业相关的实习基地,建设相关科研平台,并对学生实践环节进行合理的指导和监控,提升学生实践创新能力。

2.培养模式新:提出并建立了一种全程、全链条式创新人才培养模式

其中在兴趣激发、夯实基础阶段,王翚老师另辟蹊径,将深奥的物理知识生活化、小型化、便携化、趣味化,在课堂上现场展示、在手机上播放。"趣味物理"教学法、"魔术中的物理"特色课外培养模式成为国内有影响的著名教学品牌,受到媒体的广泛关注,多次做受邀报告和交流。

四、实践推广应用效果

(1)覆盖面广,为学校人才培养发挥了重要的作用。人才培养模式和课程体系指导我校4个本科专业的教学工作。"三层次,四模块"实践教学体系年训练人时数达10万以上,覆盖学校所有理工科近60个专业,对本科人才培养发挥了不可替代的作用。

(2)示范性强,成果已在省外高校推广应用。研究成果在山西师范大学物理与信息工程学院、包头师范学院物理科学与技术学院获得推广应用。

(3)权威新闻媒体广泛报道,其中包括:①《中国教育报》报道在物理教学中播撒创新创业"金种子";②《大河报》报道"魔术中的物理"提升学生创新意识和创新能力;③《郑州晚报》报道趣味物理教学法;④《洛阳晚报》报道趣味物理课及全国科普微视频大赛一等奖;等等。

(4)教学、教改成果丰硕,在"质量工程"项目建设中取得优异成绩。省级及以上"教学质量工程"项目支撑并推广应用。①开发的固液相变及硅单晶生长虚拟仿真实验获批2019省级虚拟仿真实验教学项目,应用到洛阳单晶硅公司,全国数千学生学习浏览。②河南省物理虚拟仿真实验中心(2016)的物理仿真实验,省级塞曼效应虚拟仿真实验(2018),全天向全校理工科辐射。2020年新冠疫情突发,实现了停课不停学,完成了全校理工科实验物理和物理各专业实验课程的实验教学任务。③大学物理被评为河南省高校精品资源共享课程及精品在线开放课程。

(5)在省内外高校及科技行业有一定影响力。河南工业大学理学院来我院学习专业改革及实践创新经验。王翚受邀中国科学技术大学,受邀参加深圳市科协自主创新大讲堂活动介绍经验,受邀参加洛阳市科学技术协会科普讲座,受邀为《物理与工程》杂志撰稿,受约为科学出版社讲座并出版奇趣物理实验,受邀广西大学讲座,等等。

(6)发表18篇与本项目相关的教育教学研究论文,扩大影响,1篇被CSSCI收录。

面向新工科与工程教育认证的计算机类人才培养模式探索与实践

主要完成单位：河南科技大学
主要完成人：吴庆涛、张明川、白秀玲、郑瑞娟、张茉莉、
　　　　　　　张志勇、赵海霞、李冠峰

一、成果主要解决的教学问题

当前，国家推动创新驱动发展，对工程科技人才提出了更高要求，迫切需要加快工程教育改革创新。同时，迅速发展的大数据、物联网、人工智能、网络安全等新经济领域都出现人才供给不足现象，暴露出我国工程教育与新兴产业和新经济发展有所脱节的短板。新经济呼唤"新工科"，新的人才定位与需求为"新工科"带来了挑战与契机。

本成果以工程教育专业认证为契机，对新工科背景下计算机科学与技术专业人才培养模式进行探索，形成了面向创新实践能力培养的"3435"人才培养模式，促进了我校及采用该模式的兄弟院校计算机类专业的建设与发展。

二、成果解决教学问题的方法

1. 以加强基础、提升能力为目标，构建了"三阶段"课程体系

结合行业、地区发展需求和专业特色，计算机类专业定位为培养应用研究型工程技术人才，据此全面梳理课程体系，合理设置课程（环节）及学分要求，确定每门课程和每个培养环节的目标和作用，注重它们之间的内在联系，明确每门课程所承载的知识、能力和素质培养的具体要求，构建了基本理论、专业技能和工程素养的"三阶段"课程体系。

2. 以工程教育专业认证为契机,设置了"四模块"知识内容

参照教育部公布的本科专业类教学质量国家标准,结合本专业的人才培养目标、专业发展特色、学生自身情况以及师资队伍优势,并参照工程教育认证标准中关于学生毕业要求的 12 条准则,对计算机类专业学生毕业要求的知识体系进行了科学表述和指标点分解。设置了涵盖通识教育、基础教育、专业教育及实践教育在内的"四模块"知识内容,并将毕业要求全部分解到课程与实践环节中,以保证毕业要求的全面落实。

3. 以培养实践能力为重点,强化"三层次"实践教学体系

重视培养学生的实践能力,根据培养方案整合优化教学内容,以导师团队负责制为牵引,设计了以实践环境为链条、学科专业为支撑、能力培养为目标的"三层次"协同育人实践培养体系。在实践环境层,打通教学实验室、实践创新中心、学科实验室和企业实习实训基地,支撑产学研协同育人的实践教学链条;在学科专业层,构建控制与机器人、计算机与物联网、电子信息与通信等多专业融合的学生实践创新基地,实现多专业实践教学协同融合;在能力培养层,践行课程实践、工程实践和创新实践的全流程培养,推进学生综合实践能力的持续提升。

4. 以强化创新意识为核心,形成"五融合"协同育人培养形式

面向经济社会发展主战场,依托洛阳地域优势、行业背景和学科特色,不断深化与企业、科研院所合作,形成了面向行业需求的产学研协同育人培养模式。体现了办学特色与社会需求相融合、双创教育与专业教育相融合、实践教育与行业协同相融合、课内培养与课外培养相融合、个性化培养与质量标准相融合的"五融合"人才培养形式。

5. 以认证标准为准绳,构建了"立体式双闭环"教学质量保障体系

以提升学生能力和满足学生毕业要求为导向,从教学信息采集、教学信息统计分析、教学工程跟踪评价、教学质量检查评估、改进措施实施及反馈等方面进行多维度、多元化、多方位的教学服务监控与评估,给出了解决相关问题的途径与方法,切实促进教学质量的持续提升。

三、成果的创新点

1."新工科"人才培养理念创新

借鉴工程教育认证的成熟经验,推进学校教育改革,提高教育质量,建立符合社会经济发展需要的人才培养框架和知识体系,着力加强实践性环节,面向实际,实现与国际高等教育接轨,提高毕业生就业竞争力和适应就业市场国际化需求,遵循我校"厚基础、宽口径、重实践、求创新"的人才培养理念,结合计算机科学与技术专业建设的具体实践,改革传统的人才培养理念,培养具有行业特色、满足行业需求,适合时代发展的"新工科"人才。

2.工程教育人才培养模式创新

面向工程教育认证,以培养未来新兴产业和新经济需要的工程实践能力强、创新能力强、具备国际竞争力的高素质复合型"新工科"人才为目标,结合行业、地区发展需求和专业特色,构筑了立足基础、体现应用、面向需求的专业课程教学体系,形成了面向创新实践能力培养的"3435"应用研究型人才培养模式,即"课程体系三阶段、知识内容四模块、工程实践三层次、培养形式五融合"的多元化人才培养模式。

3.多方协同育人模式创新

将工程教育与工程实践紧密结合,面向经济社会发展主战场,依托洛阳地域优势、行业背景和学科特色,拓展校企合作途径,不断深化与企业、科研院所合作,践行毕业生"定制培训就业工程"的校企合作模式,与许继电气、中兴通信、海辉软件等国内知名企业联合开展人才培养,为学生实践创新提供了良好的平台,提高学生的工程实践能力,形成了面向行业需求的产学研协同育人培养形式。

四、成果的实践推广应用效果

1.专业建设与改革成效显著

(1)通过国家工程教育认证:计算机科学与技术(有效期6年);

(2)入选国家一流本科专业建设点:计算机科学与技术;

(3)通过第二学士学位点专业备案:计算机科学与技术、物联网工程;

(4)建设河南省一流本科课程:计算机组成原理(线上一流课程、线上线下一流混合课程)、数据库原理(线上线下一流混合课程);

(5)建设河南省精品在线开放课程:计算机组成原理;

(6)建设河南省研究生教育优质课程:计算机网络原理;

(7)获批省级优秀基层教学组织:计算机系;

(8)获国家、省部信息技术教育等成果奖13项,其中全国教育教学信息化大赛二等奖1项、三等奖1项;

(9)团队建设:河南省创新型科技团队1个、河南省高校科技创新团队2个;

(10)教师培养:河南省高等学校讲座教授1人、河南省科技领军人才1人、河南省科技创新杰出人才1人、河南省科技创新杰出青年1人、河南省模范教师

1人、河南省高校科技创新人才2人；

(11)出版教材专著11部,发表教改论文10篇;获批国家级、省部级教学改革项目5项;

(12)建设实验与实践教学平台4个。

2.人才培养质量稳步提高

(1)学科竞赛获奖。项目实施以来,学生在大学生程序设计竞赛、挑战杯、数学建模、互联网＋等竞赛中,获省级以上奖励60余项,其中国际级奖励4项、国家级奖励14项。

(2)毕业生质量。三年来有73名同学考取985、211等国内知名大学硕士生,受到了就读学校的高度评价;其中很多继续深造,考取博士研究生。近三年一次就业率分别为98.0%、97.7%和97.9%,且就业质量高。根据近年来跟踪调查结果,用人单位对本专业毕业生道德素养、敬业精神、知识结构、专业技能、适应能力、沟通能力、团队协作、文化素养都很满意,85%以上毕业生成为所在单位骨干。据不完全统计,计算机科学与技术专业有100多位毕业生成长为知名教授、企业家、高级技术人才。其中在国家重点高校担任博导的教授16人,大中型企业、科研院所总经理18人、总工程师12人。

项目成果得到有关高校的认可,信阳师范学校、河南城建学院等省内高校专程来考察交流人才培养模式和专业认证经验,并在学校随后推行的改革中参考了本成果在教学运行模式、课程教学考核及创新创业教育等方面的成功经验。在省内高校推广应用的效果明显,对地方高校产生了良好的示范和辐射作用。

3.推动教学和科研协同融合。三年来,课题组主持承担各类科研课题27项,其中国家自然科学基金项目7项,主持完成国家/省级结题/鉴定成果12项;获河南省科技进步二等奖2项、三等2项,市厅级科技成果奖8项;在国内外核心期刊以上发表学术论文70篇,其中SCI/EI收录52篇,出版论著4部;授权/申请国家专利16/24项,登记计算机软件著作权23项;培养研究生27名。进一步推动了教学和科研的协同融合,形成了具有特色和创新性的教学成果与应用技术。

基于 OBE 理念的测绘类专业创新应用型人才培养模式研究及实践

主要完成单位：河南理工大学
主要完成人：牛海鹏、樊良新、李长春、郜智方、佟艳、何荣、乔旭宁、郭敏

一、成果简介及主要解决的问题

1.成果简介

项目基于 OBE 理念系统研究了测绘类专业创新应用型人才培养模式及其实践,构建了"反向设计、正向实施"的测绘类创新应用型人才培养新路径;建立了符合学校专业定位及社会需求的"知识+能力的学习产出(毕业要求)"新体系,形成了强化创新思维、创新能力和创业精神的人才培养新模式;基于"学习产出导向",结合测绘类专业特点,打通"理(论)—实(践)"经络,提出"三层次"教学模式和"理—实"结合的开放式教学体系,定制学生个性化发展课程;构建了"分阶段、多层次、全方位"的多维实践教学体系,提升了测绘类创新应用型人才解决复杂工程问题能力;基于多元利益相关方调查与综合,建立了教学质量跟踪评价、毕业生反馈评价、社会评价一体化等"五位一体"的测绘类专业人才培养持续改进机制。

项目成果获得国家、省部级质量工程项目 8 项,其中《矿区地表变形监测虚拟仿真实验》获批教育部国家级虚拟仿真实验教学项目、河南省示范性虚拟仿真实验教学项目、我校测绘工程本科专业于 2018 年通过中国工程教育专业复认证,"遥感科学与技术"本科专业 2019 年通过中国工程教育认证。测绘工程专业入选 2019 年度国家级一流本科专业建设点;河南理工大学测绘工程系获批 2019 年"河南省高等学校优秀基层教学组织"。发表教研论文 7 篇,出版教材 2 部,成果推广应用 6 所高校并辐射到全国其他高校;成果被新闻、网络媒体宣传

报道9次,组织成果推广、交流会20余场,实践应用成效突出,培养一批适应国民经济建设发展和测绘行业需要的创新应用型高素质人才,对全国测绘类专业乃至其他专业的人才培养具有重要的示范和引领作用。

2.成果主要解决的问题

(1)测绘类专业创新应用型人才培养目标模糊、毕业要求不明确;

(2)测绘类专业创新应用型人才培养教学理念落后、教学模式单一、实践环节薄弱;

(3)测绘类专业创新应用型人才培养专业持续改进机制不完善。

二、成果解决的教学问题及方法

1.以人才"学习产出"为导向,重构人才培养路径,满足测绘类创新应用型人才培养需求

根据测绘类专业内涵、社会需求及各利益主体评价,确定创新应用型人才培养目标和毕业要求,重构人才培养路径。包括:①建立集工程知识、问题分析、设计/开发解决方案、项目管理、终身学习等12项全覆盖的测绘类"学习产出"体系;②建立"反向设计、正向实施"的测绘类创新应用型人才培养路径;③依据"反向设计",确定支撑培养目标和毕业要求的课程体系、师资队伍和支持条件;依据"正向实施",重构课程体系、师资队伍、支持条件。该成果已在西安科技大学推广应用。

2.优化教学模式,打通"理(论)—实(践)"经络,提升测绘类创新应用型人才综合素质与专业技能

根据测绘类专业特点和"学习产出"要求,优化教学模式,打通"理(论)—实(践)"经络,提升培养目标和毕业要求达成度:①教学体系上,建立了以"平台课程"为依托的"课程群"式教学体系,促进群内各课程的协同发展;②课程体系上,联动职业发展和"学习产出"需求,制定学生个性化发展课程;③课程内容上,建立了基于行业需求和社会互馈的动态化课程改进机制;④教学模式上,建立了"单个课程—课程群—创新项目"的"三层次"教学模式。⑤实践教学上,建立了涵盖"3层次—18过程—5模块"的"理—实"结合的开放式教学内容体系。该成果已在安徽理工大学推广应用。

3.革新了实践教学理念,构建了"分阶段、多层次、全方位"的测绘类专业实践教学体系,提升了测绘类创新应用型人才解决复杂工程问题能力

实践教学体系建设,包括:①以"学习产出导向"为核心的"全程化、三层次和

五模块"立体式实践教学新模式;②以"能力培养"为中心的"课堂实验＋集中实习＋开放实习＋竞赛＋校企结合"的多维实践教学手段;③以"自主式""合作式""研究式"为主体的多元化实践教学方法。该成果已在辽宁工程技术大学、河南工程学院推广应用。

4.以"产出导向"为中心,创建贯穿"人才培养诊断体系、课程体系评价、教学质量跟踪评价、毕业生反馈评价、社会评价"的"五位一体"专业持续改进机制

基于"产出导向"的利益相关者调查,建立了人才培养诊断体系、课程体系评价、教学质量跟踪评价、毕业生反馈和社会评价的"五位一体"专业持续改进机制,创建了"需求－培养"联动的育人长效机制。该成果已在华北水利水电大学、河南城建学院推广应用。

三、成果的创新点

(1)基于"反向设计、正向实施"方法,构建了立体式测绘类专业创新应用型人才培养路径,形成了强化创新思维、创新能力和创业精神的人才培养新模式。

(2)构建了"分阶段、多层次、全方位"的测绘类专业实践教学体系,提升了测绘类创新应用型人才解决复杂工程问题的能力。

(3)基于成果导向,建立了测绘类专业人才培养诊断体系、教学质量跟踪评价、毕业生反馈评价、社会评价等一体化的评价体系,构建了"五位一体"的专业持续改进机制。

四、成果实践推广应用效果

(1)实现了测绘类专业质量工程建设重大突破。通过本项目的实施,我校先后获得国家、省部级质量工程项目8项。我校测绘工程本科专业于2018年通过中国工程教育专业复认证,遥感科学与技术本科专业也于2019年通过中国工程教育专业认证,目前,我校是全国唯一拥有2个测绘类专业通过认证的二级教学学院,且遥感科学与技术专业作为试点在全国第一个通过专业认证。测绘工程专业入选2019年度国家级一流本科专业建设点。

测绘类实验项目"矿区地表变形监测虚拟仿真实验"于2018年分别获批"国家虚拟仿真实验教学项目"和"河南省示范性虚拟仿真实验教学项目"。

课程《矿山测量学》获批2019年河南省线上线下混合式一流本科课程;《人文地理学》获批2019年河南省线下一流本科课程;河南理工大学测绘工程系获

批 2019 年"河南省高等学校优秀基层教学组织"。

(2)显著提升了我校测绘类专业办学水平。我校测绘工程专业和遥感科学与技术专业在 2018 年度武书连专业排名分列 A 类和 B 类专业,在中国科学评价研究中心(RCCSE)和武汉大学中国教育质量评价中心发布的 2019－2020 年测绘类专业排名中,我校测绘工程类专业评价等级为 5★(位列全国第五)。

(3)在全国同类高校中产生了重要的示范和引领作用。项目成果分别在安徽理工大学、西安科技大学、华北水利水电大学、辽宁工程技术大学、河南城建学院、河南工程学院等 6 所高校推广应用,累计举办成果推广、交流会 20 余场,在《郑州晚报》、搜狐网、中国高校之窗和相关高校新闻网报道 9 次,发表重要教研教改论文 7 篇。

(4)显著提升了教学水平与教学质量。通过项目实施与教学革新,项目组成员分别获得河南省首届本科高校青年教师课堂教学创新大赛一等奖、第五届全国高校大学生测绘技能大赛优秀指导教师、学生最喜爱的教师等多种荣誉称号;出版了普通高等教育"十三五"规划教材《数字测图原理与方法(第 2 版)》和《工程制图与 CAD》。

(5)学生解决复杂性问题的能力显著提升。两年期间,我校测绘类专业学生获得国家、省级测绘、GIS 技能大赛一等奖以上 23 项,2018 年荣获全国测绘技能竞赛团体特等奖,位列全国参赛队伍第三名(113 支代表队参赛)。

(6)学生就业率和研究生录取率显著提高。通过项目实施,测绘类专业学生就业率稳定在 98% 左右,研究生录取率由 2016 年的 28.5% 提升到 41.6%,其中遥感科学与技术专业研究生录取率达到 45.5%。

基于中外合作办学的国际化创新型人才培养研究与实践

主要完成单位:河南理工大学

主要完成人:罗绍河、郑征、朱林、芦碧波、吴志强、孙岩洲、温俊毅、杨晨

一、成果简介

项目以河南理工大学经教育部批准的本科层次中外合作办学项目"电气工程及其自动化""计算机科学与技术"专业为研究对象,通过与其他大学的耐心沟通和内部的反复研讨,本着"积极引进国外优质教育资源,改进教学方法手段,培养创新人才"的理念,制定了具有培养国际化创新型人才潜质的人才培养方案,解决了长期以来中外合作办学项目学生培养目标不明确的问题;实施了基于EAP学术英语课程的英语教学改革和基于建构主义思想的专业课教学改革,部分解决了学生学习英语主动性不足、应用能力较差的问题,提高了学生的英语语言技能水平,提升了学生学术思维创新意识以及批判性思考问题的能力;构建了"课程实验为基础、科技竞赛为导向、企业实践为平台"的多层次实践教学体系,培养了学生对实践教学的兴趣,提高了动手能力,学生实践和创新能力较强;建立了项目学生管理特别是思想政治工作新机制,效果显著。《人民日报》2016年7月21日文教版在头条位置对我校的举措进行了报道;搭建了稳固顺畅的教师教育教学交流平台,解决了教师开展国际教育交流渠道不畅、国际化视野偏低的问题,积累了国际化骨干师资队伍培养的经验。

二、解决教学问题的主要方法

(1)积极吸收美国工程教育理念,制定并逐步完善具有中外合作办学鲜明特

色的人才培养方案。早在我国被接纳为《华盛顿协议》预备会员之前的2013年4月,项目组主要成员郑教授赴国外合作办学伙伴美国北卡农工大学访问时,恰好赶上该大学正在开展合作专业的工程教育认证。郑教授了解情况后很感兴趣,于是开始了对工程教育认证的学习研究,并把美国工程教育理念积极吸收到合作项目人才培养方案的修订、实践教学体系的完善当中,逐步形成了具有中外合作办学鲜明特色的人才培养方案。

(2)充分利用合作交流平台,培养国际化骨干师资队伍。多年来,首先通过与外方耐心沟通、不断摸索交流方法,并正视文化背景差异,增进相互包容,赢得了外方理解与支持,走向深度合作,畅通了我方教师出国访学和外方教师来校授课的渠道。其次,制定激励政策,包括给足待遇、营造氛围等,鼓励教师与包括合作高校在内的外方教师开展交流合作,提升国际化教育理念。再者,实施国际化教师培训制度。外方教师授课,除配备助课外,学院组织教师观摩外方教师的授课方法、手段,并引进多样化开放型的教学方式等。截至目前,项目学院出国访学教师达到数十人,初步培养了一支业务精良、国际化的骨干教师队伍。

(3)开展基于EAP学术英语课程体系的英语教学改革和基于建构主义思想的专业课教学改革。改革英语课堂教学方法,引进EAP学术英语课程体系,着重教授学生在英语学术环境下发展专业学术批判性思维能力,不仅提高了学生的英语语言技能水平,而且提升了学生学术思维创新意识以及批判性思考问题的能力。同时,将建构主义思想理论贯彻于专业课教学设计中,更新教育理念。通过创设情境、强调学生认知的主体地位和教师引导的主导作用,发掘学生学习兴趣和潜能,最大限度地提高学习效果,培养学生综合能力。

(4)以学生为主体,构建多层次的实践教学体系。本研究着力引进和更新现代教育教学理念,引进国外先进的教学理念,包括以学生为本、创新意识、批判精神、团队合作、学生表达交流能力等,以适应当前教育国际化的形势。在教学手段与方法上,注重研究"如何培养学生终生学习能力","如何培养学生自信与创新意识","如何建立教学评价体系"等问题。特别是构建了以"课程实验为基础、科技竞赛为导向、企业实践为平台"的多层次实践教学体系,培养了学生对实践教学的兴趣以及参与的积极性和主动性。

三、成果的创新点

(1)制定了具有培养国际化创新型人才潜质的工程人才培养方案。前已述及,由于与美国大学开展中外合作办学,项目组较早地参与了专业工程教育认证的实践,当2016年6月2日我国成为《华盛顿协议》第18个正式成员之时,项目组对国际化创新型人才的培养探索已经开展了几年。在此过程中,制定的人才培养方案(成果之一)既满足教育部关于4个1/3、积极引进外国优质教育资源的要求,又最大限度地与专业工程认证要求相结合,将工程教育认证理念融入该专业工科学生的实践教学体系,注重培养学生解决实际工程问题的能力,基本解决了毕业生动手能力差、创新性不足的问题,是对人才培养目标和实现途径理论与实践的创新。

(2)构建了以创新实践能力培养为主线的多层次实践教学体系,激发学生创新意识、培养其工程实践能力。项目研究过程中,项目组大胆吸收国外工程教育培养理念,强力推进实践教学体系改革,构建以"课程实验为基础、科技竞赛为导向、企业实践为平台"的多层次实践教学体系。包括从全国大学生各类科技竞赛题目中提炼课题,作为专业基础课程创新性实验题目;从企业生产过程存在的问题中,分解提炼课题作为专业课程综合性和创新性实验项目,形成了面向工程的实践教学体系,从而使100%的学生参与到科技竞赛和企业科技改革中。

(3)创建了项目学生管理特别是思想政治工作新机制。课题组根据中外合作办学项目学生出国前后身份环境变化巨大的特殊情况,加强项目学生管理,促成项目学院在每个班都配备班主任和专职辅导员,大力加强班级和团组织建设,并实行定期谈话和不定期专项辅导制度,形成了对项目学生的思想政治工作新机制。该管理举措是在中外合作办学项目中如何牢牢地把握教育主权,保证社会主义办学方向的有益探索和具体实践,效果显著。这在全国高校思想政治工作会议之前提出并实施是有远见的。

四、实践推广应用效果

项目研究成果在《大学教育》《实验室研究与探索》等期刊发表论文10余篇;在中外合作办学年会、电气工程及其自动化专业教学年会、电工学年会及有关高等教育改革会议上进行交流,受到与会专家的好评,引起部分院校和人员关注并来校考察交流。成果鉴定后3年来得到较多采用,并收到良好应用效果。

(1)毕业生创新能力较强,就业和升学质量同步提高。成果被采用和实施以来,我校合作办学项目毕业生一次就业率均在95%以上,且进入全国500强或省100强企业的学生逐年增多。同时,通过毕业生质量跟踪调查了解到,用人单位对我校该专业毕业生比较满意,赞扬其基础理论扎实、实践和创新能力较强。此外,学生出国交换留学的比例逐年增加,而且出国交换留学的学生,本科毕业后基本上选择了攻读硕士学位的路径,有些学生还申请到了知名大学,研究业绩也十分出色。如项目学生袁卓宁参加美国直升机协会 MAV 设计大赛并获奖。

(2)成果使我校合作办学进一步走向平等互惠实质性合作阶段。随着项目特别是培养方案的继续实施,我方教师与外方教师的相互理解加深、友谊增进。同时,通过项目平台培养高水平国际化师资队伍的作用进一步发挥。依托中外合作项目顺利引进上百门课程,引进了 70 本英文原版经典教材,建立了完整引进课程外教教学视频资源库,为引进课程的在线课程建设积累了丰富的优质资源。此外,项目学院出国访学教师达到数十人,与外方大学的交流合作逐步走向实质性合作阶段。

(3)成果易于推广,师生受益面大。毋庸置疑,实现人才培养目标,制订合适的培养方案十分关键。项目研究探索形成的人才培养方案是一个具有培养国际化创新型人才潜质的方案,易于借鉴参考。根据采用大学和本校非中外合作办学项目相同专业采用项目成果的说法,项目成果提高了该专业学生的国际视野和工程素质,毕业生创新能力较强,就业与升学质量也同步提高。

设计学类专业导师工作室教学模式改革研究与实践

主要完成单位:河南工业大学、许昌学院、洛阳师范学院、河南理工大学

主要完成人:王庆斌、吴籐、佗卫涛、魏强、訾鹏、王雨、张建松、吴现为、张鹏辉、关晓琳、徐海涛、李维维、刘祥辉、王维天、杜秀玲、吴雁、朱淑姣

本项目是2017年度河南省高等教育教学改革研究与实践项目《设计学类专业导师工作室教学模式改革研究与实践》(2017SJGLX294)的成果总结,是在河南工业大学2016年高等教育教学改革研究课题"导师工作室制人才培养模式改革示范学院"和"设计艺术学科导师工作室制人才培养模式"研究基础上完成的多院校联合研究与实践项目,涉及4所院校、6个设计类专业、35个特色教学团队。实施以学生为中心,以成果为导向,建立"四创"(创新、创意、创业、创造)教学理念的导师工作室教学模式,依托"创造性"能力培养模式框架,运用"四实"(实习、实践、实题、实战)的教学方法,对学生开展"创新意识、创意方法、创造技术、创业能力"的阶梯型、递进式培养。

一、成果主要解决的教学问题

(1)解决传统教学模式下培养学生创新实践能力不足的问题。
(2)解决传统教学模式下课程设置模式化、教学内容陈旧不符合行业变化趋势的问题。
(3)解决人才培养过程中单一化、同质化的问题。
(4)解决传统模式下课程间缺乏衔接、学生专业认知和社会需求错位、知识学习和实践训练脱节等问题。

(5)解决传统教学模式下大而全、无重点的评价方式。

二、成果解决教学问题的方法

1. 明确培养目标

确定了符合国情与社会发展需求的人才培养目标,即以具备"创新意识、创意方法、创造技术、创业能力"的设计艺术人才培养为目标。改革旨在顺应设计艺术学专业的教学发展规律,改革授课形式加强师生、学生之间的交流互动,达到提高学生设计实践、创新能力的目的。

2. 更新培养方案

结合设计学各专业人才培养的有关要求,根据本科专业类教学质量国家标准,优化课程设置,更新教学内容,制定出科学合理、行之有效的工作室教学模式下专业人才培养方案。培养方案的评价与修订同时参考了学科发展状况、专业规范、毕业生信息反馈、学生就业以及用人单位反馈等,实现了对课程体系的评价与调整,使课程体系更符合社会发展对专业人才素养的需要。

3. 优化培养途径

在导师工作室教学模式下,搭建了校公共教学、专业基础教学、导师工作室、政产学研合作、学生创新创业等平台,充分利用各平台优势进行教学培养,实现了多平台协同育人的培养机制。

4. 创新培养模式

以"导师工作室制实践教学创新模式"为基础,逐步形成开放、多元、学科交叉的新培养模式。此教学模式具有四个主要特点:①团队教学②学生交叉③强化互动④能力提升。

5. 改进评价体系

根据改革的不同阶段对评价体系进行相应调整,针对不同阶段需要完成的主要任务采取不同的评价体系,建立教学成效评价标准,避免大而全、无重点的评价方式。

6. 完善管理制度

针对教师队伍的教师素质、教学质量、师资培养、师资建设,设计了适用、高效的管理制度;针对学生的学习目标、学习态度、学习效果和考研、就业等,也制定了具体、规范的规章制度。形成了一套行之有效的教学质量保障体系。

三、成果的创新点

1.夯实"四创"教学理念,完善导师工作室教学改革

针对河南工科院校设计类专业的发展建设现状和工科院校的自身优势进行研究,提出"四创"能力培养模式的基本框架。在导师工作室人才培养模式下,以学生为中心,以教师团队为主导,形成了"专业有特色、教师有团队、学生有梯队、师生有互动、实践有实题、学习有氛围"的教学模式,激发了学生学习的兴趣和潜能,增强了学生的"四创"能力。

2.建立"四实"综合教学平台,提升学生实践能力

以成效为导向,以改革为保障,注重创新创业实践训练,提升学生综合创新能力。以设计的前沿性、适应性、实践性和融合性产出为目的,大胆改革,完善人才培养方案,优化课程设置,更新教学内容,修订教学管理规章制度、质量保障体系、成效评价办法等。在"四创"教学理念的基础上,将实习、实践、实题、实战的教学方法与创新意识、创意方法、创业能力、创造技术的教学理念相结合,进行了"四实"教学方法改革,在教学活动中:强化实习教学,提高学生以创新意识解决实际问题的能力;强化实践教学,提高学生以创意方法指导具体设计实践的能力;引入企业设计实题,增强学生将创造技术应用于实际生产的能力;引入设计实战项目,增强学生创业实战经验,学生综合实践能力明显提升。

3.健全"政产学研"协同培养,形成长效人才培养机制

以人才培养为根本,以服务社会为目标,整合政产学研教学资源,建设政产学研协作平台和大学生创新创业平台,以校企合作、科教融合、产教融合的实际项目开展教学,项目化教学的优秀设计成果得以转化,形成多平台协同育人机制,协同培养社会创新人才,切实提高了设计学类专业人才培养的目标达成度和结果满意度。

四、成果的推广应用效果

成果包括导师工作室教学模式下的本科培养方案和教学大纲、35个导师工作室、10个教学与科研平台、10项设计专业工作室模式下的子课题及研究论文等。项目实践成果丰富,包括上百项高级别设计奖励、多项高水平学术论坛、多项深度政产学研合作项目、高质量实习实训基地建设、大学生创新创业项目等。

1.学生培养质量显著提升

国内外专业奖励取得新突破,获得第八届筑巢奖、德国 iF 奖、红点奖、美国 IEDA 工业设计卓越奖、中国"好设计"奖、CDN 中国汽车设计大赛、"挑战杯"等 200 余项奖励。大学生创新创业项目数量和经费总额在全省名列前茅。

《MYCOS(麦可思)河南工业大学毕业生培养质量评价报告》显示,设计学类专业的就业率和就业质量大幅提升,其中产品设计专业平均就业率高于 95%,就业 500 强人数占比 8%。

2.专业学术影响力提升

学术影响力持续提升,相继于 2016 年、2018 年,协助河南省工业和信息化厅策划"中国(郑州)产业转移系列对接活动""工业设计与制造业融合发展""工业设计创新驱动新动能专题活动",并承办"工业设计人才培养"分论坛活动;

连续举办 3 年中部设计论坛:2017 年"健康设计专场"、2018 年"台湾设计专场";2019 年"设计教育·责任使命"。

2016 年至 2019 年,连续四次受邀参加由工业和信息化部主办的"世界工业设计大会"系列活动,并作为河南省唯一受邀代表参加 2019 届世界工业设计大会设计扶贫成果展和高校设计作品展。

两次受邀参加 2018 年和 2019 年"世界生态设计大会"系列。

2017 年,主办凤凰名家大讲堂设计学"选题确立与学术创新"研讨会。

3.产教融合成果升级

为进一步提升人才培养质量,依托 4 所院校教学资源,联合校内外相关学科资源,协同培养跨学科设计创新人才。

建成河南省工业设计研究院、河南省级工业设计中心、河南省钧瓷非物质文化遗产研究中心等 10 个专业教学与科研平台。联合企业共同举办"东升杯"粮食机械设备、智能产品、家具、汝瓷、钧瓷、官瓷、木制品等 10 余项专业赛事,与宇通客车、中国船舶 723 所等多家企业签订产学研合作,完成产学研项目 120 余项。

设计扶贫及乡村振兴工作亦取得阶段性成果。河南工业大学设计艺术学院对光山县"光山十宝"等 30 多款特色农产品进行的包装及品牌形象提升设计成果得到了习近平总书记、中共中央办公厅领导、光山县领导的高度评价。2019 年应邀参加青岛世界工业设计大会设计扶贫展,多家一流媒体进行跟踪报道。

4.推广应用示范效果显著

自实施"导师工作室"教学模式改革以来,省内外 60 余家高校考察学习,10 余所院校陆续开展设计类专业导师工作室教学改革,效果明显,得到师生一致好评。

2016年受教育厅委托承办了河南省"首届普通本科高等学校设计学教学改革研讨会",应邀在2017年台湾"世界华人工业设计"论坛、2018年"中原美术&设计学院院长"论坛、2017年河南省文化创意产品开发专题培训班等专业论坛分享项目成果经验。

大数据视域下高等学校专业动态调整机制构建与实践
——以工科专业为例

主要完成单位：河南工业大学、麦可思数据（北京）有限公司

主要完成人：李利英、李国仓、张强、李文启、张玉宏、张磊、陈虹杉、张建江、邵与

课题以工科院校为例，基于高等学校基本办学状态数据库、审核评估数据库、招生就业数据库、麦克思报告以及互联网、政府发布宏观统计等，通过网络爬虫等多维数据采集与挖掘技术，基于专业办学条件、生源质量和就业质量等关键要素构建专业发展指数，评估专业发展状态；开展基于产业结构调整背景下的人才需求预测分析，建立产业发展人才供需模型，并结合所在学校专业发展研究和外部人才供需模型建立起专业动态调整的决策支持系统。

一、成果解决的主要教学问题

1.构建了基于专业发展指数的专业分类评价体系

提出基于办学条件、生源质量和就业质量等专业发展要素作为一级核心指标的高校专业发展指数模型，构建了一种基于高校本科专业研究的专业评价体系。体系中，通过连续跟踪专业发展要素，在大数据统计、分析与计算的基础上，实现专业的分类评价（A类、B类、C类、D类共四类），明确了影响评价效果的三个核心要素。

第一核心要素是专业生师比。分类体系中引入分专业生师比作为专业办学条件的核心指标；专业生师比是专业和教学评估中的重要指标；专业生师比作为核心办学条件符合当前高校特别是省内高校的基本情况；专业生师比易量化，对比性强。

第二核心要素是生源质量指数。评价体系中引入专业生源质量指数 S；其中生源质量指数 S 由专业连续三年加权平均分（S_i）与该专业所属科类连续三年录取的加权平均分（S_p）通过数学模型综合计算所得，即

$S = 100 \times (Si - Sp)/Sp$

S 为正值:该专业连续三年录取平均分高于学校录取平均分。

S 为负值:该专业连续三年录取平均分低于学校录取平均分。

第三核心要素是就业质量指数。体系中引入专业就业质量系数(Jz),等于该专业近三年就业质量单项评分(Qi)和对应年份毕业人数(Gi)为权重的加权平均值,即

$Jz = (\sum Qi \times Gi)/\sum Gi$

就业质量指数(J)等于该专业就业质量系数(Jz)与学校平均就业质量系数(Jp)之差:

$J = Jz - Jp$

J 为正值:该专业就业质量高于学校平均就业质量。

J 为负值:该专业就业质量低于学校平均就业质量。

生师比达标专业分类模型

S	J	专业类型
+	+	A
+	−	B
−	+	B
−	−	C

生师比不达标专业分类模型

S	J	专业类型
+	+	B
+	−	C
−	+	C
−	−	D

本科高校专业整体发展指数评价及分类模型

一级指标	二级指标	评价等级		
		二级分项	一级分项	专业总评
基本办学条	生师比	A~D	A~D	A~D
	学科水平	A~D		
连续三年生源质量	加权平均录取分	A~D	A~D	
	位次排名	A~D		
连续三年就业率及就业质量	一次性就业率	A~D	A~D	
	高质量就业率	A~D		

2.建构了基于专业发展指数的招生计划分配和专业动态调整模型

通过对专业基本办学条件、专业报考率、生源质量以及市场需求与招生计划

调整的关系开展系统研究的基础上,提出分专业招生计划科学分配方案及专业动态调整优化机制,对不同分类专业分别执行增加、保持、减少招生规模以及停止招生等措施,充分发挥招生计划的宏观调控作用,实现以招生计划调整促进专业结构的优化。

依据专业发展指数确定的专业类型建立不同招生计划分配方案和专业动态调整机制。若为 A 类专业,招生计划在基准人数的基础上,可增加 1—2 个班。若为 B 类专业,招生计划在基准人数的基础上,原则上不做增减。若为 C 类专业,招生计划在基准人数的基础上,原则上减少 1—2 个班。若为 D 类专业,招生计划在基准人数的基础上,原则上减少 2 个班,连续两年或以上为 D 类专业,原则上考虑停止招生。

3.建构了产业结构调整背景下的人才需求模型

在产业结构转型升级背景下,通过互联网、政府发布宏观统计数据等相关大数据,建立人才需求预测模型,据此对产业结构变迁与人才需求的相关经济学探讨,对行业经济发展趋势及对专业人才需求的规格、类型等做了初步预测。为样本高校的专业调整、考察新兴产业对人才需求提供决策参考。

二、成果创新点

(1)建立了基于专业办学条件、生源质量与就业质量为核心要素的专业发展指数模型,提出分专业招生计划分配方案及专业优化调整机制,充分发挥招生计划的宏观调控作用,实现以招生计划调整促进专业结构的优化,构建了一套较为完善的高等学校专业动态调整机制。

(2)通过对产业结构调整背景下的人才需求与预测进行研究,利用计量经济学研究手段,针对我国经济转型升级和产业结构调整等对人才提出的新要求,从新兴产业的特征、对劳动力市场供需影响等角度进行深入分析,得出了人才需求预测模型,为学校专业动态调整和升级改造提供决策支持。

三、成果的推广应用价值

课题成果在河南工业大学进行连续四年应用实施,通过对相关专业招生计划和招生资格的连续调整,达到了以下效果:

(1)学校专业动态调整的机制体制日趋顺畅。根据研究提出的决策建议,学校出台了校院二级管理体制改革、招生计划分配办法、一流专业建设规划等制度,学院专业建设的约束机制和激励政策得以建立。

(2)常态监控专业发展指数,实现科学评价与指标提升。根据专业发展指数分类,学校基于办学条件、生源质量和就业质量等专业发展要素,构建高校专业发展指数,通过连续跟踪专业发展要素,开展多维测算训练,形成不同要素权重的专业发展指数模型,以此形成专业办学综合实力,由强到弱分为A类、B类、C类、D类共四类,对专业设置提出预警,实施专业动态调整,分别采取增加、保持、减少招生规模,隔年或停止招生等具体措施,将招生计划调整至办学条件充足、服务国家及区域经济社会发展急需、就业率高的专业;对办学条件不足、服务面向不清、产业需求及就业质量不高的专业压缩招生规模,或实施隔年招生直至停止招生,引导弱势专业积极转型和改造。

(3)分类配置专业计划,引导专业动态调整优化。学校通过建立人才需求预测模型,对行业经济发展趋势以及对专业人才需求的规格、类型进行预测和研判,为学校专业调整提供决策参考。河南工业大学通过基于专业发展指数评估专业状态,对各专业的招生资格和招生计划进行连续调整,学校先后停招了8个本科专业,专业招生数从69个逐步缩减到61个,学校A类和B类专业数量逐渐增加,D类专业不断减少,学校专业类别分布更趋合理,在促进二级学院合理配置教学资源,不断提升办学和人才培养质量方面效果明显。

(4)强化资源配置,助力专业实力提升。河南工业大学在实施校本专业评估,开展专业动态调整的同时,通过集中资源做强做大专业,河南工业大学优势专业地位得到巩固,专业建设和人才培养质量取得较为满意的成绩。截止目前,已有12个专业通过工程教育专业认证,位居国内同类院校前列。农业科学学科工程学学科进入ESI全球前1%。麦克斯毕业生培养质量跟踪调查显示,毕业生收入、对母校满意度等指标处于同类院校前列。

(5)适应社会发展需求,引领专业发展布局。课题提出的基于产业背景的人才需求预测模型,对学校专业调整和申报提供决策参考。筹建和申报了大数据、人工智能、智能制造、机器人和供应链管理等新工科、新文科专业,积极谋划布局新兴产业人才培养高地。为学校专业合理布局和实力提升提供有力的支撑。

项目研究部分成果被河南农业大学、郑州轻工业大学等兄弟高校借鉴应用,对这些高校实施专业动态调整、招生计划动态调整等提供了决策支撑,应用单位反馈成果实践效果好,有良好的推广价值。近两年来,根据课题研究进展和成果的取得,课题组成员陆续在《黑龙江高教研究》《河南工业大学学报》《当代教育实践与教学研究》等期刊上发表论文6篇,课题的研究成果及应用在2019年7月17日被《大河报》进行专题报道。

财经政法类高校素质教育育人体系的研究与实践
——以大学美育课程建设为视角

主要完成单位：河南财经政法大学

主要完成人：杨宏志、沙家强、张义华、张欣杰、陈学书、刘晓燕、魏华、张彦聪

《财经政法类高校素质教育育人体系的研究与实践——以大学美育课程建设为视角》是河南财经政法大学校党委书记杨宏志教授负责主持的2017年省教育厅重点教改项目（编号2017SJGLX073），2019年10月通过省厅鉴定〔豫教（2019）29888〕，获得了2019年度河南省本科高等教育教学成果奖人才培养模式改革与专业建设类型的一等奖。项目组成员主要有沙家强、张义华、张欣杰、陈学书、刘晓燕、魏华、张彦聪等7人。基于培育新时代环境下的社会主义新人，为中华民族的伟大复兴贡献力量，本项目研究的重点，一是在深入研究素质教育理论基础上，科学构建素质教育育人体系；二是探索大学美育课程体系的科学构架以及实施方案。以大学美育课程建设为突破口，辅以多门通识课程，探索具有校本特色的人才培养模式及实施方案。

一、主要解决的教学问题

第一是国外高校素质教育的研究与借鉴；第二是财经政法类高校素质教育育人体系的基本框架构建；第三是财经政法类高校素质教育实施方案的可行性；第四是加强大学美育课程建设，推进《大学美育》课程范式改革，在具体的教学教法及人才培养模式上，突出财经政法院校素质教育特色，最终为学校推进素质教育、建设优质课程、打造精品在线课程提供切实的突破口。

二、具体实施方法

(1)建构财经政法类高校素质教育育人体系。第一,制订切实可行的本科素质教育标准体系。加强学科融通融合,淡化院系、专业界线,打破方向界线和课程界线,促进学科间、院系间、专业间的沟通和交流。第二,构建融合性素质教育课程体系。融合教学形式、教学方法、教学内容、教学制度和教学实践,形成以培养高素质应用型创新人才为主体的素质教育育人体系。第三,做好各类课题的申报研究,做好科学研究和大学生素质教育教学研究的统一。以各级教改项目为抓手,通过教学范式改革项目、视频公开课、微课、慕课等项目广泛、深入的课堂教学研究,推动素质教育理论的提升和影响力的拓展,带动素质教育、教学向更深层次发展。第四,注重特色教育。立足学科优势和区域文化资源,加强素质教育同经济、管理、法学等优势学科的融合,充分展现学校的办学气质。以中华优秀传统文化艺术为重点,以中原地区历史文化为特色,切实推行极具特色的素质教育措施。

(2)加强和改进素质教育课程教学改革。第一,重视素质教育教师队伍建设。成立素质教育中心,以高水平专业教师为素质教育提供人力支持。建立培训和激励体系,提高教师综合素质,设置校长教学质量奖、青年教师教学奖等奖项,激发教学热情。第二,完善课程建设。改革教学管理体制与运行机制,积极推行学分制;将《大学美育》作为必修课,开设多门素质教育相关课程,深化素质教育教学。第三,深化课堂教学模式改革。录制《大学美育》慕课,建立"互联网+翻转课堂"混合式教学模式,使学生由"被教育者"向"自我教育者"转变。第四,建立科学合理的学业考核与评定机制。学生的网上学习数据、课堂参与数据和期末考试分数,共同构成整个课程考核的依据,科学评定学生学业。第五,编撰配套教材。2019年8月,沙家强博士负责编著的《大学美育十六讲》在高等教育出版社出版,这是2015年国家美育政策颁布以来最新的高校美育教材之一。第六,鼓励开展校园文化活动。开展主题班会、演讲比赛、文艺晚会、教师作品展、音乐会等各项校园文化活动;创办朗吟戏剧社,举办话剧活动。

三、成果的创新点

(1)素质教育突破口的创新。宏观上,把加强素质教育,建设一流本科教育作为学校今后长期的工作重心;中观上,构建素质教育育人体系,细化素质教育实施策略;微观上,加强大学美育课程建设,切实推进《大学美育》课程范式改革。本项成果以大学美育课程建设为突破口,立体化开设多门素质通识类教育课程,探索极具校本特色的素质教育培养模式及实施方案。

(2)素质教育育人体系的创新。注重大学生品格和能力,教学环节主动渗透和培养;改革传统课堂,建立知行合一的素质教育课堂和评价体系;重视教师素质和教学热情度的提升,建立培训和激励体系;关注一流本科教育模式的基本元素,形成以培养高素质应用型创新人才为主体的素质教育育人体系。

(3)美育课程体系特色化的创新。学校科学定位美育课程目标及体系,依托学校优势学科及中原文化资源,极力进行特色化课程体系建构。注重加强美育同经济学、管理学、法学等优势学科的融合,使学生的人生美学建构和未来的职业生涯相衔接。学校美育课程体系中专门设置了经济精神、管理美学、法治文化、中原历史文化与美育专题特色内容。

(4)美育课程教学过程及教学方法的创新。制作《大学美育》视频课程,相继投放于智慧树、爱课程(中国大学MOOC)等网络平台,并完成尔雅、学银在线课程建课。教学过程中,授课教师把线上线下切实结合起来,真正实现课堂翻转,充分发挥学生的主体作用。同时,每学期末进行问卷调查,掌握学生的接受情况,及时做出调整。

四、实践推广应用效果

(1)课程、教法在兄弟院校推广。《大学美育》本着打造"金课"的目标,以中华美学精神为理论基石,突显时代特色,扎实推行线上线下混合式教学改革与创新,以"美丽人生"贯穿始终,做到了内容与形式的高度统一,收到了良好的育人效果,起到了很好的示范作用。信阳师范学院、新乡学院、河北科技师范学院等院校专门来我校交流,并积极在各自院校推广。

(2)高质量线上慕课充分实现校际间的互联共享。《大学美育》慕课2018年9相继在爱课程(中国大学MOOC)、智慧树、超星尔雅等网络平台推出,智慧树有近100所高校选用,超星有近80所高校选用,数万人选修。在2020年上半年抗击疫情特殊时期,《大学美育》为网课提供了优质资源,团队成员熟悉线上教学,极大地帮助了本校网络教学活动的顺利进行。

(3)中宣部"学习强国"平台采用《大学美育》慕课。2019年10月,经河南省委宣传部的严格审核,《大学美育》慕课得以在"学习强国"中宣部及河南学习平台采用,这是美育课程建设的重要突破,服务社会,让社会各界人士受益,真正实现了课程的社会服务功能。

(4)网上评价、问卷调研满意度高。根据教学效果问卷调研,2017—2018第一学期92%的同学对教学效果非常满意;2017—2018第二学期96%的同学对教学效果非常满意;2018—2019第一学期调85.4%的同学对教学效果非常满意;2018—2019第二学期98.4%的同学对教学效果非常满意。爱课程评价满分5分,总评4.8分;智慧树满意率达93.7%。

(5)团队取得的成绩。大学美育教研室获省优秀基层教学组织称号,《大学美育》荣获省线上优秀课程一等奖并申报国家精品课程。沙家强主持国家社科基金项目,发表《河南特色文化产业品牌建设路径探析——以工业美术品为例》等论文,张彦聪发表《序位:明初太学空间重构的机理分析》,陈学书发表《基于创意经济人才需求形势的高校艺术教育发展策略》等论文。省教育系统教学技能竞赛中,2018年沙家强荣获一等奖,2019年张欣杰荣获二等奖。

(6)承办高规格的专业会议。2019年11月团队依托学校承办2019全国高校美育课程建设规范编制工作会议,来自北京大学、清华大学、上海交通大学等十余所高校近50位专家赴会。相关经验得到了西安工业大学、电子科技大学等高校的认可,准备予以采用。

(7)媒体报道。全国美育课程工作会议在人民网、光明网、《河南日报》、《郑州日报》、《东方今报》等多家媒体进行报道,产生广泛的社会影响。河南财经政法大学新闻网,《河南财经政法大学报》、教务处官方微信平台对团队做过一系列宣传报道。

以 OBE 理念为导向的水利人才培养体系改革研究与实践

主要完成单位:华北水利水电大学

主要完成人:王文川、徐冬梅、邱林、臧红飞、马明卫、黄旭东、郭玉宾

一、研究背景

提高人才培养质量应作为高等教育改革发展的核心任务,党中央在党的十八届三中全会上做出重要指示,要求高校必须与时俱进地做出德智体美全面发展的新的人才培养方案。国家中长期教育改革和发展规划纲要(2010－2020年)也指出应着力培养信念执着、品德优良、知识丰富、本领过硬的高素质专门人才和拔尖创新人才。因此,高校专业人才培养体系研究与探索一直是高校教育教学改革研究的核心。基于此,通过引进产出导向(OBE)的工程教育理念,开展水利人才培养体系改革研究与实践,旨在进一步明确培养目标、完善毕业要求、构建更科学合理的课程体系,着实提高了水利人才培养质量,使学生更好地实现就业和服务于地方经济。在此基础上,全面推动了华北水利水电大学水利专业认证工作,整体提高了水利专业人才的培养质量。

二、主要解决的教学问题及具体方法

主要解决的问题包含以下四个方面:

(1)将工程教育专业认证的核心理念和思想应用到课程教学过程中,树立了以学生为中心,突出知识－能力－素质三维度的教学目标和全面发展的教学新理念,解决了课程教学设计和实施指导理念不明确的问题。

(2)通过改革课程大纲,加强课程建设,形成具体的、明确的、可测量的课程

教学目标,解决了课程教学中课程教学目标与人才培养目标关系不明确、课程教学目标对毕业要求支撑不够的问题。

(3)以实现课程教学目标为指引,以教学改革为推动力,精心设计教学方案,创新教学方法,解决了以往教学研究与教学实践相脱节的问题。

(4)通过强化教学过程管理,构建了基于教学全过程考核的形成性课程评价体系,解决了教师只注重教而忽视学生学,教师对教学过程的管理不够和对学生评价不够全面的问题。

成果解决教学问题的具体方法主要包含以下三个方面:

(1)专业培养目标修订和实现的举措。在制定人才培养方案时基于《工程教育专业认证通用标准》《工程教育专业认证水利类专业补充标准》和OBE产出导向理念,以市场需求为导向,服务地方及区域经济发展,结合学校人才培养定位,强调学生的工程实践能力、国际视野、终身学习能力的培养,确定相应的专业培养目标。在进行专业培养目标修订时,深度结合行业企业的人才需求、特色专业建设、工程教育人才培养模式改革实施中存在的问题,学校、学院、任课教师、毕业生、行业企业专家、用人单位意见及建议及第三方调查结果,遵循学校人才培养相关文件要求,以学生毕业时应该掌握的知识、能力及素质的达成、实现学习产出导向的指导思想,对专业培养目标做出相对应的修订,充分体现毕业生在毕业后5年左右具备工程师或与之相当的专业技术能力。

(2)OBE理念下专业毕业要求拟定的举措。按照OBE反向设计的原则,以高校服务经济建设和社会发展的原则,在充分考虑我国社会经济的高速发展和现代治水观念的转变,水文与水资源工程专业教育应主动适应水利经济当前建设和未来发展需要,从符合中国国情以及与社会发展水平相适应的角度,按照培养目标制定水文与水资源工程专业人才培养标准,覆盖工程教育专业认证的12条毕业要求,对各条毕业要求逐一进行指标点分解,为后续教学设计指出方向。例如,将毕业要求1,即"工程知识:能够将数学、自然科学、水文、水资源、水环境、水生态专业知识用于解决复杂工程问题"具体分解为5个二级指标点,通过不同课程内容设置、理论教学和实践环节等有效支撑相应毕业要求所含二级指标点的全面达成。

(3)以培养目标为引导,逆向构建课程体系的举措。基于OBE理念,在培养目标与毕业要求指标点的引领下,科学配置课程体系,重点体现学校"应用型、国际视野"办学定位与特色,注重理论环节和实践环节相互融合,符合"认识—实践—再认识"的认知规律,突出实践教学环节及培养应用型人才的办学特色。根据课程教学目标对毕业要求的支撑关系,修订课程教学大纲,规划课程教学内容、教学方法,落实课内外学习要求和考核方法,以保障毕业要求的达成。具体而言,将专业课程体系划分为数学与自然科学、通识教育(思想政治素质和通识基础素质)、学科专业(工程基础类、专业基础类、专业类)、实践教学(基础实践、专业技能综合训练)等模块,充分调动各模块在人才培养不同阶段的作用发挥,凸显特色并关注其内部关联性。

三、成果的创新性点

成果的创新性体现在以下3个方面:

(1)重塑课程教学的新理念。将工程教育专业认证的核心理念和思想应用到课程教学过程中,树立了以学生为中心,突出知识—能力—素质三维度的教学目标和全面发展的教学新理念,解决了课程教学设计和实施指导理念不明确的问题。

(2)重构教育教学的新方法。针对教学中存在的问题开展了专题研究,并将研究成果应用到实际教学中加以检验。以实现课程教学目标为指引,教学改革为推动力,精心设计教学方案,解决了以往教学研究与教学实践相脱节的问题。

(3)开拓过程管理的新实践。强化过程评价与监控,构建了学生成绩的形成性考核机制和基于教学全过程考核的形成性课程评价体系,解决了教师只注重教而忽视学生学,教师对教学过程主动管理不够和对学生评价不全面的问题。

四、实践推广应用效果

(1)校内推广应用效果:项目研究、改革和实践成果在华北水利水电大学内部得到了广泛的推广应用,取得了良好的实际效果。在水文与水资源工程专业2013年、2017年两次通过全国工程教育专业认证和本研究项目的带动下,华北水利水电大学水利学院各本科专业均掀起了接受工程教育专业认证的高潮,目前已有水利水电工程和农业水利工程2个专业2019年通过全国工程教育专业认证,港口航道与治河工程专业2019年通过工程教育专业认证申请受理,通过水利人才培养体系改革研究与实践,整体上提高了华北水利水电大学水利专业人才的培养质量。此外,也极大地推动了华北水利水电大学其他工科类专业申请并接受全国工程教育专业认证工作的进程,一定程度上促进了各专业人才培养体系的改革与进步。(见下图)

（2）校外推广应用效果：项目研究、改革和实践成果受到省内外兄弟院校及相关专业的肯定与认可，在国内水利人才培养体系改革研究与实践中处于先进水平。研究成果显著，实用性强，先后在三峡大学、济南大学和南昌工程学院推广应用，对其水文与水资源工程、水利水电工程、港口航道与海岸工程、农业水利工程等专业建设和培养方案的修订有很强的指导作用。特别是水文与水资源工程专业参考"以 OBE 理念为导向的水利人才培养体系"进行人才培养方案修订，加强了生态、环境、水资源、工程伦理、水文化等方面的教学;借鉴"产出导向教育(OBE)、以学生为中心(SC)、质量持续改进(CQI)"人才培养理念,注重培养学生的团队合作、沟通表达、终身学习和社会责任感。通过专业建设的改革,显著提高了毕业生的培养质量和综合素质,深受社会和用人单位欢迎。(见下图)

基于需求导向的经贸类学生创新创业教育模式研究

主要完成单位：华北水利水电大学
主要完成人：桂黄宝、张国兴、李晶慧、周淑慧、王晓华、周培红、徐澈、李亚洁

一、成果简介及主要解决的问题

1.成果简介

该成果从经贸类专业需求导向视角出发，采用问卷调查、深度访谈、比较分析等研究方法，剖析当前高校经贸类专业学生创新创业教育模式存在的问题，通过比较和借鉴国内外创新创业教育模式，构建了基于需求导向的经贸类专业学生创新创业教育模式。主要内容包括以下几个方面：

（1）调查分析了经贸类专业学生创新创业教育现状。从经贸类专业理论课程设置、实践课程设计、创新创业平台等方面，深入调查并剖析当前高校经贸类专业学生创新创业教育特点、现状及存在的问题。

（2）探索了创新创业教育"需求导向"的重要性。从经贸类专业与产业对接、创新创业教育与专业教育相互融合、高校人才培养与社会需求相契合三个方面分析了需求导向的重要性。

（3）比较研究了国内外高校创新创业教育模式。从培养目标、课程设置、教育模式、师资队伍建设等四个方面分析比较国内外创新创业教育模式的异同。

（4）构建了基于需求导向的经贸类专业学生创新创业教育模式。从课程体系设置、创新创业平台建设、教学方式方法改进、管理体制机制改革四个方面构建了基于需求导向的经贸类专业学生创新创业教育模式。具体包括：重新制定了经贸类人才培养方案和课程体系、搭建基于需求导向的创新创业实践平台、建立校友创新创业基金会、采用双导师制以及建立长效管理和评价机制等。

2.成果解决的主要问题

本成果主要解决基于需求导向的经贸类专业学生创新创业教育模式构建问题。积极推进创新创业教育已成为我国高校当前改革发展和人才培养的一项重要任务。然而,由于我国高校专业的多样性,千篇一律的创新创业教育模式难以满足不同专业的学生和社会需求,尤其是经贸类专业学生,这些专业的学生培养计划和课程设置中原本就包括一些创新创业类课程,如战略管理、市场营销、财务管理等,在创新创业教育方面具有天然的优势。因此,本成果重点解决当前经贸类专业学生创新创业教育模式存在的与社会需求脱节、教育理念滞后、实践平台短缺、教学方式方法单一、创新创业教育与育人融合不够等问题。

二、成果解决教学问题的方法

(1)基于需求导向重新制定了经贸类人才培养方案和课程体系。将创新创业教育纳入人才培养体系,夯实创新创业教育基础。主要包括:第一,在通识课程中加入创新创业教育相关课程,如开设《创新创业基础》等。第二,针对经贸类专业高年级学生,增加适合于解决问题和领导力培养的课程,如《创业学》《战略管理》等;第三,设计以创新创业为核心的实践课程群,如《创新创业训练》《证券投资模拟》等,培养学生专业素养和实践能力。

(2)搭建了基于需求导向的创新创业教育实践平台。为提升学生创新创业实践能力,充分利用管理与经济河南省实验教学中心、重点实验室等实践资源,成功申报了校创新创业实践基地,搭建了基于需求导向的纵深层次的创新创业教育实践平台,为学生创新创业实践提供支持。构建了包括校、省和国家三级大学生创新创业训练计划体系。此外,积极争取了校友资源,成立了学校第一个校友创新创业基金会,为学生创新创业提供资金支持。

(3)强化需求导向,建立了创新创业教育"双导师制"。第一,以需求为导向,科学选择"校外导师"。聘请优秀企业家、优秀校友等有突出成就或经验的创新创业人士成为创新创业导师,建立创新创业"双导师制";第二,把握重点,明确双方导师职责分工并且落实到位。制定导师工作手册,明确双方职责;第三,加强交流合作,充分实现"双导师"指导学生成长进步。导师之间加强沟通,确保理论与经验相互平衡,更好地指导学生创新创业实践。

(4)建立了经贸类创新创业教育长效管理与评价机制。一是建立创新创业教育长效管理机制。包括:①培训机制。定期对创业教育教师以及学生开展专业培训,以提升师资队伍水平及学生的创新创业素质。②激励机制。通过设立校友创新创业奖教(学)金、计算绩效或学分等方式,提高师生积极性。③保障机制。通过提供专用经费保障创新创业活动。二是建立创新创业教育长效评价机制。包括:①评价体系系统化。从师资、课程体系、资源保障等多维度开展评价。②评价环节过程化。注重教师指导和学生参与的过程,在不同的创新创业教学环节设置质量控制节点,进行跟踪式评价。③评价主体多元化。建立学生、教师、管理部门等共同参与的多元主体评价机制。

三、成果的创新点

(1)以需求为导向优化了经贸类人才培养方案和课程体系。第一,强调需求导向的重要性。本成果从专业与产业对接、创新创业教育与专业教育融合以及市场需求三个方面分析了创新创业教育需求导向的重要性;第二,聚焦经贸类专业创新创业教育。传统的创新创业教育指向不清晰,泛化多个专业,针对性不强,而本成果完全聚焦于经贸类专业,以需求为导向优化了其人才培养方案和课程体系,具有特色和新意。

(2)强化了经贸类创新创业教育的育人功能,培养新时代创新创业者。通过构建"创新创业教育＋职业生涯规划大赛＋素质拓展＋课程思政"相结合的模式,认定正式学分,强化创新创业教育的育人功能,落实高等教育立德树人的根本任务。成果强调经贸类创新创业教育必须把握育人作为根本,在创新创业教育过程中渗透课程思政内容,形成具有特色的创新创业教育"课程思政"新模式,培养全面发展的新时代高素质、能担当创新创业生力军。

(3)构建了基于需求导向的经贸类专业学生创新创业教育模式。本成果从课程体系设置、创新创业平台建设、教学方法改进、管理体制机制改革等四个方面构建了基于需求导向的经贸类专业学生创新创业教育模式,具有一定的特色。

四、成果的推广应用效果

(1)成果受到社会广泛关注,具有一定的社会影响力。本成果发表教学改革论文4篇,出版《创新与创业管理》教材1部,已被省级新闻媒体《大河报》以"华北水利水电大学:助力创新创业教育改革"为题(2019年6月25日第AI05版:今日关注)进行宣传报道,称"该成果已在河南经贸职业学院、河南省大中专学生就业服务中心、河南师范大学等单位应用,具有较大的学术价值和应用价值。在教学改革实践中发挥了示范引领作用,有效提高了经贸类创新创业人才培养质量,为我省更好实施创新驱动发展战略和中原更加出彩提供强有力的智力支撑"。

（2）成果覆盖面广、参与面大,提升了经贸类学生创新创业能力和素养。成果实施以来,已在省内多家典型性高校经贸类专业学生中进行实践,第一课堂覆盖面广,年均受益约 2000 人,其中进入第二课堂年均 1000 余人;成果主持单位承办第六届河南省大学生物流仿真设计大赛暨"百蝶杯"第五届全国大学生物流仿真设计大赛等高水平赛事多次,惠及省内全部经贸类专业,参赛总人数 2000 余人;学校和学院每年都组织校内创新创业比赛,参赛人数 2000 余人。成果普惠性高,校内外学生整体创新实践能力明显提升。

（3）成果提升了经贸类学生的创新创业质量和水平。通过多年的研究和实践,成果承担和应用单位省部级以上的创新创业项目和奖励明显增多,创新创业质量和水平明显提升。代表性奖励和立项情况如下:2017 年河南省"互联网+"大学生创新创业大赛荣获奖项 5 项,其中"高空智能清洁刷"项目荣获二等奖,"Easy Shop"等 4 个项目荣获三等奖。2017 年大学生创新创业项目新增 46 项,2018 年大学生创新创业项目新增 88 项。

（4）成果广泛应用推广,具有较强的示范作用。本成果已在河南省大中专学生就业服务中心、华北水利水电大学、河南经贸职业学院以及省内多家高校推广,基于需求导向,强化了经贸类创新创业教育的育人功能,具有较强的示范作用。

中医类学生专业学习关键环节的研究及评价

主要完成单位：河南中医药大学
主要完成人：许二平、朱光、刘宾、张婷婷、卢旻、段涛、闫秀娟

一、主要解决的教学问题

（1）了解了学生学习过程中的障碍和建立中医思维、专业兴趣、专业自信等方面的现状，为开展针对性的教育决策提供了依据，解决了提高中医人才培养质量缺少抓手的问题。

（2）从学习过程、学习效果等环节分别进行研究和分析，提出了开展行之有效的专业思想教育、加强教育教学改革、扩大专业选择自由等改进措施，消除学生学习障碍，培养"教学相知"的师生关系，建立良好的专业思想和学习兴趣，从而不断提高学习效果，解决了学生缺乏学习兴趣、专业思想不牢的问题。

（3）编写了《中医类专业课程学习指南》，激发了学生学习主动性和提高自主学习的调节能力，为学生养成良好的学习习惯和树立专业自信心提供了科学、规范的指导，拓展了学生与教师联系的途径，对解决学生中医思维弱化、学习低效的问题起到了促进作用。

（4）制定了学生学习质量评价办法，对学生学习过程进行诊断性评价和对学习效果进行评判，同时从校级层面、二级院部、用人单位及毕业生自评等方面制定了本科毕业生质量评价指标体系，全方位评价学生学习效果。解决了以单一考试成绩评价学生质量的问题。

二、具体方法

针对中医药教学中"重药轻医、重病轻证、重方轻法",导致中医思维弱化、培养质量不高的问题,通过以下方法进行了研究探索。

1.对中医类学生专业学习现状进行调查与分析

从学生生源情况、学生学习氛围、学习效果、学生对教师教学的方式方法认知与接受度、学生专业思想牢固程度、就业后专业运用及工作开展情况等作为调研切入点,重点了解学生学习过程中的障碍、中医思维的建立、专业兴趣、专业自信等方面的现状,并进行深入研究分析,拟定解决方案,为学校开展针对性的教育决策提供依据。

2.组织专家研讨会,针对存在的问题制定调整改进方案

(1)对中医类不同专业方向、不同年级学生学习问题进行诊断性评价。重点分析、制定消除一、三年级学生学习中所遇障碍的解决办法。因为从培养过程来看,这两个时段学生要遇到两个转折,一是从中学到大学学习方法与学习内容的改变;二是从专业基础课到专业临床课的改变。这种改变会对学生的学习方法与学习态度带来诸多不适与困惑。

(2)分析、制定高年级(临床课学习阶段)学生在学习中所出现的共性、个性问题及解决方案。

(3)对初步方案进行实践应用,进一步征求意见并确定最终方案。

3.改进方案的具体内容

影响中医类专业学生学习效果的两个重要方面就是学习兴趣的培养和专业思想的建立。因此我们制定了如下改进方法:

(1)开展一系列行之有效的专业思想教育。从新生入校开始,即开展职业规划、专业指导、择业就业教育,使学生较为全面正确地认识专业的基本情况,提高对所学专的认同度,培养专业自信心,提升学生的学习兴趣,找到适合自己的学习方式方法,进而能够提高学生的学习投入。

(2)开展教育教学改革、强化师生交流。积极开展以案例式教学等形式为主的、有利于中医专业知识传授与掌握的、有利于中医专业思维能力培养的教学方法改革;加强任课(特别是基础课)教师的中医临床实践基地建设;任课教师建立包括微信、QQ、邮箱等多种现代化形式的交流平台,加强与学生的沟通交流,激发学生探求理论指导临床的欲望。组织专家编写"中医类课程学习指南"。

(3)在现有条件下,适当扩大专业选择的自由。在政策允许、力所能及的范

围内,为学生提供专业的"二次选择"机会。如可以实行按"专业大类"招生并尽量扩大"类"的范围,扩大学生入学后选择专业的自由,适当增加转专业的机会,并对转专业的时间和人数进行合理调控,以确保基本的人才培养条件,维护学科、专业的平衡等。

(4)制定中医类学生学习效果评价办法。包括在校生学习效果评价办法与毕业生质量评价办法两个方面。

三、成果的创新点

(1)全面了解了中医类不同专业方向、不同年级学生在学习专业课过程中存在的问题及遇到的障碍,并通过分析找出症结所在。

(2)针对不同专业方向、不同年级学生存在的问题,制定出切实可行的解决方案,着重解决学生"中医思维弱化"的问题。

(3)编写了《中医类课程学习指南》,明确列出学习内容中的重点、难点、疑点及学习注意事项。

(4)制定了中医类学生学习效果评价办法,以检验学生能力目标的达成情况,包括学习态度、实践操作能力、分析和解决问题能力、自主学习及终身学习能力、批判性思维能力等方面是否得到了明显的提高。

(5)实现了"以学生为中心"的教学理念转变,激发了学生参与教学过程的积极性及学习的主动性,树立了专业自信心与责任心。

四、实践推广应用效果

(1)通过发现学习过程中的问题、分析遇到的障碍,并制定针对性的解决方案,使中医类学生更好地掌握学习方法,养成规范的思维习惯,树立专业自信心,进而提高学习效率,改进学习效果,形成标志性成果并使各届中医类专业学生持续受益,同时为国内同类院校及专业提供借鉴与参考。

(2)通过有效干预,减少或消除学生专业学习障碍,使学生养成规范的思维习惯,树立专业自信心。近年来,我校五年制中医类本科专业评学优秀率逐年升高,学生学习效果不断提高:中医类本科专业毕业生专业基础知识扎实,考研录取率在45%以上;中医学专业毕业生临床综合水平较高,中医执业医师考试通过率在80%以上,高于全国平均水平;中医类本科专业应届毕业生年底就业率达97%以上,名列河南省普通高校前列。

（3）对用人单位进行的问卷调查统计分析结果显示，90％以上的单位对我校中医类本科专业毕业生的总体工作表现表示满意，认为我校毕业生独立工作和处理问题的能力、语言和沟通能力较强，专业基础知识扎实，有较强的创新意识和团结协作精神，较高的思想觉悟和积极进取、安心本职工作的态度，所具备的勤勉务实、诚信奉献的素质赢得了良好的社会声誉。

（4）学生学习效果与教学质量的不断提升形成了良性循环，也不断刺激着学校教学管理机制趋向完善。我校五年制中医类本科教育内部评估体系得到了教育部中医学教学指导委员会认证专家组的充分肯定，2014年顺利通过了中医学专业认证。

（5）本研究成果对同类高校具有借鉴价值和辅射作用，部分研究成果进行了学术交流，已在国家级及以上权威期刊上发表论文24篇，产生了良好的社会影响。

学科融合背景下设计学类专业基础课的课程再造与体系重构

主要完成单位:郑州轻工业大学

主要完成人:曹阳、卢建洲、徐静、薛峰、张骞、刘磊、张宇

一、成果简介

本成果是在"学科融合"渐已成为高等教育领域普遍共识的背景下,以对现行设计教学体系深刻反省为基础、新型基础课程体系构建为目标,在设计教育改革方向上进行的一次大胆实践。成果对设计学科课程体系的重新构建与基础课程的全面再造,拓展了课程专业内容的广度和通识性,打破了原有专业课的窄化。强调课程在认知和方法层面的创新,分层级完成多学科的合作,拉大学科的跨度。

取得成果是以学科开放为理念、学科交叉为途径,明确了设计学类专业基础课的课程属性与学科关联,梳理了基础课程的基本结构、探讨研究了设计学科基础课程的整体规划布局,设立了一系列全新的设计学专业基础课程。不仅直接引发了设计专业基础教学的创新,同时也为各设计专业课程体系乃至人才培养体系的全面改革提供了理论与方法上的支撑物和参照体。

二、成果主要解决的问题

(1)通过国内外在基础艺术教育、高等艺术专业设置、课程设置、培养模式及评价标准等方面存在的差异比较,探讨了我国设计类学科基础教育存在的问题,尝试分析其产生的原因,最终力求探索目前国内综合类本科院校中设计基础教育存在的问题与需要改进的方向。

(2)依据设计学科的学科基础和发展特性,分析了设计学科知识的交叉特

性,从课程类型、课程属性、课程关系的角度对设计学科课程体系进行研究。根据当前我国设计学科课程体系的现状,为设计学科课程体系的建设规划提出了依据。

(3)依据前期的比较研究和基础课程的框架规划,设置出了新版的设计学科人才培养方案和基础课程规划。分析研究了每一门专业基础主干课的课程属性与学科关联,并根据设计学科的自身特点细化了基础课的课程目标、课程内容、学时安排等。并将该培养方案和基础课程付诸了实践,取得了非常好的教学效果。

三、成果解决教学问题的具体方法

1.尊重专业差异,统一顶层认识,解决学科间衔接的优化组合

设计学类专业基础课的体系重构,其重点在于学科融合,而不是简单的学科叠加,其实现乃是在承认并充分尊重学科差异的基础上,经过学科间的优化组合,最终形成合力的教学过程。艺术设计专业的学科融合包括3个特点:第一,通过两种以上的学科融合来活化课堂教学方式;第二,通过多样的交互过程实现不同学科间的资源整合;第三,通过打破学科界限,以统一的主题、概念、学习内容,使学生建立系统而全面的设计思维模式。

2.打破学科壁垒,将多学科资源引入基础课程,丰富课程的学科营养,改造基础课程

成果立足基础衔接,丰富知识外延,解决学科间特色的互联互补。设计学类各专业的基础知识为"1+N"模式(见图1 专业知识构成):首先,设计学科专业知识领域主要由本专业领域的知识为构成主体,设计知识、设计能力、设计技术三大块主要内容体系构成其知识体系的主干。其次,设计学专业知识与相近专业领域的知识进行交叉融合,形成不同类型、不同种类的交叉性专业知识。最后,设计学专业知识领域与非专业领域知识虽有边界但又互相渗透,最终形成了系统的设计学科知识体系,达到明确设计方向、服务设计对象、形成设计理念、凝练设计思想、锻炼设计方法的人才培养目的。

3.瞄准培养目标,重构课程轴线,解决专业内课程的特色凸显

根据设计类专业应用型的学科特点,我们构建形成知识型、能力型、技术型的三大课程轴线(见图2 课程体系轴线)。其中:知识轴线课程包含设计史、设计理论和设计认知等内容;能力轴线课程包含思考问题和解决问题的能力和方法;技术轴线课程包含着设计相关的科技、材料和工艺等内容。三个轴线上的课程相互支

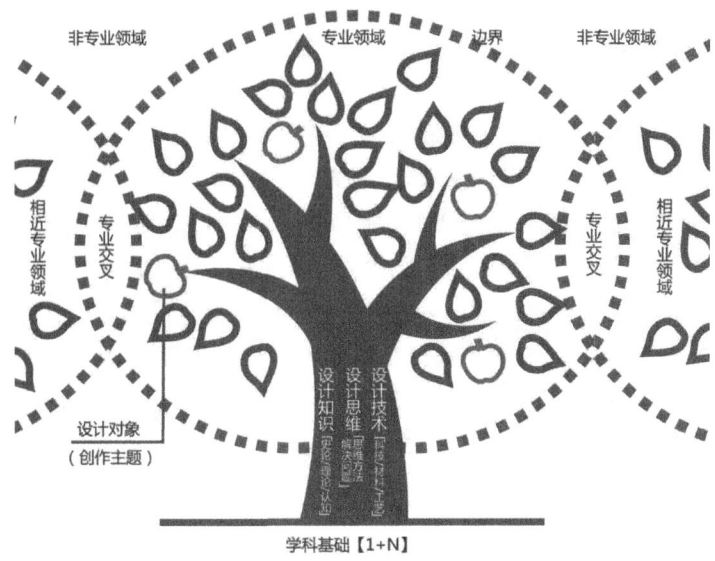

图 1　专业知识构成

撑、相互影响,螺旋上升交替进行。在此基础上,各专业不断吸收相近专业领域的内容,涵养和丰富自身的基础理论,形成特色凸显的设计学科知识体系。

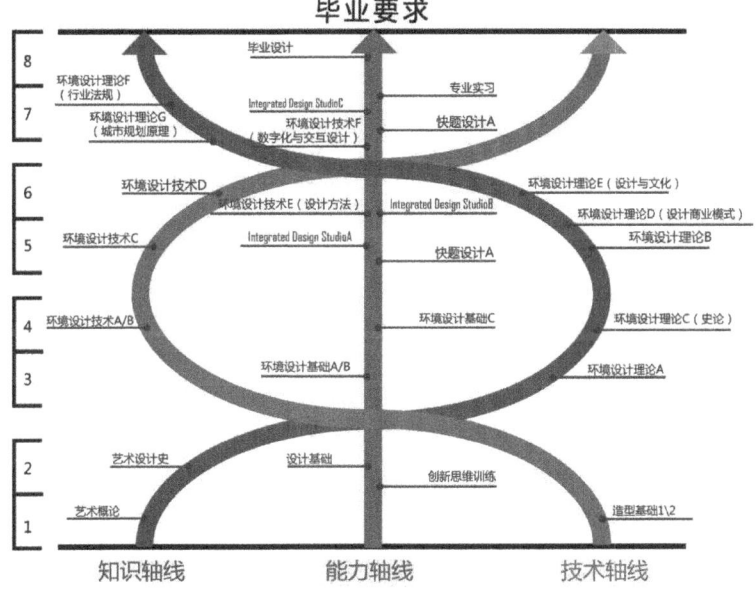

图 2　课程体系轴线

四、成果的创新点

1.理念认识创新,跨学科课程的设置

为了满足当今社会多元化需求,本成果的研究提出以设计学科为核心的学科交叉及学科融合,即设计学与美学、社会学、人类学、工程学、经济学科等学科进行融合,为学生设置跨学科课程,如创造学、色彩学、形态学、科学技术简史等课程。此类课程可以有效提高学生理性思维能力,让学生掌握与创造力相关的理论与创造性思维原理,掌握形式美法则和形态构成规律,掌握用色彩来表现客观事物的技巧等,最终实现学生的创造学思维和创新能力的提升。(见图3)

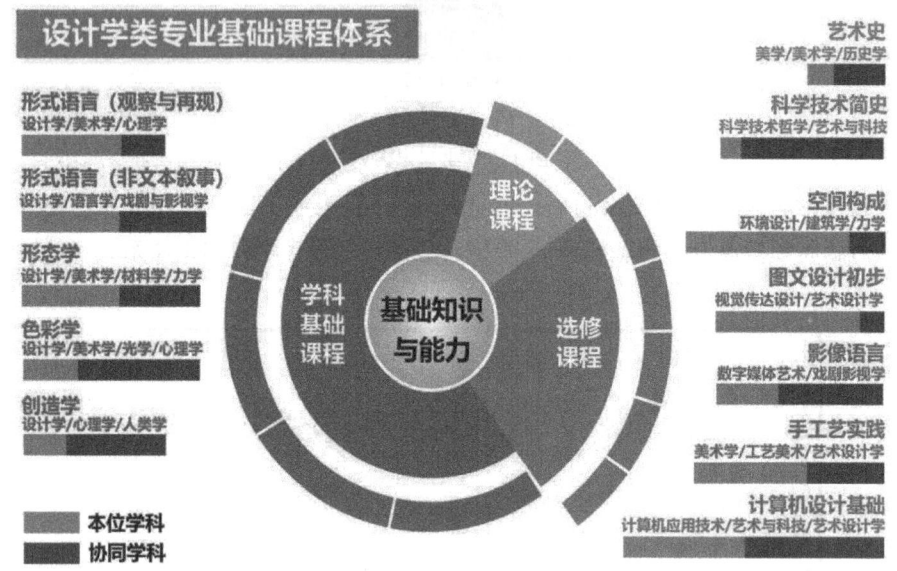

图3 跨学科课程设置

2.专业内容创新,拓展未来专业知识领域

本成果研究提出的设计知识、设计能力、设计技术是设计专业学生三大主要学习知识体系,设置设计学各专业基础知识为"1+N"的构成模式,设计学专业知识领域与非专业领域知识虽有边界但又互相渗透。设计学科不断地吸收其他学科领域的专业知识内容,丰富设计学科专业领域知识的内涵,拓展设计学科专业领域知识的外延(见图4),从而最终形成了系统的设计学科知识体系。

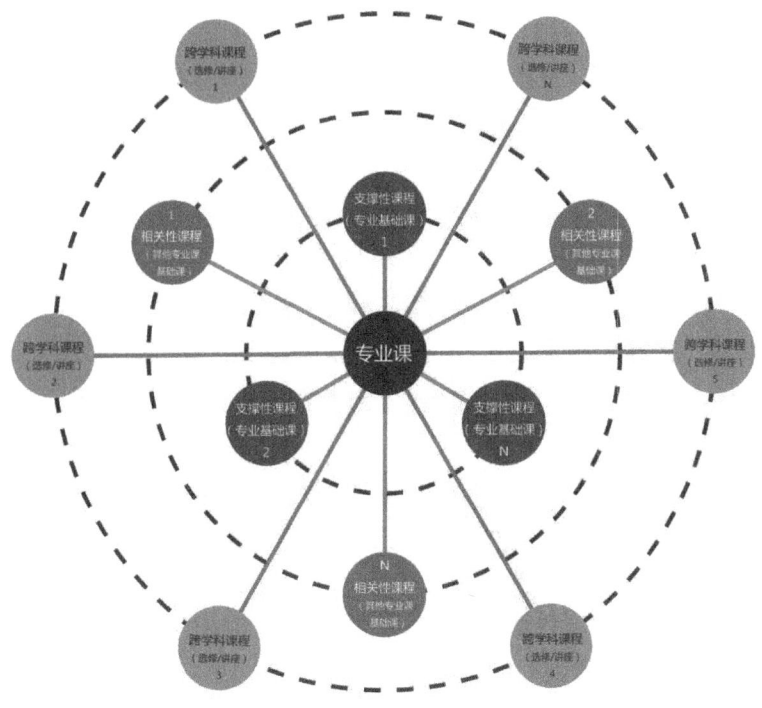

图 4　专业课程知识外延

3.教学方法创新,多学科合作集成完成教学目标

本成果为了解决设计学专业学生的设计思维模式、设计审美修养,设计学学习能力与设计学研究方法等问题,特别提出针对设计学思维方式、设计学沟通传达、设计学学习方法、设计学研究能力的基础训练,认为每一门设计学课程都应该具备设计知识、设计能力、设计技术三大属性的内容构成(见图5)。其中,设计知识属性内容包含设计史、设计理论和设计认知等内容,设计能力属性内容包含思考问题和解决问题的能力和方法,设计技术属性内容包含着设计相关的科技、材料和工艺等内容。而正是基于三个不同属性的多学科内容合作完成,其课程的教学才能为学生提供完整的知识结构,满足设计行业的多学科发展的特性和设计专业学生的对综合知识的需求。

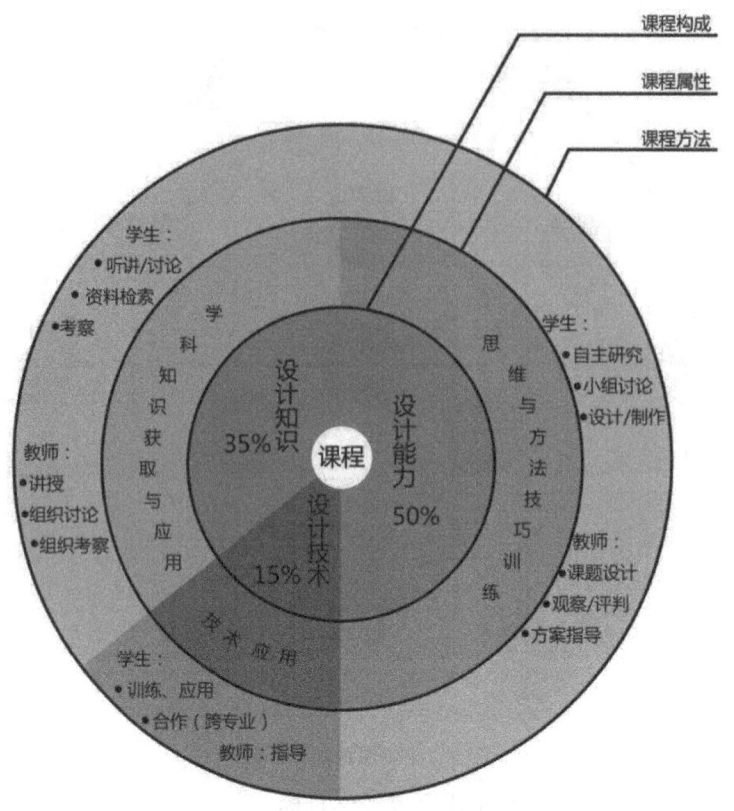

图 5 课程属性内容

五、成果的推广应用效果

本教学成果全面应用于本学院设计学类专业新版人才培养方案中基础课课程计划的制订,并已得到课程实践的验证,课程实施方式与成果得到国内同行专家的好评,本研究所提供的认识论与方法论被省内外多所高校设计学类专业借鉴或采用,反馈情况良好。

本成果经过3年的教学实践,对设计学基础课程的课程目标、授课方式、评价标准等进行了再造,形成了全新的设计学基础课程体系。对江苏师范大学美术学院、兰州理工大学设计与艺术学院、黄山学院美术学院、河南财经政法大学艺术学院、河南工程学院艺术设计学院等国内高校的设计学专业教学改革提供了重要的参考。明确了目前国内综合类本科院校中设计基础教育存在的问题与需要改进的方向,对搭建设计学科基础课程框架、明确基础课程整体规划布局,提供了重要的理论和实践依据。

本教学成果曾受邀宣讲、报道近十次,在国内各大教学研讨会上进行了主题演讲和媒体推广。

(1)本项目成果在2019年6月在郑州轻工业大学召开的河南省设计学专业人才培养模式与课程建设研讨会上,由项目主持人曹阳教授进行了《集合·创新—多学科合作课程试验》主题演讲,凤凰网、《郑州日报》、《郑州晚报》等媒体报道。(见图6)

图6　河南省设计学专业人才培养模式与课程建设研讨会

(2)第五届"中原美术"学科建设学术研讨会上,曹阳做"重新国际化——谈设计人才培养途径"主题演讲,《大河美术》、郑州大学网站报道。(见图7)

图7 第五届"中原美术"学科建设学术研讨会

(3)超视域·再基础——湖北美术学院视觉艺术教育国际论坛上,卢建洲做《中英设计专业基础教育教学之比较》主题演讲,湖北美术学院网站报道。(见图8)

图8 超视域·再基础——湖北美术学院视觉艺术教育国际论坛

(4)河南工程学院专题讲座——卢建洲做《艺术设计专业人才培养教育改革》主旨演讲,河南工程学院网站报道。(见图9)

(5)《大河美术》——郑州轻工业大学设计学院2019毕业作品展示,2019.6。

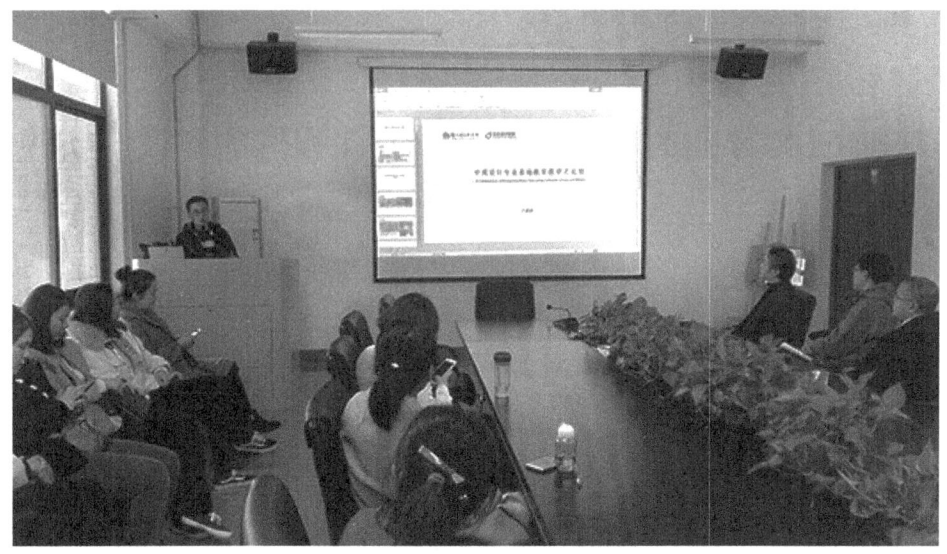

图 9　河南工程学院专题讲座

该项目在研究期间,共产生论文、作品 20 篇(含 CSSCI 期刊 6 篇,核心期刊 7 篇)、专利 2 项;培育出一支优秀的教学团队,其中国家教育部设计学类专业教学指导委员会委员 1 人、河南省教学名师 1 人、河南省优秀教师 1 人、河南省文明教师 1 人;建设河南省虚拟仿真国际联合实验室 1 个、河南省高校优秀基层教学组织 1 个。指导学生获奖 196 项,其中国际奖项 20 项,国家级一等奖 5 项,二等奖 13 项,三等奖 18 项,省级一等奖 46 项,二等奖 36 项,三等奖 41 项,各类设计竞赛指导教师奖 17 项。

基于 OBE 导向的食品类专业核心课程群的建设与实践

主要完成单位：郑州轻工业大学
主要完成人：白艳红、张华、栗俊广、李可、相启森、
张艳艳、瞿娅菲、史苗苗

该成果针对人才培养难以满足社会需求、培养过程碎片化、毕业要求难量化等教育教学问题，以国家级特色专业和工程教育认证专业为依托，开展了以"OBE 导向"和"专业核心课程群建"为抓手的教学改革，建立了社会需求为导向的人才培养方案持续改进机制，构建了"以学生为中心，成果为导向"的人才培养模式。

一、主要解决的问题

(1) 解决了传统人才培养模式社会需求不足，建立了社会需求、利益相关方参与的人才培养方案修订机制。

(2) 解决了培养过程碎片化，教学模式中以"教"为主、"一考定所有"等学习成绩导向，形成了多元化的课程目标形成性评价体系。

(3) 解决了毕业要求难量化，课程对毕业要求的支撑不具体，构建了基于"学习产出"的多维度毕业要求达成度评价体系。

二、解决问题的方法

1. 创新了人才培养方案修订机制，建立了社会需求、利益相关方参与机制

建立了食品科学与工程专业培养目标定期评价和修订制度，制定了《培养目标达成度评价机制》《毕业生跟踪反馈及社会评价制度》等文件。定期对教师、学生、毕业生、用人单位等利益相关者跟踪调查，进行培养目标合理性评价，根据反

馈信息,每 4 年修订培养目标,评价与修订过程中有行业企业专家、用人单位和毕业生参与。结合专业规范和工程认证标准,修订培养目标和毕业要求,形成了基于 OBE 导向的人才培养方案。

2.构建了多维度毕业要求达成度评价体系,改革了学生能力评价模式

通过一体化课程设计,建立核心课程与毕业要求的匹配矩阵,明确核心课程对学生毕业要求的支撑度,优化课程教学大纲和考试大纲。以课程质量评价为核心,强化课程达成情况、毕业要求达成情况评价、学生学习过程跟踪评价、专业教师职业能力评价,编写高质量的规划教材,加强一流课程建设。

3.构建了基于 OBE 导向的混合式教学模式,转变了课堂教学理念

利用超星慕课、雨课堂等网络平台,开展了线上线下混合式教学改革。以学生为中心,教学设计过程分为课前、课中、课后三个阶段,创新了启发式、案例式、研讨式多种教学方法,引导学生进行自主性学习、研究性学习和协作性学习,实现了核心课程教学从灌输课堂向对话课堂转变、从知识课堂向能力课堂转变。(见下图)

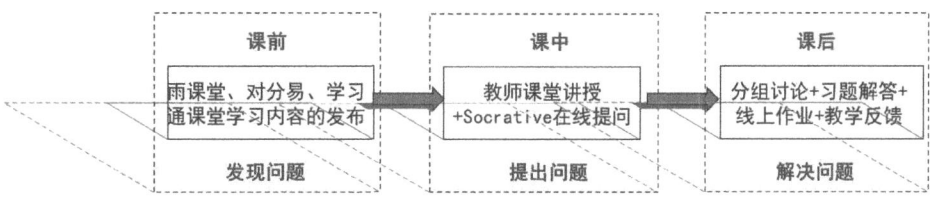

4.构建了多层次实践教学体系,全方位提高了学生创新创业能力

通过完善基础实验平台和实习实践基地建设,拓展科技竞赛平台和创新创业渠道,形成了多层次创新创业教育课程体系。2017 版人才培养方案中,集中实践环节由 30 学分增加至 35 学分,同时设立了创新创业学分(4 学分),把培养学生的实践能力、创新精神和创新创业能力落实到各个实践教学环节。以"项目制"为依托,设置课程实践内容,增加学生自主实践能力;以学分认定为办法,促进"实践项目"开展,培养学生主动学习能力;最后以"创新创业实践"为载体,体现"实践教学"效果。

三、创新点

1.以 OBE 理念为导向,优化了课程体系,构建了核心课程群

完善了由企业、用人单位、毕业校友、行业、企业专家等有关方面参与的社会

评价办法,突出了实践工程能力,优化了课程体系。以食品类专业核心课程群建设为抓手,聚焦学生工程能力培养,深化"课程目标、课程内容、教学模式、考核方式、质量评价"五位一体改革,注重学生学习效果和能力达成,持续改进了专业课程体系、师资力量和保障条件。

2.基于"学习产出",构建了多维度下毕业要求达成度评价体系

通过一体化课程设计,建立核心课程与毕业要求的匹配矩阵。实现优质教学资源共享,促进学生自主学习。以全面定量评价学生的毕业要求达成度为目标,构建了课程目标达成评价、毕业要求达成评价、学习过程跟踪评价和毕业生跟踪反馈及社会评价的多维评价体系。

3.建立了多元化课程目标形成性评价方法,实现了毕业要求以及培养目标达成的科学量化

依据理论课、实验课和实践类课程三种不同类型,制定了《课程考核合理性确认表》《课程目标形成性评价表》《课程目标达成度确认表》和《课程目标达成度分析报告》等文件,构建了多元化的课程目标形成性评价体系,对学生在整个学习过程中的表现进行跟踪与评估,并将评价结果用于课程的持续改进。实践成果发表在 2019 年 12 期《中国高教研究》杂志(见下图)。该成果应用表明,多元化的课程目标形成性评价在提高教学质量、培养学生终身学习能力、促进学生全面发展等方面效果显著。

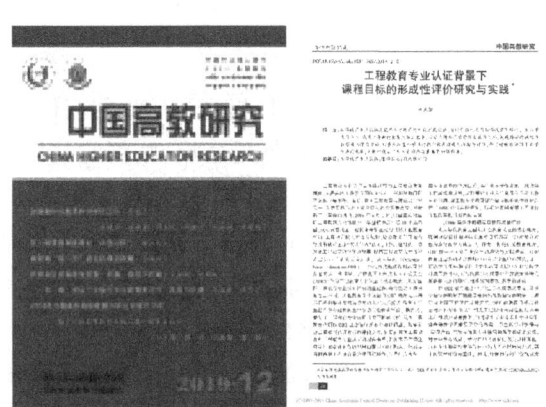

4.打造一流课程,创新产学研合作模式,强化学生工程能力

新建省级在线开放、虚拟仿真课程 2 门,校级线上+线下混合课程 4 门。聘请 11 名企业导师作为兼职专业教师,建立稳定的"双师型"教师队伍。积极利用社会资源,举办企业资助的创新创业大赛 5 项,覆盖全体学生,引导学生进行自主性学习、研究性学习和协作性学习,实现了从知识课堂向能力课堂的转变。

四、推广应用效果

1.人才培养质量稳步提高

项目完成了基于OBE导向的人才培养方案修订,形成了"以学生为中心,成果为导向"的人才培养模式。项目实施后,学生在挑战杯、全国大学生食品工程虚拟仿真大赛和全国生物联赛等国家级竞赛中获奖21项。应届毕业生调查结果表明:本专业毕业生要求具备的12项能力,基本达到100%,完全达到超过80%,且完全达到的比例逐年提高。第三方专业机构(新锦成职业发展教育平台)调查结果表明:本科人才培养达到了预期目标,近五年毕业生对本专业就业平均满意率达98.1%,用人单位对本专业毕业生平均满意率达95.2%。获教育部全国毕业生就业典型经验高校50强。

2.推广应用效果显著

项目成果在本校生物工程等10个工科专业推广应用,受益学生达8000余人。学校深入推进成果的实施,将成果提出的多维度毕业要求达成度评价体系、多元化的课程目标形成性评价方法、基于OBE导向的混合式教学模式运用到教学管理和实践中,工科专业学生人才培养质量显著提高,2019年申报的生物工程等6个专业的工程教育认证申请被受理。

借鉴项目成果,河南农业大学食品科学与工程专业优化了人才培养方案和课程体系,2019年工程教育认证申请被受理。中南林业科技大学食品科学与工程专业采用本项目的研究成果进行了学生毕业要求达成度评价机制完善和校内外实践平台的构建,2017年通过工程教育认证。武汉轻工业大学、华南农业大学等12家高校派考察团来校进行教学成果学习交流。2019年8月,河南省高校"不忘初心,牢记使命"主题教育领导干部研讨班对本专业的建设成效进行了现场观摩,给予高度评价。

3.行业认可

海南亿德食品有限公司、郑州剑鱼食品有限公司、郑州雪麦龙有限公司等企业资助5-15万元用于开展学生创新创业实践活动,定期举办了"椰果创新制作大赛""剑鱼杯天然复合调味料创意创新大赛"和"雪麦龙杯调味品大赛"等品牌创新创业大赛,学生参与度覆盖100%,学生实践、创新能力显著提高,毕业生一次就业率达96.7%。

4.社会影响力显著提升

食品科学与工程专业进入全球工程教育第一方阵。2017年河南省专业评估第一,2019年入选首批国家级一流本科专业建设点。大河客户端(2019-8-30)报道了本项目立足食品行业和中原区域经济发展需求、聚焦工程教育、人才培养模式的改革成效。《教育时报》(2019-9-13),大河网(2019-9-25)等省级媒体相继报道了项目在人才培养、科学研究、社会服务等方面取得的突出成效。

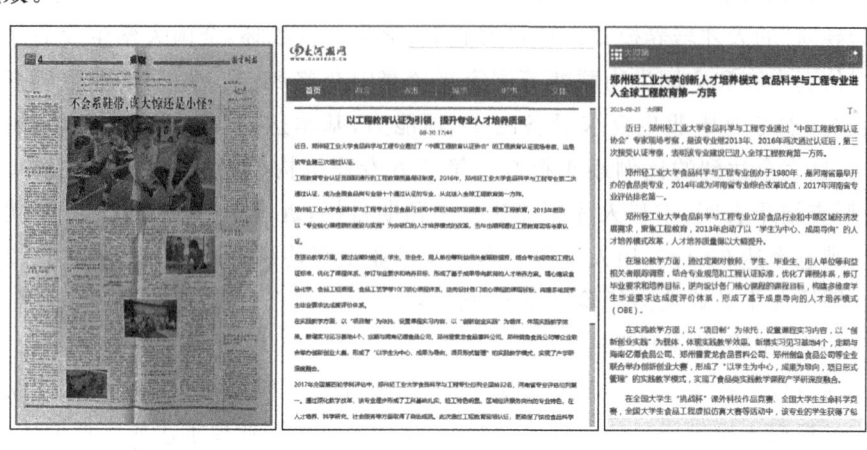

基于轻工行业转型背景下的机械设计专业方向建设

主要完成单位：郑州轻工业大学

主要完成人：王良文、罗国富、王才东、何文斌、杜文辽、
李浩、李安生、李宏伟

该项目紧跟行业技术发展方向，以轻工机械装备设计研发人才培养为目标，不断对人才培养模式进行研究、调整与持续改进。项目重构了适应轻工行业转型发展的"机械设计专业方向"人才"学习产出"框架和培养体系；创新产、学、研三维工程实践教学模式，形成了创新方法训练、项目实践、学科竞赛三位一体的创新能力培养体系；构建产学互动的专业建设机制和人才培养质量持续改进机制；实践效果好，体现了高等院校适应行业发展，培养特色人才和课程改革的新方向。具有很强的前瞻性、示范与辐射作用。在转变教育思想、改进理论和实践教学方法等方面取得了一系列重大成果。

一、项目研究主要解决的问题

为了适应轻工行业转型发展，通过研究行业的战略发展需求，并在专业建设中响应对人才的培养需要，项目组持续进行教学改革研究与实践。主要解决的问题包含：

1.行业发展的战略及对人才的需求不清问题，即需求研究

研究轻工行业转型的特点，明确轻工行业两化融合对人才培养需求，提出了人才队伍建设战略。

2.需求驱动下的人才培养模式构建问题，即形成目标驱动

研究人才培养如何适应现代轻工装备转型发展需求。包括：①对接标准，推行专业工程认证；②系统优化，形成符合行业发展需求教学内容；优化课程设置与教学内容，建立特色鲜明的核心课程体系；③突出特色，开设特色实验；构建具

有行业特色的实验室及实习基地;④联系生产实际,着力工程素养培养:加强工程技能的实践,提高师生工程素养;⑤确立学生中心,强化创新训练:以"双创"学科竞赛为载体,培养学生的创新意识、创造精神和创业能力。⑥持续改进,建立"评价—反馈—改进"的教学质量保障机制,推动人才培养质量的持续提升。

二、成果解决教学问题的方法

1.研究行业经济转型特征,根据行业经济转型升级、创新发展需求,重构"机械设计"专业方向人才培养体系

(1)承担省软科学研究计划项目,从产业发展的驱动力等方面研究了行业的转型发展对人才职业能力的需求,并以此构建适应行业发展的人才培养体系。

(2)追踪国际通行的工程教育质量体系,基于OBE教育理念,提出了具有工程素质、实验设计和分析能力、机械工程实践与应用开发能力、机械产品创新能力、团队合作能力等"一素质四能力"的"学习产出"标准。

(3)依据"设计+制造+控制"三个"核心能力",以机械工程实践能力和创新能力培养为主线,构建课程体系和实践教学体系,实现了课程结构从传统知识进阶型向工程能力提升型的转变。

(4)对课程教学内容进行研究和优化,增加有特色的专业选修课程及特色实验项目,凸显现代"轻工机械"设计特色。

(5)持续改进教学过程与教学方法,打造金课,建设精品课程。

2.探索多元化实践育人模式,系统构建实践教学平台

(1)整合优化实验、实习、实践教学环节,系统构建了校企联合、多层次工程实践教学平台。

(2)组建具有国内领先水平、符合行业发展特色的实验室。

(3)推进现代信息技术与实验教学深度融合。探索线上线下相结合的实验教学模式。"机械装备智能制造虚拟仿真实验中心"获省级立项建设,2项虚拟仿真实验项目获得省级立项。

3.融合创新方法与实践、校内与校外、课内与课外,构建创新能力培养体系

(1)建立创新方法课程群,开设创新思维与创新方法、创新设计方法学、机械工程创新与创业等课程,形成创新方法训练体系。

(2)以"双创"学科竞赛为载体构建融合课内课外的创新教育平台,激发大学生的创新热情和创新潜能;每届60%—70%学生参加机械创新设计大赛等各类竞赛。

(3)凝练科研与教学研究成果,将其转化到教学实践中,对现有课程的教学与实验内容环节进行改革与提高。

(4)引导学生参与教师科研项目,培养创新意识,提高创新能力。

4.构建产学互动的专业建设机制和人才培养质量持续改进机制

(1)建立企业专家的兼职教师制度,定期开展授课、专题报告、咨询交流活动。

(2)创新"产、学、研"合作模式,强化教师工程素养的培育。鼓励教师进入企业参与生产实践,探索使课程设置、教学内容及各教学环节与行业、企业密切联系的方法与途径。

(3)强化教师的工程实践和工程实践教育双能力的培训,实施"外引内培"战略,构建校内外结合、高水平工程教育的双师型教学队伍。

三、成果的创新点

1.重构了适应轻工行业转型发展的"机械设计"专业方向人才"学习产出"框架和培养体系

(1)基于 OBE 教育理念,提出了适应轻工行业转型发展的具有工程素质、实验设计和分析能力、机械工程实践与应用开发能力、机械产品研究创新能力、团队合作能力"一素质四能力"的"学习产出"标准。

(2)依据行业转型新需求,依据"设计+制造+控制"三个"核心能力",重构了课程体系和实践教学体系,课程结构从传统知识进阶型向工程能力提升型(通用能力+专业技术能力+复杂工程问题解决能力)转变。

2.创新产、学、研三维工程实践教学模式,形成了创新方法训练、项目实践、学科竞赛三位一体的创新能力培养体系

(1)建立了校企联合、多层次、系列化的工程实践教育平台,形成了产、学、研三维实践教学模式。

(2)建立了校内外实训教学融合、项目驱动科研创新的创新型人才实践教学新模式。通过构筑特色实验室、创立梅科尔创新工作室等,鼓励学生参加各种创新大赛等途径,实现课内课外、校内校外立体式的实践教学体系;鼓励学生积极参与教师科研项目,培养学生的创新意识、创造精神和创业能力。

(3)建立创新方法课程群,形成了学生创新方法训练体系。形成了创新方法训练、项目实践和学科竞赛三位一体的创新能力培养体系。

3. 构建产学互动的专业建设机制和人才培养质量持续改进机制

(1)依托企业专家,构建产学互动的专业建设机制。形成培养目标、毕业要求、课程体系、教学方法和实践教学体系的持续改进机制。

(2)探索出"走出去、引进来"的校—企教师交流合作机制。创新"产、学、研"合作模式,选派教师出国研修,到企业、研究所兼职等,强化教师的工程素养。同时聘请企业的工程师来校授课、参与整个教学环节。

(3)基于 OBE 教育理念,推行知识、能力、素质三位一体的考核评价模式。将评价结果应用于教学改进,推动人才培养质量的持续提升。

四、成果的推广应用效果

项目研究的"机械设计"专业方向应用型人才培养体系和工程素质培养实践贯穿了以学生为中心的主线,强调学生应用能力和工程素质的培养。新的体系在郑州轻工业大学机电学院两届机械专业方向的学生培养上进行了实践。专业在 2019 年通过了教育部工程教育专业认证,2018 年获得省专业评估第一名,2019 年入选国家和省"一流专业"建设点。

项目研究中,完成与承担校级以上教学研究项目 8 项;承担省级"教学质量工程"项目 10 项;发表高水平的教学研究论文 18 篇。课题组成员指导学生参加学科竞赛,荣获国家级、省级奖励 55 项,其中国家级特等奖 2 项;专业教师与学生创建的梅科尔创新工作室指导学生创新创业成效显著,受到河南卫视等媒体的关注与报道。

通过项目研究,课题组教师得到了快速成长。罗国富教授获得国务院特殊津贴,王良文教授被评为全国优秀教师,李浩成为河南省科技创新杰出青年、教师厅学术技术带头人,杜文辽老师成为省教师厅学术技术带头人,王才东成为校教学名师。

研究成果在省内外多所高校的相关专业进行了应用与实践,促进了相关高校教学改革与教学质量的提升,产生良好的社会影响。

基于学生"双创"能力培养的探究式教学考核体系的研究与实践

主要完成单位:郑州轻工业大学
主要完成人:尹志刚、仝新顺、钱恒玉、陈勇、佘述燕、樊凯奇、王瑞娟、张同艳

一、成果简介

(一)特色

依据学校办学定位,从办好特色专业出发,以激发学生创新意识,提升创业能力,培养社会和行业需求人才为目标导向,聚焦高校现有的教学考核体系中"关注知识灌输,忽略能力培养,学生主动性未能有效发挥,教学过程不能有效支撑毕业要求",将学生"双创"能力培养与课程体系设计及教学进程进行有效关联,构建一种探究式教学考核体系,对新工科背景下人才培养涉及的评价机制提出建设性意见,并将得出结论在不同高校的不同专业进行推广,最终得出改革结论。

(二)解决的主要问题

1.高校教学过程不能有效支撑毕业要求

大学课堂多为教师将课程知识点进行聚焦、围绕知识点进行讲授,更多关注知识灌输,忽略能力培养,学生主观能动性未能有效发挥;课程学业评价多采用笔试考核评价,而且答案标准统一,易造成授课内容固化、脱离行业实际,考试内容相对固定。学生则出现"死记硬背、投机取巧、考试夹带与抄袭"等多种不良现象。结果,教学过程忽略能力培养,不能有效支撑毕业要求。

2.教师职业倦怠日益严重,学生创新意识逐渐丧失

高校教师长期以来,一般只讲授1~2门专业或基础课程,有些教师甚至能将所讲内容背诵下来,但其教学理念落后,完全忽略科技知识的"发展、开放及逐

步完善"等特点,以不变应万变,不思进取。结果,学生创新意识不能有效发挥,对很多问题知其然而不知其所以然,不愿触碰新课题,不愿涉猎新领域。

3.教学考核体系对学科建设的反作用

科研反哺教学几乎是高校教师的惯性思维,甚至片面认为,"不做科研就不可能成为一名优秀的大学教师"。这种观念只重视学科建设的引领与抓手作用,忽视了教学过程(特别是教学考核体系)对学科建设的巨大反作用。高校教学规律实践表明,大学生技术创新、团结协作、综合素养等能力的培养与有效评价,完全可以借助一种教学过程考核评价体系而得到提升。通过"将行业发展成果引入课堂、将行业难题解决方案作为学生解决复杂工程问题突破口、将行业专家评价引入考核体系"等措施,能够有效激发大学生主观能动性的发挥,提升其创新意识,并由此建立探究式教学考核体系,激发大学生创新思维,有效提升大学生双创能力。

二、方法与手段

(一)创立开放体系、搭建"试错"平台

为诊断学生在知识掌握、技能培养与工程训练以及团队协作等方面是否存在观念错误或对观念的误解,需要引导与激励学生对已有知识等进行质疑或否定,最终提升创新意识,培养创业自信。实践表明,学生"双创"能力只有在"开放"与"试错"过程中才能得到有效培养。因此,为大学生创立"开放"体系,搭建"试错"平台是构建探究式考核体系的基本内涵。例如,从大一开设专业导论,让学生对专业由"感受"到"认知",并伴随专业一起成长;引导学生利用节假日,进入教授/博士实验室开展科研活动,提升创新意识与实践动手能力及其专业学习兴趣;充分利用校友会(奖学金)、行业协会、教师社会兼职等资源,定期开办创业论坛,举行技术沙龙,分享行业技术成就,开阔学生视野;积极组织挑战杯、金相技能竞赛、化学化工实验大赛、化工设计竞赛等活动,增加学生协同实践锻炼机会,营造工程能力与学术培养氛围。在特殊的"教"与"学"的氛围中,谁也不知道标准答案或最终结果,学生能力优劣在于不同完成者提交结果之后的相互比较,没有最好,只有更好。

(二)强化目标导向,将能力培养与课程进程有效关联

教师的知识水平与教育能力决定了大学生"双创"能力提升的最终空间。因此必须引导教师走出校园,奔赴企业,不断将行业最新发展成果引入课堂,构建培养学生"双创"能力的探究式教学考核体系(见图1)。教育的根本目标在于培

养学生未来的"谋生"本领。因此,课程考核应以激发学生创新思维为主要突破口,将实际工业工程所涉及的理论与课程理论讲述过程进行对接,强调理论对实践的指导作用;通过课堂演练、布置作业、安排大学生参加相关学科竞赛、综合讲座或学术报告,体现教学要求,彰显课程特点。此外,知识消化与解决实际问题的有机结合往往对撞出创新意识。让学生掌握知识产生过程远胜于掌握知识本身。因此,教师应尽其所能,选取与学生专业特点相匹配的行业工程实践进行分析,凝练出与教科书相同的观念或理论,真正做到"授之以渔"。

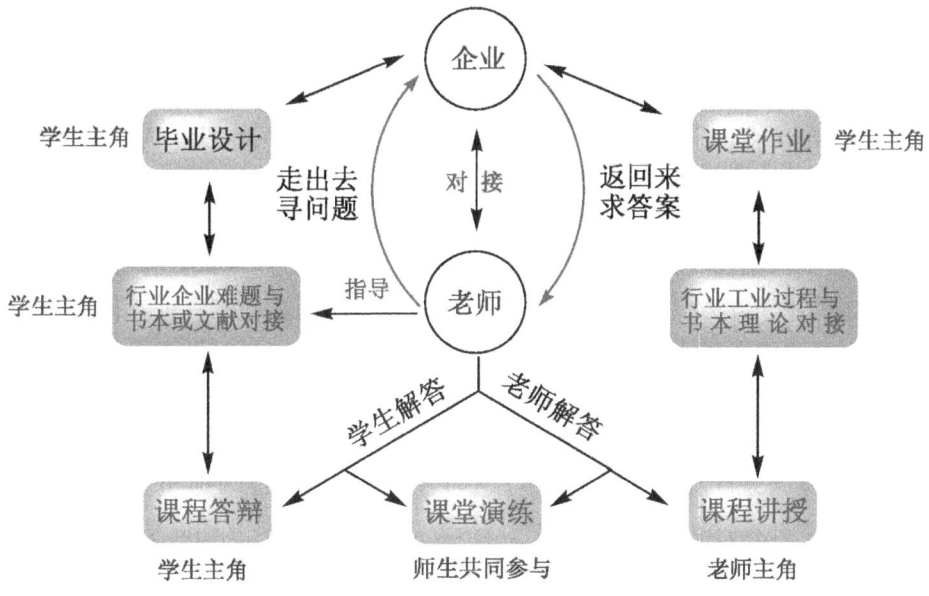

图1 基于"双创"能力培养的探究式教学考核体系模型

(三)转变评学观念,更新评价机制

从"特别注意知识的准确性、完整性、系统性"方面逐渐转向"如何诱发学生好奇心(创造性思维)"是更新评价机制的关键。因此,教师除按教学大纲聚焦或提炼课程知识点外,还需将行业最新发展成果引入课堂,为学生提供课堂演练清单及具体要求,引导学生挑选知识点进行课堂展示,并依据演练效果获取课程积分。将单纯"期末考试"或"期末考试+平时成绩"评学方法转化为与授课过程并行的师生交互式过程评价,重点考查学生对学科知识的准确理解与灵活运用以及"双创"能力提升。例如,引导学生分成若干5～7人研讨小组,通过抽签分配答辩考试题目(一般为行业难题),规定提交答辩报告期限(5～6周),教师提出评阅意见,返回学生修改。最后,每个小组随机挑选一名同学代表本组进行汇报与答辩,采用"基教双学:基础分+教师评分+学生评委评分+普通学生评分"机制对学生进行现场公开课业评价。

三、成果创新

(一)构建一种基于能力培养的探究式教学考核体系

阐述了教学过程考核体系反作用于学科建设,强化了如何激发大学生创新意识与大学生能力培养,探索出一条高校教学过程评价体系有效支撑毕业要求的新思路,为新工科背景下如何提高课堂教学质量提供新模式,可有效指导高校课程的教学方式与考核模式改革。

(二)教师教学能力逐步改善,学生"双创"能力明显提升

为促进学生将知识消化与解决实际问题的有机结合,从而碰撞出"创新"火花,教师尽其所能,选取与学生专业特点相匹配的行业工程实践进行分析,凝练出与教科书相同的观念或理论,引导学生挑选知识点进行课堂展示,让学生更多地掌握知识产生过程,真正做到"授之以渔"。将单纯"期末考试"或"期末考试+平时成绩"评学方法转化为与授课过程并行的师生交互式过程评价,引导学生通过竞赛、技术沙龙或专业论坛,提升对学科知识的准确理解与灵活运用,从而更加自信,综合竞争力提高。

(三)探索出一条教学过程促动校企深度合作的新途径

授课案例为目前工业行业实际工艺过程,考试题目来自企业真实工业难题,学生通过查资料,找出工业难题理论解决方案,将有望工业化的方案作为答辩者的毕业设计,进入实验室或行业企业进行验证,最终获得工业化技术得到企业经费支持。例如,该课题先后得到各类企业资助约350万元资助。

四、应用效果

经过郑州大学、广东工业大学等全国十几所大学20多个不同专业应用实践表明,改革可有效提高学生的团队协作、战略思维与独立获取有效信息的能力,改善工业过程分析、控制与工艺流程描述等能力。例如,在《功能中间体》课程考核体系中,通过提前告知学生功能中间体合成题目,让学生查阅文献,结合有机、物化和化原基础,对文献报道路线进行有效评判;结合化工实验手段与物性常数,选择出相对有效的合成路线,制定合成工艺条件,并对反应过程可能出现的副产物进行预判;提出反应过程控制手段以及反应体系中,主、副产物合理的分离步骤;对相应的工艺过程进行有效描述,画出工艺流程简图。

根亲文化与两岸交流特色学科群服务国家特殊需求人才培养模式研究

主要完成单位：信阳师范学院
主要完成人：尹全海、余纪珍、刘双、刘喜元、孙炜、刘党英、邓文金

"根亲文化与两岸交流特色学科群服务国家特殊需求人才培养模式研究"，系河南省高等教育教学改革研究与实践重点项目的最终成果，2019年12月通过省级鉴定，2020年5月获河南省高等教育教学成果一等奖。成果及应用效果在《中国教育报》《中国社会科学报》国家级新闻媒体，以及中国人民大学等官方网站先后报道。

一、研究重点和难点

研究成果以历史学为主体学科，侧重于人才培养模式改革和专业建设，研究重点主要集中在区域特色学科资源如何转化为人才培养优势资源、区域特色学科建设与人才培养的互动关系两个方面。

第一，研究成果把中原根亲文化资源及其在两岸交流中扮演的独特优势作为培养服务祖国统一大业国家特殊需求人才的优势教学资源，围绕一个目标，在不同培养层次运用不同培养载体，从而形成一个持续不断、层层提升的"特需人才"培养模式。该研究成果先是与台湾师范大学、彰化师范大学等台湾地区高校联合举办"两岸青年中原文化研习营的"活动，在历史学、文化产业管理等本科生中开展两岸交流。积累一定的教学资源、课程资源和师资条件后，借助国家硕士点动态调整，中国史设为硕士学位授权一级学科，下设中原与闽台渊源关系研究学科方向，开展硕士研究生层次的"特需人才"培养。以此为基础，通过联合培养的形式开展博士研究生层次的"特需人才"培养。区域特色学科资源由此成功转化为人才培养优势资源。

第二，研究成果以发现和凝练区域特色学科资源为逻辑起点，以区域特色资源培育优势特色学科，以优势特色学科资源转化为人才培养的优势资源，以"特需人才"培养成果支持优势特色学科建设和一流本科专业建设。信阳师范学院申报的根亲文化与两岸交流研究中心2018年被确定为河南省高校人文社会科学重点研究基地，从而强化了重点学科和优势特色学科建设水平，形成人才培养与特色学科建设互为动力的良好局面。

研究成果难点是教学改革目标和任务与目前客观条件之间的矛盾：首先是该项研究的实施主体涉及海峡两岸高校，不仅跨省、跨学校，还跨海峡两岸；其次是该项研究的培养层次包括本硕博一体化。

二、主要解决的问题及创新方法

研究成果在信阳师范学院近20年运用中原根亲文化资源开展两岸大学生双向交流活动及教学实践的基础上，提升、建构根亲文化与两岸交流特色学科群服务国家特殊需求人才培养模式，充分体现了特色学科支持一流专业、一流专业培养一流人才的高等教育教学改革理念。以信阳师范学院根亲文化与两岸交流研究中心，2018年确定为河南省高校人文社会科学重点研究基地、根亲文化与两岸交流特色学科群支持下的信阳师范学院历史学本科专业，2019年确定为河南省一流本科专业建设点为标志，实现了从区域资源出发培育特色学科，以特色学科建设一流专业，以一流专业培养一流人才或"特需人才"的研究目标，而且在特色资源、专业建设和人才培养三者之间形成互为动力、层累递进、循环闭合的改革路径。

研究成果创新思路及解决教学问题的方法，大致概括为从实践中来、到实践中去两个环节。

第一个环节"从实践中来"，指对信阳师范学院近20年运用中原根亲文化资源开展两岸大学生双向交流及教学实践活动进行理论化总结的基础上，从培养主体、培养层次与方式和知识体系三个层面，建构本硕博一体化"特需人才"培养模式。其中，本科生最初是在历史学、文化产业管理等专业高年级同学中选拔赴台参加"两岸青年中华文化研习营"学员，按要求"研习营"学员以根亲文化与两岸交流作为学士学位论文选题及考研方向。硕士研究生培养，体现在信阳师范学院中国史硕士学位授权一级学科下设"中原与闽台渊源关系"研究方向，保证每年招生名额。博士研究生培养，系通过与闽南师范大学联合培养"服务国家特殊需求博士人才"具体实施，联合培养方案中开设"中原根亲文化研究""中原与闽台渊源关系研究"等课程,毕业生以"中原与闽台关系"为选题方向。

第二个环节"到实践中去",是指以信阳师范学院建构的本硕博一体化"特需人才"培养模式应用于其他高校的实践教学活动,凸显其辐射性、示范性。理论意义上,把区域特色资源转化为人才培养优势资源,是地方高校坚持"人无我有、人有我特"的特色发展理念、提升学校办学实力和核心竞争力的最有效途径;如此可在发展思路上避免与高水平大学进行同质竞争,有望在某一领域率先进入国家一流团队。实践层面上,该研究成果在闽南师范大学培养"闽南文化与两岸交流服务国家特殊需求人才"、洛阳师范学院"河洛文化"教学实践中的有效应用及取得的显著效果,表明该项成果对地方高校具有强烈的借鉴意义和推广应用价值。

研究成果源自信阳师范学院近 20 年运用中原根亲文化资源开展两岸大学生双向交流活动及教学实践成果,建构本硕博一体化服务祖国统一大业"特需人才"培养模式,体现了从实践中来、到实践中去的生成理路,具有原创性。研究成果聚焦新时期高等教育教学改革与人才培养中的重点和难点问题,从区域资源出发培育特色学科,以特色学科资源建设一流专业,以一流专业建设成果转化为培养一流人才的优势资源,在优势特色学科建设与人才培养模式改革之间形成互为动力、层累递进、循环闭合的改革路径,具有前瞻性和先进性。研究成果在闽南师范大学培养"闽南文化与两岸交流服务国家特殊需求人才"和洛阳师范学院"河洛文化"特色课程资源开发及教学实践中取得的显著效果,表明该成果对地方高校具有推广应用价值。

三、成果推广应用效果

研究成果除有效应用于信阳师范学院教学实践之外,还应用于闽南师范大学培养"闽南文化与两岸交流服务国家特殊需求人才"和洛阳师范学院"河洛文化"教学实践,并取得显著的应用推广效果。

历史上光州固始人陈远光父子入闽开漳、王审之兄弟率部建立闽国,以及中原姓氏入闽迁台的历史,为闽南师范大学与信阳师范学院联合开展两岸大学生双向交流创造了条件。2016 年与信阳师范学院签订联合培养服务国家特需博士人才合作协议,特需人才"培养模式"的应用范围由此得到拓展,至 2019 年,闽南师范大学共有 600 多位大学生参与两岸交流,学科教学(历史)专业硕士研究生以海峡两岸历史文化为硕士论文选题和研究对象,在台招收的"闽南文化与两岸交流专业"博士研究生学成毕业回台就业,积极开展两岸学术文化交流活动。

洛阳师范学院地处九朝古都洛阳，系河洛文化圈之核心。河洛文化为洛阳师范学院独具特色的学科资源和人才培养优势资源。为充分挖掘河洛文化特色资源，借鉴信阳师范学院充分运用中原根亲文化资源，从区域资源出发培育特色学科，以特色学科培养一流人才的成功经验。洛阳师范学院一方面立足河洛大地，深入挖掘河洛文化内涵，将河洛文化学科资源转化为人才培养优势资源，比如《河洛文化概论》课程进入历史学、文化产业管理专业人才培养方案。历经多年教学实践，《河洛文化概论》课程于2014年获批河南省精品视频公开课，《河洛文化概论》教学视频2019年被学习强国平台收录，至2019年，洛阳师范学院历史学、文化产业管理等专业共计2000多名师生参与河洛文化研究和宣传工作，大力弘扬河洛文化、洛阳古都文化之同时，全面提升了大学生的人文素养和文化自信，成为洛阳师范学院的特色教学品牌。

地方高校经济学专业综合改革及评价体系研究
——以信阳师范学院为例

主要完成单位：信阳师范学院

主要完成人：郑云、夏金梅、杜辉、陈俭、李辉、徐志芬

本项目自 2017 年 11 月由河南省教育厅立项以来，课题组成员公开发表相关教改论文 4 篇、完成研究报告 1 份、研究成果采用证明 2 份、获得教育教学奖励 9 项、省级教学质量工程 3 项、教育教学项目 3 项；发表经济学专业论文 14 篇（CSSCI）、出版经济学著作 2 部、获批经济学专业科研项目 4 项（国家级 1 项、省部级 3 项）、获省级社科优秀成果奖 3 项。

一、成果主要解决的问题

(1)明确了地方高校经济学专业综合改革的目标定位、关键点以及改革方向。总体目标定位概括为"确保一个重心，覆盖四个层面"，一个重心是指高等教育的质量保证；四个层面是指人才、教改、科研、师资，专业综合改革应覆盖这四个层面；具体目标包括理论构建专业综合改革方案和评价专业综合改革成效。关键点包括师资力量的加强与整合、经济学应用性特点的体现、专业综合改革评价指标的选择。改革方向包括师资队伍建设改革、课程教学资源开放共享、教学方法手段改革、实践教学环节改革、教学管理制度改革、专业评价体系构建。

(2)构建了地方高校经济学专业综合改革方案。立足于信阳师范学院地处革命老区与豫南地区的区位特点，以河南省重要的经济理论人才培养基地和经济复合型人才输出基地为建设目标，从优化教师团队、丰富课程设置与教学资源、创新教学方法与手段、提升实践教学质量、深化教学管理改革等方面构建地方高校经济学专业综合改革方案，具有实际操作性。

(3)构建了经济学专业综合改革成效的评价体系。基于过程评价与结果评价的有机结合原则，从专业综合改革投入、专业综合改革产出、专业综合影响力

三个维度分析专业综合改革的成效,确定了经济学专业综合改革成效评价的11个一级指标以及68个二级指标,构建经济学专业综合改革评价体系,并将评价结果作为完善专业综合改革方案的重要参考,形成循环的评价流程,使评价真正成为提升专业质量与内涵的驱动力。

(4)提出了地方高校经济学专业综合改革成效的优化对策。以信阳师范学院为例,对经济学专业综合改革的实践效果进行了整体分析和分类分析,从实现学科和专业一体化发展的整体评价、关注专业综合改革的投入—产出、落实专业综合改革的自评监督、提供改革目标实现的有效保障、引导专业特色发展等方面给出相应的建议对策。

二、成果解决教学问题的方法

(1)加强和整合师资力量推动经济学专业综合改革。地方高校经济学专业建设的基础在于师资力量。然而,经济学高端人才相对稀缺且高校人才需求市场竞争相对激烈的事实,也昭示了地方高校强化师资力量的尴尬与无奈。经济学专业高端人才供需严重失衡。通过"引进"加强的同时,也要注重通过"培育"整合。本项目构建了经济学专业综合改革方案,指出通过物质激励、精神感召、故乡情怀等手段吸引以博士为基础、以学科带头人为核心、以特聘教授为关键的高层次人才加盟地方高校;通过学术交流、高校联盟、校友联系、教师自荐等渠道协助青年教师外出攻读学位、访学交流、短期培训;学校内部采取各种形式进行师资力量的跨院系协调整合。

(2)实践教学改革突出经济学专业应用性特点。本项目关注了地方高校经济学专业综合改革面临的一系列问题:如何在已有的教学基地实习实训、暑期城乡实地调查、学生社团活动等实践方式的基础上扩展实践渠道?如何在巩固地方商业银行、证券公司、保险公司等实践教学基地的基础上开拓省内外异地见习实习的空间?如何对接时代需求,拓展自主创新创业等方向的见习实习领域?等等。本项目立足于信阳师范学院地处革命老区与豫南地区的区位特点,以河南省经济应用型人才培养为目标,构建地方高校经济学专业综合改革方案,具有实际操作性和实用性,研究成果具有较大的参考借鉴意义。

(3)评价指标选取注重过程评价与结果评价的有机结合。地方高校经济学专业综合改革既要把握教育部文件精神,又要体现地方特色,同时还要考虑到专业自身属性。本项目研究在指标设计实现了定性评估与定量评估相结合、创新强度与推进力度相结合、结果评价与过程评价相结合。依据本项目构建的指标体系进行评价,评价结果一方面可对不同专业综合改革成效进行横向对比研究；另一方面如果进行多轮评价,则多轮评价结论可反映出同一专业综合改革成效的变动及各个一级指标的纵向发展。依据评价结论,查找原因,不断完善改进方案,进一步提升专业综合改革的成效。

三、成果的创新点

(1)注重过程评价与结果评价的有机结合。本项目突出评价的形成性功能,既关注对专业综合改革结果的评价,更关注包括改革方案的制定、落实、改进等环节在内的改革过程的评价。结果评价和过程评价的有机结合才能发挥专业综合改革评价对专业内涵式发展的驱动作用。

(2)构建经济学专业综合改革评价体系。本项目从专业综合改革投入、专业综合改革产出、专业综合影响力三个维度分解出校企合作、师资力量、课程建设、教师教学、实训条件、学生学习、国内外教育合作、科研创新、学生就业、社会服务、专业特色与声誉等11个一级指标及68个二级指标,涵盖经济学专业人才培养质量相关的学生、教师、课程等横向关键层面。既可实现不同专业综合改革成效的横向对比；也可通过多轮评价,跟踪与识别专业综合改革成效及各个一级指标的纵向发展情况。能为高校经济学专业及其他专业综合改革提供借鉴。

四、成果的推广应用效果

本项目研究成果在信阳师范学院2015－2018级经济学专业在校学生中进行了推广,取得了较好的效果,整体来说,经济学专业学生对现有经济学专业课程、教师团队、科研参与等方面的满意度达到85%以上。具体表现在以下几个方面：一是经济学专业课程教学满意度提高。我们对2015－2018级经济学专业多门主干课程展开网络学习空间建设,实现师生良性互动及教学资源共享,开阔了学生的视野,开阔了学生的思维,提高了学生的参与度,学生到课率明显提高,对教师的敬业态度、教学方法、教学效果、学术修养等教学评价不断提高。课题组成员的学生网上评分均在95分以上。二是经济学专业对地方经济发展服务功能增强。本项目研究注重经济学人才培养与地方经济发展之间的密切联系,理论联系实际,充分发挥学科发展对服务地方经济建设的功能。我们在教学中紧密联系中原经济区建设、大别山区经济发展、信阳综合改革试验区等实际,运用经济学原理分析问题,提出发展对策,改革成果突出反映了服务地方经济特色,实现了教学理论与服务实践的有机结合。三是校际和校企之间的共享力度加大。在研究成果推广中,信阳师范学院商学院与省内外高校通过教学观摩和学术研讨等方式建立长期交流合作,致力于提高内涵式专业人才培养质量;在省内外建立多处实习基地,与多家企业单位进行校企合作教学,使课程资源的建设反映了最新的社会需求,有利于创新型应用型经济学专业人才的培养。四是学生专业技能和实践创新能力提升。经济学专业综合改革提高了学生对课程学习的参与度,激发了学生的创新能力和实践能力。学生熟练掌握专业实践操作技能;能流畅地进行专业的财经应用文写作及表达;90%的学生通过计算机等级考试;普通话等级考试通过率为95%;英语四、六级考试平均通过率逐年提高;经济学专业毕业生考研录取率逐年提高;获得各种从业资格认证的学生总数也在逐年增加,深受用人单位好评。

卓越医生人才培养模式改革的研究与实践

主要完成单位：新乡医学院

主要完成人：任文杰、常海敏、史伟、宋元明、张睿、徐红彦、张洁、李洁

一、项目完成情况

（1）更新教育教学观念，确定学生在教学中的主体地位，强化医学生医德素养和临床实践能力的培养；

（2）改革教学内容与课程体系，推进医学基础与临床课程的整合；

（3）创新教育教学方法，积极开展以学生为中心和自主学习为主要内容的教育方式和教学方法改革，推行启发式、探究式、讨论式、参与式教学，倡导小班教学、小班讨论；

（4）完善评价体系，建立形成性和终结性相结合的全过程评定体系。

（5）加强医教协同，严格临床实习过程管理，实现早临床、多临床、反复临床；

（6）加强教学的信息化、精细化、科学化管理。优化升级综合教学管理平台，实现信息技术与教学的整合，推进标准化考场建设、题库建设，开通微信公众平台，全方位服务临床医学专业教学与管理。

（7）构建"卓越"师资平台，锻造核心教师团队。

（8）进一步加强临床实践教学基地建设。不断加大实践教学基地建设力度，构建了以附属医院（非直属附属医院）为骨干，实习教学医院和其他实习实训基地为基础的实践教学基地。

二、主要改革成果和实践效果

(1)转变观念:明确培养对象是医生,不是单纯的学生;培养关爱病人、尊重生命的职业操守和解决临床实际问题的能力。

(2)进一步深化卓越医生教学模式、教学内容与课程体系的改革:以"教"为主向重"学"为主转变,以学生为中心,自主学习、终身学习。增加人文素质教育课程,引进优秀的网络课程《中华诗词之美》《明史十讲》《人文与医学》《美学与人生》等,构建学科交叉与融合、促进学生全面发展的教学内容和课程体系;探索"以器官为中心"的课程体系,撰写了《基础与临床讨论课教程》;整合了诊断学、内科学、外科总论、外科学、妇产科学、儿科学、麻醉学、急救医学等,撰写了《临床基本技能学》;培养学生更为扎实的英语语言基本功,坚持大学英语教育"五年不断线"的课程体系;《临床基本技能学》;夯实思想政治理论课程平台,丰富人文社会医学通识教育课程模块。

(3)创新教育教学方法,深化教学手段改革。在传统授课模式基础上,积极推进研究式、启发式、讨论式、参与式、调查式等教学方式改革,在不同学科及不同的学习阶段,分别采用 PBL、CBL、DBL 等教学方法,将基础和临床学科相结合,引导医学生利用所学知识提出问题、分析问题、解决问题和进行批判性思维,培养学生自主学习、终身学习能力。基础医学教学阶段,开设基于疾病多学科融合的 PBL 课程,采取基础与临床相结合的讨论式学习,探索基于互联网+的形成性评价模式,引导学生早期接触临床;我校教师编写的《基于疾病多学科融合 PBL 教程》教师版和学生版均已出版,已设置了 8 个 PBL 教室,并培训了一批掌握以问题为中心教学方法的师资。临床教学阶段开展了课间见习模式改革,加强实践教学,注重多临床、反复临床。

(4)完善评价考核方法,建立全过程评价体系。理论、实验课程均采用"平时测试+期末考核"的考核模式;线上、线下网络课程、微课程采用"课程视频+平时测试+访问情况+考试"的考核模式。考核方式分笔试、口试、面试、网络考试、答辩、读书报告、文献综述、项目设计、论文、调查报告、实践操作等不同形式。实施 OSCE(客观结构化临床考试)评价方法,考核内容以临床技能为核心,同时对学生的临床思维能力、职业道德、沟通能力和相关法律法规等进行综合考核。

(5)强化临床实践,实现早临床、多临床、反复临床。强化临床实践教学,培养学生的临床思维及实际动手能力。改革临床理论课、临床见习和临床实习的界限,以"全过程临床教学和问题讨论式学习"为核心,实施以问题为引导,临床观摩＋课下专题讨论的模式,实现理论与实践有效结合。不断加大实践教学基地建设力度,构建了以附属医院(非直属附属医院)为骨干,实习教学医院和其他实习实训基地为基础的实践教学基地。

(6)加强教学管理,严格临床实习过程管理。加强临床教学各环节的教学过程管理,开展了"周周有评价,出科有考核,考后有反馈,持续提升实践技能"的形成性评价模式。强化训练实习大纲要求掌握的各项操作项目,实行临床实习过程中三阶段出科考核制度(分别在内科系统、外科系统、妇儿系统实习结束后),开展 OSCE(客观结构化临床)考试,切实提高学生临床技能水平。

三、项目成果与改革成效

(一)项目成果
1.五门省级精品在线开放课程
(1)细胞工程
(2)医学免疫学
(3)医学分子生物学
(4)大学生心理健康教育
(5)天然药物化学
2.省高校精品在线开放课程
医学微生物学
3.省高等学校实验教学示范中心
医学形态学实验教学示范中心(省级)
护理学实验教学示范中心(省级)
4.省高等学校虚拟仿真实验中心
生物医学工程虚拟仿真实验教学中心(省级)
5."卓越医生教育培养计划"综合改革系列教材
(1)《基础与临床讨论课教程》,人民卫生出版社
(2)《基于疾病的多学科融合 PBL 教程》,人民卫生出版社
6.修订完成了临床医学专业新版教学计划
新乡医学院本科临床医学专业教学计划(2017 版)
7.教改立项与教学成果奖
(1)国家级教学成果二等奖:《校企合作下以"三型"人才为目标的高职"订单培养"研究与实践》,来源文件名称:《教育部关于批准 2018 年国家级教学成果奖

获奖项目的决定》〔教师(2018)21号〕,序号:270

(2)省教育科学规划重点课题:新时代河南省医学教育高质量发展战略构想与路径研究,课题编号:(2019)-JKGHZD-12

(3)省教育科学研究优秀成果一等奖:批判性思维在转化式学习构建中的作用及意义,豫教(2017)-13342

8.教改论文

(1)任文杰、郭兆红.医教协同下高等医学教育供给侧改革动力、困境及出路[J].黑龙江高教研究.2018(3)

(2)任文杰.以党的十九大精神为指引办人民满意的高等医学教育[J].河南教育(高教版).2018(3)

(3)任文杰.澳大利亚高等教育质量保障体系探讨[J].江苏高教10 2018(6)

(4)史伟.批判性思维视野下医学史教育的两个视域及其课程实现[J].科教导刊.2019(2)

(5)史伟.医教协同视域下医学人文教育教学设计构建的模式选择[J].科技视界.2018(9)

(6)宋元明."双一流"背景下高校创新创业教育改革[J].中国成人教育.2018(2).

(7)常海敏、方红玲.我国图书情报学期刊高被引论文与低被引论文引文特征对比研究[J].江苏科技信息.2018(34).

(8)马海军等.深化医教协同提高住院医师培养质量[J].创新教育研究.2018(5).

(二)改革成效

1.2018年荣获第九届全国高等医学院校大学生临床技能竞赛总决赛二等奖。

	全国总通过率	我校总通过率	全国理论通过率	我校理论通过率	全国技能通过率	我校技能通过率	高出全国百分点
2017年	73.75%	88.38%	80.30%	90.90%	92.31%	95.27%	14.63
2018年	67.64%	82.79%	74.29%	87.67%	91.42%	94.49%	15.15

2.执业医师考试通过率逐年提升。

四、研究成果特色

(1)"推进医学基础与临床课程整合"。本研究以岗位胜任力为核心的《卓越医生教育人才培养方案》修订为契机,探索课程整合改革,开展"以病人为中心""以问题为中心""以学习成果为中心"等的教学方式。

(2)"以学生为中心开展教学,形成学生自主学习能力"。本研究通过转变教育理念和考核方式、丰富数字化教学资源库,采取讨论式、启发式、探究式、小组化等多种教学形式的组合,实现以学生为中心的教学改革。

(3)"实现早临床、多临床、反复临床"。前四年连续开设《临床基本技能学》课程,设置不同阶段的医院见习,实现早临床、多临床。

以全过程临床教学和问题讨论式学习为核心,实施以问题为引导,临床观摩+课下专题讨论的模式,实现理论与实践有效结合。组成有医学生嵌入的医疗团队,以病人为中心,每个角色均应为团队做出自己的贡献,向榜样学习,参与式学习,无缝对接上一级医师,层层指导,层层监督,在反复的思考和讨论中相互学习。通过知识讲座、医疗团队讨论,不断地完善自己,加快医学生的角色转变。真正实现在"做中学",实现多临床、反复临床。

基于数学建模能力的高校应用型人才培养模式的研究与实践

主要完成单位：中原工学院
主要完成人：宋长明、皮上超、张建林、高冉、曲良辉、李吉娜、顾聪

一、成果简介及主要解决的教学问题

（一）成果简介

结合我校人才培养定位及教育教学实际，将数学建模能力作为人才培养的一个重要着力点，把数学建模思想与人才培养有机融合，形成了基于数学建模能力的交叉融合应用型人才培养思路和以数学建模能力培养为核心的应用型人才培养新模式，将数学建模思想融入教学和学生创新能力培养中，形成了以数学建模思想为主要背景的问题驱动式教学改革方法，打造了具有特色的数学建模能力培养平台，在学生培养方面取得了较好的效果并在相关院校加以推广应用。

（二）成果主要解决的教学问题

（1）构建基于数学建模能力的人才培养平台，形成以数学建模能力为核心的"数学建模"课程平台以及"数学建模竞赛"的平台，解决了以数学建模能力为核心的人才能力培养问题。

（2）构建基于数学建模能力的人才培养思路，形成以交叉融合为特色，数学建模能力与专业能力培养并重的人才培养新思路，解决了以"素质为根本，能力为核心"的人才培养方案设计问题。

（3）构建基于数学建模能力的应用型人才培养的教学体系，形成以问题驱动式教学方法为核心、融入数学建模思想的人才培养课程和教学体系，解决了以数学建模能力为核心的实践教学与理论教学相融合的教学体系设计问题。

二、成果解决教学问题的方法

（一）成果主要解决的教学问题

（1）培养学生的数学建模思想、增强数学建模意识、提高数学建模能力是培养应用型人才的重要内容。构建以数学建模能力为核心的"数学建模"课程平台以及"数学建模竞赛"的平台，以赛促教，理论教学体系与实践教学体系的相辅相成，培养学生的应用实践能力。

（2）只有深刻的数学建模思想、严格的数学逻辑思维、广博的数学建模方法，才能为应用型人才的培养奠定坚实基础，才能为应用型人才的培养奠定坚实基础。以工科类、数学类专业人才培养为例，立足于培养应用型人才的目标，以培养学生较强的应用能力和实践能力为出发点，着力数学建模能力的培养，形成明晰的以交叉融合为特色的人才培养新思路。

（3）以学生为主体，让学生阅读、思考、讨论、讲授，将学生从被动接受转变为主动思考，以典型案例把数学建模思想渗透到每一门数学课程和专业课程中。以问题驱动式教学方法为核心，制定出融入数学建模思想的教学模式和方法，形成新的人才培养课程和教学体系。

（二）成果解决教学问题的方法

1. 人才培养目标再明确

根据我校高级应用型人才培养目标，转变教育思想与观念，注重学生知识结构、素质结构和能力结构的协调发展，改革人才培养模式。制定培养方案需坚持三个原则：①"以素质为根本，以能力为核心"的原则；②强化"数学建模"特色的原则；③坚持贯彻因材施教的原则。

2. 建模素质与能力的融合与强化培养

培养方案的核心是注重对学生能力的培养，在专业教学计划安排上，强化应用能力的培养。一是以数学建模能力为核心，构建"数学建模"课程平台，培养学生的应用实践能力。二是"数学建模"平台与"公共课程""学科课程""方向课程"三平台相交叉。三是理论教学体系与实践教学体系相辅相成，提升学生的应用能力和创新能力。四是课程设置模块化、课程模块"融合化"，突出"知识、能力、素质"融合性培养，加强数学建模课程模块，突出应用型人才培养。

3. 以建模能力为核心的实践创新能力培养

坚持理论联系实际，以知识结构及能力体系为主线设置实践课程，按照分阶段、分层次、模块化的思路，构建了有利于培养学生实践能力和创新能力的实践教学体系。1)工科类专业实践教学体系的构建思路:专业课内实践与建模类课程实践相融合;2)数学类专业实践教学体系的构建思路:加强课内实践活动,强化数学软件能力和数学建模能力,强化实践创新能力。

三、成果的创新点

(一)基于数学建模能力的交叉融合型人才培养思路

(1)"平台交叉融合"的工科类人才培养思路将数学建模能力与专业能力培养并重,实现课程平台的交叉融合。

(2)"两段式"培养模式和"平台交叉,方向分散"的数学类专业人才培养体系体现了数学类专业应用型人才培养的新方向。

(3)以"数学建模能力"为引领,以"数据处理能力、数学软件能力"培养为主线的培养思路,将数学建模课程平台分为建模类、数据处理类、软件类,三类课程交叉融合但各有侧重,为学生创新能力的培养提供新思路。

(4)课程设置模块化、课程模块"融合化",以建模能力培养为核心,以"金融、统计、计算、运筹"能力培养为支撑,设置较为系统而又相互交叉的课程模块,实现课程模块的融合与交叉。

(二)以数学建模思想为主要背景的问题驱动式教学方法

课堂教学上,采用问题驱动式教学方法,以数学建模思想为切入点,通过"创设问题情境,提出问题;从问题出发引导学生讨论交流,给出解决问题的思路;教师采用讨论式、启发式讲解;在解决问题基础上,拓展知识,归纳方法,进一步提出新问题"四个步骤,清晰明确地勾勒出整个教学过程。教学任务明确,方法多样,互动有效,环环相扣,步步深入,打造出生动活泼的课堂氛围。

(三)数学建模能力的培养平台

(1)数学建模课程平台体现了建模知识、能力在专业能力培养方面的重要作用。

(2)基于数学建模竞赛的数学建模能力培养平台集中了强有力的师资团队,切实可行的培训计划与方案,丰富的教学改革经验和建模实践经验,有效促进了数学建模课程的教学改革。

四、成果的推广应用情况

随着该研究成果的推广应用,形成了独具特色的基于数学建模能力的课程体系、教学体系和改革方案，受到省内外同行的关注和好评，在相关院校得到很好的推广应用。

（一）成果在中原工学院的应用

（1）课堂教学上，教师采用"以数学建模思想为主要背景的问题驱动式教学方法"，达到较好的效果。

（2）自2014年后在全国大学生建模竞赛的组织和培训中，我们"数学建模能力的培养平台"为依托，采用专题式实践教学模式以及分组讨论的模式，获得较好效果。近年来，竞赛成绩情况如下表：

	获奖级别	2014年	2015年	2016年	2017	2018年	2019年	合计
全国大学生数学建模竞赛	国家一等奖	0	0	1	0	0	0	1
	国家二等奖	3	6	5	3	7	2	26
	省一等奖	8	10	19	14	11	22	84
	省二等奖	11	11	8	15	8	20	73
	省三等奖	3	3	2	7	3	3	21
合计		25	30	35	39	29	47	195

（3）实践证明，许多参加过竞赛的学生的自主学习和科研能力显著提高，因为比赛提高了学生主动寻找问题、思考问题、解决问题的能力，而这些是参赛之前特别缺乏的，同时增强了学生用数学解决实际问题的能力，坚定了学生在学科方面不断钻研的信心，很多学生立志考研，为培养高层次人才提供了可能。

（4）"基于数学建模能力的交叉融合型人才培养思路"成效显著，尤其是"两段式"培养模式和"平台式"培养方案示范作用明显。问题驱动式教学法为抽象类课程或较为高深的专业课程教学提供了新的教学设计方案。

（二）成果在省内外部分院校的应用

省内外部分高校，如河南工程学院、郑州升达经贸管理学院、焦作师范高等专科学校、浙江大学理学部、黄冈师范学院等，多次来我校，对我们的公共数学教学、数学建模能力培养、人才培养模式进行调研和交流，部分学校已借鉴了我们的改革思路和方法，有力地促进了公共数学、数学建模、人才培养改革。

本项目研究成果也得到了同行专家、成果应用相关教师的好评，相关理念新颖、实施方便，运用效果显著，受益学生面广，具有较高的应用推广价值。

"新工科"背景下电子信息工程专业创新人才培养模式研究与实践

主要完成单位：中原工学院
主要完成人：刘洲峰、张爱华、董燕、杨艳、李碧草、宁冰、高辉、魏平俊

一、成果简介及主要解决的教学问题

1. 成果简介

为了主动应对新一轮科技革命和产业变革，加快培养新兴领域工程科技人才，项目组深入理解教育部新工科建设的纲领方针，综合考虑多学科融合机制，制定了电子信息工程专业层面的预期"学习产出"，构建了以能力为主线、成果为导向的人才培养体系；设计了课程群层面的预期"学习产出"，建立了协作式核心课程体系以及交叉学科模块；建立了阶梯式实践教学体系；设计了专业层面与课程层面的实际"学习产出"评估体系。项目以"学生"为中心，以能力培养为主线，以"培养目标"和"个性化学习要求"为产出导向，通过"人才培养体系"的平台，发挥"师资队伍"与"支持条件"的作用，实现培养目标与毕业要求相结合，实施科学有效、持续改进的"新工科"创新人才培养体系，为区域经济发展提供技术储备。

2. 成果主要解决的教学问题

主要解决的问题：一是从学科导向转向以产业需求为导向，地方院校的工程教育依然深受科学范式与技术范式的影响，需要回到以实践、设计及综合为核心的轨道上来，从而体现工程教育的工程主体性。项目组基于"新业态"下产业需求的考虑，以产业和技术发展的最新成果推动工程教育改革，设计了专业新结构和课程新体系。二是解决膨胀的知识量和压缩学时的矛盾，高等教育面临知识量迅速膨胀的现状，而教育部要求各专业压缩授课学时，项目组通过课程之间的融合，构建协作式课程体系，以达到压缩学时后对教学质量的保证。三是大学生

职业核心能力的深度培养,"新工科"背景下,对新型工程人才素质结构要求也发生了变化,更加注重家国情怀、全球视野、交叉融合、沟通协商、领导力等关键要素。本项目结合行业需求,并以我校工科大学生为研究对象,深层次实施新工科大学生职业核心能力培养策略。四是建立多层次新工科创新人才培养质量评价体系,社会对高等学校人才培养质量的担忧引起了政府的高度重视,保障教育质量是我国高等教育工作的重点之一,结合地方院校的特点和区域经济的需求建立合理的质量评价体系是衡量教育效果的准绳。

二、成果解决教学问题的方法

1.建立以能力为主线、成果为导向的创新人才培养体系

结合新工科建设,本项目跨越专业体系,对培养体系进行结构性调整和优化。着重构建研究创新型学术人才、复合创新型行业工程师、科技创新型创业人才等多元创新的新工科人才培养模式,实现从单一技术工程师培养向知识融合、能力集成、具有家国情怀的高水平工程创新人才的转变。

2.构建系统化协作式核心课程体系及学习产出指标体系

在压缩授课学时、知识量迅速膨胀的背景下,为了保证培养质量,课题组建立系统化协作式的课程体系,通过相关课程之间的融合,以达到压缩学时后对教学质量的保证。以我专业十门核心课程为中心、以信号处理课程群和电子系统设计课程群为主线,从信息的表述入手,以数字系统为核心,形成点线面的扩展,打破孤立授课的形式,建立协作式课程体系。

3.构建基于成果导向的阶梯式实践教学体系

在阶段性"学习产出"以及专业层面能力结构的培养需求下,本项目建立了阶梯式的实践教学体系:基础实验平台、综合设计实验平台和创新与前沿实验平台。其中,基础实验平台培养学生基本的工程实践能力,并加强学生对基本理论知识的理解;综合设计实验平台以提升学生对学科知识的系统化理解,建立工程与课程之间的联系,培养科学思维;创新与前沿实验平台以提升学生的思辨能力,初步锻炼科学研究能力并提升创新工作能力。

4.创新设计项目驱动式教学策略

本着科研反哺教学的思想,项目组注重教学活动与科技工作有机融合,将团队的最新科研成果、最新的前沿理论知识渗透到教学与实践中,将"学习产出"观测点与课程授课内容的设计贯穿在各层次的实践环节中。有效地激发了学生的学习兴趣和探索知识的动力,同时,我们联手相关企业合作伙伴,建立和市场贴

合紧密的教学资源生态系统,形成了持续改进的质量保障机制。

5.建立学习产出的培养质量监督体系

课题组在学习美国体系和国家工程教育认证体系的基础上,结合我校和本专业的特点,将学习产出评价分为课程层面、实践环节层面和专业层面,该学习产出体系的主体是本专业的教师、学生以及我校教务管理者。评价体系构建以教学督导、课题观察、课程评估和学生调查为主。

三、成果的创新点

1.成果导向指标体系以及评价监督体系的设计

本项目系统化分析电子信息相关专业的课程体系,并对学生、校友以及用人单位等多方面进行了广泛的调查,结合国家教育部、国家电子信息教学指导委员会的愿景,考虑电子信息工程行业国内外发展趋势以及中原工学院的培养定位,建立了课程的产出指标、阶段性指标以及毕业要求的指标体系。项目组在学习美国体系和国家工程教育认证体系的基础上,将学习产出评价分为课程层面、实践环节层面和专业层面。

2.适应OBE培养模式的教学方法

在传统的"接收型"教学模式中,教师们以知识的讲解为主,在学生能力方面的考查相对薄弱,对学生创新能力的培养重视不足。为了有效实施成果导向的新工科人才培养模式,研究并开展了个性化的教学策略,制定了科学有效的考核观测点,逐步达到各环节"学习产出"的预期。本着科研反哺教学的思想,项目组注重教学活动与科技工作有机融合,将团队的最新科研成果渗透到教学与实践中。教师们在授课时,将经典理论纳入行业的前沿问题,并感召学生的课堂反应和课后反馈情况,对后续课堂授课方案进行适当调整。

3.跨学科交叉融合的协同育人

考虑中原工学院的特色专业和团队成员的优势,设置了本专业与人工智能、纺织工程、医学图像的交叉融合,形成人工智能、纺织品图像处理、医学生物信息配准等特色方向。联合企业探索高校教师与行业人才双向交流的机制,建立校企协同育人长效机制,校企合作共同制定人才培养方案、共同开发课程建设标准、共同规范专业教学大纲、共同开展科学项目研究,促进学科链与产业链的紧密对接。

四、成果的推广应用情况

本项目的研究成果通过在我校电子信息工程及通信工程专业 2014 级～2017 级，以及信息类 2018、2019 级全面实施，并在省内外高校以及企业单位推广应用，取得了较为显著的效果。

项目组以及电子信息专业全体教师，秉承以"学生"为中心，以能力培养为主线，以"培养目标"和"个性化学习要求"为产出导向。通过构建创新实践教学体系，建立起实验教学和理论课程的紧密衔接，学生通过紧凑的实践安排，提高了学习兴趣，促进了学生对理论课内容物理意义的理解。学生的学习成绩明显提高，学生考研的考研录取率显著提升，部分学生考上了电子科技大学、国防科技大学、西安电子科技大学等知名院校。随着学生综合能力的提高，就业率和就业质量均得到较高幅度的提升，就业研发工程师岗位的学生人数大幅增长。

以科研项目为驱动的教学实践过程中，引领本科生参与科研工作，在项目开展期间，指导本科生公开发表中文核心论文 2 篇、申请发明专利 2 项、SCI 源刊论文 1 篇；项目组老师积极引导学生参与横向项目，带领本科生开发了"大规模 MIMO 高清 VR 无线传输系统"，达到了较高的传输精度；项目组与韩国合作的专利评审项目中，指导学生参与并了解专利知识，使学生了解专业相关专利的申报和评审等工作，同时锻炼了英语阅读能力；在该项目实施期间，获第三届中国"互联网＋"大学生创新创业大赛河南赛区二等奖 1 项，获全国大学生电子设计竞赛国家一等奖 3 项，全国大学生工程训练综合能力竞赛特等奖 2 项、河南赛区一等奖 2 项。

工业设计专业双创型人才培养的生态化教学模式研究与实践

主要完成单位：中原工学院
主要完成人：付晓莉、徐战彬、聂守宏、刘福运、苏雅、孙许方、车江宁、耿兴隆

一、成果简介及主要解决的教学问题

（一）成果简介

项目以开放、综合、系统科学的"生态化教学"理论和方法为指导思想，优化课程设置和各个实践教学环节，建立理论教学与实践教学相结合、通识教育与特色教育相结合、创新教育与创业思维教育相结合，具备创新创业思维和创新创业能力的工业设计人才培养教学模式，创建了良性教学生态环境。研究教育主体、教学环境、课程生态、社会市场外部环境等生态成因的系统关系，通过优化工业设计专业的课程体系，构建"以出量入"的工业设计专业生态化教学模式，通过加强校企合作课题方式，以"课堂－工作室－校企合作－评价方式"为主线，采用"课内外、校内外"融合的教学方式，创建"整体共生""互利共生""开放共生""多样共生"的生态化教学实践模式，培养出了"有特色、有能力"的工业设计专业双创型人才。

（二）成果主要解决的教学问题

1.工业设计专业学生难以满足企业及市场的需求问题

社会和产业对应用型人才的要求越来越高，工业设计教育呈现出培养的学生与制造业的距离越来越大的被动局面。建立"学生工作室"和"校企合作联盟"的实践教学平台，实施"互利共生""开放共生"生态化实践教学模式，实现了理论与实践相结合，解决了企业需要的双创型人才的问题。

2.工业设计专业双创型人才师资力量单一化问题

通过项目合作使专业教师走出去,加强"双师型"师资队伍建设;实施创新创业教育和专业教育相结合、多学科知识交叉融合,通过生态化"课堂－工作室－校企合作",探索专业型教学团队向双师型教学团队、单一专业向多学科专业发展,建设双创型人才培养师资队伍。

二、成果解决教学问题的方法

(一)"整体共生"的生态化实验课堂

"以学生为本"优化课堂教学模式。在课堂上教师、学生及教室环境形成一个"整体共生"的生态教学系统,教师尊重学生个体,通过实验式、研讨式、案例式等教学方法,创造致力于和谐的、轻松的课堂及实验教学环境,共同探讨问题和方案方法,激发大学生创新创业意识,使"学有所用""学有所为",培养创新能力强、身心健康的生态人。

(二)"互利共生"的生态化工作室

提升学生创新能力,优化工作室教学模式。教师与学生各自独立,教师与学生各有所长,教师专长能力结合学生兴趣特点,结合工业设计专业竞赛题目,通过"以赛促能"为主导的实践教学模式,给学生提供以市场导向为主的设计研究模式,有效促进提高学生知识全面性、团队协作性、判断独立性、项目创新性、过程控制力及竞争意识,工作室师生互动,形成一个"互利共生"生态教学系统。

(三)"开放共生"的生态化校企联盟

通过"校内课堂－教室、实验室"学习分析问题、解决问题的方法,"校外课堂－技术部、车间"实践设计创新、设计实现的过程,通过实施企业实际项目课题制实践教学,教师、工程师、学生依靠网络紧密联系,互相分享前沿知识,互相交流讨论专业问题,实现学校培养与外部的能量与信息交换,针对化的课题训练和严格的教学规范控制,形成了"开放共生"生态化校企联盟实践平台,教学与企业需求结合。

(四)"多样共生"的生态化评价

生态化教学评价重视学生个体差异,教师根据校企合作项目拓展延伸设计要求,公布的评估标准和细则。以学习成果为导向,注重过程考核,学生作品有多种方式呈现,如实训练习、调查报告、小论文、作业、制作的PPT等,多角度地体现了学生的学习能力,以企业运作、市场评价体系考量学生创新创业意识和能力,评价方法呈现出多样化的特征,形成"多样共生"的生态化评价反馈系统,多角度衡量双创型人才培养目标。

三、成果的创新点

（一）构建"以出量入"的工业设计专业核心课程模块生态化结构体系

以社会需求、就业市场为学生出口考量，以核心课程模块结构体系为培养学生入口路线培养工业设计专业学生的创新创业思维和能力。即把所有的专业设计课程都融成一个系统的"课程共生环"中，将创新创业思维导入工业设计专业课程教学中的，针对社会与市场需要的双创专业人才，依据社会市场信息收集与反馈机制制定相应的双创型人才培养核心课程结构体系，形成良性的生态化教学循环系统。用明确的设计目的和市场化评价体系使学生明确课程体系之间的相互作用，形成开放的生态化教学运行模式，实现专业基础模块、专业设计模块、专业综合模块的紧密联系。

（二）构建工业设计专业"两环一核心"生态系统课程教学模式

生态化课程教学团队由工业设计、机械设计、机械电子等专业教师、企业工程师组成。在教学中不同程度的融合创新思维、工程技术、用户研究、艺术审美、可行性分析、市场评价等工业产品设计生态化知识内容，形成一个闭合的外环生态系圈，将"产品设计1""产品设计2""产品设计3"产品专题设计四门核心课程，通过相对支撑的知识理论和实践环节融合成一个闭合的内环生态圈，外环和内环生态系统围绕核心教学目标毕业设计项目化构成了工业设计专业生态化课程教学模式大生态系统。

（三）构建"整体、互利、开放、多样"共生的生态化实践教学模式

以工业设计系学生工作室和大健康企业（翔宇医疗集团）为依托的实践教学平台（工业设计协同创新中心），实施了"课堂实验室－整体共生，工作室－互利共生，校企联盟－开放共生，评价反馈－多样共生"的生态化实践教学环节。实施"课题化—学科竞赛—校企合作—毕业设计"四位一体生态化循环实践教学模式，通过学生作业、专业获奖、企业效益及就业市场信息反馈来不断验证与改进生态化实践教学模式，以整体性和系统性的实践教学活动全面提升专业学生的创新创业意识和能力。

四、成果的推广应用情况

(一)学生就业好,创新创业思维和能力得到了提升

项目改革后的课程内容、实践教学方法和案例等成果,在我院工业设计专业2010～2018级学生中应用。学生的学习兴趣高,积极参加赛事与实际项目,学生设计能力、创新能力与实践能力明显提高;学生参赛创新能力强,获奖数量、质量逐年递增。近五年来,学生在"德国红点""德国IF""东莞杯""装备中国""翔宇杯"等专业赛事上获金、银、铜、优秀奖等50余项。被人民网河南站、搜狐等网络媒体的报道。

(二)专业排名省内第一,知名度明显提高

1999年创办工业设计本科专业,2011年获批设计学一级学科硕士授权点(工业设计方向),2012年获批河南省特色专业,2014年获校级综合改革试点。2017年河南省专业评估工业设计专业排名第一,2019年获校级优秀基层教学组织。2019年获批河南省一流本科专业建设点,专业知名度不断提高。

(三)师资队伍教学水平、服务社会能力提高

教师队伍取得了多项研究成果。完成河南省教改项目1项,校级教改项目3项,教育部产学合作协同育人项目3项。发表教研论文6篇。授权专利16项。教师教学获奖3项。2018年与河南翔宇康复医疗设备有限公司共建了"翔宇公司－中原工学院工业设计协同创新中心",参与获批河南省智能康复设备创新中心,在国内首次开展"翔宇杯"康复装备工业设计大赛。为企业设计实际项目10多项,落地量化投产项目9个。

(四)兄弟院校成果应用,人才培养质量成效好

工业设计专业双创型人才培养的生态化教学模式研究与实践成果,实现了"厚创新、重创业、强实战、求生态共赢"的教学理念,研究成果具有国内领先水平。项目成果在郑州航空工业管理学院、中原工学院信息商务学院、郑州工业应用技术学院等兄弟院校专业教学中推广应用,学生参加德国红点、IF、"华帝杯"、"河南之星"等国内外工业设计大赛获奖多,具有推广应用价值。

"四位一体、大类融合"卓越农林职教师资培养模式改革的研究与实践

主要完成单位：河南科技学院

主要完成人：冯启高、赵新亮、郑树景、刘明久、胡建和、李建芹、朱启迪

一、成果简介

本成果依托2014年教育部设立的卓越教师培养计划改革项目，即农科类卓越职教师资培养模式改革的研究与实践，在前期研究探索的基础上，2017年被列为河南高等教育教学改革研究重点项目，2019年7月通过河南省级结项鉴定，2020年5月被评为河南省高等教育教学成果一等奖。

本成果是在国家实施乡村振兴战略、推进农业农村现代化、大力发展职业教育的背景下，根据我国现代农业发展对农业中等职业学校教师的需求，针对农林职教师资培养中存在的学生专业知识面较窄、师范技能和专业技能"双技能"不强等问题，在实施教育部农科类卓越中职教师培养计划项目研究和实践的基础上，开展项目研究和实践的。在充分调查我省农林类职业中学教师培养现状、深入分析农林类职业中学学生培养特点的基础上，围绕"双师型"卓越农科类职教师资素质要求，确定了农科类卓越中职教师培养目标，制定了卓越农林职业中学教师培养质量标准；制定了融合农学、植保、园艺三个专业，以及融合动物科学、动物医学两个专业的两类农科类卓越中职教师专业人才培养方案，实施跨学院、跨专业、按专业大类培养农林职业中学教师，开设了卓越中职教师试验班，进行针对性的培养；加强高校、职业学校、行业企业和地方政府合作，制定并完善了"四位一体"协同育人机制，突出了职教师资"双技能"和"双师型"素质培养；探索并实践了了"四位一体、大类融合"卓越农林职教师资培养模式，取得了显著的实践成效。

二、成果解决的主要问题

（1）有效地解决了农林类职业技术教育师范专业学生专业单一、专业知识面过窄的问题。针对现行中职教师岗位需求和职教师资培养过程中存在的主要问题，通过融合农学、植保、园艺等专业知识体系，重构优化课程设置和教学内容，拓宽了学生的专业知识面，有效解决了中等职业教育岗位需要一岗多能的问题。

（2）有效地解决了高等职业师范教育现行培养过程中教学技能和专业技能"双技能"不足的问题。通过修订人才培养方案，增加实践教学学分，加强实践教学过程管理，强化了大学生师范技能和专业技能的培养，提高了学生的教学能力和专业能力。

（3）有效地解决了现行职业技术师范教育学生师范能力培养与中等职业学校师资需求相脱节、专业能力培养与行业企业相脱节的问题。通过加强与中等农业职业学校、农业生产企业的合作，建立了高校、中等农业职业学校、农业生产企业参与的高等职业技术师范教育农科类专业产教融合、协同育人理事会，共同制定培养方案，共同搭建实践教学平台，协同培养农业类职教师资，有效解决了人才培养不适应的问题。

（4）有效地解决了师范生培养高校内部跨专业、跨学院职教师资融合培养机制不畅的问题。高校内部跨专业、跨学院融合培养会存在一定壁垒和困难，建立打破专业壁垒、跨专业跨学院融合培养机制和教学管理机制，对于培养高素质复合型人才非常重要。在项目研究和实施过程中，优化三个学院的资源配置，建立了院院联合培养机制，共同实施卓越农林职教师资培养，取得了良好的效果。

三、解决问题的主要方法

1.研究制定卓越中职教师培养目标，制定卓越中职教师培养质量标准

通过调查研究，根据农林职业中学人才培养要求，确定农科卓越中职教师总体培养的目标为：培养德智体美劳全面发展，具有良好职业道德和敬业精神，具备识农、爱农、为农，熟悉青少年身心发展基本规律，掌握现代教育理论和方法，具备扎实专业基础知识、较强实践能力和教育教学能力，适应国家和区域农业经济社会发展和职业教育改革发展的要求，能够独立从事涉农专业中等职业学校

教育教学及管理工作,能指导学生开展专业技能训练和指导,适应现代职业教育体系发展需要的优秀中等职业学校"双师型"教师。

依据教育部《中等职业学校教师专业标准(试行)》要求和中职教师岗位特点,以加强"双师型"职教师资培养为核心,以知识、能力、素质培养为重点,建立了卓越农林中等职业教师培养标准。该标准设置四个维度:师德素质模块、能力培养模块、专业知识模块、实践技能模块。每个模块再细化分解为三级指标。四个模块共设 14 个一级指标和 36 个二级指标,为卓越农林职教师资培养提供了依据。

2.研究制订农科类卓越中职师资专业人才培养方案

将园艺、农学、植物保护三个本科专业相关知识有机融合,将动物科学和动物医学两个专业知识进行融合,科学地制定了种植专业、动物科技专业两个卓越中职师资培养方案。培养方案结合学校实际、社会需求,搭建通用知识技能模块、专业基础知识与技能模块、专业核心知识与技能模块、专业拓展(应用)知识与技能模块、综合素质模块,构建课程比重适当、结构合理、理论与实践深度融合的模块化教师教育课程体系。加大了学科专业实践和教师教育实践比重,做到教学技能训练四年不断线。持续实施开展"双导师制"工作,让学生真正下企业、进学校,构建高校、公司企业、中等职业学校"三地协同"教学模式,协同构建职业技能"全程实践"教学模式。

3.开设卓越中职教师试验班,实施大类融合培养

从 2016、2017 级学生开始,设立卓越动物科技师资班和卓越种植师资班。其中卓越动物科技师资班从动物科学和动物医学两个专业新生中遴选产生;卓越种植师资班从新入学的园艺专业、植保专业和农学专业学生中选拔,按大类实施融合培养。做到课程教学内容整合,课程教学任务共担,实践教学资源共享,制定相关配套教学管理制度,试验班成员实行动态调整,积极开展学生多环节多领域实践,促使学生专业知识更宽、动手能力更强,以适应农业职中教师"多面手"的需求。

4.建立了卓越中职教师"四位一体"协同培养新机制

学校积极联系地方教育行政部门、农业职业学校,行业企业,组建政府、培养院校、企业和中职学校四方参与的教学指导委员会和校企联合理事会,先后与新乡市教育局、新乡县职业教育中心、辉县市第一职业中等专业学校等 10 余家地方教育主管部门和职业中等学校签订卓越中职教师培养协议,在河南省澳美牧业有限公司等十余家企业建立了实习基地,全方位开展协同"制定培养方案、开发课程、建设实践平台、开展教学活动、开展教育教学研究、开展人才质量评价"

等"六协同"育人活动,建立了"权责明晰、优势互补、合作共赢"的卓越农林职教师资长效培养机制。

四、成果创新点

(1)研究创建了卓越农林中等职业教师培养标准。按师德素质模块、能力培养模块、专业知识模块、实践技能模块建立三级指标体系,为卓越农林职教师资培养奠定了基础。

(2)构建了政府、培养院校、企业和中职学校协同培养机制。主要通过建立四方参与的教学指导委员会和校企联合理事会,签订卓越教师培养协议,全方位开展"六协同"育人活动,即协同制定培养方案、开发课程、建设实践平台、开展教学活动、开展教育教学研究、开展人才质量评价,建立了"权责明晰、优势互补、合作共赢"的卓越农林职教师资长效培养机制。

(3)构建了跨专业、跨学院卓越农林职教师资大类专业融合培养模式。针对农林职教师资需要具备宽广的专业知识和多种实用技能的特点,打破高校相关专业之间壁垒,实施跨学院、跨专业融合培养。将培养模式改革作为学校层面的系统工程进行推进,将相关专业培养模式实践与学校的专业评价及教学管理机制建设相结合进行。

五、成果推广应用效果

项目首先在河南科技学院农学、园艺、园林、植物保护、动物科学、动物医学等农林类职教师资专业成功实施,在学校其他职教师资培养专业中也得到了应用。项目实施专业的校内外教育及专业实习基地建设迈上新台阶,建立健全了卓越农林职教师资大类专业融合培养机制,完善了职教师范生四位一体协同育人机制,学生学习积极性和学习效果明显增强,学生技能证书获取率和竞赛获奖数量增多,师范技能、专业实践能力和创新创业能力进一步提高,学生知识面和综合素质得以拓展提升。

项目成果被天津职业技术师范大学、河北科技师范学院、安徽科技学院等国内多家同类的职业技术师范院校借鉴使用,同时也为省内新乡学院等单位普通师范生培养提供了借鉴参考。随着成果进一步推广应用,对河南省乃至全国同类院校的职教师资人才培养产生了积极的推动作用。

通过项目实施,项目组发表相关教改论文15篇,其中核心期刊3篇;主编出版教材著作 1 部,组织编写并出版项目配套教材 5 部;主持获批国家级虚拟仿真实验项目 1 项,获批畜牧兽医河南省虚拟仿真实验中心,获批河南省精品在线开放课程 1 门,组织相关专业教师完成省精品在线开放课程 2 门,校级 3 门;主持荣获河南省教育厅创新应用一等奖 1 项。

地方本科院校"IESSO"创新创业教育模式探索与实践

主要完成单位：南阳师范学院
主要完成人：黄荣杰、任珂、张哲、雷铁涛、徐亚东、朱军献、周珂、周子强

"中华民族伟大复兴的中国梦""坚持走中国特色的自主创新道路,建设创新型国家"需要全面深化教育改革。

创新创业教育是对引入国外的创业教育的深化与超越,是素质教育的新境界,其核心内涵"是培养大学生的创新精神、创业意识和创业能力",使高等学校不断更新教育观念,建立与此相适应的人才培养模式、教育内容和教学方式等,实现从注重知识传授向更重视能力和素质培养的转变,提高人才培养质量,使高等教育各职能紧密贴合。地方本科院校的创新创业教育需要服务于地方经济社会的发展,走特色差异化发展道路,因此,地方本科院校的创新创业教育亟须进行理论及实践上的探讨。

1.明确"以学生发展为中心"的教育理念。

高校创新创业教育已经突破了传统教育理念下的人才培养,更多具有协同培养、协同教育的内涵,是一个多维度的进阶式整合系统。创新创业教育模式本质上就是把大学生的创业能力和创新精神的培养看作一项综合的系统工程,改革大学教育教学目标、教育方式、教学方法以及专业课程体系等,形成一种在过程和结果上都具有创新特征的教育环境,并在不断的教育实践中,以一套具有固定行为特征的表达方式和标准呈现出来。

在"以学生为中心"的教育发展理念下,对教师"教"与学生"学"的关注外,更重要的是探索"如何教学生学"。注重教学中学生决定作用与教师主导作用的结合,通过对"为什么学"、"学什么"、"怎么学"等问题的研究,探索在"教"的引导下学生主动建构知识意义的内部发生机制;通过对"为什么教""教什么""如何教""何时教"等问题的研究,在阐明"教"的一般原理的基础上,探索"教"的外在价

值,研究怎样促进学习而不是描述学习。这正是我们开展创新创业教育的终极追求。

2.将创新创业教育贯穿人才培养全过程

第一步,确立"一个目标,两种分类"的人才培养方案

2016年,学校以《南阳师范学院关于全面修订本科专业人才培养方案的指导性意见》为指导,全面修订人才培养方案,进一步优化课程体系,强化实践教学,完善创新创业课程体系,深化人才培养的评价体系。确立"一"个目标,将创新创业教育融入人才培养全过程;"二"种分类培养,90%的学生培养成具有创新创业精神的应用型人才,10%的学生培养成能够积极投身创新创业实践的创新创业型人才,培养学生的创新意识与创业能力(Innovate and Entrepreneurship)。

同时,以区域经济社会发展和行业企业需求为总导向,把创新创业意识和创新创业能力纳入人才培养目标,积极探索"校企双主体"人才培养模式,实施以能力为导向的"通识+分类"521应用型人才培养综合改革,强化职业核心能力、创新创业能力和实践应用能力的培养,确保把学生培养成为具有创新创业精神和能力的应用技术型人才,逐步形成符合学校办学定位和人才培养目标的应用型人才培养模式,有效提升人才培养与产业需求的契合度。

第二步,探索"IESSO"模式下"五位一体"的融合课程体系

设置多层次、立体化的课程体系。既有培养学生创新意识与创业能力的课程,也要有相应的专业课;既有理论层面的创新创业基础课与专业课,也要有实践层面的创业基础课,同时开展丰富多样的创业活动及竞赛。结合我校"卧龙学子"的人才培养目标,开发出覆盖面广、突出个性的层级递进的"五位一体"课程体系。如下图所示。

具体地说,着力建构"三级课程":第一层级的创智启蒙课程。实施卧龙学子创新创业培育,不仅开设大学生创新创业教育课程及创新创业大讲堂,并依托学院的学科专业基础课程,进行创新创业意识的熏陶与培养。一方面,面向所有专业开设通识教育核心必修课《创业基础》,2学分,36学时(18个理论学时,18个实践学时)。另一方面开设或引进线上线下通识教育拓展课共37门,分为人文素养类、科学素养类、艺术素养类和创新创业类,学生每个类别至少选修4学分,《TRIZ创新基础》被确定为校级视频公开课,《电商创业实训》被确定为校级实验室开放项目。同时,在各专业设置20—25学分的个性化创新创业模块课程。

第二层级的体验训练课程。地方本科院校培养的人才是中高端的应用型人才,不是直接面向某一职业岗位的技术操作人员,而是现场的实施者、控制者和

改进者，需要有较为深厚的理论根基。因此，学院开展丰富多样的大学生校内课外创新创业实践，以项目带动为主，辅以训练和竞赛，促进大学生创新创业文化建设及社团活动。同时开设有创新方法、技术及策略课程，以及一定的前沿学科知识讲座等，培养学生的创新创业能力。

第三层级的对接市场创业实践课程。模拟（Simulate）实施创新创业项目。举办创新创业试验班，开展创新创业人才个性化培养探索，举办"创新创业实验班"，邀请校内外创新创业专家、企业家授课48个学时。此外，我们还开设了工商管理（创新创业）方向的双学位，对各专业创新创业意愿和素质较强的学生进行系统的创新创业培养，积极探索"专业＋创业"人才培养实践新模式。

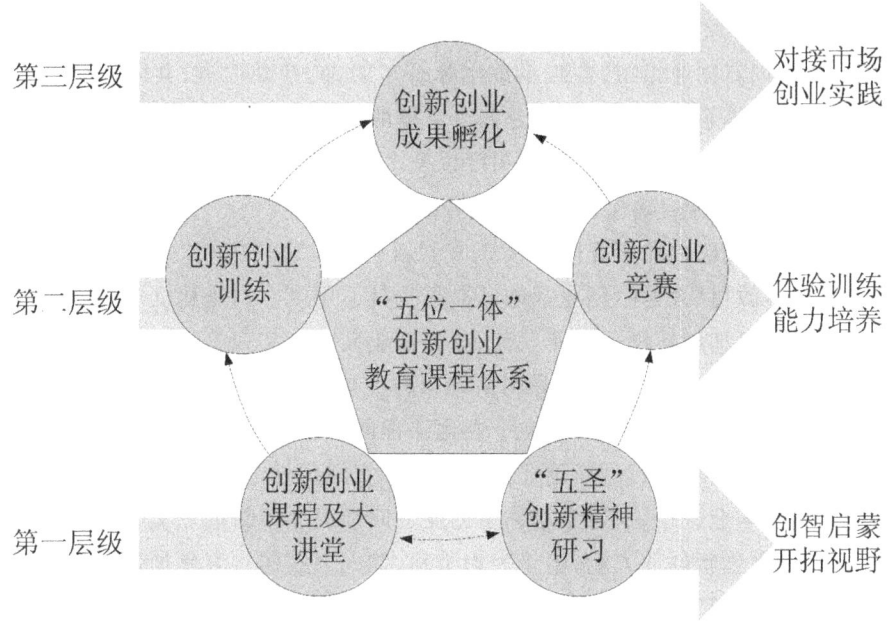

"五位一体"的创新创业教育课程体系

第三步，改革创新创业的人才培养机制

创新创业教育的根本目的在于学生开拓性素质的提升，并奠定未来就业创业的品质及潜力。创新创业教育学习的是一种"融合"的知识，创新创业教育锻炼的是一种"转化"的智慧。因此，学校制定《大学生综合实践实施方案》，设置15个综合实践必修学分作为毕业必要条件，学生获得各类技术技能等级证书、学科竞赛获奖、课外科技创新活动获奖、参与创业训练与实践、发表论文、授权专利等可折算为学分。

学校给学生充分的实践平台与机会。一方面通过项目立项给学生普惠性的创新创业训练，主要有以下四种：一是"大学生实践教学活动创新训练项目（SPCP）"；二是教师带领学生科研训练项目（STP）；三是国家、省大学生创新创业训练计划项目；四是实验室开放项目，教师带领学生在实验室进行专业技术学习。另一方面参与校企合作的创新创业锻炼，在实战中提升其创新创业能力。学校高度重视校企校地合作，将校企合作充分融入教学、科研和育人过程，先后和中科博阳（北京）空间信息技术有限公司、南阳拓宝玉器有限公司、北京筑维科技有限公司等建立了38个校企合作协同育人平台，探索以企业为主导，以学生为主体，以高校为依托的产学研紧密结合的创新创业人才培养新模式。

3.创新创业教育"三层四体"的工作运行机制

我校构建了完备的创新创业教育保障体系。"三层"指创新创业系统分别是学校、平台、创新创业组织，各级系统主体分工明确、互动促进，共同构建良好的创新创业生态体系。"四体"主要是四个主要的运行机制，包括科学的顶层设计、合理的组织机构设置、规范的工作制度以及多部门的联动工作机制。

4.六重制度保障，确保创新创业教育成效显著

一是我校创新创业研究院积极开展创新创业教育研究，建立创新创业案例库，出版校本教材《大学生创业基础》，提高教材适用度。二是建立学分积累和转换制度，学生参加创新创业竞赛获奖、参加创业训练与实践等加以折算综合实践学分，选修尔雅、中国大学慕课等网络课程并完成考核，参加创业培训并获得证书可以计算通识教育拓展课、专业个性化课程创新创业模块学分。三是按照《学籍管理实施细则》对进行创新创业实践的学生实施弹性学制，放宽修业年限为8年，允许调整学业进程，保留学籍休学创业。四是设立创新创业奖学金60万元，每年评选优秀创新创业人物，给予表彰奖励，并大力宣传。五是加强日常教学管理，提高双创教育质量。就业创业指导教研室每两周召开一次教研会，对每一个专题都集体备课研讨；制定我校《创业基础》教学大纲，及课程互动设计和课后创业实践内容，制定以实践效果和过程考核为导向的课程考核方案。六是对几重筛选后的创新创业项目给予创业扶持（Support）和学校督导下的创业运作（Operate），最终涌现出一大批在校期间便成功创业的典型学生，办学质量和社会评价双提高，助推地方经济社会发展。

我们在创新创业教育实践中，结合人才培养过程理论，提炼出了"IESSO"创新创业教育模式的简易模型，需要经过后期实践的检验，并不断加以完善修订。

转型期地方高校师生"双向三体五段"培养模式研究与实践

主要完成单位:南阳师范学院
主要完成人:宋争辉、李辉、李春阳、李进江、姚勇、
朱桂琴、贺林珂、付永昌

一、成果简介

本成果是在师范教育和地方高校转型发展的背景下,宋争辉教授率领的研究团队持续6年致力于转型期地方高师生培养模式的研究与实践,并创建了"双向三体五段"的人才培养模式。(见图1)

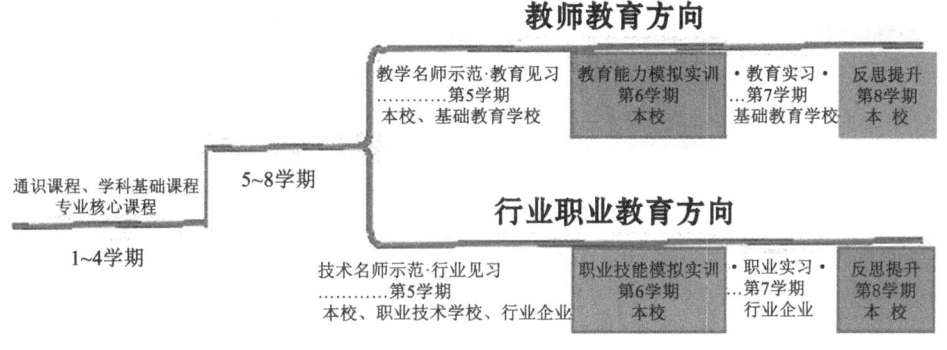

图1 地方高师生"双向三体五段"培养模式

具体内涵如下:

(1)确立"培养优质教师,或相关行业从业人才"双向度的培养目标。即一向度为专业教师(为主),另一向度为其他行业人才(为辅)。地方高师院校秉持师范特色,要培养优质教师,同时,满足没有从教意愿学生的发展需求,根据各个学科专业、相关行业对应用型人才的需求,设置相应的发展方向及课程、活动,培养

师范生的行业从业能力。

(2)构建"三协同"的人才培养主体。为培养具有开放视野、适应性强的人才,培养主体以师范院系为主,并紧密联系基础教育学校、职业技术学校、企业或其他机构进行协同培养。具体来说,包括校—校协同(师范院校—基础教育学校/职业技术学校)、校—企协同(师范院校—企业或其他机构)、院—院协同(校内不同院系之间的协同)。

(3)构建"通识课程、学科基础课程、专业核心课程、方向课程、拓展课程"三层五类课程体系。通识课程与拓展课程为外层,主要培养学生的人文科学素养,拓展其从业素养;学科基础课和专业核心课程为中间层,主要夯实学生的学科基础知识和基本能力;方向课程为内层,为培养优质教师或相关行业从业人才奠定基础,具体包括两个模块:其一是教师教育方向,其二是行业职业教育方向,学生任选其中一个方向进行学习、训练。(具体见图2)

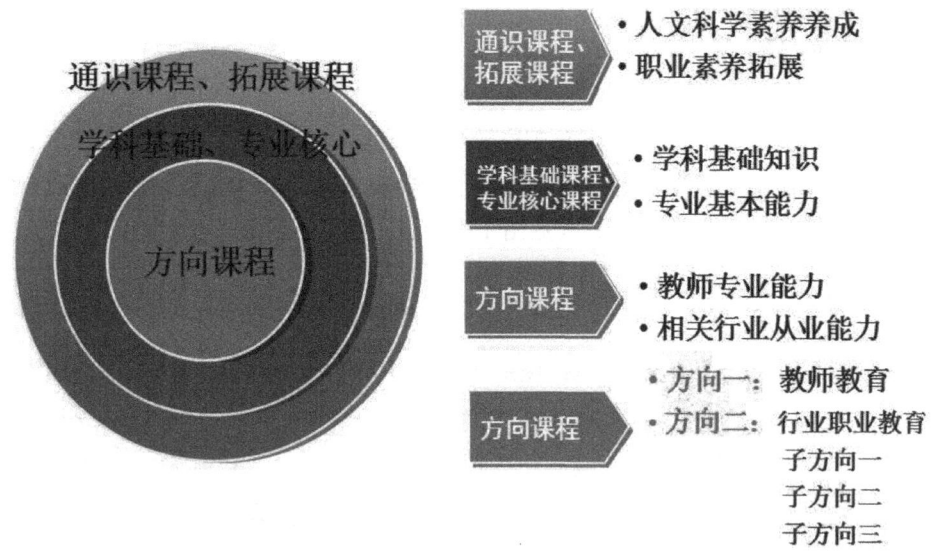

图2 三层五类课程体系

(4)探索"重自选、五阶段强实践"的培养方式。"重自选"指学生自主选择一个专业发展方向及课程,可任选教师教育方向或行业职业方向;"五阶段强实践"指通过"示范——见习——实训——实习——反思提升"五个阶段,培养学生扎实的实践能力,这也是优质教师或其他行业应用型人才的核心素养所在。

二、主要解决的教学问题

(1)改革单维的培养目标。在教师资格制度变革和地方本科院校转型背景下,不是每个学生都有从教的意愿,也不是每个学生都能获得从教的资格。因此,要改革当前地方高师院校培养合格中小学教师及教研人员的单维目标。

(2)改革单一性的培养主体。教师资格制度变革和教师专业标准的提出主旨在于提高教师工作的专业性,其中,最重要的是教师实践能力的提升,同时,突出地方高师院校"应用型"特点也要求注重学生实践应用能力的提高。但单凭高校自身力量难以有效夯实学生的实践能力,因此,要改革当前培养主体的单一性。

(3)改革线性的课程设置。当前地方高师院校的课程设置主旨在于培养合格的中小学教师,且多数选修课也成了必修课,也即从课程设置目的到课程实施来说,都比较单一,多样性、灵活性较差,不能满足学生的多元化需求。

(4)改革重学术性轻师范性、重理论轻实践封闭性的培养方式。当前,地方高师院校教师教育类课程与实践在师范专业学生总学分中所占比例约8%—10%,过于偏重师范生的学术性培养;而教育教学实践环节学分占总比约为5%—8%左右,对师范生实践能力的训练较欠缺。不仅如此,师范生绝大多数时间待在大学的"象牙塔"内,接触教育教学实践和相关行业实践的机会比较欠缺,培养模式仍然比较封闭。

三、解决教学问题的方法

从培养目标、培养方式、课程体系、教学过程、教学方法、师资建设等方面,进行人才培养模式的改革,实施"四大举措""搭建'三协同'平台""提供两大保障"。

(一)实施"四大举措",构建"双向三体五段"培养机制

1.顶层设计,提供政策制度保证

为构建"双向三体五段"培养机制,邀请省内外专家对学校的办学定位和培养目标进行充分论证,吸纳专家提出的意见和建议,参考课题组调研成果,形成共识。并把"双向三体五段"培养机制融入顶层设计,出台了一系列政策制度,如:《南阳师范学院关于印发〈南阳师范学院关于实施以能力为导向的"通识+分类"521应用人才培养模式综合改革试点工作的指导性方案〉的通知》《南阳师范学院关于遴选本科专业转型发展综合改革示范项目的通知》等。系列顶层制度

的创新,为培养机制的建立提供了可供复制借鉴的政策制度依据。

2.修订人才培养方案,确立"双向度"培养目标

南阳师范学院于2016年上半年开始筹备全校人才培养方案修订工作,并出台《南阳师范学院关于全面修订本科专业人才培养方案的指导性意见》《关于开展2016版人才培养方案审定会的通知》等,此次人才培养方案调整相较于以往单维的培养目标,特别强调各学院要根据行业企业调研及本专业市场需求情况、专业课程体系与行业企业需求的关联性、专业主要实践教学环节设计、个性化模块中就业与创新创业课程体系设置等方面。通过对人才培养方案的修订,进一步明确人才培养的"双向度"目标。

3.构建分层分类课程体系,改变线性的课程设置

重视课程体系的系统设计和整体优化,构建分层分类课程体系。改变单一的优良教师培养课程,增设双向度课程;减少学术性课程开课数量,增加师范性课程开课数量;减少理论性课程开课数量,增加实践性课程开课数量。"2+2"分段培养:指人才培养中学年的规划。前2学年,学生集中进行通识课程、学科基础课程、专业核心课程学习;后2学年,对学生进行教师教育或行业职业教育分流培养,开设方向课程和拓展课程,逐步强化学生专业/职业技能训练。形成分层分类,多样性、灵活性的课程,促进学生多样化发展和实践能力提升。现以学前教育学院课程结构为例来说明课程体系改革情况(见表1):

表 1 教科院学前教育专业课程结构

课程类别				学分数		学时数		备 注
必修课程	通识教育核心课程			44	总108、61(不含通识类47)	856	总2224、1368(不含通识课程856)	两类课程学分比例 0.81:0.19（不含通识课程 0.77:0.23）
	学科基础教育平台课程			10		154		
	专业教育课程	专业核心课程		37		1004		
		个性化课程	就业与创新创业课程	14		210		
			后备学术人才培养课程	14		210		
			教师教育类课程					
选修课程	通识教育拓展课程			8	总26、18(不含通识类8)	0	总294(不含通识课程128)	学时比例 0.88:0.12（不含通识课程 0.82:0.18）
	学科基础教育平台课程			0		0		
	专业教育课程	专业核心课程		12		204		
		个性化课程	就业与创新创业课程	6		90		
			后备学术人才培养课程	6		90		
			教师教育类课程					

4.着力强化"双向度"实践能力培育,改变轻师范性、轻实践封闭性的培养方式

为改变高师生"双向度"实践能力弱的问题,设计提高高师生"双向"实践能力的训练的五个阶段:示范——见习——实训——实习——反思提升。具体来说,学生实践能力的训练从第3学年开始,为期2年。其一,教师教育方向。第5学期,结合相关课程,精选国家/省级教学名师和本校骨干教师、基础教育学校名师为师范生进行2个月的"教育教学名师示范",该学期的后3个月师范生走进基础教育学校进行教育见习;第6学期,在本校进行教师教育能力模拟实训;第7学期,到基础教育学校进行教育实习;第8学期,回本校进行实践反思,进一步提升实践能力。其二,行业职业教育方向。第5学期,结合相关课程,精选职业技术学校名师、企业工程师和本校骨干教师,为学生进行2个月的"职业技能名师示范",该学期的后3个月学生走进行业企业进行行业见习;第6学期,在本校进行专业技能与岗位对接模拟实训;第7学期,到相关行业企业进行实习;第8学期,回本校进行实践反思,进一步提升实践能力。

以卓师实验班、大学生实践活动周、选派优秀大学交换学习、博士讲坛、邀请校内和校外名师来校讲学等提升师范生优良教师能力；以双学位、双导师制、大学生实践创新项目(SPCP)、"1＋N＋N"创新创业实践孵化平台、"卧龙众创空间"大学生创新创业实践基地等提升师范生其他行业职业能力。

（二）搭建"三协同"平台

"三协同"指的是紧密联系基础教育学校、职业技术学校、企业或其他机构三主体进行协同培养。通过"三协同"平台，改革培养主体的单一性，搭建"双向三体五段"培养模式改革的跳板。南阳师范学院先后建立了大学生校外国家级、省级、校级实践教育基地。在先期建立的国家级大学生校外实践教育基地"南阳师范学院—河南天冠企业集团有限公司工程实践教育中心"的基础上，扩大建设一大批校外实践教育基地，以提升师范生"双向度"能力。（见表2、表3）

表2 河南省卓越法律人才教育培养基地

序号	基地名称	所属学院	批准时间
1	应用型、复合型法律职业人才教育培养基地	法学院	2015

表3 校级大学生校外实践教育基地项目

序号	基地名称	所属学院	批准时间
1	南阳师范学院—北京倍力环雅教育科技有限公司优质师资培训基地	文史学院	2015
2	南阳师范学院—苏州高博工程实践教育中心	计算机与信息技术学院	2015
3	南阳师范学院—南阳二机石油装备(集团)有限公司机电工程师实践教育基地	机电工程学院	2015
4	法学综合人才培养实践教学基地	法学院	2016
5	南阳凌宝珠光颜料有限公司实践基地	化学与制药工程学院	2016
6	南阳府衙博物馆实践教学基地	文史学院	2016
7	英语专业校外大学生实践教育基地	外国语学院	2016
8	"美丽乡村"建设实践教育基地	美术与艺术设计学院	2016
9	统计学专业南阳市统计局实践教育基地	数学与统计学院	2017
10	地理信息科学与无人机应用术专业实践教育基地	环境科学与旅游学院	2017
11	广播电视编导专业实践教育基地	新闻与传播学院	2017
12	南阳师院学院—牡丹通讯大学生校外实践教育基地	物理与电子工程学院	2020
13	南阳师范学院—传智播客工程实践教育基地	计算机与信息技术学院	2020
14	河南蓝图制药实践基地	化学与制药工程学院	2020

（三）提供两大保障

1.融合新信息技术，为师范生培养改革提供硬件支撑

通过融合信息技术，改变学生学习方式，提高教师信息化教学能力，实现了信息技术与教育教学的有效融合，师范生"双向度"能力得到切实提升。一是加

强师范生教育教学技能实训中心建设,投入 1600 万余元建设三笔字训练测试实训室、普通话训练测试实训室和智慧教室(见图 3),升级改造微格教室,重点打造信息化教学环境,为提升师范生教学技能提供硬件支持。二是加大信息资源利用力度,立项建设微视频课程,认真做好河南省高校精品资源在线开放课程招标立项项目和自主立项项目,充分利用 UOOC 等平台的网络课程资源,扩大学生自主学习空间和课程资源。开展"一师一优课、一课一名师"和教育信息化优秀成果评选展示活动,全面提升师生信息素养。

图 3　智慧教室

2.打造"双师型"教师队伍,为师范生培养改革提供软件支持

师范生的成长离不开教师教育者的引导,专任教师队伍的专业化直接影响到师范生的培养质量。一是鼓励和选拔教师走出去,实施"教师能力提升工程",每年优先选拔 10 余名师范专业的教师到国内外知名高校进行访学,重点提升教研水平。二是充分发挥学校教师发展中心作用,立项建设课堂教学模式改革示范项目,建设实践教学精品课,定期开展教学沙龙、举行示范公开课,邀请专家为校内教师进行信息化教师培训,教师的实践教学和教研能力得到进一步提高(见图 4)。三是优先选择重点师范专业加强基层教学组织建设,在资金、项目、软硬件等方面重点培育,4 个教研室获批为省级优秀基层教学组织。

四、成果的主要创新点

(1)项目主题有较强的前瞻性和创新性。2014 年教育部提出拟推行地方本科院校向职业技术学校转型改革,2015 年教育部在全国大面积推行教师资格制度改革。本项目研究开始于 2014 年,2015 年 2 月正式开展改革试验,因而可以

图 4 教师获奖证书

有条不紊地回应国家教师管理政策和高等教育结构转型的新要求与挑战。故该选题具有较强的前瞻性与创新性。

（2）项目内容有较强的创新性。项目提出的对师范生实施"双向度"分流培养，一为教师教育方向，此为主；二为行业职业教育方向，此为辅，既坚守了师范本色，又兼顾了社会需求与挑战，有较强的创新性。另外，项目提出的 5 阶段实践教学也有一定新意，即"示范——见习——实训——实习——反思提升"。

五、实践推广应用效果

（一）南阳师范学院推广应用情况

1.在全校范围逐步推广"双向三体五段"培养模式

项目在最初的汉语语言文学、学前教育学、物理学、数学几个师范专业试行的基础上，2016 年在全校范围内制订并实施能力导向、分方向重选择的人才培养方案。一方面强调师范生教育教学实践技能的提升，将实践教学占总学分的比例提高到 25% 左右；另一方面通过就业与创新创业、后备学术人才、教师教育等个性化课程模块，推进师范生的多维、多向发展。个性化课程模块学分占总比约为 12.5%，能为学生从事教师职业或其他相关行业工作奠定较好的基础。

2.建成 U—U、U—S/E、U—G—S 协同培养联盟/基地

当前，我校已建成三类协同培养联盟/基地：已于西南大学、南京工业大学结成 U(university)—U(university)卓越师范生培养联盟，选派优秀师范生去交换学习一年；与北京、上海、南阳等地幼儿园或教育机构建成 U(university)—S (school)或 U(university)－E(enterprise)联合培养基地;与深圳、东莞政府及当地中小学校结成 U(university)－G(government)－S(school)协同培养联盟。

3.通过教学技能和创新创业竞赛提升学生"双向度"能力

我校不仅在课程设置与实施过程中体现"双向度"培养思想,还通过课外各级教学技能竞赛和创新创业竞赛提升学生的"双向度"能力。其一,通过校、省甚至全国性的教学技能大赛提升师范生的从教能力。河南省每年举办一次师范生教学技能大赛,我校在教务处教师实训中心的组织领导下,每年上半年都会举办全校师范生教学技能大赛,之后对成绩优异者进一步开展实训,推选参加省赛。近几年我校在省赛中获得了优异成绩,例如 2015 年获得省一等奖 5 人、二等奖 8 人、三等奖 13 人;2016 年获得省一等奖 6 人、二等奖 10 人、三等奖 15 人。其二,通过各级创新创业大赛提升师范生的相关行业从业能力。例如物电学院学生 2015 年在机器人大赛等创新创业比赛中获得国家级二等奖 2 人、三等奖 3 人;省级二等奖 2 人、三等奖 2 人;2016 年、2017 年还获得了国家级一等奖各 1 人。数学与统计学院师范生 2017 年以来在美国大学生数学建模竞赛中获国际一等奖 1 项、二等奖 2 项;获国家二等奖 2 项、省一等奖 4 项、省二等奖 12 项、省三等奖 21 项。(见图 5)

图 5　学生获奖证书

(二)其他院校推广应用情况

项目在信阳师范学院和南阳理工学院得到推广应用,主要体现在信阳师范学院的教师教育学院构建卓越教师协同培养模式。教师教育学院与固始县、淮滨县思源实验学校、深圳市龙华第三外国语学校、湖南第一师范学院教育科学学院等单位建立师范生协同培养联盟,作用于公费师范生、卓越教师实验班的人才培养。另外,教师教育学院积极举办各类教学技能竞赛,如粉笔字大赛、教学设计比赛等夯实师范生的教学实践技能。(见图 6)

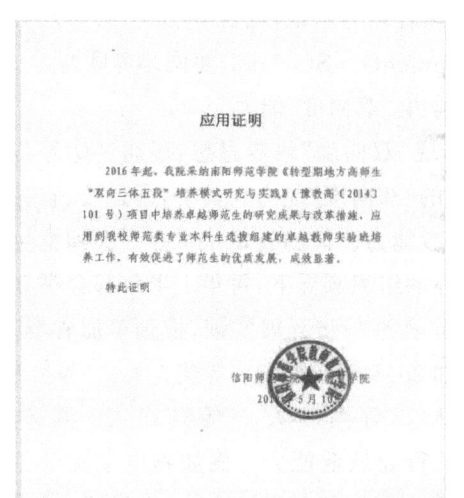 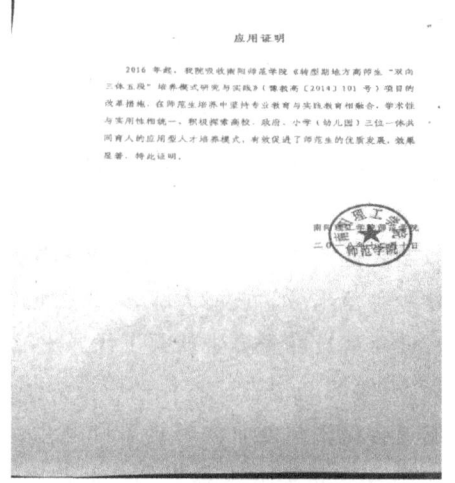

图 6 应用证明

(三)社会的广泛关注与肯定

学校的人才培养模式改革始终受到媒体的关注与广泛报道,2019 年 6 月 27 日 08 版《中国教育报》以《南阳师范学院:推进转型升级 实现跨越发展》为标题推介我校"转型期地方高师生双向三体五段培养模式改革研究与实践"情况。《中国教育报》2019 年 7 月 11 日 06 版刊发《南阳师范学院:培养卓越教师 服务基础教育》,同时,《河南日报》、《南阳日报》、新闻网站、微博、微信等新闻平台对本次培养模式改革也进行了报道和宣传。(见图 7、图 8)

图 7 《中国教育报》报道   图 8 《南阳日报》报道

六、存在的问题

(1)人才培养模式是一个复杂的系统工程,为了达到比较理想的效果,要从多方面付出巨大努力,协调统筹各方关系,运用科学方法,边实践,边总结,边探索。

(2)"双向三体五段"的课程体系还需进一步调研和优化。

(3)面对突发重大事件,如何创构疫情之下的人才培养模式。

引领教学　改革创新

2019年河南省高等教育教学成果获奖项目汇编(下)

河南省教育厅　编

河南大学出版社
HENAN UNIVERSITY PRESS

·郑州·

目　录

农村小学全科教师2＋1＋1培养模式的研究与实践……………………… 277
"一带一路"战略下的翻译特色人才培养研究……………………………… 281
校地协同、多维拓展、梯级递进
　——小学卓越教师人才培养模式的实践探索…………………………… 285
应用型高校航空专业集群人才培养模式的探索与实践…………………… 289
以工程教育专业认证为导向的汽车服务工程专业课程体系的构建与实践
　………………………………………………………………………………… 294
应用型本科高校汉语言文学专业人才培养模式改革研究与实践………… 300
示范性应用技术类型本科院校人才培养模式改革与实践………………… 304
小学全科教师培养模式改革实践…………………………………………… 308
基于互联网、大数据的会计课程体系重构
　——以应用型本科为例…………………………………………………… 313
基于"新工科"建设的应用型人才培养模式改革与实践…………………… 318
"文化差异与跨文化交际"慕课实践研究…………………………………… 323
校企协同育人模式下"新型纺纱技术"课程教学改革研究与实践………… 328
基于OBE理念的在线开放课程体系建设的研究与实践 ………………… 333
基于提升自主学习能力的精品在线开放课程的建设与实践……………… 337
地方高校公共数学教学改革研究与实践…………………………………… 342
"毛泽东思想概论"课程教材体系向教学体系转化研究…………………… 346
英语阅读精品课程建设的探索与实践……………………………………… 350
"新闻采访学"在线开放课程的研究与实践………………………………… 354

人体解剖学实验虚拟仿真教学体系构建……………………………………… 358
教育国际化背景下大学英语通识教育的实践与探索…………………………… 365
新形势下地方高校工程训练实践教学体系及运行机制的研究与实践……… 370
高等中医院校来华留学生文化体验体系的构建与实践……………………… 376
基于应用的大学生就业创业课程体系建设研究……………………………… 381
基于核心素养的应用型本科高校通识教育课程改革研究
　　——以许昌学院为例 …………………………………………………… 386
高校思想政治理论课CPBN实践教学模式研究 …………………………… 391
高校虚拟仿真实验教学中心建设与开放共享实践…………………………… 395
以问题为导向的实习与毕业论文一体化改革的实践探索…………………… 399
"5+3"模式下医学统计学在培养高素质医学人才中的应用……………… 404
基础医学虚拟仿真实验教学平台建设与应用研究…………………………… 408
地理师范生教学技能培训的研究与实践
　　——以河南大学为例 …………………………………………………… 412
"互联网+教育"视域下师范生教学技能培养"239模式"网络教学平台构建研究
　　………………………………………………………………………… 416
基于创客教育理念的地方高校工程综合训练教学改革与探索……………… 421
机械工程虚拟仿真实验教学体系研究与实践………………………………… 425
教育信息化背景下工商管理类专业虚拟仿真综合实训设计创新研究……… 430
基于针灸特色技术传承的微视频教学资源建设与应用研究………………… 436
地方高校"三位一体"实践育人体系的探索与实践………………………… 440
电子类专业大学生创新创业实践教学平台体系建设的研究与实践………… 444
"以赛促能"创新实践培养平台建设及管理模式研究与实践……………… 448
应用统计学专业实践教学质量评价体系的构建……………………………… 452
应用型高校参与式思想政治教育体系的探索与实践………………………… 456
高校思想政治理论课实践教学模式创新研究………………………………… 461
转型形势下互联协同三位一体实践教学平台建设研究与实践……………… 465

构建新时代高校思想政治理论课"三讲四联动"教育新模式 …………… 469
面向MOOC应用的高校教师信息化教学能力发展模型与提升路径研究 …… 473
"毛泽东思想和中国特色社会主义理论体系概论"课分众教学模式探索 …… 478
中外合作办学项目学生英语学习动机减退成因及调控策略研究 …………… 482
高校大学生思想政治理论课获得感研究 …………………………………… 486
高等农业院校英语有效教学研究与实践 …………………………………… 490
基于CDIO理念的创新实践型能源动力类专业课教学方法探索与实践 …… 494
基于SPOC+翻转课堂的混合式教学模式构建 …………………………… 497
"MOOC+项目驱动"混合教学模式在微控制器类课程中的应用实践 …… 500
基于"互联网+"的机械基础类课程多元化教学模式改革与实践机械工程虚拟
仿真实验教学体系研究与实践 ……………………………………………… 504
基于基层教学组织建设模式下的医学基础课程混合式教学的研究与实践 … 507
"中医基础理论"情境教学模式的构建与实践 …………………………… 511
基于以学生为中心的中医药课堂教学评价体系构建与实践 ……………… 515
基于爱课程网平台的大学物理实验及仿真在线开放学习教学模式的探究 … 518
慕课辅助教学下思政课"专题研讨+轮转走班"协同教学模式研究与探索 … 522
体验学习视域下高校师范生信息技术应用能力培养研究与实践 ………… 526
网络环境下师范生自主学习能力培养的研究与实践 ……………………… 530
基于数据分析的地方师范院校课堂教学质量立体化监控体系研究与实践 … 534
大数据背景下理工类高等学校本科专业预警、退出机制的构建与实践 …… 538
"双一流"背景下构建教师教学发展与评价体系的探索与实践 …………… 542
基于专业认证OBE理念与信息化背景的本科教学质量监控保障体系研究与实践
……………………………………………………………………………… 546
新工科背景下城建类高校教研室分类建设的研究与实践 ………………… 550
应用型人才培养核心要素的探索与实践
——以新乡学院为例 …………………………………………………… 554

农村小学全科教师2+1+1培养模式的研究与实践

主要完成单位：洛阳师范学院
主要完成人：宋文献、丁兴琴、张献伟、金宜洛、张显、韩守东、晋银峰

一、成果主要解决的教学问题及方法

1.完善课程设置，突显全科教师订单培养

为打造小学全科定向师范生的"订单式培养"，突出全科性和综合性特色，项目组优化课程设置模块，在强调全科教育的基础上，学生依据自身文理专长，突出农村教育需求，既选择一项艺术技能，又重视信息技术能力培养，强化"综合培养＋学科特长＋实践教学小班化"的培养特色。在开设语文、数学、英语等多个学科课标解读与教学设计课程的基础上，项目团队帮助小学全科师范生掌握了同年级跨学科课程整合、本学科跨年级课程整合能力，解决了课程门数多、内容庞杂问题。围绕该问题，课题组成员晋银峰教授先后立项了省教师教育课程改革重点项目《我国初等教育学校课程整合实践模式研究》、省哲学社会科学研究项目《单元设计视角下的小学课程整合研究》，以求理论与实践高度融合，为打造特色培养方案奠定基础。

2.改革教学范式，提高全科师范生信息素养

为解决来自农村的小学全科师范生信息意识和应用能力不强问题，提高学生信息技术素养，培养其终身学习能力，项目组充分利用慕课等网络优质教学资源，指导师范生通过"线上＋线下"混合方式进行理论课程学习。在组织师范生教育实习中，通过高校指导教师和小学指导教师的网络直播参与，探索远程微格教研对全科师范生进行教育教学技能训练。借助CCtalk平台实时互动直播间、小打卡、微信群等师范生喜闻乐见的信息技术新平台，引导全科师范生通过网络

与乡村教师建立学习共同体，在直播专家引领下学习农村小学教育改革前沿动态，实现未来乡村教师和在职教师的双向互动。

3.注重认同教育，提升全科师范生职业使命感

为解决全科师范生工作后可能面临的工作压力和自我调适困难问题。项目组增设了农村小学教育课程资源开发和农村师生心理健康培育课程，引入"正面管教""大学生生命教育"等心理学内容，增强全科师范生的健康心理调节能力。针对农村小学全科师范生的学习动机不高，对家乡教育缺乏使命感等问题，项目组强化专业思想教育，注重职业环境体验、身心健康体验、专业发展体验等专项活动，提升小学全科教师职业认同感、价值认同感，增强其对家乡教育的归属感和责任心。此外，在全科师范生的专业导引课和日常班级管理中，增加了"晒家乡文教，养文化自信"等活动内容，要求全科师范生以家乡为单位制作黑板报，洛宁县展板曾在国家级教育媒体《中国民族教育》刊登。

二、成果的创新点

1.探索"2+1+1"全科教师培养新模式

针对基础教育新课程改革和社会对卓越教师需求，通过行动研究主动深度融合地方基础教育，在 2014 年面向全科师范生创建了"2+1+1"（以下简称"211实验班"）教师教育模式。"211"教师教育模式以实践价值取向理念，采用"学习—实践—反思—学习"途径，深化改革教师教育。每年 6 月，面向全校全科师范生本科大二学生，通过"个人自愿申请、院系面试推荐、专家综合测试、学校择优录取"，选拔出综合素质高、热爱教育事业、一技之长等具有名师潜质的师范生 35 名左右。选拔出的学员脱离原有院系，单独成班建制，由实验班管理委员会统一管理，配备班主任、辅导员及其他管理人员。与洛阳市教育局、上海博雅研究院洛阳研究所、洛阳市第 38 中、洛阳市复兴中学、焦作市沁阳永威中学、栾川外国语中学等学校签订培养协议，在院系的专业教育和基础教育基础上，通过对学生进行后两年全方位系统的教育实践和反思学习培养，有效地提高实验班的课堂教学和教学管理学能力，达到职后优秀教师水平。

2.构建基于 SPL 平台的养成性实践教学体系

实践教学体系包含实践导向的名师工作室、技能实训室和实践基地三个平台，实现"教、学、做"的有机结合，探索有效的技能提升路径。结合小学全科教师的核心素养和职业要求，结合课程和技能训练要求，成立课本剧社、书法剧社、绘画剧社等专业剧社，进行各项教学技能达标制。建立小学教育实践基地，实行教

育实习一学期,顶岗实习一学期的实践教学模式。在教育见习、实习中,提前进行职业角色体验,与学院教育实践基地的名师结对子,充分利用中小学教育优质资源,培养综合运用知识的能力和创新能力,主动发现问题并独立解决问题的态度和能力。在"互联网+乡村教育"研究基础上,利用教育技术学专业师资,获批全国唯一的小学全科教师国家级虚拟仿真实验室。项目组带领全科生探索"双师课堂",尝试互联网支教,开展网络微格教研等,实现了上、下届全科师范生的教育见习、教育研习、教育实习深度融合,取得了"1+1>2"的效果。

3.实行"多元导师"共同指导的教育团队

校内整合全校师范专业学科教法教师,汇聚相关教师力量在学科教学、实习指导和毕业论文指导方面参与小学全科教师培养。利用教科院心理学、教育技术学专业、教育学专业力量进行专业支撑,真正落实"全科"和"综合"目标。发挥校外导师的力量,通过一对一的传、帮、带,带领学生亲身走进小学课堂和第二课堂,形成高校教师和小学名师共同指导师范生的"双导师"制,在知识教学、实习见习方面开展合作,发挥综合育人的作用。联合区域市(县)教师进修学校、豫西片区教师教育联动发展共同体等社会资源,既选取一部分优秀小学教师教授教法课程,又引进关注乡村教师成长和乡村教育发展的社会组织项目,共同培养师范生。这些公益项目包括北京桂馨基金会、上海真爱梦想基金会、"北京为中国而教"、"洛阳市义工联合会"等,为农村小学全科教师培养提供全方位、多方面学习途径与锻炼机会。

4.践行以学生为本的"自学+"和"实践+"学习方式

以全程实践学习理念为指导,以"主动认知""问题解决"为导向,结合"211"学员班级后两年主要成长阵地是中小学教育场景特殊情况,进一步提升小学全科教师的专业能力和教师教育素质,对于大三大四学期的专业课程和教师教育课程的学习,采用以学生为本的"自学+"和"实践+"的学习方式,积极探索与尝试"自学+辅导""自学+小组合作""实践+反思探究"等具体学习方法。

三、实践推广应用效果

1.新闻媒体报道,获得社会赞誉

基于项目研究建设的全国唯一的"小学全科教师教育国家虚拟仿真实验室"吸引了省内外多所高校前来参观,多家新闻媒体给予报道;2018年5月,《中国教师报》以"请出去、走进来,培养师范生"为题报道了我校公费师范生培养的相关做法,得到中国社会科学网转发;2019年2月,《人民政协报》以"公益直播课给乡村教育赋能"为题刊发了项目组论文,文中重点介绍了学校利用社会公益组织资源进行乡村教师职前、职后一体化教育的做法,先后被网易教育、搜狐教育、东方头条、中国西藏网等10余个网站转发,浏览量达数万次。

2.成果公开发表,获得公众推广

论文《改革开放四十年我国中小学教学模式研究》在南大核心期刊发表,并获得河南省人文社科成果一等奖。论文《乡村小学全科教师培养中的问题与对策思考》获得中国陶行知研究会农村教育实验专委会2017学术征文一等奖,在乡村教育理论与实践界产生一定影响。会议论文《全科教学与复式教学:乡村教学点教师培育的两个维度》入选东北师大中国农村教育研究院举办的"2017农村教育国际论坛"论文。

3.合作交流推介,发挥辐射作用

2018年12月,项目组曾以"互联网公益资源助力乡村教育均衡发展的探索"为题在河南省教育系统学习贯彻"全国教育大会精神"论坛上做主题交流;并于2019年11月主办了河南省中小学校长河洛论坛;项目组成员还应邀参加了21世纪教育研究院主办、濮阳县承办的"第三届中国农村小规模学校论坛"及广西首届农村小学全科教师教育论坛等,以促使项目成果进一步推广。

"一带一路"战略下的翻译特色人才培养研究

主要完成单位:洛阳师范学院

主要完成人:陆志国、刘启成、梅中伟、贺剑瑜、步国峥、杨燕、王自东

一、成果简介及主要解决的问题

"一带一路"倡议下的翻译人才培养聚焦于高端应用型翻译人才培养,以"讲好中国故事"为出发点和落脚点,着力构建融通中外的对外话语体系;课题组坚持贯彻国家发展战略,结合本地发展特点和学校学科优势,夯实课堂教学与课外实践,建立政产学研一体化的人才培养模式。

1.课题组的成果主要包括以下几个方面。

(1)通过培养方案修订,明确培养目标以特色人才能力培养为核心。翻译人才应在具备语言能力的基础上精通某些专业领域知识,掌握专业翻译技能,才能适应翻译人才市场的需求。"培养翻译特色人才"要结合学校的学科发展优势和地方特色。课题组所在学院为翻译专业定的培养目标之核心即是"培养服务本地社会,助推国家发展战略,在旅游、专利、河洛文化典籍方面特色突出的复合型翻译人才"。明确的培养目标为课程设置指明了方向。

(2)通过课程特色化设置,突出翻译人才培养模式的合作化与专业化。课程设置既要考虑专业建设的目标,又要关照学生的知识能力。在对学生知识结构调研的基础上,所在学院开设了"技术文本翻译""专利翻译"等特色课程以契合"一带一路"的合作发展目标;并拟将开设"语言景观翻译""非物质文化遗产翻译""河洛文化典籍翻译"等特色课程以适应服务当地社会需要的目标。实践证明,"技术文本翻译""专利翻译"等特色课程的开设有效提升了学生在特色领域、专业领域的翻译水平。

（3）建立校政企合作的良性机制，确保特色人才的有序培养。学院与相关政府部门、企业签订了中长期人才培养协议，明确双方的责任与义务，聘请相关人员担任校外导师，定期为学生上课及辅导，让学生参与政企部门的翻译任务，到政企部门中进行翻译实习，完成任务者由企业颁发合格证书。

2.主要解决的问题

多数高校的翻译教学模式单一，同质化现象严重，特色不明显；传统教学忽视学生的实战能力，教学内容以知识和技能传授为主，不注重翻译能力的培养，人才培养与国家战略、社会实际需求脱轨；同时，课堂教学与课外实践尚未达到无缝对接，校企合作普遍流于形式，没有形成良性的运行机制。

二、成果解决教学问题的方法

1.大力推进特色化翻译课程

基于翻译专业培养目标和课题知识模块，推出"技术文本翻译""专利翻译"等特色课程，分别采用不同的手段与方式开展。如："技术文本翻译"课程以信息技术等领域的文本翻译为主要内容，兼顾其他科技领域；"专利翻译"课程以专利相关文本的翻译为主要教学内容。加强与知识产出版社等企业合作，建立校企合作的教研机制：首先，采用聘请专家讲学的方式，有效地提高学生的专利知识素养；接着，在翻译课堂引入翻译公司的管理模式，使学生以小组合作形式完成承接翻译任务，最后在企业完成实操，巩固所学知识，在实践中淬炼翻译能力，锻炼学生适应人才市场需求的能力。"语言景观翻译""非物质文化遗产翻译"等内容都以专题形式穿插于"翻译实务"等课程中，分步骤开设。

2.有序开展教材特色化建设

院系对教材进行认真筛选，一方面确立以国家权威教材为主的教材体系，另一方面，全面开展特色课程的特色教材体系建设。除了已有相关的教材可以参考，在实际教学过程中也注意积累翻译语料和教学素材。如在"语言景观翻译"领域，与河南省委外办在2018年3月共建了"'一带一路'语言服务研究中心"；与省委外办、洛阳市委外办合作，2018年5月开展了"洛阳公示语翻译调研"项目；与世界翻译教育联盟合作，2019年4月承办了"第二届语言景观翻译与教学研究高层论坛"。这些合作项目为"语言景观翻译"教材建设积累了丰富的语料数据。再如，"非物质文化遗产翻译"领域，课堂组成员通过充分调研，在核心刊物上发表了研究论文；在翻译实践上，和省委外办合作，编译了"翻译河南"《丝绸之路》分卷。这些成果为该领域的教材建设积累了丰富的理论实践经验和可观的翻译数据。省级科研平台的建立、翻译理论的探索、翻译经验和数据的积累都为特色教材的建设奠定了坚实的基础。

3.通过各类教学实践推动人才培养的特色化

课堂组所在学院建有同声传译实验室等一流基础设施,极具特色的专利翻译实训室、专门的翻译技术实训室也已经建设完成。在过去两年内,教学与实践实现了同步进行、集中管理的局面。每年,一半以上学生的专利翻译数量达到10万字,得到知识产权出版社的好评;旅游文本翻译人均5万字;为科大讯飞等公司翻译及核对术语数万条;参加"亚太探险旅游协会大会"等翻译实践活动。学生由此得到了有效锻炼和提高,不少学生参加人事部全国翻译专业资格(水平)考试并考取翻译专业资格证书。这些都推动了特色翻译人才的培养。

三、成果的创新点

1.结合时代特征探讨了翻译特色人才培养的策略与途径

课题组从"一带一路"国家倡议的角度来研究地方高校如何有效培养翻译特色人才,并从翻译专业评价标准的角度来研究翻译专业转型发展。这样的研究视角,符合国家战略对地方高校的要求,符合地方高校的专业转型发展需要。项目研究从"课程培养目标""特色化课程配置"和"特色化教材体系"三个不同的维度探索了地方高校翻译特色人才培养的策略和实现特色人才培养的途径。

2.理论联系实际建构了新的翻译特色人才培养模式

课题研究以建构理论为依据,将地方高校的专业培养与国家战略、学校优势学科、地方经济发展紧密结合,从培养目标、课程配置、校企合作方面入手,突出旅游、专利、河洛文化等方面的特色,并以近两年外国语学院专利翻译人才的培养为个案,融合课堂教学、校(政)企合作、课题研究,建立了政产学研一体化的人才培养模式。

3.培养模式与课堂教学、研究相互融通并互相促进

特色人才培养策略的创新与培养模式的建构在教学中进行了积极实践,从翻转课堂与众包翻译、非物质文化遗产文本翻译与课堂教学、功能翻译理论与旅游文本翻译、语块化教学模式与专利翻译等方面践行了特色翻译人才培养与课堂教学改革的契合度与适用性。课题组成员基于这些内容发表了相关教研论文,学生掌握了更多特色化的翻译知识和技能,锻炼了翻译能力,教学与研究得到互相促进、提高。

四、成果的推广应用效果

1.学术会议推广,获得专家好评

在全国外语学科发展合作论坛、全国第四届语言景观翻译与教学研讨会及河南省第三届翻译技术论坛上进行翻译特色人才培养交流研讨,得到与会单位代表与省内外专家的高度认可,一致认为洛阳师范学院的本科翻译专业建设和特色人才培养改革成效显著,政产学研一体化的人才培养模式具有较强的应用与推广价值。

2.考察交流推广,起到标杆作用

先后有四川外国语大学翻译学院、郑州航空工业管理学院、洛阳理工学院、运城学院、安阳师范学院等9所高校到我校进行参观与交流。世界翻译教育联盟语言景观翻译与教学研究会几位领导也来考察翻译专业建设情况,来访专家对我校的特色翻译人才培养模式高度评价,表示要将洛阳师范学院的经验进行介绍与推广。

3.实际应用推广,取得明显成效

该研究的阶段性成果除了洛阳师范学院外,已经应用于四川外国语大学、兰州交通大学、安徽工程大学、洛阳理工学院等院校的本科翻译专业教学与实践中。根据采纳单位反馈的意见,该研究成果具有较强的理论参考价值与实践指导意义。今后课题组将继续根据一带一路国家发展的新形势与学校特色学科的建设,丰富成果的内容,在更多高校中推广、应用,服务国家经济、社会与文化建设。

校地协同、多维拓展、梯级递进
——小学卓越教师人才培养模式的实践探索

主要完成单位：周口师范学院

主要完成人：徐艳伟、李本同、岳定权、黄宝权、牛树林、刘海生、张照洋、张涛

一、成果简介及主要解决的问题

2012年省教育厅实施的"卓越教师计划"项目,2013年周口师范学院小学教育专业开始在"周口市教师教育协同创新试验区"开展小学卓越教师培养。结合农村小学体音美学科教师短缺现状,制定以"校地协同为平台、小学一线名师参与、四年一贯制全程跟踪"的小学卓越教师工作方案。经过6年多的实践探索,凝练出"校地协同、多维拓展、梯级递进:小学卓越教师人才培养模式",实现了小学卓越教师培养方式的改革与创新。成果解决了小学卓越教师人才培养中的三个突出问题:

(1)解决了小学卓越教师培养主体结构单一问题。构建大学教师和小学教学名师协同培养机制(简称 U—S)。把小学一线教师名师引入大学课堂,进行"双导师""双基地"的"浸润式"协同育人,解决了地方师范院校教师培养主体结构单一、师资结构单一、实践教学师资短缺的问题。

(2)化解了小学教师培养内容和方式单一的倾向。为解决当前农村小学体音美学科教师短缺的现状,立足小学卓越教师培养的要求,以师德高尚、师能卓越、师艺突出的小学卓越教师培育为目标,构建"全科整合""六艺养成"的课程体系和训练模式,对小学卓越教师人才培养进行"整体教育"和"多维训练"。

(3)解决了小学教师培养过程脱节的问题。依据小学卓越教师人才培养目标,按学制划分将小学卓越教师培养过程分为"基础教育、专业教育、创新教育"三个阶段,构建"四年一贯制"全程"浸润式"人才培养体系。

二、成果解决教学问题的方法

1."校地协同",建立"三师共育""引训导研"小学卓越教师培养机制

(1)"三师共育"。小学教育专业先后与周口市、川汇区和淮阳县教体局所属的29所小学共建教育实习、见习教研基地,构建大学教师和小学教学名师协同培养教育机制。实施"小学教师进大学课堂、师范生进小学课堂、小学一线名师与学生同台展示"的"三师共育"人才培养方式。

(2)"引训导研"。结合"U—S"教师教育共同体,组成"双导师"团队对实习、见习学生进行专业教学训练。"引"是由高校指导教师进行观念引领;"训"是由小学指导教师进行教学技能训练;"导"是"双导师"参与实习、见习学生的教学设计指导;"研"是实习、见习学生结合观摩学习形成总结反思,提高课堂研究能力。

2."多维拓展",构建"学科融合""六艺养成"的课程体系和训练模式

(1)"学科融合"。为适应新时代农村小学教育发展需要,以"全专结合,艺能突出"为理念,构建"3+2"小学卓越教师培养课程体系,旨在通过全程渗透、全面参与、全方位引领的综合培养方式,造就一大批能胜任小学语文、数学、英语任何学科,并能够胜任小学2门艺术类学科教学的农村小学卓越教师。

(2)"六艺养成"。从培养小学教师卓越的艺术素养出发,为小学教育专业学生积极营造活动平台,开展"大学生书法比赛""校园歌手大赛""主持人大赛""校园艺术节""专业汇报演出""舞动校园""美术作品展"等活动,培育小学教育学生的"说、唱、弹、舞、书、画"六项基本技能,结合技能达标测试,提高小学卓越教师培养过程中的艺术修养、艺术能力,促进小学卓越教师独立人格、艺德精神的形成,为农村小学培养"全专结合,艺能突出"的卓越教师。

3."梯级递进",贯彻"四年一贯制"的小学卓越教师培养过程

依据小学卓越教师人才培养目标,按学制划分将小学卓越教师培养过程分为"基础教育、专业教育、创新教育"三个阶段,形成"梯级递进"的人才培养过程。在一二年级侧重基础教育,二三年级加强专业教育,三四年级突出创新能力教育,实现"四年一贯制"的"专业育人、实践育人、过程育人",理论与实践结合、教学与科研结合、实习、见习与毕业设计结合、学研用一体化的小学卓越教师人才培养。

三、成果的创新点

1.机制创新,搭建"校地协同"小学卓越教师培养平台

将学生的见习、实习融入"U—S"教师教育共同体之中,见习、实习过程采取编组方式,每10人为一组,轮流跟随指导教师进入小学课堂,运用"教学切片法"开展课堂观察、听评课活动,让学生感受小学名师的教学魅力,体验小学教学名师的敬业精神,实现"名师引领卓越教师成长",形成"三师共育"的人才培养机制。

2.内容创新,创建"学科融合""六艺养成"课程体系和训练模式

"全科融合"课程体系下的小学卓越教师培养,既满足了农村小学对语文、数学、科学学科教学的需要,又有效解决了农村小学音乐、美术、舞蹈、书法学科教师短缺的问题。"六艺养成"训练模式,从"说、唱、弹、舞、书、画"六项基本技能出发,结合技能达标测试,着力提高小学卓越教师培养过程中的艺术修养、艺术能力,是对小学卓越教师培养的有效尝试。

3.过程创新,构建"梯级递进"小学卓越教师培养体系

"梯级递进"是按学制划分将小学卓越教师培养过程分为"基础教育、专业教育、创新教育"三个阶段,在一二年级侧重基础教育,二三年级加强专业教育,三四年级突出创新能力教育,通过"四年一贯制"的"浸润式"教育,实现"专业育人、实践育人、过程育人",促进小学卓越教师人才培养的理论与实践结合、教学与科研结合、实习见习与毕业设计结合、学研用一体化,实现小学卓越教师培养的过程创新。

四、成果的推广应用效果

1.名师引领卓越教师成长成效显著,一大批优秀教师和学生脱颖而出

小学教育专业毕业生至今10届约1600多人,分布在全国各地小学,已经涌现出了一大批优秀教师、教学标兵。以河南郑州市为例,毕业生孟俊峰、张爽、赵梦语等13人分别获得河南省教育厅、郑州市教育局以及郑州市各区教体局授予的"优秀教师""优秀班主任""优质课大赛""师德先进个人"等称号。郭坤获"河南省优秀教师"奖、贾丽娜获"全国优秀辅导教师"奖。

在校生方面,一大批学生在全国、省举办的各类大赛中获奖。其中张梦亚、袁月等9人在"省师范生教学技能大赛"中获奖;潘馨萍、汤倩玲在"全国大学生

英语竞赛"中获奖;郭栋梁、徐宇晴在全国师范生第九届"华文杯"教学设计大赛中获奖;张明煜在"第十一届全国青少年冰心文学大赛"中获奖;许裴文在"国际标准舞院校杯全国公开赛"中获第7名;杨柳获"中国大学生自强之星提名奖";翟伟元被评为"全国大学生年度人物"。

2.U—S下"教学切片课堂研修"成为小学卓越教师培养的成功范例

"教学切片课堂研修"让师范生走进小学课堂,实现了名师引领与卓越教师培养的无缝对接,成为小学卓越教师培养的成功范例。2015年7月4日,周口师范学院举办了《基于教学切片的课堂研究与教师专业发展》研讨会,中国教育科学学院科研管理处杨润勇处长、河南大学博士生导师魏红聚、《中国教育报》编辑杜锐等与会专家对"教学切片课堂研修"给予了高度评价。"教学切片课堂研修"出版内部交流资料12本150多万字,先后被《中国教育报》等多家新闻媒体报道,产生了广泛的社会影响。

3.研究团队成果丰硕,成果推广效果好

研修团队形成了一大批可喜成果,获省级教学质量工程3项,公开发表中文核心期刊论文近40篇,CSSCI论文9篇,国家级、省厅级相关研究课题20多项,省级教育教学研究成果"一等奖"7项、"二等奖"4项。目前,U—S下"教学切片课堂研修"小学卓越教师培养模式在省内洛阳师范学院、商丘师范学院、许昌学院及省外鲁东大学等4所院校进行了交流推广,其影响面已经从小学卓越教师培养辐射到小学教师专业发展领域,形成了一批优秀的课堂教学改进案例,对国内教师教育和基础教育改革形成了辐射和助力作用。

应用型高校航空专业集群人才培养模式的探索与实践

主要完成单位：安阳工学院

主要完成人：景国勋、张海峰、马洪儒、郭晓波、张云龙、叶慧、张伟

一、成果简介

成果简介：针对地方应用型本科院校航空专业集群建设和人才培养模式的理论和实践研究相对不足现状，根据服务需要、就业导向、产教融合、特色办学应用转型要求，聚焦航空产业发展人才需求、航空专业集群建设和人才培养面临的模式创新、质量提升、转型发展的基本要求和途径等关键问题开展探索研究。

（1）总结提出地方应用型高校转型发展的历史使命、突出问题及影响因素，提出了高等教育普及化新时代，地方院校应用型转型的基本途径、主要特点和基本要求。

（2）明确地方院校整合区域或地方航空资源为自身办学优势，对接产业、聚焦航空办专业，以点带面打造航空专业集群的基本途径，提出航空专业集群协同规模发展的主要思路、具体原则、建设内容和方法路径。

（3）构建以职业岗位能力为中心，以就业为导向，课程内容与职业标准对接、教学过程与生产过程对接、学历教育与职业教育对接的"三对接"人才培养方案和课程体系，原创性提出基于岗位能力，学历教育和职业（资格执照）教育标准对接、间接对接和普通对接的"三衔接"3种类型2＋X（本科毕业证、学历证＋职业岗位执照或资格证书）教育改革。

（4）形成以飞行技术专业订单式2＋2人才培养，航空类专业（方向）工学交替3＋1人才培养，校企多元合作，共建共享分层次实践教学基地、科研平台及培

训考核机构(CCAR147/66/65 培训考核机构)为基本内容,政产学研深度融合的协同育人机制和人才培养体系。

(5)健全了全方位、多层次、长时空的人才培养保障机制体系。形成了"人机与环境"学科引领,精品在线开放课程及大学慕课、虚拟仿真实验项目等本科教学质量工程项目以及校企合作共建平台(机载设备重点实验室、CCAR147 机务维修培训机构)互为支撑、科普教育基地强化基础知识能力素质的应用型航空人才培养协同保障机制,搭建"海峡两岸民用航空人才培养高峰论坛"制度化特色专业论坛。

二、成果主要解决的教育教学问题

解决了应用型高效人才培养存在的三方面突出问题。

(1)解决了学历教育和职业能力培养脱节问题。原创提出基于能力培养的学历教育和职业教育标准对接,政产学研多元合作人才培养模式创新实践的基本经验、成功做法,解决了学历教育和职业能力培养脱节问题。

(2)解决了就业导向动力不足,服务地方经济不紧密问题。提出在高等教育普及化新时代,地方本科院校要紧密围绕国家战略、经济社会发展和产业转型升级需要,立足地方、瞄准行业,推动专业设置、人才培养体系和全过程与社会、地方、企业深度融合,以点带面推动航空专业集群建设协同规模发展的基本思路和方法,解决了就业导向动力不足,服务地方经济不紧密问题。

(3)解决了政产学研融合不深,实践能力和创新能力不足的问题。构建以能力为中心,学历教育和职业教育科学对接,基于产教融合,校校、校企、中外多元合作的航空特色应用型人才培养模式和制度体系,持续推动航空特色产教融合多元合作开放共赢的2+X教学改革,解决了政产学研融合不深、实践能力和创新能力不足的问题。

三、成果解决问题的方案

成果解决问题的方案概括为:明确一个理念,探索一条路径,形成三种模式,实现三对接、三衔接和多元合作,构建"四个一"支撑体系。

(1)明确一个理念:明确以岗位能力为中心、以就业为导向,以服务地方经济社会发展和航空产业转型升级为目标,以政产学研多元合作为主要方式,基于OBE和技术逻辑、面向职业岗位能力需求的应用型技术技能人才培养体系和办学理念。

(2)探索一条路径:探索形成地方院校通过挖掘汇聚和转化社会、企业、地方产业等外部资源优势为学校自身办学优势,对接地方和产业需求办专业,以航空拓展新专业,升级改造老专业,以点带面梯次化打造航空专业集群,实现规模发展、协同发展、集群发展和特色发展的航空专业集群基本路径。

(3)形成三种模式:形成以飞行技术专业订单式2+2人才培养模式,交通运输飞行签派、机场运行、机务维修专业(方向)为代表的3+1工学交替人才培养,民航物流管理专业为代表的中外合作4+0人才培养模式。

(4)实现二三对接和多元合作:一是实现学历教育与职业教育对接、教学过程与生产过程对接、课程内容与职业标准对接的"三对接"人才培养方案和课程体系;二是按照航空类专业人才培养岗位能力实际要求,围绕学历教育和职业教育对接下的2+X教育改革,将学校航空类专业分为标准对接(飞行技术)、间接对接(交通运输管制员、签派员、情报员、机务维修人员等)和普通对接(航空类其他专业)三种对接类型,突出岗位能力培养;三是实现和航空公司、民航院校、国外院校及训练机构的多元合作航空人才培养。

(5)构建"四个一"支撑体系:重点学科引领(一个引领),教学工程保证(一个保证),科研(科普)平台支撑(一个支撑),职业培训(考核)机构保障(一个保障),校企、校校、中外多元合作,工学交替有序运行的人才培养支撑体系。

四、成果创新

构建以能力为中心的三对接应用型人才培养体系,凝练形成对接岗位需求的三种人才培养模式,推动学历教育和职业教育对接下的2+X教育改革。

(1)构建以岗位能力为中心、三对接应用型人才培养体系。根据国家经济社会新发展战略和新工科建设要求,以融入地方服务航空行业需求为引领办专业,构建面向职业岗位能力需求、基于技术逻辑、三对接(学历教育与职业教育对接、教学过程与生产过程对接、课程内容与职业标准对接)应用型技术技能人才培养体系。

(2)凝练形成对接岗位需求的三种人才培养模式。围绕应用型航空专业集群建设需要,以职业岗位能力为中心凝练形成以飞行技术专业订单式2+2人才培养,交通运输(航空签派、机务维修等)专业方向工学交替3+1多元化人才培养,民航物理管理类专业的4+0中外合作办学模式。

(3)推动学历教育和职业教育对接下的2+X教育改革创新。根据专业特点和职业岗位执照资格证书的不同要求,将航空专业的学历教育和职业教育对接可分为标准对接(飞行技术)、间接对接(管制员、签派员、机务维修人员)和普通对接(航空类其他专业)三个类型层次,构建专业、行业、岗位三位一体,平台模块化应用型航空人才培养和实践教学体系,强化技能培养,对接岗位能力要求,对接实际产业需求,持续推动应用型航空特色专业人才2+X教学改革和实践创新。[2+X指本科毕业获取2个证书(毕业证书、学位证书)+其他职业岗位执照或资格证书]

五、成果推广应用效果

项目研究提出的聚焦航空生产制造和航空服务发展需要,构建学历教育和职业标准资格对接,多层次多渠道多元化的校企合作航空人才培养模式和体系,强化了岗位能力为中心、基于OBE的人才培养理念。突出了职业岗位能力,加快了航空专业集群建设,提升了学科及专业水平,得到了上级及企业充分肯定,获得了学生高满意度。

(1)强化了职业岗位能力。一是以飞行技术专业为核心,以飞行员为岗位的订单式人才培养,加快了学校应用型转型发展;二是通过面向岗位、对接行业资格和职业标准的航空专业集群成为我校的亮点和办学特色;三是实现了由"重知识传授"的传统教学向"重能力提升"的应用型人才培养转变。

(2)加快了航空专业集群建设。安阳工学院强力推进"1324"工程,打造航空专业集群和鲜明办学特色,现已建成包括飞行技术、飞行签派、机务维修、机场运行与管理、民航安全工程、航空物流管理、适航技术与管理、空中乘务等15个航空专业(方向)集群。

(3)提升了学科及专业水平。一是获批"人机与环境工程"省级重点学科和"航空实训中心"省科普教育基地;二是打造获批《民航概论》、"航空活塞发动机气缸磨损诊断"、"典型飞机结构部件前机身装配虚拟仿真实验项目"、飞行技术省一流专业等省级本科教学工程项目;三是搭建航空人才培养交流平台:海峡两岸民用航空人才培养高峰论坛;四是获批民航147机务维修培训机构,增强了学生实践和创新能力;

(4)得到了上级领导及企业充分肯定,满意度高。省委常委、统战部部长孙守刚,省教育厅厅长郑邦山,国家民航局副局长夏兴华,省民航管理局副局长律华磊,安阳市委书记李公乐等上级领导到校指导工作,对我校服务经济社会发展和航空人才培养做出的贡献表示赞赏,合作企业和学生满意度高。

(5)超过 200 所(次)兄弟院校和单位到校参观学习、交流考察、借鉴成果推广应用,产生了比较广泛的社会影响。项目研究不仅推动了安阳工学院的航空专业集群建设和应用型转型发展,对国内其他高校应用型转型和航空专业建设发挥积极作用和明显成效。

以工程教育专业认证为导向的汽车服务工程专业课程体系的构建与实践

主要完成单位：安阳工学院

主要完成人：赵卫兵、王飞、王俊昌、刘近平、赵爱玲、李晓娜、吕掌权

一、成果简介

成果简介：以工程教育专业认证为导向对汽车服务工程专业人才培养的现状进行研究，遵循工程教育认证倡导的三个基本理念，"学生中心理念""产出导向理念""持续改进理念"。以工程教育认证为导向对课程体系的构建、实践教学平台建设、创新创业能力培养、持续改进反馈机制的建立等关键问题开展探索研究。

(1)通过教学改革，将汽车服务工程专业课程体系由"工科教育"转向"工程教育"以工程教育认证为背景，"以岗位需求为导向，应用能力培养为本位，创新教育为核心"的递进式模块化的汽车服务工程专业人才培养体系。

(2)以培养学生实践能力和创新意识为主线，坚持"三个结合"，即坚持理论教学与实践教学相结合，工程训练与课程实验相结合，创新设计与科学研究相结合，实现从注重知识传授向更加重视能力和素质培养的转变。

(3)建立有效的多方反馈机制跟踪评价在校学生学习情况、毕业学生工作情况、汽车服务工程行业现状及人才需求。并对反馈结果有效分析，持续改进。

二、成果主要解决的教育教学问题

解决了应用型高校人才培养存在的三方面突出问题：

(1)解决了原有课程体系仍然是参照重点院校的其他汽车专业以往以学科

为导向建立的课程体系。构建了应用型人才培养所需的以能力、职业、实践的培养为主的课程体系。

（2）解决了原有的实践教学平台能力培养与生产一线工程能力需求脱节的问题。按照从简单操作到综合设计、从认识理解到综合运用等实践教学特有的规律，构建了以专业知识体系为主线，以基础技能、专业技能、综合设计为内涵的多层次、系统化的实践教学框架体系，完善了"基础"、"专业"、"综合设计"三级实验教学平台体系建设。

（3）解决了原有课程体系对学生创新创业能力培养不足的问题。根据汽车服务工程专业领域人才能力需求和学生全面发展的需要，进一步明确了实践创新创业教育目标，修订和完善了实践创新创业教育培养模式，突出了大学生创新精神、创业意识和创业能力的培养。

三、成果解决问题的方案

成果解决问题的方案概括为："3＋3＋N"。第一个"3"为工程教育认证的"三个理念"；第二个"3"为实践能力培养的"三个结合"；"N"为多方参与的反馈并持续改进机制。

（1）工程教育认证的"三个理念"：项目以工程教育认证为导向，始终坚持工程教育认证倡导的三个基本理念：一是学生中心理念，二是产出导向理念，三是持续改进理念。课题组通过对汽车服务行业专家、从业人员及汽车服务工程专业毕业生等多个群体进行走访调研，了解行业的人才需求，通过分析汽车后市场领域的发展趋势预测长远的人才需求变化，为汽车服务工程专业课程体系的建立确定了产出导向。重新梳理了课程配置（见图1），构建符合应用型本科院校特色的汽车服务工程课程体系。增设了工程教育专业认证要求的数学与自然科学类课程、工程基础类课程、专业基础类课程和专业类课程，强化了优质课程数字资源与教学平台建设，以课程建设促学科和专业建设，实现模块化教学。

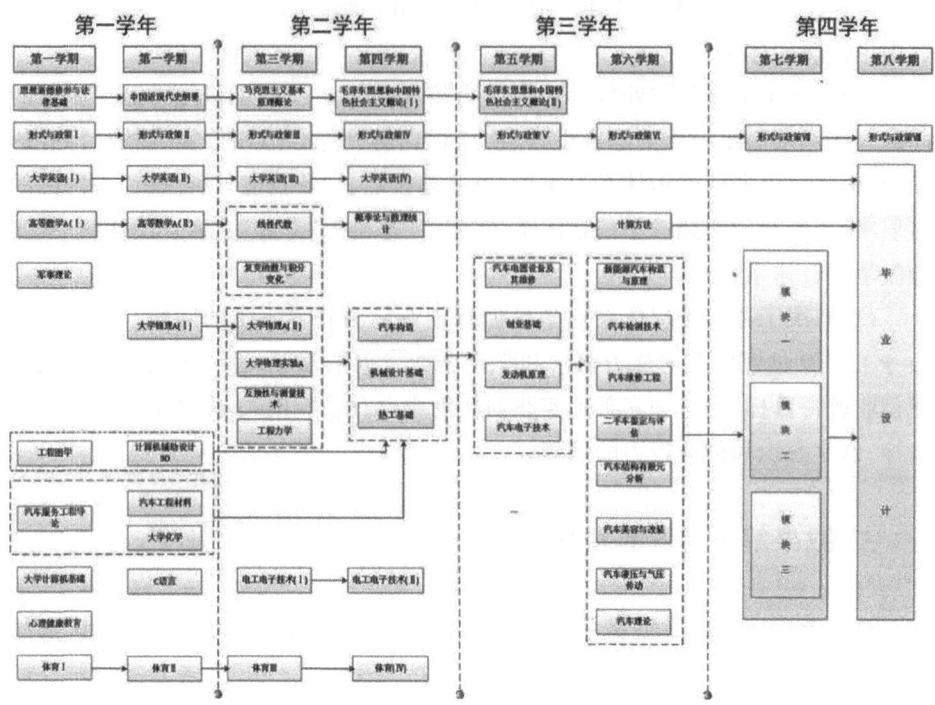

图 1 课程配置流程

(2)实践能力培养的"三个结合":项目遵循"坚持理论教学与实践教学相结合","工程训练与课程实验相结合","创新设计与科学研究相结合"。构建以专业知识体系为主线,以基础技能、专业技能、综合设计为内涵的多层次、系统化的实践教学平台。

(3)建立"以持续改进"为理念的多方("N")反馈机制:为了评价培养目标和毕业要求等教学目标是否达成,课题组针对课程体系改革建立了包括在校生、毕业生、任课教师、督导专家、教学管理机构、用人单位、独立于高等教育系统以外的第三方调查机构共同参与的多方反馈机制(见图2)。通过反馈结果的分析用于对课程体系进行持续改进。特别强化了实践教学质量监控及持续改进机制(见图3)

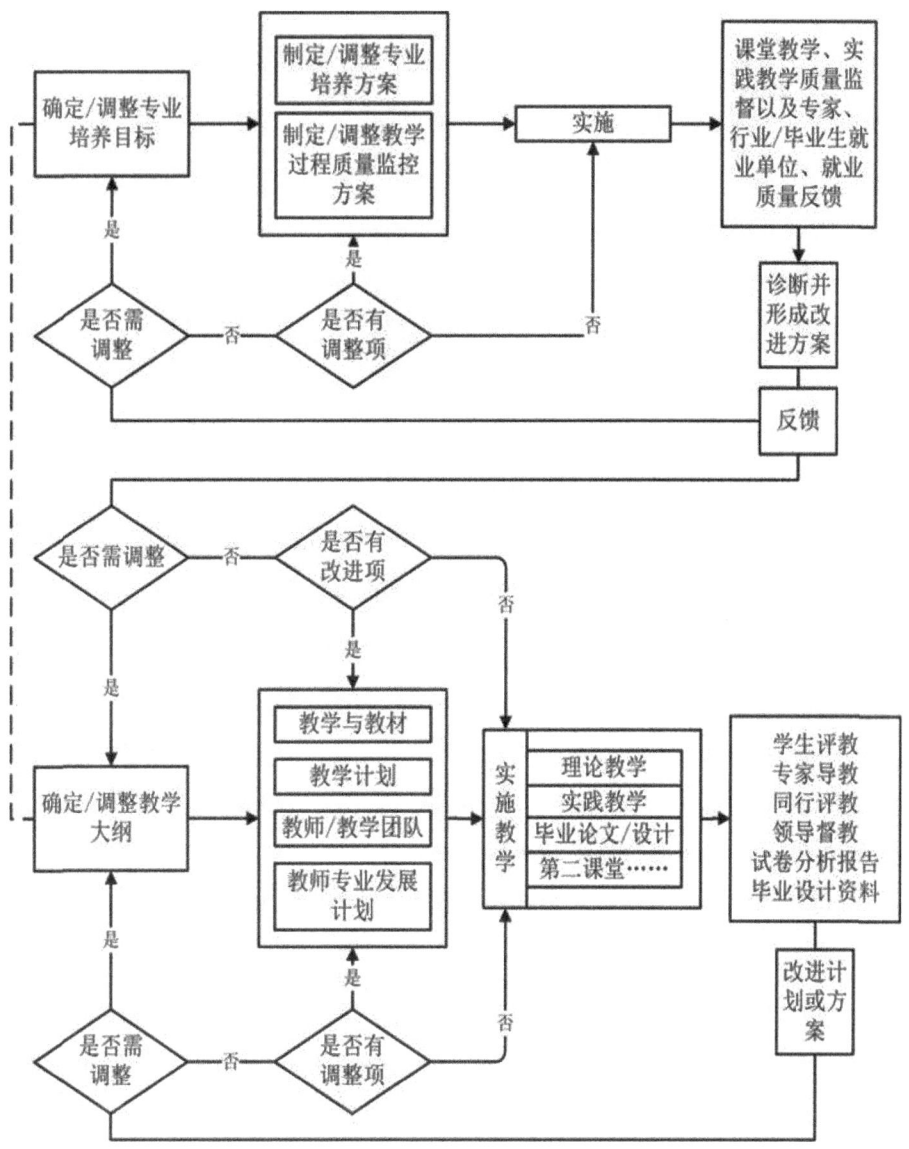

图 2 持续改进理念

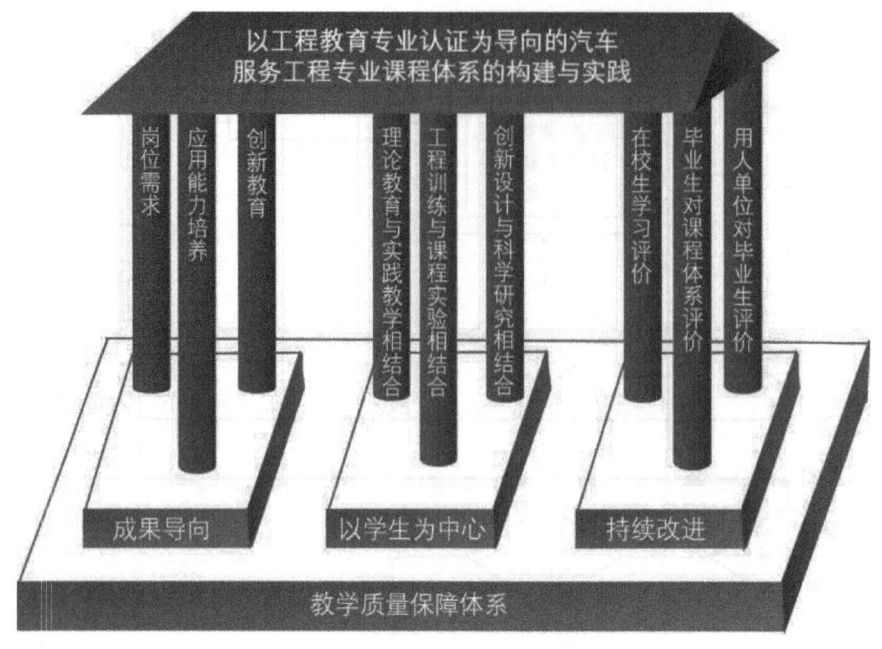

图 3　教学质量保障体系

四、成果创新

本教改成果的主要特色之处在于：

(1)通过教学改革,将汽车服务工程专业课程体系由"工科教育"转向"工程教育",建立"以工程教育认证为背景,以岗位需求为导向,应用能力培养为本位,创新教育为核心"的递进式模块化的汽车服务工程专业人才培养体系。

(2)以培养学生实践能力和创新意识为主线,坚持"三个结合",即坚持理论教学与实践教学相结合,工程训练与课程实验相结合,创新设计与科学研究相结合,实现从注重知识传授向更加重视能力和素质培养的转变。

(3)建立有效的多方反馈机制跟踪评价在校学生学习情况、毕业要求达成情况、毕业学生五年后培养目标达成情况、用人单位满意度等以及汽车服务工程行业现状人才需求。并对反馈结果有效分析,达到持续改进的目的。

五、成果推广应用效果

项目实施后汽车服务工程专业学生的理论水平和专业能力得到了极大的提

升。结合本专业项目实施前后的对比(见图4)可以看到学生在理论课程考核成绩、实践能力考核成绩、竞赛获奖次数及层次、用人单位评价、毕业生自我评价方面都有明显的提升。

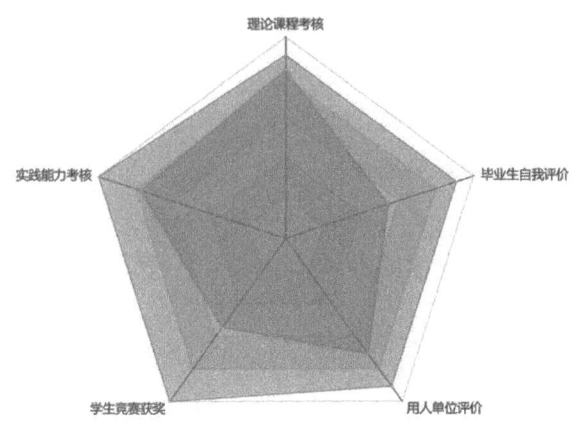

图4 本项目在安阳工学院汽车服务工程专业实施前后对比

(1)提高了学生创新创业能力。项目实践运行以来,汽车服务工程专业学生在校生创业5项,毕业生创业37项;获得校级创新创业类竞赛一等奖5项,二等奖7项;"挑战杯"河南省大学生课外学术科技作品竞赛二等奖3项,三等奖2项。

(2)建立了产教深度融合、符合、结合实践教学"三个结合"要求的实践教学基地。经过与河南德力新能源汽车有限公司深度合作,共同打造以市场需求为导向,以实践技能为基础,以校企联合为手段,协作就业为目标的实践教学基地。2020年7月与河南德力新能源汽车有限公司联合建设的"安阳工学院新工科专业实习基地"获批河南省本科高校大学生校外实践教育基地。

课题组将研究成果在全国汽车服务工程专业教学指导委员会得到兄弟高校的认可,有20多所院校汽车类专业来我校交流学习。

实践证明本项目的成果在实施过程中满足汽车服务工程专业的教学需要,实施运行效果良好。目前我校已经在部分工科专业推广本项目课程体系构建的成果,运行效果良好。

应用型本科高校汉语言文学专业人才培养模式改革研究与实践

主要完成单位：黄淮学院、河南省交通高级技工学校、驻马店职业技术学院

主要完成人：段永建、尤平、田馨、高青芝、徐君、李惠然、张琦、张红运

一、存在问题

1.方式陈旧单一

当前应用型本科高校在汉语言文学专业人才培养中受传统教学理念、教学内容、教学方式等因素影响与制约，缺乏对汉语言文学专业教学的深度改革，导致汉语言文学专业人才培养模式创新程度不高等症结。

2.创新能力不足

很多教师没有对学生开展创新创意的教育，也没有对汉语言文学专业的人才培养模式等一系列构成要素进行改革创新，忽视学生创新能力的培养，课内外实践环节十分薄弱，学生无法有效地开展创新能力与技能训练。

3.培养定位模糊

由于所处区域、规模、办学定位、对人才需求各不相同，不同类型高校人才培养定位存在差异性，不少学校存在着定位不够准确、目标模糊、追求规模等不足，致使人才培养服务地方经济建设和社会发展不强等症结出现。

4.评价体系单一

以笔试为主的教学评价体系具有标准统一、规范，容易操作等特性，但也存在着不利于对人才创新、思维、思辨、批判等精神和能力培养与评价，单一化评价方式培养出来的学生适应社会能力上存在着一定不足。

二、改革原则

1.立德树人

在培养高素质应用型人才时,不仅需要学生拥有深厚的知识、超强的学习、组织和工作能力,更为重要的是还要培养学生正确的人生观、价值观与世界观,确保学生能够身心健康地快乐成长,在将来踏入社会之后成为对国家和社会有用的栋梁之材。

2.突出应用

在新时代背景下,应用型本科高校汉语言文学专业应顺应时代要求,为区域经济、社会发展、文化传承等活动提供人才支撑,应围绕"高素质应用型人才"培养目标,积极推动人才培养模式的改革创新。

3.强化实践

以"实践"作为培养学生知识与技能的基本手段,加快学生理论知识与实践能力的转换,加深学生对专业知识与技能的理解,提升学生综合素质,使学生在实践中对知识进行创新,促进学生的全面发展。

4.分类指导

在教学中突出个性化,遵循"分类指导"原则,对学生因材施教,确保教学方法的灵活性,使学生在学习中全面发展,凸显特长与个性。根据职业规划的要求,采取分类指导与个性化教学相结合原则,助推学生实现自我价值。

三、改革方法

1.优化课程结构

以"双万计划"课程建设为依托,将人才培养模式改革与专业课程紧密结合并融入各专业课之中,使人才培养模式具有多元性、发展性与系统性。

2.创建创新平台

利用校内校外资源创建创新平台,如黄淮学院的同学充分利用创新创业园、学报《天中学刊》等实习机会,锻炼文字组稿、编排等能力。通过创建校外实践平台,为学生提供教育、文秘、新闻等多个方向的实习单位,让学生将所学知识运用到工作中,有效提升学生的创新能力。

3."三大模块"与"问题驱动法"

(1)课堂管理创新。把学生学习时间分为"课前""课中""课后"三部分,对之进行系统化管理。在学习中以问题为导引，重视"课堂时间"运用，重视学生课前准备与预习、课后问题继续拓展与深思，使课外学习成为"课堂学习"的有机组成部分和有效延伸，极大地丰富"课堂革命"的内涵。

（2）教学方法创新。贯彻教育部"一流课程建设实施意见"，突出"教师主导、学生主体、师生互动"教学理念，运用"三大模块教学法"和"问题驱动教学法"，达到课外与课内相结合，课上与课下相融合，教师与学生相配合，知识传授与能力培养、素质培养与创新思维相互统一的教学目标。

（3）教学内容更新。改变知识传授比重过多的状况，把重要作家作品置于文学史结构的中心位置，重在培养学生的文本分析能力和社会认知及审美能力，实现文学史向文学审美与创新解读的真正回归。

（4）考核方式的创新。注重过程性评价，逐步加大过程考核权重，把学生课堂表现与课下学习纳入评价体系之中，适当提高过程评价的权重，逐步把平时成绩权重提高到综合成绩的50%。

四、主要创新点

1. 经典学习"五步法"

（1）以立德树人为中心。围绕立德树人这一中心，利用经典中爱国主义、英雄主义等优秀品格，坚持把红色基因融入人才培养，在教学大纲制定、课程设计等环节，充分利用经典所蕴含的革命精神和优秀品格作为贯彻立德树人的中心任务。

（2）以红色教育为引领。利用红色经典资源开展红色革命教育，引导广大师生学思践悟，增强文学教育的现实感、真实性、吸引力和感染力，在文学欣赏中弘扬红色文化，传播红色精神，讲好红色故事，继承红色基因，真正让红色教育入耳、入脑、入心、入情。

（3）以"去水增金"为驱动。积极响应教育部"双万计划"、把"去水增金"与"课程思政"的有机结合，大力推进"课堂革命""任务驱动式"课堂教学模式改革，通过"打造金课，杜绝水课"改革，摒弃单纯文学史知识讲授，应用"雨课堂"等现代信息技术手段，实现现代信息技术与课堂教学的深度融合，逐步使线下教学过渡到线上线下混合教学。

（4）以"三大模块"为路径。聘请河南大学博士生导师刘涛和刘进才来校任教，两位博导把师制的优点带进本科教学，带领其他老师组建团队，运用"三大模块教学法"把"课前阅读与提问""课堂讲授与讨论""课后探究与训练"结合起来,形成阅读、讲授、讨论、探究四位一体的课程教学体系,实现知识传授与能力提升相结合、文本阅读与创新思维相结合、文学审美与文化育人相结合,营造课前预习、课中讨论、课后探究的动态教学模式。

(5)以作家学者来提升。聘请作家张新科、墨白、乔叶等走进课堂,为同学们讲授他们创作的真实经验;聘请著名学者吴福辉、解志熙、沈卫威、何弘等学者解读经典,通过他们的学术报告使同学们对党史、国史、民情和国情有更清晰的了解和认识,让他们在接受红色教育中守初心、担使命,形成层次丰富、类型多样、特色鲜明的文学课教学体系,提升文学课的含金量。

2.创意写作训练法

(1)对经典的改写与扩充。让学生对经典作品进行改写和扩写。如对《边城》进行合理的扩写,对《白鹿原》进行剧本改变等。

(2)对经典的模仿与创作。鼓励学生进行不同体裁文学作品创作,具体内容可参看支撑材料"创作作品集节选"。

(3)对地域文化的收集与整理。收集地方故事、民间传说等素材,并对之进行整理汇编以发扬传承优秀文化,具体成果参见《天中地域文化》选编。

五、改革效果和应用推广

1.能力提升

通过"三大模块""问题驱动""经典阅读五步法""创意写作训练法"等教学方式改革,学生学习积极性、写作能力、审美能力、解决问题能力等都得到提升。

2.获得奖项

近5年汉语言文学专业学生在全国大学生文学作品大赛、广告艺术大赛、新媒体大赛、新闻写作等不同大赛中荣获50多个奖项。

3.推广应用

"中国网"和"中国网客户端"对"经典阅读五步法"专题进行了报道。目前,成果已经在河南大学、湖北长江大学、商丘师范学院、周口师范学院、黄淮学院、驻马店职业技术学院、河南交通职业技术学校等院校予以推广和应用,并取得了良好的效果,黄淮学院文化传媒学院中国现当代文学专业以运用课题教学法成功申报校级重点学科、校级一流课程,并正在申报河南省一流课程和国家级一流课程。

示范性应用技术类型本科院校人才培养模式改革与实践

主要完成单位:河南工程学院、郑州工程技术学院
主要完成人:卢奎、周书焕、付景保、董西广、李松林、马飞峰、杨柳、孙运德、尤胜、张艳青

一、主要解决的教学问题及具体方法

(一)主要解决的教学问题

(1)缺乏顶层设计,人才培养定位不明确;(2)目标不明确,人才培养与社会需要脱节;(3)特色课程少,缺乏特色应用技术类型人才培养的课程体系;(4)机制不完善,缺乏创新人才培养动力机制;(5)经费投入不足,缺少足够的实践教学经费投入。

(二)解决问题的具体方法——以河南工程学院为例

1.修订人才培养方案,谋划顶层设计

根据《国家中长期教育改革和发展规划纲要(2010—2020年)》《教育部关于全面提高高等教育质量的若干意见》《国务院办公厅关于深化产教融合的若干意见》和《普通高等学校本科专业类教学质量国家标准》,结合学校"十三五"发展规划、本科教学工作审核评估和专业认证的要求,修订人才培养方案,2019版正在使用。

2.做实校企、校校合作,强化人才培养

(1)建设行业学院,产教精准对接。目前,校企共建行业学院11个。初步形成以"一主体、四联动、八共建"推动"两个实质性"产教融合的行业学院建设模式,即以行业龙头企业或地方高成长性企业为主体,政府、学校、企业、协会等四方联动,以企业实质性投入资金不少于300万作为主体履约保障,推进实质性合作"八共建"。

(2)探索多元模式,校企协同育人。学校与河南省纺织行业协会、中国平煤神马集团等建立了紧密的产学研战略合作关系共建省级协同创新中心;校企合作开发课程23门,合作开发应用技术类型教材8门;与行业知名企业共建"双师双能型"教师培训基地;企业在学校设立企业奖学金8个;设立冠名班7个。

(3)适应社会需求,强化专业建设。建设新工科。不断提高学校人才培养与经济社会需求契合度,学校新增了数据科学与大数据技术、新能源材料、机器人工程与器件等新工科专业。

形成新集群。学校初步形成了与地方经济、行业发展高度符合的特色鲜明的七大应用技术类型特色专业集群:纺织服装材料类专业群、矿业地质环境类专业群、机械制造类专业群、土木测绘类专业群、电子信息类专业群、经济管理类专业群和文化艺术类专业群。

(4)坚持双管齐下,强化师资队伍。学校坚持人才强校,坚持引进与培养并进。实现了引进具有企业工程实践经验的应用技术类型高级人才、派出教师赴澳大利亚堪培拉大学、英国曼彻斯特大学进修学习、教师赴企业锻炼、博士服务团到企事业单位挂职锻炼常态化。

(5)抓实就业、创新创业平台建设。修订完善了《就业创业工作奖惩办法》和《就业创业工作量化考评细则》等文件,把就业工作作为年度绩效考核的重要指标,推动毕业生高质量就业。根据麦可思报告,两年来,我校毕业生就业率由89.4%提高至90.7%,平均月收入由3852元提高至4279元,基本工作能力总体满意度由82%提高至86%,校友满意度由87%提高至92%,毕业生就业核心指标均呈整体上升态势。

坚持把大学生创新创业融入应用技术类型人才培养全过程,以两个"三融一体"推进大学生创新创业工作扎实开展。在学校层面,坚持专创融合、师生共创的理念,推动创业教育、创业大赛、创业孵化"三融一体"。在学院层面,推动开放实验、学科竞赛、创新创业"三融一体"。2017年底,学校成立了创新创业学院,与企业合作共建大学生创新创业基地,设立创新创业专项奖学金,开设创新创业大讲堂。"旗帜众创空间"和"步客众创空间"获得省教育厅高校众创空间立项建设。

(6)坚持应用导向,强化社会服务。不断深化科研管理体制和运行机制改革。打造高水平的"一计划三平台",即依托"543计划",打造高水平的科学研究平台、社会服务平台、大学生创新平台。遴选了8个创新团队,取得一批标志性成果。

紧盯产业和区域经济发展需要,大力开展社会服务。"政产学研"多元主体协同发展战略的不断深化,不仅使应用技术类型人才培养质量不断提高,而且科技服务的成效也在显著增强,制定国家标准2项,参与制定4项国家和行业标准。组织科研力量,开展技术攻关和社会服务,获得绿色矿山科学技术一等奖;荣获2018年河南省科技进步三等奖2项;荣获2018年中国煤炭工业协会科技进步一等奖。

(7)改革评价方法,健全质量监控体系。建立上下协同、多元参与的运行机制。构建了教师、学生和用人单位等主体参与的上下协同、多元参与的质量保障运行机制,健全教学指导委员会,推动教师发展中心建设,强化以教师为主体、以教学发展为内容的教学组织和专业团体在教学质量保障过程中的建设性作用。

重视量化评估与质性分析的综合运用。过程性评价与结果性评价相结合,建立教师与学生成长档案,采取师生教学座谈、专家咨询、课堂教学观摩等方法将质量评估与质量提升有机衔接,以更好地发挥量化评估和质性评价的优势,更好地促进教育教学。

二、成果的创新点

1.融行业办学元素于办学过程之中

精选、凝练、融合行业办学元素于课程、人才培养体系之中,利用选修、辅修、必修等手段传承知识、技术、技艺,体现了鲜明的行业办学特色。通过模拟仿真与真实煤矿实习相结合,实现采矿及安全专业教与学、学与习的无缝对接。根据纺织服装类专业特点,利用T型台、服装裁剪与缝纫、手工制作等课程,通过开放体验与开放实验,来传承设计知识和手工技艺。

2.变产、学、研松散合作为产教深度融合

以培训服务提供智力支撑,以教师科研提供现场服务,以定向培养、订单培养、委托培养形成人才培养纽带,以此促进产、学、研的松散合作为产教深度融合。

面向行业,积极开展特种工培训、行业生产经营与管理人员的知识更新培训,推进教师下厂下矿解决防灾、减灾、生产与经营方面的实际问题,赢得企业的信任与信赖。在此基础上,通过定向培养、订单培养、委托培养等形式,为企业培养后备人才。因为自身需要后备人才,企业积极介入人才培养目标制定、教与学、工程师授课、实习安排等环节,尤其是顶岗实习的安排与共同管理等,解决了以前校企松散合作时难以解决的问题。企业介入过程中,校院二级理事会和专业建设指导委员会主动对接企业需求,进一步将其融入学校整体的人才培养目标之中,体现于课程教学、实习各个环节。在产教深度融合的背景下,实现了知识、技术、过程"三融同步"。

3.提出了新的教材编写理念、原则和方法

编写教材遵循"学生中心、兴趣引领、能力本位、知技合一、重在应用"的理念,遵照"新理念、新方法、新结构"的原则,利用新方法——引入二维码、虚拟现实等技术,力图编写出新技术背景下的好教材、活教材。学生通过扫二维码,即可获得强大的后台资源,如案例库、考研真题、背景知识、实验操作、生产过程全景虚拟现实再现等。教材鲜活,动态的而不是平面的、静止的,功能多元而非单一,方便学生弄懂弄通重点、难点、热点,激发学生的学习兴趣,促进学生的自主学习。

三、实践推广应用效果

1.先行先试、行业领跑

全面实施本项目研究成果的河南工程学院在《广州日报》数据和数字化研究院(GDI智库)发布2020年"GDI应用大学排行榜"全国910所本科院校(非博士培养单位)中综合指数排名61名(比2019年提升12位次),其中应用指数排名43名。综合指数在河南省上榜高校中列第6名,在全省10所"示范校"中列第1名。

我校艺术设计学院也多次参与教育部动画、数字媒体等国家专业标准的制定工作。

2.兄弟院校推广应用

本项目研究成果不仅在河南工程学院和郑州工程技术学院已全面实施,而且在洛阳理工学院、河南工学院、河南牧业经济学院等兄弟院校中进行了推广应用,效果显著,对推动应用型本科院校高质量发展起到了积极的促进作用。

小学全科教师培养模式改革实践

主要完成单位：郑州师范学院
主要完成人：刘济良、陈冬花、王智红、郭玲、盛宾、
冯建瑞、侯宏业

成果简介

小学全科教师培养模式改革实践是2017年立项的省高等教育改革重点课题。以培养文化知识广博、教育教学能力全面、教学技能扎实、能够承担小学多门课程教学的小学全科教师为人才培养目标，构建了"全科培养、多能发展、分科选学、个性成长"一专多能的小学全科教师培养模式。以下从主要解决的问题、问题解决的方案、创新点等6个方面总结。

一、主要解决的问题

本项目研究形成了具有鲜明特色的小学教师全科培养模式，重点解决了小学全科教师教育课程体系、小学全科教师实践教学体系和小学全科教师培养标准体系的问题

1.构建了"产出导向"的小学全科教师教育课程体系

依据"全科培养模式"和培养目标，构建了"宽基础、活模块、重实践、强技能"的6+1模块化小学全科教师教育课程体系。

(1)宽基础：6个课程模块包括公共基础课程模块、学科基础课程模块、专业基础课程模块、教师教育课程模块、信息技术与应用课程模块、教育管理与研究课程，+1模块是指人才培养方案中的活模块课程。

(2)活模块：是指课程体系中供学生自主选学的学科课程模块，即"分科选学"模块。根据学生的学科基础和发展要求以及农村小学的实际需要，设置了任意选修课程这样一个"活模块"。"活模块"中包括"文科模块""理科模块"和"艺

体模块"三部分。设置"活模块"的目的,既是为了拓展学生的知识领域,也是为了使学生形成自己的优势学科,有利于将来的专业成长和专业发展,也很好地解决了全科与学科的矛盾。

(3)重实践:把实践教学作为人才培养的主线贯穿于人才培养的全过程,一是确保实践环节落实到位,学生从第二学期开始教育见习,每学期1周时间,第七学期安排18周教育实习;二是确保实践课程比例,在课程体系中,实践课程学时占总学时的比例为31.2%;三是重视实践教学的质量,建立健全实践教学质量考核体系;四是重视实践教学平台建设,2018年投资350万元建成了小学全科教师实验教学平台。

(4)强技能:强技能是加强学生从事教育教学的基本能力。主要体现在三个方面:一是强化教师基本功,如三字两话(画);二是强化学生的课堂教学能力,掌握基本的教学设计方法,会做教学设计,会上课;三是强化学生的创新能力,主要是依托计算机技术,开展相关课程,如课件制作、程序设计、无人机、机器人、STEM课程等。

2.构建了小学全科教师实践教学体系

构建了"观摩感知—案例研讨—模拟实训—岗位实践—反思研究"五位一体的实践教学体系。解决了学生的教学实践的过程性问题,培养学生教学反思的基本能力,实现毕业与就业的零距离对接。

3.构建小学全科教师培养标准体系

完成了小学全科教师学科教学能力培养指导标准,研究制定了小学全科教师教学能力考核标准。标准体系涵盖了基础教育小学段国家规定的义务教育全部课程、班队管理、师德等共计11项。为小学教师培养提供具体参照。

二、问题解决的方案(见下图)

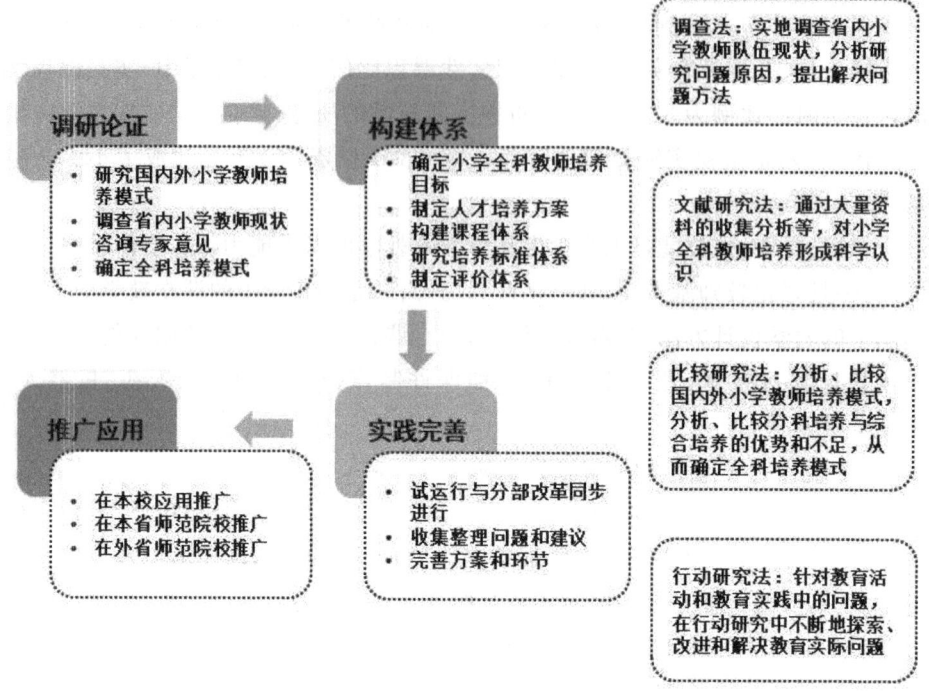

三、创新点

1.创新了小学教师培养模式,确立了小学全科教师培养目标

围绕小学全科教师培养目标,构建了"全科培养、多能发展、分科选学、个性成长"的小学全科教师培养模式。通过"宽基础、活模块、重实践、强技能"的6+1模块化课程体系,实现文化知识广博、专业有特长、实践能力强、职业发展有潜力的小学全科教师培养目标。

2.创新了小学教师教育课程体系,解决小学全科教师培养的痛点

"宽基础、活模块、重实践、强技能"的6+1模块化课程体系,使课程模块相互支撑、共同作用于学生的发展。既支撑了"全科培养、多能发展、分科选学、个性成长"的人才培养模式,也很好地解决了全科培养和学科成长的关系,实现了学生人人有学科(方向),个个有技能特长。

3.研制小学全科教师培养质量标准体系,填补了省内的一项空白

课题组完成了小学教师教育教学能力培养指导标准和小学全科教师教育教学能力考核标准,为小学全科教师培养质量提供标准参考体系。从此使小学全科教师培养质量有标准可依。

四、实施效果

(一)达到了小学全科教师培养模式改革的目标

经过2014级、2015级以及2016级、2017级、2018级学生的培养实践结果检验,小学教师全科培养模式改革实践达到了预期目标,毕业生受到了用人单位的高度评价。

1.人才培养质量显著提升

师范类专业的教师资格证过关率是衡量一个专业人才培养质量的重要指标,根据教育部师范类专业认证的要求,二级认证的要求是教师资格证的过关率75%,三级认证90%。根据我们统计结果显示小学全科培养模式的小学教育专业教师资格证过关率都达到了95%。

2.学生综合素质高、教学能力强

为检验我们人才培养模式改革成效,课题组对2019届毕业的全科师范生120人在实习期间进行跟踪考核,依据我们所制定的小学全科教师教学能力考核标准,对学生在实习期间的师德表现、教学能力、任教课程能力等进行综合考核,考核合格率100%,优秀率85%以上。

(二)小学全科教师培养模式改革成效显著

实施"全科培养、多能发展、分科选学、个性成长"的培养模式,实现了一专多能的培养要求,全科师范生在校期间根据课程要求学生必须选修一个学科,在体音美方面选学一门,很多学生通过选学形成了个人特长,实现了全科学生人人有学科、个个有特长的培养要求,学生在校期间参加各级各类技能比赛获奖率占学生总人数的80%。

(三)专业建设不断上台阶

在项目改革实践推动下,专业建设取得了显著成绩:

小学教育专业被评为河南省卓越小学教师培养改革计划专业,2018年河南省小学教育专业评估总分第一名,2019年被评为河南省一流专业,是我校师范类专业认证首批确定的认证专业。

(四)师资队伍建设成绩突出

截至 2019 年 7 月,小学教育专业有 5 名教师分别获得了华东师范大学、天津师范大学、苏州大学、俄罗斯国立艺术大学的博士学位;有 1 位教师晋升教授,2 位教师晋升副教授,教师队伍的学历、职称结构明显改变。

(五)开发特色系列教材

实施"全科"小学教师培养模式,教材的选用也是支撑"全科"培养模式的重要因素。目前,多数教材仍然是以学科培养为主导并不完全适合全科培养模式的小学教师教育使用。所以,根据我们所确定的人才培养模式、设置的课程体系,结合人才培养过程中的实际需要,在充分调研的基础上,采取了整合课程内容和开发特色教材两方面措施。由刘济良教授主持、由我校教师主导编写的小学全科教师系列特色教材已经与南京大学出版社签订了出版合同,目前已经有 18 本教材签订了出版合同,已经出版教师书写技能、小学英语教学设计 2 本,其他教材在 2020 年暑期前相继出版,在 2020 年夏季全部投入使用。

五、推广应用价值

郑州师范学院是河南省最早开展小学全科教师培养模式研究和实践的高校,目前在河南省处于引领地位,在国内也处于领先水平。由我们研究制定的小学全科教师人才培养方案和小学全科教师学科教学能力培养指导标准被河南省教育厅的采纳,印发了"河南省教育厅关于印发《河南省小学教育专业全科教师培养方案(试行)》和《河南省小学教育专业全科教师教育教学能力培养指导标准(试行)》的通知"(教师【2016】21 号)。并将河南省小学全科教师项目执行办公室设在了郑州师范学院(教师【2015】923 号)。小学全科教师培养模式在省内的相关师范院校推广应用、省外有重庆师范大学、温州大学推广应用,并获得好评。

六、理论成果

在 2 年的项目研究实践过程中,项目组和小学教育专业的老师紧紧围绕小学全科教师培养模式的研究与实践开展应用项目的研究实践,取得了一批丰硕成果。其中,国家级精品课程 1 门,省级在线开放精品课程 2 门,教师教育课题立项、结项 11 项。核心期刊发表论文 15 余篇,其中,CSSCI 3 篇。地厅级成果奖 3 项。

基于互联网、大数据的会计课程体系重构
——以应用型本科为例

主要完成单位：河南财政金融学院

主要完成人：李爱红、李婷婷、谢昆鹏、金颖颖、雷友华、杨增凡、贾利平、马荣贵

一、成果简介：

《基于互联网、大数据的会计课程体系重构——以应用型本科为例》是2017年立项的河南省高等教育教学改革重点研究项目,项目编号2017SJGLX133,项目于2019年7月通过鉴定结项。

项目承担单位河南财政金融学院是一所有65年财经办学历史的高校,会计专业群的建设成绩显著,项目立项之前团队成员已经掌握了先进的课程开发和教学设计方法,为该项目的研究和实践奠定了基础。

课程体系建设的难点在于以前瞻性的目光敏锐地把握时代动向,精准获取社会、行业和产业未来3—5年对人才的需求,项目创新地使用大数据挖掘技术,实现了对人才需求的动态实时把握,保证了人才需求分析的真实、全面、可信。

项目紧紧围绕应用型人才培养,将人才输出定位为成长迅速的社会腰部企业,构建了打破专业壁垒的"业财管融合"的应用型本科会计课程体系;按照"往业务端再走一步"的思路,从业务和全局视角改造传统会计课程;从财务角度融入工商管理课程;从应用角度引入大数据和人工智能等课程,并进行项目化改造,在此基础上重点突破、以点带面建设核心课程和特色课程。

一、成果解决的主要问题

1.应用型本科会计课程滞后技术发展

会计人才供给已经出现严重的结构性失衡。有数据显示,2018年在各地财政局注册的持证财务人员数量达到2000万,在校会计相关专业学生600多万,占据我国9.5亿适龄劳动力的3%,而这些人员80%从事的是低端的、已经可以被AI取代的财务基础工作,掌握新技术、了解企业业务的高端管理型、复合型财务人员极度匮乏。

影响人才培养最直接最核心的因素是课程。会计课程体系长期保持稳定,这种稳定早已不适应"大智移云物区"的技术环境和日益变化的社会经济环境,成为会计人才供给失衡的主要原因。

2.应用型本科课程难以支撑人才培养目标

应用型本科应以培养应用型的人才为主、以培养本科生为主、以教学为主、以面向地方为主,而应用型人才是能将抽象的理论符号转换成具体的操作构思或产品构型,能将知识应用于实践的人才与普通本科和高职人才培养定位有明显区别。

应用型本科会计人才输出方向应为成长迅速的社会腰部企业,它需要既有专业知识和技能,又能掌握行业综合知识、能够解决实际问题的"管家式"人才,显然目前的课程体系难以满足这种要求。

3.应用型本科课程体系缺少标准和规范

教育部2018年底颁布了本科和高职的人才培养质量国家标准和教学标准,却对应用型本科缺少指导性的政策。

智能化对会计的冲击,让重构会计课程体系成为共识。目前会计课程改革正逐步形成三种趋势:一种是主张"财务即IT"的"技术派",在课程体系中全面植入大数据和IT、AI类课程,甚至将"大数据智能系统设计""模型与算法开发"作为会计学本科的毕业设计;第二种是"潮流派",迅速将财务共享服务中心、会计工厂、财务机器人和区块链等应用带入课堂;第三种以传统财经大学为代表的"理论创新派",认为智能化的会计更应该是会计理论的创新和突破。应用型本科显然无法复制或跟随以上任何一种,必须建设适合自己培养目标的、可落地的课程体系。

项目研究针对上述问题,紧紧围绕应用型人才培养,"以管理视角向下深入业务,横向融入现代信息技术"重构了会计课程体系,建立应用型本科会计核心课程的标准,以项目化模式重新设计课程,制作了相关课程的数字化教学资源,使之契合了时代的需求。

二、成果解决教学问题的方法

1.大数据分析对比差异,精准获取人才需求

项目采用 Python 爬虫技术,实现了对 51job、智联招聘等网站招聘信息的大数据动态抓取和挖掘,由此形成的"基于网络大数据的财务人才需求报告",及时、精准、动态地掌握了社会需求;项目还采用了实地考察方法,针对 466 家企业、150 所院校现行会计人才培养方案和 1403 名毕业生充分开展调查,由此形成了"智能化时代会计工作任务分析报告"和"会计人才供需调研报告"。

在此基础之上将社会需求分解成能力指标,构建"人才需求知识能力框架",同时分析高校人培方案,形成"人才供给知识能力框架",通过供需双方知识能力的对比,寻找出供需不平衡的内在原因,由此设置和调整课程以及教学内容,重构会计专业课程体系。其开发思路如下图所示。

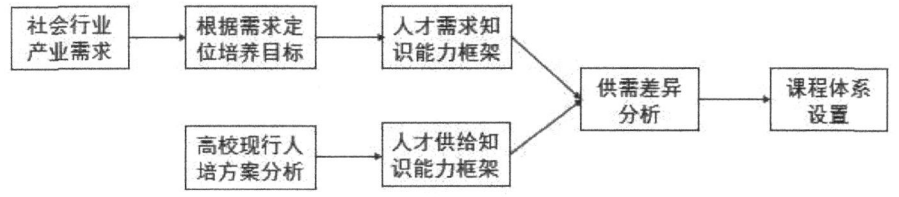

2."往业务端再走一步"构建会计课程体系

让会计深入了解业务,是会计发展趋势的要求,也是应用型本科培养目标的要求。按照"往业务端再走一步"的思路,界定每门课程的边界,确定课程内容。比如成本会计,"往业务端再走一步"是生产运作管理,薪酬核算"往业务端再走一步"是绩效体系的设计……从业务和全局改造传统会计课;从财务角度融入工商管理课;从应用层面引入新技术课程,并进行项目化改造。

"业财管深度融合"的会计课程如下表所示。

课程类型	课程名称	改造或开发思路
传统会计课程	会计学、财务管理、管理会计、会计信息系统、审计学、成本核算与管理	以管理视角向下深入业务,横向融入现代信息技术和数字技术
深入业务端的工商管理类课程	生产运作管理、企业经营管理、项目管理、供应链管理、网络营销、人力资源管理、全面预算管理	项目化课程开发,明确的工作任务,标志性的工作成果,将知识和技能植入项目实施过程中
大数据及智能化类的课程	Excel财务数据分析、大数据财务分析与决策、区块链应用基础、数据可视化与商业智能	从财务和管理视角,掌握新技术对数据获取、加工处理和信息的呈报

3.重点突破,以点带面,持续更新

上述课程,有从会计课程或工商管理课程中继承来的,有把"大数据、区块链、人工智能"+会计形成的,无论是"腾笼换鸟"的传统课程,还是跨界交叉的新课程,都需要进行项目化改造,使之更加适应应用型本科人才培养特色。该成果的实践以建设基础比较好的课程开始,对其实践经验进行总结和提炼,然后指导其他课程改革,并在实践中不断检验、更新,形成持续改进的长久机制。

课程建设同时考虑教学环节的设计,并同步建设数字化教学资源,建设期摸索出的"反向教学法"非常适合应用型本科,"凡是学生会的,老师就不讲",从而使老师的讲授更有针对性,提升课堂效率。

三、成果的创新点

1.突破传统,建立了基于网络大数据的人才需求动态获取机制

项目创新地使用大数据挖掘技术 Python 和 Uipath Studio 机器人过程自动化工具对网页数据自动、动态抓取,实现了对人才需求的动态实时把握,结合趋势分析或大数据分析技术,保证了人才需求分析的真实、全面、可信。比如使用大数据挖掘技术发现了正在兴起的"科研财务助理"岗位。

2.填补空白,构建了适应时代需要的应用型本科会计专业课程体系

应用型本科的师资、生源以及学校定位,决定了课程体系既不能像"技术派"那样开设大量IT、AI和大数据的课程,又不能像"潮流派"追逐热点和时髦,更不能像"理论创新派"那样追求理论的创新,而应比"技术派"少一些技术,比"潮流派"多一些思考,比"理论派"多一些应用。

项目对会计课程体系的重构,从企业业务和全局视角改造传统会计类课程,从财务视角引进和改造工商管理类课程,从够用角度开发融合大数据技术和应用的跨界课程,注重了思维的培养和跨学科知识的应用,既满足应用型本科为社

会培养腰部企业的定位,又缓解了会计学院 IT 背景师资的匮乏,同时也有效回避了技术更新太快的风险。

因项目研究直击当下应用型本科会计课程建设的痛点,项目研究阶段就得到了众多兄弟院校的关注和支持,取得了丰硕的研究成果。目前,该项目的研究成果已被 20 多省 50 余所学校采纳或借鉴,是一项能落地、可推广的优秀教育教学成果。

基于"新工科"建设的应用型人才培养模式改革与实践

主要完成单位：郑州科技学院、河南瑞创通用机械制造有限公司

主要完成人：周文玉、秦小刚、刘亮军、李宇、朱娜、朱永刚、周永新、黄申、张保龙、姚逍遥、张和锋

一、成果主要解决的教学问题

随着新技术革命和产业变革加速推进，我国工程人才供需矛盾凸显。教育部提出，以新工科研究与建设为引导，深化工程教育教学改革。郑州科技学院作为应用型本科高校，工科的主特色明显，通过"建平台、试验田、广覆盖"三步走战略，积极开展新工科建设，推动应用型人才培养模式改革。旨在解决应用型人才培养存在的4个突出问题：

(1) 工程能力和实践经验不足，创新能力薄弱。
(2) 培养模式单一，缺少因材施教。
(3) 知识能力素质结构与新时期人才需求不匹配。
(4) 教学内容滞后于科技发展和产业转型升级。

二、成果解决教学问题的方法

1. 精准把握新工科内涵，系统实施"三步走"建设路径

坚持问题导向，瞄准培养新兴产业需求的技术人才、区域经济发展的专门人才、一专多能的复合型人才、企业需要的创新型人才，围绕学科交叉融合、工程应用能力提升，系统实施"建平台、试验田、广覆盖"三步走新工科建设路径。（见图

1)

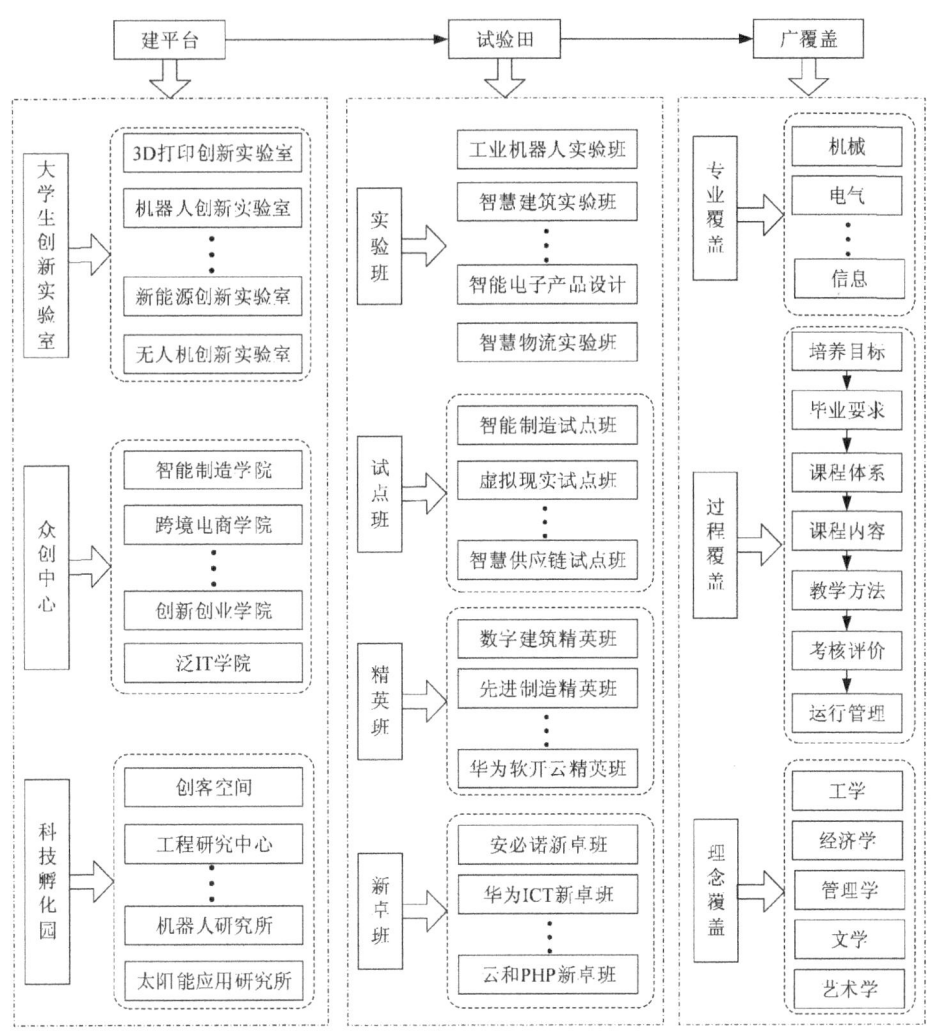

图 1 新工科建设实施框

2.立足新兴产业,优化学科专业结构

改造传统专业。围绕新兴产业技术发展,对现有专业方向进行改造,在传统专业开设了"智能制造"等11个新的专业方向。

建设新兴专业。结合新兴人才需求,新建"数据科学与大数据技术"等3个新工科专业,开设"智能硬件"等3个清华大学技术创新创业辅修专业。

优势专业集群发展。对接地方产业集群,打造服务先进制造业的"机械类"专业集群等六大专业集群。

3. 站位科技前沿,打造新工科实践平台

联合新兴龙头企业共建了总面积 2.6 万多平方米、仪器设备价值 4500 多万元的"智能制造学院""泛 IT 学院""全球供应链 & 跨境电商学院""创新创业学院"四个工程应用学院;新建"3D 打印""机器人"等 20 个大学生创新实验室;新建"物联网 & 大数据""智能楼宇"等 8 个创客空间;新建"3D 打印技术研究所"等 19 个高新技术研究所。

4. 针对人才培养新要求,实施多样化应用型人才培养模式改革

围绕学科交叉、专业融合、产教一体,组建四种试验班,针对各自培养目标重构课程体系,更新教学内容。

实验班:专业融合组班,课程设置突出前沿技术应用,目标是改造传统专业,现已组建智能机器人等 7 个实验班。

试点班:院系交叉组班,课程设置突出新兴产业需求、学科交叉,目标是建设新专业,首批组建智能制造等 3 个试点班。

精英班:研究方向组班,设置研究方向课程,学科竞赛引领,目标是建设创新人才苗圃,目前组建有先进制造技术等 7 个精英班。

新卓班:校企合作组班,课程标准精准对接新兴岗位需求,依托工程应用学院,校企双导师,目标是建设卓越工程师摇篮,现已组建安必诺检测卓越工程师班等 20 个新卓班。

5. 深化产教融合,开展"全程"协同育人

校企共建平台。共建校外实习基地 140 余个,共建校内实验室 12 个,共建工程应用实践平台 4 个。

校企共建队伍。共建企业"教师工作站"、校内"大师工作站"11 个,企业工程技术人员与校内教师实现双向流动。近三年教师进站实践 500 多人次,企业技术人员进站参与教学科研 200 多人次,"双师"结构不断优化,"双师双能"素质大幅提升。

校企共育人才。企业全程参与人才培养,从培养方案制定、教学实施到课程考核,充分对接企业需求改革课程内容,将专业实习、毕业设计等实践环节搬到企业,全面实施校企"双导师"。

校企共谋就业。组建"中联重科班"等 70 个订单班,学生双向选择,资源校企共享,过程校企共监,就业无缝对接,实现校企双方从入口到出口的全程协同育人。

三、成果的创新点

1.建设路径创新:构建了"建平台、试验田、广覆盖"新工科建设路径

基于问题导向,进行顶层设计,构建实施"建平台、试验田、广覆盖"新工科建设路径。针对提升工程应用能力,强化创新意识,打造四大工程应用学院,建设大学生创新实验室,全面升级原有实践教学平台;针对培养模式单一的问题,打造试验田的四种试验班,构建多样化培养模式;按照先行试点、逐步推广的部署,实施新工科建设的学科专业覆盖和培养过程覆盖,引领教育教学改革创新开展和持续深化。

2.培养模式创新:构建了多样化应用型人才培养新模式

立足应用型培养定位,以"学科交叉、专业融合、协同育人"为抓手,实施跨学科、跨专业的人才培养模式改革。专业融合组建"实验班",学科交叉组建"试点班",研究方向组建"精英班",校企合作组建"新卓班",四种试验班围绕各自培养目标,针对性构建多样化课程体系,对接产业需求和前沿科技更新教学内容,强化工程应用能力和创新能力培养,推进现代教育技术融入,有效地解决了人才培养与产业需求不匹配、教学内容与科技发展不同步、教学模式单一、学生工程应用能力不强等问题。

3.协同机制创新:构建了产教深度融合的"全过程"协同育人新机制

从校企共建平台、共建师资、共育人才、共谋就业四个方面,全面深化协同育人。在校企共建实习实训基地的基础上,对接先进技术,在校内共建四大工程应用学院,推进校企深度融合;大力推进"两站"建设,校企"双导师"制,企业工程技术人员与校内教师一起,建章立制,协同开展人才培养,真正实现了校企师资双向流动;联合龙头企业组建"订单班",打通就业通道,实现了校企双方从入口到出口的全过程协同育人。

四、成果推广应用效果

1.应用型人才培养质量显著提升

新工科建设与应用型人才培养同频共振。试点改革以来,学校共组建各类新工科试验班37个,覆盖8个二级学院5个学科13个专业近2600名学生。新工科建设已从最初工科部分专业拓展到全部工科专业,新工科理念已从工学覆盖到经济学、管理学、文学、艺术学等学科,惠及全校学生。试验班的四种培养模

式,均采用新方案、新课程、新内容、新教法,促进了教学质量显著提高。

创新创业教育成效明显。近三年来,我校获省级以上学科竞赛奖项1000余项,国家级学科竞赛获奖数量逐年提高,2017年75项(增长99%),2018年132项(增长76%),2019年196项(增长49%)。高水平竞赛大奖不断突破,在第十届北京发明创新大赛中获金奖,在全国青少年科技创意大赛中获一等奖和"全国十佳创意之星";连续两年获全国"互联网+"竞赛省级一等奖。学校创新创业被授予国家级、省级众创空间,作为全国唯一民办试点高校引入清华大学智能硬件、机器人、智能交通三个技术创新创业辅修专业。

有效地推动了学生高质量就业。新工科试验班毕业生平均薪资提高50%以上,新卓班、精英班的学生,更是没出校门就被高薪预定,实现了毕业即就业。学生就业率及对口率逐年提高,用人单位普遍反映我校学生动手能力和创新能力强。

2. 理论研究成果丰富

新工科建设取得了丰富的理论研究成果。近年来,学校在新工科建设方面获批各级教改课题30项,省级质量工程项目39项,荣获省市级教学成果奖8项,出版新工科教材与著作5部,发表新工科相关论文36篇,授权发明专利5项,立项教育部产教融合协同育人项目26项。

3. 示范作用明显

新工科建设成果辐射广泛。省内外50多所高校来校学习新工科建设经验,成果被省内外3所高校和多家企业应用,有效地促进了兄弟高校新工科建设和应用型人才培养工作。学校新工科建设做法经验在"中国民办高校新工科联盟会议"和"中国民办高等教育改革发展论坛"做典型发言,建设成效被《中国教育报》《光明日报》等媒体和省厅官网先后报道20余次。新工科建设校企合作两次获省厅"校区合作奖励资助"。本课题是省级重点教改项目,鉴定专家组通过评审和实地考察,给予了"国内领先水平"的高度评价。

"文化差异与跨文化交际"慕课实践研究

主要完成单位：郑州大学

主要完成人：曾利娟、刘永杰、陈莉、王艳玲、陈行洁、孟庆玲、许玉博、赵胜男

一、成果简介

本研究成果是2017年立项的河南高等教育教学改革研究与实践项目（项目编号：2017SJGLX207），基于混合式教学模式的《文化差异与跨文化交际》慕课实践研究，2017年6月开始，2019年6月结项。《文化差异与跨文化交际》是由郑州大学曾利娟教授负责主持并主讲的国家级精品在线开放课程，同时也是郑州大学面向全校本科生开设的一门校级任选课，课程定位是素质教育类通识课程。该课程是我省在智慧树在线教育平台上线的第一门混合式课程，采用线上课程与线下见面课相结合的教学模式，每学期32学时，2学分。其中线上课程视频42个，时长555分钟，截至2019年秋冬学期，线下见面课视频共268个，总时长约2340分钟，全国参与互动学校7所。在智慧树上线开课7个学期，全国选课学校累计达468所，在校学习者共36673人次，另外在学习强国、中国大学MOOC、好大学在线、学堂在线、超星尔雅以及中国高校外语慕课联盟等平台上线运行，学习人数达十万人次以上。2017年该课程荣获国家级首批精品在线开放课程，2020年春夏学期荣获智慧树网"混合式精品课程TOP100"，2019年荣获郑州大学优秀教学成果奖特等奖，河南省一流本科课程线上线下混合式一流课程。

二、主要解决的问题

(一)解决的问题及方法

研究主要解决的教学改革问题涉及教育理念、课程目标、教学设计、管理方式、运行效果、评估标准以及推广应用等方面,通过该课程在智慧树在线教育平台7个学期的课程运行数据,客观分析和研究学习者的学习动机、学习行为、学习效果,以及存在的学习问题,力求探索一条适合线上线下混合式教学模式、特点、策略、方法、手段、评估以及管理等教学改革的途径,为我省广大高校教师提供混合式教学范例,为我省高校教育改革提供实证研究依据和借鉴意义,帮助教师针对不同学习者个体、不同层次、不同专业等学习需求完成教学内容与教学模式的设计,提供教学支持和技术服务支持,并力图解决学生到课率低、抬头率低、教育资源分配不均、教学质量参差不齐等问题。旨在加大高等教育的改革力度,提高高校教师教育信息化水平,推动信息技术与高等教育深度融合,提高教育质量,促进教育公平,力争打造更多省级及国家级一流本科课程,包括线上一流课程、线上线下混合式一流课程,以及线下一流本科课程,提高我省高校本科教育和人才培养质量,为国家培养大批既具有专业知识、国际视野,又具有家国情怀和跨文化交际能力的国际化人才,服务我国的经济、科技、文化教育等领域的发展战略。

解决问题的具体方法如下:

(1)教学理念——秉持"以学生为中心"的教育理念

(2)教学模式——采用"线上线下相结合"的混合式教学模式

(3)教学特色——突出"立德树人与课程思政"的课程特色

(4)教学目标——培养"具有家国情怀、国际视野与跨文化交际能力"的国际化高素质人才

(5)教学手段——依托"中国大学 MOOC,智慧树在线教育平台"等国内知名慕课平台与信息技术,实施全国跨校直播互动的翻转课堂教学

(6)教学评估——采用"形成性评估与终结性评估相结合"的方式综合评定学生的学习效果

(二)教学策略与教学方法

本研究试图通过线上线下相结合的混合式教学模式,以探究式、启发式、互动式教学策略、以问题导向的交际教学方法、以翻转课堂的形式改变传统教学中以教师为中心的灌输式教学模式,解决教学中方法单一、知识陈旧、更新速度慢,

学生到课率低、抬头率低等问题,解决目前大学生普遍存在的知识与能力不匹配的问题等。

1.课程设计

《文化差异与跨文化交际》课程采用混合式教学模式,即线上与线下相结合的教学模式,改变传统教学模式。

(1)课程概要设计。主要包括课程属性、课程名称、课程学时、学分、课程目标、课程内容、课程定位、评价方式等内容。

(2)线上课程设计。主要包括六个方面:一流的选题、一流的内容、一流的讲授、一流的效果、一流的技术和一流的平台。

(3)课程拍摄设计。拍摄方式选择:本课程主要采用了抠像、实景和访谈三种拍摄方式,无论是在设计形式上,还是在拍摄效果上都有一定创新。

(4)教师形象设计。教师形象设计包括教师的服饰、发型、化妆等造型设计,改变了传统课堂教师严厉、严肃的形象,给学生以和蔼、知性、优雅的亲切感。

(5)课程实施设计。线上视频学习和测试有弹题设计、章节测试题和讨论题设计、期末测试题设计。

线下见面课设计包括授课内容、授课方式、教学效果、教学环境、互动形式、互动学校、技术支持等方面。

(6)见面课教学设计。教学采用翻转课堂教学,互动形式丰富多彩,如回答问题、学生讨论、跨校辩论、角色扮演等形式,采用翻转课堂的形式实施教学,注重能力培养和素质提高,极大地调动了学生的积极性和参与性。

2.成绩管理

本课程教学应用效果评估采用过程性评估与终结性评估相结合的方法。其中线上学习与课后章节测试占40%,见面课占25%,期末考试35%。考试成绩达到60分以上的学生可以获得2个学分。

3.论坛管理

教学团队利用论坛与学生互动,答疑解惑,为学生学习提供服务支持。

4.学情分析

教师通过后台数据分析学生学习情况,实时监控和了解学生的学习动态,及时提醒和督促学生跟上学习进度,提高学生的结课率。

三、成果的创新点

1.教学模式创新

线上线下混合式教学模式是目前国内一种全新的教学模式,因此,本研究成果具有一定的创新性与实用价值。

2.教学内容创新

线上教学内容以知识点为主,提供实景教学,如茶社、酒庄、中餐厅、西餐厅等;线下见面课内容与课程思政、国际商贸、外交礼仪、国际教育、跨文化交际等内容相结合,具有时代性和创新性,每学期更新,与时俱进。

3.管理模式创新

线上线下相结合的混合式教学模式改变了传统教学的管理模式,教师可以依靠学习平台和 APP 对学生的学习进行管理,更高效,更公平。

4.教学手段和教学方法创新

突出"以学生为中心的教育理念",学生线上通过视频自主学习,线下参与跨校直播互动的翻转课堂,这种教学方式既能满足学生个性化学习的需求,培养学生自主学习的能力与批判性思维的能力,又能实现优质教育资源共享,实现教育公平。

5.评价体系创新

实施形成性评估与终结性评估相结合的方式,利用大数据对学生的学习进行管理更具有信度和效度。

6.教学效果显著

学生受众广泛,满意度高达96%左右,教学效果好,提升了郑州大学在全国高校的知名度与影响力。

7.教学成果大、影响大

本项目负责人曾利娟教授主讲的"文化差异与跨文化交际"2017 年被评为国家首批 490 门精品在线开放课程,2019 年被评为河南省一流本科课程线上线下混合式一流课程,2020 年春夏学期智慧树网"混合式精品课程 TOP100",是我省唯一入选课程。2019 年出版"文化差异与跨文化交际"在线开放课程配套数字化教材。

8.成果具有引领性和示范性

目前该课程已在学习强国、中国大学 MOOC 等全国七大最具影响力的慕课平台上线,在全国具有引领性和示范性,影响力大。

9.成果具有推广应用价值

该实践研究为我省高等教育改革探索出了一条教学模式创新之路,课程应用涵盖除我国港澳台地区以外的所有省、自治区和直辖市,负责人曾利娟教授已成为省内外慕课研究领域的知名专家,并应邀为全国60多所高校教师传授混合式教学实践经验,其研究成果值得借鉴并向广大教师推广学习和应用。

10.成果丰富

该项目研究目前已获得国家精品在线开放课程1门,主编出版教材4部,译著1部,参与完成国家社会科学基金一般项目1项,主持完成河南省2017年省级教改项目1项,省哲社和省教育厅社科在研项目2项,校级教改在研项目1项,发表CN论文4篇,荣获郑州大学2019年度优秀教学成果特等奖,郑州大学2019年度优秀教材一等奖。

校企协同育人模式下"新型纺纱技术"课程教学改革研究与实践

主要完成单位：中原工学院、河南第一纺织有限公司、洛阳白马集团有限责任公司

主要完成人：叶静、李雪月、王洪涛、冯清国、邵伟力、喻红芹、任家智、宗亚宁、袁守华、赵博、于保康

一、成果简介及主要解决的教学问题

1.成果简介

"新型纺纱技术"是我校国家级特色专业纺织工程的专业核心课程之一，在学生的专业培养中有着重要的作用。针对纺织应用型人才培养中存在工程实践能力薄弱、专业自信心不强等问题，课题组分析了纺织产业转型升级下对人才的需求，根据卓越工程师的培养目标和 OBE 教学理念，切实围绕增强学生工程实践能力和创新能力，持续从微观层面探索校企协同育人模式下的"新型纺纱技术"课程教学改革与实践，取得了显著成效。

（1）通过校企合作共同制定《新型纺纱技术》课程目标和改革方案，全程实施校企协同实践教学，协同进行课程管理与评价等，为纺织类专业课程教学改革和地方高校的应用型人才培养提供了新的经验和案例。

（2）构建了多形式、多层次、全方位的微观校企协同育人模式；通过校企协同，在理论教学方面，共建"教学课堂"；在实践教学方面，开创"实践课堂"，拓展"创新课堂"。

（3）取得了校企协同育人模式下"新型纺纱技术"课程体系、师资队伍、教学手段与教学模式、实践教学平台建设、考核方式等一系列教学成果。

2.成果主要解决的教学问题

(1)解决了纺织卓越工程师培养目标下的《新型纺纱技术》以"技术与产品开发"为导向的课程定位。

(2)创立了基础理论、技术应用、产品开发三位一体的具有地方院校特色的新型纺纱技术的课程教学体系。

(3)"双师型"师资队伍建设,由高校教师和企业工程师共同执教,讲课内容、培养目标与企业共同协商制定,校企共同开发和建设课程资源。

(4)打造应用型人才培养的"金课"课程,丰富教学内容、创新丰富教学方法,体现课程的"高阶性""创新性"。

(5)以技术能力及创新实践为重点构建了从基础性实验——综合实验——创新性实验的逐级递进的课程实践教学体系。

(6)将虚拟环境技术引入纺纱教学,创建多渠道、多元化立体学习空间,实现了优质教学资源的集成和立体化教学环境(教学资源、实验平台、教师队伍)的建立。

(7)建立过程考核和目标考核并重的考核方式,课程考核内容覆盖毕业要求能力指标点,体现课程的"挑战度"。

二、成果解决教学问题的方法

1.确立《新型纺纱技术》的课程培养目标和课程定位

实地对多家进入产业转型升级的纺织企业和多所行业背景高校的应用型创新人才培养状况深入调研,了解纺织行业对专业人才知识和能力的要求。将《新型纺纱技术》课程定位于"技术与产品开发",并制定出切合纺织应用型人才培养的课程目标,使研究的起点与企业需求同步。

2."新型纺纱技术"课程体系的构建

对"新型纺纱技术"课程的知识模块进行梳理,校企双方共同构建集基础理论、技术应用、创新实践三位一体的"新型纺纱技术"课程体系。强调以掌握理论、强化应用、培养技能作为教学的重点。力求达到以知识应用为目的,技术应用和纱线产品开发为主线。

3.构建了"新型纺纱技术"课程校企协同育人实践教学模式

在理论教学方面,校企协同共建"教学课堂";共建"双师型"师资队伍,共建教学资源并实现双方优质资源共享。在实践教学方面,校企合作编写实验实训指导书和实验教材、指导学生参与生产实践等,开创了"实践课堂";鼓励学生参加各种创新团队,以老带新申请各种创新类项目,参加学科竞赛,拓展"创新课堂"。

4.师资队伍的建设

引进有工程实践背景的专兼职教师,与企业合作建立"双师型"教师队伍。优化了队伍的知识与学缘结构,形成了以学术带头人、省级教学名师领衔,优秀中青年教师组成的教学团队。

5.拓展和优化教学内容

将"思政课程"教育内容充实到"新型纺纱技术"课程教学中,让学生了解纺织产业在国民经济发展中的重要性等,增加学生对专业的自信心。对《新型纺纱技术》课程除增加环锭纺新技术、复合纺纱等内容,还注重与自动化技术、智能控制技术的交叉,并对每年国际纺织机械展览会展出的最新纺纱设备,邀请纺机企业专家做专题讲座。力求教学内容的先进性和前沿性,反映本学科、本领域的最新科技成果。

6.教学手段与教学模式

围绕"新型纺纱技术"课程,采用由高校教师和工程师共同执教,讲课内容、培养目标与企业共同协商制定;将虚拟环境技术引入纺织教学,构建了基于solidworks三维仿真软件实验教学平台;建立多媒体教学、远程教学、视频教学与网络资源教学的多元化信息化教学模式。采用渐进式和项目式相融合、学科竞赛与毕业设计相融合,实现课程的应用性、高阶性和创新性。课程协同考核,建立多种考评体系、对学生实行多元化评价,体现课程的"挑战度"

7.实践教学平台建设

购置了转杯纺、喷气纺、紧密纺等现代纺纱设备和纱线测试仪器,建成了细纱工艺设计及虚拟纺纱实验室等,与原设备组成了纺纱实践教学平台。新增《纺纱综合实验》《纱线设计与生产实践》实践教学环节,提升学生工程实践能力。

8.网络教学平台建设

"新型纺纱技术"精品资源共享课网络平台(http://depart3－zzti－edu－cn:8080/)在教学模块中加入企业案例讨论、自主实验、虚拟实验等。通过网络平台将微课、M00C、移动公开课等优质的教学资源及创新型教学方法进行共享开放,为学生提供优质的课外辅导。实现了网上答疑、在线测试、学习讨论、互动共享等立体化服务,达到教学资源有机整合与有效应用。

三、成果的创新点

1.构建了以产业需求为导向的三位一体的课程体系

对"新型纺纱技术"课程的知识模块进行梳理,构建了基础理论、技术应用、创新实践三位一体的新型纺纱的课程体系,该课程体系除了强调理论教学与实践教学并重外,还增加了产品开发。目的是把学科竞赛、大学生创新实验计划项目与课程内容有机结合,在实践训练中提高创新能力。

2.构建了多方位的"新型纺纱技术"课程微观校企协同育人实践教学模式

以"新型纺纱技术"课程为载体,从微观层面与纺织企业深度合作,构建了多方位、多层次的协同育人教学模式。校企协同共建"教学课堂",开创"实践课堂",拓展"创新课堂"。课题组为纺织企业提供技术服务,为校企协同的微观合作搭建了平台。

3.突出基于"现代纺织"理念下的"五关联"教学实践

采用"五关联"教学法将新型纺织材料、新型纺纱、新型织造、染整、纺织色彩与新型纱线设计与开发相关联,针对新型色纺纱的开发,要求学生完成对新型纤维的可纺性分析、纺纱工艺设计与上机实施、纱线质量控制、织物结构设计与织造、后处理、以及测色配色等一系列教学实践,培养学生综合实践能力、纺织品设计开发能力。

4.学科竞赛与毕业设计相融合

结合学科竞赛作品,整合学科竞赛成果或进行相应拓展,拟定毕业设计题目,使学生深度思考学科竞赛成果,探寻新思路、新观点和新内容,将学科竞赛成果再提升一个层次,做成毕业设计。通过学科竞赛与毕业设计融合,可以有效地解决学生毕业设计选题落后问题和提升学生创新实践能力的培养。

四、成果的推广应用情况

1.改革经验得到交流,受到社会广泛关注

成果通过论文、会议形式进行了广泛交流,发表含 CSSCI 教研论文 7 篇,出版专著 1 部、国家或部委级规划教材 8 部,通过项目分解实施,项目组成员分别获河南省教学成果特等奖 1 项,中国纺织工业联合会纺织高等教育教学成果一等奖 2 项、二等奖 1 项、三等奖 1 项。获省级精品资源课程和省一流本科课程各 1 项等,有效地支撑了纺织工程国家级一流本科专业建设和工程质量认证顺利通过,并被《中国纺织》《纺织导报》《纺织科学研究》《纺织服装周刊》等国内纺织媒体报道。

2.课程建设成果与校外辐射推广

课程建设和资源建设成果受到广泛关注,并在武汉纺织大学、青岛大学、西安工程大学、河北科技大学、河南工程学院等全国多所学校应用。《新型纺纱技术》(http://depart3-zzti-edu-cn:8080/),2015年和2020年分别荣获河南省精品资源共享课和首批河南省一流本科课程,该网络教学平台具有资源丰富、功能性强、互动共享等特点,受到了省内外兄弟院校的广泛关注和好评,起到了辐射作用。

3.学生受益面广

新型纺纱技术课程改革成果在我校纺织工程专业已连续实施6届,共计48个班,学生人数约为1700人,学生满意度提高,近三年本课程评教优秀率平均达到95%以上。该课程体系也被相关院校借鉴,受益学生达6000人。

4.学生在学科竞赛中屡获佳绩

2015-2019年课题组老师指导学生分别获得全国大学生纱线设计大赛获一等奖1项、二等奖6项、三等奖10余项。我校连续两年获优秀组织单位奖。获河南省大学生"挑战杯"一、二、三等奖各1项,获全国大学生创新实验计划项目10项。

5.促进校企合作,企业获得良好效益

校企合作共同指导学生研发的多组分紧密赛络纺缎彩包芯纱系列产品,不仅为学生在全国大学生纱线设计大赛赢得优异成绩,也为企业带来良好经济效益。

基于 OBE 理念的在线开放课程体系建设的研究与实践

主要完成单位：中原工学院

主要完成人：曹健、穆云超、王洁、刘萍、蔡爱芳、杨德仕、郭微微

一、成果简介及主要解决的教学问题

1.成果简介

本项目是在国家工程教育改革以及信息技术与教育教学深度融合的大背景下，将成果导向教育(OBE)理念与我校在线开放课程体系建设有机结合，通过工程教育专业认证工作推进、综合培养方案制定、在线开放课程建设与管理办法制定、混合式教学改革方案出台、课程学习过程性考核办法实施、奖励绩效办法颁布等工作，初步形成了我校基于"一理念、三平台、七制度、百课程"的在线开放课程体系。通过改革与实践，OBE 教育理念在全校范围得以推广，专业与课程建设取得一系列成果。制定了 2019－2021 学年线上线下混合式教学课程规划；对开放式 Canvas 平台进行二次开发，同时引入泛雅、爱课程网络教学平台，在全校开展教师线上教学培训；自建平台课程 725 门，建成校级优质在线开放课程 100 门，引进优质网络教学平台课程 480 门；在全校通识教育必修课、学科必修课、专业必修课中推行了课程学习过程性考核；纺织工程和计算机科学与技术专业通过了工程教育专业认证，材料科学与工程专业认证申请获得受理。成果的应用对我校教学效果和人才培养质量的提高起到了显著的推动作用。

2.成果主要解决的教学问题

(1)解决基于 OBE 教育理念的工程教育质量标准在教学中的推广和应用，以"教师和教室"为中心向以"学生和学习"为中心的教学理念的转变问题。

(2)解决在线开放课程建设、教学组织和质量保障问题。

(3)解决常规教学的规范化要求与在线开放课程线上线下混合式、个性化教学间的对接问题。

二、成果解决教学问题的方法

建立"一理念、三平台、七制度、百课程"的在线开放课程体系。

1. 以工程教育专业认证为契机,将 OBE 理念融入本科教学中

以专业认证作为切入点,在全校各专业教学中融入 OBE 理念,并具体体现在新修订的 2019 版本科综合培养方案和课程教学大纲中。

2. 以"建好课"为途径、"用好课"为要求,建立网络教学平台

引进 Canvas 网络教学平台,并根据需要进行二次开发,结合已部署的爱课程、泛雅校外在线开放课程平台,形成具有学校特色的互补网络学习空间。有组织地在全校开展教师线上教学培训和考核,开展校院两级线上教学督导,及时发现问题并加以改进。

3. 以制度建设为引领,做好顶层制度设计

先后制定和出台七个系列文件,内容涉及在线开放课程建设与管理办法、混合式教学改革实施方案、课程学习过程性考核指导性意见、教学突出贡献和优秀业绩奖励办法等,在全校范围内开展基于 OBE 理念的在线开放课程建设改革,规范课程管理,实现个性化学习,保证教学质量。

4. 以线上线下混合式教学改革为目标,开展优质在线开放课程库建设

在引入超星"泛雅""尔雅""智慧树""中国大学 MOOC""学堂在线"等优质课程资源的同时,对 Canvas 平台进行二次开发,自建一批优秀校级在线开放课程,构建高质量、规模化在线开放课程库,为开展线上线下混合式教学模式改革奠定基础。

三、成果的创新点

(1)将 OBE 理念与在线开放课程建设相融合,构建了基于 OBE 理念的在线开放课程体系,为工程教育改革和信息技术与教育教学深度融合大背景下高校课程建设提供了范例。

(2)通过规模化引入、有组织自建,丰富优质课程资源;通过线上线下混合式教学、强化学习过程性考核评价,突出成果导向理念,为开展基于 OBE 理念的在线课程体系建设探索了一条途径。

(3)建立了较为完善的管理体制和保障、激励机制,为高校基于 OBE 理念的在线开放课程建设,以及教学的组织实施与管理提供了有益的借鉴和示范。

四、成果的推广应用情况

通过本课题的研究与实践,已在我校建立起基于 OBE 理念的在线开放课程体系,出台了包括课程建设、课程使用与管理、课程考核与评价、课程质量保证、优秀教学业绩激励在内的一系列管理文件和制度,有效地保障了我校在线开放课程教学的顺利运行,保证了在线开放课程的教学质量,具有良好的应用和推广价值。该成果在河南工业大学、郑州轻工业大学、河南工程学院、西安工程大学、中原工学院信息商务学院也得到了应用。课题研究与推广应用期间,课题组发表教研论文 5 篇。

1.OBE 理念融入本科教学

以工程教育专业认证作为切入点,出台了 2019 版本科综合培养方案指导性意见,制定了融入 OBE 理念的 2019 版本科综合培养方案和教学大纲,使 OBE 理念在全校各专业教学中得以体现。经过 3 年多的努力,2019 年 10 月—11 月,我校纺织工程和计算机科学与技术 2 个专业接受教育部工程教育专业认证进校考查,取得工程教育专业认证零的突破;12 月,材料科学与工程专业的认证申请被受理;还有 7 个专业正在积极开展认证准备工作。

2.在线开放课程建设硕果累累

自 2015 年起,学校连续三年,每年投入 500 万元用于在线开放课程建设。近年来,使用 Canvas 网络教学平台陆续自主建课 725 门,建成校级优质在线开放课程 100 门,引入第三方优质课程资源 480 门。有些自建在线开放课程已在超星尔雅、中国大学 MOOC 等公共网络教学平台上线运行,例如,《大学计算机基础》课程被全国 274 所高校的学生选修,选课人数累计已达 21 万 5 千余人。近几年,学校共获批省级在线开放课程 12 门、省级一流课程 15 门,推荐申报国家级课程 5 门;获河南省本科教育线上优秀课程奖 28 门,其中特等奖 18 门。

3.在线开放课程授课效果良好,成效显著

通过本课题的实施,教师的教育理念普遍得到更新,教学方式方法得到改进,教学过程中学生个性化的学习需求也反过来有效地促进了教师教学水平和能力的提升。基于 OBE 理念的、在线、开放的教学模式,也提高了学生的学习兴趣和学习积极性。通过强化学习过程考核,学生期末考试的压力减小了,平时的学习压力大了,学业紧张度提高了,学习效率和学习效果明显提升,促进了人才培养目标的有效达成。

4.为疫情防控期间的线上教学提供了保障

基于 OBE 理念的在线开放课程体系的建立,为疫情防控期间我校线上教学的有序开展提供了有力保障,也是对本课题研究成果的一次考验和检验。疫情防控期间,我校共有 1113 门课程开展了线上教学;截至 4 月 10 日,使用线上教学授课教师达 16402 人次,在线学习学生人数达 1530919 人次。各学院组织的线上教学经验交流会、师生座谈会,发布的线上教学简报表明,学生满意度高,线上教学收到了良好效果。

基于提升自主学习能力的精品在线开放课程的建设与实践

主要完成单位：郑州大学
主要完成人：潘志峰、单崇新、王卫东、冀勇、杜艳丽、李涛

随着科技的进步及经济的发展，社会对人才的要求不断提升，大学生除了具备基本的知识结构与体系外，还应该掌握自主学习，获取、探究知识的方法。在大学生物理教育教学过程中培养学生的自主学习能力，不仅有利于提升大学生的物理学习成绩，也能为大学生终身学习与长远发展奠定坚实的基础。在本科物理教育中引入在线开放课程，符合现代社会高等教育教学的目标，同时也能够促进大学生自主学习能力的培养。

一、成果简介

本项目通过问卷调查分析在线开放教育中学习者自主学习能力的情况，并分析当前精品在线开放课程在支持学生自主学习方面存在的问题，搜集并阅读相关文献资料，深入了解自主学习的相关理论，提出精品在线开放课程中培养学生自主学习能力的策略，研究适于自主学习的精品在线开放课程的建设及如何融入自主学习能力的培养策略，如何加强对学习者自主学习过程的监控管理，最后在自主学习理论的指导下完成自主学习型精品在线开放课程《医用物理学》的建设与实践。使学习者能更加系统地学习，将原有的碎片化知识转向系统化、专业化，从而提高学校教学质量、专业建设及课程教学水平。

通过该项目的研究，主要解决了以自主学习及其相关理论为指导依据，研究网络环境下利用精品在线开放课程进行自主学习的相关规律；以所设计的精品在线开放课程实施模式主要为自主学习模式，即学习者以在线自主学习的方式使用该课程，学习者在学习过程中自己安排学习计划和进度，并在线与教师和学习伙伴进行交流；建设了适于自主学习的精品在线开放课程建设，研究在精品在

线开放课程的设计中如何融入自主学习能力的培养策略,如何加强对学习者自主学习过程的监控管理,增加学生的知识、培养学生的技能,还突出强调培养学生的自主学习能力。

二、成果解决教学问题的方法

以学生为中心,培养学生可迁移的知识、能力和技能,促进学生的自主性学习和持续发展,使学生在未来具有创新和创业的能力。

(1)探讨提升自主学习能力的精品在线开放课程的设计过程。(见下图)

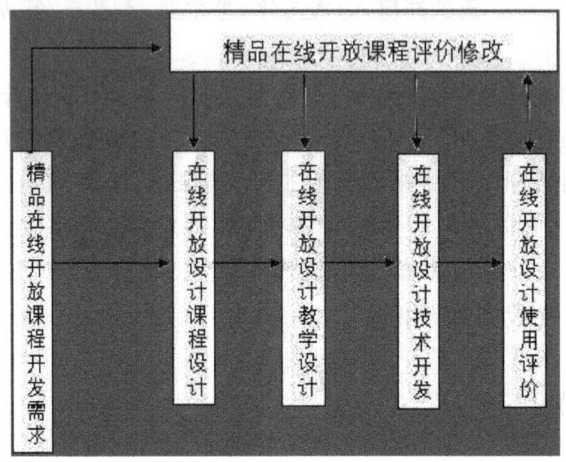

(2)采用的精品在线开放课程开发建设流程。(见下图)

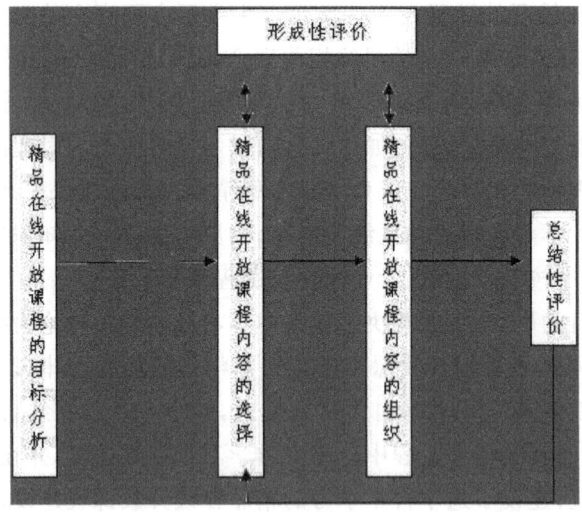

(3)探索多元教学模式,提升教与学的综合能力。在引入和建设课程的同时,创新各种"用"课程模式;在全校范围内,倡导在线教学与传统教学优势相结合,推广"在线学习+翻转课堂"为主,混合式、辅助式、自助式等为辅的"一主多辅"学习模式;以各联盟师资培训中心为平台,对教授相关课程的教师进行培训、挂职、交流,申报省级在线开放课程教学研究项目,在课程实践中应用成果并进行推广,形成"实践+研究+实践"的教学能力提升模式。

(4)改造原有精品课程,形成在线课程开发应用的长效机制。评估原有精品课程,"慕课"化改造建设;升级传统精品课程网站,实时更新课程内容,拓展互动渠道,学生参与教学活动、开展教学互动的意识得到提高;激活国家级、省级、校级三级课程体系,形成在线开放课程可持续健康发展的长效机制。

(5)建设分层校本课程,协调不同专业需求。精心建设重点课程,立项建设多门校本特色课程,整合校内外优质资源,支持建设低门槛简易在线开放课程(微课),鼓励教师采用混合式教学模式。

(6)构建"互联网+"管理体系,创新教学管理机制。以在线开放课程建设应用与管理办法为基础,建立"互联网+"管理体系,实现跨校区在线开放课程协调管理,完善自主学习管理制度。

三、成果的创新点

(1)提出了自主学习型精品在线开放课程中学习者自主学习能力的培养策略;主要从课程内容、学习评价、合作交流、过程管理等方面对自主学习型精品在线开放课程进行了设计,解决优质教学资源短缺、教师教学方法单一、学生自主性学习能力不强、多校区教学管理不畅等问题。

(2)在信息技术与课程整合环境下,引领教学内容和教学模式改革,实现了以教为主向以学为主转变、以课堂教学为主向课堂教学与在线教学相结合的转变。实现精品在线开放课程的创作、使用和评价,编写调查问卷,对使用精品在线开放课程而产生的效果进行前测和后测,对调查结果进行统计分析,提出了合理化建议。

(3)教育教学"知识沟"跨越路径创新。针对地方高校存在的"校内、校区、校际、校地、生生"五重"知识沟",多层次运用在线开放课程,创新性推进不同校区、不同学科、不同层次、不同地区、不同人群的教育资源共享和教育公平,一定程度上弥补了学校在多校区办学、多学科办学、多层次办学、地方高校办学等方面存在的不足。开发的具有能提升自主学习能力的"医用物理学"精品在线开放课程用一年时间在临床医学院2018级学生中进行试验,后期推广到不同校区、不同学科学生的学习中。在此基础上,有效能动促进其他课程的精品在线开放课程的开发。

(4)以课程资源为纽带,通过加入在线课程联盟,应用在线开放课程平台,与全国其他高校建立了新型合作机制,在优质课程资源共享、师资培训、教学研究、实践课程开展、研究成果转化等方面开展多种合作,从单向扩展到双向,从线上延伸到线下,从课程共享、知识传授到理念优化,搭建了校际联动的新的教学合作机制。

四、成果的推广应用效果

本课题具有较强的应用价值,它能充分提高教学效益,对其他学科也有极大的借鉴作用,因而具有较强的推广价值。

1.应用范围

郑州大学非物理学专业每年应用1.5万余人次、省内河南科技大学、河南大学、新乡医学院和省外宁夏医科大学、济宁医学院等高校每年近应用2万余人,达到了应用范围广、效果好的预期目标。

2.成果效果

(1)学生对新教学模式高度认可,给予很高评价。学生评教满意率在99%以上,表达了对于在线教学模式的喜爱,如"充分调动我们的学习积极性","在线自主学习,分组充分讨论,充分激发我们的学习兴趣,调动我们的积极性"等。

(2)充分发挥了在线课程的自主学习优势,在培养专业能力强的拔尖人才中可持续发展势头强劲。"医用物理学"课程2018年上线以来累计近2万名学生选修,成为国内高校慕课中受欢迎的理论课程,入选国家精品在线开放课程。学生专业素质培养质量显著提高,产生了一定社会影响。

(3)教师教学能力、教研能力得到显著提升,保证在线模式的有效实施。近年来,获得国家级奖励2项,省部级以上奖励10项,承担国家级、省部级教育教学研究项目8项。获评河南省"五一劳动奖章""教学标兵""教学名师""优秀青年知识分子""优秀青年科技人才"等多项荣誉称号。

(4)教学平台建设获得新突破,人才培养平台不断提升。2017年大学物理被确定为国家级品牌专业,2018年获批国家级教学示范中心。

3.辐射作用

教学成果受到国内外同行的广泛认可和高度评价。教育部高等学校大学物理课程教学指导委员会对本成果予以高度评价。课题组多次受邀在全国教指委教学研讨会、综合性、理工科高校作经验介绍;潘志峰老师受聘为教育部高等学校大学物理课程教学指导委员会医药类工作委员会副主任委员。教考分离、网络评卷相关做法得到校内广泛认可与推广。

五、建设成果

2019 年 9 月"卓越医师教育背景下"医用物理学"课程改革与建设"获河南省医学教育成果二等奖。

2019 年 9 月"精品在线开放课程"医用物理学"的建设与应用"获河南省教育信息化成果一等奖。

2018 年 9 月"MOOCs 背景下"医用物理学"课程教学改革探索"获河南省教育信息化成果一等奖。

2018 年 8 月"原子核的放射性衰变"获河南省信息技术与课程融合一等奖。

2018 年 12 月郑州大学教学优秀一等奖。

2019 年 6 月第十五届中国青年科技奖。

2017 年 8 月"原子核的基本性质"获河南省信息技术与课程融合一等奖。

2017 年 7 月"液体的表面现象"获河南省医学教育优质课一等奖。

课题组成员被评为:

2018 年郑州市"国家级领军人才"。

2018 年中原学者。

2017 年郑州大学"教学名师"。

地方高校公共数学教学改革研究与实践

主要完成单位:河南大学

主要完成人:冯淑霞、王波、职占江、汤平、王中华、尹彦彬

本项目立足河南大学,对地方高校公共数学教学改革提出了一系列行之有效的改革举措,具体包括实施分类教学、对接专业认证、组织学科竞赛、研究生课程助教、大班教学小班辅导、过程性评价、拔尖人才培养和一流课程建设等方面的教学改革制度和举措,形成了完整的教学研究成果,对河南大学"双一流"建设和高素质人才培养工作起到了极大的促进作用。

本成果被河北师范大学、江苏师范大学、湖州师范学院、河南大学民生学院等高校学习借鉴并推广使用,均取得了十分显著的教学效果,得到了很多高校的一致好评,2020年该成果荣获河南省高等学校教育教学成果一等奖。

一、成果主要解决的问题

该成果以培养新时代高素质人才为目标,以河南大学公共数学课程教学为载体,研究了地方高校公共数学课程改革与实践问题,主要解决了以下几个方面的问题:

(1)如何根据各专业对数学知识的需求差异来实施分类教学,提高教育教学的针对性?

(2)针对各专业陆续开展的专业认证工作,公共数学课程教学如何有效地支撑专业人才培养?

(3)在大众化教育背景下,如何进一步提高大学生学习数学的积极性和主动性,并更好地激发学生学习兴趣?

(4)在公共数学课程大班授课的背景下,如何更好地保证教学效果?从而帮助学生提高专业综合素质?

(5)如何构建过程性评价体系,建立科学合理的考核制度?
(6)公共数学课程教学如何支持拔尖人才培养工作?
(7)公共数学课程如何做好一流课程建设工作?

二、成果解决教学问题的方法及效果

(1)为了提高公共数学教学工作的针对性,河南大学数学与统计学院在学校教务处的大力支持和协调下,深入调研了全校各个专业对数学知识的教学需求,结合差异化教学需求,对公共数学实施分类教学。即把"高等数学"按照专业要求程度从高到低分为 A、B、C 三类,"高等数学"A 按两学期授课,每周 6 课时;"高等数学"B 按两学期授课,每周 4 课时;"高等数学"C 按一学期授课,每周 4 课时。把"线性代数"课程分为 A、B 两类,第一和第二学期授课,每周 4 课时。把"概率论与数理统计"课程分为 A、B 两类,第二和第三学期授课,每周 4 课时。

通过开展特色化的分类教学,大大提高了人才培养工作的针对性。

(2)河南大学数学与统计学院对全校各专业公共数学课程指派相对固定的任课教师,同时组织任课教师对接所教专业的认证工作,在保证课程教学内容覆盖教学大纲的前提下,优化课程教学内容和教学方案,贯彻以产出为导向的 OBE 教育理念,大力支持专业认证工作,教学过程中以培养学生素质为出发点和着眼点,教育教学各环节支撑高素质、复合型人才培养工作。

(3)为了提高大学生学习公共数学的积极性和主动性,并更好地激发学生学习兴趣,增强学生的专业创新能力。数学与统计学院积极组织全校理工科学生参加全国大学生数学竞赛、全国大学生数学建模竞赛和美国大学生数学建模竞赛等学科竞赛。近 3 年来,河南大学学生获得全国大学生数学竞赛(非专业组)国家一等奖 1 项,二等奖 2 项,省级奖励 500 多项;获得全国大学生数学建模竞赛国家一等奖 2 项,二等奖 10 项,省级奖励 200 余项;获得美国大学生数学建模竞赛优胜奖 20 余项。

(4)在公共数学课程大班授课的背景下,为了更好地保证教学效果,数学与统计学院实施了研究生课程助教和大班教学小班辅导制度。每年设立专项经费支持公共数学课程实施研究生课程助教制度,即给每门公共数学课程都分配研究生助教,助教负责学生作业批改和习题课辅导,习题课辅导按照小班分批进行,从而也实现了大班授课小班辅导的教育教学模式,对学生数学课程学习有很大的促进所用。

(5)河南大学公共数学课程传统一次考试的考试考核方法,根据分类教学的教学目标,综合利用现代化辅助教学平台,大力开展过程性评价。针对不同级别的学生,用学生的相对分和学习增量来考核评价学生的数学素质。具体来说,通过布置作业,记录课堂考勤,开展章节小测试,开展期中小测验,记录课堂表现,鼓励学生撰写数学与所学专业结合的研究报告,鼓励学生参加学科竞赛等各种方式开展过程性评价,突出学生综合素养考核,助力复合型创新型人才培养工作。

(6)为深入贯彻落实教育部落实"六卓越一拔尖"计划2.0的建设要求,提升一流人才培养能力,河南大学数学与统计学院从2014年起设立"明德计划"数学与应用数学专业拔尖人才实验班。实验班是从全校各专业中择优选拔25名学生组成。实验班培养效果十分突出,近三届毕业生中实验班考研录取率超过70%,他们中的大部分学生都保送或者考取中国科学院、清华大学、复旦大学、中国科技大学、浙江大学、南开大学和北京师范大学等名校和科研机构攻读硕士学位或者硕博连读。其中2020届实验班24位同学有19位同学录取为研究生,录取率接近80%。

特别值得一提的是,实验班同学在学科竞赛中也屡获佳绩。2014级试验班同学倪大地同学以全国排名第12的优异成绩荣获2017年第八届全国大学生数学竞赛数学专业组一等奖,被保送到清华大学深造;2015级试验班张敬贤同学在2019年第十届全国大学生数学竞赛数学专业组一等奖,被保送到中国科学院学习。此外,2018年第九届和2019年第十届全国大学生数学竞赛中还有两位同学获得国家二等奖,被分别保送到山东大学和南开大学。此外在国际丘成桐数学竞赛等学科竞赛方面都取得了骄人成绩,也成为河南大学拔尖人才培养工作的一个亮点。

(7)为了加大一流课程建设力度,数学与统计学院公共数学课程通过培养教学名师、打造教学团队、总结教学经验和凝练教学成果等一系列措施加快一流课程建设。近三年来,公共数学教学团队老师获得河南省高等学校教育教学成果一等奖1项,获得全国微课教学设计技能竞赛一等奖1项,省部级以上奖励14项,获批河南大学教学名师1人;"高等数学"课程获批河南省一流课程并推荐参选国家级一流课程评选,"线性代数"立项校级精品开放课程;学院主编的"高等数学"和"线性代数"教材立项为河南大学一流本科教育规划教材;同时还获批河南省教育教学改革项目4项,河南大学教学改革项目8项;团队老师共发表教学论文10余篇。

三、成果的创新点

第一,创新公共数学教学体系。本课题立足地方高校公共数学教学实际,根据不同专业学生对数学的不同需求,实施教学综合改革,建立了一套科学、合理的公共数学课程教学体系。

第二,促进高素质人才培养。本课题改革始终以优化教育教学手段,激发学生学习兴趣、提高学生综合素质为出发点,通过一系列组合措施来大力提升公共数学教学效果。

第三,打造教学团队、促进一流课程建设。公共数学教学团队的全体教师结合教学改革内容,不断提升教学实践水平。充分发挥学术造诣和教学水平双高的教学名师示范带头作用,打造双优型公共数学教学团队。同时通过不断总结教学经验、凝练教学成果,加快一流课程建设步伐。

四、成果的推广应用效果

教学成果分别在河南大学、河南大学民生学院、濮阳工学院等多所高校进行了多年的实践教学,并推广到省外部分高校,如河北师范大学、江苏师范大学、湖州师范学院等,均取得显著教学效果。主要体现在:

第一,构建了更加科学合理的公共数学教学体系,对地方高校开展公共数学教学工作有很好的借鉴价值。

第二,增强了学生专业素质和创新能力。很多高校通过学习借鉴教学成果,激发了学生数学学习兴趣,加强了专业综合能力,提高了理工科学生的考研率,极大地促进了高素质创新性人才培养工作,育人效果十分显著。

"毛泽东思想概论"课程教材体系
向教学体系转化研究

主要完成单位：河南大学
主要完成人：林志友、孙炳炎、沙莎、欧健、柯新凡

"毛泽东思想概论"不仅是高校思想政治教育本科专业的一门核心课程，也是高校思想政治理论课公共课程的重要组成部分。因此，本项目选取"毛泽东思想概论"课程教材体系向教学体系转化方面的研究，不仅具有重要的理论意义，更具有实践运用价值。

一、成果主要解决的问题

本成果立足河南省高校课程实际和当代大学生的认识特点，聚焦思政本科专业课程的教学改革，着重主要解决了以下三个方面的问题。

1.支撑"毛泽东思想概论"课程教材体系向教学体系转换的理论是什么

这一问题着重要解决的是，为什么要实现"毛泽东思想概论"课程教材体系向教学体系转化，"毛泽东思想概论"课程教材体系和教学体系是什么以及两者之间的联系和区别，推动"毛泽东思想概论"课程教材体系向教学体系转化过程中所应遵循的基本原则和具体开展的技术路线等。

2.符合河南省教学实际的"毛泽东思想概论"课程教学内容如何安排

这一问题着重探究了如何基于河南省高校课程安排的实际来推动教材体系向教学体系的转化，也即，如何根据教学课时的总数来对教材内容做出合理的取舍，如何根据每次授课时长来确定授课内容，如何保证授课重点突出、逻辑衔接完整等。

3.契合当代大学生认知特点的"毛泽东思想概论"课程的理论知识如何表述

这一问题着重要回答的是理论知识的传播载体问题，即选择什么样的授课语言既能准确表达毛泽东思想的理论内涵，又能契合当代大学生的认知习惯，还

能充分融合当代社会的流行用语,使得政治性、学理性、时代性较强的理论知识以学生喜闻乐见的话语体系表达出来,增强理论知识讲授的吸引力。

二、成果解决教学问题的具体方法

针对上述问题,在推进"毛泽东思想概论"课程教材体系向教学体系转化的过程中,本成果主要采取了以下具体方法:

1.在解决"毛泽东思想概论"课程教材体系向教学体系转化的理论支撑问题上,本成果在研究过程中主要采取文献资料分析法、演绎推理法来加以解决

首先,本课题组比较全面地搜集国内外教学研究中有关高等教育中课程教材体系和教学体系问题的文献资料,从中梳理、归纳出理论界关于高校课程教材体系和教学体系问题的基本观点和思想,形成关于高校课程教材体系和教学体系的基本认识。然后,将教育学中已有的关于教材体系和教学体系的一般原理运用到"毛泽东思想概论"课程中,根据"毛泽东思想概论"课程的教材、教学活动的实际状况对一般概念做出符合本课程实际的重构,并结合本课程的实际对两者的关系、转化的基本原则和有效路径等理论问题做出基本阐述。

2.在构建符合河南省高校课程安排实际的"毛泽东思想概论"课程教学内容问题上,本成果主要借助访谈法、经验总结法以及课堂实验法等方法来加以完成

首先,通过召开小型学术研讨会,邀请国内学界毛泽东思想研究的相关专家,从学理上深入探讨毛泽东思想的重点和难点,从而确定实际教学过程中的重点内容。其次,奔赴省内多所高校,就"毛泽东思想概论"课程的教学问题与相关专业课程、公共课程教师座谈,深入了解他们在实际教学过程中的课时安排、内容编排等问题。再次,系统总结自身从事"毛泽东思想概论"课程教学以来的经验,并结合相关专家、教学名师的意见和建议,初步编排课程讲授纲要。最后,将初步形成的教学纲要应用到实际授课过程中,并根据实际授课过程中遇到的相关问题对教学内容做出进一步修改和完善。

3.在实现"毛泽东思想概论"课程教学话语转化问题上,本成果主要运用了问卷调研法、头脑风暴法等方法

首先,在教学改革推进过程中,课题组结合"毛泽东思想概论"课程教学内容的特点,设计出相关调研问卷,并选取省内相关高校在校大学生进行发放和填写,搜集他们在毛泽东思想的认知状况、学习需求以及话语表达方式等方面基本信息。其次,多次组织长期从事"毛泽东思想概论"和"毛泽东思想和中国特色社会主义理论体系概论"课程教学的教师和相关本科生、研究生,就毛泽东思想相

关概念的表述、相关内容与当代社会的结合等问题进行讨论，鼓励教师和学生打破常规、畅所欲言，积极提出相关建设性意见。综合问卷调研数据和头脑风暴法所得到的相关建议，设计出兼具政治性、学术性、时代性和通俗性的教学话语。

三、成果的创新点

与已有的教改成果相比，本项目推出的阶段性成果和最终成果在以下三个方面有所创新。

1. 坚持政治性与学理性相统一，充分彰显毛泽东思想的思想魅力

与此相关的已有教改成果往往偏重其一，本项目在"毛泽东思想概论"课程教学体系设计过程中，始终兼顾毛泽东思想的政治性和学理性，既通过生动鲜活的事例论证毛泽东思想是中国共产党人的宝贵精神财富，是党和国家事业必须长期坚持的指导思想，又通过透彻的理论逻辑来论证毛泽东思想充分反映和抓住了近代中国社会发展的客观规律，是一个科学的理论体系，以透彻的学理分析回应学生，以彻底的思想理论说服学生，完成知识传授和信仰塑造的双重任务。

2. 坚持统一性与多样性相统一，充分体现教学活动的中原特色

本项目所推出的系列成果立足河南省情，既充分研究毛泽东思想讲授所应遵循的一般规律，又充分结合河南省高等教学活动的具体课时安排、教学设备以及教学环境等因素，还充分挖掘毛泽东思想与河南历史、现实、文化等方面的结合点，努力使所形成的教学纲要更加贴近河南省教学活动的现实状况，使教学内容能够体现河南历史和文化，形成具有地方特色的教学体系。

3. 坚持主导性与主体性相统一，充分尊重当代高校大学生的认知特征

与此相关的已有的教改成果往往更加注重突出学生的主体性，而忽视了教师在教学设计和教学活动中主导作用的发挥，本项目认为教师和学生是教学活动收到实效的双中心，不可偏废其一。因此，本项目所推出的系列研究成果是建立在教师对学生主体特征的全面分析的基础上，综合考量时代特征、家庭环境、网络媒体等因素影响下的当代大学生性格特征、认知习惯和话语方式，设计出能够充分调动学生积极性、激发学生学习兴趣的教学内容、教学重点和教学话语。

四、成果的推广应用效果

在推进"毛泽东思想概论"课程教学改革过程中，本成果的实际推广应用价值主要体现在以下两个方面：

(1)有力地推动了河南省思想政治教育专业课程和公共课程的改革创新

理论方面的研究成果主要包括研究报告和教改论文,聚焦未充分引起学界重视的"毛泽东思想概论"专业课程的教学改革,结合教育学的相关理论和思想政治教育的学科特色,探索了教材体系转化为教学体系的基础理论,不仅被相关学校采纳为推进思想政治教育本科专业课程改革的重要指南,而且还被省内相关高校运用到指导"毛泽东思想和中国特色社会主义理论体系概论"本科公共课程的教学体系建构过程中,发挥了重要指导功用。

(2)极大地提升了河南省思想政治教育专业课程和公共课程的育人效果

"毛泽东思想概论"课程教学纲要已经在河南省部分高校思想政治教育本科专业课程和思想政治理论课公共课程中得以广泛推广,直接受益师生达到1万余人。在应用实践中,广大教师普遍认为,该成果不仅充分反映了教材内容和学界研究成果,而且立足于河南省高校教学活动实际,构建了一套逻辑鲜明、重点突出、话语平实的教学纲要,极大地降低了教师备课难度,具有切实的操作性;广大学生普遍反映,课程授课内容重点突出、话语幽默又不失准确、案例生动鲜活,充分契合了他们的学习兴趣和表达习惯,充分感受到理论讲授的魅力。

2019年12月24日,河南第一大门户网站大河网就本项目的开展状况和研究成果的实际效果进行了报道。报道指出:研究成果先后被河南大学、河南师范大学、开封大学等学校的专业课程和公共课程所采纳,切实提升了课堂的"抬头率"和"点头率",增强了课堂教学效果的实效性,受到广大师生的一致好评。

英语阅读精品课程建设的探索与实践

主要完成单位：河南农业大学、河南工业大学
主要完成人：周聪贤、刘琨、张俊杰、豆涛、周秀敏、宋扬、柴奇、李芃芃

一、成果简介

该成果以教育部高等学校教学质量与教学改革工程精品课程建设工作文件精神为指导，从理论和实践两方面对英语阅读精品课程的建设展开研究。理论方面，课题组研究了外语教学与学习理论（人本主义教学观、任务型教学理论、学习策略理论、自主学习理论、合作学习理论）、信息技术与学科课程整合理论和面向对象理论，为实践教学的实施提供理论依据。实践方面，课程组从师资队伍建设、教材建设、教学模式实践、网络环境建设，以及课程评价机制等层面展开研究。通过2014至2017届学生的反复实践检验，该成果构建的以教师为主导、学生为主体的新型教学模式及多维交叉课程评价机制不仅能有效地提高学生综合语言运用能力，培养学生终身学习能力和团结协作精神，促进学生个性发展和综合素质的全面提高，而且，该成果实现了课程资源共享，同时有效地促进教师专业能力发展，真正取得了教学相长的双赢效果。

二、成果主要解决的问题及方法

1.分类培养，解决教师专业能力发展问题

教师专业能力发展是层级递进和螺旋上升的过程。基于教师专业能力层级结构模型，课程组逐渐形成了覆盖不同水平教师的专业能力培养体系。①新入行教师：基于PAA培训模式，重点培养基本能力和一般教学能力。②骨干教师：

重点培养学科教学能力和教育能力。③优秀教师:重点培养教学研究能力和创新能力。通过分类培养教师"做中学、行中思、不断实践、不断提高",课程组打造出一支优秀教学团队,不仅在年龄、职称、知识结构方面形成合理梯队,而且教学能力、教科研能力、教书育人等方面成绩突出。

2.任务型、项目型教学模式教学模式解决学生厌学问题

基于外语教学与学习理论、信息技术与学科课程整合理论和面向对象理论,课程组构建
了任务型教学模式和项目式情景教学模式,充分发挥教师的主导作用和学生的主体作用。新型的师生关系根本性地改变了教师一言堂的传统角色,提高了学生学习兴趣,使其在愉快的氛围中完成英语学习任务,解决了学生被动学习、学习兴趣难以维系的问题。

3.线上课程弥补教学课时不足问题

课程组建立的英语阅读教学网站为随时进行线上学习提供了可行性。学生在网站上不仅能够实现课前预习、课后复习,在教师答疑区、共享讨论区解决任何疑难问题,而且还可以实现线下课程相关知识的拓展,将学科前沿知识与课程内容融合,弥补了课本知识与学科新发展之间的"断层"。这既解决了线下授课时间少,教学任务重的矛盾,同时又培养了学生的学习能力。

4.多维交叉课程评价机制终结了一卷定成绩的弊端

为改变传统一卷定成绩的课程评价弊端,课程组将课程评价内容分为三个模块:自主学习式任务型教学评价(85%－90%)、项目式情景教学评价(10%)和定点式实践教学评价(5%)。课程评价呈现出评价多维交叉、有机结合的特点。从评价方式看,有个人评价与小组评价、自我评价与同伴评价、学生评价与教师评价,这几组评价以前者为主,但又可多重结合。从评价内容看,有过程评价与结果评价,其中以过程评价为主,主要评价学生自主学习以及在小组合作中行为表现、积极性、参与度以及学生在活动中情感、态度、能力的生成变化,彻底取消了传统教学中作为唯一标准的期末考试评价方法。

三、成果的创新点

1.线上线下课程设置突出人文学科的育人功能

课程资源涉及面广,涵盖知识、技能、文化等科目,将人文、科学知识融为一体,培养了学生终身发展必备的人文素质和服务社会必备的品格和关键能力。基于我校学生英语基础差与不同学习者的喜好,个性化的英语阅读教学网站设

置了不同英语等级(预备级、CET1－6级、TEM4、TEM8)的学习内容,每一等级除常规的考试题型外,还有英文歌曲、幽默故事、诗歌散文、名家演讲、经典电影对白等,学生可选取自己喜欢的方式达到英语学习目的。这体现了课程重视学生学习兴趣和个性健康发展的人本主义理念,培养了学生的人文素质和全球意识,增强了学生对人类命运共同体的认识,使学生具备了终身发展和服务社会的必备素质和关键能力。

2.创新型教学模式凸显"教"服务于"学"的理念

课程组率先在我省高校进行自主学习式任务型教学模式、项目式情景教学模式的研究实践。这些模式改变了教师一言堂的授课模式,建立起新型师生关系,使教师的主导作用和学生的主体作用有机结合,凸显"教"服务于"学"的理念。同时,这些模式培养了学生独立思考能力、终身学习能力和团队合作能力。

3.以学生为本的多维交叉评价机制注重学习过程

多环节教学中的评价机制将过程评价和结果评价有机融合,取消了传统教学中单一的考试评价模式。自我评价、同伴评价、小组评价、教师评价等使学生能够更积极地投入平时的学习中,把学习的注意力转向学习过程本身,强调教学过程的重心是让学生"学会学习"。凸显以学生为本的教育情怀。

4.促进了教师专业能力发展

通过到国内外名校访学或短期研修、线上线下自主学习、同行之间互动协作等方式,课程组成员不仅提高了授课艺术和教学组织能力,在各类教学技能竞赛中表现突出,3位教师获河南省教学技能竞赛一等奖,被授予"河南省教学标兵"荣誉称号,而且还提升了教科研能力。课题组成员发表教研论文近30篇(其中CSSCI刊物论文7篇,中文核心15篇);主持完成教研课题15项;获教育教学奖励20余项。

5.提高了学生语言运用能力和综合素质

多维学习模式和评价方式尊重不同学生需求和个性特点,使学生综合能力提升,在各类教学活动及竞赛中表现出色。该成果提高了学生语言运用能力,学生专四一次性通过率逐年提高,从(2014级)2016年的低于全国平均值14.73个百分点,到(2017级)2019年高出全国平均值15个百分点。而且在各类英语技能竞赛中成绩斐然,仅2019年学生获国家级、省级奖励就达20余项。该成果还培养了学生解决问题能力、批判性思维能力、团队合作精神等综合素质。学生代表队在2017年的首届河南省"亿学杯"商务英语实践技能大赛中获二等奖,2018年获一等奖。2017年获团中央"镜头里的三下乡"优秀视频奖。

6.具有示范性和推广价值

英语阅读教学网站实现了资源共享,任何专业的学生都可以使用。成果的教学理念、教学模式及手段具有示范性,已在全校推广应用。项目式情景教学已形成气候。从 2017 年开始,外语学院每年举办英语朗诵、英语舞台剧表演、英语演讲赛、英语辩论赛等已成惯例,学生们在学校、河南省、国家级的专业技能大赛活动中表现出色。河南警察学院和河南理工大学借鉴了此成果的教学理念及模式,实现了从知识体系传授到能力体系教学的转变。

四、成果的推广应用

本成果以外语教学与学习理念为指导,以学生为中心,融合信息技术与学科课程整合理论、面向对象理论,在师资队伍、教材建设、教学模式、网络环境、课程评价机制等方面进行了改革探索,改进了英语阅读教学的观念、思路、方法及手段,体现了教师的主导作用和学生的主体地位,促进了学生素质的全面发展。在我校已经过 5 届学生实践运用。

该成果被河南警察学院采用,重点借鉴了任务型为载体的"自主——合作学习"网络教学模式,提高了教师的教学能力,加强了网络学习平台建设,线上线下灵活多样的混合型教学手段促进了学生单位时间内的学习效率,培养了学生发现问题的能力、分析问题的能力和创新思维的能力,提高了学生的综合语言能力和综合素质。

河南理工大学借鉴了成果的教学理念及模式,实现了从知识体系传授到能力体系教学的转变,建立了以培养学生实践、创新能力为核心,理论与实践相结合、课内与课外相结合的教学体系,以及保障教学改革实施的实验设施等。

"新闻采访学"在线开放课程的研究与实践

主要完成单位:河南师范大学

主要完成人:段勃、张仕勇、陈娟、李占伟、张海艳、张强

一、成果简介

本成果研究了我国目前"新闻采访学"相关课程建设情况,秉承"扬弃"态度,努力建设一门因应时代需求、把握媒介发展脉搏、理论联系实际、知识概括全面、理论联系实际、动手能力较强、深受学生欢迎的精品在线开放课程:"新闻采访学"。该课程在2019年获评国家精品在线开放课程。课程以知识团形式呈现,包括在线开放课程、教案、MOOC教材、虚拟仿真实验教学项目、视频库、案例库、试题库、教改论文等,形成了一个开放、灵活、包容、创新的新闻采访学在线开放课程体系,并在此基础之上进行教学改革,创新新闻采访学教学模式,最终达到提高学生采访能力和人才培养质量的目的。

二、成果解决的主要问题

(1)改革传统"新闻采访学"课程相对滞后的现状。传媒目前正在发生前所未有的巨变。在网络媒介的冲击下,传统媒介构建的大厦摇摇欲坠,借助网络终端,媒介之间分化、竞争、融合,媒介发展一日千里,变化日新月异。大多数传媒课堂却远远落后于时代发展,"新闻采访学"课程重理论轻实践、重课堂轻课外、重校内轻校外、重教材轻动手的现象严重。

(2)在公众中开展媒介素养教育。媒介素养教育就是培养公众对各种媒介信息的解读、批评能力以及使用媒介信息为个人生活、社会发展所应用的能力的过程。其最终目的是造就出具有较强批判能力、能独立思考并且传播媒介信息

的优质公民。在网络时代,人人都有麦克风,人人都有摄像头,人人都是新闻记者,这就更需要公众具备一定的新闻采访知识和技能。例如,新冠疫情期间谣言满天飞:俄罗斯将驱逐150万名中国公民,武汉上空用飞机喷洒消毒,钟南山院士说饮高度酒可以对抗新冠病毒,等等。学习采访学知识,可以通过多源求证、权威信源识别等方式核实信息真伪。

(3)改变传统课堂传播不畅、覆盖面窄的问题。现代人越来越依赖网络、手机。传统新闻学课堂包括精品课程、视频课程,由于传播技术和条件限制,受众范围较小,不能够很好地利用教学资源。大规模在线开放课程可以打破传统藩篱,将学校教育和社会教育相结合,在大规模人群中传播,适应现代人群接受习惯。

(4)改变一些新闻采访学课程比较零碎的问题。传统新闻采访学课程不够系统,有课程无教材,有教材无案例库、有案例库无音视频的现象存在,学生很难获得完整知识链,影响学习效果和培养质量。

三、教学问题的解决方案

(1)建设一门大规模在线开放课程。知识点在35—45个之间,每个知识点包括课件、视频、课堂练习、讨论等。除此之外,还设置单元练习、课程测验等环节。在线课程和实际教学一致,学期进行中和学生保持互动:适时进行公告,提醒学生注意课程进度;设置讨论环节,激发学生学习兴趣;回答学生在线提出的问题,鼓励学生参与互动;等等。

(2)撰写专门的MOOC教材"新闻采访学新论"。教材已经完成,和新闻传播学方向的导向出版社签订了出版协议,2020年上半年已出版。该教材有5个特点:一是比较新,目前还没有新闻采访方面的MOOC教材;二是立足融合媒介,培养新闻记者的核心四力,即发现力、策划力、采访力、核实力;三是紧盯实践,提供鲜活案例,设置实际操作环节;四是以知识团形式出现,内容包括教材内容、延伸知识内容(以二维码形式呈现,可以提供文字、音频、视频材料)、思考题、实操题等;五是突出三新,即内容新、结构新、案例新。

(3)线上线下结合,专业能力培养与公众媒介素养建构并重。针对广播电视学和校内其他专业学生开设有"新闻采访学""新闻采访与写作"课程。除了参加线上学习以外,"新闻采访学"课程还在课堂教授中注重和新闻摄影、广播录音、电视摄像等课程交融互通。"新闻采访与写作"则面对新闻专业以外同学,每学期开设3个班,年授课人数在1200人左右。线上课程主要依托两个平台进行,一个是中国大学慕课,目前已经开课6次;另外今年刚刚在超星尔雅平台上线,目前选课人数已经有70721人。

(4)以课促改,依托课程建设开展教学模式改革。改革表现在4个方面:上下结合、学训一体、内外相通、虚实互补。上下结合就是线上教学和线下教学相结合。学训一体即重视采访实训,和媒体无缝对接,和映象网、大河网、中新社河南分社、新浪河南、新乡电视台、校园电视台等建立良好关系,中新社河南分社电视节目制作中心、新浪河南记者站落户学院可以让学生更好地接受实践锻炼,学生优秀的新闻作品可以在这些媒体刊播。内外相通一是指课堂讲授邀请媒体一线记者,例如,中国新闻奖获得者走入教室,向学生分享采访经验;二是指通过线上线下教学结合打破了校园内外的藩篱,使公众进入新闻采访学课堂,有效提高了媒介素养。虚实互补指实践训练中既有现实采访,又通过虚拟仿真实验教学项目提供虚拟训练。例如调查性报道篇幅长、分量重、耗费新闻记者大量时间和精力,而且这类报道面对的主要是侵犯公众权益的行为,因此比较危险,让学生真正从事这样的采访有安全隐患,这样的训练,既能杜绝安全隐患,又让学生得到相应锻炼。学院和专业公司合力打造"调查性报道虚拟仿真实验项目"。

四、成果创新点

(1)成果是以知识团形式出现的系列成果群,内容丰富、相互贯通,涵盖各个教学环节,有利于培养学习者的新闻采访能力。

(2)面对媒介融合,成果不拘泥于具体媒介,专注"全媒体记者"培养,打造学生四力:发现力、策划力、采访力、核实力,即新闻工作的核心竞争力。打破学校界限,培养公众媒介素养。

(3)构建了上下结合、学训一体、内外相通、虚实互补的新闻传播教学新模式。

五、成果推广应用效果

(1)打造金课。课程先后被评选为省级和国家级精品在线开放课程,能够进入国家精品在线开放课程行列说明课程质量较高,有示范引领作用。

(2)成果在多个平台推广。在河南师范大学校内开设的"新闻采访学""新闻采访与写作"课程中使用该成果,受益人数每年在1300人左右。在中国大学MOOC上线,本学期选课人数在5440人;在超星尔雅上线,本学期选课7万余人。

（3）对兄弟院校起到辐射作用。在省内外一些高校中使用，如江西师范大学新闻与传播学院、韶关学院文学院、南阳师范学院新闻与传播学院、新乡学院新闻传播学院、河南科技学院新科学院等高校都在相关课程中使用了本成果，效果良好。

（4）多名学生获奖。2018年，三名广播电视学毕业生同时获得第28届中国新闻奖，其中1个一等奖，2个三等奖。

（5）学生实习期间在各大媒体发表新闻作品。例如在《中国青年报》、《北京青年报》、澎湃新闻、《新京报》、《河南日报》、河南电视台都发表有新闻作品。

（6）学生上课期间在省市媒体发表了大量新闻作品。2017级和2018级的同学发表了80余篇新闻稿件。

六、论文和成果支撑

（1）项目组成员在《编辑之友》《河南师范大学学报》《中国编辑》《传媒观察》等刊物发表相关CSSCI和中文核心期刊论文7篇。

（2）2020年上半年在新华出版社出版教材"新闻采访学新论"，此教材是"新闻采访学"在线开放课程配套教材。2019年出版《以石为错—中美调查性报道比较研究》，其中对调查性报道采访进行了较为深入的论述，是成果的重要组成部分。

人体解剖学实验虚拟仿真教学体系构建

主要完成单位：河南师范大学、郑州中学
主要完成人：唐超智、李莉、刘睿智、王静、张文学、陈本阳

本教学成果以河南省高等教育教学改革研究与实践重点项目"人体解剖学实验虚拟仿真教学体系构建"批准立项为契机，以国家级生命科学实验教学示范中心、生物科学国家综合改革试点专业、生物学一级学科博士点和博士后科研流动站为依托，课题组成员积极探索、深入研究，构建了人体解剖学实验虚拟仿真教学模式，设计开发了人体解剖学虚拟仿真实验教学项目资源，建设了线上学习交流的实验教学网站和线下学习的虚拟仿真实验室，制定了虚拟仿真实验效果评价体系。经过了近两年的研究与实践，在完成人的共同努力下，在虚拟仿真实验教学项目资源设计开发、虚拟仿真实验教学网站和实验室建设、虚拟仿真教学效果评价与推广应用等方面取得了较丰硕的成果，形成了富有特色的人体解剖学实验虚拟仿真教学体系。

一、成果解决的主要教学问题

1.变革教学组织和实施模式，解除传统实验教学诸多限制因素

传统的人体解剖学实验教学必须在实验室内，借助于显微镜、模型、玻片标本、浸制标本、动物材料、各种染色液及药品等实施，存在以下诸多限制因素：

第一，实验室场地限制只能以 20—40 人的小班开课。

第二，上课课时限制了大多数实验只能设计成 2 小时内完成的内容。

第三，稀缺或昂贵的实验材料导致一些专业技术性很强的实验无法开展。

第四，实验过程对水和大气环境造成或多或少污染，时时提防安全隐患。

第五，持续消耗大量的实验试剂材料费、仪器购置维修费和人力等。

本项目构建的虚拟仿真实验教学体系在充分利用信息技术的基础上，一次

性以人体解剖学实验的真实场地、物件为素材,将专业实验流程做成电子操作系统,可随时随地进行实验课任意实验项目操作亦可随时暂停,这种实验组织和实施模式完全解决了上述传统实验模式的诸多缺陷。

2.设计电子互动平台,增强教与学的互动效率

传统人体解剖学实验教学课堂上,学生在固定时间内紧凑地完成实验流程时不能暂停,对实验的内涵和外延理解不深刻,与老师和同学之间沟通不足,课后反思的东西重新拿回课堂交流,由于脱离实验场景,大多不了了之,教学互动效果较差。

本项目构建的虚拟仿真实验教学体系包含有教师端、学生端和互动窗口的电子互动平台,类似于当前的微信、QQ等新媒体交流平台,学生端进行实验,随时遇到问题可暂停实验,与同学或老师交流。该互动平台除便捷之外,交流的时间也非常灵活、充足,是解决复杂或疑难问题、提高教学效果的切实有效途径。

3.设置实验演示和操作等多种模式,并可无限重复实验,提升学生的探索能力、兴趣及掌握知识熟练程度

在传统实验教学模式下,问及许多学生是否做过某个实验,大多数表示有印象做过,一旦让他自己重做,往往漏洞百出,其原因就是学的不够扎实。尽管课堂上对实验各个环节的标准操作从认识上知悉了,但一次训练很难使学生对各个环节的操作都达到标准程度,一步不标准实验结果即可能偏差。

本项目构建的虚拟仿真实验教学体系让学生自选各种实验学习模式,无限重复开展实验过程,这使实验操作的复杂性、趣味性和挑战性均得以提高但又包含了流程引导,实验的难度也变成可控。从而大幅度提升学生的主观能动性、探索动力和实验兴趣,也将使学生对实验知识内容的掌握更扎实、全面。

4.关键的抽象性准备实验环节纳入实验内容,提高实验内容的全面性和深度

为了保证课堂教学内容按计划学时开展、完成,很多实验准备环节是老师提前准备好的,这往往使学生回避了实验准备过程中的关键难点,或对实验的理解不够全面、深刻,即使学生上了实验课,但对实验内容只是断章取义地完成了一部分。如果学生将来从事科学研究工作,不可能再有老师提前来准备实验,一切将从头做起,学生的反应就显得不能适应,短期之内很难拿出优秀的实验结果,这实际上应归咎于其本科实验教学训练的断章取义。

本项目构建的虚拟仿真实验教学体系让学生从准备阶段开始进行实验,符合"凡事预则立"的做事规律,不仅会使学生对实验知识内容的掌握更扎实、全面,也可提前培养学生从头做起、全程训练的科学思维模式,使其知识技术基础

更为扎实。

5.扩增实验项目体系的教学内容,拓宽学生的专业知识丰富度

人体解剖学传统实验教学体系与虚拟仿真实验教学体系的具体实验项目比较见表1。从表1可看出,传统实验教学体系主要以人体各个系统的观察为主,全部15个实验项目中观察验证类实验占12个(表1中以＊标示),技术操作类实验占3个(表1中以√标示)。而虚拟实验教学体系中将该传统实验教学体系中的15个实验项目合并为4个实验项目(即实验一、四、六、七),虽然数量减少但实际实验内容不仅不会减少而且将会有较大补充,充分利用电子信息技术缩减学时却增加实验内容信息宽度和深度的设计显然是一种飞跃性地进步。

表1 两种教学模式下人体解剖学实验教学项目体系比较

实验序号	传统实验教学项目体系	虚拟仿真实验教学项目体系	
实验一	＊上皮和结缔组织	＊组织学制片及染色3D生物学虚拟仿真实验项目	传统观察验证类实验一、二、三、五、六合并
实验二	＊肌肉和神经组织	√软体动物解剖细节仿真数据库3D生物学虚拟仿真实验项目	新增基础技术操作类实验
实验三	√血涂片制作	√大鼠肝切除手术3D生物学虚拟仿真实验项目	新增基础技术操作类实验
实验四	＊运动系统	＊脊髓动物骨骼的比较及演化历史3D生物学虚拟仿真实验项目	传统观察验证类实验四拓展
实验五	√石蜡切片制作	＊共聚焦免疫荧光3D生物学虚拟仿真实验项目	新增高新技术操作类实验
实验六	√HE染色技术	＊人体内脏系统器官结构3D生物学虚拟仿真实验项目	传统观察验证类实验七、八、九、十、十一合并
实验七	＊循环和免疫系统	＊神经系统结构组成3D生物学虚拟仿真实验项目	传统观察验证类实验十二、十三、十四、合并
实验八	＊消化系统	△心脏电生理3D生物学虚拟仿真实验项目	新增综合设计类实验
实验九	＊呼吸和泌尿系统	△神经动作电位的引导与观察3D生物学虚拟仿真实验项目	新增综合设计类实验
实验十	＊生殖和内分泌系统	△淀粉酶高产菌的筛选诱变鉴定及应用虚拟仿真实验教学项目	新增综合设计类实验
实验十一	＊感觉器官	人体解剖学虚拟仿真实验项目设计—脚本写作和素材采集	新增自主设计类实验
实验十二	＊中枢神经系统		
实验十三	＊周围神经系统		
实验十四	＊神经传导路		
实验十五	＊人体结构汇总		

＊观察验证类实验,√技术操作类实验,△综合设计类实验

同时,虚拟仿真实验教学体系新增 2 个基础技术操作类和 1 个高新技术操作类

实验项目(表 1 中以√标示)。此外,虚拟仿真实验教学体系还新增 3 个综合设计类实验(表 1 中以△标示)。由此,实验课程体系的整体教学信息量将至少扩增 2－3 倍,学生的知识视野大大拓宽,其对专业课程的学习效果得到大幅度增强和深化。

虚拟仿真实验教学体系的最后 1 个实验项目是让同学们选取自己感兴趣的人体解剖学知识,自行设计 1 个虚拟仿真实验,要求写出实验设计的流程脚本并采集相关的素材。通过这个实验项目,同学们不仅对人体解剖学知识的理解更进一步加深,而且对现代教育技术手段的理解和运用得到加强,对人体解剖学实验的模型、标本、图片、器具、试剂等更为熟悉,对于提升其成长和进步均具有现实意义。

6.建设更具专业性、高技术含量、综合性的实验项目,提高课程教学内容的深度、先进性和延展性

由表 1 可见,相对于人体解剖学传统实验教学项目体系,本项目构建的虚拟仿真实验教学项目体系新增了 2 项解剖基础操作的技术类实验项目(实验二、三),这对提高学生的解剖操作技术具有重要意义,学生的专业技术能力将通过这 2 个实验项目得到深度训练。此外新的实验教学模式新增了 1 项较高层次新技术(实验五),通过对共聚焦免疫荧光显微技术进行学习和训练,学生对高清显微图片制作、编辑、认知会有一个清晰准确的理解,这为学生将来从事先进的高水平科研论文或报告写作,进行三维立体断层扫描鉴定解剖结构等奠定了十分重要的基础。而新的教学模式新增的 3 项综合设计类实验项目(实验八、九、十)则全面提升了人体解剖学实验课程的内涵和外延建设,将解剖学结构和电生理学功能巧妙结合到一起,与结构适应功能的进化思想吻合,将产酶菌的筛选、鉴定及酶的生产和人体应用整合在一起,告诉学生学科知识点之间的关联性和各种专业技术整合一起才能完成人体科学的奥秘解读,完全革新了传统教学的模块知识局限性理念,全面拓展学生的开放思维能力和技术整合能力。

三、成果解决问题的方法

1.以实物实验场景、条件和素材为参照,应用虚拟现实技术将其模拟出来,开发虚拟仿真实验软件资源

采用 Maya 和 3D MAX 技术对实验课场景中的立体实物进行 3D 虚拟仿真

模型构建，通过 photoshop 和 Mudbox 工具软件绘制 3D 模型贴图，通过 C 语言编写仿真模型算法和仿真实验操作的交互程序，通过 Unity 引擎启动仿真算法并运行仿真交互程序，制作成虚拟仿真软件。最终将一些成本昂贵、场地设施限制、材料稀缺、时间周期较长等实际运行困难的实验内容以虚拟仿真 3D 场景的方式展现出来。

2.建立虚拟仿真实验室和教学网站，将虚拟仿真实验软件资源加载在实验室计算机服务器和网站平台上，供学生自主学习使用

在学院建立了集服务器、计算机、多媒体教学设施为一体的虚拟仿真实验室。在服务器上，架设人体解剖学实验虚拟仿真教学网站，设置每个实验项目的入口，进入后可先浏览实验背景、实验目的和意义、实验内容和基本流程、实验流程操作指南，然后进入实验操作模块，下载、安装虚拟仿真实验软件，即可进行交互式虚拟仿真实验操作训练。操作完成后系统会进行结果评分，重复多次实验会记录多次成绩。操作结束后进入自测反馈和讨论交流模块进行学习的巩固和延伸。

3.开发虚拟仿真实验教学网站移动终端，广泛开展线上、线下和线上线下混合式教学

虚拟仿真实验室的计算机里安装了可供线下实验教学的操作练习平台及软件，学生用自己的笔记本电脑和手机可泛在性登录服务器教学网站线上学习，学生也可选择先线上学习、后线下快速学习相结合的混合式学习，学生根据自身基础和情况安排自己的学习方式。教师以学生为中心，既在虚拟仿真实验室面对面辅导学生开展虚拟仿真实验训练，也在线进入讨论交流模块回答问题。实践证明，每个学生的学习时间均大大减少，学习效率和效果显著提升，专业技术掌握的深度和广度明显增强。

四、成果的创新点

（1）构建了人体解剖学实验虚拟仿真教学项目资源体系，拓展了传统教学模式课程知识内容，在实验项目的广度、深度、先进性和系统性方面进行改进和完善，对学生适应就业和考研的竞争需求有促进效果，同时虚拟仿真实验项目内容展示采用了 3D 场景下进行交互式动画操作，其美感度、趣味性、规范性等明显得到提升。

（2）建立了人体解剖虚拟仿真实验室和网络运行平台，变革了人体解剖学实验课程组织和实施模式，以学生学习为中心构筑了学生自主安排的学习和互

动方式,实现了实验知识和技能学习的泛在性、重复性、安全性和无污染性,大大提高了教学效率,节约了教学成本和工作量。

(3)打造了高水平虚拟仿真实验教学质量工程项目,对我校虚拟仿真实验教学模式的发展具有引领作用,同时与国家虚拟仿真实验教学平台和教学资源建设及共享政策契合并接轨,有利于推动我国生物及医学领域虚拟仿真实验教学改革、发展和交流,为中国慕课大发展奠定基石,为人民群众的线上线下混合式学习需求提供服务。

五、成果应用与推广

本研究成果经过两年的探索、开发和实践,建立了一批高水平的虚拟仿真实验教学项目,在河南师范大学 2017 级和 2018 级生物科学专业中应用,引起了虚拟仿真实验教学的关注热潮,有效地激发了实验教学工作者的教研热情,调动了学生对科学技术和实验课程学习的积极性和学习兴趣,通过虚拟仿真教学网站平台和人体解剖学实验虚拟仿真教学资源的应用,学生的学习效果得到大幅度提升。如 2017 级学生参加 2019 年的第四届全国大学生生命科学创新创业比赛,首次突破了一等奖奖项,拿到 2 项一等奖,5 项二等奖,达到历史最好成绩;同时,2017 级同学申报全国大学生创新创业项目的答辩表现非常好,比 2016 级获得的项目数增加了 20%;此外,2017 级同学有 27.6% 能对实验方案理解较好并对多种实验技术熟练操作,被教师选入科研室作为助手,2018 级同学有 18.3% 被选入科研室,而 2016 级之前的同学进入科研室的人数一直低于 12%。

本研究成果完成应用不久即在河南师范大学多个学院被观摩和学习,成为我校虚拟仿真实验教学项目成功开发的示范性案例,受到河南省教育评估中心的"金课"建设专家张新民教授等的赞赏。目前,该成果已在新乡医学院生物医学工程学院、洛阳师范学院生命科学学院、陕西师范大学生命科学学院等相关专业应用。于月前受邀进入清华大学牵头,涵盖北京航空航天大学、哈尔滨工业大学等虚拟仿真实验发展的一流院校共同创立的虚拟仿真实验教学创新联盟,面向国家级生命科学和医学实验教学中心联席会高校院所单位进行推广应用和交流改善。

成果完成人在《生物学教学》等核心期刊发表教学研究论文 3 篇,获得教学软件著作权 4 项,支撑教育部产学合作协同育人项目 1 项,形成了完备的人体解剖学实验虚拟仿真教学模式,设计开发了丰富完善的实验技能教学资源,搭建了泛在学习的实验教学网站平台,并制定了虚拟仿真实验线上教学、线下教学和线上线下混合式教学的弹性实施方法。日前,新乡市电视台对本项目的系列研究成果进行专访和报道,并被学习强国平台面向全国人民推送。

该成果的使用结果表明,学生的实验知识面和实验操作能力得到明显提升,同时其创新能力和就业竞争力明显提高。课题组将融入我国高等教育"金课"建设和应用浪潮,继续开展研究成果的推广和应用,并不断修改和完善,争取为我国实验课程改革和实验教学资源产出精品,为我国高等教育人才培养的变轨超车贡献力量。

教育国际化背景下大学英语通识教育的实践与探索

主要完成单位:河南理工大学

主要完成人:杨瑞玲、娄红立、秦彩玲、朱林、南世锋、王静、刘娟娟、杨晨

一、成果简介

"教育国际化背景下大学英语通识教育的实践与探索"这一课题于2017年11月获得河南省高等教育教学改革研究项目立项,2019年11月按时结项,获得河南省教育教学改革研究与实践项目鉴定证书。证书编号为:豫教【2019】30049号。2020年4月获河南省高等教育教学成果一等奖。

该课题代表性研究成果如下:

(1)本成果除本校外,还在郑州大学、河南大学、河南农业大学、河南科技大学、河南师范大学、新乡医学院、华北水利水电大学等其他7所院校进行实践教学应用。

(2)课题负责人2019年在CSSCI期刊《中国出版》发表论文一篇。

(3)2019年12月26日在《河南日报》综合新闻版刊登了"'教育国际化背景下大学英语通识教育的实践与探索研究'成果取得良好的推广应用效果"一文。

(4)课题组成员在全国百佳出版社出版著作3部,以副主编身份参编教材2部。

(5)课题组在外文期刊Studies in Language and Literature,Cross－Cultural Communication等发表教改论文3篇。

(6)成果负责人完成的"中国概况"这一课程,获得河南省教育厅省级一流本科课程认定,是本研究成果的延伸和实践应用。

本课题主要研究教育国际化背景下大学英语通识教育的实践与突破。主要

采用了问卷调查、对比分析和案例分析的研究方法,结合我校大学英语通识教育的实践情况,回答了通识教育理念下大学英语课程的发展趋向和改革方向。

本成果的主要内容涵盖了通识教育的性质、教学目标、教学内容与教学方法及英语教师队伍建设五个方面,研究结果如下:

(1)在课程目标方面,结合通识教育的内涵和培养目标来看,通识教育更加注重课程的人文性特征,着重培养学生的思维能力和人文素养。因此,课程决策者应该更多地关注学生思维方式的养成,让学生通过课堂活动和课程内容养成批判性思维习惯,面对问题学会思考和分析。另外,大学英语课程的目标应该回归到学生本身,要以学生为中心,以提升学生的综合人文素养为最终目标。

(2)在课程内容方面,首先要以新版《大学英语指南》为基础,以"通用型＋模块型＋研讨型"为方式,"开放性＋自主性"为特征设计课程。明确大学英语通识课程的内涵。在内容方面要更加侧重学生文化素养的培养,让学生不仅能从英语课堂中学到英语的知识,还能接触到关于国外的人文性内容,从而提高课程的人文性,做到工具性和人文性相结合。其次要提高教材的真实性,注重教材的时效性,多加入一些经典著作,也可以提高教师自由选择教材的自由度,真正发挥出英语课程的人文性。

(3)在课程内容方面,首先要突出学生的中心地位,形成"网络＋探究"的教学方法。让学生在相对真实的情境下学习语言,避免传统课堂上的问答式环节,激发学生思考问题和解决问题的能力,发挥学生的主观能动性。另外,学校可以根据自身的实际情况增加小班讨论课程的比重。在小班课堂上教师可以更加有针对性地关注学生的学习情况,在课堂上形成良性互动,给学生提供更多自由思考和回答的时间,有助于形成学生的独立思考能力,倾听其他同学的答案也能更好地反馈回自己的答案,提高学生的学习效率和教师的教学效率。

(4)在课程评价方面,大学英语课程要以注重学生的全面发展,适当地增加形成性评价的比重,合理分配形成性评价和终结性评价方式的比重。课堂上多给学生展现自己学习成果的机会,方式就是增加评价和测试的种类,改变原来单纯的课堂表现加期末考试的模式。因此,要关注学生的个性发展,检测学生的学习过程,增加评价方式的多元化。

(5)要更好地施行通识教育理念,大学英语教师自身需要具备通识教育的意识和领悟,另外,教师也要具备相应的教学能力和见识。时下,单纯地向学生传递书本知识的教师已经不能满足国际化背景下新时代学生和课堂的需要,教师的责任越来越大。大学英语教师首先要提升自己的品德修养和思想境界,这样才能引导学生树立正确的价值观。大学英语教师要与时俱进,不断学习,提高自身的大学英语通识化教学能力。

二、成果主要解决的教学问题和解决问题的方法

1.主要解决的教学问题

在通识教育基础上对大学英语教学进行改革,更好地实现大学英语的教学目标,扩大学生的知识面,拓宽学生的视野,开阔学生的思维,培养学生独立思考的能力,提升学生的审美和文化素养,增强学生对中外文化差异的了解,促进中华传统文化的传播,提升国家软实力。对大学英语教学进行"通识化"改革,既有助于加深学生对语言技能的掌握应用,又能促进学生用英语有效地进行交际。同时有利于使大学生在学习英语的过程中与社会保持接触,使学生在毕业后的工作中得心应手,提升用人单位对大学毕业生的满意度,满足社会对复合型人才的需求,更好地体现大学英语课程的价值。

在通识教育的开展与影响下,有效地转变了大学英语教学的理念与模式,以语言教学为媒介,通过课堂学习、师生互动及课外拓展等多元化教学途径,把英语、西方文化和多学科知识系统地融入教学之中。教师也加强了自身的通识素养和道德修养,不断扩充和更新自己的知识储备来满足学生日益增长的通识化需求。

2.解决问题的方法

(1)课堂活动中培养批判性思维能力。在教学中,教师在课堂活动中提前设置好问题、场景、学生的反应以及可能出现的"意外"问题。接着在课堂上进行严谨的引导和提问,并能对学生的答案提出质疑和评价,鼓励学生之间多对问题的看法和态度相互提问、质疑并解答。每节课后,在"蓝墨云班课"的"答疑、讨论"平台上展示学生自己对所学内容的总结归纳和所感、所悟。

(2)课堂、课下活动提升综合人文素养。教学中教师在讲到以中西价值观、婚姻观、物质财富与精神财富以及环境保护等主题版块内容时会适时加入道德伦理课程内容,让学生及早思考生活中的"窘境""困境"以及"逆境",从生活哲理中悟出智慧与才能,提高个人整体的人文素养。

三、成果的创新点

1.原创性和新颖性

本成果由具有丰富教学经验的一线外语教师团队设计、实施、完成,突出了

教学活动中学生的中心地位,形成了"网络+探究+工作坊"的教学方法。并在通识教育理念下通过"通用型课程""模块化课程"和"研讨型课程"相结合的方式来完成大学英语课程的教学任务,将大学英语课程从单一学科变成专业配套课程,更加关注"通用性""专业性"和"跨文化交际性"相结合的英语课程体系。

2.实效性和综合性

本成果在"通识教育"的基础上把"教的改革"和"学的改革"两方面有效结合起来,既注重外语教师教学理念、教学内容、教学方法的改革,又注重学生通识理念、批判性思维的培养,还关注教和学的实际成效。这样有助于学生对语言技能的掌握应用,同时有利于使大学生在学习英语的过程中与社会保持接触,使学生在毕业后的工作中得心应手,提升用人单位对大学毕业生的满意度,满足社会对复合型人才的需求。

四、成果应用情况

1.教学改革效果显著,学生受益面广

实践教学综合改革在河南理工大学35个理、工、文科专业实施2年来,显著提升了学生的英语语言学习能力、应用能力和创新能力,受益学生3万余人。同时,课题组与郑州大学、河南师范大学、河南科技大学等10多所兄弟院校进行交流、合作,共享改革成果。

2.人才培养成效明显,学生又专又红

近三年来,在大学英语通识教育理论指导下,课题组老师指导的学生在河南理工大学"英语国家文化之旅"、"电影配音大赛"、"英语书法比赛"以及全国大学英语竞赛、"外研社"杯全国英语写作大赛、阅读大赛中多名学生获得特等奖、一、二、三等奖。

3.教育同行充分肯定,社会广泛关注

本成果实施以来,参与教师不断总结,多次在国内、国外的教育研讨会上交流推广,如在西安交通大学主办的"社会文化与二语教学国际研讨会"、在西安理工大学"全国典籍翻译研讨会"以及湖北大学"翻译学科建设以及人才培养模式论坛"等,课题组教师不遗余力地推广教育国际化背景下大学英语通识教育的实践,受到高度好评。《河南日报》于2019年12月26日在综合新闻版刊登了"'教育国际化背景下大学英语通识教育的实践与探索研究'成果取得良好的推广应用效果"一文,引起社会广泛关注。一些关注教育的媒体和个人纷纷向课题组咨询、请教本成果的具体实施过程和解决问题的方案。

4.改革成果广泛推广,示范作用显著

在教育国际化背景下大学英语通识教育的实践与探索中,多元化实践教学模式被洛阳师范学院、安阳师范学院等 10 多所高校借鉴,社会上的培训机构如新东方、视界窗等也借鉴这一教学模式和改革方案。

课题组有 3 篇教学论文发表在外文期刊 Studies in Language and Literature,Cross－Cultural Communication 等,1 篇被 CSSCI 收录。出版著作 3 部,课题组成员参编教材 2 部,完成成果视频 1 项。

课题组教师大胆改革,锐意进取,被北京蓝墨云研究院评为"河南省十大魅力教师",排名第五。

该成果在理工科院校和师范类大学的大学英语教育改革和实践探索中发挥了很好的示范和引领作用,值得推广。

新形势下地方高校工程训练实践教学体系及运行机制的研究与实践

主要完成单位：华北水利水电大学
主要完成人：上官林建、张丽、陈海军、宋慧娟、姚林晓、
　　　　　　　李金兴、孔祥瑞、邰金华

为积极推进新时代实践教学改革，提高人才培养质量，项目组分别从新工科背景下地方高校工程训练实践教学遇到主要的问题、解决问题的思路方法、项目的创新点、取得的成效以及实践推广应用效果等方面进行总结和提炼。

一、面临的教学问题及解决方法

（一）面临的教学问题

工程训练是高等工科院校学生的必修实践环节，来源于早期主要针对机械大类各专业开设的金工实习，但在我国高等教育改革发展背景下被赋予了更丰富的教学内涵，同时随着社会经济和科学技术的发展，社会对高校毕业生的工程素养提出了更高的要求；给大学生以工程实践的教育、工业制造的了解、工业文化的体验，是培养学生实践能力和创新意识的重要教育环节。

现有各高校的工程训练实践教学面临的问题有：绝大多数沿用原有的金工实习教学模式，教学内容陈旧、教学方法单一，没有根据各不同专业的特点开设相应的教学模块，有时出现学生兴趣不大，实践效果不好，学生认为实训内容没用；另外，现阶段的工程训练，注重相关实物和环境的"硬件"建设，轻相关配套的"软件建设"，如声音、录像在内为载体的多媒体教学资源等；在实训工程中，注重技能教学忽略相关工艺知识的掌握，能做出成品，但对工艺流程理解不深刻，甚至抱着"外行看热闹"的心态参加实训；创新能力的训练不足，学生往往根据给定图纸，模仿教师操作完成作品，缺乏独立思考与创新能力的培养。基于此，开展了新形势下工程训练实践教学体系及运行机制的研究，使工程训练真正成为培

养学生实践能力和创新意识的重要教育环节。

(二)依据的理论框架及实践措施

1.总体框架

考虑到存在的问题和现状,项目组依托新一轮科技革命和产业变革对人才的要求,以专业特色和需求为导向,研究与实践了"分专业、分类别、柔性教学模块"(如图1所示)的工程训练实践教学体系及运行机制,优化各工种技能训练内容,建立分专业的四大类地方高校工程训练实践教学体系(如图2所示)

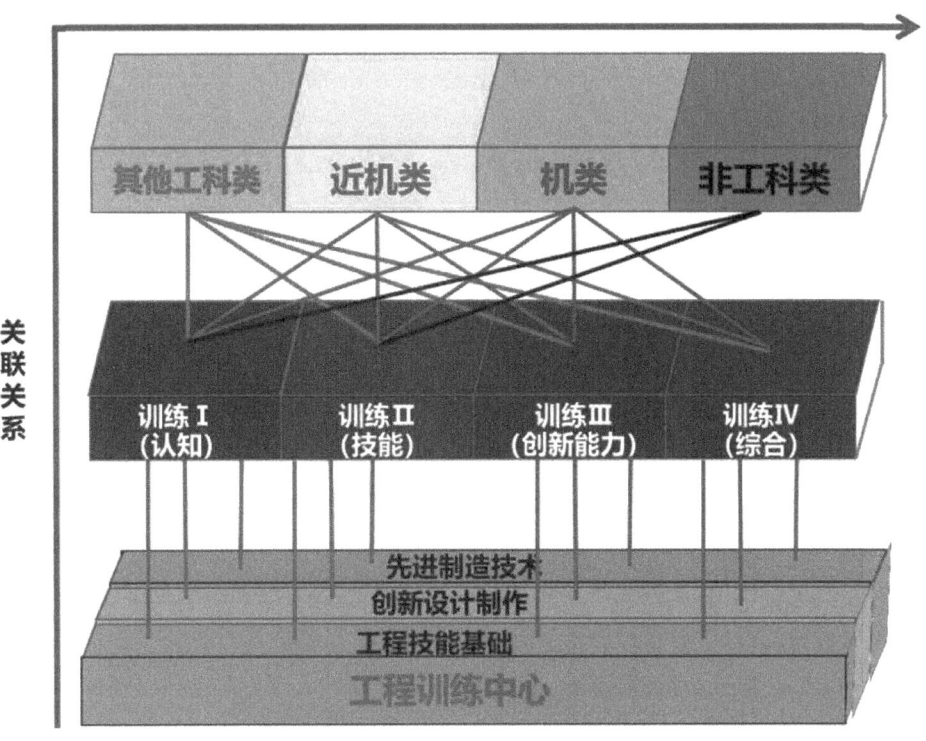

图1 分阶段、多层次的柔性实训模块

2.研究与实践了以虚拟仿真为基础的"虚实结合"的实训模式

为丰富和完善工程认知内容,以实际工程环境为背景,以产品全寿命周期为主线,将工程文化、虚拟仿真与实物设备三结合,形成了工程训练中心"虚实结合"的实训模式。以新建设的"数字化工厂级柔性制造实训系统"和"南水北调中线工程虚拟仿真实训系统"两个项目的实施为基础,展开虚实结合、翻转课堂、思维导图等教学过程和教学方法的研究,并应用于实践教学中。(见图3、图4)

针对我校水利电力的特色,学生需要对大型水利枢纽工程建设过程和运行有充分的工程认知,为弥补学生在水利枢纽只能看到表面现象和部分水利设施

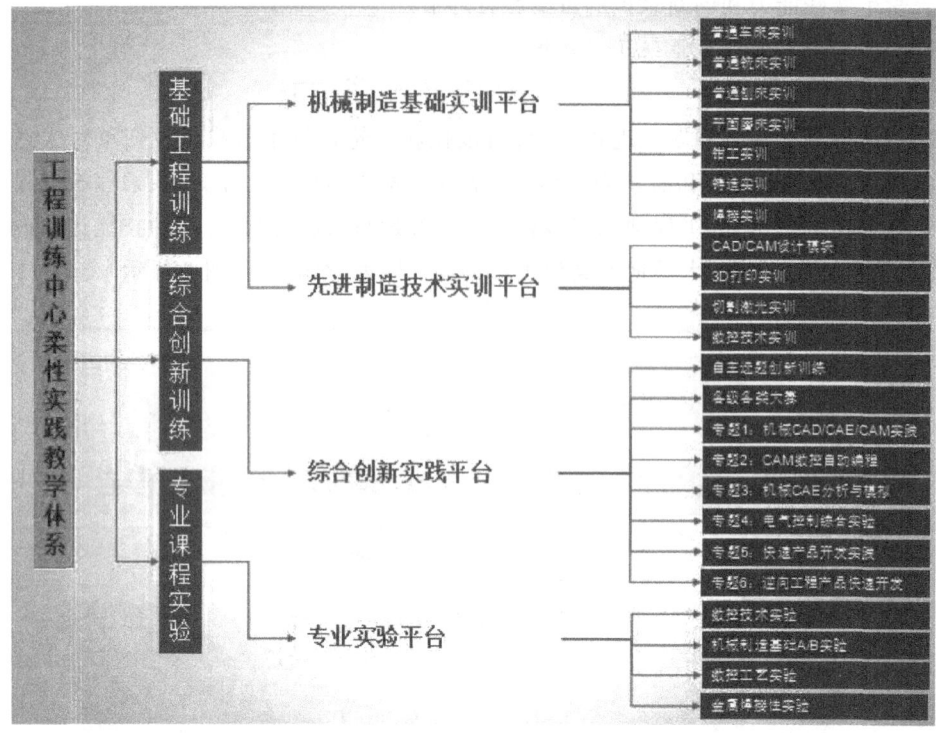

图 2　工程训练实践教学新体系

和水体表面，无法了解工程运行和内部细节的不足。引进及合作开发了"南水北调中线工程虚拟仿真实训系统"模块，借助计算机虚拟实现技术，可以真实地展示设备的运行情况，观察到水工金属结构的具体运行情况和结构细节，更好地凸显我校水利工程实训特色。

图 3　南水北调中线工程虚拟仿真实训系统截图

图 4　数字化工厂级柔性制造实训系统

3.研究与实践了"以赛代训,以赛促训"的实训模式

围绕各类创新大赛,以参加比赛需要的实际技能和理论基础储备为出发点开展实训教学工作改革,采用项目驱动教学法,以赛代训,以赛促训,以训完赛,以训促赛。通过比赛提升参训学生自我管理和自我学习的能力,提升学生的合作意识和团队精神,提升教师的教学和实践能力。成立实训类兴趣小组或学生社团,给学生提供一个互相学习、跨专业竞赛和实训的交流平台。

实施"以赛代训,以赛促训"的实训以后,从教学方法和教学方式上进行了改革,以比赛为契机,针对不同实训项目,设计新的全套的工程训练教学计划,通过一系列测试和测验,深入分析学生现阶段的整体技能和理论水平,给出整套的参加大赛的培训方案和培训讲义。有目的地强化工程实践中必需的实训内容和实训节点,提升实训效果。以比赛为目标,通过多次组织学生参加各类比赛,反推备赛过程中需要学生掌握的新的知识和技能,修订设计教学内容。引导学生在比赛过程中学习新的知识,掌握新的技能,锻炼新的技巧,并以此形成新的一套学生自我学习、自我提高的激励机制。形成工程训练教学和学生比赛备赛培训两套体系相互交叉的教学体系。指导教师也通过较难知识点和技能的讲授,促进自己提升业务能力。

4.建立工程训练中心作为双基地的运行机制和管理体制,形成了全方位立体化工程训练教学质量监控和评价体系

建立工程训练中心既是学生工程实践的校内基地,又是学生进行课内外科技创新活动的开放基地的双基地的运行机制和管理体制,探索形成了全方位立体化工程训练教学质量监控和评价体系(见图5)。新模式主要通过联动工程训练中心、实训学生、督导组专家三位一体,对工程训练过程中实训内容、实操效

果、教学过程全方位立体化监督和评价。

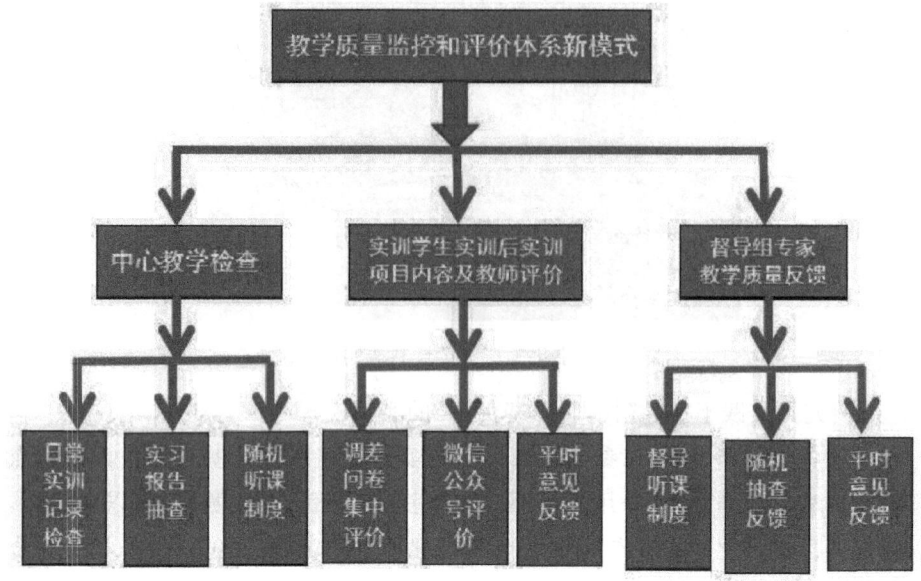

图 5 教学质量监控和评价体系新模式

二、项目创新点

项目组对新工科背景下新建工程训练中心的地方高校工程训练实践教学体系及运行机制进行了系统研究。主要创新点包括：

(1)以专业特色和需求为导向,建立了分专业的四大类地方高校工程训练实践教学体系。

(2)将工程文化、虚拟仿真与实物设备三结合,形成了工程训练中心"虚实结合"的实训模式。

(3)建立工程训练中心既是学生实施工程实践的校内基地,又是学生进行课内外科技创新活动的开放基地的双基地的运行机制和管理体制,以赛代训,以赛促训,提升工程训练人才培养效果。

三、项目取得的成效

依托项目研究成果,申请学校投入 980 万元添置激光切割机、砂型铸造 3D 打印设备、虚拟现实仿真系统、智能制造数字化工厂、数控加工等仪器设备 62 台套,完成了我校新成立的工程训练中心建设工作,以满足现代工程训练要求。

两年的实践证明,虚实结合的实训模式达到既提高学生实践能力,又提高安全系数,降低实训成本的预期效果,在华北水利水电大学实训中心应用两年来节约材料成本近35万元。在研究过程中,发表相关教学研究论文7篇,其中中文核心论文1篇。

项目实施后学校以赛代训,以赛代练,取得了丰硕成果。项目负责人指导学生获第十六届"挑战杯"全国大学生课外学术科技作品竞赛(河南赛区特等奖),青年教师金向杰在第二届河南省金工研究会2017全国青年教师微课大赛河南选拔赛中获得金工组一等奖第一名,2019年获河南省教学技能大赛二等奖,指导学生参加全国工程训练综合能力竞赛,合计获得全国特等奖1项,全国三等奖2项,省赛一等和二等奖12项。指导学生参加第八届全国大学生机械创新设计大赛河南赛获得一等奖1项,三等奖1项,代表河南省参加第八届全国大学生机械创新设计大赛全国总决赛,获得一等奖1项,累计获得省级以上奖励32项。

通过以赛代训,以赛代练引导学生自主组织校级选拔赛,提供有效的大型比赛活动组织平台,使学生实现由参与者到组织者的转变,更加有效地提升自我素质,强化团队协作精神,树立自我信心,强化职业信念。

四、实践推广应用效果

经过两年研究和探索,项目组取得了一系列理论和实践成果,分别在郑州航空工业管理学院和河南科技大学等多家单位推广应用。应用单位一致认为该项目在工程综合训练的实践课程改革上取得了显著成效,对于新工科体系下锻炼学生的实践能力,培养创新应用型高级专门人才具有重要的应用价值和参考价值,同时更好地发挥了成果引领示范作用。

高等中医院校来华留学生文化体验体系的构建与实践

主要完成单位：河南中医药大学

主要完成人：郭德欣、潘万旗、路玫、杨晓娜、张顺超、邓号、王晓蕊、于冬冬

一、成果形成的背景

2018年，共有来自196个国家和地区的49.22万名留学生，在全国31个省（自治区、直辖市）的1004所高等院校、科研院所和其他教育机构学习、研修、培训，中国继续保持亚洲最大留学目的国地位。越来越多的留学生来华攻读学历课程，学历生和研究生占比实现双增长。学历生总数25.81万人，占来华留学生总数52.44%，同比增长6.86%；研究生人数达8.5万人，比2017年增长12.28%。

国家大力推进的"一带一路"战略，是用文化将历史、现实与未来连接在一起而成为中国面向全球化的战略架构。作为具有5000年历史的中国文化，厚重地承载了人类社会的各种认知、经验和感悟，在国家"一带一路"战略中起着先行者与纽带的作用。同时，文化传承与创新是高等院校继人才培养、科学研究和社会服务之后拓展的第四大功能。高等院校在中国文化的弘扬与传播中应有所作为。2017年3月20日，教育部、外交部、公安部联合制定了《学校招收和培养国际学生管理办法》，其中明确要求："高等学校应当开设中华优秀传统文化等文化方面的教育。"

来华留学生文化存在着诸多不足。来华留学生文化体验停留在学生活动层面，没有提升为专门教学课程，缺乏完整课程体系。来华留学生文化体验课程内容趋同，针对性不强，体验不深入，特色不突出。缺乏文化体验的教学平台，专业师资不足，教学质量不高，教学效果不突出。河南缺少中医药文化传播品牌，中

华文化与中医药文化传播有效途径不足、平台不够。

二、研究内容、改革目标和拟解决的关键问题

1.研究内容
(1)国内外留学生文化体验教学模式的调查、对照研究
(2)中医院校留学生文化体验体系的构建
(3)中医院校留学生课程内容的实践
在各文化体验课程建设的基础上,建设3—4个相应的文化体验基地,并将文化体验课程及基地纳入来华留学生体验式教学中。

2.改革目标
增加来华留学生对我国文化的文化体验和文化认同,增进留学生对于中华文化的认知和体验,提升他们对中华文化的认同感,培养知华友华的高素质来华留学毕业生和优秀的中外文化交流使者,服务国家中医药"一带一路"战略。

3.拟解决的关键问题
立足中国传统文化与中原文化,构建适应中医院校留学生学习特点、满足中医院校留学生学习需要的文化体验体系。

三、成果简介

自2014年以来,我校积极开展文化与来华留学生专业学习融合的研究,积极探索中医药文化融入来华留学生教育教学的路径,顶层设计了"一核两阶四维"的高等中医院校来华留学生文化体验体系。

成果立足于厚重的中原文化,以中医药文化为核心,从中原医学文化、禅武文化、民俗文化、汉字文化四个维度,制订了初、高两阶的来华留学生文化体验课程体系。对于非医学类专业的学历生,构建以激发来华留学生中医药文化兴趣的中原中医药文化体验课程(初阶);对于医学类专业的学历生,构建满足留学生专业学习需要的中原中医药文化体验课程(高阶)。同时,分别以初阶、高阶文化体验课程的内容体系为蓝本,个性化设计不同情况的短期进修来华留学生的文化体验课程,共建了由6所校外文化体验基地与4所校内文化体验基地构成的文化体验平台体系。

四、成果主要内容

1.构建学历类来华留学生中医药文化体验课程内容体系

针对中医药类专业学历留学生,设置必修的公共课。在安排课程时,以"先语言后专业""先基础后技术"的原则分四个学期进行,即优先安排汉字文化体验、民俗文化体验等和语言学习紧密的体验课程,其次安排与中医理论基础紧密相关的中医药文化课程,专业性与技术性较强的文化体验课程放到后面的学期进行。对于非中医药类专业学历生,可将中医药文化体验课程设置为限制性选修的公共课。在安排课程时,以"先技术后基础""专业与语言同步"的原则进行,先用中医药类技术与疗效的体验引起来华留学生对中医药的兴趣,然后再开展一些中医基础理论方面的文化体验。

2.个性化设计非学历类来华留学生中医药文化体验课程

根据每批非学历留学生的学习目的、文化背景、年龄特点、专业基础等综合性因素,以专业类中医药文化体验体系和非专业类中医药文化体验体系中的内容为蓝本,针对两类群体,分别个性化制作含有详细文化体验学时、目标、内容与安排的中医药文化体验菜单,推荐给来华留学生进行选择。文化体验菜单的制定不是盲目的,而应以教学目标为导向,体现来华留学生的类别不同与学习目的差异,充分尊重进修生的文化体验兴趣与需求。

3.加强中医药文化体验基地建设

根据文化体验体系内容的设计,深挖高校自身已有的文化资源,并充分调研政府机关、高校、医疗机构、企业等有关单位的文化优势与特色,充分考察已有的博物院(馆)、文化院(馆)、民俗馆等蕴含的文化元素,加强与社会资源的对接合作,梳理出符合文化教学需要的教学平台,建立满足文化教学需要的校内、校外来华留学生文化体验基地平台体系。

五、成果的创新点

1.构建了来华留学生文化体验的新体系

来华留学生是文化传播的直接接受者,是文化传播最直接的途径之一,对于加快推动中华文化对外传播与文化事业的发展具有重大的意义。本成果以来华留学生这一特殊群体为教育教学研究对象,在国内首次立足于厚重的中原文化,以中医药文化为核心,构建了涵盖中原医学、禅武、民俗、汉字等内容的文化体验体系。

2.开创了来华留学生文化教学的新形式

本成果将文化体验作为一门独立的必修课程纳入来华留学生的课程设置中,文化体验不再是附属于教学的学生活动或"第二课堂",不再是课堂教学的重要组成部分与实践教学的一部分,而是文化教学的主体,是比课堂教学更重要的教学形式;文化体验课程是一门独立必修课程。

3.建立了来华留学生文化体验课程的新模式

本成果在针对本科生等学历生构建完整的文化体验体系的基础上,对于非学历类的短期来华留学生,根据学习需求、学习期限、母国文化、学习兴趣等的不同,紧紧围绕培养目标,个性化设计文化体验课程,开创了课程建立的新模式。

4.打造了来华留学生文化体验的新平台

本成果打破以往文化体验基地建立无针对性、无主线的不足,围绕中医药文化与中原文化,成体系地建立文化体验基地。为来华留学生学习文化提供了真实的文化环境,增强了留学生文化学习的感官刺激,使留学生能够近距离地接触中医药文化,更能感知、理解中医药文化。

六、成果的推广应用效果

1.弘扬了中医药文化

该成果在我校进行实践以来,培养了来自世界上35个不同国家的337名来华留学生,这些留学生成为知华友华的中医药国际化人才,成为文化传播的载体,其以含蓄的柔性传播方式传播中医药文化,提升了留学生所在国民众对中医药文化的认同,促进了中医药文化的弘扬。

2.成果助推了学校来华留学生文化体验工作

建立了文化体验教学体系,搭建了文化体验平台体系,培养了一批文化体验专业师资队伍。2018年我校"仲景中医文化体验基地"获批为中国政府奖学金生文化体验基地。

3.成果助推了来华留学生招生规模的扩大

成果实施以来,招生规模逐年扩大。2019年,共招收了来华留学生189人,招生人数是2017年42人招生规模的4.5倍,是2018年109人招生规模的1.7倍。招生规模增长率居河南省首位。来华留学生来自美国、俄罗斯联邦、意大利、智利、印度尼西亚、摩洛哥、蒙古、哈萨克斯坦等29个国家,留学生国别数达到我校建校以来历史新高。

4.培育了来华留学生文化体验品牌——"感知中原中医药"

"感知中原中医药"将成为中原文化与中医药文化弘扬的重要平台与我省文化推广的名片。

基于应用的大学生就业创业课程体系建设研究

主要完成单位：新乡医学院、河南师范大学、新乡学院
主要完成人：崔金奇、高建辉、李杰、赵明锴、涂晓艳、
张晒、臧涛、李根强、李大伟、刘光荣、吕本艳

经过教学实践和改革探索，本项目初步形成了"就业创业通识课（基础知识）＋性格特质测评＋行业性选修课（实验班）"的大学生就业创业课程体系，主要教学改革研究情况如下。

一、项目实施和成效

（一）开设就业指导第二课堂

立足学生专业，实现课程内容对接职业标准，选取法医学专业开设了就业指导实验教学班。根据法医学专业特殊性，毕业生的就业流向主要是公安局、法院、检察院等机构，进入机构的方式是需要通过国家级或者省级公务员统一招录考试。因此，选取法医学专业一个年级作为开设公务员考试培训课程作为就业指导第二课堂。

1.课程设置（见下表）

序号	课程内容	学时
1	公务员考试入门及言语理解与表达	3
2	面试技巧1及数量关系	3
3	面试技巧2及判断推理、常识判断	3
4	面试礼仪及资料分析	3
5	公务员着装礼仪及阅读理解	3
6	公务员职场礼仪及归纳概括能力	3
7	公文写作1及策划、语言表达能力	3
8	公文写作2	3

2. 教学模式

为了推动就业指导课程的改革,探索更有效的课堂形式,提升教学效果和质量,逐步实现翻转课堂教学,促进转化式学习,该门课程逐步探索并创新实施了——"不完全翻转课堂"的教学模式。即为采用"教师＋学生助教＋无领导小组讨论"模式教学,前期鼓励学生积极报名参与助教的选拔,经过层层考核、优中选优,最终确定助教人选,同时将班级分为多个小组,每位助教负责1个小组的集中讨论、作业收集、日常考核等。助教在正式上课之前要严格按照教师上课的标准进行备课,教师作为指导者对学生助教进行全面的培训指导,帮助助教完善课件,助教团队集中反复、试听助教讲课,并提出改进意见。该课程的改革加强了教师、助教、学生之间的交流沟通,实现了"学生学"而非"老师教",旨在培养学生综合能力,充分发挥学生的主体作用,调动学生积极性,激发课堂活力,开展多元化教学,有效巩固了教学效果。

3. 考核方式

采用分小组讨论的方式,把学生分成七个小组,每个小组分配一名助教作为观察员,授课老师根据每个小组回答问题的情况来为小组打分,观察员根据自己小组讨论积极性为他们个人打分。实操训练采用立体式教学,模拟公务员面试,让每位学生置身实际的面试环境,进行回答,从而有效提升学生的实际面试能力。成绩计算由平时成绩和考试成绩组成,平时成绩由3次课堂作业、4次课后作业、面试实操等方面的组成;模拟考试选取国家公务员考试试题进行模拟测试。最终成绩＝平时成绩＊60％＋考试成绩＊40％。

法医学专业某班毕业27人,进入公务员面试7人,被公务员录取4人。

(二)举办创新创业实验班

为加强学校创新创业教育工作,满足学生创新创业需求,首次开办创新创业实验班,为立志创新创业的学生进行系统训练,培养创新创业能力,孵化创业项目,指导学生进行公司注册、创办企业。学习内容:实验班学习内容为创业管理、创业项目筛选、编写创业计划书等。实验班开班时间为每年9月,为期一个学期,总学时72课时,学生完成创业实验班教学内容学习,并考核合格,可获得2学分。

创新创业学院组织专家在基于专业的性格特质测评的基础上,对各学院推荐的人选进行资格审查和面试,最终确认招录学员30名。总体来看,大学三年级学生积极性最高,人数最多。实验班课程安排如下。

1.创新创业实验班课程安排(见下表)

序号	课程内容	学时
1	识别创业机会	2
2	编制创业计划	2
3	创建新企业	2
4	寻找目标市场	2
5	优化营销组合	2
6	销售技能和顾客服务	2
7	估算创业成本	2
8	解析财务报表	2
9	现金流及税务分析	2
10	融资策略	2
11	新企业相关法律问题和风险防范	2
12	精心运营企业	2
13	成长和收获战略	2

2.教学成效

经过一个学期的讲授,最终30名学生全部通过考核,并获得2学分。具体教学成果见实验班学生参与校内外比赛获奖情况(如下图)。

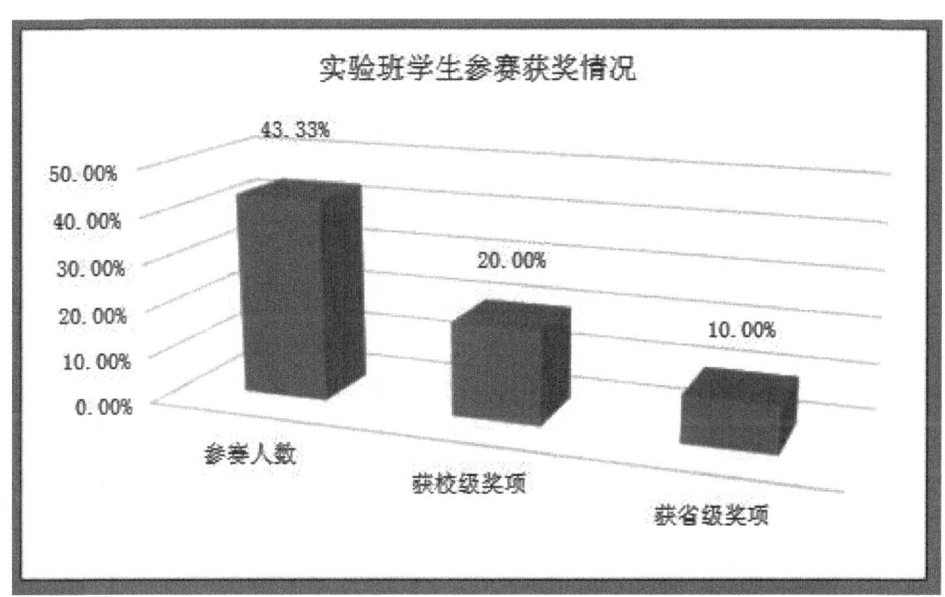

实验班共有13人参加学校组织的"新时代,新梦想"首届大学生创新创业优秀项目选拔大赛和"创青春"河南省大学生创业大赛,其中获校级奖项6人,获省

级奖项3人;1人成立并注册公司。根据这一数据对比,实验班学生的参赛和获奖比例远远高出学校平均水平。

(三)建立创新创业导师库

1.注重创新创业导师库的建立

改善创新创业师资的学缘结构、学历结构,增加经验丰富的兼职教师授课比例。初次遴选73名创新创业导师入库,2017年遴选28名导师入库,2018年遴选23名导师入库,其中校外导师达40余人,校外导师主要代表:武汉理工大学创业学院院长、硕士研究生导师、高级职业指导师、全球职业规划师(GCDF)、《中国大学生就业》杂志编委、广州锐旗人力资源银行特聘就业指导专家赵北平研究员,河南省商业经济学会常务理事、新乡白鹭化纤集团有限责任公司独立董事、河南环宇集团有限公司管理顾问、河南师范大学商学院管理学硕士研究生导师楚金桥教授等知名学者和企业家。至今,共180余名专家学者、职业经理人等入选新乡医学院创新创业导师库,有4名导师入选教育部"全国万名优秀创新创业导师人才库"。

2.创新创业师资培训抓紧抓实

依托学校"众创空间"建立创新创业导师的健康成长机制,开展针对导师的多种形式培训,邀请专业团队进校培训,选送相关工作人员外出培训,并把专业课教师创新意识培训纳入日常师资培训计划,不断提升师资水平。组织"众创空间"全体工作人员、全体辅导员和部分创新创业导师60余人参加创新创业师资培训班;举办全国"FET创业基础教学技能暨创业实训指导能力测评第69期认证培训",省内12所高校32名创新创业教育负责人及相关教师参加培训;选送10余人外出接受就业指导师、创业咨询师等专业培训。通过一系列培训,"众创空间"创新创业导师系统地学习了创业基础课程和教学组织体系,提高了对创新创业教学与日常指导工作的理解和认识,掌握了引导学生做好创业生涯规划,激发学生创业意识、创业精神和创业能力的基本教学和操作方法,提升了"众创空间"就业工作队伍的专业性,使广大创新创业导师能够给予学生更全面、更系统、更专业的创新创业指导,有效地提升了创新创业教育教学工作质量。8名导师指导学生参加学校组织的"新时代,新梦想"大学生创新创业优秀项目选拔大赛9项,12名导师指导学生参加"创青春"河南省大学生创业大赛21项,30个项目均获校级奖励,其中8项获省级奖励,成绩斐然。

二、成果应用和评价

经过 2 年的探索和实践,项目分别从就业指导第二课堂、创新创业实验班、建立校内外人才导师库等方面着手,逐步实施分类指导、个性化指导的教学方法,取得了比较理想的成绩。项目成员公开发表论文 10 篇,其中 CSSCI 1 篇,中文核心 3 篇,普通 CN 刊物 7 篇。获得奖项 5 项,其中一等奖 2 项,二等奖 3 项。同时,形成了以咨询、引导、评估、教育、服务为主的就业创业指导课程体系,实现"以就业为基础,以创业带动就业,以创新推动创业"的毕业生就业创业的良性发展模式。该项目在部分高校实践推广应用,得到了良好的反馈,改革预期效果良好,社会影响力不断彰显,项目成果被市级以上主流媒体多次宣传报道,在省内外产生广泛影响。

基于核心素养的应用型本科高校通识教育课程改革研究
——以许昌学院为例

主要完成单位：许昌学院
主要完成人：袁胜元、刘培蕾、贺洁、于康平、张笑涛、郭红宾、董东平

一、成果介绍

本项目采取院校实证研究的方法，按照"一体两翼"通识教育课程分类的基本思想，构建了应用型人才的通识核心素养框架，建构了以核心素养为中心"通识必修＋通识选修＋通识专题"三位一体的通识教育课程体系，完善创新通识教育选修课程。组建了6＋6＋N的通识教育核心课程，积极引入核心素养校外优质课程资源，创建了体现核心素养的通识综合实践课程，开发培育了体现核心素养的校本特色课程：1＋N1＋N2模式的写作课程、1＋1模式的戏曲艺术课程、科技创新课程、1＋1＋1大众传媒课程、翻转课堂特色课程等。形成了工作坊式、项目制为特色的通识教育创新实践课程等。制定了《许昌学院通识教育改革方案》《许昌学院通识教育改革实施方案》《许昌学院通识精品课程遴选与建设管理办法》《许昌学院在线开放课程建设与管理实施办法》等制度规范，形成较为完善的通识教育课程管理制度，保障了通识课程教学工作规范、高效、有序地开展，教学秩序井然，教学质量不断提高。

二、主要解决的问题

成果采取了一系列改革措施，主要解决应用型本科高校通识核心素养密切相关的若干基本问题，形成了一系列理论和实践成果。

1.建构了应用型本科人才通识核心素养框架

在马克思主义全面发展学说等理论基础上提出三大层次十大方面的通识核心素养和 6 大核心能力的应用型本科人才通识核心素养框架。（见下图）

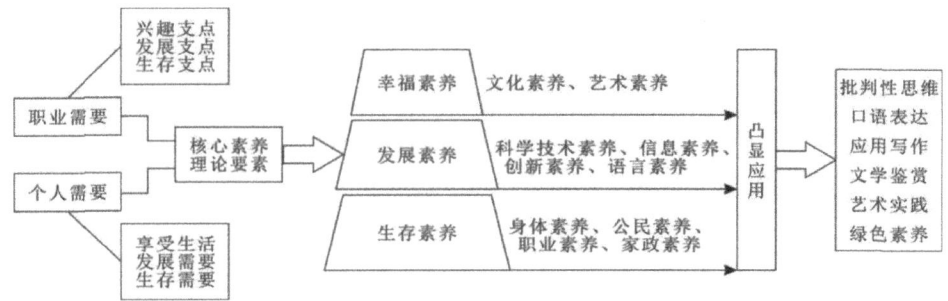

2.建构"通识必修＋通识选修＋通识专题"通识教育课程体系

成果设计了"通识必修＋通识选修＋通识专题"三层次融会贯通的通识教育课程体系。（见下图）

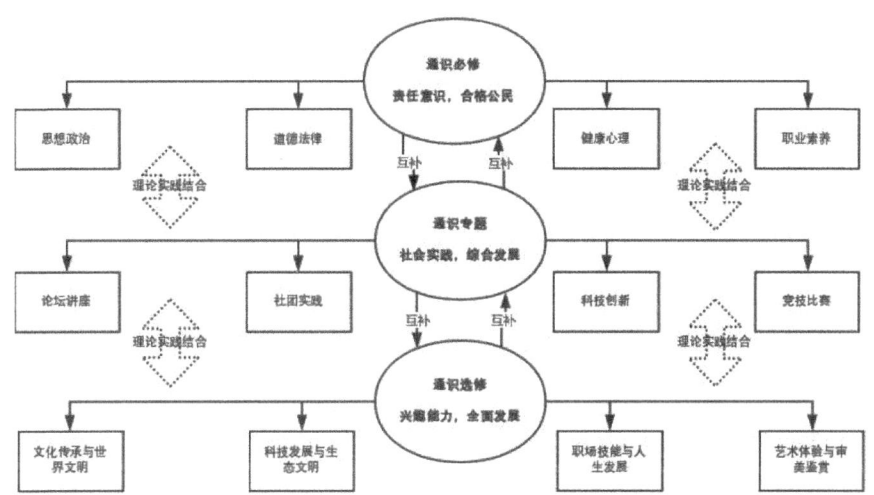

应用型本科高校通识教育课程体系框架图

3.通识选修课程改革创新

通识选修课程方面，组建"6＋6＋N"的通识选修课程体系，实现"核心素养——核心模块——核心课程"之间的贯通。创建以"乡愁里的许昌"为代表的通识综合实践课程，形成了"汉语揭秘"等为代表的省级精品在线课程，并在中国大学慕课平台运行。

4.通识教育专题课程建设

在通识教育专题课程建设上方面,我校建成"1＋N1＋N2"模式的写作专题课程、"1＋1"模式的戏曲艺术专题课程、"1＋1＋1"的大众传媒专题课程、以竞赛为引领科技创新专题课程。

5.通识教育课程管理制度供给改革

学校制定了《许昌学院通识教育改革方案》等制度,完善通识教育课程准入、建设、退出机制。建立通识教育课程建设专项基金,完成通识教育课程评价制度,形成了完整的通识教育管理制度。

三、取得成果丰硕

1.理论研究成果丰硕

课题组成员在《黑龙江高教研究》《中国教育学刊》等知名学术期刊上发表了"美国大学通识教育:模式、问题及启示"等学术论文7篇,其中CSSCI来源期刊1篇,中文核心1篇,出版教材1部、专著1部。

2.教研项目成果丰硕

项目建设过程中形成了"高校通识教育类核心课程准入与评价机制研究"等三个校级教研项目成果。

3.学生核心素养明显提升

2018年11月,我校对大学生思想政治状况进行调查显示,我校学生在思想政治水平、认同和积极践行社会主义核心价值观、对党和政府有关工作满意度以及对我国未来发展趋势的态度方面给予了高度认同或表现乐观。大学通识必修课程的通过率逐年提高。学生的沟通表达、团队协作、思维创新、艺术鉴赏、社会实践等能力得到全方位地锻炼,形成学生专著2部,发表学术论文26篇,参加各种大赛获奖64项。

4.社会效益显著

《河南日报》、《大河报》、河南高教在2018年、2019年分别以"思政课""活"了","大学生收获多了"等为题,报道我校的通识教育课程改革,课程改革成果的社会效益日益显现。

四、解决问题的主要方法及途径

科学的研究成果当然需要科学合理的研究方法。项目研究过程中主要使用了文献法、比较研究法、调查研究方法以及数据分析法。

1.文献法

文献法主要是针对高等教育研究、应用型本科高校通识教育课程改革、核心素养等相关研究文献资料的查阅梳理,找出应用型本科高校通识教育核心素养课程改革取得的成就、理论前沿以及存在的问题和未来发展的方向,为项目研究提供理论支撑和前沿研究。

2.比较研究法

通识教育作为舶来品,需要使用比较的视角,站在国际高等教育特别是发达国家通识教育发展的历史、现状以及通识教育改革措施的立场上,审视我国应用型本科校通识教育核心素养课程改革,汲取经验教训。同时课题组对通识教育课程改革前后我校学生部分核心素养改变进行对比研究。

3.问卷调查研究法

通识教育课程改革存在的问题以及课程改革的成果都需要建立在科学调查的基础上,项目组对我校大学生思想政治课程、大学体育、大学英语以及其他课程教学效果进行了调查统计研究,找出问题所在以及未来改革方向。

4.数据分析法

成果利用我校学生通识教育必须课程、选修课程、专题课程的学习数据,分析存在的问题,找出进一步改革和提升的策略。

五、成果的创新点

成果实现了理论创新——构建了应用型本科高校通识核心素养框架;制度创新——颁布实施了许昌学院通识核心素养课程相关文件;实践创新——构建了通识必修、通识选修－通识专题三层次通识教育课程体系。

1.理论创新——构建了应用型本科高校通识核心素养框架

核心素养的界定及通识核心素养框架的构建,成为通识教育改革以及课程标准的抓手,引领通识教育改革有序开展;成果构建了以幸福生活为目标的,根据马克思主义人的全面发展学说、加德纳的多元智能理论、中国学生发展核心素养报告以及新时期党的教育方针和政策为基础,建构了三大层次十大核心素养六大核心能力的应用型人才通识核心素养框架,以此指导、引领、辐射通识教育课程体系的设置。

2.制度创新——颁布实施了许昌学院通识核心素养课程相关文件

开展全校通识教育大讨论,凝聚通识教育课程改革共识,在此基础上,颁布实施了《许昌学院通识教育改革方案》《许昌学院通识教育改革实施方案》《许昌学院通识精品课程遴选与建设管理办法》《许昌学院公共选修课管理办法》等多个许昌学院通识教育课程改革的文件,有效地推动规范通识教育课程改革,形成稳定可预期的课程改革成果。

3.实践创新——构建了通识必修－通识选修－通识专题三层次通识教育课程体系

坚持立德树人,培养社会主义建设者和接班人的培养目标,根据应用型本科高校生源特点和职业发展方向,围绕通识核心素养的达成,构建了通识教育必修课程－通识教育选修课程－通识教育专题课程的通识教育课程体系。通识教育必修课程设计了思想政治课程模块、人文工具课程模块、健康安全课程模块、职业素养课程模块;通识选修课程涵盖文化传承与世界文明、科技发展与生态文明、职场技能与人生发展、艺术体验与审美鉴赏四个模块;通识专题课程包括通识教育论坛、经典阅读活动、绿色教育活动、竞赛科技创新、社团与社会实践等课程模块。

六、成果的推广应用效果

本成果中的制度成果有力地保障了通识教育改革工作顺利开展,学生通识素养明显提升,应用型人才培养质量显著提高。

成果的理念、思路和措施,在首届应用型大学通识教育国际会议上交流并获得肯定,我校通识核心素养内涵建设建议被会议采纳。成果已被常熟理工学院、平顶山学院、洛阳理工学院、郑州商学院等四所省内外学校吸收到通识教育教学实践中,推动了通识教育教学水平的提高。研究成果具有创新性、可操作性,对应用型本科高校开展通识教育课程改革具有指导意义。

高校思想政治理论课 CPBN 实践教学模式研究

主要完成单位：河南师范大学
主要完成人：马福运、蒋占峰、李玉杰、王江波、闫立超、李凤华、范彬、王会民

本课题充分利用河南省红色文化资源丰富、精品多、区域特色明显等特点，依托"中国共产党革命精神与中原红色文化资源研究中心"，以"寓道于业、寓教于策、寓学于做、共同成长"为理念，以"深度融合、深度体验、深度支撑、深度体验"为主旨，统筹课内课外、校内校外、网上网下四维空间，探索形成了 CPBN 实践教学模式，极大地推进了实践教学的课程化、规范化建设，受到学界同行和主流媒体的广泛关注。

一、CPBN 实践教学模式成果简介

河南师范大学 CPBN 实践教学模式，即课堂叙事式教学、平台情景式教学、基地体验式教学、网络延展式教学四者相互渗透、有机融合、功能互补的"四位一体"立体化实践教学模式，初步建立了思政课教学的新视野和大格局。

挖掘、整合"红色故事"所蕴含的教育主题，紧密结合教材内容和知识点，凝练"红旗渠工程与群众自觉""焦裕禄精神与党的工作作风"等不同教学主题，开展以"红色故事"为载体的课堂叙事式教学；聘请"改革先锋"吴金印、"全国十大女杰"刘志华等担任思想政治理论课特聘教授，走进思政课堂开展叙事式教学。

利用学校多功能思政课实践教学平台，借助微格教学系统、"口袋"博物馆，以及形象墙、影视教育楼梯、理论回廊等教学设施，采用"历史场景再现""舞台模拟""虚拟实践"等多种形式开展情景式实践教学；整合校园文化活动、社会实践活动、社团活动等校内载体，推动日常思想政治工作与思政课协调共进、优势互补。

统筹校外教学资源,先后在红旗渠干部学院、濮阳县西辛庄村农村党支部书记学院、史来贺所在的七里营刘庄、吴金印所在的辉县唐庄、"太行赤子"张荣锁所在的辉县上八里回龙村等建立10个校外实践教育基地。带领学生到实践教育基地,通过参观考察、调研访谈或劳模授课等方式,开展体验式实践教学。

依托多媒体、数据库、虚拟现实和网络通信等技术,建立共享性网络学习教学平台,开展网络延展式教学。通过配置、连接、调节和使用虚拟实验仪器设备等,构造直观、生动、形象的三维场景,体验红色文化资源蕴含的中国共产党革命精神。已经上线运行的"红旗渠精神"虚拟教学已获得省级立项。

二、CPBN实践教学模式解决的教学问题及具体方法

(1)解决的教学问题。近几年来,全国各高校积极深化思政课教育教学改革,在探索中形成了一些具有学校和区域特色的实践教学模式,但是这些模式在学生参与程度、教学组织形式、效果反馈方式、长期运行机制等方面还存在一些亟待加强的薄弱环节,而CPBN立体化实践教学模式,正是基于解决这些现实困惑而进行的有益探索。

克服了实践教学方法单一的问题。目前,由于认识和场域的限制,高校的思政课实践教学方法相对单一,往往只局限于考察、调研和参观等校外实践活动,或者与大学生的第二课堂互换概念。CPBN立体化实践教学模式打破了课堂、校园、社会和网络的界限,通过多样化教学方法实现了不同场域的优势互补;克服了大学生不能全员参与的局限。由于学生数量太多、班级规模过大,受制于安全、经费、接待等因素,大部分高校难以组织全体学生走出校门"现场体验",从而使实践教学成为"精英"活动。CPBN立体化实践教学中深度参与和体验已经成为不可或缺的部分,每个学生都要参与其中并且有所作为;克服了实践教学效果难以呈现的难题。以往一些思政课实践活动中,由于实践教学基地少、组织随意性大、不能全员参与等因素,学生不能得到持久的实践体验。CPBN立体化实践教学模式通过课堂叙事性教学,学生可以在掌握系统教材知识体系的基础上接受教师的实践教学设计和安排,通过网络延展式教学中的即时答疑、话题引领、作业检查等,可以现场呈现课堂教学和实践教学的实际效果;克服了实践教学难以长效运行的弊端。CPBN立体化实践教学模式有效克服了因教师数量不足、学时和学分没有保证、实践教学没有抓手等造成的思政课实践教学"走过场"的弊端。

(2)解决的教学问题的具体方法。高校思想政治理论课CPBN实践教学模

式实现了对机制、资源、功能等实践教学要素的深度整合,推动教学主客体同频共振,课堂教学与实践教学同向同行。实现了对思政课实践教学机制的深度整合。明确目标管理机制,推动实践教学规范化,完善教学运行机制,提升实践教学效果,创新考核评价机制,提高实践过程占比;实现了对思政课实践教学资源的深度整合。对校内资源进行归类整合,实现资源效益最大化,对线上资源进行创新整合,促成实践教学超时空化。

三、CPBN 实践教学模式成果的创新点

从研究思路看,坚持对思想政治理论课实践教学内容和模式进行整体研究和系统性建构。通过研究思想政治理论课实践教学理论、界定实践教学的科学内涵、厘清理论教学和实践教学的内在一致性、探索立体化实践教学模式、建立完善的实践教学机制,推进思想政治理论课实践教学课程化建设;从研究过程看,本项目是在改革方案贯彻落实初始阶段对实践教学模式的创新性探索。在本课题研究中,既有对实践教学基础理论的梳理和建构,也有对本单位实践教学模式的理论阐释和模式规范,也对每门思想政治理论课的实践教学进行了顶层设计和具体规划;从实际效果看,本课题重在从社会实践、教学实践和学生实际生活中分析和解决问题,努力做到在教学实践中构建新的教学模式、在教学实践中推广新的教学模式,在教学实践中检验新的教学模式,在实践中实现教学形式与教学效果、课堂教学与实践教学的有机统一。

四、CPBN 实践教学模式推广应用效果

CPBN 立体化实践教学模式增强了学生学习的主动性、创造性和合作性,达到了"深度理解、情感接受、内化于心"的教学效果,推动思政课教学不断创新内容、形式和方法,提升了全体教师的教育教学技能,得到广泛认可和一致好评。

(1)实践教学成果显著。本研究项目获得河南师范大学教学成果特等奖;精心打造思政课实践教学案例,其中 7 项获"高校思想政治理论课实践教学优秀教学方案"一二三等奖;依托本研究项目获批 5 项省级教改项目,发表教改论文近 20 篇;组织学生开展红旗渠精神口述史研究,已经完成 110 位修渠劳模的口述史采集与整理,发掘和保护了红旗渠精神研究的第一手资料;1 名教师入选"全国思政课 2017 年度影响力标兵人物",1 名教师代表河南省思政课教师参加了习近平总书记主持召开的学校思想政治理论教师座谈会;根据"四位一体"立体

化实践教学理念申报的"全国思政课教师实践研修基地",先后完成了对吉林大学、武汉大学等全国 100 多所高校 2000 多名教师的研修任务。

(2)实践教学形成品牌。2017 年 3 月,在全省高校思想政治工作会议上,河南省委时任书记、省人大常委会时任主任谢伏瞻指出:"像河南师范大学探索形成的课堂叙事性教学、实践教学基地体验式教学、实践教学平台情景式教学三者相互渗透、有机融合、功能互补的立体化实践教学模式就取得了很好的效果,值得学习借鉴。"近几年来,河南省委原书记卢展工、中央编译局原局长贾高建、省纪委书记任正晓、省委宣传部长江凌、省委统战部长孙守刚、教育厅厅长郑邦山等领导,先后莅临学院指导实践教学。《人民日报》《中国教育报》《河南日报》、人民网、学习强国、中国网、中青在线等媒体先后进行了长篇报道。

(3)教学模式得到推广。河南师范大学 CPBN 立体化实践教学模式,得到了国内同行的一致认可。兰州大学、南京师大、海南大学、首都师大、郑州大学等 30 多所高校同行先后莅临考察交流;马克思主义理论学界著名专家吴潜涛、王炳林、艾四林、秦宣、郭建宁、骆郁庭、陈锡喜、肖贵清、刘建军等先后莅临学校指导;研究成果已被天津师范大学、内蒙古师范大学、海南大学等全国 12 所高校采用。

高校虚拟仿真实验教学中心建设与开放共享实践

主要完成单位：郑州航空工业管理学院、新乡学院
主要完成人：郝伟斌、高大伟、崔九九、刘继伦、王玉珏、程岚婷、柳可歆、华康民、张珂、潘生

2018年9月，习近平总书记在全国教育大会上发表重要讲话，做出了优先发展教育事业、加快教育现代化、建设教育强国的重大部署。为加强现代信息技术与教育教学深度融合的制度建设、推进优质资源共建共享，虚拟仿真实验被列为五大"金课"之一。加强"金课"建设是现代信息技术与教育教学进一步深度融合的表现，开放共享已成为现代教育发展的重要方向。

本成果以郑州航空工业管理学院虚拟仿真实验教学中心建设实践为依托，系统地总结了相关经验和做法，具有较强的推广应用价值。

一、成果主要解决的问题

（一）虚拟仿真技术与实验教学的深度融合问题

虚拟仿真实验教学平台存在系统性、集成性不强问题。其核心问题在于虚拟仿真实验中心多以实体实验室为主，缺少统一的项目集成平台，开放共享受实体限制，无法使优势资源得到充分共享。并且因缺乏统一的技术标准要求，虚拟仿真教学实验资源质量参差不齐、原创性不足，多数学校面临着虚拟仿真技术与实验教学深度融合不足的问题。

（二）虚拟仿真实验教学中心开放共享问题

虚拟仿真实验教学中心在开放共享过程中存在共融性、协同性不足的问题。其核心问题在于虚拟仿真实验中心缺乏统一的管理和资源开发平台，使虚拟仿真教学资源存在重复建设、资源简单化、无序化、兼容性不强等问题，资源间相互对接存在障碍，无法实现充分的开放共享。

(三)虚拟仿真实验教学中心服务人才培养能力问题

虚拟仿真实验教学中心在服务人才培养中存在保障性、引领性不足的问题。其核心问题在于虚拟仿真实验中心在建设过程中没有围绕解决人才培养的关键环节展开。目前各高校的硬件设施建设已基本完善,实体建设基本趋于饱和,急需进一步发展内涵建设。如何建设高水准的虚拟仿真教学资源和课程、如何保障和引领人才培养是目前高校所面临的急需解决的问题。

二、问题解决方案

(一)构筑平台:建设"虚实结合,设施一流"的高水平虚拟仿真实验中心,解决平台建设的系统性、集成性问题,使信息化成为教学改革的内生变量

1.打造硬件环境,注重"规模化、信息化和情景化"

虚拟仿真实验中心作为线下公共实验教学平台,主要履行全校虚拟仿真实验开设和虚拟仿真实验资源开发两大职能。中心进行整体设计,打造个性化、情景化的特色航空氛围,采用虚拟桌面、移动互联的实验终端,使用平台控制实现智能高效的设备管理,实现智慧应用、人机交互的技术赋能。中心下设1个跨专业综合仿真实验区、10个专业实验室、2个专业综合实验室,满足师生互动、自主学习的功能支撑,为虚拟仿真实验教学打造优良的硬件环境。

2.建设集成平台,突出"技术应用、系统融合和功能集成"

虚拟仿真实验中心通过实验资源的整合重组,应用新一代信息技术,将分散的、利用率低的甚至闲置的设备资产和场地资源集中管理,消弭"孤岛",统一调配,改变学校多头重复投入、资源分散、教学资源重复建设、技术不兼容等问题,最大限度地提高实验室资源利用率和设备共享程度,打造新的集成平台进行创新赋能,使实验室综合效益最大化。

(二)创新机制:建设"集约高效,要素齐全"的虚拟仿真实验中心开放共享体制机制,提高中心开放共享的共融性、协同性,使开放共享成为实验教学创新发展的重要引擎

1.创新管理体制

以中心统领虚拟仿真教学,又以虚拟仿真统领学校信息技术资源,师资共建、科教融合,形成依托院系、管办合一、独立建制的管理体制。为破解学校实验室专业特色体现不明显、学科优势兼容性差、共享程度偏低等长期困扰实验室发展的问题,历经3年的探索与实践,从原先的依托专业院系的专业型虚拟仿真实验中心,到划归职能部门的管办合一型虚拟仿真实验中心,后发展成为独立建制

的公共教学平台型虚拟仿真实验中心,形成了规划科学、重点突出、发展持续、实现资源共享的创新管理体制,解决了传统实验室管理和建设难题。

2.创新模式机制

围绕"开放运行、共建共享、协同创新",形成"四位一体"的协同创新机制和"全方位多元化"的开放共享模式,建立了实验教学与管理新格局。虚拟仿真实验中心构建了以实验教学硬件、软件、经验、教学资源、师资和社会资源共享为中心的"全方位多元化"的共建共享模式,解决了资源重复建设,兼容性低,质量参差不齐,对接障碍等由开放共享不充分造成的问题,促进虚拟仿真实验中心面向校内外实现共享。同时,建立"四位一体"的开放共享机制,通过保障、评价、激励和交流协作机制,实现资源更新及时、过程监督有效、校校及校企资源开放共享有深度。

(三)完善服务:建设"学生中心、应用驱动"的虚拟仿真实验教学服务体系,强化中心在服务人才培养中的保障性、引领性,使虚拟仿真成为应用人才培养的核心支点

围绕"支撑专业、培育课程和激活双创",从课程、项目、平台、服务、管理、团队、设施等方面分别打造资源体系、技术体系、制度体系和保障体系;体现"学生中心、应用驱动",支撑一流专业建设、培育一流课程和服务创新创业,全面提升人才培养服务能力。大学生培养是综合性育人工程,本成果可以很好地集成理论课、实验课、虚拟仿真实验、实践教学和创新创业等多种元素,形成一个多种功能平台的良好局面。

以上三个解决方案,实现了"四个突破",即机构改革突破体制瓶颈,平台建设突破技术瓶颈,团队建设突破专业瓶颈,校企合作突破资源瓶颈。

三、创新点

(一)"技术融合"视域下的实验教学资源整合模式创新

变分散式技术应用为纵向以学科专业聚类,横向以系统平台融合驱动的"大虚拟仿真观",创新了实验教学资源整合模式。集成平台的建设打破了院系专业界限,把各专业不同的实验课程有机地地整合在一起;同时也促进了教学与科研的融合,形成整体优势,深化虚拟仿真技术与实验教学的融合。

(二)"公共平台"导向下的虚拟仿真实验中心管理体制创新

探索建设了依托院系、管办合一、独立建制的,统领虚拟仿真教学和学校信息技术资源的"公共平台"型虚拟仿真实验中心。本成果破解了传统实验室建设

和管理的难题,充分实现开放共享,为全校师生实践教学和虚拟仿真实验教学提供了良好的支撑。

(三)"开放共享"驱动下的虚拟仿真实验中心内涵建设

构建了"全方位多元化"开放共享模式和"四位一体"协同创新机制,提出了开放共享内涵提升策略。实现虚拟仿真实验中心持续性地开放共享,为虚拟仿真实验教学内涵提升奠定了基础,使虚拟仿真实验中心成为复合应用型人才培养基地和聚集地。

四、实施效果及应用价值

(一)实施效果

本成果获得多项国家级及省级教学质量工程,支撑2个国家级一流专业建设、1门国家级在线开放课程、1个省级虚拟仿真示范中心、10项省级虚拟仿真实验项目(其中3项获国家级项目推荐资格)建设。同时,构筑了泛在化学习环境,从核心服务管理类专业到拓展服务经济类专业,并逐步向理工类专业辐射。支持学生团队连续2年获得全国大学生"互联网+"创新创业大赛金奖、铜奖6项;承办第四届全国大学生物流仿真设计大赛等。并且,本成果广受媒体关注,在上海、湖南、贵州、河南等4省(直辖市)的学校教学得到实践应用。

(二)推广应用价值

本成果继续坚持和完善虚拟仿真实验教学中心共享机制和模式,深入研究符合学生培养规律的实验教学方法和内容,为实验教学信息化改革提供新思路。并且总结和凝练了开放共享的实践经验,发挥其示范辐射作用,为其他高校虚拟仿真实验教学中心建设与开放共享提供新方案。同时也为打造虚拟仿真"金课"搭建更加高效、专业的平台,为虚拟仿真"金课"培育与建设提供新路径。

以问题为导向的实习与毕业论文一体化改革的实践探索

主要完成单位：安阳师范学院、濮阳县教育局
主要完成人：黑建敏、姚远峰、王卫民、许素梅、王志勇、郭翠菊、高芳、申建民、宋红霞

以问题为导向的实习与毕业论文一体化改革的实践探索，2017年获批河南省高等教育教学改革研究与实践重点课题，2020年获批河南省高等教育教学成果特等奖。成果以安阳师院和政府、学校、行业企业等合作伙伴为依托，以双方共建共享实习实训基地为支撑，以双导师合作为指导，毕业生在真实、复杂、丰富的实习情境中寻找问题，开展行动研究，真题真做，以毕业论文、毕业设计、毕业作品、调查报告、案例分析等多种形式，将毕业实习与毕业论文深度融合，促进毕业生实践能力的提升和创新精神的培养。

一、问题与意义

(一)主要解决的教学问题

1.解决学生毕业实习"虚"的问题

传统高校实习组织中，学生虚开实习证明，实习浅尝辄止，忙于考研就业。本成果设计的实习与毕业论文一体化教学改革，让学生实现了实习教学环节有组织、有基地、有学习目标与具体任务。学生做到知行统一，真题真做，相对松散的自主实习比例明显下降。实习与毕业论文的关联度增强，如果毕业生不去认真实习，实习虚空，就不可能发现问题、解决问题，也不可能写出满意论文、获得满意效果。

2.解决学生毕业论文"假"的问题

传统高校毕业论文写作中，学生网上抄袭粘贴，论文脱离实际，虚浮不接地气。本成果设计的实习与毕业论文一体化教学改革，鼓励学生以问题为导向，在

实习过程中选题,在实习过程中积累资料与素材,同时鼓励学生结合实际以多样化的形式完成毕业论文。毕业论文真题真做,调研报告有的放矢。部分学生完成的毕业论文或调研报告为地方经济社会以及区域基础教育发展做出了直接的贡献。

(二)意义彰显

实习与毕业论文一体化教学改革事关学生培养质量和未来发展。符合学生回归常识,读书学习;教师回归本位,潜心育人;合理增负,提高学业挑战度,强化实践能力培养的教育部政策要求。体现了学生中心、产出导向、持续改进的育人理念。顺应了地方本科高校转型发展,培养应用型、创新性人才的发展方向。为高校破解毕业实习、毕业论文集中实践环节存在的难点和堵点提供了新思路。

二、过程与方法

(一)教学改革过程

2015年开始学校试点实习与毕业论文一体化教学改革,到2020年,已持续6年。历经选点试验(2015—2016年)、总结提升(2017—2018年)、全面推广(2019—2020年)三个阶段,在安阳师范学院六届本科毕业生中进行了实践探索,由首批1个专业10名学生逐渐扩大到22个专业1044名学生,再到目前的63个专业,覆盖全体本科毕业生;参与教师1500多人,其中外聘政府、学校、企业双导师400多人;目前建立合作基地545个,6年投入经费总计3100万元。麦克斯报告显示:学生对学校培养的满意率、社会对学校毕业生的满意率、毕业生就业率、考研率等"四率"持续提高。

(二)具体实施方法

1.修订人才培养方案,做好顶层设计

在安阳师范学院2015年和2019年修订的人才培养方案中提高实习实践教学比重;专门设置实践教学年,整体设计"1+2+1"实践教学模式;与合作基地建立置换课程;分类设置考研学生和就业学生的一体化安排,集中进行本科生大四一年的实践教学设计,开展实习与毕业论文一体化改革,强化学生实践能力的提升。

2.尝试小型试点探索,积累实践经验

2015年,在2015版人才培养方案正式实施的第一年,学校未雨绸缪,遴选了10名2015届汉语言文学专业毕业生自愿参加在安阳县永和镇开展为期1学期(12周)的实习与毕业论文一体化试点工作,参加试点的学生围绕当地基础教育开展调查研究,完成调研(专题)报告,因学生毕业论文真题真做,替代传统的毕业论文,取得了良好的反响。随后的 2016—2018 年,学校因势利导继续开展更大规模的实习与毕业论文一体化试点工作,参与试点专业数扩大至 19 个,参与试点学生人数增加至 1000 余人。直至 2019 年,学校在 6300 余名本科毕业生中全面实施实习与毕业论文一体化。

3.加强课题实践研究,形成改革共识

全校范围内以专业为单位立项建设实习与毕业论文一体化相关课题 18 项,获批省级以上课题 9 项,面向学生、教师、学院开展多层次、多方位的实习与毕业论文一体化宣讲,组织各专业一体化方案论证会,全面达成共识,形成共同思想基础。

4.制定工作实施标准,重塑操作流程

在实践试点的基础上,学校明确了实习与毕业论文一体化工作标准,确定实习与毕业论文一体化工作内涵,提出了"十个一体化",即学生安排、时间安排、工作地点、参与教师、工作内容、管理模式、工作监控、学生成绩评价、工作总结、资料保存等一体化。

5.修订实习实践制度,确保管理到位

学校出台了《实习与毕业论文一体化管理办法》《教育实习管理办法》《专业实习管理办法》《本科毕业论文管理办法》《双导师管理办法》《大学生校外实践教育示范性基地建设管理办法》等 10 个教学文件,确保项目规范实施。

6.加强条件基地建设,强化保障有力

学校不断加强教师业务培训,专题培训教师 900 多人。设立了专项经费,6 年投入经费总计 3100 万元;设立双导师指导费 4000 元/年。建立实习合作基地 545 个,获批国家级大学生实习实训基地 1 个。

三、创新与成效

(一)成果的创新点

1.系统地构建了"五位一体"的一体化改革新模式

全面系统地构建了融能力导向(前提)、行动研究(过程)、内外融通(环境)、导师互聘(保障)、合作共赢(结果)"五位一体"的实习与毕业论文一体化改革新模式。新模式学习借鉴国外"融实践中"实习的先进经验,秉持学生中心、能力导向、实践育人的培养理念,较好地解决了毕业生实习虚假、低效以及毕业论文选题偏离实际的虚空化问题,化解了校校、校企实习合作"两张皮"的问题,增强了大学教师实践育人的本领,提升了高校服务地方经济社会发展的能力,为地方本科高校推进转型发展、培养应用型人才、提升学生实践能力和综合素质提供了有益的启示和借鉴。同时,也为实习基地校、企输送了新生力量、有效指导和共享服务。

2.总结提炼出"十个一体化"的实践操作要领

在实践试点总结的基础上,深度研究了实习与毕业论文一体化的理论基础、实习类型和运作流程。探索形成了包括学生安排、时间安排、工作地点、参与教师、工作内容、管理模式、工作监控、成绩评价、工作总结、资料保存在内的"十个一体化"行动方案。印发了《实习与毕业论文一体化管理办法》等一系列实施文件,确保了实习与毕业论文一体化改革的操作规范和保障有效,形成了可资借鉴的典型经验和鲜活案例。

(二)推广应用效果

1.学生实习的获得感明显增强(5E)

麦克斯报告显示:学生的知识探寻能力(Enquiry)、实践能力(Experience)、创新创业能力(Enterprise)、沟通合作能力(Efficacy)、社会责任和公民意识(Engaged)逐年显著增强。

2.学生论文的应用性持续提升

2019年统计显示,2019届毕业生论文中应用型的毕业论文、设计、作品、调查报告、真实案例占毕业生论文总数的91.4%,同比2018届本科毕业论文相比,理论型论文下降13.2%;直接解决生产生活实际问题37个,给企业带来经济效益2000多万元,提供给实习实训单位决策参考报告619份,产生了良好的社会效益。学生毕业论文查重合格率100%,抽检论文全部通过教育厅论文合格检测。

3.教师专业能力显著提升

教师总计发表教学研究论文523篇;发表专项一体化论文9篇,其中核心期刊3篇;获批省级本科教学质量工程项目46个、国家级2个;获批河南省一流本科专业7个;麦克斯报告显示:教师与学生的联系度、亲密度显著增强,由2015年的30%提升至2019年的82%。

4.U-G-S(E)合作机制日益巩固

通过校地协同创新,校校联动,引教入企,构建U-G-S(E)合作机制。豫北"三市四校"合作育人机制日益成熟,学校已建立了分布在全国21个省市的545个高质量实习实训基地。

5.学校转型发展愈加深入

学校应用型人才培养取得显著成绩,获批河南省高校专业集群转型试点高校。安师学子在国家级大学生创新创业训练计划项目、挑战杯、数学建模等学科竞赛中屡获佳绩。

学校先后荣获国内影响力河南十大高校、河南高等教育最具品牌影响力的典范高校、河南高等教育质量社会满意院校、河南最有就业竞争力品牌高校。

6.社会、媒体广泛关注

河南安阳工学院、内蒙古集宁师范学院、山西长治学院等兄弟院校莅临学校考察学习,并已在部分专业开展实习与毕业论文一体化试点工作。

2018年,教育部审核评估专家给予高度肯定,认为一体化改革探索了一条地方本科高校应用型人才培养的经验做法。

《中国教育报》先后2次专题报道,2016年7月8日以《问题导向培养"接地气"优秀教师》为题,2019年11月6日以《发挥教师教育优势 走新时代培养之路》为题,充分肯定安阳师范学院一体化改革的成效。《河南日报》以《安阳师范学院:问题导向 真题真做 实习和毕业论文一体化实现校地双赢》为题专门介绍。

2019年学校在全国地方院校教师教育联盟第12届校长论坛上做了一体化改革的经验介绍,受到大会代表和相关学校的好评。

"5+3"模式下医学统计学在培养高素质医学人才中的应用

主要完成单位：郑州大学

主要完成人：平智广、施学忠、赵艳艳、尚艳娜

一、课题提出的背景

2013年底以来，国家卫计委等部门联合出台《关于建立住院医师规范化培训制度的指导意见》，"5+3"是卫计委明确提出的规培与医学硕士专业学位研究生教育有机衔接的办法，具体是指：专业学位硕士研究生完成住院医师规范化培训，住院医师规范化培训学员达到硕士学位条件，可以申请专业学位硕士研究生学位，即双轨合一。郑州大学于已实施了"5+3"培养计划，且临床"5+3"医学生是我校医学专业重点培养对象，但短期内科研能力提升成为"5+3"的瓶颈。发挥医学统计学学科优势对临床医学生进行学术角色历练将成为新形势下促进高层次医学人才产出的有效途径。

二、主要解决的问题及解决方案

（一）"5+3"的实施难点及医学生的科研困境

"5+3"模式是将3年研究生教育和3年规培共6年时间缩短为3年，这意味着在3年时间内，医学生须完成两个层次的培养任务：一是完成临床轮转并通过各类考核取得规培合格；二是完成学位论文并在专业期刊发表论文方可申请学位。对于医学本科生来讲，要经过33个月的临床轮转，只有3个月的时间用于完成有一定创新性的科研课题。在学生中"一面轮转一面愁科研"已成普遍问题。临床问题"学术化、专业化"已经成为临床科研工作者的共识，因此如何在转科过程中敏锐地发现恰当的科研问题就成了重中之重。

(二)解决问题的方案

1.组建强有力的师资团队

项目组成员包括河南省教育厅学术技术带头人、河南省青年骨干教师、河南省教学技能竞赛一等奖获得者、郑州大学青年教学名师培育对象等。团队成员均为博士研究生学历,包括卫生统计学、临床医学、医学生物学等专业,分别负责指导"5+3"专业临床医学生进行实验设计、临床选题和医学数据管理与分析。课题组成员统一教学理念,制定培养计划。

2.制定两大层次培养计划

第一层次——科研能力培养计划。从二年级开始培训,以培养学生的基本科研能力为目标。具体内容涉及学术道德、文献检索、文献阅读及信息提取、循证医学、综述写作、论著学习、参与部分实验室工作等,其实施途径可采用自主学习、集体讨论、专题讲座、读书交流、学术沙龙等多种形式。同时辅以对杂志论文进行查错纠错的练习,强化学生的科研基础,锻炼学生的统计思维。

第二层次——科研工作帮扶计划。面向高年级长学制医学生,以针对性帮助学生发现临床科研点并协助科研计划设计等为目标。具体内容涉及课题设计、样本量估算、调查表设计、数据分析和图表绘制等,以见面会、单独指导、邮件、QQ、微信等为主要帮扶形式。指导本科生参与论文撰写,并鼓励本科生主笔进行论文撰写。

医学生在5年本科阶段即开始接受长期学术角色历练和专业培训,将科研素养融入早期医学教育课程中,学习强度虽不大,却可以达到四两拨千斤之效果,凭借较高的学术敏锐度,快速平稳地向研究生阶段过渡。医学统计学的主要应用领域为医学课题设计及医学数据分析,统计学的后期帮扶将为研究生阶段的医学生提供最为专业的科研服务,使其能游刃有余地完成"5+3"的科研任务。

三、两大层次的培养计划的实施

第一层次从2年级开始培训。项目执行期间,对低年级本科生进行学术历练,讲解CNKI、万方等中文数据库以及PubMed、Web of Science等数据库的检索及使用,带领学生进行大学生创新实验的调查及实验室操作。

第二层次以针对性帮助学生发现临床科研点并协助具体科研问题为目标。以见面会、关键问题讲解、具体问题指导、邮件回复等为主要帮扶手段。在研究后期,指导本科生参与论文撰写,发表多篇论文后,鼓励由本科生主笔进行论文撰写,提高本科生的科研能力。

四、取得的成果

(一)提高了本科生的科研兴趣与能力

通过课题实施医学本科生已基本掌握中英文资料的检索、了解了综述及论文的写作范式,了解了医学论文常用的英语表达,掌握了血液分离技术、DNA、mRNA 的提取方法、Western Blot 等实验技术及研究数据的提取方法及分析方法,参与了医学专业论文及综述的写作。

学生积极申报各类大学生项目或竞赛,如大学生创新创业训练项目、郑州大学学生工作项目、"挑战杯"大学生课外学术科技作品竞赛、大学生数学建模比赛等。获批大学生创新创业训练项目重点 1 项,一般项目 3 项;获批郑州大学学生工作项目重点项目 1 项,"挑战杯"大学生课外学术科技作品竞赛通过学院评选,入围校赛。

(二)培养方案推动临床医学人才的产出

课题组精心设计并实施的两个层次培养计划,通过对低年级医学本科生的科研能力培养,使其在高年级时能更顺利地进行临床科研选题,同时提供科研工作帮扶计划,协助其完成临床科研点挖掘、科研工作问题的解决。两大层次的科研培养计划,使本科生中涌现出一批有较高学术意识和科研能力的学生,他们相继发表科研论文 8 篇,其中 SCI 收录论文 4 篇,中文核心论文 3 篇。另有 4 篇 SCI 期刊论文和 1 篇中文论文在投。

五、成果的特色与创新

(一)先进性

本课题对我国医学高等教育发展趋势有明确的认识,极大地顺应了当前"5+3"的规培形势。本科阶段的学术历练及科研培训有利于学生结合临床实践做科研,有利于"5+3"的平稳过渡和"双轨合一"的真正实现,更为"具备终身治学和可持续发展素质力"的"卓越医生"的产出起到一定的推动作用。

(二)创新性

创新了"5+3"医学教育人才培养方式。采用两层次培养模式,第一层次将科研能力培养时间创新性提前至低年级医学生(二年级开始);第二层次对高年级阶段医学生采用创新型的科研帮扶计划,帮助医学生发现临床科研点并协助进行科研设计。早期的科研培训使医学生尽早熟悉相关理论及科研实践,统计学的后期帮扶将为医学生提供最为专业的科研服务,使其能游刃有余地完成"5＋3"的科研任务。

（三）科学性

具有促进高素质医学人才产出的战略价值：本课题着力研究当前医学人才培养中的重点和难点问题。针对不同学习阶段医学生采用不同的科研能力培养方式使课题的实施更有效、更有针对性。两大层次的培养计划、多样化的培养途径及专业的帮扶团队精准推动高素质医学人才的产出。该项目研究对医学高等教育改革具有较强的理论指导意义和推广应用价值。

（四）双赢性

具有既历练临床医学生又锻炼医学统计专业研究生的双赢价值：医学统计学专业研究生教育是以培养具有较强的科研设计与统计分析实战能力的高水平人才为目标的。课题实施过程中医学统计学研究生参与其中并与本科生紧密合作。研究生通过对本科生的传、帮、带进一步提高自身的学术水平；自身实战能力亦得到了锻炼。

六、实践应用效果

成果应用显示医学统计学具有促进高水平医学人才产出的作用,两层次培养模式也取得了较好的成效,亦在学生中受到欢迎,不断完善后,其模式有很高的推广应用价值。有利于包括医学高等教育的教学设计理论与方法的完善和发展,促进医学高等教育的深化改革。更为"具备终身治学和可持续发展素质力"的高质量的"卓越医生"的产出起到很大的推动作用。

基础医学虚拟仿真实验教学平台建设与应用研究

主要完成单位：河南大学
主要完成人：白慧玲、葛振英、王国英、陈明亮、王红菊、贺红梅、柴立辉、张骁

一、成果简介

本项目自 2014 年学校重点立项、2017 年省教育厅立项后，项目组在学校和学院支持下致力于基础医学虚拟仿真实验教学平台建设与应用，取得以下成果：①2014 年建成医学虚拟仿真实验教学平台并应用于基础医学实验教学，平台包含医学机能学、形态学、病原生物学与免疫学、医学细胞与分子生物学、PBL 教学等模块实验内容。学生可以随时随地登陆平台进行预习、实验操作、复习，突破传统实验对"时、空"的限制，同时补充了因不具备仪器设备、试剂器材、有毒有害想做而不能做的重要基础医学教学实验项目。并于 2016 年获批河南省医学虚拟仿真实验教学示范中心。②在引进的同时，我校自主研发完成特色虚拟仿真实验项目 5 项，其中获批 2018 年、2019 年省级虚拟仿真实验建设项目 2 项，2018 年厅级教学改革项目 1 项。与引进资源整合投入使用。③在医学类各专业本科教学中实施应用，拓宽了学生获取知识的渠道，达到了实时教学和课后学生自学及远程教育的目的，同时提高了教师队伍的授课水平及带教热情，促进了教学科研的结合。

二、解决的教学问题及具体方法

（一）解决的教学问题

(1)解决了优质资源共建共享的问题。该平台涵盖由上海中医药大学、复旦

大学、山东大学等知名医学院校与上海梦之路公司合作开发制作的医学虚拟仿真实验,科学严谨,制作精良,受到师生的广泛欢迎。同时,我校投入师资,带领学生,利用原创性科研、教学成果,自主研发,以及与公司合作制作了虚拟仿真实验5项,后续会有实验项目的继续开发,作为该平台教学资源的补充,并共享给共享平台,实现了"校企共建,校校共享,共同管理",从而使优质资源利用最大化,也避免了重复建设造成人财物不必要浪费。

(2)解决了部分实验不能实际开展的问题。实验教学是医学专业教育必不可少的重要环节。但在实际运行中,部分实验由于条件所限,无法开展:①高致病性病原微生物、放射性和剧毒类物质实验;②实验设备昂贵、实验动物缺少、实验周期过长;③伦理学不允许的实验。虚拟仿真实验的开发,使这些实验得以进行,实现了医学实践教学的"虚实结合",拓宽了实践教学的深度和广度。

(3)解决了实验教学目的不能有效达成的问题。以往的实验课,预习仅仅停留在文字水平,学生对于实际操作缺乏感性认识,课堂时间有限,实验动物具有不可逆性,部分同学会由于操作失误无法完成实验。而虚拟实验打破了时间和空间的限制,可以随时随地、反复多次,有效学习预习,熟悉实验环节,从而在课堂上能够熟练操作,提高了真实实验的成功率和实验课的课堂效率,使实验课的教学目的有效达成。

(二)具体方案、方法

把品质放在首位,采用引进与自主研发相结合,坚持高起点、严标准、科学建设教学资源。

1.制定方案

第一步:引进知名院校的优秀的虚拟实验教学成果和方法,搭建起我校"虚拟仿真实验教学中心"的整体框架,建立虚拟实验教学体系,为教学和对外交流服务。加入和知名院校的共享共建体系。

第二步:投入师资力量,通过校企合作开发符合我校自身教学需求,又能代表我校水平的虚拟实验教学软件。

第三步:让虚拟实验更好地服务实验教学,提升医学实践教育的深度和广度,拓展了实验教学空间,并对合作研发的成果进行教学成果申报。

2.具体方法

(1)完善基础医学传统实验内容。学院各学科均为实验性较强的学科,基础实验开设完整,开设时间长,积累有大量的传统经典实践经验。

(2)考察挖掘学院现有资源,以普通化、大众化的虚拟技术创建虚拟实验室。考察应用成熟的医学虚拟仿真实验平台,借鉴其经验,选取实用、先进的开发软件,包括虚拟现实、Flash 技术、数据库技术、ActiveX 控件技术,完成实验平台系统与有关实验的采购。

(3)完成平台个性化定制、实验软件安装调试、有关使用培训等工作。

(4)研发具有我校代表特色的虚拟实验项目,与我们引进的其他高校系统实现资源整合,建成基础医学虚拟仿真实验室投入使用。

(5)多途径多方式"共建、共管、共享"。目前全校医学相关专业学生推广使用,并且以校企合作作为纽带,与多所高等医学院校实现了共享,丰富了教学资源。

(6)构建自主学习平台提升学生能力。PBL 教学模块模拟患者就诊、体检、检测、诊断和案例分析的教学全过程,培养学生思维和自主学习能力。并且实现医学实验教学翻转课堂等实验教学改革,应用效果良好。

三、创新点

(一)运用信息化技术

2014 年在省内首创了大规模、在线基础医学实验教学平台并进行应用,构建了"虚实结合"的线上线下混合式医学实验教学新模式,也为虚拟仿真"金课"的培育与孵化提供了平台。

以往的单机版网络教学资源必须在特定的计算机上进行学习,需要投入大量的空间和资金建造机房,而我校的虚拟仿真实验平台是以实验教学信息化、数字化、网络化为载体,支持任意时间、任意地点的远程访问,学生可以在教室、宿舍、家庭利用个人电脑或手机,随时随地利用碎片化时间进行学习。

(二)通过校企共建的新模式,真正实现教育资源的"共建、共享"

该平台无须各个学校消耗大量人力物力财力重复建设,而是以校企合作为纽带,与多所优秀的高等医学院校实现了"共建共享",丰富了教学资源,节约了大量的人力物力,加快了我校医学实验教学改革的步伐,也极大地提升了我校服务社会的能力。

(三)我校原创性大学生创新实验项目成果转化虚拟仿真实验,构建并实现了教科研创相融合的育人模式

本科生参与研发全过程,使信息技术与医学教育的深度融合不仅仅停留在教师层面,而是带领本科生参与研发全过程,促进了大学生深度学习及创新能力培养。如研发的虚拟仿真实验项目"旋毛虫肌幼虫染色标本制作",本团队自 2010 年开始,教师指导本科生围绕旋毛虫制片的技术创新、旋毛虫成囊前期幼虫的病原学检查、旋毛虫肌幼虫形态发育观察及感染性等内容开展大学生创新

实验,取得了较好的创新实验成果,撰写实验论文 10 余篇,制作标本 3000 余张。为本项目的开发实施积累了丰富的原始资料、奠定了良好的基础。虚拟仿真实验"旋毛虫肌幼虫染色标本制作"所用的染色法就是大学生创新实验成果转化形成的一项成熟的实验技术。自主研发创作虚拟实验项目来自于大学生创新项目的还有"成蚊标本制作""蚊幼虫永久性玻片标本制作"等。

四、实践推广应用效果

本项目在河南大学医学类各专业本科教学中实施应用,拓宽了学生获取知识的渠道,达到了实时教学和课后学生自学及远程教育的目的,特别是 2019—2020 第二学期抗疫期间网上实验教学中发挥重要作用,受到了学生、授课教师和学校督导组教师的好评。

(1)本成果在江苏大学医学院、徐州医科大学基础医学院等医学相关专业两年多的教学实践应用,以及通过共享平台共享,多所高校反映良好。

(2)教师发表相关教学改革论文。本项目的实施提高了教师队伍的授课水平及带教热情,促进了教学与科研的结合,在改革实践基础上进行理论研究,近 5 年发表与本项目相关教学改革论文 15 篇,其中 3 篇 EI 收录。

(3)期间获批河南省医学虚拟仿真实验教学示范中心。自主研发出具有知识产权代表我校特色的虚拟仿真实验项目的"旋毛虫肌幼虫染色标本制作"和"人痰液中结核分枝杆菌的检验虚拟仿真实验"分别获得 2018 年和 2019 年河南省示范性虚拟仿真实验教学项目立项。

(4)本科生培养质量提升近两年获得校级大学生创新实验立项 18 项,其中省级 8 项,国家级 4 项。在本项目实施过程中,学生参与实验室建设制作教学标本 600 余张,拍摄教学图片 1 套。收到学生多项设计实验方案。本科生在国内核心期刊上发表论文 20 余篇。

地理师范生教学技能培训的研究与实践
——以河南大学为例

主要完成单位：河南大学

主要完成人：郭志永、翟秋敏、刘玉振、张广花、王晓惠

本项目从发现问题到项目申请、问题调研、访谈与个案研究、解决措施的提出及成果报告的形成到最终应用于实践，经过了三年多的不懈努力。项目研究期间，项目组成员指导了 60 篇本科毕业论文，42 篇地理学科教学硕士研究生的学位论文，申请了十余个相关教改项目，撰写了 20 多篇相关教学研究论文，指导 100 多名学生参加全国和河南省教学技能大赛、全国地理展示大赛和大学生创新创业项目等活动，取得了丰硕成果，丰富了师范生教学技能培训的理论研究，切实提升了地理师范生教学技能，圆满完成任务。

一、成果主要解决的教学问题

《国家中长期教育改革和发展规划纲要（2010－2020 年）》指出："深化教师教育改革，创新培养模式，增强实习实践环节，强化师德修养和教学能力训练，提高教师培养质量。"这为我国教师教育未来 10 年的改革和发展指明了方向。本项目选题针对高校地理师范生培养存在的问题，以地理师范生教学技能欠缺这一客观事实为研究起点，以强化教师教育实践导向为目标，以河南省地理师范生为研究对象，充分利用河南大学环境规划学院的优越条件，探索构建有效可行的地理师范生教学技能训练方案。

本研究根据广泛的调查数据得知，河南多数高校在具体教学实践过程中依旧没有摆脱传统师范教育的桎梏，具体表现为：

（1）在教育类课程设计上，地理教育类课程的设置滞后于基础教育新课改的要求，重理论学习，轻技能实践。

（2）在教学理念上，基本上没有摆脱传统以讲授为主的教学模式，不注重学

生核心素养的培育。

(3)在教学组织上,片面注重理论学习,缺少探究、谈论、竞赛等多样化教学形式,忽视师范生个性发展。

(4)教学评价上,片面注重终结性评价,忽视过程性评价,且尚未形成地理师范生教育教学评价指标体系。

(5)教学手段上,没有将现代教育技术与地理教学技能紧密结合。

(6)教育实习与顶岗实习的巨大作用没有得到最大限度地发挥,教育实习内容狭隘,时间短且集中,"双导师"制度需要进一步优化。

二、成果解决教学问题的方法

本项目以河南大学为例,结合河南省地理科学专业"双导师"制和"顶岗置换"支教制度,以录播教室和微格教室为支撑,利用国家级实验教学示范中心建设的优势,从学理上分析加强地理师范生教学技能培训的核心价值与策略,切实提高地理师范生教学技能与核心素养。

本研究从以下几个方面进行有意探索。

1.优化地理师范生教育类课程体系,构建核心式教育课程群

地理教育类课程是体现地理师范生特色的重要课程,其目的是培养地理师范生的教育教学能力与教育研究能力。当前,河南大学增加教育课程门类,如教育学、心理学、发展心理与教育、地理课程与教材分析、地理学发展前沿专题、教育研究方法、计算机辅助教学、地理教学设计与案例分析、地理教育测量与评价等教育课程群。既涉及了地理教育理论课程,又涉及地理教育实践课程,同时还有教育研究课程,大幅度优化教育课程体系。

2.注重教育实习基地的遴选与管理,形成高效的教育实习模式

教育实习是师范生提升专业化水平的重要途径。应充分注重教育实践基地的遴选与管理,提高教育实习效率。加强"双导师"师资队伍建设,加大对教育实习的教学指导和投入;延长教育实习的时间,更新教育实习的组织管理方式;充分利用"双导师"制度,经常邀请中学地理教师为师范生传授经验,联结学习资源;重修顶岗支教模式方案和保障体系等。

3.优化教育教学技能类课程,增加教学技能竞赛活动

提倡自主、合作、探究的学习方式,适当增加地理三板技能、地理教学的教案设计、地理课堂导入技能、地理课堂讲解技能、地理课堂提问技能、教学媒体运用技能等地理教学技能的训练课;注重教师口语技能训练,培养地理师范生职业口

语和一般口语交际的能力;开设计算机辅助教学课程,深入学习如何利用MOOC、微课、翻转课堂进行地理教学;利用微格教室进行仿真模拟训练;积极鼓励师范生参加各种教学技能大赛,通过竞赛活动给予师范生躬行实践的平台和机会,提升积极性。

4.实施教育实践评价,初步构建师范生教育教学技能评价指标体系

教育实践课程的评价以师范生在教育实践课程和教育实习中的行为表现为依据与切入点,遵循主体性、活动性、发展性以及形成性与终结性相结合的原则,建构由教学设计能力、教学实施能力、教学评价能力、教学组织能力、教学反思能力等维度组成的师范生教育实践能力指标体系,形成对地理师范生教学技能的过程性评价,打破传统单一的评价模式,提升师范生课堂参与度,增强师范生教学体验。

三、成果的创新点

(1)本项目已经有较强的研究基础,实践效果显著。项目组成员已经进行过相关的前期研究,并取得一定的成果。例如,项目主持人利用担任2016-2021届地理科学专业师范生教育实习负责人的机会,对在进行教育实习的数百名学生进行了提高教育教学能力方面的具体指导;利用担任2017-2021届地理科学专业师范生课程的机会,用课前、课间和课后时间开展了"随堂试讲"和"模拟授课"等活动,利用担任地理学科教学专业硕士研究生教育实践类课程的机会,开展"翻转课堂"活动,给每一位硕士研究生都提供了上台讲课的机会,受到师生一致好评。

(2)本项目重视高校地理学生接受速度以及接受能力与高校地理师范生教学技能丰富程度的关系,利用已有的河南省首个现代化地理教学技能训练实验室,并依托河南大学环境与规划学院的录播教室和微格教室,利用国家级实验教学示范中心建设的优势,构建开放式、菜单式的地理教学模式,为发现、提升、优化高校地理师范生教学技能及其规律组合提供了优质场所。

(3)提出了地理师范生应该具备的一些新的地理教学技能,在传统地理教学技能的基础上,据新课改的理念,以促进学生全面发展为目标,提出了一些新的地理教学技能类型。积极领导探索新课程下地理教学技能的培训方式,具有更强的操作性。

(4)尝试探索出地理师范生教育教学评价指标体系,强化质量评价,建构由教学设计能力、教学实施能力、教学评价能力、教学组织能力、教学反思能力等维

度组成的师范生教育实践能力指标体系,形成对地理师范生教学技能的过程性评价,为师范生实践能力评价做有益参考。

四、成果的推广应用效果

本项目的研究成果在河南大学的推广实施得到了院领导的鼓励和支持,在河南大学乃至省内其他院校实施、推广非常顺利。

项目组成员作为地理科学专业师范生教师和地理学科教学教育硕士导师,通过加强对教学技能的培训,学生对教学技能的重视度大幅度提升,形成了重视教学技能提升的良好氛围。

项目组成员依靠项目研究,教育教学能力与科研能力也得到了提高,成员们持续关注教师教育类改革研究。

项目组成员鼓励师范生提升教学技能,指导地理师范生积极参加河南省级、河南大学校级教学技能比赛、国家级微课竞赛,均获得骄人成绩。

本项目研究通过对实习制度的优化,"双导师"制度的完善,使教育实习内容更加广泛,教学任务更加务实,强化了教育实习对师范生教学技能提升的巨大作用。

项目相关研究成果已经在《中学地理教学参考》《教学与管理》《地理教育》《地理教学》《教学周刊》和《当代教育理论与实践》等期刊发表,会得到更多地理师范生教学技能培训的研究与实践的高校负责人、地理教师和地理科学专业师范生们的关注,影响范围更加广泛,项目成果得到进一步的推广。目前,项目研究成果已在郑州师范学院、信阳师范学院、许昌学院等省内相关高校推广,反馈效果良好。

"互联网＋教育"视域下师范生教学技能培养"239 模式"网络教学平台构建研究

主要完成单位：河南师范大学、新乡医学院三全学院
主要完成人：孙全党、徐久成、靳瑞霞、阮宁、申华磊、孔德宇、王岁花、张喜平

本成果基于"互联网＋教师教育"创新改革需求，立足于河南省高等师范院校师范生教学技能培养的一线教学环境，以 Sakai 开源在线协作和学习管理系统为支撑，构建师范生教学技能培养的"'239'模式网络教学平台"。平台建设以"2M(Microteaching 和 Microlecture)"教学资源库建设子模块为基础，以"师范生、师范院校教师、中小学一线教师"共同体为主体，展开网络教学平台"准备模块、实践模块、评价模块"三个子模块的建设和应用，构建互动式、协同式、多元化的师范院校师范生教学技能培养网络环境。

一、成果简介及主要解决的问题

(一)成果简介

1.新时代背景下"教学技能"内涵解析与界定

基于《教育信息化 2.0 行动计划》《教师教育振兴行动计划(2018—2022 年)》《教育部关于实施卓越教师培养计划 2.0 的意见》等教育改革战略指导文件，对新时代背景下"教学技能"内涵进行解析(见表1)。

表 1 新时代背景下教学技能内涵分析

编号	师范生教学技能	内容说明
1	教学设计技能	教学目标、教学重难点、教学方法、教学步骤与时间分配等环节的设计
2	课堂教学技能	按教学大纲规定的内容，组织教材和选择适当的教学方法进行授课的技能

续表

编号	师范生教学技能	内容说明
3	作业布置、批改技能	对学生完成的作业进行标准批改、点评的技能
4	课后辅导技能	课后对学生展开各项能力提升辅导的技能
5	学习考核技能	对学生所学知识、技能进行设计考核标准、考核试题进行考核的能力
6	教学评价技能	对自身、他人的教学工作进行客观评价的技能
7	信息化教学技能	在教学中应用信息技术手段,使教学的所有环节数字化,从而提高教学质量和效率的能力
8	教学研修技能	融教研、科研于一体的自我提升能力

2.网络教学平台的"2M"资源库建设

"2M"即微格教学(Microteaching)和微课程(Microlecture)是教学资源库的主要组成部分。

(1)微格教学(Microteaching)资源建设。微格教学(Microteaching)资源,主要来源于师范院校数字微格系统录制的优秀师范生微格训练影视音像,每段影视音像时长为5—10分钟,具有"微型、片断及小步"特点。师范院校微格教学实训中,首先利用微格教室的摄像系统,对师范生微格教学实况进行录制、存储;然后将微格训练影视音像上传至教师教育网络教学平台,通过"学生互评(师范生)、校内指导老师点评(师范院校教师)、校外指导老师点评(中小学一线教师)"等评价方法,推选出优秀微格教学示范资源补充到网络教学平台教学资源库中。

(2)微课程(Microlecture)资源库建设(见表2)。微课程(Microlecture)主要指:"时间在10分钟以内,有明确的教学目标,内容短小,集中说明一个问题,以视频为主要载体的小课程"。本项目依据《教师教育课程标准》,以"育人为本、实践取向、终身学习"为基本理念,以"教育信念与责任、教育知识与能力、教育实践与体验"为培养目标。构建微课程(Microlecture)资源建设方案。

表2 微课程(Microlecture)资源建设方案

目标模块名称	建设主体	资源来源
教育信念与责任	国家级省级教育管理机构 师范院校教师教育专业	国家及省级教育部门及师范院校制作的"儿童观、教师观、教育观"培养的微课程资源、师德师风宣讲微课程资源
教育知识与能力	高等院校、培训机构、教育类型的公司及企业	各级各类高校相关专业学科微课程、培训机构制作的微课程、公司及企业制作的相关微课程
教育实践与体验	师范院校、中小学校	师范院校教师教育实践课程 "三通两平台"中优质微课程资源 "一师一优课,一课一名师"资源

3. "'239'模式网络教学平台"教学技能培养模式构建

基于"互联网+教师教育"创新行动需求,引入开源的在线协作和学习环境Sakai,构建"239"模式师范生教学技能培养网络教学平台。其中的"2"指"2M",即Microteaching(微格教学)和Microlecture(微课程);"3"指师范生教学技能培养中"师范生、师范院校教师、中小学一线教师"三位一体的共同体模式;"9"指师范生教学技能培养微格教学的"相关知识学习、训练目标公告、案例观摩示范、分析与讨论、教案编写及提交、微格实践、评价反馈、实践反思、资源优化"的九个步骤,为"师范生、师范院校教师、中小学一线教师"提供一个不受时空限制、互动式、协同式、多元的信息化教师教育环境。师范生技能培养"'239'模式网络教学平台"架构解析如图1所示。

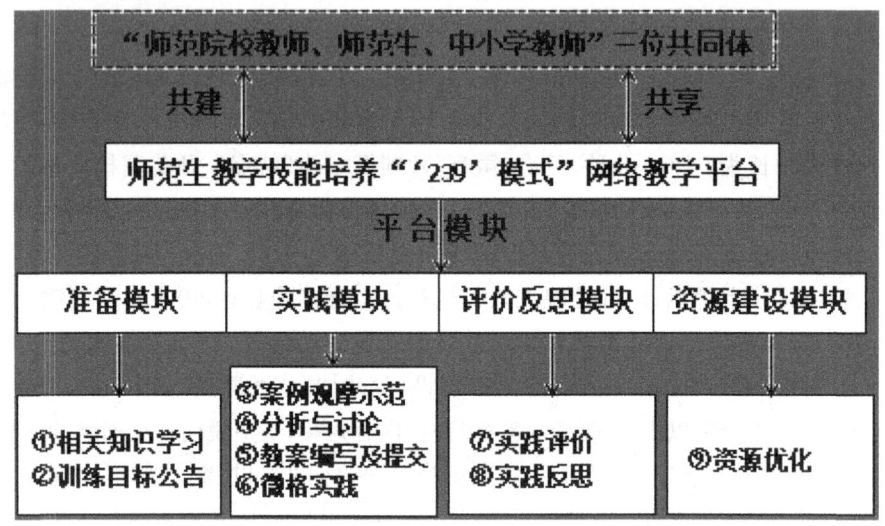

图1 师范生技能培养"'239'模式网络教学平台"架构解析

(二)成果解决的主要问题

(1)师范生教学技能培养缺乏统一的支撑、管理平台,实践环节之间脱节的问题。

(2)师范生教学技能培养实践环节持续时间长而指导教师缺乏,学生不能得到全程指导的问题。

(3)师范生教学技能培养与教育信息化发展存在脱节现象,不符合信息化社会教育教学发展实际需求的问题。

二、成果的实践效果及推广应用价值

（一）成果实践效果

本成果在我校及其他两个相关学校进行了应用试验，以 2016 级计算机科学与技术、物理、化学专业（随机选 192 人）微格教学为实验组，进行师范生教学技能培养"239"模式网络教学平台应用实践，其对照组为上一年度 2015 级计算机科学与技术、物理、化学（随机选 187 人）微格教学实践，通过一学期教学实践后，对两届学生微格教学实践效果进行评测，实验组的学生教学技能相关知识概念的理解、掌握及微格教学实践，与对照组相比最终的评测成绩更好。（见表 3）

表 3　成果实践效果

组别	优秀	良好	中等	及格	不及格
实验组	32 人	67 人	77 人	15 人	1 人
对照组	27 人	59 人	70 人	30 人	1 人

根据师范生教学技能培养"239"模式网络教学平台应用实践和学生问卷调查结果显示，平台的设计和应用，不仅能让师范生更好地掌握各项教学技能，而且能够提高学生的学习兴趣、思维能力、自主学习和解决问题能力。本项目在实践应用过程中也遇到一点障碍，例如，要让通用的开源 Sakai 软件完全适合项目的需要，定制开发的工作量较大，需要在今后实践的过程中不断地修改和完善。

（二）成果的推广应用价值

本成果构建的"互联网＋教育"视域下师范生教学技能培养'239'模式网络教学平台如能够在我校全面成功实施，其成果可推广到河南省内同类高等师范院校的师范生教学实践技能培养及中小学教师培训工作中，受益人数可达数万人，具有一定的实际推广应用价值。

三、成果的创新之处

（一）成果研究理念先进

本成果基于"互联网＋教育"的先进理念，在师范生教学技能培养中的微格教学基础上引入微课程（Microlecture），提出"2M"一体化融合构想，符合我国当前教师教育专业发展和教育信息化发展方向。

（二）成果技术支撑合理、系统性强

成果技术实现采用 Sakai 开源软件，该软件是一个既支持全部在线又支持部分在线学习环境的完全开源免费软件,并具有开放的 API 接口,可以免费进行二次开发,非常适合师范类院校随时根据需要再开发新工具以适应教学技能训练的特殊需要。项目以"准备模块、实践模块、评价反思模块"三级主体构建师范生实践技能培养网络教学平台,项目着重综合化、体系化研究,研究成果符合师范生教学实践技能培养的发展规律,能够为师范生教学实践技能培养提供较全面的决策依据。

(三)成果研究实践性强

本成果依托三级主体构建师范生实践技能培养网络教学平台,将师范生教学实践技能训练细分为九个具体步骤,具有一定的可执行性,而且与微格教学实践结合非常紧密,有利于对师范生教学实践技能培养教育规律的把握,研究成果很容易应用到师范生教学技能培养的实践中。

基于创客教育理念的地方高校工程综合训练教学改革与探索

主要完成单位:河南理工大学

主要完成人:张英琦、刘建学、吴亚辉、郭建锋、李辉、刘宝、李玉东、邓小玲

一、主要解决的问题

当前地方高校工程综合训练教学理念、教学模式等不能很好地适应学生实践能力和创新思维培养,主要表现在以下几方面:

(1)训练作品单一陈旧。传统训练内容以技能训练为主,训练作品为桌虎钳、小手锤、数字万用表等固定作品,长期得不到更替。

(2)学生被动接受训练。传统训练以教师为中心,以任务为驱动。教师主导整个训练过程,学生虽然全程参与,但积极性、创新性得不到提高。

(3)考核体系重结果轻过程。传统训练考核项目及分值:训练作品(60分)+训练报告(30分)+答辩表现(10分)。

二、问题的解决方案

1.创客教育理念融入工程综合训练

创客教育是基于学生兴趣,以项目学习的方式,鼓励分享和协作,倡导将创意变为现实,培养跨学科解决问题能力的一种教育模式。将创客教育理念融入训练平台建设、训练项目开发、教学方式转变、评价方式改革等方面,有效地解决工程综合训练存在的问题。

2.建设工程综合训练的内容体系

建设从技能训练—创意实践—综合创新的多层次内容体系。其中技能训

层主要培训设备、工具的使用,创意实践层鼓励学生制作创意小作品、小发明,综合创新层组织学生参与创客项目、学科竞赛、申请专利和发表论文等活动。

3.建立创客化工程综合训练平台

平台设置创意区、分享区、设计区、加工区、展示区等多个区域,配备激光雕刻机、3D打印机等加工设备、工具和材料以及开源软硬件和常用套件,充分利用信息化手段,增加在线教学视频、虚拟仿真实验等网络教学资源。平台从结构和功能上实现创客化,以满足工程综合训练改革的需要。

4.打造双师型工程综合训练教学团队

提高指导教师实践技能水平,打造一支双师型师资队伍。首先,制定一系列激励政策聘请不同学科的优秀教师加入指导教师队伍。其次,邀请校外知名创新创业导师及企业高水平工程技术人员到中心兼职任教。再次,通过组织进修、培训、产学研合作等方式,切实提升指导教师理论知识水平和工程实践能力。最后,定期开展技能竞赛,以赛代练,提高竞争意识和危机感,提升师资队伍的整体素质与水平。

5.转变工程综合训练教学方式

以任务为驱动转为以项目为驱动,任务驱动下,学生被动完成相对孤立的训练任务;而项目驱动下,学生依据兴趣选择训练项目,为解决问题而主动学习。以教师为中心转为以学生为中心,指导教师角色从主导变为辅导,允许学生自由选题,鼓励学生自发组成团队,引导学生自主创意,提倡团队分工协作完成项目。以课堂为阵地转为以练场为阵地,实行"八二式"教学方式,学生在创客空间实践时间不低于80%,教师理论授课时间不超过20%。

6.构建科学合理的考核体系

学生成绩评定结合过程评价和结果评价,考核内容包括训练过程、训练报告、作品创意、作品质量,答辩表现等因子。在过程评价上,量化训练流程每个环节,并综合参考教师、团队、团队之间多方的意见。在结果评价上,不局限于设计方案和产品质量,更加注重作品的创新性,增加展示、现场问辩等环节。

三、创新点

1.形成以学生为中心的创客化教学模式

训练项目选择、创意、设计、制作等环节都由学生自主完成,学生成为教学中的主体、主角。首先,采取头脑风暴、探究讨论等方式完成作品创意。其次,通过线上线下查阅资料、团队讨论,寻求指导教师帮助等多种途径完成设计环节。再次,使用多类现代化加工设备将创意设计转化为作品实物。最后,展示环节增加实物路演、现场问辩等创客方式。

2.构建以项目为驱动的多样化教学内容

以学生兴趣为出发点,建设多层次、螺旋递进的训练项目库。项目来源于学生自拟项目、教师科研项目、学科竞赛命题等多个方面,其中学生自拟项目占20%,教师项目占30%,学科竞赛项目占50%,形成多维"训练套餐"供学生进行菜单式的自主选择。

3.建立以成果为导向的多元化评价机制

以客观科学为宗旨,建立成果评价和过程评价相结合及"创意＋过程＋作品＋报告＋展示＋答辩"的多元化评价机制。在过程评价上,量化考核训练过程各个环节,侧重考查团队协作情况及队员贡献度;在成果评价上,不拘泥于作品本身,从创意方案、作品质量、展示效果、答辩情况等角度进行综合评价。

四、实施效果

研究成果在河南理工大学机制、测控、材控、电气自动化、物联网等专业实施,受益学生达1400余人,成效显著,具体表现在以下三个方面:

(1)学生训练主动性显著提升。自发组成机器人、无人机等学习兴趣小组。

(2)学生作品种类增多,质量提高。由原来的3种作品变为10多种,零散化变为系统化。

(3)学生创新能力增强,成果突出。完成大学生创新性训练项目、创客项目等100余项,参与学科竞赛800多人次,年获奖(省部级以上)数量同比提高21%。

五、推广应用价值

1.成果特色鲜明,可复制性强,得到专家高度评价

国家级工程训练实验教学示范中心教学指导委员会专家、项目鉴定委员会专家等对项目成果给予高度评价,认为项目成果特色鲜明,对深化工程训练改革、完善创新人才培养机制有明显促进作用,具有普遍推广的应用价值。

2.研究成果在省内外部分地方高校示范辐射效果明显,反响良好

先后有齐鲁工业大学、中原工学院、郑州科技学院等20多所省内外高校来中心参观交流,对项目成果给予认可和充分肯定,其中华北水利水电大学和郑州

轻工业大学引进项目的研究成果开展工程训练改革,均取得了明显成效。

3.研究成果引起广泛关注,产生积极的社会影响

项目成果先后被中华网、河南高校网等媒体报道;项目组参加全国"双创周"校政企协同众创西安(浐灞)高峰论坛暨创客教育基地联盟2019年常务理事会议交流项目成果和改革经验;项目组成员参加中国高校创新创业教育联盟云庆典暨创客教育基地联盟五周年云论坛活动并作《基于创客教育理念的工程综合训练改革与实践》主题演讲;运动场智能清扫机器人团队获河南省"互联网+"大学生创新创业大赛一等奖,灵动之翼团队获第五届中国"互联网+"大学生创新创业竞赛国家级铜奖,河南省教育厅及《中国科学报》《河南日报》等对比赛进行了专题报道。

机械工程虚拟仿真实验教学体系研究与实践

主要完成单位:河南工业大学

主要完成人:朱红瑜、刘自然、宋啸、邓鹏辉、陈大立、雷辉、李晓华、唐静静

一、成果主要解决的问题

虚拟仿真实验教学是高等教育信息化建设和实验教学示范中心建设的重要内容。采用虚拟发展实验教学,可以突破时间、地点和设备数量的限制。增大学生的学习自由度和安全度,实验结果更易于保存,教师和管理人员对实验教学过程更易于控制。通过虚拟仿真实验教学,可达到以下目的:

(1)降低实验成本。通过"虚实"结合的方式,部分实验内容利用软件完成,可以降低部分实验室大规模购置实验设备的成本;减少实验场地,降低实验管理的复杂度,减少管理成本。

(2)提升实验效率和效果。通过开发和改进,虚拟仿真软件能够集"教、练、考"于一体,与实体实验相比有明显改善。在实验过程中,还能以全媒体形式融入理论知识,"理实一体化",增强实验效果,加强实验管理。

(3)拓展实验项目数量和规模。采用"虚实"结合的方式开展的实验项目可以不受时间、地点、规模限制,可以随时、随地反复进行。

(4)提高安全性。降低污染,通过对"虚实"软件的开发,建立的"行为监控"模式,可在虚拟实验过程中全程监控学生的操作,对其违犯安全规程、工艺规程的不良行为及时制止和修正,从而使其养成良好的安全规范意识和操作习惯,技能与素养并重。

采用"虚"(通过虚拟仿真软件)"实"(实际操作)结合的方式,在现有的实验操作基础上,通过开发相关的虚拟仿真软件,实现虚实结合,可以有效地加强人

才培养的作用。将虚拟仿真软件与实物设备相结合,使传统的单纯实物实验模式转变为"虚实结合"的新型实验模式,可有效地解决机械制造实验所面临的困境。

二、成果依托的建设平台

(1)河南省一级重点学科——机械工程一级学科
(2)河南省实验教学示范中心建设单位——河南工业大学机械工程实验教学中心
(3)河南省高等学校特色专业——机械设计制造及其自动化专业
(4)河南省高等学校教学团队——河南工业大学机械设计及理论教学团队
(5)河南省工程实验室——汽车复合材料河南省工程实验室

三、项目的创新点

1.构建"三层次、四形式、五模块、六融合"的机械工程虚拟仿真实验教学新体系

遵循"以实为本、能实不虚、虚实结合、以虚促实"和"系统性、层次性、工程性、交互性、开放性、共享性"的原则,采用校企联合开发、科研成果转化等方式,针对机械专业实验中部分大型设备有危险、高污染、高耗材以及实体实验难以完成、无法通过实体实验使学生很好地理解、掌握机械工程科学与技术原理等问题,积极探索开发,形成了以粮油装备设计制造为特色,涵盖设计、制造、检测与自动控制、车辆工程等机械工程技术领域的虚拟仿真实验教学平台,构建了"三层次、四形式、五模块、六融合"虚拟仿真实验教学体系。

(1)三层次——验证性实验、综合性实验和设计创新性实验
(2)四形式——虚拟仿真实验、虚实结合实验、虚拟现实(VR)实验、远程实验四种实验形式
(3)五模块——机械设计、机械制造、粮油装备设计制造、测控及车辆
(4)六融合——理论教学与虚拟仿真实验教学相融合、真实实验与虚拟仿真实验相融合、教师科研与虚拟仿真实验教学相融合、学生科技创新与虚拟仿真实验相融合、实训教学与虚拟仿真实验教学相融合、课程设计教学与虚拟仿真实验相融合(见图1、图2)。

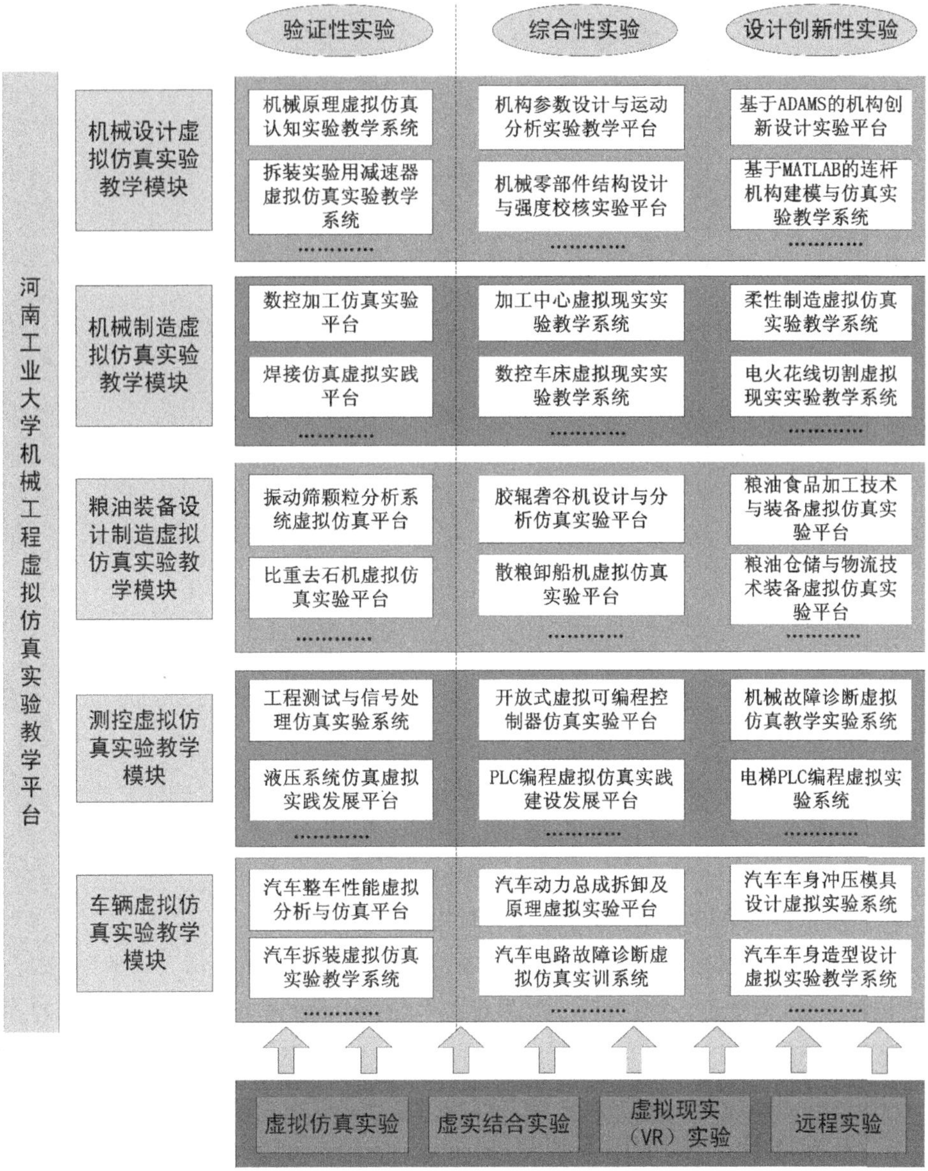

机械工程虚拟仿真实验教学体系

		验证性实验	综合性实验	设计创新性实验
河南工业大学机械工程虚拟仿真实验教学平台	机械设计虚拟仿真实验教学模块	机械原理虚拟仿真认知实验教学系统 / 拆装实验用减速器虚拟仿真实验教学系统 ……	机构参数设计与运动分析实验教学平台 / 机械零部件结构设计与强度校核实验平台 ……	基于ADAMS的机构创新设计实验平台 / 基于MATLAB的连杆机构建模与仿真实验教学系统 ……
	机械制造虚拟仿真实验教学模块	数控加工仿真实验平台 / 焊接仿真虚拟实践平台 ……	加工中心虚拟现实实验教学系统 / 数控车床虚拟现实实验教学系统 ……	柔性制造虚拟仿真实验教学系统 / 电火花线切割虚拟现实实验教学系统 ……
	粮油装备设计制造虚拟仿真实验教学模块	振动筛颗粒分析系统虚拟仿真平台 / 比重去石机虚拟仿真实验平台	胶辊砻谷机设计与分析仿真实验平台 / 散粮卸船机虚拟实验平台	粮油食品加工技术与装备虚拟仿真实验平台 / 粮油仓储与物流技术装备虚拟仿真实验平台
	测控虚拟仿真实验教学模块	工程测试与信号处理仿真实验系统 / 液压系统仿真虚拟实践发展平台	开放式虚拟可编程控制器仿真实验平台 / PLC编程虚拟仿真实践建设发展平台	机械故障诊断虚拟仿真教学实验系统 / 电梯PLC编程虚拟实验系统
	车辆虚拟仿真实验教学模块	汽车整车性能虚拟分析与平台 / 汽车拆装虚拟实验教学系统 ……	汽车动力总成拆卸及原理虚拟实验平台 / 汽车电路故障诊断虚拟仿真实训系统	汽车车身冲压模具设计虚拟实验系统 / 汽车车身造型设计虚拟实验教学系统

↑ ↑ ↑ ↑ ↑ ↑ ↑ ↑

| 虚拟仿真实验 | 虚实结合实验 | 虚拟现实（VR）实验 | 远程实验 |

图 1 机械工程虚拟仿真实验教学体系

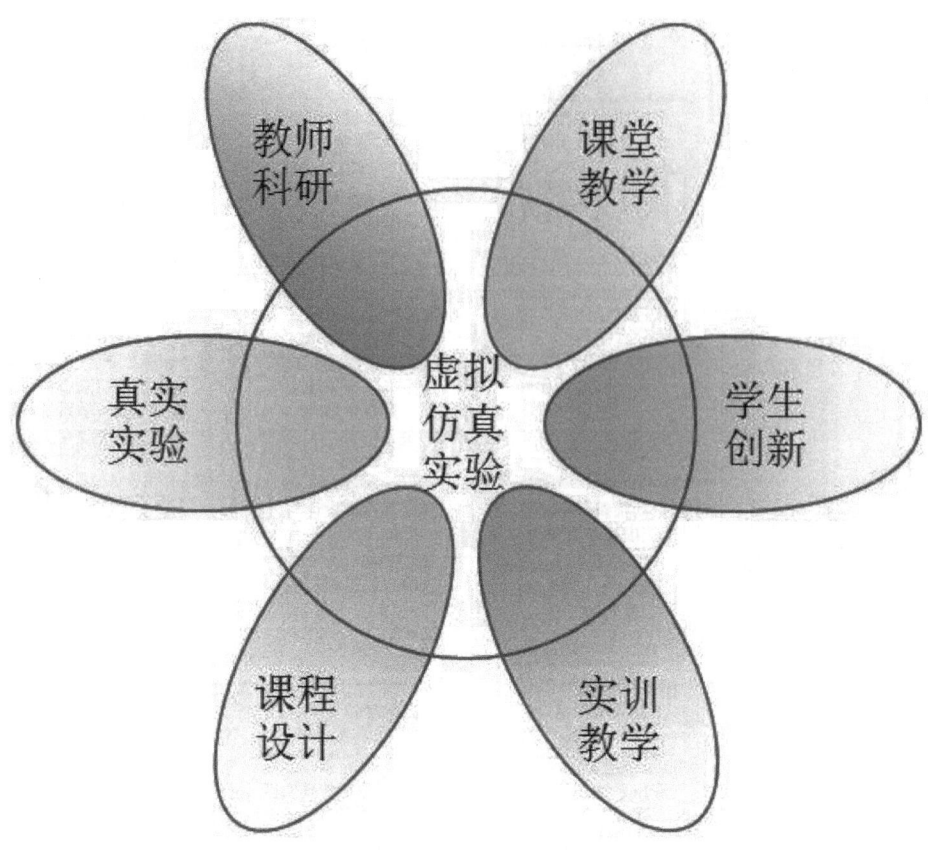

图 2　六融合教学模式

2.优化整合实验教学资源,实现资源共享

在虚拟仿真实验教学项目建设中,采用"真实实验＋虚拟仿真实验"相结合的教学方法,构建了"过程评价＋结果评价"、"在线评价＋书面评价"相结合的评价体系。

四、实践推广应用效果

(1)通过该项目的实施与探索,总结出一套机械工程虚拟仿真实验教学体系。为提高学生综合实践能力的培养、提高教学质量、提高地方院校学生竞争力、为地方经济服务探索一条新的路子。

(2)完善实验中心的网站,建立虚拟仿真实验教学管理平台,丰富精品课程教学网站内容,实现教学资源共享与教学信息交流。

（3）积极开展高校间的交流学习活动，推进同层次高校学生通过互联网开展跨校选课、实现教师互聘、课程互选、学分互认。实现校内外、本地区及更广范围内的实验教学资源共享。项目成果在河南工业大学、中原工学院、郑州轻工业大学、郑州科技学院进行了教学实践应用，应用效果良好。

（4）河南工业大学机电工程学院机械设计制造及其自动化专业、过程装备与控制工程专业分别于2016年和2018年通过工程教育认证；2017年9月获批"机械工程河南省虚拟仿真实验教学中心（河南工业大学）"；"冲压模具拆装及结构分析虚拟实验"与"包装机械虚拟仿真实验教学项目"并被认定为"河南省虚拟仿真实验示范项目"；"工程制图"优培课程建设获得2018年河南省教育信息化优秀成果奖二等奖；"数控机床理实一体化培训系统 V1.1"获得计算机软件著作权登记；学生创新活动逐渐规范并扩大了规模，学生的参与度大大提高，获得了一批高质量的创新成果，两年来，获得国家级大赛特等奖一项、一等奖4项，二等奖6项。

（5）持续建设与更新——利用学科专业优势，与有关企业合作相结合，对虚拟仿真实验教学内容拓展与深化，提高学生实验能力和工程能力、知识应用能力、创新能力。与企业结合，改善虚拟仿真实验的视觉效果、交互形式、评价数据挖掘，提高实验项目的可用性、易用性和对学生的吸引力。积极探索科研反哺教学的路径，发挥科研团队、科研平台、科研项目、科研成果上的传统优势，特别是"河南省重点实验室＋郑州市重点实验室"的科研实验室平台群的优势，孵化创新型虚拟仿真实验教学项目。

（6）新型冠状病毒感染肺炎疫情期间，中心教师及其研究团队将研究成果通过功能简化、改造，形成了一系列示范性好、真实度高、专业性强的仿真教学案例，成功地应用于其所讲授课程中，通过调配丰富的机械工程虚拟仿真实验资源，依托学院教学实验一体化平台，开设了多门虚拟仿真实验项目，真正实现了学生在家线上上实验课的转变，为疫情防控期间学院在线实验教学工作提供了有力保障。从使用效果来看，教师们普遍反映通过该平台可以实现作业与实验的无纸化、判题自动化，减轻了教师批改纸质作业的负担，尤其适合于目前的线上教学。平台提供的数据分析功能可以分析学生实验的掌握情况，能够为教师进一步开展教学提供指导。学生在使用平台后也感觉实验环境能够模拟真实环境进行实验，一些以往只能在校内实验室做的实验现在也可以通过平台完成，学习效果接近校内实验室效果。

教育信息化背景下工商管理类专业虚拟仿真综合实训设计创新研究

主要完成单位：河南财经政法大学

主要完成人：郭宏、张斌、仝如琼、叶启明、雷蕾、丁玎、任爱莲

一、项目的背景和目的

当前，教育信息化受到国家的高度重视，已经被提升为国家战略。《国家中长期教育改革和发展规划纲要（2011—2020）》指出，"信息技术对教育发展具有革命性影响，必须予以高度重视"，并将"教育信息化建设"列为10个重大项目之一。教育部印发的《教育信息化十年发展规划（2011—2020）》明确要求，要强化高等教育与现代信息技术深度融合，创新人才培养模式；要利用先进网络和信息技术，推进高等教育教学实验平台信息化建设。

坚持信息技术与教育教学深度融合，是教育教学改革的必然方向。信息技术对教育理念、教学内容、教学方法、教学模式和学习方式带来了深远的变革。近年来，虚拟仿真实验教学的引进和推广，已经成为教育信息化的重要内容和发展方向。虚拟仿真实训的重要特征是利用虚拟现实、多媒体、人机交互、行为分析、数据库和网络通信等信息化技术，构建高度仿真的虚拟实验环境和实验对象。与理工科不同，工商管理类实验实训主要是通过借助信息化手段创设一种情景，让学生在其中开展相关任务活动，从而达到加强理论认知验证，或训练技能和培养能力的目的。因此，工商管理类实验实训天然就带有仿真属性，这也是各地高校工商管理专业相继开展虚拟仿真教学模式探索的重要原因。但总体上，目前各高校工商管理虚拟仿真教学仍局限于围绕某门课程内容设计的单项性实验实训；而对于全面提升学生能力至关重要的综合性实验实训则欠缺。这种状况极不利于培养高素质的复合应用型经营管理人才的目标。

因此,基于信息技术的发展和工商管理类专业人才培养的需求,在调研国内工商管理类专业人才培养情况的基础上,本项目立足于"专业与产业对接、教学过程与生产过程对接、人才培养标准与企业用人标准对接、专业课程内容与职业要求对接"的指导思想,从2013年开始启动工商管理类专业虚拟仿真综合实训的探索与实践,以2个省级实验教学示范中心和1个省级虚拟仿真实验教学中心为依托,以对工商管理类各专业目前相互孤立、分割的专业课程体系的有效集约配置为突破口,借助现代信息技术,创建了以企业业务流程为核心、多专业协作、真实有效的校园微型经济社会环境。通过"沉浸"于企业运营的虚拟仿真环境,学生将获得与真实经济社会活动相近的感受与体验,从而全面提高学生的综合能力和素养。

二、项目的实现方法

1.基于企业业务流程的实训内容设计

依据工商管理类专业人才培养目标和课程体系,本项目通过对现实世界中真实企业经营管理活动进行梳理,抽离出其核心业务及流程,按照"业务+岗位"原则构建企业业务流、资金流与信息流相互贯通的实训模块和内容体系(如图1所示)。设计的实训内容既包括企业的日常业务,也涉及需要其他外部组织配合的协同业务。

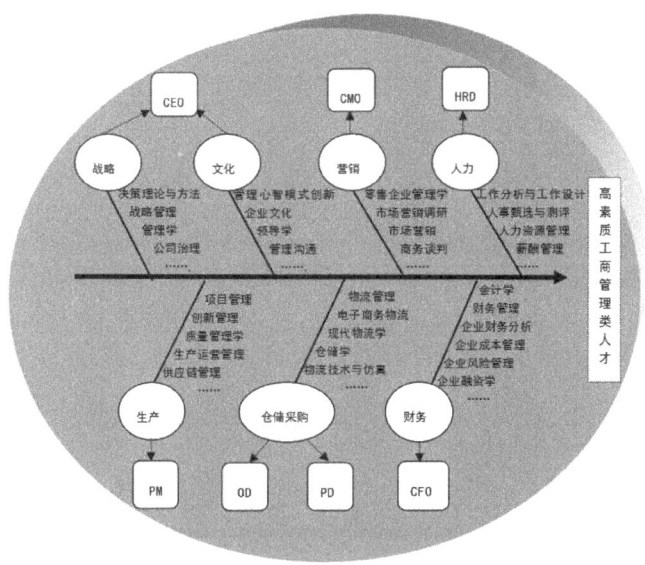

图1 虚拟仿真综合实训内容框架

2.搭建信息化的虚拟仿真平台

在实训内容体系构建完成之后,利用信息技术,搭建以虚拟现代企业运营为核心、并配套工商、税务、银行、会计师事务所、供应商等等外部组织组成的虚拟经济社会商业环境,以模拟仿真企业竞争的内外部环境。在此平台上,学生通过"团队—角色"形式组建若干个团队,自行担任企业CEO、营销总监、生产总监、财务总监等角色,模拟企业运营决策的全过程。通过"上学如上班""上课如上岗"形式,学生可在虚拟的市场环境中,完成企业和社会主体多角色扮演,实现与现实工作几乎完全吻合的仿真经营和业务运作,真实体验企业经营管理的全周期活动,加深对经济环境和行业领域知识的理解。操作界面如图2所示。

图2 系统平台操作界面

3.构建以学生为中心、合作互动式的实训组织模式

借助网络信息化,构建学生自主实训模式下的开放性网络实训教学平台,在此平台下,课件、视频教学、模拟考试、网络教学等资源与网络环境进行有机结合,为学生提供课件预习、实训、考核等服务;同时,学生还可以利用网络平台提供的教学资源和同学交流、人机交互等方式,通过自主实训掌握知识点和技能。在2020年疫情期间的网课教学中,这种实训组织模式的效果得到了进一步验证。

4.建立以"过程考核"为核心的综合评价体系

在本项目开展的实验实训中,不同岗位角色的实践内容并不相同,学生的参与程度也不尽相同,所以对于单个学生的考核不能完全以团队最终的实训结果作为评价依据,探索建立了以"过程考核"为核心的综合实践评价体系,从知识、能力、职业素养三方面进行综合评价,以提高学生参与实训的积极性,避免实训流于形式或走过场。

三、项目特色及价值

1.实现了经管类专业由课程实验向跨学科、跨专业综合实训的突破

综合实训项目的开发,克服了传统实验教学局限于某一课程内进行零散实验的弊端,打通了课程之间、专业之间的分割,有利于学生形成完整的专业知识体系和综合实践技能,从而实现培养复合应用型人才的培养目标。

2.推动了现代信息技术在教育教学实践中的运用

利用现代信息技术,构建逼真的虚拟仿真实验环境和实验对象。引入AR增强现实设备,提供增强现实场景,还原更为真实的企业和业务操作场景,学生在虚拟环境中开展实验,易于产生"沉浸"于真实环境的感受与体验,AR增强现实效果展示如图3所示。

3.实现动态数据下的企业运营协同训练

在动态数据支撑的企业竞争的立体式环境下,学生以团队为单位,开展竞争环境不断变化的、经营模式多样的企业经营决策级对抗。在动态数据的教学环境下,实训实现了服务环境参数可调、企业运营难度可变、企业间对抗的复杂程度可设。

4.实现了"教与学"模式的根本性创新

通过构建"课前+课后""线上+线下""研究+实践+讨论"于一体的实训组织模式和方法,借助计算机、网络、多媒体、数据库、实验教学软件等组成的多样

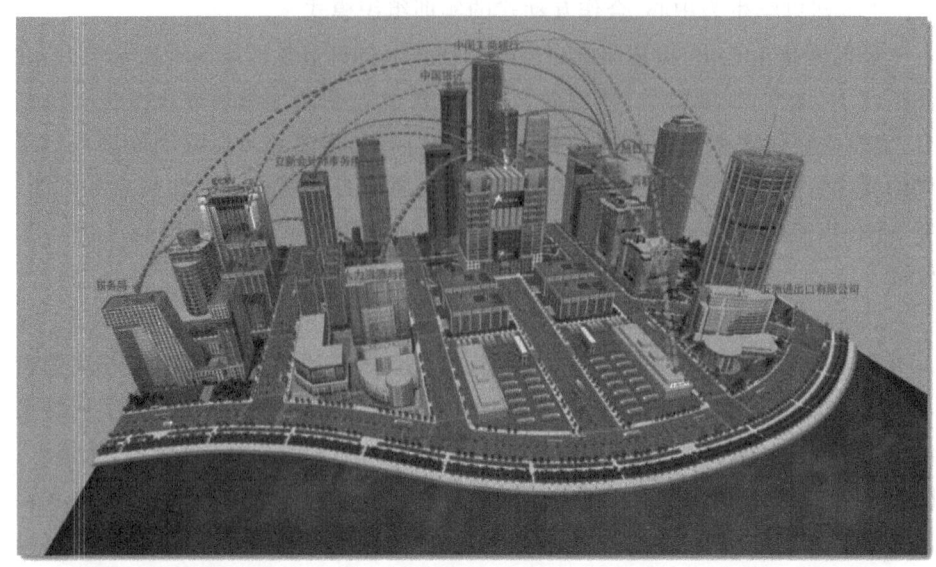

图 3 AR 增强现实效果展示

化的实验教学工具,采用学生博弈、实景、角色扮演、协作、讨论、激励、验证、研讨等多种方法体系,实现了"学生自主学习－教师引导学习－岗位角色体验－创业实践－创新能力"的"教与学"模式的根本性创新。

四、项目的推广应用

工商管理类专业虚拟仿真综合实训处于国内领先水平。该成果受到教育部学科评估专家的高度肯定,认为对我国基于信息化开展经管类实验实训教学改革具有开拓和示范作用。

1. 工商管理类专业率先开设

2013年,本实训项目率先在我校工商管理类专业开设,极大地提升了学生的创新能力、实践能力等综合竞争力,人才培养的社会声誉持续提升。

2. 全校所有经济管理类专业推广

2016年,基于实训项目开发的"企业仿真综合实验"课程纳入学校人才培养方案,作为集中实践环节必修学分课,推广至全校所有经济管理类专业开设。目前项目作为集中实践环节的必修课已在全校35个专业开设,近两年受益人次大约为7000余人次,累计收益人数20000余人。同时通过实训活动,学生的双创能力得到提升,在全国各类创新创业大赛中获得了优异成绩。

3. 项目成果的社会推广示范效应巨大

工商管理类专业虚拟仿真综合实训引起省内外高校工商管理类专业的高度关注,先后有河南工业大学、河南科技大学、河南理工大学、郑州航空工业管理学院、黄淮学院、商丘师范学院、安阳师范学院、郑州商学院、河南财政金融学院、东北大学、大连民族大学、兰州商学院等来自全国12省50余所高校前来考察交流。目前现有部分资源已被河南财政金融学院、郑州工程技术学院、郑州商学院等省内部分高校共享,惠及2万余名学生;并辅助东北大学秦皇岛分校、安阳师范学院、黄淮学院、河南经贸职业学院、河南职业技术学院等高校开展师资培训。

基于针灸特色技术传承的微视频教学资源建设与应用研究

主要完成单位：河南中医药大学、香港大学中医药学院

主要完成人：张大伟、高希言、任珊、劳力行、杨旭光、申意彩、郑明常、雷洋、陈新旺、温婧、乔敏

成果总结报告

该课题为河南省高等教育教学改革研究项目，是在新的教育理念指导下，通过实训教学改革与实践，为中医药院校提供较系统完整、科学规范、适用性强的实训课程体系改革的实践范例。

动手能力不足是目前中医学类专业学生存在的突出问题，加强实训课教学改革是培养学生动手能力的关键环节；河南中医药大学建校以来专家教授的针灸特色技术属于优质教学资源，需要抢救性传承和开发应用；中医实践课程的课程模式和教学模式需要创新；微视频以其简短精练、生动形象、互动交流、便于传播等特点，在教学中越来越受到师生的青睐。本项目通过录制能够代表中原地区学术水平的针灸特色技术微视频，将之融入课程教学，进行了课程模式创新；将之纳入学术交流培训，实现了名老中医经验传承形式创新；将之引入中医药国际交流，促进了中医药文化传播途径创新。

通过本项目的研究和实践，学生临床能力不断提升，中医学类专业人才培养的质量不断提高，在全国中医药院校中具有广泛的示范作用、借鉴意义和推广应用价值。

一、主要解决的教学问题

（1）目前的中医师承班、跟师学习、多导师制等中医传承学习方式仍无法满

足高校大规模人才培养的需要。

（2）目前针灸实训教学中，老师示范指导、学生练习的实践教学模式，其形式单一、枯燥，互动性不强，无法调动学生的学习兴趣和学习主动性。

（3）涉外中医教学、中医对外传播需要多语言、高水平的媒介。

（4）如何利用好学生的课后时间，激发培养他们的自主学习兴趣和能力，巩固提高实践知识水平。

二、成果解决教学问题的方法

1.完成了20项针灸特色技术微视频录制

高希言、邵素菊、王民集、张淑君等针灸名家分别录制完成了"调卫健脑针法""邵氏五针法"等针灸特色技术视频20项。本视频以我校针灸名家的临床特色技术为主要内容，注重临床思维拓展、侧重临床实际操作、着重提高临床动手能力，是对中原针灸特色技术的很好保存、传承和开发应用。从而将大规模院校教育和师承教育相结合，开创了线上线下混合式中医实践课程新模式，实现了优质教学资源的共享和高效利用。

2.编写了《中原医家针灸特色技术》创新教材

本教材以名家学术思想为引导，以针灸技术操作为纲，以流程图为引导，以临床案例为鉴，以注意事项为要，以练习考核为辅；突出特色技术的操作，解析关键技术环节，强调无菌观念，注重人文素质，佐以自我评测，引导学生实现自主学习。此教材为融媒体教材，学习者通过扫描书中二维码即可观看针灸操作视频，从而增加学生学习的交互性，提升学习兴趣和主动性。

3.构建了"3＋3"的中医实践课程教学模式

针灸特色技术微视频内容围绕基本概念、基本原理和基本操作3个知识点，并在具体课程设置中将其纳入课前教学设计、课中教学引导、课后教学督导3个步骤中。课前，老师通过下达教学任务、以微视频让学生熟悉课程内容；课中，老师通过示范、问题式引导让学生进行实训操作；在实训过程中结合微视频来加强操作的规范性、准确性；并通过学生互评、教师总结点评的方式来提高实操能力；课后，老师督导学生，通过继续学习微视频来录制自己的操作视频，由此来进一步强化提高学生的实际操作能力。配套的"针灸临床特色技术"课程已在中国大学慕课平台上使用，本书将会满足更多校内外学生的学习需求，对传播中原特色技术具有推动作用，对全国中医实践类课程模式和教学模式的改革具有示范引领作用。

4.完成了《中原医家针灸特色技术》创新教材的翻译工作并推广

特邀香港大学中医药学院劳力行教授完成了本教材的主译工作,并与香港大学中医药学院、加拿大安大略省中医学院达成了合作关系,开展了针灸特色技术的推广以及相应的教学研究和师资培训工作。

5.制作了针灸临床特色技术口袋书

依托国家中医药管理局中医药国际合作专项,在20项特色技术中又遴选出10项技术,并翻译成英文,制作成系列口袋书,每册2项技术,共计5册。口袋书对针灸临床特色技术的知识点进行梳理和呈现,增加了学习的多样性,提升了学习的兴趣和针对性,同时也有利于中医药文化的海外推广与传播。

三、成果的创新点

1.构建了中医实践课程教学的新模式

本项目是全国第一个基于针灸特色技术传承的线上线下混合式实训课程,使学生学会主动地获取知识,增强学习的积极性,培养学生自主学习的方法与能力,突出"以学生为中心""以学生动手能力为核心"的课程模式,通过微视频这种直观灵活的教学资源,贯穿于整个教学过程中,构建了"3+3"的中医实践课程教学的新模式。

2.创新了名老中医经验传承的新形式

本项目通过首创名老中医经验传承的线上线下混合式实训课程,将"3+3"的课程教学新模式固化到人才培养方案中,同时通过基层培训、医院间合作帮扶、针推联盟会议等形式传播,更有利于名老中医经验传承,使传承更直接、更具体,创新了名老中医经验传承的新形式。

3.建立了中国文化走向世界的新途径

习总书记说"中医是打开中华传统文化的钥匙",中医药既是医学科学也是中国文化,针灸特色技术既是技术载体又是文化载体,针灸特色技术微视频的制作翻译并通过"一带一路",以技术为载体,更有利于中国文化传播,建立中国文化走向世界的新途径。

四、成果的推广应用效果

1.教学改革效果显著,学生实践能力明显提高

"3+3"的中医实践课程教学的新模式在针灸实训教学中实施以来,学生的

针灸临床操作能力和创新能力不断提高,在"挑战者杯"、针推技能大赛、中医技能大赛中取得良好成绩,受益学生5000余人,近三年针灸推拿学专业就业率达90%以上、执业医师技能考核通过率85%以上。

2.对外交流积极拓展,国际教育合作稳步推进

近2年来,我校对留学生及来自美国、意大利、俄罗斯、日本、马来西亚等国的学员进行了17批次300余人的针灸特色技术讲座。我校教师先后到香港大学中医药学院、加拿大安大略省中医学院、马来西亚管理与科学大学仲景学院、俄罗斯喀山大学等境外学校开展了针灸特色技术的推广以及相应的教学研究和师资培训工作。下一步会将视频翻译成法文、日文、韩文等多国语言,在"一带一路"政策指引下,以我校现有的对外交流合作为基础进行辐射,在世界各地推广,以扩大影响,开展教学、临床、科研交流,传承和发展好针灸事业。

3.专业培养特色突出,教学平台建设有力支撑

该项目进一步进行教学研究与教学实验的平台建设,支撑建设了中医学国家级一流本科建设专业点1项,国家级精品在线开放课程1项,省级一流专业建设,省级在线开放课程3项,省级示范教学工程2项。

4.兄弟院校充分肯定,引领示范作用效果突出

项目分别在香港大学中医药学院、成都中医药大学、广西中医药大学、加拿大安大略省中医学院等院校进行推广运用,得到了兄弟院校的认可,为中医药院校中医实践类课程教学改革提供了思路和借鉴。

5.不同层次技术推广,社会贡献评价反响良好

在本科教育推广应用外,还在研究生、规培生、留学生、基层医生等不同层面的培训教育进行推广。举办"针灸特色技术推广学习班""全国名医传承特种针法临床运用高级研修班"等专题培训,先后在上海、成都、昆明、山东、郑州、开封等地进行针灸特色技术讲座及推广,在《健康报》《中国中医药报》等报纸上也对针灸特色技术的基层培训和科普宣讲进行了报道;通过医院间合作帮扶、扶贫项目、联盟会议等形式进行技术交流15场次,培训人员2000人,截至2018年12月,微视频网上点击率达到19896人次。

地方高校"三位一体"实践育人体系的探索与实践

主要完成单位：信阳师范学院

主要完成人：李宝峰、秦乐阳、付春锋、刘勇华、路振国、卢向礼、陈娜、梅冬梅

一、成果主要内容

本研究从 2010 年开始，进行了近 10 年的理论和实践探索，研究成果主要包括以下 4 个方面。

1. 关于实践育人的学习观研究

以现代科学学习理论为指导，基于实践性知识的视角，探讨了学生学习自我感的形成、学科课程思想以及学习型组织的培育等问题，认为学习是学生对知识的自我认知、自我觉醒和自我觉悟等的自我成长体验；主张实践体验是促进学生成长与发展的关键。

2. 关于实践教学共同体建设研究

探讨了"U-G-S"（大学－地方政府－中小学）实践教学共同体建设的内涵、意义和策略等问题，认为"U-G-S"合作共同体建立是学生实践能力培养的有效途径。

3. 关于实践育人体系及运行机制研究

针对地方高校实践教学碎片化、表层化、形式化等现实问题，以信阳师范学院等高校为例，探讨了实践育人体系的内涵、结构体系及有效运行机制等问题，认为实践育人是新形势下高校推进"三全育人"的有效途径之一；实践育人体系就是由课内、课外、校外实践活动构成的一个"三位一体"的有机系统；实践育人体系的有效运行是提高实践育人实效的关键。

4.关于实践创新创业学分认定指标体系及标准研究

探讨了实践创新创业学分的内涵、指标体系及标准等问题,认为实践创新创业学分是指学生获得的实践学分;通过实践学分的认定,使课外、校外与课内实践教学活动实现无缝对接。

二、主要解决的问题

本成果以河南、安徽、江西3个省10多所地方高校为实验学校,以高校教授和教学管理人员、省市教研员、一线教师组成专家团队,注重理论研究与实验研究相结合。主要解决的问题包括以下3个方面。

1.在实践教学改革的方法论上,实施发展性教学

力求克服以往实践教学碎片化、表层化、形式化、技术取向等的局限性,强调以价值观、知识观和学习观的转变为基础,坚持以立德树人和发展学生创新意识和实践动手能力为导向。

2.在实践教学过程与方式上,引导学生自我体验

解决以往实践教学普遍存在的仅重视理论知识学习、表层学习和表演学习的局限,强调学生对知识的自我认知、自我觉醒和自我觉悟等的自我成长体验;坚持通过学生的自我体验,不仅获得实践经验,而且加深对理论知识的理解,提高实践动手能力。

3.在实践教学价值观、教学目标和教学质量上提升学生综合素养

深入贯彻落实习近平新时代中国特色社会主义思想,以社会主义核心价值观为指导,通过构建课内、课外和校外"三位一体"实践育人体系,建立有效运行机制,提高实践育人的实效性,实现"三全育人",提升学生的综合素养。

三、解决教学问题的方法

1.以知识动员理论为指导,实现课程观、教学观、知识观和学习观的转变

通过理论培训和自主反思等方式塑造具有实践教学思想和管理思想的教学管理人员和教师,实现课程观、教学观、知识观和学习观的转变。

2.以"三全育人"理念为指导,引导学校研制实践创新创业学分认定指标体系及标准

在全面修订本科人才培养方案的基础上,结合学校实际和地方教育资源,引导学校研制学校层面的实践创新创业学分认定指标体系及标准,作为构建实践

育人体系、开展实践教学的目标导引。

3.扎根实验学校,探索实践育人体系运行机制和策略

2010－2019年,以"课题带动、任务驱动、问题导向、示范引领"的方式开展理论研究、案例研究和行动研究,引导实验学校建立实践育人体系运行机制,探索实践育人体系具体实施策略,开展校内、校际间的合作协同、深度交流、对比反思与持续改进等研究活动,建立实践育人体系建设共同体,搭建研究与交流平台。

四、成果的创新点

1.理论与理念创新

(1)在教学价值观上,主张从知识学习走向学生价值观培育、自我感的形成和综合素养的发展,并强调渗透文化自信和文化觉醒的教育。

(2)在学习观上,提出了学习的自我感理论。认为教学旨在丰富学生的亲历性学习体验,引领学生重描自我的成长轨迹,搭建自我的学习信仰体系,形成学生的学习自我感,使其以持续的求知欲关照自我的人生。

(3)在教学过程观上,认为实践创新创业学分认定标准是实践育人体系的核心。主张实践育人体系的意义向度在于对学生学习观的理解、实践育人理念的确立、实践创新创业学分认定标准的制定、实践育人体系运行机制的建立、实践教学管理经验的回应和科学文化的浸润。

2.实践创新

(1)以学校层面实践创新创业学分认定标准研制作为构建实践育人体系、开展实践教学的目标导引。将实践创新创业纳入本科人才培养方案;制定实践学分认定指标体系及标准;根据学生的实践活动成绩,认定相应的学分。通过实践学分的认定,使各教学环节实现有效衔接。

(2)构建了基于实践创新创业学分认定标准的任务导向、问题导向和成果导向的"三位一体"实践育人体系。在高校实践育人顶层设计方面进行了相关的理论研究和实践探索,建立了课内、课外、校外相结合的"三位一体"实践育人体系。

(3)建立了旨在促进学生实践动手能力、创新意识和综合素养发展的系统性的、可操作的"三位一体"实践育人体系运行机制。协调校内外相关部门,整合各方面资源,调动各方面人员积极性,把实践育人工作贯穿于课内、课外、校外各教学环节,形成实践育人合力,建立长效机制。

五、实践推广应用效果

1.系列理论研究成果

在《课程教材教法》《教育研究与实验》等期刊上发表相关系列学术论文 12 篇。其中 CSSCI 源期刊 5 篇,被中国人民大学复印报刊资料全文转载 1 篇,具有积极的学术影响。

(1)探讨并提出了实践教学过程中学生的学习观、课程观以及学习型组织的培育策略,明确提出了实践教学改革的方向。

(2)探讨并提出了实践教学共同体建设的内涵、意义和策略。

2.实践应用成效显著

本成果在信阳师范学院得到了全面应用,学校出台了一系列文件和规章制度,实践育人工作得到了加强,成效显著。主要体现在以下 4 个方面。

(1)实习实训成效明显。一是学生的专业技能普遍得到提高。近 3 年,我校学子在省级及以上各类学科竞赛中获各级奖项 3100 余项,其中国家级一等奖 60 余项,省级一等奖 230 余项。二是实习实训工作得到了各级教育行政部门的一致认可。河南省教育厅专门发文,推广我校开展顶岗实习支教工作;南阳、信阳、驻马店等市教育局一再要求我校增派顶岗实习学生。

(2)毕业论文成绩优异。教育部本科教学审核评估专家认为,我校毕业生毕业论文(设计)学科专业性较强,评定程序规范严格,总体水平较高。近 3 年,在河南省学士学位论文抽检中,我校被抽检的论文全部合格,优秀论文率达到 10%。

(3)社会实践成效突出。学校每年围绕不同主题,组织学生赴 20 多个省市开展社会实践活动。学校连续 5 年荣获全国大学生社会实践活动先进单位称号。

(4)学生综合素质优秀。近 3 年,毕业生就业率一直稳定在 95% 以上;应届毕业生考取研究生的比例在全国同类高校中名列前茅,部分专业超过了 50%。在 2018 年教育部本科教学工作审核评估中成绩突出,学生的综合素质优秀,受到教育部评估专家的充分肯定和高度赞扬。

此外,本成果还在 3 个省 10 多所高校进行了推广应用,取得了显著效果。一致认为,本成果的应用不仅有效地改进了地方高校实践育人的相关措施、体制和机制,切实提高了实践育人效果,而且有力地促进了"三全育人"工作见常态出实效。

电子类专业大学生创新创业实践教学平台体系建设的研究与实践

主要完成单位：信阳师范学院

主要完成人：涂友超、罗永松、冯一兵、胡雪惠、余本海、刘江峰

一、成果简介

"电子类大学生创新创业实践教学平台体系建设的研究与实践"为2014年度河南省高等教育教学改革研究立项项目，属于省级重点研究项目，该项目于2020年1月获信阳师范学院高等教育教学成果奖一等奖，并于2020年5月获河南省高等教育教学成果奖一等奖。

二、成果主要解决的教学问题及其具体方法

（一）主要解决的问题

(1)构建电子类大学生创新创业实践教学硬件平台

(2)构建电子类大学生创新创业实践教学软平台

(3)如何在构建的创新创业实践教学平台体系上开展切实有效的创新创业实践活动，提高学生的创新创业能力。

（二）成果解决教学问题的方法

1.整合资源，构建大学生电子技术创新创业实践基地

2009年9月，信阳师范学院以电子技术协会为基础，以电子技术开放实验室为平台，组建了信阳师范学院大学生电子技术创新团队。2010年，学校又联合上海因仑电子科技有限公司，合作共建了"因仑电子创新工作室"。通过不断地整合现有的教学资源，于2014年6月筹建成立了大学生电子技术创新创业实

践基地。基地向信阳师范学院全体学生开放,为全校学生尤其是电子类专业的大学生课外实训、创新课题研发、创业教育等提供实践平台。

2.内引外联,构建大学生创新创业孵化园

2014年9月,信阳师范学院在依托本校现有的"大学生电子技术创新创业实践基地"基础上,联合信阳市浉河区政府共建了"信阳市大学生创新创业孵化园"。该孵化园的宗旨是培养电子类大学生创新创业能力,重点孵化电子技术、IT、物联网和先进材料等方面的创新型小微企业。2016年12月,"信阳市大学生创新创业孵化园"被河南省科技厅正式批准为河南省科技企业孵化器。学校选派了30余名教师、研究生和本科生参与孵化园的建设,为入孵企业提供技术支持、基础服务,积极提升孵化器的孵化水平和服务能力。

3.创意孵化,构建大学生众创空间

根据《国务院关于发展众创空间推进大众创新创业的指导意见》,2015年12月,构建了河南省豫南地区第一个省级众创空间——"南湖创星"众创空间,2017年12月,"南湖创星"众创空间获批为国家级众创空间。众创空间为学生创业提供了"一站式"服务,对接校内外创业资源,定期发布创业活动和项目;建立创业导师工作机制和服务体系,结合学生所学专业,提供有针对性的创业指导服务;整合链接社会资源,为学生创业者和创客提供研发设计、科技中介、项目推广、成果转化等全方位、专业化服务。

4.构建创新开放实验室平台

通过电子专业实验室资源整合,将电子专业部分基础实验室和专业实验室建设成实验时间、实验内容、实验方法均开放的创新开放实验室。学生可以根据自己的学习安排,合理选择实验时间;同时学生可以根据自己的能力、专业、和兴趣爱好选择实验项目、实验内容和实验方法。根据各年级的知识结构,创新开放实验室教师为学生制定了"三阶段训练法":(1)基础训练;(2)模块训练;(3)综合训练。通过这些训练,最终要达到能够参加各类竞赛活动和申报、完成学校大学生创新基金项目。

5.构建专业竞赛平台

结合电子专业特点,依托"因仑电子创新工作室",构建全国大学生电子设计竞赛、全国物联网大赛、河南省机器人大赛等各级各类的专业竞赛平台,尽可能地创造条件组织学生参加这些实践活动,培养学生的创新创业意识、沟通能力和团队合作精神。

6.校企合作,构建产学研一体化实践平台

目前,国内很多高校在学生创新创业能力培养方面都在践行这种以企业为

指导、以学生为主体、以高校为依托的"产、学、研"紧密结合的校企合作模式:

(1)建立基于互惠多赢的利益驱动机制。通过校企合作,开展新技术、新产品的研发,通过"订单式"培养模式,为企业培养量身打造的专门人才,为企业解决技术、管理、经营方面的难题。

(2)建立合作项目管理制度,建立校企共同参与的社会综合评价系统,不断提高校企合作的质量。

(3)建立基于优势互补的共享机制。学校与行业企业共建专业、共同开发课程、共建共享实训基地、共享校企人才资源、共同开展应用研究与技术服务。

7.设置创新创业实践课程

在2015年及2019年新修订的电子类专业培养方案中,将"实践创新活动"设置为一门专业任选课。在课程设置时,将创新创业课程融入各科课程教育过程中,突出素质教育和创业创新能力的培养,使学生具有宽厚的人文素质和科学素养,有较强的创新创业意识以及创造性地运用所学知识解决各种问题的能力。

8.建立专业化的创新创业实践师资队伍

加强对创新创业实践教师的培养工作,根据发展需要制定创新创业实践教师培养计划,并组织实施。采取"送出去,请进来"的方式,一方面以电子类两个专业为依托,通过外派学习,加强对创新创业骨干教师的专业培训,推动在职教师直接参与创新创业实践;另一方面,聘请了一些企业家、成功的创业者、技术创新专家为广大师生做报告,着重培养本土化创新创业教育师资队伍。

9.建立切实有效的激励机制

为了激发教师、学生参与创新创业实践活动的积极性与主动性,建立了一套有效的创新创业激励机制。对参加创新创业实践活动的学生,建立了创新创业实践活动评价体系,把大学生参加创新创业实践活动及其所取得的实际成效作为学生年度评优评先的重要依据;将学生在创新创业实践基地开展创新创业实践活动获得的奖励计入学生综合测评的加分项;对指导学生参加创新创业实践的教师,学校将根据其工作情况给予适当的工作量补足,并对这些教师在年终评优评先、个人职称评定、进修培训、参加学术交流等方面给予优先考虑。

三、成果的创新点

(1)以提高电子类专业学生的创新创业能力为抓手,改革传统的实践教学模式,构建了电子类大学生创新创业实践教学软、硬件平台体系。构筑以实践创新能力培养为主线,由实验教学、科研训练和企业实训组成的系统科学的创新创业实践教学体系，实践探索上具有一定的创新性。

（2）探索和发展了以校内外结合、产学研结合为导向的创新创业实践师资队伍建设的有效策略。在以本校专业教师为主的基础上，聘请校外专家、电子技术企业的研发和生产领域内的工程设计人员以及市场营销管理人员联合组建一支复合型、多样性、产学研结合，校内外结合的创新创业师资队伍。

（3）以创新创业能力为培养导向的实践教学平台体系建设，为电子类专业大学生创新创业能力培养构建了一种有效模式。通过一系列的建设与实践，在学生创新创业能力培养方面形成鲜明的特色，取得实践经验，对省内同类高校的电子类专业学生创新创业能力培养起到示范辐射作用。

四、实践推广应用效果

创新创业实践活动是大学生深化知识、增强能力的有益补充，是培养和提高大学生创新创业水平、能力以及自身素质的一种有效途径，是实现高素质人才培养目标的重要教学环节。

该研究成果适应了社会发展对人才培养的需求，并在信阳师范学院、南阳师范学院、信阳农林学院等院校电子类专业实践教学中进行了应用。实践证明在电子类大学生中开展创新创业教育必须加强创新创业实践教学平台建设，必须为他们提供理论与实践相结合的"练兵"场所，进行创新创业技能的模拟运行或经营、管理的实践。借助创新创业实践教学平台让学生边学习、边实践、边创业，实现理论知识的应用，有助于为学生创新创业构筑一个广阔的社会实践平台，有助于培养学生的创新创业能力。该研究成果对高校电子类专业创新创业人才培养模式提供了一定的借鉴和参考，对高校的相关平台建设和新工科专业教育教学改革也具有一定的参考价值，因此，具有较强的实际推广价值和应用前景。

"以赛促能"创新实践培养平台建设及管理模式研究与实践

主要完成单位：中原工学院
主要完成人：张禹君、曹健、李春广、陈金环、尚会超、车战斌、祝彦知、薛冬梅

一、成果简介及主要解决的教学问题

1.成果简介

学科竞赛将创新能力培养有效地融入实践教学中,是构建综合性、创新性实践教学体系的最佳平台,对培养学生的创新精神、协作精神和实践能力,激发学生兴趣和潜能具有重要作用。课题组秉承 CDIO 工程教育理念,继续深入研究和探索 CDIO 的工程教育模式,重点关注实践教学体系和平台建设;着力建立一个完善、高效的学科竞赛综合管理系统;按照"三个并重"的指导思想,全面构建大学生创新能力培养目标体系和基于知识、能力、素质的学科竞赛培养效果综合评价体系;以完善和系统的教学过程管理体系为基础,建立基于 ISO 的教学过程管理质量保证体系,按照 PDCA 循环的管理原则,对教学过程进行评估和改进;建立完善的信息反馈体系。通过构建完善的实践教学运行体系和综合管理体系,进一步凸出和强化人才培养特色,在学校的学科竞赛、创客空间等建设与实践中实现培养学生基于工匠精神的创新能力的目标取得良好效果,并在相关院校加以推广应用。

2.成果主要解决的教学问题

(1)构建基于 CDIO 的实践教学平台,通过"四位一体"实践教学体系建设、"项目驱动"机制下的工程实践平台建设,解决实践教学科学分类问题和 CDIO "做中学"和"基于项目的教育和学习"的核心理念在执行过程中的机制问题。

(2)构建"以赛促能"机制下的学科竞赛系统平台,形成"三维链式"结构的学

科竞赛系统平台,解决对各类竞赛进行科学分类和定位、学科竞赛系统平台的运行保障、质量保证体系和竞赛评价等问题,实现培养效果和投入产出的效益最大化。

二、成果解决教学问题的方法

通过全面实施"六个一"工程,为全面实现人才培养目标,进一步强化我校人才培养特色服务,同时,通过科学化、精细化管理,实现管理效益最大化的目标。

(1)完善一个体系——"四位一体"实践教学体系。即"CDIO理念"指导下的实验教学平台,"项目驱动"机制下的工程实践教学平台,"以赛促能"机制下的创新实践培养平台,"开放共享"背景下的创新实践培养平台相辅相成,互相补充,以达到对学生的全方位培养。

(2)构筑一个平台——"以赛促能"机制下的创新实践培养平台。根据大学生创新能力培养目标体系和"以赛促能"实践教学模式,构建"以赛促能"为机制的创新实践培养平台。

(3)建立一个系统——"学科竞赛"综合系统。该系统平台的基础是两个"课程体系",重点是"综合管理",核心是"以赛促能",目标是"创新能力培养",关键是"协同",特色是"多元一体化"。

(4)培养一个团队——实践教学指导教师团队。建立以实践教学体系为平台的师资交叉机制,其主要内容包括实践教学师资的培养机制、理论教学师资的参与机制和企业技术人员的引入机制。

(5)获得一批成果——取得具有代表性的高水平学科竞赛奖。

(6)实现一个目标——培养学生基于工匠精神的创新能力。

三、成果的创新点

1.构建并完善了"四位一体"的实践教学平台

一是"CDIO"理念下的综合实验教学平台,二是"项目驱动"机制下的工程实践教学平台,三是"以赛促能"机制下的综合实践培养平台。四是"开放共享"背景下的创新实践培养平台。四个平台相辅相成、协调配合,全面支撑实践教学的组织实施和效果。

2.创立了科学协调、灵活高效的"三维链式"学科竞赛系统平台

探索了"学科竞赛"系统,在对学科竞赛进行科学定位、量化和分类的基础

上,确定了系统的输入、输出,研究了系统各组元的相互关系,建立了系统的运行模式和运作机制。实践证明,该系统基本把握了"学科竞赛"的内涵,体系完整、分类科学、管理高效、监控有力、运行流畅。

3.建立了"三个体系",确保提高培养质量

一是通过 CDIO 能力大纲发展起来的大学生创新能力培养目标体系、以"三全四保障"为核心内涵的质量保证体系,以及基于知识、能力、素质综合评价的学科竞赛培养效果评价体系,明确了培养目标和方向,找到了监控手段和方法,减少了工作的盲目性,提高了人才培养质量和效率,更加突出了我校的人才培养特色。

四、成果的推广应用情况

1.平台建设与管理体系成果丰富,项目在全校范围内推广应用

项目继承并发扬了"大工程背景、系统化教学、全方位培养"的教育理念,构建并完善了"四位一体"的实践教学平台;以系统论的观点,认识并构建了"三维链式"结构的学科竞赛系统平台;建立了"三全四保障"的学科竞赛质量保证体系,基于知识、能力、素质综合评价的学科竞赛培养效果评价体系。所有二级学院均根据自身学科和专业特点,建立了"以赛促能"的本科生学科竞赛体系。学校鼓励并支持实验室向学生全面开放,为学生完成学科竞赛项目提供必要的实验条件,每年均安排有专项经费予以支持,在学分和奖励上也建立了相应的激励机制。

2.人才培养质量和学校创新创业人才培养实力得以提升

近三年(2017－2019)来,我校学生积极参加各级各类学科竞赛,共获得国际、国家级竞赛奖项 475 项,其中国际比赛奖项 33 项,国家级一等奖 69 项,二等奖 127 项,三等奖 163 项,获得省级奖项 1116 项,在培养学生基于工匠精神的创新能力方面发挥了积极的作用。在全国大学生工程训练综合能力竞赛中,我校连续六届夺得一等奖,这是全国仅有的三所高校之一。

2019 年 2 月 22 日,中国高等教育学会发布《中国高校创新人才培养暨学科竞赛 2014－2018 评估结果》本科高校排名,我校排全国本科高校第 133 名、非大学类高校第 1 名,河南省高校第 4 名。2017 年 7 月,我校获批全国第二批深化创新创业教育改革示范高校,本项目组主持人为主要负责人。

3.研究成果推动学校教育教学改革

近年来,项目组成员发表相关教改论文 6 篇,取得省级及以上质量工程项目

和成果奖励共 18 项,其中本项目组成员主持 7 项,参加 11 项。策划并建立了"中工微凡创客空间",完成一期建设,入驻的 12 个项目已有 10 项结题,并获得了省级及以上竞赛奖励。

4.社会舆论广泛赞誉,成果推广效果显著

我校创新创业教育、学生竞赛获奖等情况受到各种新闻媒体的关注和报道,包括中央电视台、《河南教育报》、《中国科学报》、中国新闻网、《大河报》、《郑州晚报》、国际在线、猛犸新闻等。项目成果在郑州轻工业大学、黄河科技学院、郑州升达经贸管理学院三个学校推广应用,效果显著。

应用统计学专业实践教学质量评价体系的构建

主要完成单位：洛阳师范学院
主要完成人：聂淑媛、张之正、牛惠芳、张丽、薛琳、王众杰

一、成果主要解决的问题

1. 构建了以培养创新能力为主的实践教学模式及质量评价体系

成果以培养知识、能力、素质协调统一的应用统计技术型人才为宗旨，灵活设置实验实践教学模式，更新教学理念，开拓实践内容，有效地避免了传统教学重专业知识轻操作技能、理论和实践脱节的现象。

2. 规划了大数据时代应用统计学专业的实践教学及人才培养改革方案

以新工科的教育理念为指导，明确大数据驱动下的应用统计学专业定位，大力推进模块化核心课程群、大数据智慧教育平台、实践教学考核评价体系改革，积极强化专业内涵建设。

3. 建设和完善了兼具理论知识和技术方法双重价值的实践教学案例库

在项目驱动下，已建设了"基于频谱分析的 CPI 传导机制研究""基于 X－12－ARIMA 和 GARCH 族模型的房价波动研究"等系列案例，素材资料翔实、分析过程清晰，应用于实践教学的效果良好。

二、成果解决教学问题的方法

1. 合理设计指标体系，科学构建应用统计学专业的实践教学方案

根据统计专业课及专业拓展课程的教学内容，合理设计一级和二级评价指标体系，所制定的实践教学方案涵盖专业课程的实验案例、习题讨论、社会调查、数据模拟实验、论文设计等全部教学环节。

2.坚持四个结合的评价策略,形成动态化、多元化的考核机制

实践教学质量可持续改进的根本在于质量监控和反馈评价,应用统计学专业始终坚持四个有机结合的评价策略：过程性评价与终结性评价相结合；常规性评价与专项、专题评价相结合；评价主体多样化与评价指标全面化相结合；校内评价与校外评价相结合,以保证实践教学"质量监测－评价诊断－反馈调控－优化提高"闭合系统的良性循环。

3.开展项目教学和案例教学,积极拓展线上线下的实践资源,创设灵活的教学方式

借助"互联网＋",结合项目教学和案例教学,利用软件操作、视频录音、雨课堂等新型教学方式,校内加快专业核心课程的在线开放建设,校外大力引入名校名师的MOOC资源,同时联合企业、行业共同开发实践课程,通过线上线下紧密结合的合作实践模式,有效拓展网络学习空间和实践资源。

4.坚持全程实践、科教融合,多渠道多途径达成产学研用的四位一体化

围绕课堂内外、学校内外,坚持产教融合和科教融合,利用第二课堂有计划、有步骤地开展全程化实践,协调实习和就业基地构建全方位的项目实践机制,充分发挥课内实验实训的示范引领作用以及学生创新创业训练、职业岗位技能达标、各级各类专业竞赛等课外环节的实战激励价值,形成稳定的产学研用一体化合作体系。

5.通过专业核心课程实践内容的模块化,实现数学建模思想与专业教学、课堂教学的深度融合

为达成专业核心课程的教学知识点集中化、教学内容连贯化,统计学实践教学采取耦合式设计课程内容,针对应用需求重构相关课程的教学节点,把其作为最小的教学单元,结合实际问题情景,建设模块化实践训练。

三、成果的创新点

1."三模块、四结合、五位一体"的实践机制内容丰富、可操作性强

科学地设计了"三模块、四结合、五位一体"的实践机制,三大核心模块中,组织管理与保障模块是基础,教学实施与调控模块、信息反馈与激励模块是主线,与贯穿实践教学全程的"基础实验－综合实验－实践教学改革－理论凝练－创新应用"五位一体模式交叉融合,把实践教学切实融入专业教学中,全面提升学生的创新实践能力,其结构关系如图1所示。

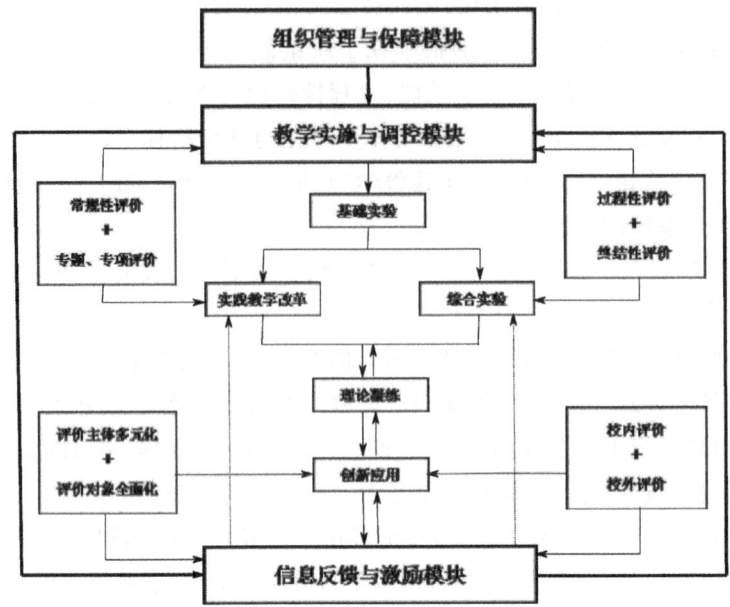

图1 "三模块、四结合、五位一体"综合关系结构

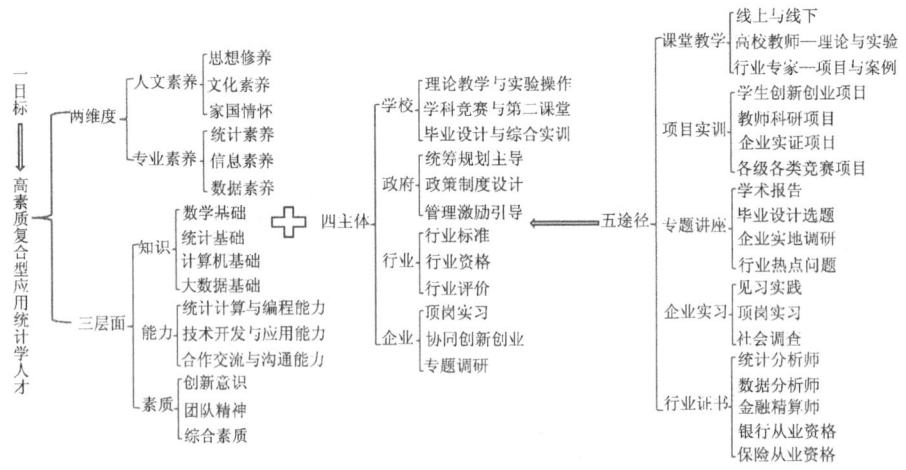

图2 应用统计学"12345"实践育人模式结构

2. 凝练的"12345"实践育人模式充分体现了大数据的时代特色

从内涵建设、特色发展两条主线出发,创设了"一个目标、两个维度、三个层面、四个主体、五条途径"的"12345"育人模式(如图2),创新优化实践教学和人才培养方案。同时,构建了常态化的校企合作、校校合作、校地合作,达成理论基础和实践技能、专业能力和职业素养的无缝对接。

3.极大地提升了学生的统计素养、创新实践能力和解决问题能力。

通过开放协同的实践实训模式,全方位培养了学生的统计素养、信息素养、数据素养等专业素养以及数学建模能力和创新实践能力。学生的毕业论文具备了一定的广度和深度,专业性强,学生的调研能力、数据分析能力、答辩展示能力、论文撰写能力都得到大幅度提升。

四、成果的推广应用效果

1.人才培养成效显著

2017年以来,我院应用统计学专业学生在全国大学生数学建模竞赛中获得国家二等奖8项,省一等奖27项,省二等奖和三等奖多项,在全国数学竞赛中获省一等奖20余项。学生参加省部级以上科技创新活动近20项,获2018年"创青春"全国大学生创业大赛三等奖1项,多个项目获河南省挑战杯竞赛一等奖,对口考研率高,将近60%的毕业生顺利入职到政府统计局、证券交易所、银行、保险公司、企业信息中心、大数据产业园等统计相关部门工作。

2.辐射推广和示范应用

项目实施以来,省内外已有十几所高校前来学习和交流,西北大学、临沂大学、商丘师范学院、新乡学院、河南大学、河南科技大学、河南师范大学、河南科技学院等高校,在实践教学质量监控、课程体系、产学研合作等方面进行了借鉴和试点,取得了较好的育人效果。

3.教学研究成果丰硕

通过对研究内容的理论提炼,项目组近年来发表教育教学研究论文30余篇,其中在统计类CSSCI期刊《统计与信息论坛》《统计与决策》上发表5篇,发表《基于时间序列模型的河南省房地产价格研究》等核心论文12篇,被相关杂志引用多次。项目组指导学生发表专业论文3篇。

项目主持省级教学质量工程项目5项,在科学出版社出版《时间序列分析发展简史》等专著2部,主持省级项目"数据科学时代应用统计学人才创新培养机制与评价体系研究""基于时间序列模型和计量模型的房价波动研究及政策应对"等10余项,建设了校级在线开放课程"时间序列分析"和"SPSS统计软件","概率论与数理统计"获课程思政教育教学改革试点项目。

应用型高校参与式思想政治教育体系的探索与实践

主要完成单位：许昌学院、郑州科技学院、河南广播电视大学、华东师范大学、郑州航空工业管理学院、河南工程学院

主要完成人：岳修峰、朱志浩、王彦、刘凯亚、张文婷、张杨、高凯、陈璐、刘欣、李小明、马爱民、梁炳磊、周赞伟、寇鸿顺、侯丽羽、多士平、徐金超、谢依楠、钟伟平

党的十八大以来，党中央、国务院高度重视高校思想政治工作，相继下达了一系列重要文件，为高校开展思想政治工作指明了方向。《中共中央宣传部、教育部关于进一步加强和改进高等学校思想政治理论课的意见》提出，要充分发挥学生学习的主体作用，激发学生学习的积极性和主动性。教学方式和方法要努力贴近学生实际，符合教育教学规律和学生学习特点，提倡启发式、参与式、研究式教学。随着高校办学规模的不断扩大和地方本科高校的转型发展，人才培养目标的设计和育人方法的改进显得有些滞后，影响了高校思想政治教育的实效，制约了大学生的健康成长和全面发展。应用型高校必须适应新形势新任务的需要，以学生为中心，改进思想政治教育的方式方法，提高立德树人、三全育人的针对性和实效性。

一、成果简介及解决的教学问题

1.成果简介

思想政治教育是一项综合性工作和系统工程，渗透于教育教学全过程和各方面，课堂教学在其中具有主渠道作用，课外教学也起着重要作用。参与式思想政治教育不仅是一种教学方法，也是一种教育理念，更是一种教学实践活动。许

昌学院把立德树人作为学校的根本任务,从顶层设计,从长远规划,运用参与式教学法和参与式思想政治教育体系,形成了核心圈层(两个课程)、支撑圈层(四大模式)、协同圈层(两大平台)这一"三大圈层"协同育人新模式。

(1)核心圈层:精心打造参与式课堂。充分激发学生的主体意识,着力构建"思政课程"和"课程思政"有机统一的课程体系,增强了思想政治教育的实效性。

(2)支撑圈层:积极推进实践育人。充分调动学生参与课堂教学和思政教育的积极性、主动性,着力打造思政课实践、社会实践、创新创业实践、工程实践"四位一体"的实践育人模式。

(3)协同圈层:营造浓厚的育人氛围,培育德智体美劳全面发展的高素质应用型人才。培育积极、健康、高雅、向上的校园文化和晴朗纯净的网络育人环境,构建思想高地和精神家园。

2.解决的教学问题

(1)思想政治教育主体作用发挥不充分。中央16号文件下发以来,高校思想政治教育取得了一定成绩,但是弱化大学生主体作用的现象仍然存在,思想政治教育过程中教育者往往忽视大学生的主体性,习惯于用过高的标准和统一的目标要求学生,出现了"学生不满意、教师不满意、学校不满意"的新情况。思想政治教育要根据学生的个性差异和不同需求,拓展教育内容,创新教育方法,要根据学生的年龄特点、思想状况和心理需求,采用学生乐于接受的方法来开展教育。

(2)思想政治教育内容过于抽象。当前,高校思想政治教育内容越来越抽象、空泛,与大学生的思想实际和心理需要脱节严重,必须针对大学生成长规律和心理特点,采取灵活多样、生动鲜活的教育和教学方法,加强对大学生普遍关心的热点问题及改革开放与现代化建设中的重大问题的教育引导,把"大道理"转化为"小故事",把"有意义"落实为"有意思",增强思想政治教育的时代感、针对性,提高思想政治教育的吸引力、感召力和影响力,促进大学生成长成才。

(3)思想政治教育方法不科学。在以往的思想政治教育过程中,大多采用单向灌输的办法,往往把学生作为教育对象,忽视了学生的主动性和主体性,片面强调知识体系的掌握,传授的大多是口号式的令人可望不可即的思想道德目标,把思想政治素质的提高过程等同于科技知识的接受与理解,削弱了学生的主体地位,忽略了心与心的交流。

二、解决教学问题的方法

(1)发挥学生主体作用,让学生深度参与思政课教学。首先,运用参与式教学法优化课堂教学,如运用翻转式教学探索"以学生为主体"的研究性学习。在课堂上让学生进行深入讨论,前提是学生在网络上已经对教学内容比较熟悉,并对教学重点和难点有充分的了解。教师在学生访谈翻转的同时给予必要的解释、答疑和引导,并组织现场评分。对话式教学改革以问题为导向,教师针对学生的兴趣和困惑凝练教学难点,将教学要点转化为学生探究的问题,学生以团队方式对问题进行研究性探究。"学生讲思政课"激发学生挑战性学习。其次,以"供给侧"思维优化教学内容。以"供给侧"思维对所开设课程的教材进行深度剖析,精心厘定教学内容,实现从教材体系向教学体系转化,从知识体系向价值体系、信仰体系转化。思政课将进一步深化"专题教学模式",即梳理教材体系,归纳教学专题;深入调查研究,提炼学生的思想困惑;实现学生关注点和教学专题的耦合,由理论和现实问题导入思政课专题。再次,三种课堂对接促进队伍协同。构建以专任教师为主,以优秀政工为辅,以校领导、地方党政领导为补充的多元师资体系,建立起多学科交叉、多专业融合的既相对稳定又动态调整的教学团队,发挥"和而不同"的整体效应,打破理论主课堂、网络新课堂和活动大课堂边界,形成不间断、无盲区的"三全育人"立体网络。最后,推进以学生为中心,打造魅力课堂。马克思主义学院结合四门核心课程特点,有针对性地开展体验式教学、混合式教学、"三微(微电影、微剧、微辩论)"教学、情景教学等,把课堂还给学生,让参与式课堂焕发活力。

(2)拓展实践育人途径,挖掘课程育人潜能。深化思政教育改革创新,推动"思政课程"和"课程思政"双向互动,从课堂教学走向校园和社会,建立了"课堂互动+校园协同+社会联通"的"大思政"工作格局。激发学生的主动性,打造思政课实践、社会实践、创新创业实践、工程实践"四位一体"的实践育人模式。

(3)激发学生学习兴趣,营造和谐的教育氛围。教师对学生尊重和关切,让每个学生都有表现的机会,教师与学生之间、学生与学生之间交流互动,老师与学生一起探索、一起体验,形成了师生互往互动、共享共进的和谐氛围,拉近师生之间的距离,学生学习的积极性不断提高。在这种互动教学中,学生在参与中学习、在学习中理解、在理解中升华,从而实现了思想政治教育目标。

三、成果的创新点

1.理论创新

本选题针对应用型高校转型发展过程中的人才培养,运用参与式教学理念分析高校思想政治教育的相关问题,试图形成一套具有全新语境的思想政治教育体系,旨在树立以学生为中心,充分利用灵活多样、直观形象的教学手段,鼓励学习者积极参与,增强教学双方的互动,提倡将所学知识应用于实践的教育教学理念和形式。本选题从发挥学生主体地位、激发学生参与的视角对思想政治教育体系进行构建,纠正了以往思想政治教育中存在中的问题,为思想政治教育理论研究提供了崭新的视角和模式,对于思想政治教育学的学科拓展和丰富思想政治教育学的学科理论具有重要价值。

2.方法创新

从系统方法论构建了以圈层为图景的思想政治教育体系。把立德树人作为教育的中心环节,从整体上规划,运用参与式教学法,积极探索构建新型思想政治教育体系,形成了核心圈层(两个课程)、支撑圈层(四大模式)、协同圈层(两大平台)"三大圈层"协同育人新模式。

四、成果的推广应用效果

(1)本成果已在许昌学院、郑州科技学院、河南省广播电视大学、华东师范大学、郑州航空工业管理学院和河南工程学院六所高校,2015—2019级5个年级本科学生的思想政治教育教学中全面实施,目前正在2019级本科学生中开展,涉及学生约6万名。学生对我校思想政治教育和思想政治理论课教学给予了积极评价,踊跃参与课堂实践活动,教学效果优良;学生积极深入社会调查,认真撰写调查报告,汇编了3套优秀社会调查报告集,公开出版一部优秀社会调查报告选集;许昌学院"科技文化节""樱花文化节""绿色文化活动周""饮食文化节""机器人大赛"等已连续成功举办5届以上,成为校园文化活动品牌,推进了学校思想政治教育和思政课教学改革,丰富了校园文化,促进了大学生健康成长和全面发展。

(2)本成果遵循思想政治教育规律,结合应用型高校应用型人才培养目标,在思想政治教育内容、形式、方法和途径上进行了有益探索和深入实践,构建了思想政治教育运行模式、操作范式和长效机制,体现了应用型高校思想政治教育特色,对同类高校思想政治教育具有指导意义。

(3)本成果体现了应用型高校思想政治教育特色,揭示了高校思想政治教育的一般规律和基本要求,对其他类型高等院校的思想政治教育具有一定的启发和借鉴意义。黑龙江工程学院、合肥学院、郑州信息科技职业学院等高校通过我校的经验介绍与交流,将本成果应用于所在学校的思想政治教育中,实施效果良好,得到师生的普遍认可,推动了高校思想政治教育和思想政治理论课教学改革的深入开展。

高校思想政治理论课实践教学模式创新研究

主要完成单位：南阳理工学院
主要完成人：葛晨光、邢勇、王丽、范洁、常玉娜、
齐琳娜、谢胜旺、阚云静

《高校思想政治理论课实践教学模式创新研究》从高校落实立德树人的根本任务、大力提升思政课教学质量和效果出发，提出了高校思政课实践教学的重要意义、目标要求、基本原则、内容构建、载体和形式的拓展、实施策略、组织实施和保障机制等，具有较高的理论和学术价值。同时，该成果在丰富、完善思想政治理论课实践教学理论，做好顶层设计的基础上，在操作层面也进行了富有创新性的探索实践，构建了高校思政课"1485"实践教学模式，为深化高校思想政治理论课实践教学提供了崭新的思路和成功的范例。

一、成果的主要内容

本成果重点在思政课实践教学的内容、载体、形式和实施策略等方面进行了理论研究并开展了前瞻性的探索和实践，取得了明显成效及一些标志性的教学成果。

1.编写教程，完善实践教学内容，解决实践教学内容空泛的问题

组织编写并在国家和省部级重点出版社出版了《马克思主义基本原理概论实践教程》等四门思政课主干课程的实践教程。这些实践教材理论联系实际，有很强的现实针对性和可操作性，构建起了具有学校特色的实践教学内容体系，为我们开展实践教学提供了依据。

2.丰富载体，充分利用四个课堂，解决实践教学途径狭窄问题

（1）坚持校内课堂。这是高校思想政治理论课实践教学最主要的载体。思政课实践教学必须立足校内这个主渠道、主阵地，只有这样，才能面向全体学生，

有效地保证实践教学的全覆盖。

(2)重视社会课堂。在马克思主义学院的统筹规划下,协同学生所在的教学院、教务部门、学生管理部门、群团部门等共同参与,确定具体的实践内容,明确实践教学目标,做好合理分组,并制定安全防范措施,让学生在社会这个大舞台、大课堂中受教育、长才干、完善自我。

(3)拓展网络课堂。这是高校思想政治理论课实践教学的新的一个载体。指导学生利用网络搜集所学课程内容的背景资料,或相关重大时政事件,或有影响的企事业单位发展情况,结合所学过的理论,就某一个方面撰写研究报告、发表正面言论。

(4)发掘心灵课堂。这是高校思想政治理论课实践教学必须挖掘利用的新载体。大学生开展校外社会实践,主要是外化于行的,而利用心灵课堂进行实践教学,主要是让一些理论内化于学生的内心。心灵课堂主要是通过学生的自省、观照、反思等,让学生的情感和信仰通过自身的感悟和反思得到洗礼和升华。

3.改革创新,完善八种形式,解决实践教学形式单一的问题

(1)讨论类。这是思政课实践教学比较常用的一种形式。这类实践教学主要包括课堂小组讨论、话题辩论、主题演讲、模拟教学、经典事件案例分析等。

(2)观感类。这类实践教学形式主要包括经典影视欣赏、重要专题报告的观后感、读后感、校内外的参观考察和调研等。主要是学生通过对历史和现实的参观、考察,或影视、报告、文献的分析理解,达到对理论的深入理解。

(3)研读类。主要是安排部署学生利用课余时间研读一些经典著作、时事政策、重要会议、重要讲话、重要文件等,让学生通过自主学习去思考、理解和感悟等。

(4)竞赛类。主要包括征文比赛、演讲比赛、知识竞赛、各类主题辩论、革命歌曲大赛等。主要是让大学生在积极参与形式多样的竞赛中自觉加深对课本知识的理解和科学理论的认同。

(5)实践类。主要包括专题调研、人物访谈、政策宣讲、法律咨询、勤工助学等,让学生通过双休日、寒暑假等节假日,走出相对封闭的大学校园,在广阔的社会天地中受教育、受锻炼。让学生充分发挥主观能动性,通过对各类理论和现实问题的观察和思考,提升思想认识。

(6)服务类。主要包括学雷锋志愿服务、社会公益活动、支教、社区服务、见义勇为等,让学生把学到的知识和理论内化于心的同时,通过上述形式外化于行。

(7)展演类。主要包括实践教学成果展示、情景剧、主题文艺会演、实践汇

报、面试答辩等。主要是让参加思政课实践教学的学生在学期内学习思考或调研问题,通过总结汇报、情景表演、文艺演出等形式表现出来。

(8)反思类。主要包括社会思潮思辨、历史人物感念、历史事件追忆、社会热点分析、现实问题观照、个人情感忏悔等,主要是让学生通过自己内心的自我交流和感情的碰撞,达到情感的升华和信念的坚定。

4.注意策略,做到五个结合,解决实践教学的效果不好的问题

(1)坚持实践教学和专业结合。我们坚持对不同专业的学生采取不同的灵活多样的思政课实践教学内容和形式。

(2)坚持实践教学和课程结合。思想政治理论课实践教学的内容不能脱离课程的理论教学内容,必须和该门课程理论教学内容相契合。

(3)坚持实践教学和现实结合。思政课实践教学是理论教学的延伸和拓展,既要注重理论,更要关注社会现实,在实践教学的组织实施过程中教师必须把握当今的社会热点和时代脉搏。

(4)坚持实践教学和学生结合。思政课实践教学必须注重理论指导、思想引领,这是我们必须坚持的一个重要原则,但同时也要注重贴近学生的思想和实际。

(5)坚持实践教学和院系结合。思政课实践教学虽然马克思主义学院是主要落实部门,但实践教学单靠马克思主义学院是无法顺利完成的,需要学校党政办公室、宣传部、学生处、团委等部门和各学院的大力支持和配合。

二、成果主要解决的问题

(1)解决了"纲"的问题。思政课的理论教学都有统一的教学大纲,有统编的中央马工程教材,而实践教学目前却无现成的内容可以遵循,我们通过前期的教学探索,编写了"思想道德修养与法律基础"等四门课程的实践教学大纲和教程,为实践教学的深入开展奠定了基础。

(2)解决了"根"的问题。思政课并不单纯讲理论,它还具有突出的实践精神,始终强调理论与实践的统一,要始终坚持与社会现实紧密结合,倡导理论从实践中来,到实践中去,在实践中接受检验,并随实践而不断发展,这是搞好实践教学的根本目的,也是育好人的关键。

(3)解决了"用"的问题。实践教学的内容、形式和载体包括哪些?实践教学的考核评价体系如何建立?如何完善高校思想政治理论课实践教学的保障机制等?我们在积极开展理论研究的基础上,深化实践探索,创造性地构建了思政课

"1485"实践教学新模式,并开展了一系列可复制、可借鉴的品牌实践教学活动,取得了明显成效。

三、成果的主要成效及特点

(1)内容全。该成果立足"为党育人,为国育才",就强化思政课实践教学进行了深入的理论研究和实践探索,构建了完善"实践教学教程"1个内容体系,拓展"校内、校外、网络、心灵"4种载体,丰富"讨论类、观感类、研读类、竞赛类、服务类、实践类、展演类、反思类"8种形式,做到与"专业、课程、现实、学生、院部"5个结合的高校思政课实践教学"1485"新模式。

(2)理念新。该成果系国内首创,构建了一个理念先进、目标明确、改革领先、系统完备、科学规范、效果明显、特色鲜明的高校思政课实践教学新模式,在教学改革方面取得重大突破,为加强高校思政课建设,提高思政课教学质量、实现培养目标具有较高的应用推广价值。

(3)应用广。该成果不仅具有较强的理论性、创新性,也具有较强的实践性、指导性,有较高的应用推广价值。该成果受益面广,近年来,得到上海理工大学、安徽师范大学、湖北大学、河南财经政法大学、洛阳理工学院等省内外30余所高校借鉴学习,兄弟院校广泛认同,起到了良好的辐射带动作用,受到普遍好评并取得良好的育人效果。

(4)获奖多。该成果相关成果多次得到上级表彰、奖励,"思政课实践育人工程"等三项实践教学活动获省教育厅全省高校思政工作优秀品牌;"形势与政策"获省教育厅思政课优秀课程;"中国近现代史纲要"获河南省教育厅精品在线开放课程,并以优秀等次通过评估;"思政课'1485'实践育人模式"等两项成果获省教育厅实践育人优秀案例一等奖;出版教材4部,发表论文13篇。

(5)影响大。《中国教育报》《河南日报》《教育时报》《南阳日报》、学习强国、人民网、新华网、全国高校思想政治工作网、河南省教育厅网站等众多媒体对该成果实施情况给予宣传报道,社会影响大、反映好。

转型形势下互联协同三位一体实践教学平台建设研究与实践

主要完成单位：洛阳理工学院

主要完成人：王新武、王北方、廖桂华、刘建寿、葛运旺、黄强、谢杰、赵国平

本成果是学校紧紧围绕洛阳地方经济和建材行业转型升级这一主题，以深化教育供给侧结构性改革为导向，构建以产教融合、协同育人为基础的互联协同、三位一体的实践教学平台，助力高素质应用型人才培养。

一、主要内容

学校基于校内实验室、实习实训基地和校外产学研基地三位一体建设，构建了"一个中心、三条主线、三类实训载体"三融合的综合化、一体化"互联协同"的实践教学平台；以"提高应用型人才培养质量"为中心；以提高学生"专业基础能力、工程实践应用能力、创新创业能力"为主线；以"课程实验实训、生产实践实训、创新创业实训"为载体；互联协同，构建"校企内外联动，校院两重保障，线上线下互补，虚实结合互济"的实践教学平台。

三位一体的实践教学平台建设根据"依托教学模式改革，突出工程实践，加强创新教育，培养复合型、创新型、应用型人才"的改革思路，构建了人才培养的"四个课程体系"（通识教育体系、专业教育体系、实践教学体系、创新创业与素质拓展体系），建立了两个机制（融合企业生产和研发环节、融合产业技术进步链条的深度融合发展机制，共建共享、协同创新的深度融合长效机制），一个保障（学校、院部、教师、企业等四维多元立体共管的实践教学质量监控评价保障），为培养"基础厚实宽、实践能力强、创新潜力高、综合素养优"的应用型人才打下坚实基础。

二、主要解决的问题

(1)解决学校应用型人才培养中学生实践能力不强,就业创业能力不足,与社会需求脱节的问题。

(2)解决校企协同资源整合、实践育人长效机制短板的问题。

(3)解决企业参与实践教学质量评价不足的问题。

三、解决教学问题的方法

1.修订人才培养方案,优化实践教学体系

在新版本科人才培养方案中,实践教学体系分成基础技能训练、应用实践训练、综合设计开发和技术创新训练三层衔接、能力递进的模块体系;构建了实验教学模块化、案例化(专业基础课程实验整合为模块,"三性"实验比例和案例化实验教学比例都超过60%),职业训练多元化、实践创新项目化(以项目为载体,学生围绕专业特色方向开展职业能力训练,突出创新能力培养)"四化一体"的实践创新能力培养体系。

2.合作驱动,打造"互联协同"的一体化实践教学平台

(1)高度重视机制建设,形成人才培养合力。校院两级建立企业人员参与的专业建设指导委员会;通过全面实行"双导师"制,每个专业开发5门校企课程,校企共建2个以上实验室、实训基地,举办工程应用实例、技术应用讲座,毕业设计真题真做,现场解决企业技术问题等措施,形成"双融合"深度发展机制;通过校企协同共建10个转型发展示范专业,4个具有集群特色的"微专业",5门专创融合课程、近50本应用型教材等措施强化共建共享、协同创新的深度融合长效机制。

(2)积极探索实践教育模式多元化,提高人才培养的竞争力。通过资源共享,方案对接,先后成立机器人、力诺电力等5个行业学院;建立大学科技园、创业学院和千度众创空间,构建了"教育引导、实践实训、成果孵化"的创新创业教育模式;通过实施工科学院的"1+X"建设("1"即综合化虚拟仿真实践平台,"X"虚拟仿真实验项目)建立了线上线下互补、虚实结合互济的虚拟仿真实验实践平台。目前已培育出3个省级、近30个院级虚拟仿真实验教学项目。

(3)多渠道加大实践平台投入,提升资源统筹发展力。学校按照"相对集中、统筹兼顾、突出特色、重在共享"的方针,重点建设了新型建筑材料综合实验平

台、智能制造技术综合实验平台等20个一体化实验平台,建成56个校内实验实习实训基地,239个校外实习实训基地。统筹整合校内外资源,充分发挥了实践教学平台共享、示范、辐射功能。

(4)政策引导激励并举,提升双师双能型教师队伍水平。学校通过重点引进、国内外培训、企业挂职等形式,采取教学评价、绩效考核、薪酬激励、职称评定等措施使全校双师双能型教师占比达到了57.6%,聘用校外优秀人才占比达到了23.1%。

(5)突出实效,规范建立四维多元、立体共管的实践教学质量监控评价保障。从实践教学制度系列化建设入手,基于学校、院部、教师、企业等四维发力,由校质量监控与评估中心、教学督导团、院部教学质量监控小组、校企指导教师、学生信息员和企业等多元共管,构成了"计划、运行、控制、反馈、改进"的质量监控评价闭环体系。

四、成果的创新点

1.教学理念的创新

提出了体现工程教育思想的"互联协同"理念,强调实践教学"目标、过程、效果"一体化特质,从本质上将专业基础能力、工程实践应用能力、创新创业能力培养结合起来,产生了显著的应用型人才培养成效和广泛的示范辐射效应。

2.体系机制的创新

创建了项目导向,三层衔接、能力递进的实践教学模块体系,校企协同,"四化一体"实践创新能力培养体系;创建了融合企业生产和研发环节、融合产业技术进步链条的深度融合发展机制,共建共享、协同创新的深度融合长效机制;通过"体系、机制"的具体实施,有效优化校内外实践教学资源,依托三位一体的实践教学平台,为学生提供不同层次、内涵、实现方式的实践学习和训练,形成校企双主体互动。

3.模式保障的创新

通过构建行业学院、创业学院和虚拟仿真实践教学平台,在本科人才培养方案中设置"2+4"学分的创新创业与素质拓展模块,使实践教学、创新创业与企业生产实际相结合,通过项目驱动,竞赛拉动,建立课内外结合的创新实践教育途径;与行业企业共同研讨培养方案、共同实施培养计划和反馈人才培养质量等,建立了社会参与的实践教学质量监控评价保障,提升应用型人才培养的水平。

五、成果的实践推广应用效果

1. 应用成效

(1)以生为本,学生的实践创新能力持续提升。学生是实践教学平台建设的最大受益者,全校工科专业学生每年有近2500人直接受益,近两年来,学生在"互联网+""挑战杯"等重要竞赛中荣获省部级以上奖励1196项,其中国家级奖励152项;在中国高等教育学会发布的《中国高校创新人才培养暨学科竞赛评估结果》中,连续三年位列全国普通高校本科组300强,河南省10强。

2016年以来,学校连续三年省内本科二批理科最低投档线在10所示范校中排名第1;在"2019年全国大学本科生就业质量排行榜"中,位列全省第9位;在"2019《广州日报》应用大学排行榜"中,学校排名全国第69位、全省第6位。

(2)服务地方,人才培养特色充分彰显。近年来,共获得各类省级教学工程项目30项,其中专业类8个,课程类10个,实验教学类4个,教学团队类8个;获省级教学成果奖3项,教育部产学合作协同育人项目41项。6个工科专业对接国际通用标准,启动工程认证专业试点工作。

学生主动服务区域发展的意识显著增强。在校生以专业实践、社会实践、公益活动等形式情系地区发展,毕业生把事业扎根在学校所在区域。2018届毕业生在洛阳以及省内就业创业的比例达到57%,相关学院毕业生服务建材行业的比例达到61%。

2. 成果推广

近两年以来,在各类媒体发表学校应用型人才培养的报道20余篇,其中在国家及行业媒体《中国教育报》、中国水泥网、《中国建材报》刊发10余篇,在省教育厅官网、《河南日报》《洛阳日报》等省市媒体刊发涉及人才培养、行业服务、大学生科技创新、实践教学等文章30篇,《河南日报》专版报道学校《建设新时代特色鲜明的高水平应用型大学》的实践。2018年,学校被河南省商务厅推荐为全省唯一开展援外培训项目单位,2019年,承办了商务部"'一带一路'国家建筑类职业技能培训班",提升了学校在国内外影响力。

本成果在河南科技大学等四所省内高校进行了推广应用,效果反应良好。

构建新时代高校思想政治理论课
"三讲四联动"教育新模式

主要完成单位:华北水利水电大学

主要完成人:王清义、王天泽、张梅、景中强、郭瑾莉、贾兵强、杨建坡、吴娜

华北水利水电大学"新时代高校思想政治理论课'三讲四联动'教学模式研究与实践"项目荣获河南省2019年度高等教育教学成果特等奖。这是华北水利水电大学紧紧围绕立德树人根本任务,持续开展教育教学综合改革取得的重大成果,是学校全面贯彻落实习近平总书记全国高校思想政治工作会议讲话精神和学校思想政治理论课教师座谈会讲话精神,坚持办好思政课,全面加强学校思想政治教育工作取得的历史性成绩。

一、主要解决的教学问题

2011年以来,华北水利水电大学把思政课作为落实立德树人根本任务的关键课程,针对当前高校思政课建设存在高校党委重视思政课,但指导不够深入、不够具体;教学内容理论讲授有余关注现实不足,缺乏针对性;教学过程形式化表面化,思想性不够;教学方法单一刻板,不能满足学生新需求新期待,缺乏亲和力;教育手段滞后,现代信息技术运用不够,缺乏时代感;思政课教师"单兵作战"、大学思政课"孤岛化",尚未形成协同效应等难题,坚持问题导向和目标导向,聚焦针对性和实效性,校党委提出了"三个第一"理念,即努力把思政课打造成第一课堂、努力把马克思主义学院打造成第一学院、努力把马克思主义理论学科打造成第一学科,创造性地提出"三讲"新模式和工作"四联动",即思想政治理论课"三讲四联动"教学新模式,对于全面深化高校思政课教育教学改革具有一定的示范意义。

二、成果具体方法

华北水利水电大学思政课教学改革以习近平总书记关于高校思想政治工作重要论述为指引,遵循三大规律和"八个相统一",秉承"上好每堂课、讲清大事件、影响所有人"的原则,力图突破传统的三尺讲台对思政课束缚,将常规教学与第二课堂、文化育人紧密结合起来,不再囿于一名教师、一本教材、一间教室、一个学期,形成主体多样、内容丰富、形式灵活、效果持久的思政大课堂。通过课程联动、师生联动、教师联动、线上线下联动的系统协同原理,以本科生必修"思想道德修养与法律基础""中国近现代史纲要""马克思主义基本原理"和"毛泽东思想和中国特色社会主义理论体系概论"的思政课程互通联动为核心,拓展"课上老师精讲,课下专家活讲,校园文化常讲"的"三讲"思政课新模式,构建出形式多样、内容丰富的思政课教学体系。同时学校还注重资源整合、系统规划、整体推进,实现了思政课各门课程间联动、传统教学与新媒体联动、思政课程与专业课联动、马克思主义学院与职能部门联动的"四联动"工作机制,推进了高校思想政治教育工作更好更快发展,构建了思政工作"大格局",凸显了思政课是落实立德树人根本任务的关键课程,形成了华北水利水电大学全员全程全方位思想政治教育的新局面。

三、成果的创新点

(1)通过"尚德、鉴史、明理、筑梦"四课联动,创新思政课实践教学模式,使思政课"动"起来。在理论教学基础上开展演讲比赛、历史情境剧比赛、课程辩论赛及微视频大赛,结合当代大学生思维活跃、视野开阔、开放自信的特点,将抽象理论具体化、枯燥理论生动化,有效增强课程的亲和力和感染力,显著提高大学生的学习热情和参与度,促进大学生对抽象知识的理解和运用。

(2)运用新媒体新技术,创新思想政治教育与信息技术深度融合,使传统思想政治教育工作"活"起来。华北水利水电大学充分利用微博、微信等新媒体,形成包括"华水苇渡"在内的一批有影响力的网络思政品牌,有效地提高了思想政治工作的时代感和感召力。

(3)围绕思政课开展综合创新,构建重点突出、载体丰富、协同一致的育人体系,使思政课育人要素"全"起来。率先提出"三个第一"工作理念,明确思想政治教育工作重点。通过改革教学组织形式、丰富教学内容、扩大教学场所、拓展教学时间、创新教学媒介、增加育人主体,形成了以思政课为中心的思想政治教育体系。

四、实践推广应用效果

(1)教师队伍迅速成长。入选教育部高等学校思想政治工作委员会1人、获得首届全国高校思想政治理论课教学展示活动一等奖1人、二等奖1人,河南省高校思想政治理论课教学能手3人,河南省教学技能大赛一等奖6人,河南省教学标兵6人,河南省优秀思想政治理论课教师6人,河南省优秀教师1人,河南省教育信息化大赛一等奖10余人次。

(2)学生获得感显著提升。历经10年探索,"三讲四联动"教学改革取得显著成效,产生广泛影响。经10届6万多名本科生实践检验,课堂出勤率和满意度显著提高。实践教学、小组研学参与率均达100%,得到学生和同行好评。"尚德、鉴史、明理、筑梦"杯思政课实践教学已举办六届,每年964场课堂比赛,从课下海选、课堂选拔到初赛预热、复赛角逐和决赛搏杀,最后以4场校级大赛呈现,学生都全员参与、全程实践。学校"微言大义"讲堂,截至目前已举办66场,参与学生超过3万人次,"华水苇渡"微博矩阵,订阅用户3.8万,粉丝4.7万,阅读量超过2亿人次。习近平新时代中国特色社会主义思想的研究会推出了微信公众号,目前有会员6000多名,2019年参与线上线下学习的学生达60多万人次。

(3)省内外推广反响好。华北水利水电大学思政课"三讲四联动"教学模式被省外浙江理工大学、江南大学、浙江水利学院三所高校应用,更被河南财经政法大学、河南中医药大学、河南农业大学等多所省内高校借鉴。我校多名教师在全国性教学研讨会上做"三讲四联动"教学改革经验分享,陕西科技大学、三峡大学、绵阳师院等多所省外院校来访交流学习。"华水习语"微信号、"思想道德修养与法律基础"在线开放课程等网络平台点击率高,慕课和教学资料在全省10多所高校运用。

(4)成果获重要奖励。2017年,思想政治理论课"四课联动"荣获"全省高校实践育人工作优秀案例评选活动"实践教学类一等奖。"思想道德修养与法律基础"课程评为河南省精品在线开放课程,并获评优秀。2018年,"尚德杯"主题演讲大赛获得全省高校思想政治工作优秀品牌。2018年,"中华水文化"(课程思政示范课)获国家级精品在线开放课程。2018年,思想品德教研室获批河南省优秀基层教学组织。2019年,"高校思想政治理论课'三讲四联动'教学模式研究与实践"获得全国水利教育协会德育教育优秀成果二等奖。"微言大义达人讲堂"是河南省高校网络文化建设精品项目,荣获河南省高校校园文化建设成果一等奖。MMDX学习研究会荣获全国百佳理论学习类社团等多项荣誉。"华水新铁军"学生社团荣获全省高校思想政治工作品牌。

（5）成效受领导肯定和批示。2016年教育部副部长林蕙青到华北水利水电大学调研时专门听取思政课"四课联动"实践教学改革工作汇报,并给予高度评价。2018年,在《河南日报》策划的《思政课可以很"红"也很"炫"》系列报道中,"四课联动"实践教学改革被首篇报道,得到省委原常委、宣传部原部长赵素萍专门批示和充分肯定。

（6）经验被国家级媒体广泛报道。华北水利水电大学教学改革得到了《光明日报》、《人民日报》、《中国教育报》、《河南日报》、河南电视台等多家新闻媒体的广泛报道。其中2020年2月10日《光明日报》第五版整版报道了华北水利水电大学改革"第一课堂"、延伸"第二课堂"、活跃"第三课堂",坚守立德树人初心,探索出"三讲四联动"的教学模式,使各类课程与思政课同向同行、协同联动,筑好党建"真堡垒",当好育人"领路人"。2019年10月4号《人民日报》头版头条报道引用了华北水利水电大学开展爱国主义教育活动大幅照片;2019年11月10日《河南新闻联播》专题报道华北水利水电大学立德树人的成效。

面向 MOOC 应用的高校教师信息化教学能力发展模型与提升路径研究

主要完成单位：郑州大学、郑州工程技术学院

主要完成人：徐春华、王玉琴、任其俊、许飞、侯铁翠、朱新玲、王晓川、邵田

一、研究成果简介

随着教育部"双万计划"的推进和实施，努力打造具有"高阶性、创新性、挑战度"的符合高等教育人才培养目标的"金课"，成为当前高校重要的教学改革实践。MOOC 在高校的建设与应用有助于促进教学改革创新、提高教学质量与改革人才培养模式。高校教师需要积极参与 MOOC 建设，提升信息化教学能力，从而主动适应 MOOC 教学带来的诸多变革和挑战。

该项目以促进高校教学信息化为背景，以促进高校 MOOC 建设与应用为目标，对高校教师信息化教学能力提升进行系统的理论与应用研究。在调查高校教师的信息化教学能力现状和 MOOC 应用现状的基础上，依据相关理论，提出了高校教师信息化教学能力发展的内外部路径，构建了高校教师信息化教学能力发展模型，探索提升高校教师信息化教学能力的实践路径，并结合实际制定出教师信息化教学能力提升实践方案，在此基础上，进行应用和推广研究。

二、成果解决的主要问题

研究成果主要解决了以下两个方面的主要问题：

（1）从教师专业发展的视角进行研究，以教师自身专业成长为核心，从理论上构建了教师信息化教学能力的内外部发展路径和能力发展模型，形成影响教师信息化教学能力发展的全景图，为高校构建支持教师信息化教学能力发展的

管理与服务体系提供理论依据和参考。

(2)以促进 MOOC 在教学中的应用为目标,研究提升教师信息化教学能力的实践路径,形成信息化教学能力提升方案,设计开发了实用性、操作性较强的培训内容体系,并在校内和河南省多所高校进行了应用推广。

三、解决问题的方法

研究分为理论研究、实践研究和应用推广三个阶段,主要采用了文献法分析高校教师信息化教学能力的构成维度、发展阶段和评估标准,采用问卷法进行现状调研,在理论研究阶段主要运用了归纳法,在实践阶段经过不断迭代完善培训方案、丰富培训内容,最后通过线上线下相结合的方式对研究成果进行应用推广。(见图1)

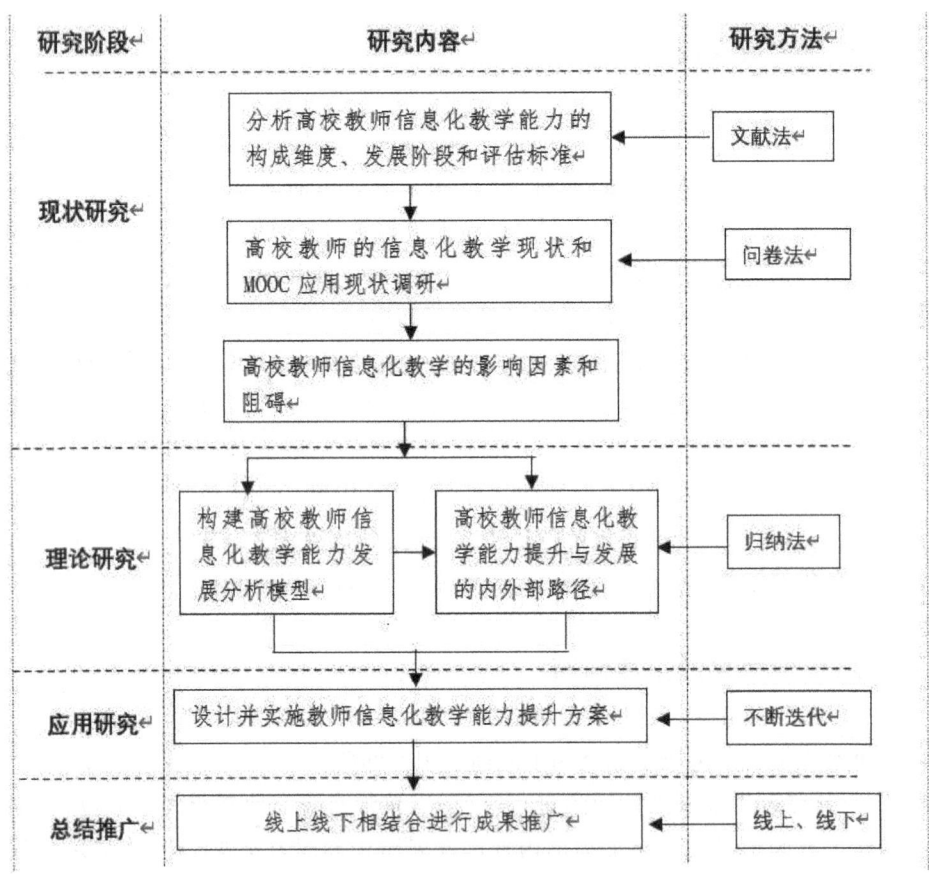

图1 解决问题的方法

四、成果创新点

(1)理论创新:构建了高校教师信息化教学能力发展模型(见图2)。该模型以教师内在发展为核心,依次建立支持教师内在发展的支持体系,包括学校培训体系、学校激励措施、学校信息化环境,全面系统地呈现了教师信息化教学能力发展所需要的条件和支持,紧密结合学校实际和需求,实践性强,能够为学校制定教师信息化教学能力发展方案提供借鉴和参考。

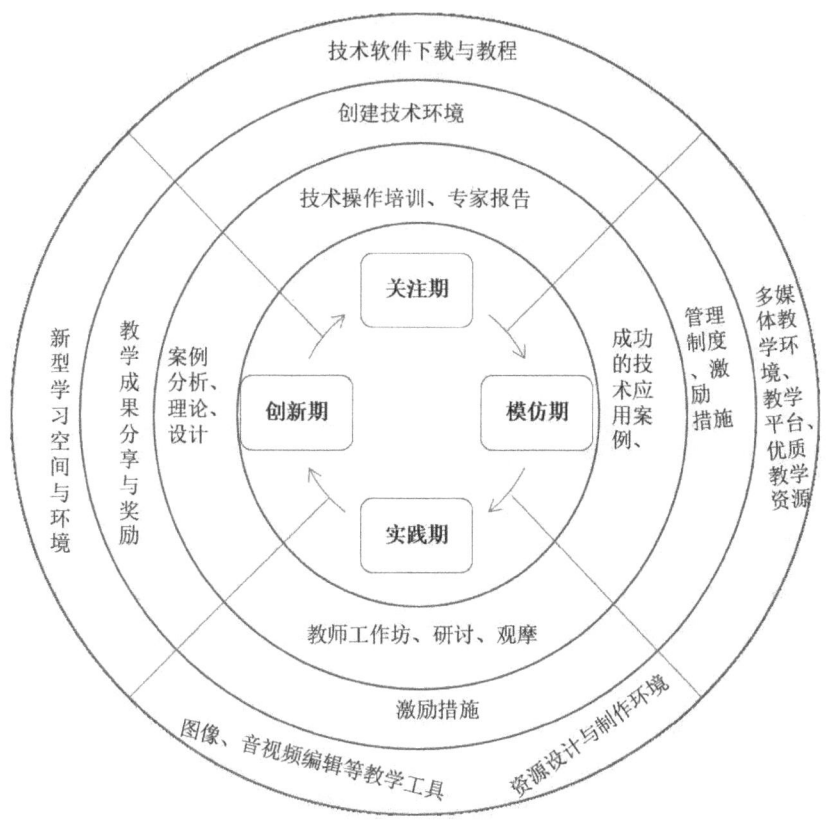

图2 高校教师信息化教学能力发展模型

(2)培训内容体系创新:形成了信息化教学能力提升培训方案,设计开发了实用性、操作性较强的培训内容体系,探索了混合式培训方式。从MOOC设计制作、MOOC教学应用、"做中学"信息化教学观摩与研讨三个阶段设计信息化教学能力提升方案和培训内容体系(见图3)。培训内容包括7个模块,分别为:信息化教学理念+MOOC建设+教学设计+平台应用+教学工具+教学案例;

培训形式包括讲授＋工作坊,具体形式包括专家讲授、演示操作、现场实践、线上交流、教学研讨,同时结合"在线工作坊"和"信息技术及教育应用"在线开放课程开展线上线下结合的混合式培训。

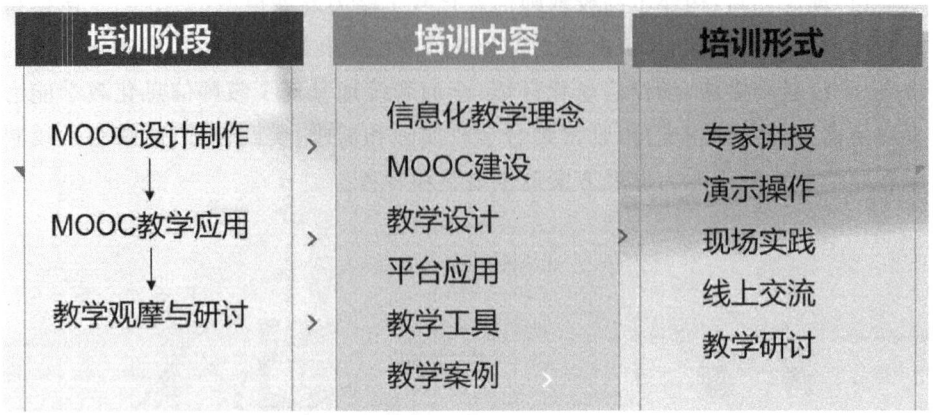

图 3　信息化教学能力提升培训内容与方法

（3）应用推广创新：先校内再校外、线上线下相结合的思路设计应用方案,通过线下培训、门户网站、在线工作坊、示范课、微信公众号等多种方式进行了推广。

五、成果推广应用效果

依据信息化教学能力发展模型,本研究从信息化教学环境、政策措施和管理办法、信息化教学培训三个方面促进教师信息化教学能力提升,为教师提供在线开放课程制作环境、智慧教室环境,制定学校在线开放课程管理办法、建设规范及评价标准,丰富培训内容包括 MOOC 建设、智慧教室应用、混合式教学、教学工具应用等。

（1）该项目成果在校内进行了应用,被列入郑州大学教师教育能力提升项目,成为郑州大学教师信息化教学能力培养的重要组成部分。面向全校及 10 多个院系开展了 30 多场 MOOC 建设与应用混合式教学等方面的线下培训,参训教师达 2000 多人次,促进了郑州大学教师信息化教学能力的提升。（见图 4）

（2）该项目成果在河南省内一些高校进行了推广应用,先后在郑州轻工业学院、解放军信息工程大学、焦作师范学院等高校开展了 MOOC 设计制作、MOOC 平台的使用、基于 MOOC 开展混合式教学设计、混合式教学实践策略等方面的培训,得到了这些学校教务处领导的充分肯定,促进了参训教师的

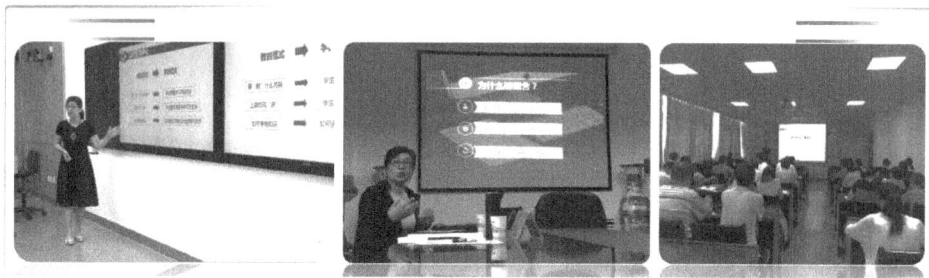

图 4　校内培训推广应用

MOOC 设计制作和混合式教学水平。

（3）研究成果通过门户网站、在线学习资源的方式在网络上进行了推广，为更多的高校教师开展信息化教学方面的学习和研讨提供了平台和资源支持。开发的信息化教学支持服务中心网站访问次数达 2 万多人次，"在线教师工作坊"MOOC 点击量 9 千多人次、"信息技术及教育应用"MOOC 中的教师学习者累计 6000 多人次、"智慧教师"微信公众号推送文章和资源 425 个，通过线上课程建设交流微信群、混合式教学研讨微信群为 300 多位教师提供咨询服务。这些网站和课程资源为教师信息化教学能力提升和专业发展提供了持续的支持和服务，有效地促进了教师在线共同体的形成。

（4）示范课推广。结合省级优秀在线开放课程"信息技术及教育应用"进行了深度推广，形成了完整的混合式教学设计、部分教学案例和示范课，获得了郑州大学首届混合式教学大赛一等奖，河南省教学创新大赛二等奖，示范课通过网络辐射到全省甚至全国，起到了示范引领作用。

（5）案例分享。开发的信息化优秀教学案例在学习通产学研微信平台上进行推广。

（6）开展教学研讨。推动"任务驱动混合教学模式"在其他专业课程中的深入应用。

"毛泽东思想和中国特色社会主义理论体系概论"课分众教学模式探索

主要完成单位：郑州大学

主要完成人：杨静娴、王玉良、王朝举、任中义、于向东、顾成敏、蒋桂芳、谷佳媚

本成果突破了传统教学的单向灌输，在强调教师主导作用的同时，凸显学生的主体地位，将单一方法转变为多种教学方法综合运用，将重视学生的普遍性转变为关注学生的差异性和层次性，激发了学生学习兴趣，提升了"毛泽东思想和中国特色社会主义理论体系概论"课教学效果，并进一步提高了思想政治理论课的实效性。《光明日报》《中国教育报》《河南日报》等媒体对郑州大学思政课建设情况（包括本成果）的情况进行了报道，引起了社会的广泛关注。

一、主要解决的教学问题

（1）怎样实现传统教学模式向分众教学模式的转换，提高教学的针对性和实效性。

（2）如何拓展"概论"课教学的有效途径，增强该课程的吸引力和感染力。

（3）怎样克服当前普遍采用的大班上课的弊端，将重视学生的普遍性转变为关注学生的差异性和层次性，进行分众教学。

（4）怎样将本课程的教学转化为大学生自觉和自主的参与行动，增强学生对马克思主义中国化的理论与实践的认同。

二、解决教学问题的方法

1.任务驱动法

学生为了完成教师布置的任务（拿到实践学分），在确定研究课题后走出教

室、走出校园进行扎实的调研工作,对不同年龄、不同专业、不同区域的受访对象发放调查问卷或进行深度访谈;拿起手机和相机拍摄反映"社会主义核心价值观""中国梦、我的梦"等主题的照片和视频,弘扬主旋律、传递正能量,引导更多同学认同和践行社会主义核心价值观,使习近平新时代中国特色社会主义思想接地气、入人心。本成果营造了"概论"课深入研究和互动交流的教学与学习氛围,并充分利用学生从探索学习成功中获得的昂扬的激情,来增加其对本课程的认同感,帮助学生系统掌握中国化马克思主义的形成发展、主要内容和精神实质,增强了学生对毛泽东思想和中国特色社会主义理论体系的认同感,坚定了学生的"四个自信"。

2.课题牵引法

从"因为教,所以学"向"基于学而设计教"转向,由学生被动接受教师的灌输向师生、生生互动共同探讨问题转变。在教师指导下,学生自由分组,选择自身感兴趣的与马克思主义中国化特别是习近平新时代中国特色社会主义思想相关的课题,自主展开调查研究,撰写研究报告,自行设计能够绽放青春风采的成果展示形式,如制作PPT、视频,设计配乐诗朗诵和舞台剧等,并且在课堂上对课题研究结果进行分享和讨论,使学生的平等意识和要求得到了尊重和满足,让学生的才华得到了合理发挥,因而能够调动学生参与"概论"课互动型课题牵引教学模式的积极性和主动性,将本课程的教学转化为大学生自觉和自主的参与行动。

3.分类指导法

"概论"课是本科生的公共必修课,对于学生有统一的教学要求,但不同的学生有不同的专业背景,应当分类指导,才能够更好地激发学生的学习兴趣,从而更有利于中国化马克思主义进入学生的耳、脑、心。本成果结合不同学科专业的特点,深入挖掘专业课中的思想政治教育资源,在提炼课题时指导学生结合各自的专业课和兴趣点选择与"概论"课具有密切相关性的课题进行研究,引导学生成为德才兼备的社会主义接班人。对于大众群体以线上线下的课堂教学为主;对于小众群体通过举办读书会、马克思主义理论研究会等社团的方式加强培养;对于特别优秀的学生由任课教师、辅导员或从事本课程相关领域研究的专家学者等进行单独辅导,将其培养成为传播正能量的青年马克思主义者。

三、创新点

1.创新了教学理念

(1)将研究式教学理念、主体性学习理念、合作学习理念融会贯通。激发学生主动学习马克思主义中国化理论的积极性,引导学生组建团队,自己体会马克思主义中国化理论与实践的正确性和合理性,推动学生自觉宣传马克思主义中国化理论成果并且学以致用。(2)共振性学习理念。学生在研究课题、展示成果的过程中互相交流,学习同学分析问题、解决问题的方法,提高理论联系实际的能力,实现了生生共振;教师在教学过程中及时发现问题并收集典型问题,以此为基础申报教学、科研项目,再以项目支撑教学,使教学立于坚实基础之上,以理服人,实现了师生共振,促进了教学相长。

2.创新了教学模式

实现了传统授课模式向分众教学模式的转变。(1)单维度教学向多维度教学转变。由简单课堂教学转向课堂与课下相结合、线上与线下相结合、理论与实践相结合的教学。探索了课堂教学与实践教学有机融合的新途径,降低了实践教学成本。(2)单主体向双主体的转变。教师依然是教学主体,同时尊重学生的主体地位。(3)单一的结果考核向过程与结果并重转变。由传统的应试型考核方式向以提升理论思维水平和注重能力培养为目标的考核方式转变,提高了学生的自主学习能力、语言表达能力、理论联系实际等能力。

3.提出了专业课与"毛泽东思想和中国特色社会主义理论体系概论"课同向同行的可行性方案

鼓励学生依据专业背景提供选题并从中甄选可行性课题,达到"思政课程"与"课程思政"相统一,普遍要求与分类指导相统一。(1)一般课题。"中国梦·我的梦"、"美丽中国·我的责任"等。此类课题弹性较大,大多数学生都可以完成。例如,临床医学专业学生结合"看病难"的对策、医疗废弃物的处理进行研究;化学专业学生结合化工产业创新、化肥污染的防治进行研究。(2)重点课题。旅游管理专业的"红色景区服务与管理";金融学专业的"新中国保险业发展历程——改革开放成就管窥";计算机科学专业的"毛泽东著作数据库设计";等等。

四、实践推广应用效果

本成果对其他几门思政课的教学起到了引领、示范作用,在西北大学、河北北方学院、河南财经政法大学、洛阳理工学院等高校思想政治理论课教学实践中推广应用;本课程 2019 年获评河南省精品在线开放课程,本成果主持人杨静娴为"概论"在线课程负责人。

项目组在《光明日报》、《思想理论教育导刊》(权威期刊、CSSCI、中文核心)、《红旗文稿》(CSSCI、中文核心)发表教研论文 3 篇。

《光明日报》《中国教育报》《河南日报》等媒体对郑州大学思政课建设情况包括本成果的情况进行了报道,引起了社会的广泛关注。

杨静娴于 2019 年 6 月 22 日在郑州举办的全国性教学会议上做主题发言,对本成果进行了推介。于向东 2018 年 4 月 4 日在洛阳举办的"新媒体新技术推动思想政治理论课教学模式创新研讨会"上(中国人民大学等高校的 200 余位专家学者参会)做典型发言——《构建高校大思政工作格局思考》,对本成果进行了推介。

中外合作办学项目学生英语学习动机减退成因及调控策略研究

主要完成单位：河南大学
主要完成人：关合凤、王永亮、薛丽娜、施兆莉、王玲、康蕊、陈珊

一、研究选题背景

随着我国教育国际化进程的推进，中外合作办学项目中大学生的数量日益增加。在二语习得领域，动机是影响外语学习的一个重要情感因素。把中外合作办学项目中的大学生作为研究对象，有助于探究我国英语学习者动机减退的成因及动机调控的全貌，推动二语学习动机调控研究在我国进一步拓展，有利于英语教师把握学生的动机这一重要的情感因素，注重在教学中对学生的情感关怀，对广大英语学习者学习动机的激发和调整有重要的启示作用，为提升学生动机水平、改善英语学习效果提供实证依据。

二、研究问题与方法

本研究主要调查中外合作办学项目中的大学生英语学习过程中动机调控策略的使用情况，具体聚焦以下四个问题：

(1)中外合作办学项目中的大学生英语学习过程中使用了哪些类型的动机调控策略？

(2)他们对这些动机调控策略的使用情况如何？

(3)不同性别和不同英语水平的学生在动机调控策略的使用上是否存在差异？

(4)影响他们使用动机调控策略的主要因素有哪些？

本研究采用问卷调查法和深度访谈法,通过"大学生英语课堂学生学习动机减退因素调查问卷"及"大学生英语动机调控策略量表"这两个量表对河南大学中外合作办学项目中的大一、大二学生进行调查。同时还实施了学生访谈。

三、研究结果及讨论

1.中外合作办学项目学生英语学习动机减退成因分析

大一与大二学生在英语学习过程中均出现了动机减退现象,且学生在英语学习过程中的动机减退因素主要分为教师、个人与外界环境三方面。教师因素对大一及大二学生的英语学习动机减退均有重要影响。个人因素在大一学生中的体现为自己对英语学习不感兴趣且总是容易忘记所学内容;大二学生的个人因素主要表现为害怕老师在课堂上提问自己,对西方文化不感兴趣或者认为英语与自身以后发展无关等;需要注意的是,大一与大二学生都在乎的一项个人因素是在同伴面前说英语会难为情,都有较强的自尊心。对于外界环境因素对动机减退的影响,大一学生普遍认为英语课堂中缺乏轻松愉快的氛围且平时课下也很少用英语交流;大二学生则更多地将教材归为使自己学习动机减退的原因,认为教材难度与自身英语水平不符,教材内容缺乏真实语言素材案例以及内容设计中交际活动不够,不利于培养学生独立使用语言的能力。

2.中外合作项目学生英语学习动机调控策略分析

在结合问卷调查法和访谈法对大学生英语学习过程中使用的动机调控策略进行探索时发现,从动机调控策略的类型和使用频率来看,学生使用了学业提升、兴趣提升、同辈竞争激励、自我奖励、意志控制和任务价值提升六种动机调控策略,总体使用水平中等偏上,且优于普通大学生动机调控策略的使用水平。后续访谈发现中外合作办学项目中的学生,由于英语学习时间紧迫、任务艰难,使得他们更频繁使用动机调控策略来激发和维持学习动机。从不同性别的学生在动机调控策略使用上的差异来看,女生比男生更频繁使用动机调控策略,特别是在同辈竞争激励策略使用上显著优于男生,后续访谈发现由于女生比例较高,易于形成浓厚且竞争的学习氛围,同时女生对未来考研和就业的不利因素考虑较多,竞争意识强烈。从不同英语水平的学生在动机调控策略使用上的差异来看,高分组学生比中分组和低分组学生更频繁使用外在型动机调控策略,三组学生在内在型动机调控方面不存在显著差异。

四、教学成果启示

1.学习模式影响国际项目学生对学习动机减退的归因

国际项目学习中的大一学生更倾向将学习动机减退的主要原因归于教师因素,这可能与中国应试教育下的高中生学习模式相关联,高中课堂多以教师为中心向学生输送知识,忽略了培养学生独立思考的能力。而大一作为交接过渡期,学生还未完全摆脱高中课堂学习的思维定式,对老师的依赖较其他年级学生而言更强。相比之下,大二学生已经逐渐适应了大学课堂中以学生为中心的自主学习模式,对于学习动机的减退也倾向于从自身因素来找问题。

2.给予学生学习和情感多方面的关怀,激发学生学习兴趣

中外合作办学项目学生英语学习过程中动机调控策略的使用频率要高于其他学习者。全英专业课难度较大,很多学生在专业课的学习上存在各种各样的困难;而且有的教师授课方式单调机械,对知识点的讲解不够透彻。因此,建议学校和教师给予学生学习、心理和生活多方面的关注和关怀,尤其是教大一新生的教师,应做好对学生的引导以及与高中课堂学习的有效对接,使学生了解大学与高中课堂学习模式的差异,尽快适应自主性学习。鼓励教师使用丰富多样的教学方法,提高自己的授课水平,创设有趣灵活的课堂,及时关注学生全英专业课中遇到的困难,提升学生学习兴趣,培养学生英语学习的自信心。

3.营造积极和谐的学习氛围,培养学生健康合理的竞争观念

本次调查的四个专业中,女生人数要远远大于男生,女生之间形成了较强的竞争关系,催生了浓厚的学习氛围,而且女生对于未来考研和就业充满担忧。基于此,建议学校和教师要对女生给予特别的关怀和帮助,引导她们建立正确的竞争观,防止过度竞争给学生带来过多焦虑和压力影响心理健康。

4.加强动机调控策略培训,提升学生内在型动机水平

在教学实践中应当加强对中分组和低分组学生动机调控策略的培训,帮助他们克服动机减退的难题,提升和维持较高的动机水平;同时,应当注重激发学生的内在型动机,唤醒他们对构建语言上的"应有自我"和"理想自我"的渴望,产生持久内在动机。

五、教学成果应用及效果

本研究成果推广应用到河南大学国际教育学院、河南大学欧亚国际学院、开

封市知言学校、长江大学国际教育学院等以中外合作办学为相关模式的教学单位,得到了积极有效的反馈。

1.科学系统化地设计教学活动、增强学习兴趣

多个教学单位通过实践发现大一与大二学生在英语学习中都存在动机减退现象,学生之间的动机减退成因并不相同。根据项目成果的建议:大一学生主要将其动机减退因素归于教师方面,认为教师的备课不充分以及课堂中教学不清楚等相关内容是导致自身学习动机减退的主要因素;而大二学生已经逐渐适应了大学课堂中以学生为中心的自主学习模式,所以倾向于从自身因素来找问题。

故教学单位在大一学生中开展教学活动时,将教改重点放在了教师层面,使教师在课堂中更加关注学生心理,并通过运用丰富多样的教学方法对学生的独立思考能力逐渐加以培养,使大一学生在结束高中后的交接过渡期逐渐摆脱高中课堂学习中的思维定式。在教师循序渐进的引导过程中,学生们渐渐地培养了自己独立思考的能力。根据实践反馈,学生对英语的学习热情日益高涨,学习动机减退现象也大幅度降低。在面对大二学生时,教师也更加给予了学习及情感上的关怀,并开展丰富多样的英语活动使他们积极掌握合理有效的学习方法,有趣多样的英语沙龙活动也让学生对英语学习产生了更加浓厚的兴趣。

2.加强动机调控策略培训、营造积极和谐的学习氛围

中外合作办学项目学生英语学习过程中动机调控策略的使用频率要高于其他学习者,其中女生动机调控策略使用频率整体大于男生,同辈竞争激励策略使用频率也显著大于男生。

据此,教学单位在日常的教学活动中通过丰富多样的教学形式在潜移默化中加强了对学生动机调控策略的培训,帮助他们克服动机减退的难题,并着重激发学生的内在型动机。在课堂内外,教师也对女生给予了特别的关怀和帮助,引导她们建立正确的竞争观,防止她们对未来考研和就业产生过度担忧。

高校大学生思想政治理论课获得感研究

主要完成单位:河南农业大学
主要完成人:陈娱、王晨、郭武轲、赵民学、王娜、鹿林、徐峰、张俏

本成果旨在探索一种以教师指导为主导,以学生自主学习为主体,将"导""教""学"有机结合,以增强大学生在思想政治理论课(以下简称"思政课")学习中的获得感的教育教学模式。在坚持马克思主义理论指导,贯彻交互主体性教学理念,立足本科教学,并结合农业院校办学特色,在怎么讲与怎么学的结合上进行创新,将单向教学转变为师生的双向互动教学,真正实现思政课的入耳、入脑、入心、入行,其最终目的是要让思政课成为学生"真心喜欢,终身受益"的一门有获得感的课程。

一、本成果主要做了以下工作

(1)贯彻交互主体性教学理念,深刻揭示了思政课获得感的实质与内涵。实现了大学生在知识、理论、思想、情感、能力、行为上的心理预期和精神满足,达到客观获得与主观感受相统一。

(2)探索了增强高校大学生思政课获得感的理论依据和现实需要。马克思主义需求论、接受理论、人的全面发展理论为其提供理论依据。党和国家对思政课的高度重视及思政课面临改革的现实为其提供现实需要。

(3)对当前高校思政课大学生获得感现状进行了调查分析,摸清了当代大学生在上思政课时获得感的现状和问题。

(4)探索了提升高校大学生思政课获得感的原则与途径。三项基本原则:一是坚持育人导向,二是坚持需求导向,三是坚持问题导向。四条有效途径:一是加强教师队伍建设和制度建设,二是提升高校大学生对思政课的理论认知,三是

提升高校大学生对思政课的情感认同,四是提升高校大学生对思政课知行合一的践行能力。

(5)实现了教学成果的广泛交流与实践。本成果在7所以上学校得到交流学习,在2所以上学校得到实践应用;公开出版1部著作,发表教改论文10篇;在省级以上电视台、报刊等新闻媒体上宣传报道;2人在河南省思政课教师技能大赛中分别获得一等奖、二等奖、多人获得厅级以上教学奖励。

二、本成果主要解决以下几方面的问题

(1)梳理了学术界对大学生思政课获得感的研究,概括总结了提升和增强高校大学生思政课获得感的理论依据。

(2)实现了思政课堂教学师生互动的全覆盖。我院把现代技术引进思政课堂成为思政课革新的重要抓手,形成了"理论教学+网络教学+实践教学"的教学模式,实现了大班课堂师生全员互动,切实提高了学生融入思政课的主动性与积极性,实现了学生到课率、抬头率的双提升。

(3)充分发挥思政课的实践育人功能。本成果构建"五位一体"实践教学模式,使大学生成为思政课堂的主角,激发了学生自觉学思政用思政的积极性、主动性,让机械枯燥的课堂活起来、动起来,提升大学生思政课的获得感。

本成果贯彻交互主体性教学理念,探索出了集体备课法、探究式教学法、讨论式教学法、案例教学法等方法,根据不同专业类别学生的特点以及各门课程的教学目标和教学内容制订和实施不同方案,充分发挥"三个课堂"作用,创建全方位育人模式,较好地解决了高校思政课当下面临的学生学习主动性不够、师生互动性不足、教学针对性不强、教学效果评价体系不完善等问题,提高了教学实效性。其具体做法是:

(1)发挥课堂教学主阵地、主渠道作用,让学生在参与课堂学习中亲身体验和感受教学内容。我院"中国近代史纲要"获得河南省首批一流本科线下课程,就是在教师积极引导下,首先让学生明确学习目标,启导学生学会带着问题去自主学习、探究学习、合作学习,教会学生学会学习,在学生遇到难点和困惑时,由教师开展针对性的引导,激发学生学习主动性和兴趣,并充分利用"中成智慧课堂"、"超星学习通"软件,为大学生提升思政课获得感开辟新渠道。

(2)利用网络课堂辅助课堂教学,随时随地让学生有所收获。"毛泽东思想与中国特色社会主义理论体系概论""马克思主义基本原理概论"课堂实现了课堂教学和慕课教学相结合,前者成为省级精品在线课程,后者成为省级线上教学

优秀课程。融入信息化技术,让学生不用走进课堂,用观看"大片"的愉悦心情学习更多的知识;以"论坛"为媒介,通过话题引领,增强了师生间的互动交流,发帖提问更随机,网上解答更及时,甚至学生就可以充当问题解答的"小老师";学生评价更客观,成绩评定更科学。观看视频期间、视频学习结束、章节学习结束等都有测试评价,有效提高了学习效果。

(3)构筑"五位一体"实践教学模式,全方位提升和增强大学生思政课获得感。根据五门思政课的性质,以求是、明理、鉴史、修身、笃行为主题,构建了"五位一体"的实践教学模式,"思政课'五位一体''四四'实践教学"获得首批河南省社会实践一流课程。学院在校内建立红色文化长廊基础上,校外先后与焦裕禄纪念馆、大别山干部学院、农村党支部书记学院等10余家单位合作建立了河南农业大学思政课实践教学基地,让学生亲自参与社会实践,亲身感受教学内容,全方位提升和增强大学生思政课获得感。

(4)建立科学的学习评价机制,使大学生有效确证思政课获得感。一是闭卷考试与开卷考试相结合,涵盖理论知识考试与综合素质考察,全方位反映大学生思政课学习成效。二是过程考察与结果考核相结合,通过课堂讨论、演讲、模拟教学、课堂作业、出勤率等,全面反映学生思政课学习参与度,为学生增强和确证思政课学习获得感提供条件和保证。三是理论与实践考核相结合,通过课程学习与学生社会实践的结合互补,提高大学生的知行合一能力。

三、本成果的创新之处在于

(1)从交互主体性理念出发深刻揭示了思政课获得感的实质与内涵。认为高校大学生思政课获得感是指,作为教育对象、学习主体和需求主体的大学生,通过思政课的参与和学习,在知识、理论、思想、情感、能力、行为上实现了心理预期和精神满足,达到了客观获得与主观感受的统一。

(2)探索了提升高校大学生思政课获得感的原则与途径。三项基本原则:育人导向、需求导向、问题导向。四条有效途径:加强教师队伍建设和制度建设、提升大学生理论认知、情感认同、实践认同。

(3)探索出了"三个课堂"互动机制,"理论课堂+实践课堂+网络课堂"三结合有效提高课堂实效性;构筑"五位一体"实践教学模式,以求是、明理、鉴史、修身、笃行为主题,为全方位提升和增强大学生思政课获得感创造了机制和途径。

(4)创新了多重效果评价途径。对学生学习效果既有教师评价,也有学生的自我评价;既有平时过程评价,也有期末结果评价;既有对其学的评价,也有对其思的评价；既有对其理论掌握的评价，也有对其实际能力提升的评价；既有对其知的评价，也有对其行的评价，极大地调动了学生学习的主动性和积极性，提高了教学实效性。

本研究成果在河南农业大学进行试点，受到了思政课教师和学生的认同和好评，师生关系不断改善，教学效果明显改善，在学生网上评教中，课题组成员均获得95分以上。我院多名教师被学生评为"学生心目中的大先生"称号；并有幸上榜学生评价的官微印象课堂之中。此外，课题组负责人陈娱2019年被评为河南省高等学校教学名师，课题组成员在河南省高校思想政治理论课教学技能大赛中获得一等奖；在河南省第十三届高校思政教师奖励基金中获得二等奖。

同时，先后在7所省内高校马克思主义学院进行交流学习。已初步得到了河南师范大学、河南科技大学等多所院校的认可，并且该成果在河南农业大学、华北水利水电大学等院校初步得到推广和应用，具有广泛的推广和应用价值，河南电视台、河南高教、《中国教育报》等新闻媒体先后对我校思政课教学工作进行宣传报道。

高等农业院校英语有效教学研究与实践

主要完成单位：河南农业大学

主要完成人：李喜芬、杨澜、李筱洁、马孝幸、吴玲、吴敏、张璐、王竹君

课题组就高校外语教学低效的问题进行探索、论证、研究,经过河南农业大学2016、2017、2018三轮学生的实践,构建了"课堂＋N"的混合型有效教学模式。以有效教学的理念为指导,以课堂教学为中心,以教师为主导,以学生为主体,以基于现代信息技术的智慧教学为辅助,以第二课堂为语言实践舞台,多维激发教师授课的热情和学生学习的潜能,强化教师的责任心和学生的学习主动性,充分利用物理和虚拟教学环境进行"探究式""自助式""讨论式"的有效学习。从教师能力发展、混合型教学方法、多维学习空间、多元评价体系等方面进行研究,提高了课堂学习效果,培养了学生的语言能力、学习能力和创新思维能力,提升了学生的文化品格和家国情怀,使他们具备终身发展和适应社会需要的品格和关键能力。

一、主要解决的教学问题

据调查,我省农业高校英语教学普遍存在"费时""低效"的问题：教师行为方面,存在责任心不够、激情缺失、"水课"等问题；学生行为方面,存在功利性学习目的、思辨能力缺失等问题；教学环境方面,存在着"智慧"的缺少和班级制授课等问题。

二、解决问题的具体方法

针对问题,课题组提出了集提高教师有效教学能力、构建"课堂＋N"混合型

有效教学模式和凸显有效教学的育人价值三位一体的解决方案。

1.提高教师有效教学能力

(1)树立"教"为"学"服务的理念。课题组深刻领会"为谁培养人"的内涵要求,牢记立德树人的使命,在多元化的教学环境中为学生的"有效学习"服务;

(2)提升教师专业素养。通过线上线下、国内国外、同行评价等方式学习教育政策、专业知识、教学方法、信息技术、授课技能等方面的知识和技术,针对物理和虚拟教学环境的不同特点,有效开展各种教学活动。

2.构建"课堂＋N"的混合型有效教学模式(见下图)

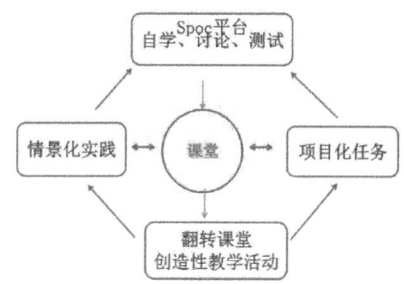

图1 "课堂＋N"的混合型有效教学模式

(1)基于SPOC的自主学习。课程组基于英语专业核心课程"美国文学"和非英语专业公共必修课程"大学英语"(综合教程)建设SPOC学习平台,要求学生课前网上自学单元基础知识,课后进行网上讨论、自测,也可以利用微信、QQ等社会软件进行师生间的交流,进行共同体学习。

(2)翻转课堂的创造性教学活动。针对低效的班级授课制,课题组采用大班与小组结合的形式组织教学,分组进行教学活动,通过第一课堂和第二课堂,采用讨论、戏剧表演、诗歌朗诵、论文写作等活动翻转教学中的难点重点,培养了学生的语言表达能力、学习能力、解决问题的能力和审美情趣,提高了他们有效学习的策略和文化品格。

(3)情景化实践。课程组根据单元主题设计情景化教学,要求学生利用多维空间的学习资源和环境,进行语言实践,完成项目化任务。如在"大学英语"课程中讲授"travelling"时,要求学生翻转语言重点,分组制作主题微电影,表达自己的理解和诉求;在讲授"美国文学"戏剧"欲望号街车"时,基于课堂讨论,让学生分组进行戏剧表演,并制成微电影在课堂交流,极大地激发了学生的学习兴趣和表演欲望,提高了学习的有效性。

(4)凸显思辨能力的项目化教学。基于网上自主学习和课堂讨论,教师给学生分配项目化学习任务,旨在培养学生发现问题和解决问题的能力,促使学生有效学习。例如,诗歌朗诵和戏剧表演最初只是在部分班布置的项目化学习任务,要求学生进行共同体学习。实践证明学生的积极性非常高,次年就举行了外国语学院的"诗歌朗诵比赛"和"戏剧表演赛",通过层层选拔,面向学校汇报表演。这些多元化教学任务不仅加强了师生、生生之间的交流,也激发了学生的创新活力。又如,外国语学院学生自主创办了《Youth Radio》、译术人生等新媒体栏目,提升了学生的语言和文学素养,锻炼了学生的批评性思维能力和创新能力。

(5)评价的多元化。针对不同的教学任务,采用即时评价与阶段评价结合的形式,利用"线上线下"的多元化评估手段跟踪教学过程,提高单位时间内的教学效果和学习效果。

疫情期间,"课堂+N"混合式有效教学模式在线上教学中发挥了重要作用,以中国大学mooc网、超星平台等为基础的异步在线教学与以腾讯会议、钉钉等为媒介的同步在线教学融合,展示出"课堂+N"模式的应用活力和发展前景。

3.凸显有效教学的育人价值

英语的人文学科属性带着与生俱来的育人功能,英语课程的丰富内容,涉及政治、经济、教育、文化、社会文明、价值观念等领域,处于中西方文化碰撞的前沿。如何帮助学生掌握语言知识和运用技能,拓展他们的文化视野而又不受西方价值观念的影响,是有效教学的育人价值所在和英语教学育人功能的具体体现。课题组注重培养学生的文化自信、文化鉴别力和中国情怀,增强学生的文化品格,使他们具备终身发展和适应社会需要的品格和关键能力。

三、成果的创新点

1.以"课堂+N"的混合型模式研究英语有效教学

率先在我省高校进行英语有效教学的综合研究。"课堂+N"的混合型有效教学模式,促使教师牢记"大胸怀、大境界、大格局"的时代要求,强化了教师的能力发展、责任心和使命感。以"教"服务"学"的理念凸显了以学生为中心的多元活动,"课内课外"、"线上线下"多元化的教学方法和评价体系促使教师有效地"教"、学生有效地"学"。

2.促进全人教育的有效途径

基于多维空间,采用多元化手段组织教学,有效教学关注全部学生成长成才。"课堂+N"的混合型有效教学模式凸显英语课程的实践性特点,课堂讲授、讨论培养了学生思辨能力和文化品格;SPOC平台促进了学生自主学习;项目化教学实践培养了学生发现问题能力、协作学习能力、批判性思维能力和创新意识。

3.凸显英语学科的育人功能

率先在我省高校英语教学中探讨英语学科的育人功能。围绕文化意识、道德规范等课程讨论,提高了学生的文化自信,培养了他们的爱国精神、人类情怀和全球意识,增强了他们对人类命运共同体的认识。文化品格的修养促进了学生全面和谐发展,使其具备了终身发展和服务社会的必备品格和关键能力。

四、实践推广应用效果

1.教师发展能力得到了提高

全体成员先后到英国剑桥大学、北京语言大学等国内外名校通过访学或短期研修等形式学习,增强了责任心,转变了教学理念;各种教学技能竞赛提高了教师的授课艺术和课堂组织教学能力。

2.有效教学效果显著

(1)建设了在线开放课程"美国文学"和"大学英语",大学英语团队获得了省基层教学组织达标创优的立项。

(2)学生语言能力得到了提高。一是专四通过率明显提高,实验班大学英语四级初次通过率高于其他班的年度累计通过率;二是在省级以上各类英语竞赛中取得了较好的成绩,如在2019年"CCTV"杯全国大学生英语辩论赛(华西赛区决赛)中我校选手取得二等奖第一名的成绩,代表河南队参加全国决赛。

(3)教研成果突出。先后发表论文14篇,其中5篇CSSCI,中文核心2篇;主编农业部规划教材立项2部;主持教育部2018年第二批产学合作协同育人项目1项;获得省级教学成果奖二等奖1项;1部教材被评为全国高等农业院校优秀教材;2名成员获得省教学技能竞赛一等奖,被授予"河南省教学标兵"荣誉称号。获得多项厅局级以上课题及荣誉。

3.成果推广效果良好

目前该成果已在河南农业大学英语教学中使用。2017年3月负责人李喜芬在首届全国农林院校外语学院院长高级论坛上交流研究成果,赢得了与会专家学者的好评,认为值得推广。在省内外兄弟院校中应用效果显著,如在河南财经政法大学和山西农业大学等省内外高校推广使用,逐步全面开展小班上课(60人),部分院系还使用了"课堂+N"的混合型有效教学模式,促进课堂有效教学。

基于CDIO理念的创新实践型能源动力类专业课教学方法探索与实践

主要完成单位：河南科技大学

主要完成人：梁坤峰、董彬、王林、高凤玲、朱竹、王志远、高春艳、马爱华

一、成果简介及主要解决的问题

1.成果简介

能源动力类工科专业教育改革过程中强调"重基础、宽口径"，单纯依靠压缩专业课学时和简单调整课程体系的改革措施，造成了教育教学中普遍存在的"学用相悖"教育教学问题，难以培养"通""专"兼备的创新型能源动力类专业人才，成为当前能源动力类专业教育改革悬而未解的遗留问题。

项目成果以培养能源动力类专业创新实践型人才为目标，引进CDIO工程教育理念，重新审视、调整了专业课程体系结构，提出了以专业特色为主线，以项目驱动、任务导入为手段，实现知识、素质和能力的综合培养，构建新的教学方法和教学理念，并在主干专业课程中优先实施。通过开展"理论课程、实践环节、创新平台"全方位改革，动态优化专业课程体系内容与实施过程，有效解决了人才培养过程中凸显的"学用相悖"教育教学问题，建立了产学互动的专业建设机制和人才培养质量持续改进机制，有效地保证了人才培养模式和培养质量的持续改进。

2.成果解决的主要教学问题

(1)"教者""学者"和"用者"两两之间存在突出的矛盾。

(2)"教者"和"学者"重视理论课程不重视实践环节，创新实践型人才培养能力急需提高。

(3)"教者"注重理论传授，缺少能力培养，知识传授与能力素质培养相脱节。

二、成果解决教学问题的方法

(1)探索基于 CDIO 产品全研发流程的专业理论课程教学新模式。针对教师、学生、企业两两之间的突出矛盾,按照 CDIO 工程教育理念来对能源动力专业课进行改革和重新设计编排。

(2)问题导向,构建"三化一体"的创新实践能力培养体系。

(3)打造项目实战、创新方法训练、竞赛"三位一体"的创新能力培养体系。

三、成果的创新点

(1)基于 CDIO 理念,结合企业产品研发的全流程,构建了专业课结构改革和设计编排的动态优化模式

CDIO 是为了培养学生创新能力而按照构思、设计、实现和运作的要求去对现有的课程体系去改造,以"问题驱动"的方式来解决实际的工程问题。改革过程中,CDIO 强调学生学习的主动性、实践性和系统性,并以产品或工程项目的研发运行实施周期作为学生的学习和培养载体。培养学生四方面的能力,即工程基础知识、个人创新能力、人际团队能力和工程系统能力。

(2)建立了实验、实习、设计"三位一体"的实践型创新人才培养体系

注重引入行业元素和企业需求,强化实践环节的企业参与度,夯实培养应用型创新人才基础。将工程实践创新教育纳入人才培养全过程。一是"专业基础课－专业特色课－工程实践课"三层次课程体系;二是"课堂教学－实践教学－科研创新"三元课堂联动结构;三是"工程认知－工程训练－工程实践"三阶段实践教学体系;四是"教研合一－学赛合一－校企合一"综合化培养模式。

(3)引入了 TRIZ 创新方法并建立了"教学与竞赛相融合,竞赛助力教学"教学模式

将学生的课程学习与学科竞赛、实践创新紧密衔接,学生学科竞赛、创新创业与产业需求、企业生产紧密结合,搭建了教学与竞赛、校内与校外相融合的创新实践平台,将工程实践创新教育贯穿于教学全过程。结合 TRIZ 创新方法、依托学科竞赛,实现课内实践教学与课外创新活动的无缝对接,构建可持续发展的创新教育闭环体系。打造"企业＋学校＋学生"零距离平台,为学生学科竞赛和创新创业提供产业支撑。

四、成果的推广应用效果

(1)学生受益面广,社会竞争力持续提升。该成果累计受益学生近千人,获得中国"互联网+"国赛、"挑战杯"国赛和节能减排和制冷空调等学科竞赛的国奖荣誉近30项,省级、校级奖励100余项;学生申报各类项目100余项和专利近40项、指导学生发表论文9篇。毕业生就业后的创新工作能力得到企业高度认可,已有吉利汽车、长城汽车、格力银隆新能源汽车、亿利达风机、浙江元通线缆等知名企业给予满意度反馈调查。

(2)教学方法得到能动类专业领域的同行认可。该成果长期积累的学生培养质量良好评价,受到国内兄弟高校的格外关注,他们专门组织学习和研讨项目成果,认为项目实施中构建的教学方法具有较强的可操作性,符合能动类学生的人才培养理念,经过几年的实施,取得了较好的效果。同时,引入CDIO理念和TRIZ创新方法构建的教学体系,重在结合基础理论知识学习环节中创新思维方法的训练和有效实施,改革学生对知识体系的有效吸纳和创新思维拓展。项目成果已发表教改论文20余篇。"工程热力学"精品在线开放课程获省级立项建设,并获得显著的教学效果。

(3)能源与动力工程入选国家级一流本科专业建设点。以专业建设为契机,进行专业课教学方法改革,首批入选教育部"双万计划"国家级一流本科专业建设点。

(4)受到主流媒体报道。《洛阳晚报》报道课题组的教育教学改革方法和成效,如"河科大一位老师创新授课方式,打造另类课堂,深受学生们欢迎""河科大教授微信群里'讲'功课,增进师生情谊"等。

(5)不断扩大成果的社会影响力。承办了第九届全国制冷及暖通空调学科发展和教学研讨会,全国制冷空调及热泵技术发展高端论坛,第十二届中国制冷空调行业大学生科技竞赛和第二届、第三届河南省大学生制冷空调科技竞赛。充分展示了专业教育教学方面的成果,扩大了成果的社会影响力。

基于SPOC+翻转课堂的混合式教学模式构建

主要完成单位:河南科技大学

主要完成人:张喆、岳中生、张丹、卢加伟、崔云波、吴玉花、吕明、孙颖

大学英语一直以来是各个高校通识教育中至关重要的一部分,其教学质量、教学内容、考核方式等关系到学生综合素质、综合能力的培养与发展,甚至会影响社会对人才需求的满意度。因此,国内外众多知名专家学者对大学英语教学现状进行了分析和调查。赵凌君(2006)指出,传统的大学英语教学质量普遍偏低,英语教师有着不可推卸的责任:第一,教师教学时重视英语知识的传递,忽视对学生英语语言运用能力的培养,忽视学生英语学习中的非智力因素;第二,教师支配着教学资源,掌控着课堂时间,学生学习方式是被动地接受,主体地位没有被凸显,主观能动性没有得到发挥。于书林、韩佶颖等(2012)从课堂满意度、不同水平外语学习者的课堂环境感知差异比较等方面入手,研究了传统大学英语视听说课堂环境对学习效果的影响。研究结果显示,传统大学英语教学课堂存在组织形式单一、师生互动、生生互动较少,学生厌学情绪严重等问题。田耘(2010)从大学英语的师资配备着眼,指出目前大学英语教学普遍为大班授课,学生平均学习时间偏少,对英语的关注度不够,教学质量难以提高;同时,高校学生来自不同的地方,地域性的差异也给大学英语教学带来了一些问题。因此,可以发现现行大学英语教学内容、教学手段、教学模式、教学活动以及教学评价都无法满足大学生英语学习的新需要。正如习近平(2015)所述:我们也越来越处于一个以移动学习、泛在学习、个性化学习、终身学习为特征的人人皆学、处处能学、时时可学的学习型社会。将传统教学与在线学习有机结合的混合教学模式,顺应大学英语教学改革的需要,与大学英语教学指南的要求相契合。信息技术应用于大学英语教学,能够促使教学理念、教学内容、教学方式发生根本改变,为外语教学提供了全新的学习方式和丰富的教学资源。《国家中长期教育改革和

发展规划纲要(2010—2020年)》也提出,高等教育信息化重在推进信息技术与高等教育深度融合,要全面深化教育改革,创新教学方法,促进教育全面提高。2015年《大学英语教学指南》(征求意见稿)也指出,"现代信息技术应用于大学英语教学,不仅使教学手段实现了现代化、多样化和便捷化,也促使教学理念、教学内容、教学方式发生改变"。信息化时代为外语教学提供了全新的学习方式和前所未有的丰富资源。因此,信息技术与外语教育教学的深度融合,将为外语教育教学思想、理念、内容、方法、手段、资源呈现方式、教学模式的全方位创新提供强大而独特的支撑作用。现行大学英语教学往往强调教师"教什么"、"如何教",忽略了学生"学什么"、"如何学",这种传统的"以教师为中心、以教材为中心、以课堂为中心"的教学模式,在一定程度上造成学生学习英语的积极性不高,课堂"抬头率"不高、课堂学习效果不佳等情况,直接造成了学生的自主式学习、探究式学习和协作式学习能力较差(胡颢琛、郭清顺,2012)。因此,建立 SPOC＋翻转课堂的大学英语混合教学模式是未来高校教学改革的方向,能够推动混合教学模式在高校的发展,有利于促进在线教育发展与教学模式变革的有机融合,有利于充分发挥教师的主导作用,凸显学生学习的主体作用。建立"SPOC＋翻转课堂"的大学英语混合教学模式能极大地推动大学英语的教与学,满足社会经济发展对复合型人才的需求。建立 SPOC＋翻转课堂的混合教学模式能够培养学生的英语应用能力,增强跨文化交际意识和交际能力,同时发展自主学习能力,提高综合文化素养,使学生在学习、生活、社会交往和未来工作中能够有效地使用英语,满足国家、社会、学校和个人发展的需要。因此,信息技术应用于大学英语教学,能够促使教学理念、教学内容、教学方式发生根本改变,为外语教学提供全新的学习方式和丰富的教学资源。

(1)教学理念的转变。从以教师为中心转变到以学生为中心,从以知识传授为中心转变为以能力培养为中心,从课本课堂为中心转变到自主学习为中心。

(2)教学内容的改革。应用中国大学 MOOC 平台、超星尔雅平台、学银在线平台,建设大学英语 SPOC 课程资源平台。在线课程资源包括以下五类:微课视频、单元作业、主题讨论、单元测验、期末测试。

(3)教学方式的改革。自 2017 年 9 月,从我校 11 个大类的 33 个专业中选取 28 个教学班,在教学内容、教学方式、教学活动和教学评价上进行改革,将实体课堂与虚拟课堂有效结合,通过在线虚拟课堂实现知识的输入,再通过实体课堂进行以学生为中心的互动交流,更好地帮助学生实现知识的内化。

(4)教学活动的改革。教学活动多样化,主要包括小组协作、课堂陈述、交流讨论和互动答疑。

（5）教学评价的改革。教学评价多元化即过程性评价＋终结性评价。终结性评价改革传统的考试形式，采用ITEST网考系统，ITEST支持各类规模、多种模式的考试。支持听、说、读、写、译全题型的智能评分，将日常教学、自主学习和测试评估有效结合，通过高质量云题库、个性化题库管理系统以及覆盖测试全流程的在线管理系统，为院系建立多维度评价体系，进行数字化教学评估提供专业的解决方案，为高校创新教学模式、开展课题研究、增进合作交流提供强有力的支持与保障。

该项目研究成果已在河南科技大学、洛阳理工学院、湖南大学外国语学院进行推广和应用，受到广大师生的好评，截至2019年12月，《大学英语》在中国大学MOOC的选课人数已达到6万人。洛阳理工学院和湖南大学的选课人数均为8000人；我校2017级、2018级和2019级的慕课平台选课人数达到5万人，该课程受众面广，真正意义上提高了学生的学习有效性，促进了学生的自主学习能力和探究能力。2017级我校参加教改试点的36个教学班中有1名同学荣获全国大学生英语竞赛国家级特等奖，2名国家级一等奖、2名国家级二等奖和7名国家级三等奖。同时，"大学英语"在2017年和2018年河南省精品在线开放课程考核中均为优秀，2019年1月被认定为国家级精品在线开放课程；2019年5月河南科技大学校报对国家级精品在线开放课程"大学英语"进行专题报道；2019年9月团队成员以我校国家级精品课程的线上建设、教学实践为基础，取得了全国高等学校外研社"教学之星"全国复赛特等奖、全国现场比赛一等奖；2019年12月成功申报河南省教育教学改革项目和河南科技大学重大教育教学改革项目；2020年1月成果获批河南省线上线下混合式一流金课；2020年7月"大学英语"荣获河南省本科教育线上教学优秀课程一等奖。

"MOOC+项目驱动"混合教学模式在微控制器类课程中的应用实践

主要完成单位:河南理工大学
主要完成人:王莉、苏波、张宏伟、崔立志、赵运基、高如新、杨凌霄、张玉均

一、成果形成的背景

在新工科建设背景下,传统电气信息类专业的课程设置转变为以工业智能为核心,而工业智能的实现离不开以微控制器为核心的嵌入式技术的支撑。为满足企业对于嵌入式人才的大量需求,各电气信息类专业大多开设了微机原理、单片机、DSP、ARM等微控制器类课程。在人才培养过程中由于课时、教学模式、实验设备、实践场所等条件限制,多数学生无法通过传统课程学习熟练掌握嵌入式应用系统的开发,课程教学与企业需求无法有效对接,导致高校嵌入式人才供应量不足。河南理工大学"微控制器教学团队"在网络课程建设、实验教学改革、课程设计改革等方面进行了有益探索。团队于2017年获得省级教改项目立项,经过近三年的建设,构建了适用于微控制器类课程的"MOOC+项目驱动"混合教学模式,并将该教学模式成功应用于单片机课程教学,有力地解决了单片机教学中的难点和痛点问题。

二、成果解决的主要教学问题

MOOC课程可以突破传统课程在时间、空间方面的限制,便于整合多种形式的优质课程资源和多元化的学习工具;项目驱动式教学可以为学生提供体验实践、感悟问题的情境,以任务的完成结果检验和总结学习过程,促使学生主动建构探究、实践、思考、运用、创新的学习体系。该教学模式有效地解决了微控制

器类课程教学方面普遍存在的3个突出问题:

(1)微控制器类课程理论知识点多且应用性和实践性强,传统学习路线的门槛高、难度大,学生容易在基础部分的学习过程中受挫,影响学生学习的积极性和教学达成度。

(2)微控制器类课程的教学课时在新一轮人才培养方案修订中被大幅缩减,不允许任课教师在课堂上进行面面俱到的讲解,传统教学较少涉及工程应用系统开发等综合性内容,不利于培养学生的系统性思维和工程理念。

(3)微控制器类课程的实验教学与理论教学的同步度和结合度不高,且大多数学生的实验操作仅限于连接导线、下载现有程序和观察现象,缺少电路设计、程序编写、系统调试的综合训练,实验效果不佳,不利于锻炼学生的工程实践应用能力。

三、成果的主要内容

研究成果综合应用MOOC教学和项目驱动式教学的优势,引导学生构建微控制器技术的知识与能力体系。研究成果最先应用于选课人数最多的单片机课程,再推广至其他课程。

(1)以项目驱动方式梳理和整合单片机课程核心知识点,为学生设计符合认知规律且利于激发学生学习兴趣的学习路线。课程组对51单片机课程的知识点进行梳理,精心设计了若干个学习模块,每一个学习模块均安排有基于Proteus的仿真实例,无需借助实验箱、仿真器和开发板,学生就可以在纯软件环境下完成应用系统的设计与调试。每一学习单元包括若干子模块,学习资源包括教学视频、课件、讨论、仿真动画、测试等,部分模块还添加拓展视频、扩展阅读等。

(2)改革单片机实验教学模式,以项目驱动方式进行理论教学与实验教学的融合设计,借助仿真平台和实验设备开展"虚实结合"实验教学。在课堂教学中引入实验项目内容,让学生提前熟知实验电路的功能和运行状态。学生在实验预习阶段借助Proteus平台搭建仿真实验电路,编写程序并进行调试;实验课时学生利用实验箱中的核心板和功能模块搭建真实电路,下载程序调试直至功能正常;实验课后,学生继续应用仿真平台对实验项目进行拓展性设计。"虚实结合"的实验教学模式较好地解决了实验课时不足、实验设备易损坏、综合型实验难以开设等问题,提高了实验教学效果。

(3)借助MOOC平台实现"线下传统课程"与"线上网络课程"的有机结合与

优势互补。单片机课程的核心知识点被整合为若干个项目案例,教师针对教学项目案例制作丰富的教学资源,并在MOOC平台发布,引导学生进行线上自主学习。高质量的讲课视频、动画演示、仿真实例可帮助学生克服单片机学习中的难点,降低学习门槛,有助于激发学生的学习兴趣。学生可根据自身情况浏览教学资源,可在讨论组中向老师提问,还可以借助仿真平台边学边做。课程线下环节主要包括课程说明会、集体辅导、实验指导、课程设计等环节。对于难度较大的项目,采用集体辅导的方式进行答疑解惑,学生带着项目实施中遇到的问题参加集体辅导,使辅导更具有针对性。

(4)基于Sakai教学平台创建自主进阶网络课程。现有MOOC平台仅针对省级、校级课程,且授课视频制作成本较高,不适合高校教师自主建设课程。项目组将"MOOC＋项目驱动"混合式教学模式推广至河南理工大学自建的Sakai平台。项目组对Sakai平台的功能进行了全面的解析和梳理,以Sakai平台的"课程展示"功能为基础,综合应用资源、作业、测试、调查等工具开发出供学生自主进阶学习的网络课程,真正实现"因材施教"和"个性化学习"。该课程对于学生而言就像通关游戏一样,学生必须完成前一环节的学习任务并获得相应的积分才能进入下一环节;在课程学习过程中,可以穿插各种精心设计的小测验、调查等互动环节,提高学习的互动性;另外学生可以根据自己的学习情况对学习页面进行修改和编辑;这一模式可以激发学生学习的主动性、趣味性,提高学习的有效性。

四、成果的创新点

(1)构建了适用于微控制器类课程的"MOOC＋项目驱动"教学模式。根据微控制器类课程综合性、实践性、应用性强且学习难度大的特点,构建了"MOOC＋项目驱动"教学模式。以项目驱动方式对课程的核心知识点进行梳理和整合,精心设计符合认知规律的学习路线。为每一个项目制作讲课视频、演示动画和仿真实例,降低了学生的学习门槛,有利于激发学生的学习兴趣。

(2)探索出了适用于微控制器类课程的"虚实结合"实验教学模式。在单片机实验教学中引入Proteus仿真平台,借助仿真平台和实验设备开展"虚实结合"型实验教学。这种"虚实结合"的实验教学模式较好地解决了实验课时不足、实验设备芯片易损坏、综合型实验难以开设等问题。

(3)基于Sakai教学平台创建自主进阶课程。将"MOOC＋项目驱动"混合式教学模式推广至河南理工大学自建的Sakai教学平台,通过挖掘Sakai平台

"结构化内容展示工具"的功能创建了自主进阶学习网络课程"现代电气控制技术与PLC",该课程以"游戏通关"方式为学生呈现个性化学习路线,实现了"因材施教"和"个性化学习",同时也为高校教师以低成本方式开展混合式教学提供了可参考的范例。

五、成果的推广应用效果

(1)基于研究成果建设的在线开放课程"单片机原理与应用实例仿真"于2018年10月在"中国大学MOOC"平台以SPOC方式上线,供河南理工大学所有注册学生选修,已累计开课2次,共有1724名学生参与学习。2019年该课程成功入选河南省高等学校精品在线开放课程,并于2020年2月在"中国大学MOOC"平台向公众开放,首次开课的选课人数超过了5700人,并得到了省内外兄弟院校同行的好评,在疫情期间为线上教学提供了有力支撑。课程网址为:https://www.icourse163.org/course/HPU－1449724166。

该在线开放课程作为通识课程(课程号:60103372M)纳入河南理工大学电气学院所有专业和能源学院部分专业的培养方案,将来可推广至学校其他工科专业。

(2)在国内外期刊发表相关教改论文4篇,其中EI收录1篇;"单片机实验系统V1.0"获得计算机软件著作权;"一种单片机实验硬件在线模拟及自动评价方法"获得国家发明专利授权;课题组成员指导学生参加嵌入式技术相关学科竞赛,获得省级以上奖励9项。

(3)课题组加强与省内兄弟院校的交流,推广"MOOC＋项目驱动"混合教学模式,研究成果先后在郑州轻工业大学、黄河交通学院同类课程的教学中得到了应用,获得了较好的评价。另外,研究成果在河南理工大学教师工作坊、网络教学经验交流会上进行交流,受到与会教师的好评。

基于"互联网+"的机械基础类课程多元化教学模式改革与实践机械工程虚拟仿真实验教学体系研究与实践

主要完成单位：河南工业大学、河南职业技术学院
主要完成人：武照云、马晓录、李丽、吴立辉、刘晓霞、阮竞兰、冯伟、申会鹏、丁浩、卢利平

一、成果主要解决的问题

近年来，随着机械学科的飞速发展以及社会需求的逐步提高，机械基础类课程承担的人才培养任务越来越重，同时在教学过程中也显现出一些突出问题，如传统的教学模式相对单一、对实践环节的重视程度不够、信息化教学水平较低、先进教学手段匮乏等，严重阻碍了机械基础类课程教学质量的提升。

当前，在新技术浪潮的推动下，促进信息技术与教育教学的深度融合，积极推进"互联网+教育"发展，构建网络化、数字化、智能化的教育体系，成了当前我国教育行业发展的热点方向。

为了满足"互联网+"在教育行业的发展需求以及解决目前机械基础类课程教学模式存在的问题，课题组以机械基础类课程中的"机械原理"与"机械设计"课程为研究对象，深入开展了教学研究与改革实践工作，解决的问题主要包括：

（1）解决了机械基础类课程传统教学模式过于单一的问题，建立了以学生为中心的多元化教学模式。研究了课程理论教学、实验教学与实践训练各环节的教学模式，解决了课程体系重构、教学内容优化、实施模式、考核机制等教学领域的核心问题，通过教学理念转变、课程体系优化、教学模式升级等方式，全面提升课程的教学质量与水平。

（2）改善了机械基础类课程教学信息化水平落后的状况，实现了基于"互联网+"的信息技术与机械工程专业教学的深度融合。研究了虚拟仿真、移动学习等关键技术，实现了教育学、信息学与机械学的交叉融合，开发了能够实现"三维

机械结构＋机构运动仿真"的机械类数字化教学资源,极大提高了机械基础类课程信息化教学水平。

二、成果解决问题的具体方法

课题组以机械基础类课程中的"机械原理"与"机械设计"课程为研究对象,分别从理论教学环节、实验教学环节、实践训练环节与网络教学综合云平台建设方面建立了项目研究与改革内容体系。

1.理论教学环节研究与改革

(1)线上线下混合式教学模式。设计了三段递进式的混合式教学过程,建设了丰富的教学资源,达到了线上线下优势互补的效果。

(2)基于智能移动终端的课堂互动教学模式。设计了基于智能手机的教学活动与环节,利用手机端教学 APP,提高了师生互动性。

(3)多元化的课程考核方式。构建了一套针对机械原理与设计课程的多元化考核模式与方法,实现了多元化、全过程的考核评价。

2.实验教学环节研究与改革

(1)多层次的实验教学内容。基于 OBE 理念,构建了基础实验、综合实验和创新实验三个层次的实验教学体系。

(2)多元化的实验教学形式。开展了多元化的实验教学形式,包括开放式实验教学、基于互联网的虚拟仿真实验教学等。

(3)基于互联网的虚拟仿真实验教学模式。建立了虚拟仿真实验教学体系,开发了减速器虚拟拆装、轴系结构设计等虚拟仿真实验系统。

(4)多元化的实验教学考核手段。建立了针对不同实验模式的考核指标体系,实现了实验教学的多元化评价与考核。

3.实践训练环节研究与改革

(1)多元化的实践训练内容体系。构建了内容丰富、层次多样的实践训练体系,包括大作业、综合性课程设计和课外科技竞赛等。

(2)机械原理与设计大作业模式。设置了以机构性能分析以及零部件结构设计为主的大作业,加强了对学生综合应用能力的训练。

(3)机械原理与设计综合性课程设计模式。构建了以工程设计题目为主线并贯穿于教学过程的综合性课程设计模式,强化了对学生创新设计能力的培养。

(4)课外科技创新竞赛组织模式。建立了教师与学生全员参与的课外竞赛组织模式,使理论教学与实践训练、课内与课外教学达到有机结合。

4.机械原理与设计网络教学综合云平台设计与开发

设计并开发了机械原理与设计网络教学综合云平台，为实施基于"互联网＋"的课程多元化教学模式提供了平台与支撑。

三、成果的创新点

1.构建了《机械原理与设计》虚拟仿真在线自主学习系统

"机械"是摸得着、看得见的实物，而且能够运动，这是机械与其他专业最显著的区别。但是，目前在课程教学中，对机械结构的表达手段大多过于简化和抽象，直观感受性较差。近年来，虚拟仿真技术在实验教学方面显示出了强大的优势，但在课程理论教学方面的应用却极少。本项目运用虚拟仿真技术，面向机械原理与设计课程的理论教学设计并开发了虚拟仿真在线自主学习系统，将机械结构全部用虚拟仿真模型进行展现，从而让学生更好地增强对机械结构的感性认识，提高在线自主学习效率。

2.构建了面向《机械原理与设计》大作业的"插接式"程序组件库

在课程大作业中，经常会要求学生通过计算机编程来完成特定机构的分析与设计，而机械类专业的学生大多数编程能力较弱，普遍存在较大困难。针对该问题，本项目构建了面向课程大作业的"插接式"解析计算程序组件库。以 C♯ 为开发平台，将一些通用的特定功能计算程序编制成组件，并建立组件库。这样，学生在完成编程类大作业时，通过"插接"的方式，将程序组件融入自己的程序中，就可以很方便地实现预期的功能。该方式大大降低了学生编程的难度，有效提高了学生编程类大作业的完成速度和质量。

四、实践推广应用效果

目前，本项目教学成果已经在河南工业大学、河南职业技术学院（本科专业）、华北水利水电大学、合肥工业大学、宁波工程学院共 5 所高校的 17 个本科专业应用。

本项目成果实施后，有效地解决了上述各高校机械基础类课程教学模式单一、先进教学手段匮乏等问题，形成了以学生为中心的多元化课程教学模式，实现了教学理念转变、课程体系优化、教学模式升级、信息技术与专业课程深度融合等目标，全面提升了机械原理与设计课程教学的信息化水平，激发了学生自主学习的积极性，有效地提升了机械类专业人才的培养质量。

基于基层教学组织建设模式下的医学基础课程混合式教学的研究与实践

主要完成单位：河南中医药大学

主要完成人：曹珊、高爱社、李具双、崔姗姗、李晓娟、王琦、刘文礼、谢文英

一、主要解决的问题与方法

"医学教育，基础不牢，地动山摇"，医学基础课程是医学理论体系的重要支撑，是特色中医药院校课程建设的核心，对中医药院校人才培养质量起着至关重要的作用。研究从新时代背景下中医药院校人才培养需求入手，提出了"一体两翼"建设思路，即依托基层教学组织建设，注重师资队伍建设与课程内涵建设并重，从而为混合式教学改革提供坚实保障。

（一）主要解决的问题

1.构建了基层教学组织建设模式，达标创优工作初显成效

探索构建了"六维三类两阶一主线"的基层教学组织建设模式，实现了闭环管理。建设省级优秀基层教学组织 5 个，省级合格基层教学组织 8 个，带动其他基层教学组织标准化建设。

2.建设了系列优质课程教学资源，课程建设水平显著提升

建设了系列线上、线上线下混合式等一流课程，国家级 2 门、省级 18 门、校级 20 门，省级虚拟仿真实验项目 4 项，形成了医学基础优质课程群。拥有全国范围内最早的一批中医基础类课程慕课，对传播中医药理论与优秀传统文化发挥着举足轻重的作用。

3.推广了立体化混合式教学模式，教育教学氛围营造浓厚

一方面基于 MOOC+SPOC 平台，组建助教团队，有效地开展线上教学，延伸教学空间；另一方面利用课堂派、雨课堂等教学管理平台，很好地增加线下课

堂师生互动与评价,形成了以师生深度互动、课程资源有机融合为特点的立体化混合式教学模式。18门课程开展了混合式教学,基本实现了中医、西医基础课程全覆盖,活跃了教学氛围,有助于培养学生自主学习能力、思辨能力、表达能力、团队协作能力等,有效地提高了中医药人才培养质量。

(二)主要解决办法

1. 系统调研、建章立制,构建基层教学组织新模式

借鉴全国双一流高校基层教学组织建设经验基础上,以既往中医基石学科建设成果为依托,出台《关于加强基层教学组织建设的实施意见》、《关于加强在线开放课程建设的意见》等相关文件,完善激励措施,调动广大教师建设积极性,初步构建了"六维三类两阶一主线"适合中医药院校发展的相对完善、系统的基层教学组织建设模式。

2. 加强培训、培养骨干,打造高素质信息化教学团队

通过"请进来、送出去",邀请教育专家开展专题培训和选派骨干教师外出参加信息技术及课程建设等进行师资培训、提升教师教学能力、信息化技术应用水平,为建设在线开放课程、开展混合式教学做好师资保障。

3. 注重交流、博采众长,建设系列优质课程教学资源

开展在线开放课程建设论证、增强信息化技术培训、加大课程建设资助力度、丰富基层教学组织内及跨课程教研活动,鼓励引导教师逐级申报并打造精品在线开放课程、虚拟仿真实验项目等一流课程,为实施混合式教学提供坚实保障。

4. 全面推进、强化过程,推广立体化混合式教学模式

以培养一流人才为目标,以加强基层教学组织建设为抓手,以打造一流师资为保障,以医学基础课程内涵建设为核心,结合医学基础课程自身特点,对教学设计、教学实施、教学资源利用、教学评价、教学平台等各环节进行改革,有力推动了18门医学基础课程进行混合式教学改革,并注重过程管理、强调评价—反馈—改进,切实提高教学改革成效。

二、创新点

(一)构建了基层教学组织建设模式,分类建设,达标创优

初步构建了"六维三类两阶一主线"的基层教学组织建设模式,突出以建设一流本科教育作为主线,明确六个维度建设思路,按照教研室、教研中心、实验教学中心等进行分类建设,强化达标、创优两阶考核。建设一流的基层教学组织

(省级优秀5个,合格8个),为教学改革提供有力的组织保障,也是建设"一流本科"的有效途径。该模式建设层次鲜明,是适合中医药院校发展的相对完善、系统的基层教学组织建设模式。

(二)建设了优质的医学基础课程群,淘汰水课,打造金课

建设了系列国家级(2门)、省级(18门)、校级精品在线开放课程(20门),省级虚拟仿真实验项目(4项)。基本覆盖所有中医、西医基础类核心课程。形成了医学基础优质课程群,理论课与实验课教改相结合,本科生课程与研究生课程并进,突出了课程体系整体性、综合性、层次性。这些优质教学资源为打造高阶性、创新性、具有挑战度的中医药核心课程金课奠定了扎实的基础,推动了中医药院校人才培养质量的提升。

(三)推广了立体化混合式教学模式,课堂革命,凸显特色

18门课程相继开展混合式教学,课堂革命凸显医学基础课程特色,中医基础理论、方剂学、生物化学、中医诊断学等选率均位居全校前列,选课人数累计23万余人次,2019年度选课人数累计近9.5万人次,疫情期间2020年春季学期选课7.7万余人次。通过"线上慕课平台助教团队辅导+线下课堂教学管理平台线上慕课平台",有效地推进混合式教学模式的改革,学生、社会评价高。通过"理论课与实验课教改相结合,本科生课程与研究生课程并进",突出了课程体系整体性、综合性、层次性。

三、推广应用价值和效果

(一)成果水平

"分类建设、重点突出、达标创优、协调发展"的基层教学组织建设思路已在河南中医药大学基础医学院作为试点进行了运用,并推广至全校16个院部,收效良好。医学基础系列优质课程建设成效显著,在全国中医药院校处于领先地位。立体化的混合式教学模式符合"以学生为中心"的教学理念,将信息技术与教育教学深度融合,促进了教师教学能力的提升与全面发展,有效地提高了教学质量,推进了一流本科与一流课程建设。国家级精品在线开放课程2门,省级一流课程18门。2020年疫情防控期间,在河南省本科教育线上教学优秀课程评选中,荣获一等奖6门,二等奖2门,三等奖4门。基层教学组织建设呈现新气象、课程内涵建设水平再上新台阶、混合式教学模式彰显新特色,《河南日报》等媒体报道了我校开展医学基础课程教学改革的情况。

(二)推广价值

本研究所创立的"六维三类两阶一主线"基层教学组织建设模式为同类院校基层教学组织可持续发展提供了重要借鉴,起到了辐射、示范和带动作用,对高等中医院校建设与发展具有重要的现实意义。

医学基础课程系列优质教学资源的建设与应用,混合式教学模式的推广与完善,是"以学生为本"的教学理念及社会信息化发展的时代需求。建设的系列医学基础课程优质教学资源在疫情期间线上教学中发挥了十分关键的作用,为全国中医药相关专业近 8 万学生提供了课程学习的坚实保障,真正做到了停课不停学、停课不停教。作为全国最早建设的一批中医基础类课程慕课,对传播博大精深的中医药理论、弘扬中医药文化起到了良好的示范引领作用。为建设"人人皆学、处处能学、时时可学"的学习型社会做出贡献。

除在河南中医药大学运用之外,已经推广运用于陕西中医药大学、长春中医药大学、河北中医学院、新乡医学院、海南医学院等 5 所医学院校,并在持续影响全国同类院校,受益面大,反响好。研究成果在《解剖学杂志》《中医教育》等具有影响力的杂志上发表论文 11 篇。

在国内中医药院校教学改革实践中具有领先水平,为深化基层教学组织建设、加强课程内涵建设、推广混合式教学改革,遵循"两性一度"标准,打造五类金课,推进"四个回归",从而培养传承与创新相结合的优秀中医药人才,提供了重要的借鉴,具有广阔的应用前景。

"中医基础理论"情境教学模式的构建与实践

主要完成单位：河南中医药大学

主要完成人：崔姗姗、梁鹤、李艳坤、包海燕、李迎霞、高小玲、司富春

一、成果简介及主要解决的问题

"中医基础理论"（简称"中基"）课程是中医学专业的主干课程，也是引领学生步入中医殿堂的基石课程。中医基础理论掌握得是否牢固，直接影响到学生以后对中医的学习态度、学习兴趣和信心。

课题组在大量教学实践中经过广泛调查，梳理出教学中的重点与难点，其突出问题为：传统中医理论与学生现代科技知识体系认知之间的矛盾；学生认为中医"理论抽象、理解困难""知识点繁杂"和"难以记忆"等问题；"立德树人"教学理念未能和课程内容有机融合。解决上述问题，让抽象的知识直观化，将繁杂的内容清晰化，使难记的理论易消化，需要探索和建立新的教学模式。

主要解决的问题：

(1)探索、构建中基情境教学模式：现代科技与以传统文化为背景的中医知识体系思维模式不同的矛盾成为制约中医教学质量提升的关键因素。建立知识、能力、素质并重，非智力因素与智力因素并进，线上与线下并举的全方位情境教学模式是解决问题的重要思路。

(2)构筑"知识点－经典－案例"相结合的教学体系：将知识点表式化引入中医教育，引导学生在经典意境中溯本求源，在案例情境中豁然开悟，建立了"知识点－经典－案例"相结合的中基教学体系。

(3)延伸教学情境，推进混合式教学：提高学生自主学习能力，发挥传统教学与信息技术的优势互补，建设省级精品在线开放课程及双语示范课程，使教学情

境无限延伸。

（4）推进、实践素质教育，促成学生可持续性发展：创设非智力因素情境，营造师生和谐氛围，采用"激励、唤醒和鼓舞"的策略，加强中医文化自信的渗透与培养，引导学生铸就"医者仁心"的大医情怀，以"润物无声"的方式达到"立德树人"目的。

二、成果解决教学问题的思路与方法

1.广泛调研、深入研究，构建"三三制"中基情境教学模式

通过对多届、不同专业学生的期初、期末问卷调查，了解学生的认知结构、心理特点及学习困难，综合分析影响中基教学效果的各种因素及存在问题，在建构主义教学理论指导下构建"三三制"中基情境教学模式。

2.沟通了解、激励润泽，创设非智力因素情境，素质教育贯穿始终

非智力因素是指人的智力因素之外的与学习活动相关的个性心理因素，如理想信念、兴趣、情感、意志和性格等。非智力因素充满活力，会对学生的学习产生很大的推动作用。从了解学生、关爱学生入手。通过建立学生信息卡，了解学生的所思所想，有的放矢地进行交流，师生互信，建立起情感纽带；定期请名老中医讲座，请优秀毕业生介绍学习经验，促进学习信心与方法的建立；设立《走进中医》小栏目、培养学生自主学习能力；学生们查找资料、自我展示和相互交流。良好的学习氛围和师生关系增强了教学的内驱力，激励学生建立起学习中医的信心与兴趣。

3.反复实践、不断凝练，构筑"知识点－经典－案例"相结合的中基教学体系

为了使枯燥的知识"活"起来，经典与案例的情境创设凸显优势。经典是中医之魂，医案是学习之桥。我们以"知识点"为中心、以"经典"为基石、以"医案"为线索，建立"知识点－经典－案例"相结合的中基教学体系。

4.加强研讨、团结协作，线上情境延伸，实现随机通达学习目标，打造中医学"入门金课"

随机通达教学，指对同一内容的学习，要在不同时间、在重新安排的情境下、带着不同目的以及从不同的角度多次进行，以此达到"高阶性"的学习目标。基于此，我们团队通力协作，反复研讨实施方案，精心修改讲稿，将案例经典等情境渗透在教学中，呈现于线上课程，为学生及其他学习者打造中医学"入门金课"，并借此将中医药文化推向世界。

5.分析学情、遵循规律，创设实施三个阶段不同教学情境

在不同教学阶段，侧重于不同教学情境的运用。初期阶段联系生活情境，建立中医思维方式；中期阶段案例再现情境，侧重综合分析能力和临床思维的培

养;后期阶段学生创设情境并进行展示,培养自主学习能力、表达能力、团队协作能力等,侧重于"高阶性"学习目标的实现。

三、成果的创新点

(1)知识、能力、素质并重,构建了《中医基础理论》教学的新模式:首创"三三制"中基情境教学模式,将"素质教育、经典渗透、信息技术"三种教学情境贯穿始终;遵循认知规律,在三个不同教学阶段,侧重不同教学情境。教学情境包括生活情境、内经意境、案例情境,学生自创情境,网络情境等,并形成系列成果。

(2)基础、经典、案例融合,构筑了《中医基础理论》教学的新体系:建立"知识点-经典-案例"相结合的中基教学体系。并在丰富的情境中开展教学。创新性地将知识点表式化引入中医教育,出版《中医基础理论知识点表解与学习指导》一书,并多次获奖。编写印发了中医经典及医案资料。

(3)线上、线下、双语并举,建立了中医药学走向世界的新途径:我省的中基在线开放课程,是全国首个在中国大学慕课上线的课程。全国选课人数最多,近8万人。223个视频制作精良,教学资源丰富,师生互动活跃,学员好评如潮。其"课程应用研究"获省教育信息化创新应用研究成果二等奖。建成省级双语示范课程,教学情境的无限延伸,使中医药走向世界。

(4)医德、医道、医术并进,提高了人文素养与沟通交流能力:人文关怀及良好沟通能力是优秀医生必备的素养与品质。教师设立情境,颂扬名医医德,使医者仁心思想深入学生的内心。学生设立情境,在自编自演情境剧、模拟门诊、制作访谈节目中锻炼团队协作与沟通能力、实践与创新能力,使学生的身心同步健康发展。

四、推广应用价值和效果

1.成果水平

该成果自2014年在我校中医、中西医等近十个专业中逐渐推广实践,成效显著。在2014年全国第三届中医基础理论精品课程建设研讨峰会和2015第四届世界中医药教育大会上,我们的情境教学成果作为会议发言,得到了海内外同行的好评。《中国中医药报》进行了报道,提升了我校在行业的知名度,扩大了影响力。

课题成果社会效益显著,发表与本课题相关的教学论文20篇,与项目相关的各级教学奖励达18项,建成河南省教学质量工程4项;《中医基础理论》省级精品在线开放课程在中国大学MOOC平台免费开放,选课高校50多所,选课人数将近8万人,深受校内外学员的好评,为传承中医做出了积极的贡献。

学生基本素质与能力明显提高。本科生发表论文1篇,获得2项挑战杯大赛奖,连续两届获得全国《黄帝内经》知识大赛二等奖、三等奖,指导学生参加全国临床技能大赛获得二等奖等。

2.推广价值

本课题的研究成果具有较强的推广使用价值。已在河南中医药大学中医、中西医、针推、预防、仲景传承等十多个专业实施。在全国率先实行"基础与经典并行""知识点与医案并进""能力与素质并重"的中医情境教学模式,为同类院校的中基教学及其他课程的教学提供了重要借鉴,自2016年课题通过省级鉴定,该成果受到省内外多所学校的关注,陆续在长春中医药大学、陕西中医药大学、江西中医药大学、河北中医学院、山东中医药大学、湖北中医药大学6所医学院校进行推广应用,取得较好效果。研究成果在《时珍国医国药》《中医教育》等具有影响力的杂志上发表论文20篇,具有较好的社会效益,对我国高等中医药院校人才培养具有重要的现实意义。

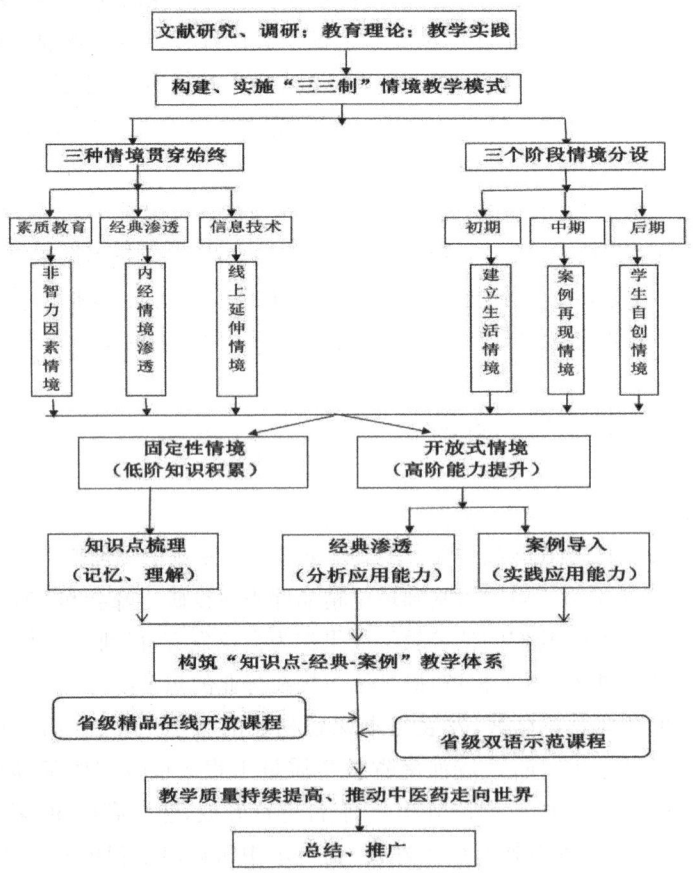

基于以学生为中心的中医药课堂教学评价体系构建与实践

主要完成单位:河南中医药大学

主要完成人:王君明、裴莉昕、张月月、崔璨、张海龙、巫晓慧、刘晨、陈荣幸

"以学生为中心"是一种优秀的教育理念,它是要把学生及其需要作为关注的重点,把学生视为教育改革的主要参与者,实现"以学生为中心"教学改革从形式到内容的深化,并逐步实现贯穿教学的各个环节,在这条变革道路上不断冲破传统教学模式对现代教育的束缚。中医药院校是孕育中医药人才的摇篮,中医药教学则承载着培养高素质中医药人才的希望。然而,目前缺乏中医药"以学生为中心"的课堂教学质量评价指标体系,无法对中医药"以学生为中心"课堂教学效果进行有效评价,阻碍了该教育理念在中医药课堂教学实践中的有效推广应用。如何在中医药课程课堂教学中真正有效地做到"以学生为中心"并对其进行有效评价,是高等院校从事中医药教育的同仁最为关注也是亟待解决的关键科学问题。

鉴于以上背景,河南中医药大学王君明教授在其主持的省级教改项目的立项(项目编号 2017SJGLX331)指导下,开展了基于"以学生为中心"的中医药课堂教学评价体系构建与实践研究,最终获得河南省本科高等教育教学成果奖一等奖[证书编号:豫教(2020)09192 号]的优秀成果。该成果首先运用德尔菲法,通过对三轮专家的征询,构建了中医药"以学生为中心"的课堂教学评价指标体系,并采用 Kendall's W 检验、Cronbach's α、Spearman 相关系数、AMOS 验证性因子分析等方法对构建的指标评价体系进行了信度和效度评价,证实了构建的涵盖 36 个三级指标的教学质量评价指标体系,在对中医药"以学生为中心"的课堂教学应用中呈现出了良好的信度和效度。

该成果的改革成果、实践效果、特色与创新之处,主要体现在:

(1)构建了包括 3 个一级指标、8 个二级指标、36 个三级指标的基于"以学生

为中心"的中医药课堂教学评价指标体系,该评价体系强调课堂教学融入"中医药文化"、"医德教育"、"通识教育",采用慕课、PBL、案例教学、课堂派等多样性教学手段,以及教学效果强调增强学生的"中医药思维"、"创新性思维"、"科学思维"、"批判性思维"、"团队协作能力"、"获取信息能力"、"人际沟通能力"、"医德高尚"等方面的内容,都给中医药课堂教学提供了重要的参考应用价值。

(2)所构建评价体系已被应用到中医药"以学生为中心"的课堂教学中,依据该评价体系设计的学生问卷,对中医药不同专业学生进行了问卷调查分析,证实了所构建的中医药"以学生为中心"课堂教学质量评价指标体系具有较高的信度和效度,中医药学生对该评价体系的总体评分为88.5分(百分制),表明中医药学生对该评价体系的认可度较高,评价较高。

(3)针对构建的评价体系所强调的中医药课堂教学应适当融入渗透"中医药文化",阐释了传统文化在中医药教学中的融入现状及策略,以及中医药教学中融入中原中医药文化探索,并就评价体系强调的PBL教学手段进行了应用方面信度和效度评价,证实中医药课堂应用PBL教学具有较高的信度和效度。

(4)该成果所构建的中医药课堂"以学生为中心"的教学质量评价指标体系,除本校外已在一些省内外院校(如南阳理工学院、黄河科技学院、上海中医药大学、广西中医药大学等)的中医药课堂教学实践中应用,成效突出,效果显著。

(5)本成果构建的中医药课堂教学质量评价指标体系,在省级"教学质量工程项目"(省级在线开放课程"中药学")教学实践中得到了充分的应用,成效突出,效果显著。

此外,该成果已发表教学研究论文8篇,其中包括CSCD收录的中文核心2篇、国家级6篇,具有较高的学术价值。已发表的教学研究论文,目录如下:

①王君明,关月晨,宋玲玲,等.基于德尔菲法研究构建中医药"以学生为中心"的课堂教学质量评价指标体系[J].时珍国医国药,2020,31(2):442−444.(CSCD收录、北大中文核心)

②王君明,朱琳琳,张月月,等.基于信度和效度分析的中医药本科生教学质量指标体系评价[J].时珍国医国药,2019,30(8):1987−1989.(CSCD收录、北大中文核心)

③王君明,张月月,张海龙,等.中医药课程教学中"以学生为中心"理念应用现状及策略[J].教育现代化,2019,6(53):230−233.
(国家级)

④王君明,裴莉昕,崔璨,等.基于"以学生为中心"的高校中药学教学改革探索[J].教育现代化,2019,6(79):56−57.(国家级)

⑤张月月,王君明,陈荣幸,等.以学生为中心教育理念在实训教学中的应用[J].中国中医药现代远程教育,2020,18(9):167－169.(国家级)

⑥张月月,王君明,关月晨,等.高校实验教学中"以学生为中心"教育理念的应用[J].教育现代化,2019,6(85):276－278.(国家级)

⑦王君明,朱琳琳,王辉,等.传统文化在中医药教学中的融入现状及策略[J].中国教育技术装备,2018,(12):98－100.(国家级)

⑧王君明,崔瑛,蔡泓,等.中医药教学中融入中原中医药文化探索[J].中国教育技术装备,2018,(8):95－97.(国家级)

总之,该成果为科学评价中医药"以学生为中心"的课堂教学质量提供了重要的参考。

基于爱课程网平台的大学物理实验及仿真在线开放学习教学模式的探究

主要完成单位：郑州轻工业大学

主要完成人：蒋逢春、王永强、吴杰、冯学超、石开、陈凤华、李俊玉、苏玉玲

一、成果简介及主要解决的问题

2014年慕课迅速发展，成果依托2015年教育部大学物理教指委教改项目（编号：DWJZW201533zn）和2017年河南省高等教育教学改革研究与实践省级教改项目（2017SJGLX356），充分发挥各网络平台优势，对大学物理实验及仿真课程的教学内容、教学方法以及教学手段进行了全方位的改革，虚实结合，探索出线上线下结合的混合式教学模式，线上线下有机融合，实现跨校区慕课学习认证学分，并在实际中推广应用。

（一）主要成果

(1)完成了"大学物理实验及仿真"在线开放课程配套资源建设

2017年9月在爱课程网上线运行，2018年获批省级精品在线开放课程建设立项，2019年推荐参评国家精品在线开放课程。

(2)出版新形态教材《大学物理实验教程》（第二版）1部

将线上课程资源纳入其中，学生可随时随地在移动端自主学习。

(3)制定30个实验项目的教学实施方案，统一了教学要求的执行标准。

(4)发表教改论文15篇。

其中《物理通报》连载3篇主题文章。

(5)获得河南省教育厅信息技术奖12项，获得创新应用一等奖两项。

(6)教育部高校大学物理课程教指委教学研究立项"以网络学习空间为平台，大学物理实验在线学习教学模式的研究"1项，获评优秀。

(7)校级教改招标项目1项,获校级教学成果特等奖。

(8)青年教师培养成绩显著,获得校级以上教学竞赛奖励10余项。

(9)学生实践能力明显提升,在学科竞赛中获得省级以上奖励10余项。

(10)项目负责人在全国物理会议上专题发言10多次。

得到同行认可和好评,1百多所学校学生使用,累计达1万多人。

2019年蒋逢春被评为河南省教学名师和优秀共产党员,得到多家媒体报道。成果具有推广应用价值。

(二)主要解决的问题

经过改革与实践,成果有效地解决了物理实验教学中存在的诸多问题,具体如下:

(1)组织制定了各实验项目的教学实施方案及评分标准,统一了实验项目的教学要求执行标准。

(2)精心制作课件60个,录制视频64个,测验题200道,出版新形态教材《大学物理实验教程》(第二版)1部。丰富的线上线下课程资源,打破了时域限制,满足了学生的个性化学习。

(3)建立网络仿真虚拟平台,学生不进实验室即可自主完成仿真操作,满足了学生课前熟悉实验仪器的要求;超星学习通直播,实现了学生一对一指导。

(4)开展了翻转课堂的教学实践,实现了线上线下有机融合的在线开放学习,教学效果明显提高。

(5)改革了学习评价方式,将学生线上学习活动纳入课程考核,构建了过程性评价与终结性评价有机结合的评价机制,学习效果评价更加客观。

二、成果解决教学问题的方法

(一)制定教学实施方案,统一教学要求的执行标准

组织专题教学研讨会,制定每个项目的教学实施方案。通过举办物理实验教学研修班、组织集体备课,使每位教师明确教学要求及评价标准,统一执行。通过期末教学研讨会进行总结,提出修订意见,逐步改进完善。

(二)丰富线上课程资源,满足学生个性化学习需要

1.建设在线开放课程

基于"强化基础、突出重点难点、兼顾不同方法"的原则精心设计建设内容。对基础理论、实验方法和仪器使用,采用知识点横向分割的方式进行建设。对实验项目,按照理论、实操、仿真演示三个部分,采用知识点纵向分割的方式进行建设。

建成后,学生可在线上对各实验的原理、方法、操作、内容及数据处理等各个部分充分了解和熟悉,还可以通过在线仿真实现仪器操作与数据记录。

2.出版配套新形态教材

组织教师在第一版的基础上编写出版《大学物理实验教程(第二版)》,一方面精炼语言、补充图表,增加教材的可读性和指导性,方便学生自主学习,另一方面将建成的课程资源以数字化的方式纳入教材,使学生可以随时随地在移动端进行自主学习。

(三)采用线上线下混合式教学模式,促进知识双向传递

1.利用 Sakai 网络学习空间探索物理实验混合式教学

利用 Sakai 网络平台实现众多班级统一管理,使学生能够在线自主学习、自我检测和互动答疑讨论,教师在线下针对性指导,实现学生个性化学习和知识的双向传递。

2.利用爱课程网实现大学物理实验及仿真翻转课堂教学

采用异步 SPOC 的形式在爱课程平台开课。基于"以问题为核心、以任务为驱动"的翻转课堂教学模式,精心设计学习任务,调动学生线上学习和线下讨论的主动性和积极性,使学生在课前能够进行真正的深入学习,课堂上能够主动思考、深入讨论,真正实现线上线下的有机融合。

3.实现跨校慕课学习认证学分,促进推广应用

利用在线开放课程开设慕课堂,面向校外学习者开放,学习者完成学习任务后,予以学分认证,促进改革成果的推广应用。

(四)开展仿真实验直播教学,实现一对一在线指导

开设"大学物理仿真实验"公选课,利用超星学习通直播功能教学,突破教与学的时空限制,使校内学生和校外学习者能够通过移动客户端与教师进行实时交流,实现远程操作一对一指导。

(五)注重过程评价,使学习评价更加科学合理

利用在线课程平台,如实记录学生参与的每项学习活动,设计好各部分权重,计入学习过程评价,建立过程性评价和终结性评价相结合的课程考核机制,激发学生学习热情,使课程评价更加客观。

三、成果的创新点

(一)基于爱课程平台实现物理实验在线开放学习,在全国范围内走在前列。

从爱课程网上搜索可以找到关于大学物理实验的 MOOC 课程为数不多,有

国防科技大学、郑州轻工业大学、南京邮电大学、北京交通大学等几所学校,我们已经上线运行两年半,走在全国前列。

(二)把物理实验和仿真实验结合,对内对外同步异步开课,全国首创

为了满足不同校区和校外学习者的需求,我们学习了爱课程开课的特点和功能,把物理实验在两个校区实行异步开课,这样的优势是能区分两个校区不同实验项目的大循环,学生成绩也能分开。而大学物理仿真实验采用同步开课,在校内同步 spoc 可以实现分组,掌握学生更多学习数据,有针对性教学。这在全国是首创。

(三)利用网络仿真平台和学习通直播教学,打破时域限制,实现一对一个性化教学

大学物理仿真实验是面向社会开放的一门实践性基础课程,为了让更多学习者能得到一对一的指导,利用网络仿真平台,借助学习通的直播功能,通过直播的回放功能,学生可以随时随地学习,从而实现一对一个性化教学。

(四)利用慕课堂,建立了校外学分认证机制,实现跨学校认证学分

基于省级精品在线开放课程,为南阳理工学院软件学院 2016 级 19 个班(850 多名学生)开设慕课堂,让陈兰莉主任加入我们的教学团队,把学生名单导入仿真实验平台,借助超星泛雅平台进行教学管理,学生在线完成实验任务,通过多平台考核给出成绩,成绩合格者认定学分。该机制的建立不仅可以促进本项目研究成果的推广应用,对其他课程类教学改革成果的推广也有重要的借鉴意义。

(五)格物致理,物理思政

物理学的故事,激发人生情怀。物理学的发展,促进人类文明。物理学的知识,点燃思想火花。物理学的拓展,塑造价值追求。物理学的素养,构建科学精神。灵活运用,融会贯通,细推物理,润人无声。

积极把思政元素融入课堂教学,2019 年大学物理教学部党支部被评为全国党建工作样板支部。

2020 年一场突如其来的疫情,打破了正常的教学秩序。大学物理实验及仿真课程率先在爱课程和超星平台上线开课,全国在线教学会议上发言,并在《物理实验》杂志上发表《"停课不停学"背景下大学物理实验及仿真在线开放课程的实践与拓展》文章,在全国物理实验在线教学中起到示范引领作用,本学期选课人数达 1 万人。并继续在南阳理工学院推行跨校区认证学分。

慕课辅助教学下思政课"专题研讨+轮转走班"协同教学模式研究与探索

主要完成单位：中原工学院、郑州轻工业大学
主要完成人：俞海洛、随新民、陈锦晓、赵茜、申治安、李明桂、陆俊杰、李福龙

一、成果简介及主要解决的教学问题

1. 成果简介

该教学法是在应对世界范围的"慕课"革命、落实中共中央《关于加强和改进新形势下高校思想政治工作的意见》，推进思想政治理论课改革，提高思政课实效性，增强师生获得感的大背景下提出并实施的。具体来说，就是教学内容专题化，将教材体系转化为教学体系，解决如何讲深讲透讲精的问题；教学组织运行轮转化，解决教学内容的丰富性与教师知识储备有限性的矛盾，并让学生体验多样的教学风格；教学各环节、各主体协同化，解决教师教学行为个体化，教研室活动空心化问题，强化基层教学组织凝聚力，打通提升教学质量的最后一公里。

2. 成果主要解决的教学问题

（1）如何应对"慕课"革命：本课题实施时，"慕课"革命正风起云涌，给传统教学带来多方面挑战。知识获得的便捷化消解了传统教学中教师的权威性；当代大学生的亲网络性使他们追求更新的资讯、更具体验感的学习方式；网上纷繁复杂的信息及或明或暗的意识形态较量，增加了思政教学的难度。诸如此类，促使我们必须理性应对。

（2）教师如何教。传统教学模式下，同一教师必须独立完成一门课程的全部教学任务，教学内容的广博性与课时的有限性及教师个人的专业性之间都存在着张力和矛盾。教学实践中出现要么泛泛而谈、要么擅长什么讲什么的现象，影响了课程教学目标的达成，也不利于教师的个人成长。长此以往，必定弱化教师

从事思政教学的热情和信心,不利于思政课教师队伍建设。

(3)学生如何学。思政课对学生来说一是缺乏新鲜感,导致学习动力不足;二是教学目标刚性弱,导致学习成效可观性不强;三是涉及面太宽,导致学生无从应对。激发学生学习动力,解决学习方法,增强学生学习获得感是提升教学效果的基本前提。

(4)基层教学组织如何发挥作用。由于缺乏专业建设及统一的科研平台,思政类教师的教学行为个人化、教研室活动空心化现象明显。如何提升教研活动质量,增强基层教学组织凝聚力,也是教学改革需要探讨的问题。

二、成果解决教学问题的方法

(1)理念转变,有效应对"慕课"的冲击。本教学模式中,对"慕课"的利用体现在三个方面:其一,转变教育教学理念,注重学生学习体验;积极回应新技术革命,合理使用新技术手段;其二,构建了适合本校学生使用的"慕课"平台;其三,引导学生使用其他优质"慕课"资源,充分发挥当代大学生亲网络性特点,将其负面效应变成学习优势。

(2)合理转化,即把专题设置和研究性教、学融为一体。教学内容专题化,将教材体系转换为教学体系,解决面面俱到,讲不深讲不透讲不精的问题。

(3)专题研讨,即教师专题授课,学生专题研讨,有效解决教与学、教与研的问题。

教师层面看,教师的专业背景与教学内容及教研活动尽可能统一,契合了思政教育政治性与学理性统一的要求,老师既教又研,既拓展了思政课思想深度和思维宽度,又促进了教师个人发展。

学生层面看,丰富而便利的学习资源为专题研讨式教学提供了足够的外在条件,明确的任务和即时性的学习评价避免了课外学习的空转,学习小组的研讨和互动,增强学生的参与意识和获得感,提升了教学效果。

(4)轮转走班,解决单个教师难以堂堂精彩的问题。采取教师"轮转走班"上课制,同一个教学班由3－5位老师共同完成教学任务,并设一位授课教师负责教学过程性管理。保证了教学效果的最优化和教学秩序的有序化。

(5)科学考核,解决一考定输赢的弊端。更加注重过程性考核,实施MOOC/SPOC环节＋专题研讨参与环节＋课外实践环节＋期末结课考核相结合。

(6)内外互通,解决授人以鱼不如授人以渔的问题。将自建的 MOOC/

SPOC平台和引进的其他优秀思政课课程平台结合,实现课堂教学同信息化资源的内外衔接,做到优势互补。

(7)协同发展,探索了基层教学组织的建设路径。网课制作及平台建设维护、专题选择及备课需要,使教师之间的协作显得尤为重要。该教学模式的实施,有效解决了教学离散化、教研活动空心化现象,为发挥基层教学组织的功能探索了可行的建设路径。

三、成果的创新点

(1)教师研讨式教学和学生研究性学习相结合,实现了教学相长。
(2)专题教学,提高了课堂教学的含金量,增强了师生的获得感。
(3)"轮转走班"中多位教师协同完成教学任务,促进了教师间的交流与合作。
(4)协同发展,推动了基层教学组织建设,营造了良好的教学文化。

四、成果的推广应用情况

该教学方法在本校马克思主义学院已经实施近四年,取得了多方面的效果:
(1)从学生角度看,促进了从"让我学"到"我要学"的转变;从"课堂学习"到"全天候学习"的转变;从"学了不一定会做"到"边学边做、学做结合"的转变。在该教学模式中,学生利用网络资源进行自学和研讨,锻炼和提高了学习能力;教师适时点拨和引导,培养了学生"学以致用"的能力,在学做结合中完成教学内容的内化,最终实现使学生从知识体系向能力体系转化,从能力体系向信仰体系转化的目标。
(2)从教师角度看,促进了教师教育理念的转变。教学从以教师为中心向以学生发展为中心转变,从单一教学模式向混合教学模式转变,从单打独斗向团队合作转变,从教育学生为主向兼顾服务社会转变。

项目实施以来,教师科研能力得到明显提升,教研教改成果丰硕。五门思政课,已经获得省级优秀基层教学组织一个,校级两个。同时为疫情期间大规模在线教学有序实施提供了保证,并在实践中再一次推动了该教学模式的创新。2020年春"毛泽东思想和中国特色社会主义理论体系概论"课程荣获河南省在线教学一等奖。

(3)从师生关系看,促进了师生关系的重构。一方面,增加了围绕教学的反复、多向、复合互动交流,教师与学生的教学性互动大大增强;另一方面,增加了围绕现实生活的朋友式交流,密切了师生关系。

该项目引起了兄弟院校的关注。我们通过"走出去""请进来",召开会议等方式与其他院校同行进行了深入交流,获得了高度的评价。2017年5月23日,《中国教育报》对我校实施的协同教学模式进行专题报道,河南教育电视台对学生听课效果进行了专访。2017年5月,河南工程学院马院邀请我院领导参加了"龙湖高校思政课教学质量年专项工作交流暨共享发展研讨会",河南工程学院马院决定在"概论"和"原理"两门课程中进行尝试。课程组主要成员还应邀与升达经贸管理学院、浙江金融学院、浙江理工大学等兄弟院校对该教学模式进行了交流,对方认为对他们"很有启发"。2019年5月30日,教育部度思政课影响力标兵人物张兰玲教授应邀来我院就专题教学模式改革进行了交流,她认为我校的思政教改走在了河南前列。

2017年12月29日,我校承办了全国高校"习近平新时代中国特色社会主义思想与形势与政策课程创新建设"研讨会,部分全国重点马院院长,教育部"高校示范马克思主义学院和优秀教学科研团队"形势与政策类课题负责人以及来自西安交通大学、华中师范大学、大连理工大学、苏州大学、内蒙古大学、广西大学、西藏民族大学、西南财经大学、郑州大学等全国22个省、市、自治区的47所高校100多名专家学者参加会议。与会代表对我校开展的教学改革深表兴趣,大家共同探讨了"互联网+"时代的思政教育的理论与实践经验。中国教育新闻网报道了这次会议,并在文中专门介绍了我校开展的"互联网+时代背景下的慕课教学改革"。

本教学模式所秉承的改革理念与方法不仅可以用于解决思政课教学中存在的问题,而且还可以拓展到课程思政改革中,对"互联网+"时代的高校教育教学具有一定的启发意义。

体验学习视域下高校师范生信息技术应用能力培养研究与实践

主要完成单位：周口师范学院
主要完成人：陈永光、王娜、周效章、梁英波、常怡鹏、薛美薇、马运朋、黄宝权

一、成果简介及主要解决的问题

本成果主要采取理论联系实证的研究思路，通过广泛查阅文献资料以及梳理总结，在明确信息技术应用能力内涵以及重要性的基础上，针对高校师范生信息技术应用能力培训现状进行反思，提出了体验学习视域下师范生信息技术的培养模式、培养策略，同时根据具体体验、观察反思、概括抽象、实际检验四个主要教学环节提出教学策略、学习策略和评价策略。在理论模型建构的基础上，结合具体案例教学实验，通过实践证明，体验学习更为契合师范生教学实践能力与专业素质培养的需求，可有效提升职前教师的信息技术应用能力和综合素质，进而加快推进高等教育教学改革与教育信息化进程。

作为未来教师生力军的高校师范生，调研发现其在培养实践中仍然存在培养方式单一、培养内容重技术轻应用、与教学实践相脱节、培养过程缺乏反思性活动等诸多问题，导致师范生存在对信息技术的重要性认识不够，信息技术的应用意识淡薄，不能熟练操作常见的教学媒体和软件，或不能将技术有效应用到教学实践、信息技术与课程整合能力薄弱等，培养效果较不理想，其主要原因就在于学生缺少真实教学实践体验和应用总结升华。而体验学习正是一种注重学习者体验与反思的理论，它将"做中学"与"反思中学"相结合，非常契合职前教师信息技术应用能力培养的需求。因此，如何运用体验学习理论来有效提升职前教师的信息技术应用能力，已成为当前高校教师教育教学改革与人才培养改革的重要课题和突破口。

二、成果的主要内容与创新点

(1)提出了师范生信息技术应用能力体验式课程设计的内涵与原则。通过实际调研发现,学生缺少真实体验和应用总结,制约着其信息技术应用能力的提升,需转变教育观念。在分析体验学习的特点及其应用于师范生能力培养需求的契合度与优势的基础上,概述其应用的主要原则为师范专业导向原则:满足社会需求;最小代价律原则——基于现实资源现状;技能与理念兼顾原则——自我学习与专业发展精神。

(2)构建了师范生信息技术应用能力的体验式培养模式:创新人才培养模式,借鉴库伯的四阶段体验学习模型,创建师范生信息技术应用能力体验式培养模式,根据具体体验、观察反思、概括抽象、实际检验四个主要教学环节提出教学策略、学习策略和评价策略。如下图所示。

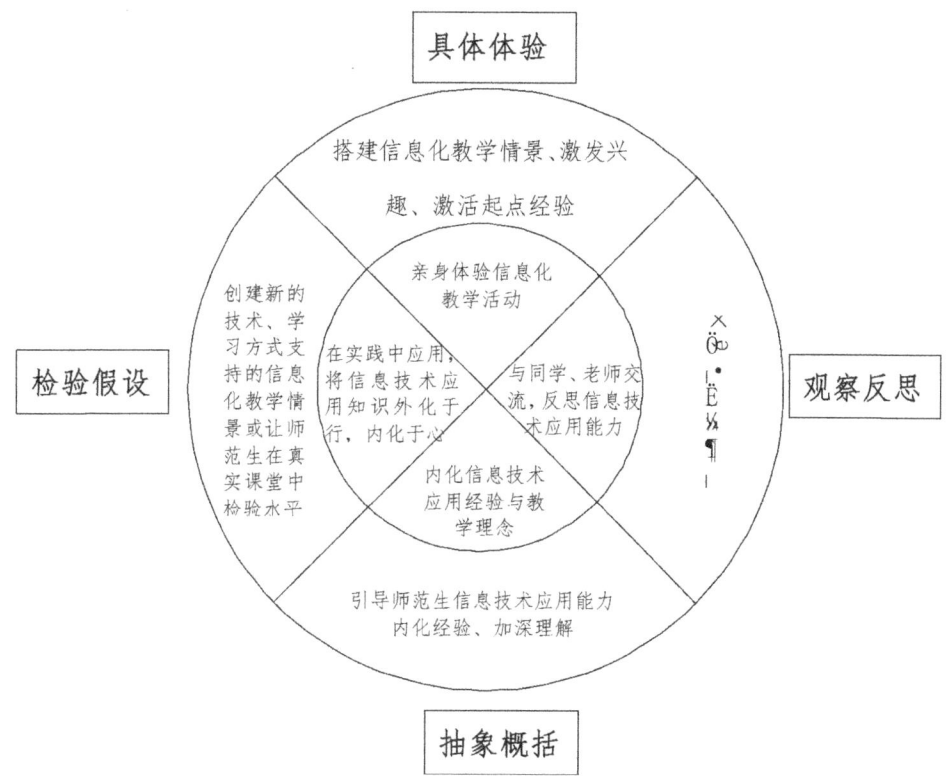

（3）采用了对比实验的方式验证与完善培养模式。深化教学改革，突出实践性与创新性，在理论模型建构基础上，结合"微课制作"课程案例开展教学改革实践，通过实验组与参照组比对，实践证明体验式学习在对师范生利用信息技术应用于教学的理念的改观方面有明显提高，可有效提升职前教师的信息技术应用能力和综合素质。

三、解决问题的具体策略与方法

信息技术应用能力已成为信息时代教师必备的专业能力，师范生阶段培养亟待加强。师范生在学习过程中完成信息技术能力的提升，整个学习过程重视师范生的内在体验与升华，而不仅仅强调理论知识的习得。在"内外结合"的体验式学习模式中，师范生按照具体体验、检验假设、抽象概括、观察反思四个环节开展相应教育教学活动。

1. 具体体验——建立能力"初体验"

在体验学习视域下师范生信息技术应用能力学习模式中，师范生在教师的引导下投入教师事前搭建好的教学情境，同时在教师一步一步引导下，亲身体验与信息技术应用于教学实践相关的具体体验，让师范生掌握具体的信息技术能力后，教师对课堂教学、师生互动、教学评价等方面的影响与作用有一个初步的体验。这也是师范生进行体验式学习的第一个环节，是决定学习效果的基础。因此，在这个环节中，师范生有关信息化教学的"初体验"的学习环境的创设和体验活动的组织与实施至关重要。

2. 观察反思——内外共同"促反思"

师范生要对教育技术应用于具体教学情境的体验进行细致观察和主动反思，这个环节可以与初步体验同步进行，边体验边思考，即时反思；也可借助摄录设备在体验阶段之后反复观看教学视频，梳理教学策略的实施方法与使用技巧，分析自己的语言表达、技术使用偏好、教学理论认知等方面有无偏差，进行深度反思。无论是即时反思还是深度反思，目的都是让师范生在体验的过程中自己总结出一套自己的教学媒体使用策略的结论，进而有助于构建自己的信息技术应用能力体系和基于信息技术的创新教学理念，这是师范生将信息技术应用的知识、技能、价值理念"由外而内"知识内化的过程。

3. 抽象概括——建立能力"初结构"

教师在听取了师范生分享信息技术应用于教学活动的经验和体会之后，教师要对师范生的分析给予适当的反馈，对能够帮助师范生构建合理、科学的信息技术应用能力框架的表达以肯定,并积极鼓励和引导师范生通过个人体验和群体谈论进行抽象概括的基础上,引导师范生自己总结某一具体学习任务的基本概念、原理、策略和功能的结论。

4.实际检验——解决问题"得结论"

师范生们对总结出来的多媒体教学应用策略、信息技术应用方法、信息化教学设计等教育理论知识要通过实际的体验式学习的经历、体验、内化的才能够真正理解、接受和使用。师范生实际检验的过程中借助真实的教学情境与任务体验来进一步深化内部认知结构,进而对其进行添加、修改和重构。教师要求师范生通过完成一些教学设计的任务或是解决相关的问题来验证结论。

四、教学成果实践案例分析

通过采用体验学习的教学方式,开展"微课制作"课程教学实践,体验式学习在对师范生利用信息技术应用于教学理念的改观方面,师范生对信息技术应用于教学的信任程度、接受程度、行动意向和向他人推荐意愿四个方面有明显提高。体验式学习在师范生信息技术应用能力中信息化教学设计能力、微课制作水平、小组协作与汇报、教学反思四个维度均存在着显著提高,更为契合师范生教学实践能力与专业素质培养的需求。

五、实践推广应用效果

该成果在周口师范学院、郑州师范学院、新乡学院等高校得到应用推广,已经被采纳并实践于相关师范生专业教育实践工作当中,以人才培养为中心,加强教育基本理论学习、基本技能训练和优秀教学案例的示范研讨,针对性强,切实提高了学生信息技术应用能力水平,有力地推动了高校教育教学改革和教育信息化进程,科学性、实用性得到了进一步证实,应用效果较好,能够发挥其在创新型人才培养方面的作用,探索出基于学生全面发展的新模式和新方法。尤其自改革实践以来,周口师范学院的师范生信息化教学能力与综合素养提升显著,相关师范专业在河南省高等学校师范教育专业毕业生教学技能大赛屡创佳绩,第十六届比赛派出13名选手,11名选手荣获一等奖,周口师范学院连续11年荣获团体一等奖。

网络环境下师范生自主学习能力培养的研究与实践

主要完成单位：郑州师范学院、河南机电职业学院
主要完成人：罗丽丽、胡明生、王俊明、王东、张旭华、
尚琼、胡燕、赵靓、张雯

该成果是河南省高等教育教学改革研究项目"网络环境下师范生自主学习能力培养的研究与实践"研究成果。2019年7月，项目通过省教育厅专家鉴定顺利结项并获得2019年度河南省高等教育教学成果奖一等奖。成果主要涉及网络环境下师范生自主学习能力的现状、师范生自主学习能力培养与指导的理论建构、实施与保障体系等问题研究，对于提高网络环境下师范生自主学习能力，促进师范院校教育教学改革具有一定的现实意义和推广价值。

一、成果主要内容

该成果通过研究网络环境下师范生自主学习能力发展及培养问题，分析师范生自主学习能力的现实问题及其归因，提出师范生自主学习能力指导与培养系统策略。成果主要内容包括：

1. 网络环境下师范生自主学习能力的现状问题

基于网络社会对基础教育及师范教育的新要求，研究师范生自主学习能力培养方面存在的现实问题及其归因。网络环境下师范生自主学习能力存在学习动力不足、教学方式不适应、自主学习意识与能力不强等问题；高校对学生教育指导、教师教学、网络环境等是影响师范生自主学习能力的外部因素。以此为基础，比较分析其指导目标、内容、形式和保障制度，为师范生自主学习能力指导与培养的系统建构提供实践基础。

2. 基于网络环境的师范生自主学习能力培养与指导的理论建构

以教育社会学、教育心理学、高等教育学领域有关学生学习的理论为基础，

结合教育学有关研究成果和高等教育实践成果,建构网络环境中的师范生自主学习能力指导与培养的理论以及师范生自主学习能力的培养体系,提出师范生自主学习能力指导与培养体系目标;通过"互联网+"时代教学方式变革,探索新时代高校学生数字化学习、线上与线下混合式学习规律等,提升学习者自主学习能力,达到课程内容学习与学生综合素养能力提升的"双赢"。项目成果通过制定师范生自主学习能力量表,研究师范生自主学习能力的表征及维度确立问题,在学校泛雅MOOC平台上开展前测与后测,以完善师范生自主学习能力培养与指导的指导系统。

3.师范生自主学习能力指导与培养的实施体系建构

在建立学习指导系统的基础上,提出学习方法指导的实践策略。通过开设专题课程或讲座、课程教学中渗透自主学习方法的指导与实践、自主学习能力提升的认识与实践、自主学习能力专业指导等四种途径构建师范生自主学习能力培养与指导的实施体系。

在网络学习实践方面,依据泛雅MOOC平台及其《现代教育技术》MOOC课程的SPOC、翻转课堂教学实践,将线上课程资源建设、应用与线下课堂教学之间衔接,借助课程教学系统设计、教学活动的组织和过程控制等诸多教学环节开展师范生自主学习能力培养实践,构建师范生自主学习能力指导与培养的实施体系及运行机制,包括师范生自主学习能力指导机制、课程学习指导机制、自主学习能力指导管理机制、自主学习能力指导评价机制等。

4.师范生自主学习能力指导与培养的保障

基于未来社会与教育发展,结合师范教育课程教学与能力培养实践,通过加强师资队伍建设、强化实践基地建设与改进课程评价方式为师范生自主学习能力指导与培养提供保障。

二、主要成果形式

1.研究报告

基于网络背景下,结合师范生学习特点,初步建构基于网络环境的师范生自主学习能力培养与指导的理论与实施体系及实践运行机制,内容包括实施的目标、措施与实施保障体系。

2.专题研究成果

主要包括《虚拟现实技术在创新创业教育中的运用》《公民教育与学校变革》《基于SPOC的现代教育技术课程考核方式研究》《多媒体课件制作翻转课堂教

学设计》《基于 WiFi 热点的手机签到系统设计》《基于MOOC的混合式教学模式研究_以C语言程序设计课程为案例》《混合学习模式在多媒体课件制作课程中的应用研究》《互联网＋背景下全民移动学习研究》等专题研究成果以及师范生自主学习能力培养与指导指导与实践的学生学习与评价制度、课堂教学、活动开展等制度建设成果。

3.应用成果

该项目成果还在洛阳师范学院、安阳师范学院、南阳师范学院、商丘师范学院等高等师范院校使用,取得较好效果。

三、主要实践效果

在项目研究中,以网络学习为背景,以关注每一个学生的发展为指导,开展自主学习能力的培养改革并取得良好的实践效果。主要表现在:

(1)师范生自主学习能力得到进一步提升。通过强化网络环境下自主学习能力训练与教育实践制度改革,增加了学生通过教育实践,有力地促进了师范生学习能力和教育实践能力的整体提升。如我校参加我省师范毕业生教学技能大赛取得较好的成绩,在一定程度上说明,重视自主学习能力和实践教学对提高教师教学实践能力明显成效。

(2)师范生学习理论素养得到了进一步完善。该成果对促进教师学习方法指导效率、学生自学能力及高校教育质量的提升具有借鉴价值。在教育改革与实施中,增加教育与学习理论方面引导及学习方法理论课程内容,其教学内容更加密切结合基础教育实践,注重理论与实践的结合。通过开设学习方法类选修课程或专题讲座,满足学生学习专业课程的个性化需求,推动学习理论素养水平的提升。

(3)推动学校教育课程资源整合与教育教学改革。通过项目实施与改革,学校网络教育与教师教育课程资源得到进一步的整合,为教师教育改革提供了资源基础。在学习方法指导实施中,教学内容更加密切结合基础教育实践,注重理论与实践的结合,既满足学生课程学习的个性化需求,也推动了理论课程教学水平提升,促进了大学教师教学方法改革和师范生自主学习能力的提高。

该成果对有助于地方师范院校更好地提升师范生自身的专业综合能力,适应教师教育课程改革要求,对教师教育专业队伍建设、培养合格人才也有一定的现实意义。

四、成果特色及应用价值

1.成果特色

(1)基于网络与师范教育现实的研究。本项目成果结合网络学习和师范教育实际,立足网络环境下师范生自主学习能力培养与提升,关注师范生自主学习能力指导的改革与教学,体现自主学习能力指导对师范生基本素养形成的综合价值。

(2)线上与线下学习的有机结合。从课堂教学方式变革为基本出发点,依托基于校内泛雅MOOC平台的"现代教育技术"的MOOC课程建设,探索线上MOOC课程资源与线下课堂教学之间的衔接,在教学系统设计、教学活动的组织和过程控制等诸多教学环节探索师范生自主学习能力培养与提升的流程、方法、策略。

(3)多元化的研究实践与应用。通过探讨网络环境下师范生自主学习能力培养问题,构建网络环境中的师范生自主学习能力指导与培养的理论体系,依据泛雅MOOC平台及其"现代教育技术"MOOC课程的SPOC、翻转课堂教学实践,开展师范生自主学习能力指导的实践探索,达到课程内容学习与学生综合素养能力提升的"双赢"。自主学习的指导与实施体系具有较强的实践性,也具有一定学术价值,有助于提高学生学习效率,对于师范院校落实人才培养方案,培养合格人才也具有一定的现实意义。

2.成果推广应用价值

该成果以学生发展为指导,研究构建的自主学习指导体系与实施体系等具有较强的实践性。该成果的应用有助于促进师范生自主学习能力提升,对师范高等院校教育教学改革具有一定借鉴价值,具有较强的推广应用价值。

该项目成果已在我省师范院校使用,受益学生达到上万人,均取得较好效果。随着项目研究成果的完善与推广,会在一定程度上推动高等院校学习能力发展的课程改革深化,惠及更多的高等师范院校的学生。

基于数据分析的地方师范院校课堂教学质量立体化监控体系研究与实践

主要完成单位：河南师范大学

主要完成人：梁存良、黄宏涛、邓敏杰、李海龙、王艳梅、朱珂、李景原、刘骏飞

党的十八大以来，尤其是新时代全国高校本科教育工作会议及全国教育大会以来，国家推出了一系列教育教学改革举措，实施了一批重大工程，全力打赢全面振兴本科教育攻坚战。提高课堂教学质量，促进教学质量持续提升，成了当前高等教育发展的核心任务。本成果是河南师范大学全面贯彻党的教育方针，加强教学质量文化建设系列改革成果的一个组成部分。

本成果运用数据分析、人工智能等信息技术构建的课堂教学质量立体化监控体系很好地解决了地方师范院校课堂教学质量监控的问题，能有效提升课堂教学质量。经过学校多年的积累和近3年的集中研究与实践，在课堂教学质量立体化监控体系、远程督导听查课、质量分析与干预调控等方面取得了较丰硕的成果，并构建了特色鲜明的地方师范院校课堂教学质量立体化监控体系。

一、成果主要解决的教学问题

课堂教学是人才培养的主阵地，是提高教学质量的关键环节。经过对省内外部分地方师范院校考察调研发现，在课堂教学质量监控方面存在以下突出问题，也是本成果主要解决的教学问题：

第一，课堂教学质量评价者维度和环节少，监控体系不够健全。

第二，监控方法的信息化水平较低，监控覆盖面小。

第三，监控缺少质量分析、反馈和干预调控等闭环管理环节。

第四，课堂教学评价标准不能满足多维度评价。

这些问题也是《教育部关于加快建设高水平本科教育全面提高人才培养能

力的意见》等文件要求并重点解决的问题。解决这些问题,是推动课堂教学"质量革命",打赢全面振兴本科教育攻坚战和教师教育振兴的关键问题,重中之重,也是审核评估和专业认证评估的重点。

二、问题解决方案

1.模式选择

调研表明,高校信息化建设大体上分为整体建设和系统集成两种模式。地方师范院校因资源、经费的制约,其信息化设施是逐年、分批建设的,根据地方师范院校经费、资源不足的校情,本方案采用多系统集成模式。

2.总体思路

成果改革的总体思路包括以下步骤:成立领导小组→构建监控体系→修订评价标准→建设系统平台→采集教学数据→分析评教结果→生成质量报告→干预调控培训→提升课堂教学质量。

3.解决问题的方法

根据改革模式、总体思路及要解决的主要教学问题,确立了本成果的解决方案,其中包括与教学问题一一对应的4个解决方法。

(1)构建"五维度四环节"课堂教学质量立体化监控体系,解决课堂教学质量评价者维度和环节少、监控体系不够健全的问题

本监控体系使评价者维度由两个(学生评教、督导专家听课)增加到五个(增加了同行评课、学生信息员查课和校领导听课)。在质量"闭环"方面,增加分析评价、质量信息反馈、干预调控及教师培训等质量改进环节。在管理方面,成立了课堂教学质量监控工作领导小组,在主管校长的领导下,人事处、教发中心、现教中心等5个职能部门及各学院负责人也参与监控工作,各部门在质量闭环中协同工作,提升了课堂教学质量。

(2)建设高清电子教室和远程听课系统,解决监控方法的信息化水平较低、监控的覆盖面小的问题

课堂教学常态数据采集由教务管理系统和高清电子教室完成。学校投入500万元经费建设了203个高清电子教室,建设了4个远程督导听课室,6个远程查课室,开发了内置有评价指标体系的网络听查课系统。

(3)开发了质量分析和反馈系统,解决监控缺少质量分析、反馈和干预调控等闭环管理环节的问题

质量分析系统采用人工神经网络对督导等五个维度的评教数据进行自组织

分类和模式识别,分析评教结果,给出评价和改进建议。结果反馈系统根据评价指标生成教师的课堂教学质量评价报告。并运用此结果干预调控教师是否需要参加培训等。

(4)修订完善督导专家听课等 4 个课堂教学评价标准,解决评价标准少、不能满足多维度评价的问题

修订完善了督导专家听课、同行听课、学生查课、领导听课 4 个评价标准,满足了多维度评价需要。

经过应用,本方案合理可行,对提升课堂教学质量具有很强的可操作性,解决问题的方法具有普适性,且具有很好的示范作用。

三、成果的创新点

本成果利用"互联网+"和数据分析技术构建的"五维度四环节"课堂教学质量立体化监控体系是信息技术与教育教学融合创新的成功案例,建设的高清电子教室系统、自主开发的分析与反馈平台在功能强、质量优、覆盖面全等方面在地方师范院校中处于先进水平。

1.构建了课堂教学质量立体化监控体系,创新了课堂教学监控方法

本监控体系体现了评价理念由"结果"向"过程"的转变,实现了监控评价者(督导专家、同行、学校领导、信息员、学生)的多维度、监控手段(高清电子教室、督导听课、同行听课、远程查课、教务管理系统)多样性和监控环节的"闭环",具有鲜明的立体化特色,创新了课堂教学质量监控方法。

2.建设了基于"互联网+"的高清电子教室系统,提升了监控评价的效率与覆盖面

本成果建设了覆盖全部教室的高清电子教室系统,实现了听课查课的常态化,提升了课堂教学监控评价的效率与覆盖面。

3.开发了基于神经网络的质量分析和结果反馈系统,保证了分析结果的客观性和准确度

成果采用人工神经网络对评教数据从五个维度进行自组织分类,科学地为教师给出对应评价和改进建议。使用神经网络能够有效利用已有数据对新数据进行模式识别,有效消除主观评价引入的误差,保证分析结果的客观性。

四、实践推广应用效果

在前期研究、建设的基础上,经过 3 年的校内试点、全面实施及校外推广应用检验,本成果在提升课堂教学质量方面发挥了重要作用,并在省内外 4 所高校进行了推广应用,取得了较好的应用效果。

1.校内应用效果

(1)近三年,课堂教学总评优秀率由 2017 年的 84.55% 增长为 2019 年的 93.25%,说明本成果对提升课堂教学质量是有效的。

(2)近三年,利用高清电子教室不仅提高了听课的效率,而且对教师授课也起到了督促作用,学生、督导专家和同行评课的优秀率分别由 2017 年的 83.52%、80.76%、94.30% 不断增加为 2019 年的 93.96%、91.55%、95.13%。

(3)开放式的学生调查表明,97.06% 的教师讲课有激情,注重课堂上与学生互动;96.22% 的教师经常组织课堂教学并使教学变得高效;84.45% 的教师能够根据学科前沿更新教学内容,98.23% 的教师认真备课、准备充足等,说明本成果对提升课堂教学质量有明显效果。

(4)中国大学教学质量评价显示,本成果对提升学校办学质量有明显效果。近 3 年,艾瑞深中国校友会网发布的《中国大学教学质量排行榜》表明,河南师范大学在全国师范大学排名从 21 位上升到 14 位,全国大学排名从 151 位上升到 107 位。

综上,本成果能够显著提升课堂教学质量,对提升人才培养质量具有重大贡献。

2.校外推广应用

(1)作为典型案例推广。高清电子教室和远程听课系统作为典型案例在教育部举办的全国教育信息化创新与发展论坛上进行展示交流,并作为优秀案例刊登在《中国教育信息化》杂志上,供各级各类学校推广应用。

(2)在省内外高校的推广应用。自 2017 年以来,洛阳师范学院等 4 所省内外高校来校考察并借鉴学习本成果,应用单位一致认为,本成果健全了课堂教学质量监控体系,提升了课堂教学质量,取得了良好的应用效果,具有重要推广应用价值。

本成果被中央电视台、《光明日报》等 7 家主流媒体关注和报道,赢得了社会的广泛赞誉和普遍认可。

成果主持人受邀到河南农业大学、河南中医药大学、华北水利水电大学、新乡医学院等 12 所高校进行成果经验交流与推广,收到了很好的效果,发挥了本成果的示范引领与辐射带动作用。

大数据背景下理工类高等学校本科专业预警、退出机制的构建与实践

主要完成单位：河南理工大学、河南省教育评估中心
主要完成人：赵俊伟、曹中秋、娄红立、罗玲、张秀丽、李红光、董学武、杨杰、刘飞

该成果针对当前大数据背景下制约高校内涵式发展的本科专业预警、退出机制的构建与实践问题进行了深入研究，厘清了本科专业预警、退出机制的概念，阐明了理工类高校本科专业预警、退出机制的现状、局限性及问题根源，提出了大数据背景下专业预警、退出机制的四大原则，构建了本科专业预警、指标体系，并利用软件工程方法将模型和指标体系进一步构建了专业设置预警、退出系统，发表了系列相关论文，出版1部相关专著，制定了相关制度文件，搭建了专业预警所需的数据信息平台，并依托河南理工大学进行了实践探索，取得了良好的实践应用成效。

一、成果主要解决的问题

直面当前专业设置突出问题和优化专业结构的迫切要求，以及高校优化配置教育资源、提高办学效益、增强服务经济社会能力现实需求，项目针对制约高校内涵式发展的本科专业预警、退出机制的构建与实践问题，进行了深入研究。再具体一点讲，项目厘清了本科专业预警、退出机制的概念，阐明了就业和社会需求与高等教育改革发展、与地方理工类本科高校发展、与大学生就业创业以及专业结构和布局的关系，研究提出了专业预警退出机制的原则，建立了专业预警退出指标体系，构建了专业预警退出的信息系统等问题，以利于更好地采取合理有效的措施。

二、解决问题的方案

首先研究问题，着重从毕业生就业供需矛盾、社会需求与专业结构性矛盾、社会需求与人才培养质量以及毕业生择业观念之间的结构性矛盾四个方面进行分析，研究确定专业设置的主要因素。在此基础上，构建数据库，建立专业预警退出信息系统。

数据的来源和积累。通过高等教育质量监测国家数据平台、高校毕业生就业质量年度报告、省教育评估中心以及校内专业评估，获取教学基本状态数据、各专业评估状态数据和就业质量数据。有数据才能支撑专业预警、调整和退出、科学决策和指导。

基于专业设置的六个维度，归纳设计专业预警退出机制的指标体系，把就业情况、办学条件和招生情况作为专业预警退出的主要依据：其中师资和办学条件依据教育部与教学质量国家标准执行；对连续两年第一志愿报考率/录取率低于计划数的80%，或者连续两年及以上不招生的专业进行专业预警或退出；某专业"初次就业率"低于同专业类别"本省平均就业率"，分别给予"停止招生、大幅减少招生规模、减少招生规模、适当减少招生规模、控制规模不宜扩大、暂不作控制规模考虑"六类整治措施。最后，依据专业预警退出指标体系，构建专业预警退出系统。

三、成果创新点

成果创新点主要有三个方面：

(1) 构建了协同发展的专业设置联动预警主体体系。以服务地方经济社会发展的需求和就业质量为导向，构建了纵横交错的联动预警体系。横向上，构建政府、高校、行业、企业与社会机构协同；纵向上，构建地方、高校、二级院系、三级专业设置联动预警主体体系，明确彼此的权利及边界、职责与利益，互为补充、协调，制定相关政策予以保障和约束。地方政府职能机构通过评估、制定政策等方式宏观调控专业设置，定期调控省内高校的专业设置情况，发布预警与需求信息；高校主动监测和判断毕业生的就业情况，实施专业设置的调整与优化，加强专业设置标准的制定与研究，并严格执行；企业、行业等提供人才需求信息；第三方社会机构进行就业供需信息咨询与调查，参与高校专业设置与预警分析。

(2) 构建了科学规范的本科专业预警、退出机制指标体系。通过文献回顾、小型专家会议等方式,紧密结合专业评估和专业认证指标体系,分析了理工类高校专业设置的六个维度,在此基础上构建了包括由专业布局指标、就业率指标、就业满意度指标、办学状况指标、预警指标在内的专业预警指标体系,再采用德尔菲法组织专家函询,汇总专家意见,构建包括市场需求、就业质量、办学质量在内的专业预警三级指标体系。

(3)构建了基于大数据的理工类高校本科专业预警、退出系统。根据专业评估和专业认证情况积累的专业发展基础数据,搭建了高校内部专业预警的数据平台,在此基础上,充分发挥省教育评估中心的优势,扩大专业预警的数据源。大数据平台的搭建,打破了以往专业预警数据采集不连续、数据来源不完整及不权威等问题。在河南理工大学专业建设管理实践的基础上,初步研究设计了包括就业状况分析系统、专业就业预警系统、就业质量反馈系统以及专业设置辅助决策系统在内的理工类高校本科专业预警、退出系统,设置了六类专业预警指标,为全面把握专业建设质量提供有力保障。

四、实施效果与推广应用价值

该成果依托河南理工大学进行了实践探索,取得了较为显著的实践应用效果:

(1)对接产业发展需求,积极申请增设或调整设置机器人工程、数据科学与大数据技术、新能源材料与器件等10个新兴战略产业相关专业。同时,结合专业评估与综合考量,调整和撤销了理论与应用力学、电子信息技术及仪器、服装与服饰设计等7个办学条件不足、就业质量不高的本科专业。

(2)以新工科建设、特色专业提升计划、专业认证等为抓手,加强现有专业特色内涵建设和改造升级,强化学校工科专业优势和特色。近三年学校有10个专业通过了专业认证,形成了9大特色专业群。

(3)加强专业预警退出,对招生报考率和就业率偏低、师资队伍、教学条件等不符合要求或不达标的专业采取限期整改、减招、停招、撤销或调整为其他专业等措施。

2019年,根据本科专业预警退出系统,对学校所有专业进行测试,对产品设计、生物技术等专业进行停招预警并提出整改要求;对法学、材料化学等专业实行减少招生处理。

项目成果已在我校率先实践应用,并吸引山东科技大学、燕山大学和省内一些兄弟院校交流借鉴与应用,产生了良好的实际推广应用效果。

五、论文发表及成果支撑

发表了 7 篇相关论文,其中 CSSCI 3 篇,出版有 1 部专著,制定了 5 个相关制度文件。

《中国教育报》《中国青年报》《河南日报》、光明网等新闻媒体积极报道,获得了同行专家的认可,产生了良好的社会影响。

"双一流"背景下构建教师教学发展与评价体系的探索与实践

主要完成单位：郑州大学
主要完成人：祁秀香、赵燕、胡涛、何玲玲、张君静、张众、靳培培

众所周知，一流本科教育是"双一流"建设的核心任务和重要基础，而高校教师教育教学水平是一流本科教育最直接、最主要的影响因素，立足于教师教学发展以提高办学水平和人才培养质量是一流大学普遍的经验。郑州大学完成的成果"'双一流'背景下构建教师教学发展与评价体系的探索与实践"，针对我国高校教师教学发展中普遍存在的问题与现状，结合郑州大学实际情况，以促进教师教学发展为主线，以解决影响教师教学发展问题为突破口，从教师教学能力培训体系的建立、教师教学能力"评价—监控—改进"体系的完善、教师教学发展支撑体系的构建、教学治理体系的创新、教学交流与展示等五个方面入手，建成了系统、科学、完善的教师教学发展与评价体系。

本成果以提高人才培养质量为目标，旨在解决教师教学行为缺少规范、教师教学能力培训机制不健全，教师教学能力的评价—监控—改进机制不完善、教师教学发展缺乏经费支持和制度保障等问题。

一、解决教学问题的方法

1.构建了"校本培训—网络在线培训—外聘专家培训—教师出国研修"多层次、立体化的教师教学能力培训体系

建设"郑州大学教师教育教学能力培训项目库"，开展校本培训；开通"郑州大学教师在线学习中心"，为教师教学能力提升提供实时在线课程；聘请国内外的知名高等教育专家来校传播先进的教育理念与技术；选派青年骨干教师到国外访学，提升教师教学国际化水平。

2.建立多元化、多维度的教师教学能力与教学质量评价－监控－改进体系

建立教师自我诊断、督导评价、同行评议、领导评价、学生评教、学生信息员反馈、第三方测评的多元评价主体的教师教学能力与教学质量评价体系，科学评估教师的课程设计、课堂教学、教学效果、人才培养质量等教学全过程；实施《拟晋升职称教师教学质量评价》，对拟晋升职称人员进行有针对性的教学能力与教学效果评价；建立了"四查四评四反馈"的教学质量监控体系；形成"三个一"的教学质量信息发布模式。

3.建立资助教师教学研究、课程建设、教材建设、青年教师职业成长的教师教学发展支撑体系

设立专项资金支持教师进行教学研究与改革，推进教育创新；设立课程建设基金和在线开放课程制作平台，推动教师进行课程建设，提升课程教学质量；设立教师教材建设基金，资助教师自编教材；实施"郑州大学青年教学名师培育计划"，培育青年教学能手，示范引领青年教师教学发展。

4.创新综合性大学教学管理制度，形成推动教师教学发展的治理体系

完善教学管理规章制度，规范教师教学行为，支撑教师教学发展；建立和健全促进教学工作和鼓励教师潜心教学的相关规章制度；建立郑州大学二级院（系）本科教学管理考核制度，保障二级院（系）在人、财、物等方面优先保障本科教学和一线教师教学发展的需要，为教师教学发展提供管理体系的支撑。

5.建立多层次、多形式的教学交流研讨与教学展示平台

建立"系（室）－学院－学校"多层次的教学交流与研讨机制，落实对青年教师教学"传、帮、带"等活动；开展内容、形式多样的教师教学技能大赛，为青年教师提供展示自己教学风采的舞台，积极组织开展教学观摩活动，促进更多的教师积极主动地去改进教学方法，提高教学质量。

二、成果的创新点

本成果具有一定的前瞻性、先进性和科学性，能遵循高等教育的发展规律，符合郑州大学实际情况，成果创新点主要体现在以下几点。

1.建立了多层次、立体化的教师教学能力培训体系

目前，我国高校教师教学能力培训方式较为单一，培训内容也不系统。本成果建设了具有郑州大学特色的"教师教育教学能力培训项目库"，用于校本培训，并构建"校本培训－网络在线培训－外聘专家培训－教师出国研修"多层次、立体化、复合型的教师教学能力培训体系，能满足不同教育背景教师对教学能力培

训的差异化需求。

2.建立了多元化、多维度的教师教学能力与教学质量评价体系

建立了教师自我评价、督导评价、同行评价、领导评价、学生评教、社会第三方教育机构评价多方参与的多元化、多维度的教师教学能力与教学质量评价－监控－改进体系。

3.建立了系统科学的综合性大学二级院(系)教学管理考核体系

在综合性大学二级院(系)财务独立核算并成为高校办学主体的新形势下，项目组建立了二级院(系)教学管理考核体系，将教学业绩、教学发展作为院(系)绩效考核的首要目标，确保二级院(系)在人、财、物等方面优先保障本科教学和一线教师教学发展的需要，逐步形成支撑教师教学发展的二级院(系)教学管理机制。

三、成果推广应用效果

1.实施成效

成果实施以来，在郑州大学建成了多层次、立体化的教师教学能力培训体系，教师教学能力与施教水平稳步提升；建立的多元化、多维度的教师教学能力与教学质量评价－监控－改进体系为教师教学能力提升提供诊断与改进机制；建成相对完善的促进教师教学发展的经费支撑与管理体系，培育了一批国家级、省级教研项目、教学成果奖、在线开放课程和规划教材；激励教师教学发展，培育了一批国家级、省级、校级教学名师和青年教学能手。项目形成了驱动教师教学发展与本科教学水平持续提升的内在机制与动力，为创建一流本科教育奠定了坚实的基础。

2.会议交流

在2017年山东省高校教师培训者培训班、2018年广东省高校教师发展(培训)管理人员培训班、2018年浙江省高校教师发展(培训)管理人员研修班、2018年山西省高校教师培训班上，我校围绕教师培训方案的系统化设计做了主题发言。

3.示范辐射

项目研究理论联系实际，研究方法科学，研究思路清晰，内容丰富，特色鲜明，可操作性强，研究成果对我国高等教育的发展具有一定的借鉴意义，在兄弟院校中具有较强的示范作用和推广应用价值。

项目实施以来，相继有天津理工大学、广东技术师范大学、河南师范大学、中

原工学院等十多所兄弟院校来我校交流学习,对我校教师教学能力培训体系、教师教学能力与教学质量评价－监控－改进体系的思路、举措和成效给予了高度评价,并有不同程度的借鉴和应用。

基于专业认证 OBE 理念与信息化背景的本科教学质量监控保障体系研究与实践

主要完成单位：华北水利水电大学
主要完成人：施进发、郝用兴、李志萍、李秀丽、张太萍、孙大鹏、运红丽、程盼

一、成果主要解决的教学问题及具体方法

本成果基于现代系统论和高等教育系统论提供的核心理论，基于 OBE 理念，用整体的、相互联系的思想来分析教学质量监控保障体系存在的问题和解决方法。

1.成果主要解决的教学问题有以下四个方面：

(1)提高了教学质量监控的客观准确性。传统的教学质量监控更注重教师课堂教学效果，教学质量评价的客观准确性一定程度上受到了影响。经过教学质量监控及评价中心的调研及统筹考虑，形成了基于专业认证 OBE 理念与信息化背景的"三检查""三挂钩""一通报"的全面质量监控体系。

(2)完善了教学质量评价指标体系。现阶段，我国高校本科教学质量评价指标体系不够完善，质量综合评价指标体系的系统性、科学性、合理性还有待提高。本科教学质量的评价，应从多角度，多层次对本科教学质量进行综合评价，应建立学校自我评价、师生评价和第三方评价的多维度、多层次的评价指标。

(3)改善了本科教学质量保障机制。针对本科教学质量保障机制不够完善的问题，建立了完善的教学质量持续改进机制，对教学过程进行监控、教师教学质量进行评价、信息反馈及改进工作均做出明确的规定，从制度上保障了质量改进工作的有序开展。

(4)解决了本科教学质量监控过程的不平衡性问题。大多数地方高校只重视课堂教学的质量的监控，对教学全过程的监控还略显薄弱，对此，开发了一种

能够长时间置空的用于教学督导工作的信息采集及监控装置,解决教学全过程的监控问题。

二、成果解决教学问题的方法

1.构建科学的教学质量评价体系

(1)建立科学质量评价机制,定量和定性评价相结合。对教学效果给出客观评价,建立专业稳定的评教队伍,评教人员懂专业、懂教学,统一的评价标准,能最大可能地降低主观因素,给出客观评价。

(2)以学生为核心,多元参与。构建教学质量评价体系的最终目标是提高人才培养质量,所以学生评价应该是整个体系的核心。

(3)规范化的制度保护教师的个性和特色。高校的教学具有其自身学科的属性和特点,所以不同专业有不同的培养和教学要求,因此,教学质量评价体系要在同一规范的制度下体现出学科的差别,给予专业、客观的评价。

2.构建以产出为导向的教学质量监控体系

(1)专业认证OBE理念人才培养方案的制定。根据专业认证对人才培养的要求以及社会发展对人才的需求情况,明确需要培养什么样的人才,进行顶层设计,在开展自顶向下的工作过程中,对人才培养方案进一步优化。

(2)校内进行课程教学质量评估。根据社会对专业的人才需求和工程教育认证标准,对人才培养方案中的课程体系持续修改,在修订过程中,依据毕业生、用人单位等的意见,结合学校、学院的专业定位、社会需求、自身实际条件进行修订。每学年都会在校内公开、全面、实事求是地反映本科教学质量现状,按年度发布《学院教学质量状况白皮书》。

(3)培养目标的科学性评价。人才培养目标合理性评价主要采用校内教职人员和校外专业相关人员结合的组合方式,结合学生自身的学业情况、毕业生的反馈以及用人单位的反馈等多方面的信息进行科学性评价。

3.建立科学有效的持续改进机制

OBE理念要求建立科学有效的持续改进机制,围绕人才培养这个目的,根据专业培养目标与毕业要求,对课程体系进行构建,形成课程目标达成评价、毕业要求达成评价、培养目标达成评价的三级达成情况评价系统,再根据评价结果查找问题分析原因,形成教学反馈,制定整改措施,形成较为完善的教学质量持续改进闭环系统,确保各环节教学持续改进与完善。

三、项目成果创新点

(1)构建了基于专业认证 OBE 理念与信息化背景的全面教学质量监控保障体系;以育人为本、产出为根,将专业认证 OBE 理念与教学质量监控紧密结合,形成了基于专业认证 OBE 理念与信息化背景的"三检查""三挂钩""一通报"的全面质量监控体系。从平时的期初、期中和期末教学检查反馈,到教师教学质量与学院年终津贴、个人年终津贴和职称晋升直接挂钩的制度,以及阶段性教学质量通报制度,实现对教学过程及时进行调整与控制。

(2)建立了完善的教学质量持续改进机制,形成课程目标达成评价、毕业要求达成评价、培养目标达成评价的教学质量持续改进三闭环系统。通过对教学过程的日常监督及课程目标达成情况进行教学评估;对毕业要求达成情况进行评价;建立毕业生跟踪反馈机制,对培养目标进行达成情况评价,形成三级达成情况评价系统,再根据评价结果查找问题分析原因、制定整改措施,达到持续改进的效果。

(3)构建一种有利于学校教学督导工作的软件和硬件环境,开发了一种能够长时间置空的用于教学督导工作的信息采集及监控装置。以保证人才培养质量和提升教师教学能力为根本,以规范教育教学管理与服务和全面提升教学质量为重点,把促进良好教风学风形成作为目标,坚持"以导为主、以督为辅",全面推进本科教学工作协调发展。同时,优化教室资源,加大教学基础设施建设力度,新增多媒体教室,加快数字化教室、标准化考场建设步伐,逐步实施网络监控。

四、实践推广应用效果

本项目自 2017 年立项以来,认真按照项目计划和高等学校工作实际开展研究,同时吸收国内外相关研究成果,提出了一系列措施并且付诸实施,在华北水利水电大学和河南中医药大学、郑州轻工业大学等兄弟院校应用中达到了较好的效果,促进了学生的成长、教师的发展,本科专业人才培养质量水平不断提高。

华北水利水电大学已有 9 个专业通过了工程教育认证,其中,2018 年通过计算机科学与技术、水利水电工程等 5 个专业。2019 年已受理我校材料成型及控制工程、环境工程等 4 个专业的认证申请,入校考察专业两个,暂缓两个,通过认证 1 个,2020 再次受理 6 个专业。专业认证 OBE 理念渗透到课程教学过程中,本课题组成员发表课程改革类论文 4 篇,申请授权发明专利 1 项。在办学过程中,不断见证了专业认证对我校专业发展的益处,不仅推动了我校的教学改革,同时吸引了更多优秀的生源。在学校的大力支持下,积极探索人才培养新模式,探索高校联合、协作办学模式下的教学管理制度及其运行机制,逐步实行课程互选、学分互认、教师互聘等教育教学资源共享新型教学管理制度。华北水利水电大学、河南农业大学、河南理工大学、河南财经政法大学、郑州航空工业管理学院5所高校在河南高校率先实行校际课程互选与学分互认,各大新闻媒体对此政策多次进行报道。

采用教学质量持续改进的三闭环系统。通过对教学过程的日常监督及课程目标达成情况进行教学评估;对毕业要求达成情况进行评价;建立毕业生跟踪反馈机制,对培养目标进行达成情况评价,形成三级达成情况评价系统,再根据评价结果查找分析原因、制定整改措施,形成较为完善的持续改进三闭环系统并加以实施。同时,也采用了基于专业认证OBE理念与信息化背景的全面教学质量监控保障体系,经过教学质量监控及评价中心的调研及统筹考虑,形成了基于专业认证OBE理念与信息化背景的全面质量监控体系,实现了对教学过程及时进行调整与控制,不断提高人才培养质量。

采用以学生为中心,以产出为导向的信息采集软件和硬件环境平台。该平台以保证人才培养质量和提升教师教学能力为根本,以规范教育教学管理与服务和全面提升教学质量为重点,把促进良好教风学风形成作为目标,坚持"以导为主,以督为辅",全面推进了本科教学工作持续向上协调发展。

该成果在华北水利水电大学取得显著成果,也为郑州轻工业大学和河南中医药大学的本科科教学质量监控保障体系提供了有益的借鉴并得到了应用,取得了良好的效果,获得兄弟院校和社会上的一致好评。

新工科背景下城建类高校教研室分类建设的研究与实践

主要完成单位：河南城建学院
主要完成人：赵安芳、霍松涛、黄倩、王晓涛、陆丹、张新、石磊、郭金敏

一、成果主要解决的问题

在新形势下，社会现实和潜在需求对高校教研室创新的要求日趋增强，教研室的组织模式已无法应对高校发展和组织制度创新提出的挑战，如何整体把握教研室的发展趋势，形成满足新工科建设的教研室设置与管理原则，实现机制创新，是当前国内高校普遍面临的问题。基于此，本成果对国内外高校教研室设置的历史沿革和建设现状进行梳理，分析目前我国高校教研室普遍存在的问题及成因，借鉴管理学、教育学等理论提出了城建类高校教研室分类建设的思路，并在河南城建学院展开教研室分类建设的实践。

通过教研室分类建设，明确了不同类别教研室在新工科建设中的发展建设标准，设立柔性灵活的矩阵式教研室，建立生态型组织系统，完善内部管理制度，加强团队建设，激励组织内成员不断追求卓越的教学，使教研室的建设和管理水平得到较大提升，在专业内涵建设、课程建设、提高考研率、学科竞赛成绩和校企合作育人等方面取得一系列成果，提高了人才培养质量，推进学校的内涵质量建设。

二、成果解决问题的方法

(一)分类建设思路
1.分类建设理论
以系统权变理论、团队建设理论、组织生态系统理论、激励理论和"新三中

心"模式等相关管理学和教育学理论为指导,构建分类建设理论。

2.分类建设模式

围绕城建类高校的学科专业背景,遵照新工科建设要求,工科专业类教研室构建城建类高校新型"教学共同体";非工科专业类教研室借鉴工科专业类教研室建设模式经验,突出城建类高校特色,构建区域教研室联盟;公共类教研室结合新工科要求,以培养学生的创新思维、国际视野和管理能力为重心,探索综合性课程教学,实现新工科公共类教研室交叉式融合。

(二)分类建设内容

教研室的建设与管理离不开与之配套的运行机制与环境,按照学校教育教学理念、人才培养目标和教研室的工作计划,对不同类别的教研室建设进行顶层设计,利用制度明确教研室职责,突出教学研究重点,切实地进行教学能力、教学知识和教学方法的研究。

1.专业类教研室

专业类教研室担负着组织教师开展人才培养与自我提高、专业与学科建设、教学与科研等职责,肩负着培养适应新工科要求的新型工程创新人才的使命,建设内容包括:①更新工程教育教学理念;②培养实践创新能力;③梳理课程体系;④工科专业类教研室构建城建类高校"教学共同体";⑤非工科专业类教研室构建区域教研室联盟。

2.小公共类教研室

小公共类教研室承担了专业基础类课程的教学任务,可以打破原归属教学单位的限制,为专业建设实现师资的融合和交叉,实践综合性的课程教学,拓展学生的专业视野与思维视角。

3.通识类公共教研室

通识类公共教研室以新工科人才培养要求为目标,夯实学生素质教育基础,培养学生具有良好的科学素养、人文素养和较宽厚的业务基础,较强的创造能力、适应能力和发展潜力。所开设的课程面向全校学生,根据不同专业的性质及学生的兴趣爱好,在教学内容、教学方式和考核方式方面进行改革创新,以多种形式丰富第一、第二课堂。

三、成果的创新点

(一)创新教研室建设机制,构建城建类高校动态开放的教学组织生态系统

充分发挥不同类别教研室对新工科教育的作用,专业类教研室担负组织教

师开展人才培养与自我提高、专业与学科建设、教学与科研等职责,肩负培养适应新工科要求的新型工程创新人才的使命。小公共类教研室尝试打破原归属教学单位的限制,为专业建设实现师资的融合和交叉,实践综合性的课程教学,拓展学生的专业视野与思维视角。通识类公共教研室夯实学生素质教育基础,培养学生具有良好的科学素养、人文素养和较宽厚的业务基础,较强的创造能力、适应能力和发展潜力。

(二)实行教研室负面清单管理,助推一流本科教育上水平

分析教研室在专业建设、师资力量、教学改革、课堂教学、实践教学、教学评估、教材建设、创新创业等方面的短板,找出影响教育教学的因素,建立不同类型教研室的负面清单,努力补足教育工作中的短板,培养高素质工程人才。

(三)分类建设激发教研室活力,持续推进新工科建设

明晰的分类建设思路和建设内容全面深化了工程教育改革,全面推行了校企协同育人机制,实现"六共同",即共同设置专业,共同制定人才培养方案,共同构建课程体系,共同建设实习实训基地,共同组建教学团队,共同实施人才培养过程,打造校企合作育人共同体,有效持续推进了新工科建设。

四、成果的实践推广应用效果

(一)校外推广应用

该成果在河南科技大学、广西科技大学、洛阳理工学院、南阳理工学院等高校得到了应用,反映这一教研室分类建设的模式和内容不仅适合于城建类高校,也适合其他地方工科高校,通过实施教研室分类建设,提高了教研室的管理水平,对提高工程教育人才质量有积极作用。我校与许昌学院、平顶山学院、河南工程学院、周口师范学院在人才培养方案、专业建设、人才培养模式改革等方面展开了深入的交流,对推进新工科建设,提供了理论研究和实践应用的价值。

(二)校内实践效果

通过项目成果的实践应用,有效激发了教研室活力,在基层教学组织建设、专业建设、课程建设、专业技能竞赛等方面取得了显著成效,人才培养质量持续提升,由我校毕业生担任项目经理承建的武汉杨泗港长江大桥、武汉鹦鹉洲长江大桥、郑州黄河公铁两用大桥、平顶山劳模小区等多个项目获得中国建筑行业工程质量最高荣誉"鲁班奖",城建类人才培养效果显著。

1.基层教学组织建设

通过对标建设、推荐评优,立项建设 10 个省级优秀基层教学组织、备案 43

个省级合格基层教学组织。

2.专业建设

各专业类教研室积极参加各类专业评估,不断加强专业建设,深化内涵提升水平。建筑环境与能源工程、给水排水科学与工程、工程管理、城乡规划等4个专业通过住建部评估。测绘工程专业和土木工程专业通过教育部工程教育认证。工程造价、城乡规划、电气工程及其自动化、给排水科学与工程、建筑学、工程管理、建筑环境与能源应用工程、数据科学与大数据技术、测绘工程、交通工程等十一个专业实现一本招生。电气工程及其自动化、数字媒体技术、交通工程三个专业获批河南省一流本科专业建设点。

3.课程建设

建设了15门省级精品在线开放课程、2个省级虚拟仿真实验教学项目、64门校级在线开放课程、122门校级网络课程、10门校企合作课程。

4.专业技能竞赛

近两年来获得省级以上专业技能竞赛奖励500余项,参与学生1500余人次,学生实践能力不断提高。艺术设计学院教研室与上海德稻教育合作成立"国际大师工作坊",以项目化教学为驱动,积极推进教学过程向"学生为中心"转变,师生作品《色彩感知》获2019年红点概念设计大奖。2020年,师生作品《照明系统—街道灯光系统》获得国际知名设计奖项德国IF设计新秀奖(IF DESIGN TALENT AWARD)。

5.校企深度融合育人

计算机学院与中科曙光公司展开合作,企业专家参与修订人才培养方案,制定教学大纲、课程体系、课程标准等教学要求性文件,合作编写了6门核心课程的教材,并承担学生的职业素质体系建设与教学、职业辅导、岗位实践及就业支持工作。管理学院承担河南省土木建筑学会建筑信息模型(BIM)应用专业委员会秘书处工作,承办省级BIM赛事,近几年指导学生多次获得省级、全国BIM相关技能大赛大奖,并完成郏县人民医院迁建项目门急诊医技楼建设工程、平顶山高新区创业创新(科研)公共服务中心项目、郑州市四环线及大河路快速化工程大河路段等企业委托项目,提高了服务地方经济发展的能力。

应用型人才培养核心要素的探索与实践
——以新乡学院为例

主要完成单位：新乡学院
主要完成人：刘兴友、吴中、樊雪君、夏锦红、李军伟、应芳、张玉山

一、成果简介及主要解决的教学问题

成果简介：面对科技革命、产业革命重组的变局，新乡学院立足新乡市经济社会发展实际积极应变、主动求变，聚焦应用型人才培养核心要素，从基础理论、改革实践、支持系统三部分入手，树立以学生发展为中心、以学生学习为中心、以学习效果为中心的"新三中心"人才培养理念，积极探索科学系统的应用型人才培养新框架。在持续5年多的研究与实践过程中，学校将立德树人融入思想道德教育、文化知识教育、社会实践教育各环节，确立了"立德树人、能力为重、全面发展"的育人体系，建设了多元化的实践育人队伍，打造了基于办学定位的关联课程体系，深化了基于教学大纲的日常教学设计，搭建了多样化的实践育人平台，形成了"三课堂"互动、产学研结合的实践育人途径，构建了基于效果评价的及时反馈机制，确立了持续改进的内部质量保障体系。本成果在学校进行了深度的实施，取得了良好的效果，也在地方本科高校中产生了一定的影响和重要的示范作用。

主要解决的教学问题：

(1)针对当前新升本科院校普遍存在的课程体系和培养目标不支撑不关联甚至脱节的现象，通过毕业要求对培养目标的支撑关系矩阵、课程体系对毕业要求的支撑关系矩阵、课程体系支持毕业要求指标点的任务矩阵"三矩阵"构建，基本实现了基于办学定位的应用型人才培养课程体系的建设与创新。

(2)针对当前问题较为突出的以知识传授为主要特征的传统课堂教学模式，

明确正向设计反向施工基本教学准则,初步构建起基于课程教学大纲的精细化设计态势,并力求因材施教和持续优化。

(3)针对终结性评价的弊端和短板,多要素思考并不断深化教育教学评价机制的创新,建立了基于形成性评价的考核和及时反馈机制。

(4)针对我国高等教育快速大众化乃至普及化阶段,学校硬件建设暂时还不能完全满足评估要求的现实问题,着力构建基于支持系统的全面质量保障体系和质量文化,并努力将质量标准内化为学校的共同价值和自觉行为。

二、成果解决教学问题的具体方法

1.制定了以人为本的应用型人才培养方案

以促进学生全面发展为出发点,制定新版人才培养方案,完善"核心模块＋、行业能力＋、综合素质＋、课堂教学＋、课程教学＋、创新引飞＋、毕业证书＋"育人体系,构建通识教育与专业教育有机融合、思想政治教育与创新创业教育全程融入的应用型人才培养新体系,为社会培养"专业知识好、实践能力强、基本素质高、上手快可持续"的高素质应用型人才。

2.打造了基于办学定位的关联课程体系

聚焦毕业要求,以"学生中心、产出导向"优化课程体系,深化思想政治理论课改革,创新公共体育等课程的教育理念与教学实践,针对"三矩阵"打造了基于办学定位的关联课程体系。

3.深化了基于教学大纲的日常教学设计

实施"课堂教学奖"评选活动,坚持"全员参与、全程培育、全面评价、全方位推进"的原则,坚持以日常课堂教学为主、"以评促建,重在建设"的原则,深化了基于教学大纲的日常教学设计,产生良好的效果和广泛的社会影响,受到河南省教育厅领导和兄弟院校的一致好评。

4.构建了基于效果评价的及时反馈机制

推进"一平三端"智慧教学基地建设,加强现代信息化技术与课程建设的深度融合,以教风"十二率"和学风"七率"为抓手建立基于课前、课中、课后的综合评价机制,建立多主体、多渠道、全过程的评价与激励机制,培育良好师风学风。

5.确立了持续改进的内部质量保障体系

针对学校文化、使命与目标、教学活动、教学管理、技术系统、资源配置、行政管理等应用型人才培养核心要素,构建一套具有自我约束、自我诊断、自我调节、符合地方院校实际的内部教学质量保障体系,持续深化教学质量管理改革,创新质量文化建设。

三、成果的创新点

1.人才培养理念的创新

改造传统教学以"教师、教材、教室"为中心的育人理念,树立以学生发展为中心、以学生学习为中心、以学习效果为中心的"新三中心"人才培养理念。制定新版人才培养方案及课程教学大纲,引导学生在课程开始前就清晰了解课程的教学目标和评价标准,助力学生主动调整自己的学习,减少学生学习中的盲目性。

2.人才培养模式的创新

结合地方优势产业和行业人才需求,学校与政府、企业、科研院所等多种力量建立联合培养机制,共建课程和平台资源,共享教师和教学资源,探索专业链与区域产业链、服务链、创新链、经济链的紧密对接,促进课程内容与职业标准全新融合,实现教学过程与生产流程和生产工艺的无缝对接,提升学生处理复杂问题的综合素质和创新能力,优化了人才培养模式。

3.人才评价模式的创新

围绕应用型人才培养,针对"知识、能力、素质"分别设置评价标准,建立形成性和终结性评价相结合的多元学业评价体系,按"合格、优秀、卓越"分层设置毕业生评定格次,全面评定育人效果,创新了人才评价模式。

四、成果的实践推广应用效果

1.人才培养质量得到整体提升

学校将思想政治理论课与实践育人有机结合,获"全国百强实践团队"、"全国大学生暑期社会实践活动优秀单位"、团中央和中国青年网举办的"镜头中的三下乡"先进单位等荣誉称号。学生报到率持续在98%以上,就业率呈稳定上升趋势;学科专业竞赛获国家级奖励227项;获批10项国家级、省级"大学生创新创业训练计划立项项目";2017年论文质量优良率在河南省47所本科院校排第17名。学校在全国高校的排名不断上升,从第681名上升到第580名。

2.学科专业建设水平显著提升

面向3D打印、大数据等高端产业,新增数据科学与大数据技术、机器人工程等10多个应用型专业,打造特色鲜明的学科专业体系;制药工程专业通过教育部专业认证,获批国家一流专业。

3.质量工程项目取得新的进展

新增省级教学名师2位,省级教学改革研究与实践项目6项,省级教育综合改革项目3项,省级青年骨干教师项目14项,省级教师教育课程改革研究项目34项,省级虚拟仿真实验项目3项,省级实验教学示范中心1个,省级优秀基层教学组织8个。

4.学生对学校的满意度大幅提升

中国教育科学研究院2017年发布的《全国高等教育满意度调查报告》中,我校教育满意度分数高达90.36,各项指标在全省均名列第一,各项指标得分均高于全国和全省平均水平10个百分点以上。

5.服务社会能力显著增强

学校与西安交通大学、新乡市红旗区人民政府等200多个学校、政府机构、企业、科研院所等建立了协同育人联盟,形成了可持续的交流合作机制。学校组建了华为信息与网络技术学院等13个行业学院,建立了29个专业建设理事会,建成了12个协同育人创新中心,服务地方经济社会发展的能力显著增强。

6.产生了良好的社会影响

学校的社会认可度和办学影响力不断提高,《中国教育报》、《河南日报》、《新乡日报》、党的生活网、中国青年网等多家媒体对本成果进行了专门的报道,相关报道多达31篇。在2017年首届产教融合实践育人发展峰会上,我校代表刘兴友教授的《应用型人才培养核心要素体系的构建与实践》专题报告,产生了良好的辐射和示范作用。在教育部中南教育管理干部2017年培训中,我校代表夏锦红教授撰写的《新升本科高校如何聚焦人才培养,推进教育教学改革》,引起了强烈反响。本成果还被重庆文理学院、集宁师范学院等兄弟院校在一定范围内实施,取得了良好的成效。